우리들의 민주주의

박의경 저

전남대학교출판문화원

박의경

현재 전남대학교 정치외교학과 교수로 재직하고 있으며, 주요 관심사는 서양근대정치사상과 여성정치이고, 궁극적 지향점은 여성정치사상의 정립과 민주주의의 사상적 완성이다. 저서로 『여성의 정치사상』과 『현대정치의 위기와 비전』(공저), 『루소를 말하다』(공저), 『인권의 정치사상』(공저)이 있으며, 번역서로 『정치사상과 여성』, 『지하드 맥월드』, 『고백록』(역해), 『나라사랑을 말하다』 등이 있다. 논문으로는 「민주주의와 여성, 그리고 평화」, 「5.18 민주항쟁과 기억의 정치」, 「자유민주주의의 정립을 위한 조건」, 「젠더정치 활성화를 위한 모색」, 「화해, 공존, 평화의 조건: 한반도 평화공동체를 위하여」, 「다문화주의와 민족주의, 민주주의의 삼각구도」, 「한국 민족주의와 민주주의」, 「참여민주주의의 지속 가능성에 대한 고찰」, 「전쟁의 길과 평화의 나무」 등 다수가 있다.

우리들의 민주주의

인 쇄 2023년 2월 1일
발 행 2023년 2월 10일

저 자 박의경
발행인 정성택

발행처 전남대학교출판문화원
등 록 1981. 5. 21. 제53호
주 소 61186 광주광역시 북구 용봉로 77
전 화 (062) 530-0571~2
영업부 (062) 530-0573
팩 스 (062) 530-0579
홈페이지 http://www.cnup.co.kr
이메일 cnup0571@hanmail.net

값 28,000 원

ISBN 978-89-6849-931-9 (93300)

■ 책머리에

대학을 졸업하고 대학원에 진학을 하면서 학문의 세계로 들어선 것이 엊그제인 듯한데, 벌써 마무리할 시점인가 하는 생각이 드는 시간이다. 학문에야 끝이 있으랴마는, 인간의 신체는 쉬이 시간의 영향을 받는가 보다. 이제야 '소년이로 학난성(少年易老 學難成)하니 일촌광음 불가경(一寸光陰 不可輕)'이라는 옛말이 가슴 속으로 파고 든다. 갈수록 시간이 빨리 지나니, 젊었을 때 시간을 귀히 여기라는 선생님들의 말씀을 듣는다고 들었는데, 그것이 어디에 있었는지 이제야 내 주변에서 나를 빨리 가라 등 떠미는 느낌이다.

필자는 민족주의 사상에서 출발하여 현대사회의 여성문제와 함께 민주주의 사회에서의 그 접합 가능성을 지속적으로 타진하여 왔다. 2014년에서 여성관련 이슈를 정리하면서 집필한 『여성의 정치사상』에서 장 자크 루소, 존 스튜어트 밀, 메리 울스턴크라프트의 사상을 통해 정치사상이 다루어야 할 주제들이 여전히 많다는 사실을 알게 되었다. 이후 고대와 중세의 정치사상과 여성의 관계를 분석하는 아이린 색슨하우스(Arlene Saxonhous)의 책을 번역한 『정치사상과 여성』, 민주주의를 그 기원부터 사상적으로 파헤친 마우리지오 비롤리(Maurizio Viroli)의 저서를 번역한 『나라 사랑을 말하다』 등의 번역서를 출간하면서, 민주주의가 제대로 이행되기 위해서는 현실에서 작동하는 민족주의와 여성이슈에 대한 분석이 필요하다는 생각은 더욱 강해졌다. 역으로 여성 이슈도 민족주의도 모두 민주주의와 연계 속에서 제대로 작동할 수 있음도 알게 되었다. 따라서 필자가 그리고자 하는 그림은 민주주의가 제대로 펼쳐진 세상에서, 지구상에 존재하는 각 민족들이 그리고 인류의 절반을 차지하는 여성이 자유로운 삶을 영위하는 바로 그러한 모습이다. 작다면 작은 세상의 각 시민들이 만들어나가 그려내고야 말 그러한 '큰 세상'을 기대한다. 노래가 아무리 좋아도 노래가 노래하지 않고 가수가 노래하듯이, 법과 제도와 이상이 아무리 좋아도 인간이, 시민이, 즉 내가 움직여야 이루어진다는 단순한 사실로부터 이 모든 것이 출발한다. 즉, 자유롭고 평화로운 민주주의 사회는 바로 나로부터 시작된다는 단순한 사실을 모든 이들과 공유하고 싶다.

이에, 끝이 있을 수 없는 학문의 과정에서, 한 고개를 넘어서며 그간의 작업을 정리하고, 세상을 같이 살아가는 이들과 함께 나누고 싶다는 심정으로 민주주의에 관련된 글들을 모아보았다. 한 편 한 편 모두 당시 내 생각의 결과이지만, 편린과 같은 개별 논문을 주제별로 정리하여 과거로부터 현재를 통해 미래로 이어지는, 민주주의로 가는 징검다리로 삼고 싶다는 생각으로, 이 책을 준비한다.

한마디로, 이 책은 30여 년 간 학자로서 연구 활동을 하는 동안 필자가 민주주의와 관련하여 쓴 논문들을 체계적으로 정리한 것이다. 각기 별도의 논문으로 작성된 듯 보이지만, 전체적으로 하나의 구도를 이룬다. 따라서 이 책의 목차는 제1부, 민주주의의 근본 개념부터 시작하여, 제2부, 현대사회에서의 민주주의의 발현양태에 대한 분석과 함께, 제3부, 미래로의 가능성까지 진단해 보는 순서로 구성되어 있다.

제1부, '민주주의의 개념과 사상적 흐름'은 기본 개념을 집중적으로 분석하고 논의하는 글은 5편이며, 그 출전은 다음과 같다; "자유개념의 정치사상적 흐름에 대한 고찰" (2010. 『현대사회과학연구』 14집 2호). "참여민주주의를 위한 루소의 역설" (2008. 『사회과학연구』 16집 2호), "밀의 민주주의론" (2013. 『국가와 정치』 19집 1호), "Social Contract, Democracy and Feminism" (2019. 『민주주의와 인권』 19집 3호), "시민

의 자치능력과 민주주의의 가능성" (2011. 『정치와 평론』 8집 1호).

제2부, '민주주의와 현대사회; 다양성과 기회구조'에 수록된 글은 주로 현대 민주주의 사회에서 구체적으로 발생하는 주제를 다루고 있으며, 그 제목과 출전은 다음과 같다: "대중에서 시민으로" (2011. 『한국정치학회보』 45집 5호), "참여민주주의의 지속가능성" (2014. 『민주주의와 인권』 14집 1호). "민주주의와 선거제도" (2014. 『한국지방정치학회보』 4집 1호). "민주주의 사회의 정책과 공약" (2012. 『한국정치연구』 21집 2호), "지방자치 20년" (2010. 『민주주의와 인권』 10권 1호).

마지막으로 제3부, '뉴노멀 시대의 민주주의: 모두 함께 하는 평화의 가능성'에서는 민주주의의 제1부 과거, 제2부 현재에 이어 미래를 다루는 장으로 다음과 같은 5편의 논문을 담았다: "다문화주의와 참여민주주의의 가능성" (2013. 『정치사상연구』 19집 2호), "열린 미래를 위한 여성정치전략" (2011. 『21세기정치학회보』 21집 3호), "지속가능한 평화를 위한 제언" (2014. 『국제정치논총』 54집 4호), "전쟁의 길과 평화의 나무" (2013. 『국제정치논총』 53집 4호), "현실의 균형, 미래의 조화, 민주적 이상향" (2013. 『인문사회과학연구』) 등이 그것이다.

21세기 이후 경제의 지구화 현상과 함께 정치적으로는 각국에서 대중적 지지를 동반한 포퓰리즘적 양상이 드러나 건전한 시민의 활동이 위축되면서 민주주의가 위기라는 생각이 전 세계에 팽배하지만, 그 치료책 역시 민주주의에서 출발해야 한다는 것이 필자의 생각이다. 민주주의는 자유와 평등의 가치를 내세우고 인간의 행복을 추구하기에, 안정된 인간의 삶과 평화를 목표로 삼는다. 평화는 평화적으로 달성되어야 평화이듯이, 민주주의는 민주적으로 달성되어야 민주주의가 될 수 있음이 이 책에 실린 모든 글들의 지향점이다.

독자라면 누구나 끝까지 읽고 마지막 장을 덮는 시점에 '이제 앞으로 가야할 방향이 눈앞에 그려지기를' 바라는 마음으로 하늘을 향해 곧게 뻗어있는 메타세콰이어 사이로 햇빛이 쏟아지는 창밖을 바라보며, '작은 힘이 만드는 큰 세상'이 꿈이 아니기를 기원하면서, 세상의 모든 존재에 감사하는 마음으로 이 책을 세상으로 내보낸다.

2023년 2월

전남대 사회대 연구실에서
박의경

■ 들어가는 말

자유와 인권의 자기실현 과정이 역사의 발전이고 이 길을 따라 민주주의가 발전해 왔다. 다수의 사람들이 이를 인정하고, 이에 동조하면서 정치체제로 자리 잡았다. 다수가 움직여 자유와 인권을 제도화하면서 민주주의라는 체제를 정립시키는데 일조했지만, 이제는 다수가 몰려다니면서 자기들만의 정의와 공의를 외치고 있다. 다수가 몰려다니는 곳에서 정의는 찾기 어렵다. 내 판단이 있어야 하고, 내가 판단하기 위해서는 생각할 시간이 필요하다. 나만의 시간과 공간이 있어야 한다는 말이다. 바쁘게 일하다, 여럿이 몰려다니는 곳에서 정의를 찾아내기가 쉽지 않은 이유이다. 내가 가질 수 있는 객관적 시각의 필요성이 여기에 존재한다.

민주주의의 고전적 정의는 “권력이 소수의 손에 있지 아니하고, 다수의 손에 있는” 것이다. (투키디데스, 「펠로폰네소스전쟁사」) 민주주의는 이렇게 권력의 출발과 소재를 규정하면서 시작된 용어이다. 세상의 정치질서는 오랫동안 특권을 가진 소수와 다수로 구분되어 왔고, 그 상황 속에서 소수의 지배자라는 말이 통용되어 왔던 것이 사실이다. 여기서 차이가 차별이 되었고, 서로의 다름이 계급의 분화로 이어지면서 권리가 몰려있는 특권 현상도 생겨났다. 기원전 5세기 고대 그리스의 민주주의 이래 17,8세기 시민혁명의 시기를 통해 민주주의가 다시 논의되는데에 2000여 년의 시간이 필요했다는 사실로부터, 우리는 소수의 특권이 보편적 인권으로 확대되고 일부의 자유가 모든 이의 자유로 확산하는 일이 결코 쉬운 일은 아니었음을 짐작하고도 남는다. 여기서 사회에 대한 책임감을 가지고 사회봉사를 하는 적극적이고 자유로운 시민의 존재가 민주주의라는 정치체제가 지속되는데 매우 중요한 요소임을 알 수 있다.

민주주의는 다른 나라의 제도를 복사했다고 해서 달성되는 것이 아니다. 시민사회와 시민의식의 존재가 민주주의의 관건인 것이다. 여기서 민주주의 사회의 시민은 책임 있고 주체성 있게, 그러면서도 공동체 속에서 타인을 배려하는 열린 사고를 가지고 관용과 상호존중 속에서 자신의 고유한 가치를 잃지 않고 살아가는 존재라고 할 수 있다. 자신의 자유와 타인의 자유가 사회에서 조화를 이루는 사회를 자유민주주의라 칭하지만, 자유와 평등의 조화는 그리 쉽게 이루어지는 것이 아니다. 자유의 과잉은 타자와 소수자에 상처를 주게 되고, 평등의 과잉은 자유의 훼손으로 이어져 궁극적으로는 평등마저 사라져 버리는 치명적인 결과를 유발하기도 한다. 한마디로 현대의 시민사회에서 자유와 평등에는 각기 별도의 관리가 필요하다는 의미에서, 타자에 대한 인정과 소수자 보호의 원칙이 필요해진다.

자신의 인권을 위해 자유와 평등이 요긴하다면, 타인의 인권을 위해서도 자유와 평등은 필요한 것이다. 나의 인권을 위해 타인의 인권이 희생되는 현장에서는 결국 나의 인권 보장에 대한 미래도 확인받기 어렵다. 타자와 소수자의 인권, 자유 등에 대한 보호는 궁극적으로 나의 인권과 자유를 보장하기 위한 장기적 대책인 것이다. 결국 타자의 인정과 소수자에 대한 배려는 타인을 위하는 것이 아니고 바로 나 자신을 위한 일이며, 이를 통해서 사회 전체의 자유와 평등이 드러나게 되면서 나타나는 것이 바로 민주주의가 되는 것이다. 절대적 가치를 추구하기 어려운 상대적이고, 유한한 존재 인간이 절대적 가치인 자유와 평등을 역설적으로 확인해내는 현장이 바로 '소수자와 타자에 대한 배려의 정치'에서 발견되는 이유가 바로 여기에 있다.

대한민국에 민주주의가 도입된 지도 이미 70여 년이 지나면서 우리는 87년의 민주화, 2016년의 촛불시위 등 정치적 소용돌이의 와중에서 머리로만 이해되던 '국민이 주인'이라는 명제를 온 몸으로 이해하게 된

듯하다. 2016년의 촛불집회와 2019년에 발생한 양 집단의 대규모 집회도 주인의식을 가진 시민이 몸소 광장에 나선 현상으로 이해할 수 있을 것으로 보인다. 현재 대한민국의 정치체제는 대의 민주주의를 유지하고 있음에도 불구하고, 대의정치가 제자리에서 돌면서 문제 해결의 출구가 보이지 않는다는 판단이 주권자들로 하여금 직접 정치에 나서게 한 셈이다. 그런데 이 주권자들의 양상이 양분되어 나타난다는데 문제는 존재한다. 다수의 의사를 확인하는 작업을 하는 상황에서 사회가 두 편으로 갈라지고 있다. 다수가 떼를 지어 다니면서 각자의 정의와 공정을 주장하고 요구하고 있다. 사회가 두 편으로 갈라지면 정의로부터 오히려 멀어진다. 내편, 네편만 남고, 정의는 오히려 더 찾기 어렵게 된다. 장점이 단점이 되어버린 것이다.

민주주의는 자기 마음대로 행동하는 것이 아니며, 자신의 무기를 마음대로 휘두르는 것도 아니다. 자신의 주장과 타인의 주장을 놓고 상호 토론하고 타협하는 것이다. 각자가 정의의 사도처럼 일방적 주장을 설정하고 내세우기만 하는 것은 타협하자는 태도가 아니라 상대의 일방적 굴복만을 요구하는 선전포고에 불과하다. 아직은 토론과 타협보다 투쟁과 전쟁에 익숙한 사회에서 나타나는 양상이다.

민주사회의 시민이 힘을 가지고 있음을 자각했다는 것은 시민의식의 출발점이 갖추어졌다는 의미에서 그리 나무랄 일이 못된다. 오히려 우리 사회가 이제 사회적 합이 도출 방식을 갖출 수 있는 전세가 형성되었다는 의미에서 축복할 일인지도 모른다. 그러나 힘을 사용함에 있어, 도덕성이 고려되어야 한다. 상류층에게 '노블리스 오블리주'가 요구되듯이, 이제 전 시민들에게서 그 힘의 사용에 있어서의 절제와 반성이 요구되는 시점에 우리는 서 있다. 다시 말해서, 힘을 사용하기 전에 그 사회적 파장을 염두에 두고 실력행사는 가장 뒤로 미루는 타협적 자세를 견지해야 한다. 민주주의에서 토론과 타협은 지루한 과정이다. 긍정적 결과도 보장되어 있지 않다. 목표 설정, 주장의 절대 관철, 절대 불가

등은 전쟁을 하겠다는 선전포고적 문구로서, 타협을 하겠다는 의도를 찾아보기 어렵다. 민주시민의 힘을 이제 자각한 21세기 대한민국 시민은 이제 민주주의 실행을 위해서는 인내가 필요함을 인식하고 이를 실행해 나갈 필요성이 있다. 이를 위해서 우선적으로 필요한 것은 나만이, 우리만이 정의롭고 공정하다는 폐쇄적 사고로부터 벗어나 나도 틀릴 수 있고, 남도 옳을 수 있다는 열린 사고를 가진 진정한 시민으로 거듭나는 것이다.

과거 오랫동안 우리 사회를 지배해 온 산업사회의 리더십은 언제나 권위적이고 강력한 카리스마를 요구해 왔다. "나가자, 싸우자, 이기자" 식의 조직폭력배 두목 같은 마인드가 지도자의 가치로 인정받아 왔다. 그러나 정보사회로 급격하게 움직이면서 이러한 리더십은 상당히 빠른 속도로 변화해 가고 있다. 획일 사회에서 다원사회로 변형되면서, 어떠한 규정된 리더십의 유형도 없이, 그야말로 다양한 리더의 양태가 존재한다. 대체로 정보사회의 리더십은 '기러기 형'이라는 말을 많이 하고 있다. 기러기 떼에는 하나의 명백한 리더가 존재하지 않는다. 리더가 계속 바뀌어 간다. 'ㄱ'자 모양으로 날아갈 때, 가장 앞서 나는 것이 리더가 아니라는 말이다. 또 한 마리가 힘이 없어 낙오되면, 대열에서 2마리가 빠져나와 그를 호위하면서 대열로 복귀할 수 있게 한다. 여기에 별로 힘이 없어 보이는 일반 시민의 가능성을 본다. 언제나 1등만 중요시되던 위계사회에서 2등 이하가 리더라는 것이 쉽게 받아들여지지는 않겠지만, 이것이 사회의 다양성을 확보하고 일반 시민이 사회를 지켜내는 사회의 주인으로 등장할 수 있는 여건을 조성한다.

역사는 모자이크와 같은 것이지, 절대로 "일필휘지 선장" 하는 어느 한 영웅의 작품이 아니다. 모자이크란 수없이 많은 조각이 모여 커다한 모양을 만들어 내는 것을 의미한다. 시민의 힘이 바로 여기에 필요하다. 한마디로 말한다면, "나는 바로 내 자리에서 사회의 변화를 주도한다. 사회의 변화를 위하여 내가 갑자기 적성에도 맞지 않는 정치가가 될 필요도 없고, 많은 시간을 투자할 필요도 없다. 그저 내가 지금까지 해오고, 하고 싶은 바로 그것이 사회의 한 부분이고 사회의 구성요소이다. 다만 내가 해야 할 일이 있다면, 내 주위로 손만 뻗치면 될 일이다. 반듯이 서 있는 상태에서 손을 바깥으로 뻗치면 옆 사람에게 닿는다. 바로 이것이 참여인 것이다.

이러한 작은 힘으로 이루는 큰 것으로 영화 "쇼생크 탈출"의 사례를 살펴보자. 두 가지를 지적하고자 한다. 영화의 주인공이 탈출하기 위하여 구멍 파는 도구를 보자. 조그만 돌 다듬는 도끼로 파는데 20년이 걸린다. 하루에 얼마나 팔 수 있었을까? 그러나 결과는 큰 것이었다. 또 한 가지 많은 사람들이 놓치고 지나는 것 중에서 필자가 발견한 것이 있다. 영화에서 주인공은 감옥의 도서관에서 일하게 된다. 말이 도서관이지 그냥 창고보다 못하다. 그래서 그는 여기에 변화를 시도한다. 도서관으로 만들기 위하여 주정부 지원이 필요하다는 편지를 1주일에 2번씩 보낸다. 편지 쓰는 일은 힘없는 일개 죄수라도 할 수 있는 일이니까. 3~4년을 지속한 끝에 결국은 도서관이 흉악범들을 수용하는 교도소 안에 만들어진다. 작은 힘의 승리라고나 할까. 이 영화의 메시지는 다음 두 가지로 요약할 수 있다. 첫째, 지금 이 자리에서 내가 할 수 있는 일을 하자. (안하면 역사에 대한 직무유기가 아닐까?) 둘째, 목적에 충실하자. (도서관 만들기라는 목표를 세우고, 목표가 달성될 때까지 할 수 있는 일을 한다.)

우리 시민들이 이 죄수보다는 더 강력한 사회적 영향력을 가지고 있다면 부정할 사람이 있을까? 시민은 그러한 힘을 가지고 있다. 1987년 넥타이 부대의 등장과 함께 대한민국의 전 시민이 움직이면서 민주화의 결정적 계기가 되었고, 2000년 4월 총선연대의 활동이 불법성 등 많은 문제점을 남기기는 하였지만, 많은 사람들의 가슴을 시원하게 했던 것을 기억한다. 2016년 겨울 초입에서 광화문에 모였던 수많은 사람들의 촛불에 대한 기억은 아직도 생생하다. 직접 참여하지 않았더라도 약간의 시원함을 느낀 사람이 있다면 모두 사회를 변화시킬 수 있는 힘을 가진 사람들이다. 그 시원함이란 오랫동안 잊고 살아왔던 '민주사회의 주인은 바로 나'라는 사실에 대한 환기에 근거하는 것이기 때문이다. 이 사회를 실제로 밑바닥에서부터 지키고 움직여 왔던 것이 바로 나의 힘이라는 인식이 가능했기 때문이다. 2019년 광화문과 서초동으로 대변되는 시민들의 운집도, 2020년 4월의 총선결과도, 코로나19에 대처하는 성과도 이러한 힘에 대한 자각이 현재진행형임을 말해준다.

산업화시대의 '만드는 것'에서 이제는 정보화 시대로서 '지키는 것'이 힘이다. 내가 나를 지키고, 내 가정과 직장을 지켜왔다면, 이미 인권을 지키는 민주시민으로서의 자격이 충분하다. 21세기 새로운 변화와 함께 이제 공사의 구분이 없어지고 있다. 즉, 나의 개인생활이 공공변화의 영향을 받는다는 것이다. 그렇다면 이제는 내 가정을 지키기 위하여 사회의 움직임을 눈여겨볼 필요가 있음은 자명하다. 어떤 사회적 사명감이 있어야 사회에 관심을 가지고 참여하는 시기는 이제 지났다. 특히 지방자치의 시기에 이는 바로 나의 당면과제이기도 한다. 내가 나를 위하여 사회에 참여하고, 사회의 변화를 위하여 나를 변화시키는 나와 사회의 연결고리가 바로 여기에 명백히 드러난다. 작은 자들이 모여 큰 사회를 만들어갈 수 있기 위하여 지금 이 시점에서 '내'가 움직여야 한다.

여기서 '나'는 시민으로서 정치의 참여자이고, 현실 사회에서 곧 유권자이다. 그런데 현대적 용어로 유권자는 정치인이다. 우리가 일반적으로 사용하는 정치인이라는 용어에 유권자를 포함시키는 경우가 별로 없다는 데에 우리가 생각하는 정치의 한계가 있음을 알 수 있다. 정치인을 선출하는 행위는 고도의 정치적 행위이고, 그러한 정치적 행위를 하는 자는 당연히 정치인이다. 현대 민주주의 사회에서 유권자가 되는 방법은 법에 정해진 일정 연령에 도달하는 것이다. 출생신고만 되어 있다면, 유권자가 되기 위해서 내가 특별히 해야 할 일이 없는 셈이다. 민주주의 사회에서 나는 보통선거라는 선거 원칙을 통해서 저절로 유권자, 즉 정치인이 되지만, 그만두는 방법은 현행 체제에서는 존재하지 않는다. 임기도 없고, 정년도 없는 것이 유권자이기 때문이다.

민주주의 사회는 시민이 주인이기에, 유권자인 시민이 만들어가는 것이다. 우리가 시민으로서 어떠한 민주주의를 만들어 가느냐에 따라, 우리가 각자의 인권을 얼마나 지켜낼 수 있는가가 달려 있다고 하겠다. 재료가 물건의 품질을 결정하는 것처럼, 민주주의의 품질은 시민이 결정한다. 민주주의에서 재료는 시민이기 때문이다. 그 나라 민주주의의 수준은 곧 유권자의 수준이라는 말이 존재하는 이유가 바로 여기에 있다. 그런데 문제는 유권자는 시간이 흐르면 저절로 될 수 있지만, 시민은 저절로 만들어지지 않는다는데 있다. 유권자와 시민이 동일인이면서, 동일인이 아닐 수 있다는 역설적이고 모순적인 상황이 연출되는 것이다.

시간의 흐름에 따라 될 수 있는 유권자의 지위와 달리, 시민은 만들어지는 것이다. 사회에서의 여러 가지 교육을 통해서 갈등과 대립이 토론과 타협을 통해 해결되어가는 과정에 대한 학습이 바로 시민교육의 핵심이다. 여기에 필요한 덕목은 바로 기다리고 실행하며, 실행하고 기다리는 인내이고, 그 과정과 절차를 우리는 민주주의라고 부르게 된다. 여기에 각 시민이 인내할 수 있는 이유는 내가 바로 인권의 수호자이고 자유 지킴이라는 사명감이 있기에 가능하다. 이를 위해서는 사안별로 다른 이의 판단에 내 판단을 맡길 것이 아니라 내가 직접 판단할 수 있는 힘(즉, 사고력)을 길러야 한다. '나를 위해 너를 지켜주고, 너를 지키면서 나를 지킨다'는 상호적 원칙의 교류 속에서 한 사회 속에서 살아가는 모든 인간의 인권과 자유가 지켜질 수 있게 되면, 개별 집단의 함성에 매몰된 자기만의 정의와 공정이 모든 이들의 정의로, 공의로 자리잡아 '우리들의 민주주의'는 그 꽃을 피우게 될 것이다.

■ 차례

제1부 민주주의의 개념과 사상적 흐름

제1장

민주주의의 사상적 근간, 자유

- 루소와 헤르더의 자유개념과 인본성을 중심으로 -

제2장

참여민주주의를 위한 루소의 역설

제3장

밀(Mill)의 민주주의론

– 자유와 관용의 제도화를 통한 대의민주주의의 가능성 –

• 92 •

제4장

페이트만의 민주주의와 페미니즘

• 118 •

제5장

시민의 자치능력과 민주주의의 가능성

• 141 •

제2부 민주주의와 현대사회: 다양성과 기회구조

제14장

민주주의와 평화로의 길

– 전쟁의 길과 평화의 나무 –

제15장

현실의 균형, 미래의 조화, 민주적 이상향

■

나가는 말

제1부

민주주의의 개념과 사상적 흐름

제1장

민주주의의 사상적 근간, 자유

—루소와 헤르더의 자유개념과 인본성을 중심으로—

1. 인간의 의제설정: 인본성과 자유

역사의 복적은 인본성(humanity)의 완성이다. 인본성으로 충만한 사회는 궁극적으로 인간의 선한 삶이 가능한 선한 사회를 의미한다. 인본성을 통하여 인간은 인간의 본질적 조건을 그 자체로서 이해할 수 있게 된다. 이러한 인본성 완성을 위한 선결 조건은 인간의 자유이다. 사실상, 인본성은 '자기실현(self-realization)으로서의 인간의 자유'라는 사고방식의 개념적 근거를 형성하고 있다. 자유를 자기실현으로 이해한다는 측면에서, 그린(Thomas Hill Green)은 자기실현이란 또한 타사의 실현과 동시에 존재하는 것으로 사회 공동의 도덕적 목표라고 주장한다. 특히 인본성은 모든 인간의 선한 삶에 대한 이해에 근거한 삶의 양식이라는 개념을 포함하고 있기 때문에, 자유 개념은 그 사회적 상황과의 관계에서 이해되어야 한다고 본다.

자유란 인간의 선한 삶을 위한 선결 가치로 인식되고 있다는 가정과 또한 훌륭한 사회는 자유 사회여야 한다는 신념이 필자의 기본적 전제이다. 사실상, 역사에서 자유에 반대하는 자를 발견하기란 쉽지 않다.

그러나 그 개념과 방법론 - 자유가 무엇인가와 인간을 자유롭게 하는 자유 사회가 어떻게 구성되는지 - 에 관해서는 아직도 논란의 여지가 많다. 여기서 필자는 인간 존재를 규정하는 필수 조건이라는 관점에서 분석해 보고자 한다.

많은 사람들이 '인간은 자유롭게 태어났다 (Man is born free.)'는 루소의 명제에 대해서는 대체로 동의한다. 여기서 자유는 인간의 태생적 자유를 의미한다. 이렇게 볼 때, 자율적이고, 자기 선택에 책임을 지고, 규제 받지 않는 인간은 자유롭다고 할 수 있다. 이와 동시에 '인간은 도처에서 사슬에 매여 있다. (man is in chains everywhere)'는 명제에도 또한 모든 사람이 동의하고 있다. 여기서 '사슬'은 원래 인간의 자유를 지켜야 하는 공동체가 원인이 되어 형성된 것이다. 루소는 이 두 가지 측면을 역설적으로 연결시켜 하나로 통합시키고 있다. 즉, 인간은 끊임없이 세상이 주는 질곡과 사슬로부터 벗어나 사회에서 상실해 버린 태생적 자유를 회복하려 한다는 것이다. 잃어버린 자유를 회복하려는 역사적 과정에서, 루소는 자유를 자연적 감정(natural sentiment; amour de soi & pitié)과 이성(reason)의 결합이라고 규정한다.

"외부적 장애 없는, 그러나 내부적 규제 하에 존재하는 것"이라는 루소의 자유에 대한 정의에 동의하면서, 헤르더(Herder)도 또한 자유를 내적 구조뿐만 아니라 외적 조건에 의하여 결정되는 것으로 규정한다. 개별 인간의 내재적 자유 개념에 동의하면서도, 헤르더는 타자(other)의 존재 없이는 아무도 자유로울 수 없다는 유기적이고 역동적인 세계관을 제시하고 있다. 자유로운 개인이란 본질적으로 자율적이며, 자기-결정적이라는 칸트(Kant)의 주장은 루소의 '자기 부과적 명령(self-imposed command) 개념의 영향력 하에서 '자신의 의지에 따른 선택의 자유'라는 헤르더의 주장에 많은 영향을 주게 된다. 한마디로, 진정한 자유를 위하여 인간은 우선 자신의 이기적 열정으로부터 벗어나야 한다.

인류의 공동선에 근거한 삶의 기초를 이루는 인본성이라는 관점에서,

자유 개념은 통합적으로 이해되어야 한다. 자유는 장애나 규제로부터 자유로우면 된다거나, 행동하고 선택할 자유가 있으면 된다고 일방적으로 주장할 수 없는 것이다. 자유인의 자유는 공동체의 성원으로서 그의 지위에서 시작한다. 인본성의 시각에서 인간에게는 오직 하나의 자유만이 존재한다. 여기서 필자는 자유 개념을 인본성 관점에서의 통합 개념으로 설명하고, 사회구조 안에서 자유를 추구하고자 한다. 자유 개념의 역사를 보면 개인과 사회의 관계가 극명하게 드러난다. 한마디로 자유란 개인적 차원에서는 칸트의 자율성 개념에 따라 '자기실현(self-realization)'이라고, 사회구조와 관련해서는 인간 존재의 조건이라고 필자는 규정한다.

베네데토 크로체(Benedeto Croce)는 모든 시대 모든 인간에게 인본성은 언제나 그 자체로서 전부라고 말한다.[1] 우리 개인은 인본성과 더불어 발전한다. 우리는 우리의 삶을 인본성과 분리하여 생각할 수 없다. 전체의 발전 없이, 우리의 도덕이나 물질적 상황도 개선될 수 없는 것이다. 그러나 이러한 전체와 개인 간의 유기적 관계가 전체주의로 오해되어서는 안 된다. 개인의 발전이 사회 발전의 전제 조건임을 의미한다는 측면에서, 우선 목표는 여전히 각 개인의 도덕적 발전인 것이다.

헤르더는 인본성이란 인간이 지닐 수 있는 이상적 상태라고 설명한다. 인간이 그 이상적 상태를 달성하기 위하여 지니는 잠재성을 의미하는 것이기도 하다. 따라서 인본성은 이상적 조건이자 동시에 규범적이고 실증적인 현실적 가치인 것이다. (Herder 1800, Book IV, Chapter VI) 한마디로 역사는 인본성의 역사이며, 인간 존재의 목표는 인본성의 형성에 있다고 하겠나. 쥐제뻬 마찌니(Guiseppe Mazzini)는 헤르더와 마

---

1) 크로체는 또 나아가서 '역사를 인간과 인간의 행동의 과정으로만 파악하는 것은 잘못된 시각이며, 인간의 행동은 역사와 인본성의 일부일 뿐이'라고 역설한다 (Croce 1941: 278-279).

찬가지로 인본성이란 신이 부여한 인간의 운명이자 의무라고 역설한다.

> 인생은 짧고, 인간의 능력은 약하고 불확실하여 도움을 필요로 한다. 이제 신은 인간에게 지속적이고 수만 년간 모든 개인의 능력이 축적된 그 어떤 것을 내려 주었다. 그것은 인간의 수많은 실수와 잘못 가운데에서도 지혜와 도덕을 진작시킬 수 있게 하는 것이다... 인본성이 바로 그것이다... 인간은 언젠가 모두 죽는다. 그러나 인간이 밝혀낸 진실, 인간이 행한 선은 사라지지 않는다. 인본성이 그것들을 보존하고 인간은 그 수확을 거둬들여 역사를 발전시키는 것이다. (Mazzini 1929: 37)

인본성에 대한 능력은 인간만이 지니고 있으며, 오직 인간만이 인본성을 일궈낼 수 있다는 것이다. 따라서 철학의 목적도 인본성을 밝혀내고 이를 위한 방법을 모색하는데 있다. 오직 인본성만이 인간에게 행복과 자기실현을 가져다 줄 수 있다는 것이다.

인본성은 또한 역사에서 개인적 양상을 드러낸다. 실제로, 개인주의는 자유의지와 개인의 발전을 강조한다. 개인주의는 인간을 중세적 세계관에서 해방시켰으며, 새로운 사회관계를 형성할 수 있는 능력을 인간에게 부여한다. 인간이 자기형성 능력을 개발할 때, 다가오는 시민사회의 동력이 될 사회의 역동성이 살아나게 된다. 따라서 인본성의 기본개념은 바로 자유이다. 자유는 인간의 선한 삶을 가능케 하는 가치이기 때문이다. 인간은 플라톤 이래로 모든 종류의 장애, 위험, 압제 없는 자유의 세계를 갈망하여 왔다. 플라톤은 인간을 동굴에서 끌어내어 이상사회로 인도하기 위하여 인간을 교화시키려 한다. 플라톤의 주장은 사실 소수의 현자에게만 가능한 것이기는 하지만, 인간 정신을 교화시키기 위한 단서를 제공한다는 측면에서 여전히 중요하다. 사회는 철학자가 통치해야 한다는 것이 플라톤의 주장이라면, 헤르더는 이를 다수 대중(헤르더의 용어로는 민족[volk]이다)으로 확장시킨다. 헤르더에게 선한 사회라는 이상은 인간적이고 교화된 사람들이 중심이 되는 사회를 지칭한다. 그러므로 인간의 자유는 인본주의라는 관점에서 이해되어야 한다.

사회의 자유는 인간의 권리와 이익에 대한 이해로부터 가능하다. 이를 위하여, 구속되지 않은 자유로운 정신이 필수적이다. 이 자유에 대하여 인간이 할 수 있는 것은 무엇일까? 인간은 자신의 행복을 목적으로 한다. 자유는 인간에게 타인의 행복을 침해하지 않고 자신의 행복을 이룰 수 있는 능력을 준다. 이는 개인의 사적 이익과 전체로서 사회의 선을 조화시킬 수 있음을 의미한다. 때로 우리는 '개인과 사회 중 어느 것이 더 중요한가?'라는 의문을 제기하고 답을 해야만 한다. 개인과 사회가 유기적으로 연계되어 있음을 고려할 때, 이는 어리석은 질문이다. 자유는 때로 '타인을 괴롭히지 않음'을 의미하기도 한다. 이렇게 볼 때, 개인 자신의 발전과 사회에서 개인의 발전은 조화될 수 있다. 개인도 사회도 모두 상호작용의 산물이다.[2] 따라서 개인이 자유 사회의 시민일 때 비로소 그 개인은 자유로울 수 있게 된다. 구체적으로, 개인이 규제받지 않은 진정한 자신의 의지로 한 선택에 책임을 지고 자율적일 때 개인은 자유롭다고 할 수 있다.

루소와 헤르더와 같은 학자는 사회의 모든 인간은 자신의 본성을 개발하면서 공동체 전체의 선을 고양시킬 수 있다고 주장한다. 자유로운 인간이 되는 것은 타인의 바람과 의지와의 투쟁에 있어서 바른 길을 찾아내도록 하는 법[3]을 따르는 것이다. 여기서 바씨니의 주장을 다시 들

---

2) 헤겔(Hegel)도 역사의 연구에서 같은 주장을 한다. 그러나 헤겔은 삶의 사회적 기반으로서의 국가를 위한 개인의 봉사와 복종을 의미한다. 즉, 개인주의를 부정하게 되는 것이다. 개별 인간의 분산된 의지를 고양시킬 수 있으려면, 인간은 고도의 단일체를 형성해야 한다는 것이 헤겔의 주장이기 때문이다. 논의 전개에 앞서, 헤겔은 자신의 거시적 역사관을 제시하는 바 정명제로서의 개인은 합명제로서의 국가에 도달해야 할 필요가 있다는 것이다.

3) 적절한 사회관계를 유지하기 위하여 인간 자신에 의하여 설정되었다는 측면에서, 법은 자유의 열쇠이다. 바로 이것이 루소 일반의지의 핵심 개념이다.

어보자.

> 자유 없이 당신은 어떤 의무도 이루어낼 수 없다... 자유 없이 도덕은 존재하지 않는다. 선과 악, 공동의 진보에의 헌신과 이기주의 정신에 대한 선택의 자유가 없다면, 책임도 없기 때문이다. 자유 없이 어떠한 사회도 존재하지 않는다. 자유인과 노예 사이에는 관계가 없고 오직 타인에 대한 한쪽의 지배일 뿐이기 때문이다. 개인이 신성하기 때문에 사회도 신성한 것이다. 자유가 없는 곳에, 삶은 단순한 유기적 기능만 남아 있게 된다. 자신의 자유가 훼손되도록 허용하는 사람이 있다면, 그는 자신의 본성에 반하여 행동하는 것이다. (Mazzini 1929: 77)

근대 자유 개념은 다음 두 종류의 자유 - 자연적 자유(natural freedom)와 시민적 자유(civil freedom) - 를 제시하고 있다. 자연적 자유는 원시인들의 자유이며, 무정부주의에 가깝고 극단적이어서 결함이 많은 자유이다. 원시사회의 인간은 생존을 추구한다는 데에서만 자유롭다고 루소는 주장한다. 그들은 생존 이외에 타인에 의한 규제에 대하여 자유를 사용하지 못한다는 것이다. 이는 성숙한 인간이 원하는 자유를 대표하지 못하므로 이상적인 것은 아니다. 사회적 교류 없이 개인이 기본적인 육체적 욕구 이상을 추구할 수 있게 하는 자신의 능력을 개발하기는 어렵다. 자연상태에서, 개인은 또한 모든 자연의 힘에 종속되어 있다. 여기서 이성은 우리에게 또 다른 고차원의 자유가 있음을 일러준다.[4)]

여기서 루소가 주장하는 시민적 자유가 등장한다. 이는 미덕을 지닌 시민(citizen with virtue)이 향유하는 자유이다. 여기서 미덕을 지닌 시민이란 법의 추종자이며, 법은 또한 인간으로 하여금 공포와 혼란을 벗어나 살 수 있게 하는 이성의 법이다. 이성의 활동과 함께, 시민적 자유

---

4) 자유는 자연적 감정(루소적 용어로 말하자면 자기애[amour de soi]와 동정심[pitié])과 이성의 조화로서 나타난다고 루소는 설파한다.

는 절대적 통치자 없이 평화 상태에서의 인간의 삶을 가능케 한다. 루소에게 자유롭다는 것은 자신의 욕망을 자발적으로 법에 순응시키면서 사는 삶이다. 이는 인간에게 타인이 자신에게 해를 끼칠 수도 있다는 두려움 없이 자신이 원하는 삶을 살 수 있는 사적 공간을 부여한다. 시민적 자유와 자연적 자유의 교차점이 바로 여기에 있다. 결론적으로 루소는 사회적 조건의 변화와 함께 발생하는 역사적 필요에 따라 시민적 자유가 대두한다고 역설한다.

루소는 자유를 다음과 같이 정의한다. "외적 강제 없는, 그러나 내적 규제 하에 존재하는 것,"(Rousseau 1979: 280) 루소는 자유를 외적 조건과 내적 구조로 결정되는 것으로 이해하고 있다. 이는 루소가 문명사회의 자유를 인간 본성의 표현으로 받아들이고 있음을 상정한다. 역사의 결정 요소로서 도덕의 중요성을 강조하고 있다. 물론 이러한 도덕 개념이 자연스러운 인간의 감정을 배제하는 것은 아니다. 여기서 시민적 자유와 도덕적 자유가 만나게 된다. 도덕적 자유에 대한 역사적 접근으로 사회 안 개인 간의 관계는 도덕 개념과 관련되어 분석된다. 시민적 자유의 속성을 설명해주는 사회에서의 도덕이란 결국 역사에서 드러나는 이상적 자유를 제시하는 것이다.[5] 사회에서 자기 의지(사적이익)의 포로가 된 개인이 어떻게 역사적으로 자유로울 수 있는지에 대한 열쇠가 바로 여기에 있다. 루소를 해석하면서, 존 샤베트(John Charvet)는 다음과 같이 주장한다.

> 각 개인은 자신의 이익을 보호해줄 규칙에 많은 관심을 보인다. 그러나 현실에서 개별 인간으로서의 자신만이 가지는 이익을 언제나 구별해낼 수 없기 때문에, 일반화시킬 수 있는 것만 자신의 이익으로 삼아 그에 해당되는 규칙을 제시할 수 있을 뿐이다. (Charvet 1974: 134-135)

---

5) 일반의지가 역사에서 드러날 때, 개인은 사회에서 그 구체적 존재성을 지니게 된다. 루소에게는 제네바(Geneva)가 그 좋은 예였다. (Rousseau 1979: 119-120)

인간은 '자유롭기 위하여 강제되어야 한다'고 루소는 역설한다. 자유는 인간 자아의 회복이며, 인간 자신이 설정하여 부과한 도덕률에 따라 살 수 있다는 것이다. 이성이 침묵하고 있을 때, 감정이 강력하게 대두하는 현장이다.

여기서 루소의 일반의지는 인간 자신이 설정한 정치 공동체 안에서 자신을 통제하는 자유와 인간을 합일시킨다는 점에서, 역으로 위에서 언급한 루소의 자유 개념의 기반이 된다. 일반의지가 지배하는 루소적 사회는 각 개인에게 자유에 근거한 인본성을 부여하는 헤르더적 인본주의 공동체(Humanität)와 같은 개념이다. 이제 필자는 역사 속에서 인본성과 자유를 찾으려는 루소와 헤르더의 사상적 노력의 뿌리를 찾아보려 한다.

2. 자유의 정치적 전통

자유란 인간의 선한 삶을 가능케 하는 기제로 널리 알려져 있다. 또한 선한 사회는 자유로운 성원이 존재하는 자유 사회여야 한다는 것도 사실이다. 도덕적 인간으로서의 충분한 인간의 발전은 궁극적으로 개인의 미덕과 도덕적 반성에 의존하고 있음은 루소도 헤르더도 동의하고 있는 바이다. 그러한 인간은 자유로운 시민이 존재하는 사회(여기서 도덕적 자유가 시민 사회와 연계된다)에서만 만들어진다.

한마디로 자유는 언제나 사회적 관계 - 자신과의 관계뿐만 아니라 타인과의 관계 - 에서 드러나게 된다고 할 수 있다. 그럼에도 불구하고 개인의 자율성은 여전히 자유의 핵심 조건이다. 이러한 관점에서 우리는 인간의 자유를 정치·역사적 맥락에서 발견해 낸다. 역사적으로 자유와 자치 개념은 전제적·종족적 질서, 교조와 전통의 지배, 합법화된 강제폭력 등을 대체하였다. 계몽시대이후, 자기 표현과 자기 입법으로서의 자유는 인간의 본성에 맞게 행동하려는 인간의 소명으로 등장한다.

허버트 뮬러(Herbert Muller)가 주장하듯이, "계몽사상은 그 어느 것보다도 광범위하고 직접적이고 적극적으로 자유를 진작시켰다. 계몽사상은 자기 결정성, 인간 목표의 선택과 실현에 있어서의 지식과 이성의 힘을 고양시켰다."(Muller 1964: 321)

대다수의 사상가들이 자유를 인간 최고의 가치로 추앙한다. 그러나 '자유란 무엇인가?'란 질문에 대답하는 일련의 노력 과정에서, 사상가를 두 집단으로 나누고 있는 자유에 대한 두 가지 정의를 발견하게 된다.[6] 전자는 자유란 무엇인가를 할 수 있는 '능력'이라고 하며, 후자는 인간의 내면적 이성과 열정의 규칙이 자유라고 주장한다. 전자는 로크(Locke)의 영향을 받은 일부 영국 학자와 프랑스와 독일의 사상가들의 지지를 받고 있다. 자유란 무엇인가를 할 수 있는 능력이므로, 그러한 자유에 대한 제한을 먼저 살펴보아야 한다는 것이다. 홉스(Hobbes)도 여기에 속한다고 볼 수 있는데, 그는 규제와 장애의 부재를 역설한다.

후사는 도덕 철학과 밀접하게 연관되어 있다. 단순한 장애의 부재는 저차원적 자유 개념이라는 아리스토텔레스(Aristoteles)의 주장[7]에 동의하는 사상가들이 후자의 입장을 주장하고 있다. 루소, 칸트, 헤겔 등

---

6) 벌린(Isaiah Berlin)은 이를 '소극적 자유(negative freedom)'와 '적극적 자유(positive freedom)'으로 분류하면서 다음과 같이 설명한다; "본인이 '소극적'이라고 하는 자유 개념은 주체(개별 인간이나 인간 집단)가 타인의 간섭을 받지 않고 존재하거나 행위를 할 수 있는 영역을 찾아내는 작업과 연결되어 있다. 또한 '적극적'이라고 하는 후자 개념은 개별 인간이 어떤 행동을 할 것인가를 결정하게 하는 규제와 간섭의 원천은 무엇인가, 또는 누구인가에 대한 질문에의 해답인 것이다. 그 해답은 일정부분 중복되기도 하지만, 위 두 가지 질문은 명백히 관점이 다른 것이다."(Berlin 1970: 121-122)

7) "그[민주주의자]는 자유와 평등은 '자신이 좋아하는 것을 하는 것'을 의미한다는 시각을 가지고 있다. 그 결과는 다음과 같다; 극단적 민주주의 체제에서, 각각의 인간은 자신이 원하는 대로 살아간다. 유리피데스(Euripides)의 말을 빌리자면, 그 목적이 어떤 것이든 그것을 위하여, 자신이 하고자 하는 대로."(Aristotle 1946: Book V, Chapter IX, no.15/16)

이 이 집단에 속한다. 헤르더는 이 집단에 속하면서도 독특한 주장을 전개한다. 헤르더의 자유 개념은 '의지의 자유'라는 이상주의적 전통과 정확하게 부합하지는 않는다. 헤르더는 이렇게 설명한다. "인간이 이 우주에 적응하는 것도 자연이 제정한 우주의 법률을 발견해 내거나 무시하는 것도 전적으로 인간의 자유이다. (Clark 1969: 313)

필자는 이 글에서 두 학파 간 논점을 간단히 지적하고 루소와 헤르더의 주장을 개괄하고자 한다. 이를 위하여, 각기 인간의 자기 부과적 법 제정과 미덕의 삶을 외친 루소와 헤르더에 강력한 영향을 준 고전적 자유 논의부터 분석해 들어가는 것이 가장 좋은 방법이라 생각한다. 자유 개념사는 그리스에서 시작하여 로마로 이어진다. 근대의 계몽사상가들은 고대에서 시작된 작업을 계속하고 고전적 개념을 근대적 의미로 차용하는데 관심이 많았다. 반면에 경험적이고 공리적인 자유 연구는 인간 역사의 연속성이라는 시각에서 자유의 현대적 의미를 파악하는데 주력하였다. 나아가서 필자는 루소, 칸트, 헤르더와 같은 이상주의적 자유론자의 주장을 살펴, 인간의 이상으로서의 자유를 분석해나갈 것이다.

1) 고전적 자유 개념

자유 개념의 고향은 그리스라는 것이 정설이다. 뮬러는 이렇게 말한다. "대체로 그리스인들은 '기적, 신비, 권위' 등의 전통과의 결별을 보이고 있다... 그러나 그리스인들은 또한 자신을 생각하고 보다 나은 가능성을 지속적으로 연구해나간다... 그들만이 자유라는 이상을 설정하고 정치적 자유 개념을 주장한 게 된다." (Muller 1964: 139-140)

고대의 미덕(virtue)과 공화국(the republic) 개념은 고전적 자유 논의에서 매우 중요한 개념으로 계몽사상가들의 주목을 받았다. 고대의 미덕은 폴리스(polis)라는 정치공동체 안에서의 인간의 탁월성(human excellence)을 강조하면서, 개인이란 자유로운 시민으로서 공공 활동 영역에서 자신을 완성해가는 존재임을 의미한다.[8] 또한 특히 로마인들에

게 공화국이란 하나의 통치 형태로서, 여기서 인간은 자신이 동의한 법 체계에 복종하는 것이다.[9)]

그리스와 로마 고대인의 주요 과제는 '선한 삶(good life)'의 달성이었다. 질서가 잡힌 공동체에서 미덕의 추구는 부와 함께 선한 삶을 위한 것이었다. 선한 삶을 가능케 하기 위하여, 인간은 안전하고 건전한 정치 공동체를 필요로 한다. 따라서 고대인들은 인간의 미덕의 완성을 가능케 할 수 있는 질서 있는 공동체에 주목하였다. 이러한 정치 공동체의 유지를 위하여, 자유로운 개인은 '법'이라는 사회적 합의를 보장해주는 일정한 영역 안에서 활동할 필요가 있었다. 법에 자발적으로 동의하면서, 사람들은 자신이 설정한 의무 조항까지도 받아들이게 된다. 따라서 공공의 미덕이나 사적 미덕은 정의라는 관점에서 볼 때 서로 분리되어 있는 것이 아니다. 공공의 미덕에 사적인 미덕이 일치되면, 바로 이것이 플라톤이 주장하는 최고의 '국가'를 의미하였다.[10)]

> 그[국가를 소직하는 자]는 많은 체제 중에서 자신에 맞는 것을 선택할 것이다. 일단 선택하면, 그는 그 체제를 정립하려 할 것이다. (Plato 1968: 236-237)

건전한 영혼과 육체가 국가를 건강하게 한다고 플라톤은 믿고 있다.

---

8) 이것은 자유가 아니라 독립성을 의미하는 것이라고 혹자는 주장하기도 한다. 그러나 독립성이란 타인의 간섭의 배제를 의미한다는 측면에서, 루소는 이 독립성을 일종의 자유라고 주장한다.

9) 루소의 '자유롭기 위하여 강제되어야 함'이라는 개념이 바로 여기에 적용된다. '피치자의 자치(self-government by the governed)'라는 개념도 또한 이러한 맥락에서 언급되는 것이다.

10) 플라톤은 이데아로서의 최고의 도시국가 설립을 통하여, 정의로운 삶을 위한 시민의 공공 미덕을 제시하고 있다. 어두운 동굴에서 나와서 바라보는 밝은 태양과 같은 것이 바로 플라톤의 최고의 도시이다 (Plato 1968). 루소는 이 개념을 공공의 미덕과 사적 미덕의 합일로 재해석하고 있는 것이다.

건강한 영혼이 체제를 판단하는 기준이 된다는 의미에서, 건강한 체제는 건강한 인간의 발전을 보장하는 것이다. (Alan Bloom's "An Interpretive Essay, in Plato," 위의 책, p.414) 도시국가에서 조화를 창출하는 법은 국가와 그 성원의 특성이 일치된 완벽하게 설정된 국가 정체의 결실이라고 그리스인들은 주장한다. 원칙적으로 전체의 통치가 그리스 도시국가의 특성이다.[11]

법에의 동의는 로마 공화국에서도 기본적인 전제였다. 집정관의 권력은 자유의사에 의하여 통치 받기로 결정한 시민들에 의하여 법으로 규정되고 제한되었다. 물론 근대 민주주의와는 여전히 거리가 멀기는 하지만, 로마 공화국은 단순히 법에 의한 시민의 통치가 아니라 시민 자신이 제정한 법에 의한 시민의 통치였다.[12] 나아가서 집정관이 제시하는 모든 법은 시민의 승인을 받아야 했다. 시민이 선출한 집정관이 시민의 동의에 의한 법률로 시민의 의무 설정에의 동의 여부를 시민에게 물을 수 있을 때 공화국은 비로소 성립되었다. 로마 공화국의 제반 사항은 전적으로 시민의 일이었고, 시민은 이러한 절차를 따라 공동선을 위한 법에 복종하게 되었다. 이것이 키케로(Cicero)가 설명하는 로마의 자기 입법(self-legislation) 제도이다. (Cicero 1985: 129) 자기 입법 과정을 통하여, 법은 시민과 자유로운 공공의 공간(public space)을 연결시

---

11) 헤겔이 자신의 『역사철학(Philosophy of History)』에서 그리스의 상황을 '소수의 자유'라고 보았다는 점은 상당히 흥미롭다. 오히려 그리스는 '전체의 자유'를 목표로 하고 있었던 셈이다. 그리스 시민 개념은 자유로울 가치가 있는 선택받았거나 자격 있는 소수가 아니라 모든 인간이 시민으로서 전적으로 자유로울 수 있음을 의미한다. 이는 또한 소극적 개념의 자유보다는 자기 확신과 자기 결정으로서의 적극적 자유 개념을 제시하고 있다.

12) 물론 로마 공화국 시대의 '사람들(people)' 개념이 매우 제한적이었다는 문제는 있다. 그러나 자신의 법을 제정한 사람들이라는 로마의 사고는 훗날 인간정신의 발전사에서 자유와 함께 근대 민주주의를 형성시키는 초석이 되었음을 간과해서는 안 될 것이다.

킨다. 로마에서 필자는 루소적 사고의 뿌리를 발견할 수 있다. 우리 인간은 로마 제도에서 자기 입법이라는 개념을 전수받았다. 이 자기 입법 개념은 시민을 미덕과 자유로 무장시켜 근대 민주주의를 위한 인간의 과제로 사회에서 설정되었다.

2) 경험주의적 - 공리주의적 자유 개념

고대의 '미덕(virtue)'이라는 시민(citizen)의 속성으로부터 근대의 자유(freedom) 또는 시민의 삶을 가능케 하는 사회질서로 정치사상적 관심사는 변화되어 왔다. 고대 사상은 인간으로 하여금 선한 삶을 가능케 하는 개인적 도덕성과 이상적 제도를 강조하였다. 한편, 근대는 우선적으로 개인의 삶을 정의롭고 평화롭게 그리고 풍성하게 하기 위하여 시민들 간의 질서 유지에 초점을 맞추게 된다. 특히 홉스는 인간의 도덕성 등과 같은 이상을 평가절하하고 현실을 중시한다.

> 우리[인간]이 추구해야하는 것은 현세의 행복이다. 이는 마음의 만족에 있는 것이 아니다. 위대한 도덕 철학자의 책에서 언급되는 바와 같은 인생의 궁극적 목적이니 최고의 선이니 하는 것은 존재하지 않는다. 욕망이 없어지면 인간은 존재할 수 없다. 행복은 끊임없이 욕망이 살아 움직일 때 존재한다. 하나의 욕망을 얻고도, 곧바로 인간은 또 다른 욕망을 찾아 떠난다. (Hobbes 1986: part I, chapter 11, 160)

실서를 보존하고 평화로운 삶을 유지하기 위하여 인간의 능력을 개선해야 한다는 것은 필요한 작업이 아니라고 홉스는 주장한다. 필요한 것은 오직 인간의 행태를 통제하기 위하여 인간의 열정(passion)을 연구하는 것뿐이라고 한다. 어떤 기관 설립이 필요할 수도 있고, 각 개인의 모든 행동이 그 사회질서에 부합되어야 한다. 홉스와 로크(Locke)는 인간관에 기초한 사회질서를 제안하고 있다.

모든 인간은 자신의 사적 이익을 추구하는데, 행복의 추구가 가장 중요한 인간의 이익이라고 홉스는 역설한다. 권력과 육체적 만족의 추구는 인간의 삶이 지속되는 한 끊임없이 지속된다는 것이다. 또한 자기 이익이란 언제나 타인과의 경쟁과 갈등을 유발하기 때문에, 전쟁상태가 끊임없이 지속된다고 한다.

> 이제 인간 모두를 조용히 시킬 수 있는 권력이 없는 상태에서, 인간은 전쟁이라고 불리는 상황에 직면할 수밖에 없음이 명백해진다. 그것은 만인의 만인에 대한 전쟁이 된다... 어쩌다 한두 번 내리는 소나기나 비와 같은 것이 아니라, 지속적으로 우리의 삶과 함께 하게 되는 것이다. 그러므로 실제로 언제나 싸워서만이 아니라, 언제나 그 반대의 확신이 없다는 측면에서 전쟁이라고 할 수 있다. (Hobbes 1986: 185-186)

인간은 쾌락을 갈망하고 쾌락을 얻을 수 있는 힘(power)을 필요로 한다고 홉스는 설명하고 있다. 어떠한 물건과 궁극적으로 쾌락의 추구는 인간을 갈등에 빠뜨리고, 그 삶 자체를 위험에 처하게 한다. 따라서 인간은 자연스럽게 자유를 희생하면서 정부를 형성하는 시민사회로 들어가게 된다는 것이다.

홉스적인 시각으로 인간이란 끊임없는 정열과 욕망의 산물이다. 그러나 자신을 통제하지 못하는 인간은 자유롭지 않다. 자유인의 속성(정열과 감성의 맹목성으로부터 벗어날 수 있는 힘)을 갖추지 못해서가 아니라, 쾌락의 추구로 생명을 잃어버릴 위험에 처해있기 때문인 것이다. 이러한 관점에서, 우리는 홉스의 자유 개념을 전형적인 소극적 자유 범주에 넣을 수 있겠다.

> 자유란 반대(opposition)의 부재를 의미한다. (여기서 반대란 행동에 대한 외부적 장애를 의미한다). 움직일 수 없도록 묶이고 포위되어 있다거나, 어떠한 공간 안에서 외적 장애요인으로 그 공간이 제한된다거나 할 때, 자유는 없다고 할 수 있다... 일반적으로 인식되고 있는 언어의 의미를 고려할 때, '자유인(free-man)'은 자신이 무엇인가 할 수 있는 힘과 지혜를

> 가지고 자신이 하고자 하는 것을 함에 있어서 규제받지 않는 존재이다. (Hobbes 1986: 261-262)

장애의 부재라는 관점에서 볼 때, 자유는 단순히 규제 받지 않는 움직임이라고 할 수 있다. 언덕을 굴러 내려오는 돌은 자유롭다고 홉스가 말하는 것으로 보아, 그의 자유는 행위라기보다는 단순한 움직임으로 그 의미가 좁혀진다. 인간은 욕망, 혐오, 기쁨, 고통 등을 통하여 행위하게 된다고 홉스는 설명한다. 인간은 국가라는 강제적 구조 안에 존재할 때에만 자신의 열정으로부터 안전하게 있을 수 있다는 것이다. 이러한 사회에서만 인간은 자신의 재능을 발전시킬 수 있으며 비로소 인간은 자신의 만족과 쾌락을 위하여 필요한 모든 것을 얻어낼 수 있다. 그러나 자유는 전적으로 인간적 현상이다. 외적 장애는 인간의 능력을 감소시킬 수 있으나, 자유 그 자체는 아니다. 한 인간의 육체적 장애가 그의 자유에 영향을 줄 수 없음과 마찬가지이다.

이에 비하여, 로크는 인간이란 자기 보호의 평화라는 필요에 의하여 행동하게 된다고 주장한다. 인간성 안에, 자신의 안전을 위하여 일반적인 인류 보존에 대한 관심이 존재한다고 한다.

> 모든 인간은 자신의 위치를 쉽게 떠나지 않고 자신을 보존하게 되어 있다. 여기서 자신의 보존이란 이성과 마찬가지로 전체 인류를 보존한다는 것과 상치되는 개념은 아니다. 그러니 공격자 또는 파괴자를 공정하게 평가하는 경우 이외에는, 타인의 삶, 자유, 건강, 자손, 물건 등 삶의 모든 것을 해치거나 빼앗거나 할 수 없다. (Locke 1965: chapter II. 311)

이러한 관용은 인간이 충분히 확신하고 만족하고 있을 때에만 나타난다. 인간의 모든 행동은 '변화의 동기'이자 또한 '새로운 행동원칙 위에서 국가의 변화를 일으키게 하는' 불안(uneasiness)으로부터 연원한다고 로크는 주장한다. (Locke 1975: Book II, Chapter XXI, no.39. 257)

여기서 '불안'에는 인간의 욕망이 따름을 알 수 있다.

> 혐오, 공포, 분노, 시기, 수치심 등의 근저에는 불안이 놓여 있으며, 불안은 의지에도 영향을 준다. 이러한 감정은 실제 삶에서 단독으로 존재한다... 이들 중 어떤 것도 내부의 욕망 없이 존재하지 않는다. 불안이 있는 곳에는 어디든지 욕망이 존재한다고 본인은 믿는다. 우리는 끊임없이 행복을 원하고, 불안을 느낄 때마다 확실히 행복을 원하기 때문이다. (Locke 1975: 257)

로크가 설명하는 인간은 보다 크고 이상적인 행복을 위하여 모험을 하기보다는 현재 자신이 느끼는 적절한 만족을 즐기려는 경향을 보인다. 인간의 행복은 경험적 현실에 근거하고 있다고 로크는 설명한다. 로크에게 인간은 인간이 공유해야 하는 세상에 태어난 존재이다. 따라서 인간의 행복은 희소성이 지배하는 세계에서 불안을 동반하는 욕망과 그 욕망을 달성할 수 있는 힘을 필요로 하게 된다. 로크에게, 이러한 힘은 바로 자유였다.

> 자유는 한편으로 인간이 어느 특정한 정치적 행위를 하거나 그만두기 위한 힘이다. 그 행위를 하거나 그만둔다는 것 자체가 마음속의 실제적 선호를 보여주며, 자신이 의지하는 바를 의미한다... 의지란 하나의 힘이자 능력이며, 자유는 또 다른 힘이자 능력이다... 자유가 힘이라고 할 때, 그것은 인간이 자신의 선택에 의하여 행동을 하거나 그만두는 그러한 힘을 의미한다. 인간을 자유롭게 만드는 것이 바로 자유이다. (Locke 1975: 241)

행복의 추구가 인간의 최고의 가치임에도 불구하고, 원시적 자연상태에서 인간은 자신을 보호하기 위하여 자신을 지켜야 한다. 국가는 인간은 보호하고, 평화롭게 살 수 있도록 중재하고, 법을 제정하고 법을 어기는 사람들을 통제하여야 한다. 인간은 자신의 일을 자유롭게 할 수 있을 때, 비로소 행복할 수 있다. 이러한 맥락에서, 로크는 국가가 필수적으로 지니고 있어야 하는 힘을 다음과 같이 정의한다.

> 사형까지 내릴 수 있는 법을 제정할 수 있는 권리, 그러한 법을 실행하고 외부적 침해로부터 국가공동체를 방어하기 위하여 재산을 보전하고 규제할 수 있는 권리, 공동체를 움직일 수 있는 권리, 그러한 모든 것이 공동선을 위한 것일 때, 바로 이것이 정치권력이다. (Locke 1965: 308)

이는 홉스가 주장하는 절대적 규제의 상태와는 다르다. 선하고 근면한 시민을 보호하기 위하여 제정된 법이기 때문이다.[13] 여기서 인간이 자신을 보호하기 위해 설정된 법을 지키는 한, 국가는 자신의 일을 하기 위한 인간의 자유를 보호해주게 된다. 시민사회는 인간이 안전하고 평화롭게 자신의 일에 몰두할 수 있도록 기회와 자유를 제공한다. 다시 말해서, 로크는 자유를 선택된 어떠한 행동을 하게 하는 힘으로 정의한다.

자연상태에서도 인간은 여러 가지 일에 봉착한다. 그러나 자연의 순환이 언제나 인간의 삶에 친화적으로 움직이는 것은 아니기 때문에, 원치 않는 일도 해야 할 경우가 발생하게 된다. 이러한 자연이 주는 불편[14]을 생각하면, 자연상태에서 인간은 자유를 충분히 향유할 수 없다. 오직 시민사회에서만 인간의 욕망을 실현시킬 수 있는 가능성이 존재한다. 한 마디로, 로크는 안전이 확보되지 않는 것은 자유가 아니라고 역설한다. 다시 말하여, 법이 없는 곳에는 자유도 없다고 할 수 있는 것이다. 크리스찬 베이(Christian Bay)는 로크에서의 입법의 목적을 법 체제하의 안정과 안전을 지키면서 자유를 고양시키는 것이라고 해석한다. (Bay 1958: 30)

---

13) 여기서 필자는 루소의 "자유를 위한 강제(forced to be free)" 개념과 유사한 논점을 보게 된다.

14) 로크는 자연상태의 불편사항을 다음과 같이 열거한다: 명문으로 규정된 법의 부족; 공정한 법 적용을 위한 판관의 부족; 범법자를 처벌할 수 있는 권위 있는 경찰력의 부재 등이다. (Locke 1965: 307-318)

로크와 마찬가지로 흄(Hume)도 기본적인 정치적 가치로서 자유와 안전의 개념적 연계를 강조한다. 홉스와 로크가 자신의 이익을 추구하는 인간이라는 기본 개념 위에서 시민사회를 설정하듯이, 흄의 인간성 개념은 시민사회의 구조를 결정하게 된다. 특히, 그는 자유와 권위의 균형에 초점을 맞추고 있다. 흄은 이렇게 주장한다.

> 모든 정부에 알게 모르게 권위와 자유 간의 영원한 투쟁관계가 형성되어 있다. 그 어느 것도 영원히 다른 것을 압도하지는 못한다. 대체로 자유가 보다 많은 희생을 요구당하고 있다. 시민사회의 완성을 위하여 자유가 필수적인 것이기는 하지만, 사회의 존재 그 자체를 위해서는 권위도 또한 필수적이기 때문이다. (Hume 1951: 156)

시민사회에서의 자유의 역할에 대한 이러한 의구심으로, 흄은 자유란 인간으로 하여금 자유의지에 따른 자기 결정에 따라 행동할 수 있게 하는 힘이라고 정의한다.

앞서 언급한 경험주의자들은 인간의 명백한 목표로는 자유 못지않게 행복도 중요하다고 주장한다. 이는 공리주의자들의 사고와 정확히 일치하는 것이다. 제레미 벤담(Jeremy Bentham)이나 존 스튜어트 밀(John Stuart Mill)과 같은 공리주의자는 인간의 유일한 의무란 자신이든 타인에게든 행복을 진작시키는 것이라고 역설한다. 여기서 행복이란 인간의 열정에 근거한 '기쁨이나 고통'[15]이라는 현실에서 이해되고 있다. 여기서 필자는 인간성에 관한 흄의 정의를 생각하게 된다.

> 열정은 순수한 존재 그 자체이며, 또는 약간 변형된 모습으로 나타나기도

---

15) 여기서 필자는 공리주의자들이 객관적 분석에 주관적 요소를 개입시키고 있음을 본다. 공리주의는 도덕적, 철학적 질문에 해답을 제시하지 못하기 때문이 아닌가 하고 필자는 생각한다. 특히, 벤담은 인간을 사회라는 커다란 기계에 속한 하나의 부속 정도로 격하시키고 있다. 이러한 시각은 밀에 의해서 다시 격상되고 있다.

한다. 감정은 또 다른 존재나 그 변형을 모사하는 대표성을 지닌 것이 아니다... 이성만으로는 어떠한 행동을 보여주지 못하고, 어떤 의지를 불러일으키지도 못하기 때문에, 이 능력은 의지 작용을 막을 수 없다. 따라서 인간은 어떠한 열정이나 감정을 특히 선호할 수 있게 된다. (Hume 1978: 414-415)

경험주의자와 마찬가지로 공리주의자도 자유의 가치를 평등, 정의, 안전, 행복 등과는 다른 개념으로 인식한다. 인간은 타인과 자동적으로 조화를 이루는 존재가 아니라는 주장과 함께, 자유란 여타 가치들 속으로 자기도 모르게 스며들어 가는 것이라고 그들은 인식하고 있다. 여기서 우리는 벌린의 주장을 살펴보게 된다. "모든 것은 그 자체이다. 자유는 자유이지, 평등이나 형평성이나 정의, 또는 문화, 인간의 행복, 평온한 양심도 아니다. (Berlin 1970: 125)[16]

밀(Mill)에 따르면, 자유는 타인에 의한 규제나 간섭의 부재를 의미하는 것이다. 사회가 개인의 사상과 행동의 자유에 보다 덜 간섭할수록, 개인이 자신의 능력을 자유롭게 발현시킬 수 있는 기회는 보다 더 많아지게 된다고 밀은 역설한다.

자신의 선택을 세상에 맡기는 사람은 원숭이가 하듯이 모방하는 것 이외에 다른 능력을 필요로 하지 않는다. 자신의 계획을 자신이 세우는 사람은 자신의 모든 능력을 제대로 활용하게 된다. 그에게는 사태를 파악하기 위한 관찰력, 예측하기 위한 추론과 판단 능력, 결정하기 위하여 자료를 모으는 행동력, 결성하기 위한 차별성 파악 등 모든 기능이 필요하게 된다. 자신이 결정하게 될 경우 단호함과 자기통제도 필요하다. 자신의 판단에 따라 결정해 가는 과정 속에서 이러한 능력들이 필요하고 또 실제로 작동하게 된다... 인간성은 한 가지 유형으로 찍어낼 수 있는 기계가 아니며, 하도록 미리 프로그램된 어떠한 일이 정확하게 존재하는 것도 아

16) 그러나 자유는 다른 개념과 별도로 이해될 수 없는 것이 현실이다. 자유는 인간 존재의 조건이므로, 그 전체성 속에서 파악되어야 한다.

니다. 인간성이란 오히려 그것을 생동감 있게 하는 내적인 힘의 방향에 따라 어느 방향으로도 자라날 수 있다. (Mill 1991: 65-66)

이렇게 볼 때, 자유는 그 자체로서 목적이 아니라 행복과 같은 인간의 영원한 이익을 실현시키는 수단이 된다. 밀은 다음과 같이 설파한다. "실효성이 모든 윤리적 명제의 궁극적 관건이라고 생각한다. 그러나 그것은 또한 변화해가는 존재로서의 인간의 영원한 이익에 근거한 실용성이어야 하는 것이다. (Mill 1991: 15) 인간의 기본욕구로서의 '자기보호'라는 본능에 이러한 실효성이 요구되는 것이다.

원칙적으로 한 인간이 개인적으로든 집단적으로든 다른 인간의 행동의 자유를 침해할 수 있는 유일한 근거는 '자기보호' 밖에 없다. 문명국의 성원에 대하여, 그의 의지에 반하여, 권력이 정당하게 행사될 수 있는 유일한 근거는 타인에 대한 해악을 방지한다는데 있다. 육체적인 것이든 도덕적인 것이든, 자신만의 선은 충분한 이유가 되지 못한다. 그렇게 하는 것이 그에게 좋다고 하여 하도록 강요할 수는 없다. 그래야 그는 더 행복하고, 타인이 보기에도 그렇게 하는 것이 현명하고 또 옳기 때문이다. (Mill 1991: 16)

바로 이것이 개인의 자유에 대한 규제가 정당화되는 경우를 결정하는 가장 단순한 예라고 밀은 주장한다.

'자유란 본질적으로 자신의 선을 자신의 방법으로 추구하는 것'(앞의 책, p.17)이라는 명제와 함께, 밀은 또한 이 원칙에 중요한 요건을 제시한다. "인간이 자유롭고 평등한 논의를 통하여 발전할 수 있는 능력을 지니게 되는 시기 이전에는 원칙으로서의 자유는 적용되지도 않았다. (Mill 1991: 15) 이제야 비로소 인간은 자신의 방법으로 자신의 선을 추구할 수 있게 된다. 그러나 그렇게 하기 위하여, 인간은 규제로부터 자유로와야 할 뿐만 아니라, 자신에게 좋은 것이 무엇인지를 결정하기 위한 관찰, 판단, 결정, 자기통제 등의 능력을 발휘할 수 있어야 한다. 그러한 성숙한 능력을 얻기 이전에, 인간이 자신의 선(궁극적인 선은 행복이다)을 위하여 어떠한 관행을 지키도록 할 필요가 있다. 다른 말로 해서, 선한 삶에 대한 타인의 정의에 따라 행동하게 하는 것은 개인의 발전을 저해하는 것이라고 할 수 있다. 바로 이것은 밀의 자유 개념에 정반대되는 것이다.

> 인식, 판단, 차별적 감정, 정신적 활동, 나아가서는 도덕적 선택과 같은 인간의 능력은 선택의 상황에서만 작동하게 된다. 관습적으로 행동하는 사람은 선택을 하지 않는다... 타인이 그렇게 믿기 때문에 그렇게 믿는 경우 못지않게, 타인이 하기 때문에 하는 행동의 경우에도 이러한 능력은 발휘되지 않는다. (Mill 1991: 65)

인간의 선은 자신의 개별성을 제대로 개발시켰을 때에만 존재한다.

자유 사회는 개별 인간이 자신의 삶에 관한 결정을 할 수 있는 저절한 기회를 제공해주는 사회라고 밀은 파악하고 있다. 그러나 또한 밀은 이렇게도 주장한다 "어떠한 인간 행위가 타인에게 편견적인 영향을 주게 되는 순간부터, 사회는 그의 행위에 대한 통제력을 지니게 된다. 개인의 행위에 대한 침해가 일반적 사회복지에 영향을 주느냐의 문제는 언제나 논란의 대상이다. 한 인간의 행동이 자신을 제외한 타인에 영향을 미치지 못할 때, 이러한 문제는 논란의 여지가 없게 된다. (Mill 1991: 83-84) 밀은 이렇게 개별성을 발전시키기 위한 개인의 자유를 사회의 기본적 필요인 '안전'과 동일시하고 있다.

"자유를 개별성 안의 안전과 동일시하는 것"을 의미하는 이러한 사회적 사고와 함께, 밀은 어떠한 특성을 지닌 사회(그 성원은 자신만의 선을 추구할 수 있어야 하며, 자유롭고 평등한 대화로 개발될 여지가 있어야 한다.)의 필요성을 제시한다. 자유가 본질적 가치인 '개별성(individuality)'을 위한 수단이 되는 것은 바로 이러한 조건 하에서 가능하다. 다른 말로 해서, 개별성은 자유사회라는 조건 하에서만 향유될 수 있다. 자유사회라는 밀의 개념에서, 사회의 성원은 자신의 능력을 충분히 발휘하고 있다는 것이다. 또한 그들은 타인에 대한 해악을 방지할 경우를 제외하고는 규제될 수 없는 것이다. 게다가, 그들은 자신에게 가장 적당한 삶의 형태를 추구하면서 개별성을 지니게 된다. 이러한 밀의 논의에서, 우리는 이성과 감정이 조화롭게 존재하는 개별성 안에서의 자유에 대한 적극적 담론을 발견하게 된다.

인간의 능력으로서의 이성은 사회적 자유와 궁극적으로 행복을 위하여 작동해 왔다. 자기 보호를 위한 인간의 욕망이라는 근본 전제로부터 논의는 시작한다. 또 다른 인간의 능력으로서 감정은 평화, 종국적으로는 행복으로 인간을 인도하지 못한다고 인식되어 왔다. 감정만으로는 인간이 양자를 조화시킬 수 없다. 감정을 통제할 수 있는 법체계가 있어야 이는 가능해진다. 한마디로 인간은 규제로부터 자유롭기 위하여 자신을 통제할 필요가 있다. 처음에 목적으로서의 자유는 이제 수단으로서의 자유가 된다. 인간의 감정은 계몽시대이래 자유의 이름으로 억압되고 통제되어 왔다. 이제 '목적으로서의 자유'를 실현시키기 위하여 감정을 역사의 현장으로 되돌릴 필요가 있다. 자유에 대한 경험적 이론만으로는 인본성을 충분히 파악할 수 없다. '구체적(concrete)'인 경험이론의 빈 공간을 메워 줄 '추상성(abstractness)'이 우리에게는 필요하다. 경험적 자유이론을 살펴보면서 우리는 인본성과 자유의 완성을 위하여 이상주의 이론과 같은 또 다른 시각의 필요성을 느끼게 된다.

3) 이상주의적 자유 개념: 자기실현으로서의 자유

대체로 경험주의와 공리주의는 자유보다 행복이라는 궁극적 목적을 중시하는 경향이 있다. 그러나 자유와 행복은 분리될 수 없는 문제이다. 자유와 행복은, 자유를 자기실현으로 규정할 경우에는 특히 서로 얽혀 있는 문제이다. 자유 없이 행복은 완성될 수 없다. 또한 행복하지 못하다면 자유가 충분히 향유된다고 할 수 없다. 자유는 인간의 행복을 위한 수단일 뿐만 아니라 목적 그 자체이기도 하다. 다시 말해서, 자유는 단순히 '무엇인가를 하기 위하여 외적 규제로부터 자유로운' 것이 아니라, '내부적이고 정신적 장애로부터 자유로워야 할' 것도 의미한다. 이렇게 볼 때, 자유는 개인 간의 차원 이전에 우선적으로 개별 인간 내면의 문제이다.

필자는 자유에서 능력, 기회, 그리고 실제적이고 잠재적 자아를 구현하는 동기까지 발견한다. 그러나 경험주의의 자유 논의는 오직 기회에만 관심을 보인다.[17] 이러한 경향으로 경험주의는 인간간의 관계도 개인적 자아라는 내적 영역도 아닌, 개인과 사회 사이의 영역에만 주목하게 된다. 이상주의는 자기실현을 위한 개인적 능력으로서의 자유를 인식한다.

상호관계의 보편성을 인정하면서, 몽테스키외(Montesquieu)는 홉스와 로크의 논의 구조를 반박한다. 인간의 삶에 관한 이론은 열정과 욕구의 지배를 받는 고립된 존재로서의 인간이라는 인식에서부터 출발하지 않는다. 인간은 관계 속에 존재하고 그 안에서만 이해되는 존재이다. 몽테스키외는 상호간의 관계와 함께 원시사회를 벗어나 사회 상태를 형성한 인간으로부터 자신의 논의를 전개한다. 인간의 자유를 이해하기 위하여, 자연 속의 인간의 위치 - 즉, 그 관계 -를 밝혀야 한다는 것이 몽테스키외의 주장이다. 인간은 형이하학적 법칙의 지배를 받는 형이하학적 존재임을 의미한다. 동시에 인간은 형이하학적 영역을 인식할 수 있는 지성(intelligence)을 지니고 있다. 이 지성을 통하여, 결정과 행동으로 까지는 나가지 못할지라도, 자신의 존재 양태를 인식하고 자신의 장래를 계획할 수 있게 된다. 인간이 자신에 맞는 세상을 만들어 나갈

17) 소극적 자유를 강조하는 철학자의 주장은 다음과 같다고 이사야 벌린은 역설한다: "인간은 인간의 행동이 방해받지 않는 정도까지 자유롭다. 이러한 의미에서 정치적 자유란 인간이 타인의 방해를 받지 않고 행동할 수 있는 영역에서 파악되고 있다." (Berlin 1970: 122)

수 있는 것은 자유가 있기 때문이라고 몽테스키외는 설명한다. 인간은 자신의 목표를 선택할 수 있는 능력을 지니고 자신의 결정에 따라 나름대로의 규칙을 설정하기 위한 행동양식을 제시한다. 바로 이것으로 인간은 다른 모든 피조물과 구별된다. 몽테스키외는 이를 '철학적 자유(philosophic liberty)'라고 한다.

> 철학적 자유는 의지를 실현할 때 또는 적어도 의지를 실현하겠다는 의사를 지니고 있을 때 존재한다. (Montesquieu 1961: Book XII, Chapter 2, 196-197)

사실 철학적 자유는 자기 결정을 위하여 잠재적으로 필요한 것이다. 고립된 개인으로서, 인간은 약하고 두려워하는 존재이다.[18] 사실 고립된 개인은 자연의 힘, 또 타인과의 갈등이나 자신과의 갈등에 대항할 수 있는 충분한 힘을 발휘할 여지가 없다. 그러나 인간은 원래 고립되어 있지 않다. 모든 인간은 태어나는 순간부터 공동목적을 지닌 타인들이 존재하는 사회로 진입하게 된다. 인간의 목표를 추구한다는 측면에서, 인간의 자유는 실현될 수 있는 것이다. 인간의 상호관계는 인간의 목표 달성을 가능케 한다. 인간의 철학적 자유로 인간은 자신을 위한 계획을 세울 수 있고, 자신의 선택에 따른 행동을 할 수 있게 된다. 이제, 몽테스키외의 철학적 자유는 사회 안에서 정치적 자유로 진행한다. 정치적 자유는 인간이 함께 살아가고 자기 결정 과정을 통하여 공동선을 지향하게 하는 정치의 본질을 구성하게 된다. 몽테스키외는 정치적 자유를 다음과 같이 정의한다.

---

18) 몽테스키외가 말하는 두려움은 홉스의 두려움과는 다르다: "인간은 자신의 약함을 느끼지 못한다. 인간의 두려움은 극단적인 것이다: 그리고 인간이 경험을 필요로 한다면, 야만인에게서 그 힘을 발견하게 된다. 모든 것을 두려워하고, 모든 것에 대하여 가슴 졸인다... 한 인간이 타자에게 복종하도록 한 홉스의 인간에 대한 명령은 합리성이 전혀 없다고 하겠다." (Montesquieu 1961: 8)

> 국가, 즉 법이 존재하는 사회에서, 자유는 인간이 원하는 것을 할 수 있을 때만 존재한다. 또한 자유는 인간이 원하지 않는 것을 절대로 강요하지 않는다. (Montesquieu 1961: 162)

루소와 칸트처럼, 몽테스키외는 적극적인(자기 결정성을 지닌, 따라서 자신의 결사에서 힘을 창출할 수 있는) 시민의 필요성을 인식하고 있다. 여기서의 시민은 자기의식이 확고해야 하고 말할 권리가 존중되어야 하고 그 공동체는 법의 지배를 받아야 한다는 측면에서 자신의 시각을 표현할 수 있어야 한다.

다양한 정부 형태와 법의 근본 원칙을 연구하면서, 몽테스키외는 인간으로 하여금 자신의 삶을 선하게 하는 공동의 목표에 참여하게 하는 정치적 자유라는 궁극적 원칙을 발견하게 된다. 몽테스키외의 주장을 보자. "인간은 융통성이 있는 존재이며, 사회에서 다른 사람의 생각과 인상의 영향을 받기가 쉽다. 알게 되면 그 본성을 이해하게 되고, 삼주어진 것은 감정까지도 잃어버리기 쉬운 존재가 바로 인간이다. (Montcsquieu 1961: 2) 성지적 자유의 원칙을 세워 지속적으로 그 원칙을 지켜갔으면 하는 것이 그의 희망이다. 몽테스키외는 이렇게 설명하기도 한다. "인간이 편견을 고칠 수 있을 경우, 인간은 가장 행복할 것이라고 믿는다. 인간의 선택을 무시하는 것이 아니라, 자신을 무시하는 것이 바로 편견이라고 할 수 있다. (앞의 책, p.2)

정치적 인간의 본성을 쫓는 몽테스키외의 작업을 보면서, 루소는 홉스와 로크의 개인주의적 쾌락주의에 대항하는 논의로서 몽테스키외의 '자유의 정치학'을 발전시킨다. 루소는 인간이란 자유와 함께 피는 존재이고, 동시에 자기완성의 잠재력을 지니고 있음을 제시한다. 이와 함께, 인간은 자신의 세계를 도덕적 공동체로 만들 수 있다. 루소는 또한 인간의 자기 이익이 결사체를 위하여 작동할 수 있게 하는 기본 원칙으로 일반의지 개념을 제시한다. 이는 고전적인 미덕 및 탁월성 개념(classical notion of virtue and excellence)의 루소적 부활이라 할 수 있겠다. 사회 안의 인간만이 공동체의 복지에 존재하는 자유로운 개인으로서의 진정한 자기 이익을 인식할 수 있다고 루소는 역설한다. 이러한 개인과 공동체의 일치는 홉스적인 '리바이어던(Leviathan)'에 대한 자유의 전적인 굴복과는 전적으로 다르고, 또한 개인의 소유권 확보를 위해 국가로 진행하는 로크적 계약 관계와도 다르다.[19]

본성을 잃지 않고 인간의 발전 방향을 찾아내려 하고 있다. 여기서 카시러(Cassirer)의 설명을 살펴보자. "전반적으로, 루소의 관심은 인간에 있었다. 그러나 '인간이란 무엇인가?'라는 문제는 '인간은 어떤 존재여야 하는가?'라는 문제와 분리할 수 없음을 루소는 이해해야 했다. (Cassirer 1954: 65) 바로 여기서 루소는 칸트의 실천 이성 이론과 조우한다. 루소는 자유를 실현하여 자신들의 비참한 상황을 벗어나게 할 수 있는 인간이 지닌 능력에 초점을 맞추고 있다.[20] 마찬가지로 칸트도 경험적 윤리를 거부하고, 도덕의 기반을 인간이 실제로 행하는 것에 두지 않는다. 칸트는 인간이 해야만 하는 것에서 윤리와 도덕을 찾는다.[21]

---

19) 루소는 홉스와 로크의 시민사회 개념에 의문을 제기한다: "인간의 사회에 고요와 무관심으로 가득차 있을 때에는 강자의 폭력과 약자 피억압 상태만 나타난다: 정신이 강자의 가혹성에 먼저 대항하게 되고; 이제 인간은 약자의 무지를 개탄하게 된다." (Rousseau 1964: 97) 홉스와 로크는 원시시대의 인간이 그러했다는 주장을 한다고 루소는 반박한다. 그러나 이는 근대 유럽 사회에 존재하는 인간의 경험이다. 따라서 일반화시킬 수는 없다는 것이 루소의 주장이다. 이렇게 볼 때, 홉스와 로크는 야만인을 언급하면서 문명인을 제시하는 오류를 범하고 있다는 것이다. (Rousseau 1964: 102)

20) 바로 이 점이 루소를 경험의 사회를 보고, 이론으로 정당화한 홉스와 로크와는 다르게 만든 것이다. 루소는 인간으로 하여금 경험에 근거한 현실을 초월할 수 있게 하는 인간의 능력을 보다 투명하게 보기를 원한다.

21) 카시러는 다음과 같이 역설한다: "칸트가 루소를 높이 산 것은 루소가 인간의 실제와 가식적 상황을 다른 누구보다도 명확하게 구별하고 있기 때문이다. 칸트도 역시 인간의 도덕적 가치에 도움이 안되고, 오히려 모호하게 하고 문제만 발생시키는 많은 것들이 문명사회에 존재함을 인정한다. 자신의 진정한 속성과 적

루소는 인간이란 본질적으로 자신의 의도에 따라 행동할 수 있는 자유에 의하여 규정되는 존재라고 한다. 또한 자신과 타인과 세계를 자의로 비판하고 개혁할 수 있는 합리적인 자기 완성능력으로 규정되는 존재라고도 정의한다. 다른 말로 해서, 루소는 세계를 형성해 나가는 데 있어서 인간의 잠재적 능력을 중시한다. 따라서 인간의 영원한 정신적 고향인 자연상태로 돌아갈 수 없는 사회 상태에서도 인간은 만족과 소유를 절실하게 원해서라기보다는 다양한 삶의 모습을 구현하기 위하여 자신의 힘을 발휘하게 된다는 것이다.

"고대 정치인은 끊임없이 도덕과 미덕을 이야기했고, 우리 시대의 정치인은 사업과 돈만 이야기한다."(Rousseau 1964: 51)라는 말을 상기시키면서, 루소는 인간의 발전이라는 이상을 고양시키는 미덕의 회복을 역설한다. 루소의 미덕은 특히 공공 문제에 대한 우리 삶의 헌신으로서 드러나는 폴리스(polis: 인간이 속한 공동체)에 대한 사랑 바로 그것이었다. 미덕이란 다시 말해서 자신의 사적 필요를 자발적으로 공공(public)에 헌신하게 하는 것이다.

> 진정으로 자유로운 국가에서, 시민은 자신의 손으로 모든 일을 하며 돈으로 하지 않는다... 국가 제도가 잘 정비되어 있을수록, 시민들은 사적 이익보다 공공의 이익을 우선하게 된다. 공공의 행복이 개별 인간의 행복에서 차지하는 비중이 크기 때문에, 사기업도 줄어들고 개별적 노력을 시도하는 사람도 별로 없다. 잘 운영되고 있는 국가에서는 누구나 의회로 달려오게 된다. (Rousseau 1978: 102)

루소 시대에 언급되는 개인의 미덕은 고대의 순수한 공공에의 관심사가 될 수는 없음을 루소도 인정한다. "교양 있는 사람들은 자신의

절한 소명의식에도 맞지 않는 것을 시간이 흐르면서 인간은 받아들이고 문화적 유산으로 습득하게 된다." (Cassirer 1963: 20)

재능을 개발하고, 행복한 노예 덕분에 이들은 자신들이 자랑스럽게 여기는 세련된 감각을 지니고 있다. 인간의 관계를 우호적이고 용이하게 하는 부드러움과 세련된 관습도 또한 그들 덕분이다. 한 마디로, 모든 미덕은 그 어느 것도 서로 상충하거나 포함하지 않고 유사하다." (Rousseau 1964: 36)라는 것이 루소의 설명이다.

어쨌든 인간은 루소와 칸트가 추앙하는 고대로 돌아갈 수 없다. 따라서 공공의 미덕도 근대에 맞게 새로 정비되어야 한다. 루소는 과거로 돌아가자고 주장하지는 않는다. 오히려 새로운 인간적 공동체의 필요성을 역설한다. 고대 폴리스에 존재했던 공공의 미덕 개념은 루소 당시에도 사적 이익을 넘어설 수 있는 가능성을 제시한다. 폴리스의 미덕과 역사를 기술하는 것만으로는 그들의 정신을 이해할 수 없다. 미덕이 이루어낼 수 있는 삶의 내부적 역동성이 고려되어야 한다.[22] 이렇게 루소의 '공공의 미덕'은 '정치적 미덕'이 된다.[23]

자신의 계획에 따라 행동하는 자유와 지성이라는 인간의 능력은 공동체에 대한 참여에서 가능하게 된다. 인간의 자연적 자유라는 개념과 함께 누구도 어느 누구를 지배할 권리는 가지고 있지 않다. 루소는 다음과 같이 결론을 내린다. "어떤 사람도 동료에 대한 자연적 권위를 가지고 있지 않으므로, 힘이 권리를 의미하는 것은 아니므로, 인간 사이에 정통성의 근거로서는 상호간의 규약만이 존재하게 된다." (Rousseau 1978: 49) 루소의 『사회계약론』은 그 성원인 각 인간이 함께 구조와 방향을 설정하는 자유 시민 사회의 원칙을 제시한다. 또한 정치적 권리라는 원

22) 이러한 맥락에서, 루소는 몽테스키외를 비판한다: "이 귀족의 천재성은 정확성, 때로는 명확성이 부족하다; 주권적 권위는 어디에서나 똑같기 때문에, 정부 형태에 따라 정도의 차이는 있겠으나, 동일한 원칙이 모든 국가에 적용되어야 한다는 사실을 몽테스키외는 간과하고 있다." (Rousseau 1978: 85)

23) 그것은 국가를 유지시키는 인간의 노력과 헌신이기 때문이다. 공동체에의 참여와 법에의 복종만이 우리에게 진정한 자유를 의미하는 진정한 시민권을 부여할 수 있다. (Rousseau 1978: Book I, Chapter VII)

칙을 세워 근대국가는 개인이 공공의 미덕을 지니게 되기를 열망한다. 한 마디로, 개개인은 자신을 공동체에 헌신해야 하는 것이다. 개인의 자유(몽테스키외식으로 말하자면 철학적 자유)는 사실이기에 앞서 희망 사항이라고 하겠다. 인간은 사회에서 함께 조화롭게 살아갈 때 진정으로 자유롭다(진정으로 자유롭다는 것은 몽테스키외식으로 말하면 정치적 자유가 있음을 의미한다). 루소도 이에 동의한다.

> 인간은 새로운 힘을 생성할 수는 없고 현재 존재하고 있는 것을 조정할 수 있을 뿐이므로, 여러 가지 장애 요인에도 불구하고 존재하고 있는 힘의 결집 - 즉, 동기부여를 통하여 움직이게 하고, 협조하여 행동하게 하는 등 - 을 형성하는 것 이외에 자기 보존의 다른 방법은 없다. (Rousseau 1978: 52-53)

공동체에 자기 자신을 헌신함으로써, 개인은 원하면 무엇이든지 할 수 있는 자신의 자연적 자유를 포기하고, 공동체의 법과 궁극적 목표 설정에 참여할 수 있는 기회와, 다른 모든 사람들이 시민 사회에서 향유하는 삶의 안전과 여타의 이익을 얻게 된다. 정치권력을 제정하고 자신의 미래를 설계하기 위하여 자신을 헌신한다. 루소는 이렇게 설명한다.

> 각 개인은 자신을 전체에 양도함으로써, 결국 아무에게도 양도하지 않는 셈이다. 그리고 구성원은 누구나 남에게 자신에 대한 권리를 양보하고, 또 이제는 그가 양보히는 사람과 동일한 권리를 획득하는 것이므로, 결국 누구든 자기가 상실한 모든 것과 동일한 대가와, 더욱이 자기가 소유하고 있는 것을 보존하기에 더욱 큰 힘을 얻는다.[24] (Rousseau 1978: 52-53)

---

24) 여기서 벌린의 반박을 살펴보자; "개인의 자신의 야만적이고 무법적인 자유를 버리고 법치에 의존하는 상태에서 그것을 다시 원상태의 모습으로 찾으려고 할 때, 바로 그것이 진정한 자유이다"라는 칸트의 주장과, "자유는 권위와 양립할 수 없는 것이 아니라, 실제로는 그것과 동일한 것이다."라는 루소의 주장을 인용하면서, 벌린은 이 논의의 이면을 살펴보고 있다. 벌린은 '압제의 정당화'는 극단적인

밀이 지적하듯이, 진정으로 가치 있는 자유는 자신의 방법으로 자신의 선을 추구하는데 있는 것으로, 이는 '자기 결정(self-determination)'이라 불린다. 루소에 의하면, 우리 자신이 제정한 법에 복종하는 것이 바로 자유이다. 자기결정은 자유의 행위자로서의 인간이 '자유의지'(이것 없이 인간은 '자율성'을 가질 수 없다)를 보유하고 있음을 전제하고 있다. 각 개인이 자신을 공동체에 헌신할 때, 그는 이전에 지니고 있던 자신의 사적 이익과 필요를 상실하고 마는 것이 아니라, 개인을 포괄하는 공동체에 맞는 새로운 이익과 필요가 개발되는 것이다. 물론 이러한 새로운 이익과 필요는 각 개인의 자기결정 과정을 통하여 설정되는 것이기 때문에, 이전에 지니고 있던 것들을 모두 포함하게 된다.[25)]

인간의 공동체는 자체의 목적과 가치를, 그리고 공동체의 목표를 달성할 수 있는 수단과 규칙을 설정할 수 있는 능력을 지니고 있다. 공동체의 성원으로서의 각 개인은 자신이 공동체로부터 기대하는 바에 상응하는 의무를 수행하게 된다. 이는 오직 자기결정으로서의 자유와 함께라야만 가능하다. 바로 여기에서 루소의 일반의지 개념을 살펴볼 필요가 있다.

> 사회계약의 비본질적인 부분을 일단 제외한다면, 다음과 같이 간단하게 말할 수 있다. 우리 모두는 자신과 자신의 힘을 공동의 것으로 만들어 일반의지라는 최고 권위 하에 둔다. 그리고 우리는 모두 함께 각 성원을 전체와 불가분의 일부로 파악하게 된다. (Rousseau 1978: 53)

양상을 이들의 논의에서 찾아내고 있다. 벌린에게 자유는 인간 존재의 절대조건이 아니라, 선한 삶을 가능케 하기 위하여 필요한 것 중의 하나에 불과한 것이었다. (Berlin 1970: 148)

25) 루소의 주장을 보자: "…, 각 개인은 자신의 자아 전부를 양도하기 때문에, 조건은 모두에게 동일하다. 또 조건이 동일하기 때문에, 아무도 타인에게 부담이 되는 것을 결정하지 않는다." (Rousseau 1978: 53)

일반의지는 자신들이 만든 정치적 결사를 통하여 자신을 통제하는 자유로운 사람들로부터 도출된 합의이다. 일반의지를 표현하고 있을 때, 그들은 곧 시민이다. 최고의 정치적 권위를 의미하는 주권이 바로 일반의지인 것이다. 시민으로서의 각 개인은 주권적 권위체의 성원이고, 일반의지의 주권적 권위 하에 존재한다.[26]

여기서 공동체는 사적이익에 근거한 사적 개인의 단순한 담합이 아니라, 연합한 인간이 함께 형성하고 헌신하는 전적으로 새로운 실체이다.

> 그 순간, 각 계약자의 개인 인격은 사라지고, 이러한 결사 행위(act of association)는 하나의 도덕적, 집단적 실체를 형성한다. 총회가 가지고 있는 투표권과 동일한 수의 성원으로 조직된 이 단체는 바로 그 결사 행위로부터 자신의 통일성과 공동 '자아', 그리고 자신의 생명과 의지를 부여받는다. (Rousseau 1978: 53)

공동체의 성원으로서의 개인은 이전의 개별 인간과 마찬가지로 자유롭다. 이제 자유는 정치적 결사를 위하여 인정한 기회와 의무를 통하여 실현되고 확대되어 왔다. 루소는 또 이렇게 설파한다.

> 사회계약에 의해 각 개인이 공동체에 양도하는 것은 자신이 소유하고 있는 능력과 재화와 자유의 모두가 아니라, 공동체가 필요로 하는 정도에 따라 다만 그 중 일부만을 양도하는 것이며, 또한 그 필요의 정도는 오직 주권자만이 결정할 수 있다는 점을 우리는 인정하게 된다... 우리를 사회단체에 묶어 놓고 있는 계약이 의무적인 것은, 오직 그 계약이 쌍무적이기 때문이다. 그래서 이런 계약을 이행하는 경우에, 사람들은 남을 위해 일하는 셈이 된다. (Rousseau 1978: 62)

---

26) 루소는 자신의 사회계약론에서 다음과 같이 설명한다: 인간을 보호하고 방어해주는 결사체를 발견하라. 각 개인의 재산은 공동의 재산과 연계되어 있다. 그리고 여기서 전체와 연합된 개인은 자신에 복종하게 되면서도, 이전과 마찬가지로 자유롭게 남아있는 것이다.

인간은 시민이 되면서 변모한다. 그의 사적 이익은 공동체의 복지를 위한 관심사로 변화한다. 하고 싶은 것을 마음대로 하는 자연적 자유는 공동체의 법을 준수하는 시민적 자유로 변한다. 각 개인은 입법자로서 법 제정에 참여하게 된다. 따라서 공동체의 개인이 자신에 복종하게 되면, 바로 이것이 루소의 자유 개념이다. 법이 '자유롭기 위하여 강제되어야 한다. (forced to be free)'는 명제의 실현태이기 때문이다. 법은 자유로운 존재로서의 인간이 자신이 설정한 정치 공동체에서 살아갈 수 있게 하는 합리적 구조와 목적의 표현인 것이다.

루소의 자유에는 자연적 감정(루소적 표현을 따르자면, 자기애 <amour de soi>와 동정심 <pitié>)과 인간의 기본 능력으로서의 이성이 결합되어 있다.[27] 일견 루소의 자유는 도덕적 개념에 내포되는 듯이 보이기도 하지만, 근대 사회에서 하나의 미덕으로서 다시 그 모습을 드러내고 있다. 칸트와 마찬가지로 루소에게도, 자유는 지식이나 단순한 인식이 아니라, 행동하고자 하는 의지에 근거한 개념이다. (Leonard Krieger 1950: 20-21) 이러한 기본적 자유 개념에 따라, 자유 세계의 모든 시민은 이행해야 할 의무를 지니게 된다. 자기결정 원칙에 따르면, '자유는 내가 해야만 하는 것을 하는 것이고, 해야 하지 않는 것은 하지 않아도 되는 것이다.' 이렇게 볼 때, 정치적 자유와 도덕적 자유는 서로 밀접하게 연계되어 있다. 자유로운 사회는 그 시민의 삶에서 이성과 자유의 힘을

27) 로베르 드라세(Robert Derathé)는 루소의 자유 개념에서 이성의 중요성을 역설한다: "루소의 양심, 이성, 자유 개념은 정의와 진리로 인간을 이해하기 위하여 필요한 불가분의 것이다... 루소에게 있어, 이성은 자유없이는 이해될 수 없는 것이고, 인간을 자유롭게 하는 것은 바로 이성이라는 것이다."(Derathé 1950: 112) 그러나 여기서 펫쳐(Fetscher)의 주장에도 주목할 필요가 있다: "루소에게 있어서, 단순한 이성은 인간으로 하여금 행동하게 한다는 측면에서 감정과 비교할 때는 그저 무기력할 뿐이다... 그러나 사랑의 객관적 가치로서 자연적 질서를 보여주는 이성은 인간의 행동을 결정하기에 충분한 감정을 유발시키는 동인이 되는 것이다." (Fetscher 1962: 42)

조명하고 고무하게 된다. 루소는 이렇게 설명한다.

> 이상 말한 것 이외에도 시민 신분이 얻는 것으로는 오직 그것에 의해서만 인간이 자신의 참된 주인이 될 수 있는 도덕적 자유를 추가할 수 있다. 오로지 욕망의 충동만을 따르는 것은 노예적 굴종이지만, 스스로 제정한 법을 따르는 것은 역설적으로 자유이기 때문이다. (Rousseau 1978: 56)

정치적 자유를 법체제 안으로 내재화시키는 현상은 칸트의 실천이성과 정언 명제에서도 잘 드러나고 있다. 루소가 '자연적 인간(natural man)'에서 논의를 시작한 반면, 칸트는 직접 '문명화된 인간(civilized man)'에서 논의를 시작하고 있다. 즉, 루소가 '개인'으로부터 출발한다면, 칸트는 문명화된 개인이라면 지니고 있다고 추정되는 '이성'에서 출발하고 있다. 따라서 칸트에게 있어서, 개인의 자율성은 자연스럽게 칸트의 자유 이론을 관통하게 된다. 라이스의 주장처럼, "자유 개념은 개인의 자율성을 동반한다. 자유란 자신의 의지를 규제받지 않고 독자적으로 행사할 수 있는 개인의 힘이기 때문이다... 한 개인의 정치적 자유는 모든 개인의 자유를 보장하는 법적 조건하에서만 제대로 이해될 수 있다. (Reiss 1970: 25) 자율성이 인간의 최고의 능력임을 인정하게 될 때, 모든 사회제도의 목표는 "개별 인간의 자율적 실천 이성을 일깨우는 것"이라고 비로소 말할 수 있게 된다. 루소와 마찬가지로 칸트에 있어서도, 정치활동 영역이란 사람들의 외적 관계에 관련된 입법활동을 의미하였다.

> 여기서 우리는 자유로운 두 당사자의 의지의 관계 유형에 관심을 가지게 된다. 어느 한 당사자의 행동도 보편법에 상응하여 타인의 자유와 조화될 수 있을 경우를 의미한다. (Kant 1991: 133)

타인의 자유에 대한 존중은 "인간을 수단으로 취급하지 말고 언제나 목적으로 대하라"라는 칸트 정언 명법의 제2 명제를 준수한다는 차원에서 인간의 행동을 규제할 수 있는 도덕적 근거가 된다. 타인의 자유를 방해하지 않도록 인간의 외부적 행위를 규제하는 법률 제정을 통하여 타인의 자유에 대한 존중이 구체적으로 실현된다. 시민사회의 구성원으로서 개인에게는 공동체의 법 체계에 복종할 법적 의무가 있다. 정통성 있는 시민 사회가 인간의 자유를 보호하고 인본성을 발전시킬 수 있는 기회를 제공하기 때문에, 도덕적 개인은 법에 복종하고 공동체의 공공활동에 참여할 윤리적 의무를 지게 된다. 몽테스키외나 루소와 더불어 칸트도 인간의 속성으로서의 이성에 배태된 자유를 말하고 있다. 홉스나 로크와 달리, 칸트는 행복이란 사회의 우선적 목표가 아니라고 주장한다. 인간 존재를 규정짓는 것이기에, 그 어느 것보다도 앞서 자유가 궁극적 가치를 가진다는 것이다. 그 성원들이 자유롭고 도덕적이기 위해 노력하는 사회에서, 자유와 같은 공공의 미덕과 자유에 따른 자기 입법은 행복한 사회의 기본 조건이 된다.

> 여기서 시민의 행복과 국가의 복지는 같은 개념이 아님을 지적할 필요가 있다. 시민의 행복은 자연상태나 또는 전제적 체제하에서도 바람직하고 편리한 방법으로 얻어질 수 있다. 그러나 국가의 복지는 헌법이 권리 원칙에 가장 근접하고, 정언 명법에 따라 우리가 그 실현을 위하여 노력하게 되는 상황이나 조건 바로 그 상태이다. (Kant 1991: 142-143)

순수한 실천이성 원칙에 따른 행동으로서 칸트의 도덕은 필연적으로 자기 부과적 원칙에 따라 행동한다는 효과적이고 합리적인 자유를 전제로 한다. 칸트는 이렇게 자율적 존재로서의 인간의 이미지를 증명하고 있다. 칸트는 역사의 역동적 힘으로서 이성의 중요성을 역설한다.

> 인간 자체는 존재의 현실태를 의미한다. 따라서 이성이란 인간이 존재를 드러내는 자발적 행태의 조건인 셈이다... 이성은, 외부적이나 내부적인

조건에 의한 자연의 인과관계의 사슬 속에서 역동적으로 결정되지 않고, 자유롭게 움직인다. 이러한 자유는 독립적인 경험적 조건으로서 부정적으로 인식될 뿐만 아니라, 일련의 사건을 자발적으로 시작하는 힘으로서 긍정적으로 규정되어야 한다... 우리는 자유를 초월적 개념으로 인식해왔다. 이를 통하여 이성은 감각적으로 규정되어 있지 않는 현상의 영역에 일련의 조건을 둘 수 있음을 사고할 수 있다. (Kant 1988: 130-136)

인간은 도덕적 인간이 내재적으로 가지고 있는 도덕 원칙을 따를 때만 자유롭다는 것이 칸트의 주장이다. 다시 말하자면, "자신의 행동이 자신의 순수 실천 이성을 따를 때에만 인간은 진정으로 자유롭다." (Laird 1947: 22)는 것이다. 칸트는 자신의 합리적 법칙에 따라 자신을 결정할 수 있는 의지나 능력에서 자유의 개념을 발견하고 있다. 칸트의 자유는 인간이 지니고 있는 것으로 추정되는 도덕 원칙을 따르는 것이고, 인간 이성의 도덕성을 제외한 다른 모든 것으로부터 독립되어 있다. 자유는 또한 인간의 대전제로서의 '자유의지'를 통하여 순수이성이 실천이성으로 전화된 것으로 간주된다. 칸트의 자유 의지는 자유 입법적 의지 개념에 드러나 있다. 여기서 자유 입법적 의지는 한정적 합리적 존재인 인간을 모든 자연의 궁극 목적일 뿐만 아니라 그 자체의 목적으로 고려하게끔 한다. 따라서 자율성에 근거한 인간의 자유와 전체의 요구와의 화해는 모든 독일 관념론자들과 칸트의 마음을 사로잡는 주요 관심사였다. (Velkley 1989: 41)

몽테스키외나 루소와 마찬가지로 칸트에 있어서도, 자유 이론이란 편견 없는 실천 이성에 의한 원칙에 의거하여 행동하는 인간의 능력 - 다시 말하여, 자신의 자유로운 이성의 명령에 따라서만 행동하고 다른 모든 동기를 유보하는 능력 - 을 설정하는 것이다. 인간은 선천적으로 사회적이며, 그 사회는 다양한 양태를 보인다는 것을 자유주의 이론가는 상정한다. 또한 진정으로 인간적 사회가 구성되고 유지되는 원칙으로 행동한다는 것은 오직 실천이성과 자유를 통해서만 가능하다고 역설한다. 칸트와 피히테와 같은 관념론자들은 개인 내부의 절대적 실체로서 이성과 자유에 초점을 맞춘다. 반면에 헤르더는 이를 매우 상대적으로 보고 있는 듯하다. 실제로 관념론자들은 궁극적 현실을 인간 지식의 사고 과정과 인식과정에서 추론해 내려고 한다. 그러나 인간이 '인간의 사고라는 객체 자체가 질서 있음'을 발견해내고 있는 한, 헤르더의 인간은 사고하는 인간이며, 사고 가능한 인간이다. 다시 말하자면, 인간의 이성은 관념론자의 주장과 달리 저절로 존재하는 실체가 아니다. 여기서 헤르더는 논의의 중심을 '이성'이라는 칸트의 핵심 명제로부터 '개인'으로 되돌리고 있다고 하겠다.[28)]

18세기 사상가들은 대체로 자연주의적 설명 패러다임이라는 데카르트적 가정을 신뢰하고 있다. 이제 다시 동일한 문제 - 즉, '자연의 정신적 부분은 물리적 법칙으로 설명이 가능하기 때문에 존재하는 것인가?'라는 문제의식에 접할 때, 현상을 설명하는 것은 그것을 인과율로 묶는 것이라고 대답하게 된다. 이러한 가정 하에서 자유와 그 불멸성을 인과율에 근거한 자연과학으로부터 보존해내기 위해서는 알 수 없는 초자연적 영역을 가정하는 것이 유일한 해결책이 된다. 이러한 체계적 사고에 의문을 제기하면서, 헤르더는 환원주의적 물질주의와 초자연적인 이원론이라는 양극단에 대한 대안을 찾기 위하여 정신 철학의 부흥을 시도하고 있다. 정신은 인과율의 지배를 받는 기계가 아니며, 합리적 실체가 없는 유령도 아니고, 살아있는 유기체(living organism)라고 설명한다. 살아있는 유기체로서 정신은 행동하는 목표를 알고 있으며, 또한 그것이 일부분이기도 한 전체의 목표도 알고 있다고 한다.

28) 바로 여기서 헤르더는 루소를 만난다. 이는 또한 후일 헤르더가 관념론자들 - 특히, 칸트에 의해 시작된 독일 관념론을 확대시킨 피히테 - 과 결별하게 되는 주요 원인이 되기도 한다.

이성으로 궁극적 진리를 가름할 수 있다는 주장이 매우 독단적이고 불합리한 것과 마찬가지로, 헤르더의 자유 개념은 '의지의 자유'라는 이상주의자의 자유 개념과도 매우 다르다. 이성에 따른 의지의 자유는 독자적인 인간의 능력이 아닌 것으로 헤르더는 이해하고 있다. 헤르더에 따르면, 인간은 그 자체로서 자유로운 존재이며, 오직 자연과 신만이 인간을 규정하고 제한할 수 있다는 것이다. 헤르더의 자유는, 이성뿐만 아니라 자유가 비록 제한적이라 할지라도, 그 선택의 조건이 논리적이거나 도덕적 고려로 결정되는 것이 아님을 시사한다. (Herder 1800: 92) 각 결정은 각 개인이 자유로운 한 언제나 독자적이다.

> 인간은 자유롭게 남아있는 첫 번째 피조물이다. 그는 직립적 존재이다. 인간은 선악, 정사에 대한 분별력을 지니고 있다. 인간은 무엇이든지 조사할 수 있고, 선택할 수 있다... [인간은] 정말 약한 존재이나, 자유롭게 태어났다... 하등동물의 점진적 발전을 보고 놀랄 필요도 없고, 우리 안에 이성과 자유라는 꽃의 개화를 준비케 하는데 걸리는 오랜 시간도 별로 놀랄 일이 아니다... 이러한 방식으로 자유는 인간 내부에 고귀한 열매를 맺게 하고, 그 장점을 부각시켰다. 철학자들은 자발적으로 진리, 자유, 행복을 위하여 여러 가지 비난과 궁핍과 요구 등을 감내해 왔고, 또한 최고의 이익을 인류와 공유할 수 있는 이념을 보유하고 있었다. 그 이념은 인간의 위대한 미덕에 근거하고 있으며, 인간의 위대한 미덕은 인간에 내재하고 있는 자치(self-government)라는 가장 중요한 주장, 바로 그것이다. (Herder 1800: 92-94)

인간이란 운명의 단순한 도구이자 끝을 알 수 없는 연극의 단역 배우에 불과하다는 주장에서, 헤르더는 이성과 계몽시대를 넘어서는 그 무엇인가가 세상에 존재한다는 것을 보여주려 하고 있다. 바로 여기 루소에서 명백히 드러나는 낭만정신을 볼 수 있다.[29] 창의적 능력으로서의

29) 낭만정신의 가장 중요한 특징은 과거를 이상화시키는 것이다. "자신의 살던 계몽

이성에 대한 신뢰는 개인주의로 진행되고 있었다. 이성 능력이 근본적으로 초점을 맞추고 있었던 것은 마치 예술가처럼 세상을 만들어가는 개인이었기 때문이다. 합리주의의 이성적 양상이 윤리적인 것으로 대치되면서, 세상에 대한 기계적 사고도 유기적 개념으로 대치되었다. 이제 인간은 더 이상 사회의 기계적 일부가 아니고, 그 자체로서 목적이다. 헤르더는 세계라는 전체와 인간이라는 전체를 유기적 실체로 파악하고 있다.

정부란 개개인의 삶을 윤택하게 하기 위한 수단이거나 인간사회의 궁극적 목적과 인간성의 고양을 위하여 감내되어야 할 필요악에 불과하다는 점을 고려하면서, 헤르더는 자유만이 인간의 발전을 지속시킬 수 있고 과학을 발전시킬 수 있다고 주장한다. 홉스와 마찬가지로 인간의 자기보존 본능을 인정하고 있으면서도, 헤르더는 홉스의 만인의 만인에 대한 투쟁을 강력하게 비판하고 있다. 헤르더에 따르면, 인간은 애초에 사회에 태어나며, 사회 상태와 자연상태는 동일하다. 이는, 플라톤의 『국가론』[30]에서 볼 수 있는, 인간의 자연과 인간이 살아가는 사회의 자연과의 연계성을 강조하고 있다. 헤르더는 또한 "주인이 필요한 인간은 동물에 불과하다. 인간이라면 주인은 더 이상 필요하지 않다." (Herder 1800: 249)고 하면서 칸트의 주장을 논박하고 있다. 헤르더가 '자신의 주인(master of himself)'이라는 말을 사용할 때, 이는 '자기실현(self-realization)'을 가장 중요하고 독특한 인간의 특징임을 의미하는 것이다. 인간의 도달할 수 있는 가장 고귀한 상태인 인본성이라는 이상에 이르기 위하여 우선적으로 중요한 것은 자유로운 인간 그 자체라고

시대의 낙관주의 도처에 드러나던 상황에서도, 루소는 비관주의적 성향을 지속적으로 보여준다. 이러한 비관적 정서는 낭만적 암울함의 모델이 되고 19세기 정신을 보다 깊고 보다 더 비극적으로 예시하고 있다." (Cobban 1960: 215)

30) 플라톤은 도시(근대적 의미로는 '국가'와 마찬가지이다)의 원칙이 개인의 원칙과 다를 바 없음을 강조하고 있다. (Platon 1968: Book IV)

헤르더는 역설한다. 자기실현의 정신을 가진 자유로운 존재가 헤르더가 인간을 규정하는 용어이다. 즉, 인간은 자신이 자신을 결정하는 자신의 주인이라는 것이다.

계몽사상은 이성을 인간과 역사의 가장 중요한 기능으로 설정한다. 따라서 홉스, 로크, 밀과 같은 경험주의자와 공리주의자들은 인간의 열정과 육체적 요구의 위험과 모순을 인식하고 이성의 규제를 받는 사회를 구상한다. 그들은 또한 인간외적 규제도 도입하고 있다. 그러나 그들에 뒤이은 이상주의자들의 해결책은 상당히 다르다. 루소와 칸트의 출발점은 각각 개인과 개인 내면의 능력 - 즉, 실천이성 - 이다. 헤르더는 억압된 인간의 열정을 해방시키고, 이를 인간의 자유의 진정한 기반으로 삼고자 한다. 바로 여기서 필자는 얼어붙은 이성을 역사의 역동성으로 감화시키는 낭만주의의 출발점을 발견한다. 이제 인간의 열정과 필요는 인간의 존재와 모순적이지도 양립불가능하지도 않다. 오히려 인간의 열정과 필요는 이성과 함께, 제대로 된 자유를 진정으로 향유할 수 있는 너무나 인간적인 조건이다.

3. 인간 존재의 조건으로서의 자유

> 그(루소)는 무조건적인 의무 설정과 같은 창조적 행위로서 기초적인 자유나 권리를 생각하고 있는 것 같다. 자유는 본질적으로 자기 입법적이다. 그 궁극적 목적은 미덕을 자유로 내치하는 것인 바, 인간을 자유롭게 하는 것이 미덕이 아니라, 인간을 덕성스럽게 하는 것이 바로 자유임을 제시하는 것이다. (Strauss 1953: 281)

칸트와 마찬가지로 루소와 헤르더는 인간의 잠재적 자아의 표상으로서의 자유를 제시하는데, 그러한 잠재적 자아는 인간이 태어나면서부터 사회적 존재이기 때문에 개개인 내부에 이미 존재하고 있다는 것이다. 따라서 자유는 개인적 힘의 성장 조건이 된다. 토마스 힐 그린(Thomas

Hill Green)은 자유를 본질적으로 자기완성을 위한 기회로 보고 있다.

> 시민적 삶을 위한 제도의 가치는 의지와 이성 능력에 현실성을 부여하고, 실제에서의 활용 가능성을 높이는 기능에서 판단할 수 있다. 일반적으로, 제도는 인간이 자신을 완성시킬 수 있다는 생각으로 자유롭게 결정할 수 있음을 제시할 수 있어야 한다. 따라서 의지라는 인간의 기본 능력에 현실감을 부여하게 되며, 자신의 이성 - 즉, 자기 완성 - 을 구현할 수 있게 되는 것이다. 이는 특히 개개인이 다른 사회 성원의 보다 나은 복지에 공헌하게 되는 사회조직의 성원으로서 활동하면서 가능하게 된다. (Green 1941: 32-33)

진정한 자유라는 이상은 인간사회의 모든 성원을 최적의 상태로 만들기 위한 최대의 힘이라고 그린은 역설한다. 자유는 지속적인 행동을 요구한다. 정적인 것이 아니라 역동적인 것이 자유라는 말이다. 자유는 인간의 존재에서 '형성중(becoming)'인 개념이다. "자유란 활동하고 있을 경우에만, 그리고 우리의 삶에서 분출되는 복합적인 요구에 직면하고 있을 때 그 존재를 우리가 알 수 있는 것"이라는 말도 또한 마찬가지로 이해될 수 있다(Ruggiero 1959: 355).[31] 따라서 외적 강제의 부재는 인간의 자유의 한쪽 측면에 불과한 것으로, 이것만으로는 자유의 긍정적 측면 - 자유로워지는(becoming to be free) - 을 이해할 수 없다. 자유의 진정한 가치는 자신의 정신을 통제할 수 있는 인간의 힘에서 파악될 수 있는 것이기 때문이다. 진정으로 자유롭기 위하여, 인간은 자신의 본성을 실현시키거나 도덕적 사명을 선택할 수 있는 힘을 지니고 있어야 한다.

---

31) 계속하여 루기에로는 이렇게 말한다. "진정한 자유는 시민사회에 현실의 삶을 영위하고 있는 인간들의 살아있는 자유이다. 즉, 자신만의 도덕성 함양을 위한 필요한 수단을 형성해 가면서 자신을 옭아매는 질곡과 문제로부터 끊임없이 벗어나려고 애쓰는 바로 그 현장인 삶 속에서 드러나는 자유를 의미한다."

이렇게 볼 때, 루소의 미덕이 자유를 의미하는 것처럼, 헤르더의 인본성도 자유를 의미한다. "자신이 만든 법에 복종하는 것은 바로 자유" (Rousseau 1978: 56)라는 주장에서, 루소는 자유란 그 자체로서 목적일 뿐만 아니라 인간이 되기 위한 수단임을 의미하는 원칙으로서 일반의지를 제시한다. 루소는 또한 자유를 진정으로 인간이 되기 위한 인간조건으로 전제하기도 하는데, 이는 "인간의 자유를 포기하는 것은 자신의 인간으로서의 지위, 인본성의 권리와 의무까지도 모두 포기하는 것이다. 그러한 포기는 인간의 본성과 양립할 수 없다. 인간에게서 의지의 자유를 배제한다는 것은 인간의 행동에서 도덕성을 모두 배제한다는 것과 같은 이야기이다."(Rousseau 1978: 50)라는 루소의 설명에서 명백히 드러난다. 헤르더의 인본성 개념도 마찬가지로 이해되고 있다. 헤르더에게 인간은 이성과 자유를 위하여 조직된 존재이다. 인류는 이성을 습득하고 자유를 추구하기 위하여 이 세상에 나타났다. 이렇게 헤르더는 인간에 내재하고 있는 인본성을 설파하는데, 이는 결국 개발될 수 있는 그 무엇임을 시사하는 것이다. 다른 말로 하면, 인간은 완벽해지기 - 궁극적으로 인본성을 습득하기 - 위한 잠재적 능력을 가지고 있다는 것이다.

> 인간은 자신이 알아야 할 것을 알 수 있는 능력을 가지고 있다. 인간의 본성은 그 목적인 인본성을 향하여 조성되어 있다. 이를 위하여 인간은 감성과 본능, 이성과 자유, 지속적인 건강, 언어, 예술, 종교성 등 모든 능력과 기능을 부여받은 것이다. 인간은 자신의 이성 활용 능력을 습득하지 않고는 살아갈 수 없게 되어 있다. 인생에는 많은 실수가 있는 것이 당연한 것처럼, 인간은 이성을 자연스럽게 사용하게 된다. 인간이 언제나 자신이 되고, 자신이 될 수 있는 존재가 되기를 원한다면, 인간은 자연적 본성을 지니고 있어야 하며, 자유로운 행동이 보장되어야 하고, 초자연적인 기적이라든가 하는 것 등으로 방해받지 않아야 한다. (Herder 1800: 436-442)[32)]

그런데 이사야 벌린은 “인간은 행동하기 위해 자유로운가?”와 “인간은 자유롭게 행동하는가?” 라는 두 가지 기본 질문으로부터 소극적 자유와 적극적 자유 개념을 찾아내고 있다. 벌린은 이 질문들을 변환시키는데, 소극적 자유와 달리 “누가 주인인가?”라고 질문하면서 “어느 분야에서 내가 주인인가?”에 대한 답변을 시도한다 (Berlin 1970: Introduction, xliv). 벌린이 제기하고자 하는 문제는 ‘자신의 주인이 되는 것’이라는 문구에 존재한다. ‘자신의 주인이 되는 것’의 가치는 자치 또는 자기 부과적 통치, 단순한 충동을 조절하는 능력을 가진 자기 결정이라는데 있다. 이러한 본질적 가치는 다음과 같은 또 다른 질문을 불러일으키게 된다. ‘우리가 진정으로 원하는 것은 무엇인가?’ ‘우리는 누구와 일체감을 갖는가?’, ‘우리는 누구이고, 또 무엇을 하는 사람들인가?’ 이와 같은 자아정체성에 대한 탐구가, 그 행위가 유기적 사회의 존재와 양립 가능한 한 어떠한 사람에게도 자신의 행위를 설명할 필요가 없다는 소극적 영역에 대한 설명의 여지없이, 인간으로 하여금 억압을 정당화시킬 수 있다는 점을 벌린은 우려한다. (Berlin 1970: lx)

자유를 그 자체로서 가치 있게 하는 사람은 선택받는 것이 아니라 선택하는 자유가 인간을 인간답게 만드는 필수적 요소라고 믿는 사람이라는 자신의 주장에도 불구하고, 벌린은 자신이 소극적 자유와 적극적 자유로 구분하면서 제시하는 질문이 모두 ‘자아’를 주장하는 자기 결정에 관한 문제임을 인식하고 있는 것 같지는 않다. 자신이 자유로운지 알기위해서는 자신의 목적이 자신의 것인지 아닌지를 알아야 한다. 오

32) 헤르더는 신으로부터 부여받은 자유와 인본성을 향한 인간의 숙명을 불가피한 것으로 받아들인다. “신은 지구상에서 인간에게 신성을 부여하였다. 신은 인간에게 자기 행동(self-activity)의 원칙을 심어놓았으며, 인간 본성의 내외적 요구라는 수단을 통하여 그러한 원칙이 처음부터 작동할 수 있도록 장치해 놓았다. 역사에서 인류의 진보를 이룩해 낸 자연법들의 존재를 생각해 보자. 이들이 진정으로 신의 자연법이었기 때문에 지속될 수 있었고, 인류의 발전을 이룩할 수 있었다.

직 이런 방법으로만 인간은 자신이 자신의 주인인지 아닌지를 알아낼 수 있게 된다. 벌린은 '자신의 주인이 되는 것'을 적극적 자유의 목적으로 제시한다. 실제로 '자신의 주인이 된다는 사실'은 양면을 가지고 있다. 즉, 누구도 나에게 간섭할 수 없고 나를 복종시킬 수 없다는 측면과, 동시에 어떤 의미에서는 자신에게 간섭하고 자신을 복종시킨다는 측면도 존재한다. 이러한 자유의 두 가지 개념은 주인 개념을 통해서 하나로 부합된다. 벌린은 자신의 비판자들이 '내가 누구의 지배를 받는가?' 라는 질문과 '내가 어느 정도 지배를 받는가?' 라는 질문의 차이를 이해하지 못한다고 생각하는 것 같다. 그러나 실제로 벌린의 주장에서 소극적 자유와 적극적 자유 간의 차이는 잘 드러나지 않는다. 일단 벌린이 자신의 기본적 질문을 재규정하게 되면, 그 차이는 사라져버리기 때문이다. 적극적 자유는 '~으로부터의 자유'가 아니라 '~으로의 자유'라고 주장하면서, 벌린은 소극적 자유의 질문은 '무엇을 하는데 내가 자유로운가?'라고 말하고 있다. 여기서 벌린은 적극적 자유의 중요한 내용을 소극적 자유와 교환하고 있다.

인간은 태어나면서부터 사회 속에 던져진 존재이기에, 진정한 자아는 사회적 자아이고, 자기실현은 사회적 삶이라는 외적 양태 속에서만 이루어진다. 인간의 자유는 구속의 부재라는 소극적 의미에서 뿐만 아니라, 자기실현 역량의 현실적 발현이라는 적극적 의미에서 개념화되어야 한다. 여기서 필자는 자기 결정적 도덕적 행위자로 구성된 자기 결정적 사회 개념 속에서 인간의 자유 개념이 이해되어야 한다고 생각한다. 내적으로 구속받고 있는 존재는 자유로울 수 없기에, 우리는 소극적 자유 개념으로부터 자기 결정으로 체화된 자율성을 포함하는 적극적 자유 개념으로 움직이지 않을 수 없다. 이는 결국 자유 그 자체가 아니라, 자유로울 수 있는 기회를 의미한다.[33)]

33) 벌린 자신도 다음과 같이 말한다: "자유는 행위 자체가 아니라, 행동할 기회, 즉

인간이 어떤 상황에 직면하든지, 자유는 사라지지 않는다. 그 이유는 자아 인식과 자신을 인간으로 인식하는 것은 자유에 대한 정확한 개념화를 통해서만 가능한 것이라는데 기인한다. 에리히 프롬(Erich Fromm)이 주장하듯이, "인간의 존재와 자유는 애초부터 분리 불가능하다. (Fromm 1941: 32) 그 존재의 시작부터, 인간은 삶에서 선택에 직면한다. 인간의 역사는 모든 면에서 선택의 행위와 동일하다. 인간의 조건으로서의 자유는 그 자신의 자아를 실현함으로써 지속된다. 자유를 통해서 개인의 내부나 외부에서 자신을 주장하는 행위가 '자기'가 되기 위해 절대적으로 필요하다. 자기 조절이나 자기 통제라는 관점에서, 자유는 개인이 자신을 인간과 동일시하는데 절대적으로 필요한 요소이다. "자유롭기를 원하는 자는 누구나 자유롭다"라는 세네카의 말을 루소를 통해 인용하면서, 장 스타로빈스키(Jean Starobinski)는 자유의 본질적 특질에 대해 다음과 같이 설명한다.

> 자유는 모든 소외된 것들 중에서도 소외되지 않고 남아있는 것이다. 자유는 인간이 모든 것을 빼앗겼을 때에도 인간에게 남아있는 것이고, 파괴되지 않은 독립성이 숨어있는 곳이기도 하다.... 루소는 자신 안에서 무한한 힘을 발견한다. 어떤 외부적 힘으로도 제어되지 않는 '자신이 된다는 것'이 바로 그것이다. 인간은 불가항력적인 운명을 지배하기보다, 오히려 자신이 되기에 힘을 사용할 필요가 있다. 넘어설 수 없는 장애물에 직면하면서 인간은 자유를 바로 보게 된다. (Starobinski 1971: 242)

루소 자신은 인간의 우선적 특징으로 완전성을 강조한다. 완전성은 다른 동물을 넘어서는 역량을 발전시킬 수 있는 인간의 가능성을 의미한다. 완전성에 대한 루소의 분석은 그의 '자유의지' 개념과 밀접하게 연관되어 있다. 자유의지를 위한 인간의 역량은 인간 본성의 기본 요소

행위의 가능성을 의미한다." (Berlin. 1970. Introduction. xlii.)

를 구성한다. 루소에 따르면, "인간은 언제나 따르거나 저항한다. 이는 무엇보다도 인간의 영혼이 보여주는 자유에 대한 의식을 의미한다. (Rousseau 1964: 114) 여기서 루소는 인간이란 거의 모든 상황에서 다른 선택지 위에서 추구하고 형성하며 결정하고 행동하는 존재임을 지적하고자 한다. 인간이 선택과 함께 태어났다는 사실은 자유가 인간 되기를 위한 근본 조건임을 의미하는 것이다.

자유를 인간 존재의 전제조건으로 인정하게 되면서, 칸트는 어떻게 인과율의 법칙의 지배를 받는 사회가 인간의 삶과 양립할 수 있는지에 대해 답하고자 한다. 칸트에게, 자유는 순수이성으로부터 추출되는 불가피한 개념이다. 우리가 그의 인과율의 법칙을 따른다면, 인간의 자유는 인간 행위의 자발성의 원인이 된다. 이러한 자발성에 대한 절대적 개념은 인간의 존재 그 자체에 내재하는 자유라는 '선험적' 개념을 의미하게 된다. 칸트에 따르면, 실천이성은 개인 안에서 자유라는 자연권을 인시하고 드러낸다. 칸트에게, 순수이성의 영역에 있는 자유는 실천이성의 영역에서 '자율성'으로 정당화된다. 여기서, 한스 라이스(Hans Reiss)는 칸트를 다음과 같이 해석한다.

> 자연은 인간에게 이성과 그에 근거하는 의지의 자유를 주었다. 이는 그 자체로서 타고난 것으로서 자연의 선물이라는 명백한 표식이었다... 인간은 사회에서 보다 더 인간으로서의 느낌을 강하게 가질 수 있기에, 사회에서 살아가야 한다.... 자연이 인간에게 실성한 최고의 과제는 외부적 법률 아래 자유가 저항할 수 없는 힘과 가장 가능한 정도까지 동시적으로 존재하는 사회를 형성하는 것이다. (Reiss 1970: 43-46)

이제 칸트는 자유 개념을 국가라는 현실세계에서 개인의 중요성을 인식하는 자아의 현실화로 표현한다. 여기서 국가는 자유를 인간 이성에 근거한 법의 지배를 통한 '인간되기'를 위한 조건으로 보장해주는 역할을 한다.

지금까지 언급한 모든 자유에 대한 논의의 근거가 되는 것은 '인간은 수단이 아니라 목적으로 취급되어야 한다'는 명제이다. 인간은 자신의 삶의 핵심이자 목표가 되어야 한다는 말이다. 인간에게 있어 개인성의 발전과 현실화는 목적 그 자체이다. 목적이 "이상"보다 더 위대한 것임에도 불구하고, 인간의 자유는 목적에 종속되어서는 안 된다. 이는 자유의 본질과 궁극적으로 그 고귀한 개념조차 파괴해 버릴 수 있기 때문이다. 자유가 단순히 인간의 능력의 하나이기 때문이 아니라, 인간의 조건이기에, 자유 없는 인간의 이상은 아무런 의미를 가지지 못한다.

자유는 단순히 '외부적 규제로부터 벗어난' 것을 의미하지 않는다. 진정한 의미에서, 자유는 인간의 삶의 조건을 규정짓는다. 자유를 통해서 인간은 자신의 진정한 자아를 인식하고, 자의식을 고양시킨다. 다른 사람과의 관계에서, 자유는 우리로 하여금 우리의 개인성을 느낄 수 있도록 한다. 자유를 통해서 우리의 자아는 진정으로 그 개인성을 느낄 수 있다. 이러한 개인성과 함께, 인간으로서의 우리는 우리자신이 자유로움을 인식할 수 있다. 따라서 자유란, 루소가 끊임없이 주장하는 것처럼, 인간의 삶에 있어서의 본질을 구성한다고 말할 수 있을 것이다. 보상케(Bosanquet)는 이를 '생성(되어감 becoming)'이라는 말로 표현하는데, 우리는 언제나 무엇인가 되어가고 있다는 의미이다. 자유를 인간 존재의 조건으로 간주하면서, 보상케는 다음과 같이 주장한다. "우리의 자유는 우리가 되고자 하는 최선의 것 - 즉, 우리 자신이 되어가는 것 - 을 위한 조건으로 생각되는 체제와 같은 것이다. 그러한 체제는 최고의 자기 긍정을 위해서 힘으로 유지되는 법과 질서를 의미한다." (Bosanquet 1899: 126-127)

인간의 조건으로서의 자유를 개념화하는 입장에서, 역사는 크로체가 말했듯이 자유의 역사로 그 모습을 드러낸다. 사실 인간정신의 모든 역사는 프랑스 대혁명을 정점으로 하여 급격한 변화를 경험하게 된다. 사회에서 구조적 변화와 진보를 이룩하려는 간단없는 노력과 함께, 인간의 정신과 문화의 절정으로서의 프랑스 대혁명은 인간의 이상으로서의 자유와 현실에 뿌리박은 민족주의가 현실의 역사 속에서 조우할 수 있게 한다. 결합과 분열의 반복적 과정에도 불구하고, 자유주의에서 구체화된 자유 개념은 지속적으로 민족주의와 함께 진행하게 된다.

사실상, 개인은 특정한 시간과 공간에 존재할 때, 현실을 자각한다. 위에서 언급한 바와 같이, 인간의 궁극적 가치로서의 자유는 자기실현 능력을 의미하게 된다. 자기실현 능력을 통하여, 개인은 그 존재의 기반이 되는 전체구조 안에서의 자신을 인지한다. 이렇게 개인에서 자율성 개념을 찾아볼 수 있다면, 민족과 같은 도덕적 실체에도 자율성 개념을 적용시킬 수 있다. 프랑스 대혁명은, 개인과 공동체의 구조적 변형을 시도하였다는 점에서, 특히 자유의 역사에서 클라이맥스에 위치하고 있다.

르네상스 이후 인본성의 발견과 개인의 자유에 대한 인식은 계몽사상의 영향 하에서도 여전히 서성거리고 있던 봉건주의의 잔재를 소멸시켜 버렸다. 봉건주의와의 결별은 18세기 사상가들이 국가와 민족을 새롭게 볼 수 있도록 하는 계기가 되었다. 그들에게 국가는 인간의 자유를 보장하는 법적 질서가 잘 정리되어 활동할 수 있게 하는 장소였다. 세계주의자이자 평화주의자로서의 계몽사상가들은 국가를 인간의 이상을 실현시키는 구조물로 인식하게 되었다. 이렇게 하여 '국가로부터의 자유'라는 명제로부터, '국가에서의 자유'로 전환될 수 있는 역사적 계기가 형성된다. 자기실현과 자기결정, 그리고 자율성을 근간으로 하는 칸트의 자유 개념이나, 루소와 헤르더가 국가와 민족이라는 현실태를 고려하면서 개인의 자유를 논하게 되는 사상적 근거가 바로 여기에 있다.

제2장

참여민주주의를 위한 루소의 역설

1. 민주주의 이후의 민주주의?

이제 민주주의는 부동의 통치양식으로 전 세계에 자리잡았다. 20세기말부터 시작된 세계화 현상은 바로 민주주의의 세계화와 그 궤적을 같이하고 있다. 1990년대 이데올로기의 대립의 기세가 꺾이면서 민주주의는 그 어느 사회에서도 거부할 수 없는 정치체제로 자리잡게 된 것이다. 민주화 현상은 외면적 영토 확장을 끝내고, 그 내면을 채워가는 과정에 있다고 볼 수 있다. '세계화 이후의 민주주의'라는 표현이 바로 이러한 측면을 반영하는 것이라고 하겠다.

위와 같은 민주주의의 승리 이면에는 또한 어두운 그림자가 드리워져 있다. 이제 '민주화 이후의 민주주의'는 중요한 사상적, 현실적 주제로 자리잡고 있다. 즉, 현대사회의 대의민주주의는 실제 심각한 위기에 봉착해 있다. 사회의 조직과 확대로 인해 직접민주주의가 불가능해지면서 대안으로 제시된 대의민주주의에서 시민의 참여라는 문제가 난관에 봉착하면서 발생한 위기이다. 이 위기의 핵심은 시민의 참여가 제도적으로만 보장되어 있을 뿐, 실질적으로는 그렇지 않다는 것이다. 민주주의의 근본인 시민의 존재가 정치 현장에서 찾아보기 힘든 상태에 이른 것이다. 결국 대의민주주의의 문제는 민주주의의 결손, 민주적 제도에 대한 불신으로 점철되어 역설적으로 반민주주의화되는 지경에까지 이르고 있다. 많은 시민들이 선거와 정책결정에 참여하지 않는다는 것은 심각한 정치적 정통성의 위기를 말해주는 것이다.

참여의 부재와 정치에 대한 무관심의 증대를 돌이켜 민주주의를 민주주의로 돌리기 위해서 가장 중요한 것은 시민의 시민으로서의 확립이다. 이를 위해서는 대의민주주의로 시작된 전문가 정치에서 보통 사람, 즉 시민의 정치로 돌아와야 한다. 여기서 시민은 자유와 평등을 기반으로 독립적 판단 능력을 발휘하여 자신이 소속된 조직에서 자아성취를 이루어낼 수 있어야 한다. 바로 여기에 루소의 시민과 민주주의를 다시 살펴보고 참여의 문제를 정밀하게 분석해볼 필요가 있다.

승리와 함께 다가선 위기의 국면에서 민주주의 사상의 근본으로 돌아가 보자는 생각이 이 글의 출발점이다. 루소는 민주주의 사상의 근본원리를 제시한 사상가로서, 특히 인민주권과 일반의지를 제시하면서, 다원적 사회에서 정의의 원칙이 정립될 수 있는 가능성을 열어나간다. 루소는『사회계약론』에서 사회계약을 설명하면서 계약 당사자 간에 주고 받는 것은 모두 자유라고 설정한다. 자연상태에서 문제에 봉착한 인간은 위기의 타개책으로 자신의 자유를 모두 주고, 다시 자유를 얻는다. 이렇게 사회계약은 완성되고, 이제 인간은 주권자로서 일반의지의 보유자, 또한 일반의지의 대상으로서도 등장한다 자유를 주있는데, 노예가 이니고, 사유를 주는 일은 강제적으로 발생한다. 여기에 자유와 강제라는 말이 한 문장에 동시에 등장한다.

실제로 루소의 작품이나 삶에는 많은 자기모순과 역설이 드러난다는 것이 벤자민 바버(Benjamin Barber)의 분석이다. "루소의 민주주의론은 종종 전체주의로 공격받고 있으며, 고독에 대한 그의 예찬은 인간혐오주의로 비난받고,『에밀』에 나타난 것과 같은 루소의 교육론은 너무나 조작적이고 권위적이라는 비판에 직면하고 있다. 도시사회에 대한 루소의 비난은 자신의 사회적 부적응에 대한 반응이라는 평가도 있으며, 극단적 개인주의 사상은 편집증의 자기합리화로 이해되기도 한다. 실제로 루소는 상상력이 뛰어난 사상가로서, 교묘한 철학의 빈곤을 혐오한 철학자이자, 공동체의 삶에 대한 흥미가 없으면서도 철저히 공동체를 위한 입법자이며, 동시에 혼자 고독하게 조용한 삶을 영위하는 '제네바의 시민'이었고, 역설에 가득한 그의 극적인 작품은 모두 루소 당대의 모든 문제와 사회악을 드러내는 역할을 하였다." (Barber 1978: 79)

그의 여러 가지 역설중에서도 이 글은 루소의 사회계약론에 나타난 역설을 생각해 본다. 제임스 탤먼(James Talmon)과 칼 포퍼(Karl Popper)가 제시하는, '루소가 자유주의자인가, 전체주의자인가'라는 논쟁의 단서가 바로 여기서 발견된다. 자유를 주고 어떻게 인간은 자유로울 수 있을까? '자유를 위한 강제(fored to be free)'는 자유인가, 강제인가? 일반의지는 개인에게 무엇인가? 개인은 일반의지의 주체이자 객체이기도 하다는데, 단일주체가 동시에 두 가지를 할 수 있는 것일까? 또한 사회계약의 주체 개인은 이제 통치자이자 곧 피치자이기도 하다. 법을 제정하는 주체이기도 하고 법에 복종해야 하는 대상이기도 하다. 즉, 치자와 피치자의 자기동일성은 과연 3차원의 공간인 인간 세상에서 가능한 것일까? 이 모든 의문은 특히 '자유롭기 위한 강제'라는 용어에 집중된다. 이 글에서는 그 의미를 중심으로 루소의 참여민주주의 개념을 분석해 나갈 것이다. 현대 대의민주주의 사회에서 자유로운 인간에 대한 강제가 어떻게 강제가 아닌 자유가 될 수 있는가 하는 것이 이 글의 중요한 문제의식이라고 하겠다.

2. 루소의 사회계약론과 참여민주주의

공동체와의 연합 속에 존재하는 시민을 자유로운 개인으로 홀로 서게 한 것은 근대사상의 절대적 공헌이다. 인간이 이성을 통해서 모든 것을 할 수 있다는 자신감이 계몽사상을 통해서 자리잡게 되고, 이것이 정치적으로 정리된 것이 바로 사회계약론이다. 세상에 홀로 서 있는 근대의 위대한 발견 '개인'이 어떻게 현재와 같은 국가와 사회를 이루며 살게 되었는지에 대한 정치사상적 답이 바로 사회계약론이다. 한마디로 사회는 인간이 계약하여 형성했다는 것이다. 따라서 그 계약 당시의 상황, 인간의 상태, 계약 조건, 계약 이전과 이후의 차이 등 많은 것들이 정치적 담론의 대상이 되지 않을 수 없었다. 이미 만들어진 공동체 속에 인간이 들어서게 되는 것이 아니기에, 모든 것이 인간의 작업의 결과인 것이다. 따라서 우리가 살아가는 사회의 모든 근거, 초석, 원리, 나아가서는 법과 규칙까지 그 개인들의 작품인 셈이다. 즉, 각 개인 모두가 사회의 주인이 되는 참여민주주의의 근본 원리가 바로 여기에 존재하게 된다.

이렇게 사회계약론은 사회와 국가의 근원에 있어서 인위적 형성론을 기반으로 한다. 문제는 언제, 왜, 어떻게 그 사회를 형성하는가에 따라 개인의 삶이 달라진다는 점에 있다. 사회계약론은 홉스(Hobbes), 로크(Locke), 루소(Rousseau)로 대표되고 있다. 이들은 모두 사회는 계약에 의해 형성되었고, 이전에 사회가 아닌 다른 상태 – 이들은 이를 '자연상태(state of nature)'라고 부른다 – 로 부터 어떠한 이유 때문에 사회상태(state of society)로 이행하였다고 설명한다. 그 이유가 각 사상의 차이를 구성한다. 홉스는 생명에 대한 위협을, 로크는 재산권 보호를 위한 불편의 해소를 루소는 앞의 두 가지 모두를 얻기 위한 사회상태에서의 정치적 정당성의 확보를 위해 계약을 하게 된다고 설명한다.

루소에게 있어서 자연상태는 인간에게 더할 나위 없이 좋은 상태였다. 모든 인간이 자유롭고 평등하며, 인간의 본성도 치우치지 않는 자기애와 타인에 대한 기본적인 동정심을 가지고 있어 어느 누구에게도 해가 되지 않는 자연 질서의 한 부분으로 살아가고 있었던 자연상태가 사회상태로 이행하면서 타락의 길로 들어선다. 최초로 소유가 생기면서 인간 사회에 불평등이 들어서게 된 것이다. 불평등은 소유의 불평등으로 시작해, 부자와 빈자, 강자와 약자의 구도로 진행되고, 궁극적으로 전제정치로 움직여 전제 군주 1인만 제외하고 모두가 노예가 되는 최악의 상태로 이행되는 상황이 전개된다. 모든 근대사상가의 근본 출발점이자 지향점은 개인의 자유와 평등이다. 이것이 훼손되는 상황에 이르게 되면, 물이 차면 넘쳐흐르듯이 사회도 어떤 방식으로든 움직이게 된다는 것이 근대 정치사상의 핵심이라고 볼 때, 모든 사람이 노예화되는 상황이 바로 이러한 시점이라고 볼 수 있다.

여기서 루소의 사회계약론의 핵심 논제가 들어서게 된다. 즉, 인간의 입장에서는 자연상태로 돌아가는 것이 최선이겠으나 시간을 돌린다는 것은 인간이 할 수 없는 작업일진대, 인간이 할 수 있는 것이 있다면 바로 앞으로의 체제를 정당화시키는 - 즉, 정치적 정통성을 확보한다 - 일이라는 역발상이다. 타락으로 이어지는 사회의 방향을 돌리기 위한 작업의 핵심이 바로 여기에 있다. 자유에서 출발한 루소의 사회계약에 강제의 요소가 스며들어, 과연 그의 논리가 자유주의에 기반을 둔 것인지, 전체주의적으로 자유사회를 이루고자 함인지 불명확해지는 지점이 바로 이 곳이다. 루소의 사회계약론은 정치적 정통성을 설정하기 위한 방법으로 정치적 인간을 중심에 두고 논의를 전개한다.

즉, 루소의 사회계약은 홉스나 로크의 사회계약과 차원이 다르다. 홉스의 계약은 자유와 생존을 맞바꾸고, 로크의 계약은 자유의 일부와 생활의 편의를 교환한다. 이들의 계약은 단순 교환으로 단선적이고 매우 간단하다. 그러나 루소의 사회계약은 자유와 자유를 교환한다는 특이한 교환 공식을 보여준다. 여기에 루소의 복합성과 독특성이 있다. 루소는 자유를 구분하여, 자연적 자유와 사회적 자유가 사회에서 교환되는 모습을 사회계약으로 제시한다.

인간이 사회계약에 의해 잃은 것은 그의 자연적 자유와 그의 마음에 드는 것과 그의 수중에 넣을 수 있는 것들에 대한 무제한의 권리다. 그리고 그가 이로 말미암아 얻는 것은 **시민적 자유**이며, 그가 소유하고 있는 모든 것에 대한 소유권이다. [*On the Social Contract*(사회계약론). Book 1, chapter viii. (이하에서는 S.C. I, viii 와 같이 표기함) 1978: 56: 굵은 글씨는 필자의 강조]

자유를 주었는데, 자유가 남을 수 있다는 가능성에 대한 발상은 자유를 구분하면서부터 가능해진다. 자유를 주었으면 복종이나 강제가 남아야 하는데, 루소의 사회계약의 주체는 결과적으로 자유롭다. 강제가 다시 자유로 치환되는 현상이 발생하고 계약은 완성된다. 논의는 역설의 연속이고, 그 역설을 완성시키는 것은 루소의 극적인 상상력이다.

『사회계약론』에서 루소는 자연상태의 독립 상태로부터 시민사회로의 참여를 향한 개인의 움직임을 인본성을 완성시키고 도덕적 자유를 얻기 위한 필수조건으로 간주했다.[1]

[사회계약을 통해] 인간은 자연상태에서 가졌던 많은 것을 빼앗기기도 하지만 많은 것을 얻기도 한다. 인간의 능력은 향상되고 발전되며, 생각은 넓어지고 감각은 고상해진다. 영혼 전체가 고양되기에 새롭게 얻는 조건의 남용으로 이전의 자연상태로 타락하는 일만 발생하지 않는다면, 인간은 자연상태에서 벗어나 어리석은 동물로부터 지적인 존재인 인간으로 변화된 이 행복한 순간을 끊임없이 축복하게 될 것이다. (S. C. I. viii. 56, [ ] 표시의 내용은 필자가 첨가한 내용)

루소는 계속 말한다. "욕망에 의한 충동은 노예상태의 증거이지만,

1) 루소는 자유를 3가지로 구분하는데, 자연적 자유와 시민적 자유 외에 도덕적 자유가 있다. "사회 상태에서 얻어지는 것으로서 도덕적 자유를 첨가할 수 있다. 이 도덕적 자유는 인간을 진실로 자신의 주인이 되게 하는 유일한 것이다." (S. C. I, viii. 56) 도덕적 자유는 시민의 자유보다 한 차원 높은 수준의 자유로 인간이 인간임을 선포할 수 있는 자유이다.

자신이 제정한 법에 복종하는 것은 자유를 의미하는 것이다." (S. C. I. viii. 56) 여기서 사회계약의 결과 발생한 첫 번째 역설이 나타난다. 자유와 강제적 의미를 동반하는 복종은 반의어에 속하지만, 자기의지에 따른 복종이란 바로 자유라는 해석이다. 여기서 복종을 자유로 치환시키는 핵심 단어는 '자기의지'이다. 결국 이러한 상황에서의 복종은 곧 자유일 수 있다는 말이다. 자기가 주인이 되어 자신에게 명령하고 자신이 그 명령에 복종하는 상황에 대한 분석적 설명이다.

바로 여기에 루소식 민주주의의 요체가 있다. 루소의 민주주의는 일반의지를 중심으로 하는 참여민주주의다. 개인의 참여가 없으면 일반의지가 형성되지 않으며, 일반의지가 없으면 법률이 형성될 수 없고, 법률이 없으면 정치체제가 운용될 수 없다. 따라서 루소의 민주주의에서 핵심이 되는 것은 사회의 일반의지 형성에 개인이 참여하는가의 여부이다. 일반의지의 형성에 참여하는 자를 루소는 시민이라고 하며, 인간이 만족스러운 자연상태에서 불안정한 사회 상태로 들어온 상황에서는 시민이 되어야 하는 것은 선택이 아닌 당위라고 역설한다. 시민이 되었을 때 인간은 비로소 루소의 세 번째 자유인 도덕적 자유를 보유할 수 있는 가능성을 가지게 되고, 그렇게 되었을 때 비로소 '자기의 주인'이 되어 진정한 의미의 자유를 누리게 된다는 것이 루소의 논리이다. 따라서 시민의 참여는 사회에 정치적 정통성을 부여하고, 시민 자신은 진정한 자유를 누리게 되는 것이며, 이러한 사회계약을 파괴하려는 자가 있다면 이에 대해서는 적극적으로 대처해야 한다는 것이 루소의 핵심적 주장이다. 여기서 말하는 적극적 대처란 무엇을 의미하는 것일까? 루소는 말한다.

> 따라서 이 사회계약이 쓸모없는 규정이 되지 않게 하기 위해 이 계약이 일반의지에 복종하는 것을 거부하는 사람은 이 단체 전체의 힘으로 이에 복종하도록 강요한다는 약속을 암묵적으로 내포하고 있는 것이다. (S. C. I. vii. 55)

위의 말에서 루소의 분석력이 빛을 발한다. 자유롭게 태어났지만 현실에서 자유롭지 못한 인간의 현실을 극명하게 드러내주는 사회의 억압기제 사슬(chain)에 정통성을 부여하고자, 루소가 사회계약론에서 계획하는 합리적인 사회제도에서 루소의 자유와 강제의 역설은 가장 중요한 역할을 한다. 루소의 사회계약론은 인간의 순수한 본성이나 자연적 자유를 회복하려는 시도를 하지 않는다. 오히려 변화된 인간성에 맞게 완전히 새로운 구상을 하는 것이다. 즉, 각자 완전하게 고독한 전체인 개인이 그 자체로서 보다 큰 전체의 일원이 되어, 사회상태에서 자신이 가진 그대로 사회의 일원으로 다시 등장하여 자유를 확보하게 된다는 것이 루소 사상의 요체로서, 자유의 강제가 역설과 전환을 거쳐 제도는 강화되고, 육체적이고 독립적인 존재가 부분적이지만 도덕적 존재로 변화하게 된다.

3. '자유를 위한 강제(forced to be free)': 자유인가, 강제인가?

1) 자유에서 강제로, 강제에서 자유로

"일반의지에 복종하기를 거부하는 사람은 누구든지 전 구성원 집단에 의해서 제재를 받게 됨"(S. C. I, vii, 55)의 의미는 "자유롭게 되기 위해 강제되어야 함(forced to be free)"(S. C. I. vii. 55)에서 찾아볼 수 있다. 여기서 중요한 것은 자유의 중요성과 가치와 더불어 자유란 과연 무엇인가라는 본질적 문제이다. 자유란 과연 강제될 수 있는 것인가/ 강제되어 얻어지는 자유를 자유라고 할 수 있을 것인가?

벌린(I. Berlin)에 의하면 루소는 적극적 자유(positive liberty)[2]를 주

2) 여기서 벌린이 분류한 '소극적 자유(negative liberty)'와 '적극적 자유'는 자유를 위해 자유 아닌 다른 수단을 사용할 수 있는가의 문제와 이럴 경우 그것이 자유인가 아닌가의 논쟁으로 귀착된다. (Berlin 1969: 131-134)

장하는 사상가로서 적극적 자유란 '--을 위한 자유'로 정의되는데, 궁극 목적인 자유를 달성하기 위해 자유에 상반되는 강제라는 수단도 사용할 수 있다는 전향적 사고를 말한다. 즉, 강제도 일정 조건 하에서는 자유라는 역설이 성립되는 것이다. 여기에 '자유롭기 위해 강제되어야 한다'는 루소의 명제는 그 전형적인 모습을 보여준다.

루소에게 자유는 개인에게 존재의 이유이자 근거로서 자연상태로부터 사회상태로 이어지는 가장 중요한 가치였다. 자유없이 개인의 존재 자체를 운위할 수 없고, 자유 없이 루소가 말하는 정치적 정통성을 가진 정치체제의 성립은 아예 불가능하다. 자유로운 개인이 자기의 주인이 되고 자기 의지를 가지고 있을 때 루소가 말하는 일반의지가 형성될 수 있으며, 일반의지가 형성되어야 정당한 법률이 설정되고, 이후에야 정통성있는 합법정부가 들어서 민주주의가 자리잡게 되는 것이다. 이 논리에서 핵심은 바로 자유로운 개인이다. 따라서 개인의 자유가 제대로 확보되고 실행되는 것은 민주주의와 합법정부의 선결 조건이 된다.

따라서 루소에게 개인의 자유는 모든 것의 시작이자 끝이다. 민주주의의 존재 이유도 개인의 자유를 확실하게 보장하는데 있다. 그렇다면 자유를 확보하고 지켜내기 위해서 자유에 반대되는 강제라는 방법을 사용할 수 있는가 하는 것이 관건이다. 루소는 사회계약을 통해 방법을 찾아나가고 있으나, 여기에 존재하는 문제점을 인식하고 그 성격과 근거를 분석한다.

> 실제 각 인간으로서의 개인은 시민으로서의 일반의지와 상반되거나 동일하지 않은 사적 의지를 가지고 있다. 그의 사적 의지는 그로 하여금 공공의 이익과 아주 다른 행동을 하게 할 수도 있다. 그의 절대적인 자연적이고 독립적인 존재성은 그로 하여금 공공의 의무와 같은 공공성이란 무상으로 하는 행위라는 생각을 하게 만들면서, 그러한 행위가 다른 사람들에게 가하는 해악은 자신이 지불하는 비용보다 훨씬 적은 것이라는 생각을 하게 한다. 그리고 상징적 존재인 국가의 도덕적 인격성에 대해서는, 그

것이 인간이 아니라는 이유로 각 개인은 시민의 의무를 이행하려는 생각 없이 시민의 권리를 향유하려고만 할 것이다. 바로 이러한 부정의의 만연으로 결국 정치체는 파멸하게 되는 것이다.

그러므로 사회계약이 아무 소용없는 규정이 되지 않으려면 다른 사람들에게 강요를 할 수 있는 다음 약속이 암묵적으로 포함되어 있어야 한다. 즉, 일반의지에 복종하지 않으려는 사람들은 전체 공동체에 의해서 복종되도록 강제되어야 한다는 것이다. 결국 이 말은 [누군가가] [그를] 자유롭게 하기 위해 강요할 수 있다는 의미이다. 이는 각 시민을 조국에 내어줌으로써 그를 모든 개인적 의존관계로부터 보호해주는 조건이 되며, 정치기관의 형성과 기능을 가능케하는 조건이자, 또한 시민의 의무를 합법화시키는 조건이기 때문이다. 그렇지 않으면, 시민의 의무는 불합리하고 폭정적이며, 가장 무서운 권력의 부정과 악폐의 길이 되고 말 것이다. (S. C. I, vii. 55)

여기서 언급되고 있는 '시민의 의무'란 바로 시민의식을 말한다. 시민은 우선 국가의 법에 복종해야 하고, 일반의지에 자신의 의지를 일치시켜야 한다. 개개인의 사적 의지가 일반의지로 일체화되어 제도에 반영된 것이 바로 법이기에, 시민의 의무를 바로 법에의 일치라고 볼 수 있다. 이에 대해서 루소는 이렇게 말한다. "자유는 언제나 법의 궤적을 따른다. 자유는 법과 함께 통치하고 또 사라져간다.[Lëttres Ecrites de la Montagne, Oeuvres Complétes (루소전집; 이하에서는 O. C.) vol.3, 1964: 842]" 여기서 법이 일반의지와 동일시되게 되면, 자유는 일반의지에의 복종을 통해서만 가능해진다는 것이 루소의 설명이다. (O. C. vol.3. 311) "법률에 대해서(Des Loix)"라는 제목의 "정치학 단상(Fragments Politiques)"에서 루소는 자유와 법의 관계를 다음과 같이 설명하기도 한다.

나는 법에 복종할 때 자유롭다. 그러나 나의 동료에게 복종하라고 강요받을 때에는 그렇지 않다. 후자의 경우 나는 한 개인의 의지를 따르는 것이기 때문이다. 그러나 내가 법에 복종할 때, 나는 공동의 의지에 따라 행동하게 되는 것으로, 여기서 공동의 의지는 다른 사람의 의지이기도 하지만, 나의 의지이기도 하기 때문이다. (O. C. vol.3, 492)

이에 대해서 벌린은 "루소의 자유란 단순히 간섭받지 않으려 하는 개인의 '소극적' 자유가 아니라, 시민의 모든 삶의 영역에 간섭할 수 있는 공적 권력을 공유한 사회 전 구성원의 소유물"이라고 설명한다. (Berlin 1969: 162-3) 내가 나의 개인의지에 복종할 때 그것을 자유라고 한다면, 나를 포함한 공동의 의지에 복종할 때에도 자유라고 할 수 있다는 것이다. 여기서 공동의 의지에 복종하는 것이 나의 자유가 되기 위해서는 공동의 의지가 바로 루소가 말하는 일반의지가 되어야 한다. 루소의 일반의지는 언제나 옳은 것이기 때문이다. 나의 의지가 포함되어 있는, 언제나 옳은 의지에 복종하는 것이 루소가 말하는 자유의 핵심이고, 여기에 강제가 자유로 이해될 수 있는 가능성이 존재한다.

여기서 복종의 주체는 어디까지나 개별 인간이자 시민이다. 따라서 이러한 시민의 의식이 잘못되었을 경우에 대한 우려가 없을 수 없다. 개인은 자신의 의지를 법에 일치시켜 일반의지로 만들 수 있는 충분한 역량을 가지고 있으나, 또한 자신의 사적 이익을 추구하여 공공성을 가지기 어렵게 될 가능성도 얼마든지 있다. 이렇게 되면, 정치체에는 부정이 범람하게 되고, 궁극적으로는 타락하게 되는 것은 자명한 사실이다. 따라서 "일반의지에 복종하기를 거부하는 자는 복종하도록 강제될 것"이라는 사회계약의 묵시적 약속과 의무는 법과의 일치를 보장받는 작업과 함께 잘못된 시민의식의 가능성과 정치공동체의 타락을 막는 장치인 셈이다. 어차피 루소에서 자연상태 인간의 자연적 자유는 사회로 넘어오면서 시민의 시민적 자유로 변화되는데, 그 핵심 내용은 자유에의 한계를 설정한데 있다고 볼 수 있다. 즉, 자유를 파괴할 수 있는 자유는 시민에게 주어져 있지 않다. 이 단계에서 시민은 자유를 보장하기 위해서 강제될 수 있다는 것이고, 이러한 강제는 순수 언어적 의미에서의 강제가 아니라 내용적으로는 자유에 해당할 수 있다는 것이 루소의 해석이다.

여기서 시민의 지위를 다시 살펴볼 필요가 있다. 사회계약의 측면에서 개별 시민은 복종하기를 거부한 사람들을 강제하는데 과연 동의했는가라는 질문을 할 수 있는 것이다. 실제로 이는 자신들이 법을 침해했을 경우에 그러한 강제력에 복종하기로 동의한 것이지, 다른 모든 사람까지 강제하는 것에 동의했는지에 대해서는 여전히 의문이 남는다. 나아가 강제를 통해서 법 준수의 정도라든가 자유가 증진되기도 하지만, 이는 실제로 개인이 법을 위반했을 경우에만 적용될 수 있는 것이다. 결국 개별 시민의 사적 이익으로 야기된 사회질서에 대한 위협에 대항하여 사회를 지켜내려는 수단에서 루소가 말하는 시민의 의무가 존재한다.[3)]

루소의 사상이 독특한 이유는 개인이 법에 순응하도록 강제함을 통해서 개인의 자유를 보장하려는 시도에 있다. 실제로 개인이 법에 순응하도록 강제하는 것은 명백히 개인의 자유를 침해하는 것임에도 이를 자유로의 길에 매우 중요한 작업으로 보는 점이 바로 루소의 역설이다.

"자유를 위해 강제된다"라는 루소의 명제가 성립하려면 다음과 같은 두 가지 조건이 충족되어야 한다. 우선 법은 개인의 도덕적 자유와 자율성을 제시하고 보장하는 법이라야 한다. 또한 바로 그러한 이유 때문에, 개인이 이 법을 지키도록 강제하는 것은 개인의 자연적 자유를 침해하는 것이지만, 개인들을 그렇게 강제함으로 인해서 그들은 도덕적으로 자유로워진다는 것이다. 자연상태 인간의 자연적 자유에서 사회상태 시민

---

3) "정치적 제도의 권위는 도의의 무제가 아니라 공화정에 규정되어 있는 조건에 복종하겠다는 의무를 받아들이는 시민의 끊임없는 승인의 문제이다."(샹탈 무페, 2006: 148에서 재인용)

의 시민적 자유와 도덕적 자유[4]로 넘어가는 모습이 그대로 드러난다.

2) 이중전환의 완성: 일반의지

자유에서 강제로, 강제에서 자유로의 이중전환의 과정을 거쳐 이제 논점은 사회의 법으로 넘어간다. 앞서 언급한 첫 번째 조건인 '개인의 도덕적 자유와 자율성을 제시하고 보장하는 법'의 존재가 시사하는 바는 개인의 개별의지를 넘어서는 루소의 '일반의지'의 존재라고 볼 수 있다.

루소에게 사회와 인간집단을 구별하는 것은 사람들 사이에 존재하는 일반의지의 존재이다. 단순한 명령인 포고령과 법을 구별하는 것도 마찬가지로 법이란 '일반의지의 행위'(S. C. II. vi, 66)라는 사실에 있다. "사회계약에 의해 정치체에 존재와 생명을 부여하였다... 이번에는 입법에 의해 여기에 활동력과 의지를 주지 않으면 안된다." (S. C. II. vi. 65) 라는 루소의 명제에서 알 수 있는 것은 우리의 의지가 바로 입법 작용을 통해서 우리의 자유를 증진시키거나 제어할 수 있는 법으로 자리잡게 된다는 것이다.

이렇게 루소에서 의지의 성격은 법의 개념까지 이어진다. "법은 일반의지의 선언에 불과하다." (S. C. III. xv. 103)라는 말에서 루소의 의미는 법이란 단순히 국민주권이론만 가지고 설명할 수는 없다는 것이다. 국민이 국민주권을 통해서 법을 만든다는 일반론으로 루소의 법과 일

---

4) 도덕적 자유에 대해서 루소는 『에밀』에서 다음과 같이 설명한다.
"그러나 자연과 질서의 영원한 법은 존재한다. 현명한 사람에게는 이러한 법이 실정법을 대신한다. 이러한 법은 그 사람의 마음 깊은 곳에 양심과 이성으로 아로 새겨져 있다. 그가 자유롭기 위해 자신을 복종시킬 법이란 바로 이것을 의미한다.... 자유는 정부형태에서 발견되는 것이 아니라, 자유인의 마음 속에 존재한다. 자신이 있는 곳에 관계없이 자유롭다." (Rousseau, *Emile*. 1970: 473)
다시 말해서, 자유의 완성은 인간의 마음 속에 있는 양심과 이성의 회복을 필요로 하며, 이는 궁극적으로 철학교육을 강조하는 방향으로 나아간다. 여기서 루소와 플라톤의 연결고리가 발견되기도 한다.

반의지의 관계를 설명할 수는 없다. 법은 끊임없이 당시 일반의지의 선언으로 새로 생성되는 것이라고 할 수 있다. 이것이 바로 『사회계약론』에서 루소가 말하고자 하는 개인의 의지와 일반의지를 통해 법으로 이어지는 관계의 요체이다.

> 사람들로 하여금 무엇을 하도록 강제할 수는 있지만, 의지할 수는 없는 것이다. 약속했기 때문에 그 약속을 이행한다는 것과 이전에 그렇게 한다고 약속을 하지 않은 경우에도 그 행위를 하려는 의지를 지속적으로 가지고 있다는 것에는 많은 차이가 있다. 오늘의 법은 어제의 일반의지가 아니라 오늘의 일반의지가 구현된 것이라야 한다. '모든 사람이 하고 싶어 했던 것'이라고 해서 나 자신이 반드시 그렇게 해야 하는 것은 아니고, '모든 사람이 지금 하고 싶어 하는 것'을 해야 하는 것이다. 여기서 알 수 있는 것은 법이 사람들의 이름으로 선언될 때, 그것은 과거가 아니라 현재 사람들의 이름이라야 한다는 것이다. (Geneva Manuscript, in S.C. II. ii. 181-182)

다시 말해서 법은 현재의 의지를 법적인 형태로 전환시킨 것이다. 그러나 실제 우리 주변에서 발견하는 것은 법이 아니라 강제와 사슬이라는 것을 루소는 사회계약론 서두에서 이미 밝혀놓은 바 있다. 『사회계약론』 3권 15장에서 루소는 "자세히 보면 법을 가지고 있는 나라는 몇 되지 않는다."라고 하는데, 이는 인민의 뜻에 따른 법을 가진 나라가 얼마 안뒤다는 이미로 헤석된다. 일반의지의 선언으로서의 법과 법의 모양을 한 강제질서의 차이를 인지하고 있는 나라가 얼마 안된다는 의미로도 설명이 가능하다.

실제로 시민이 법에 복종해야 하는가라는 질문에 대해서도 두가지 답변이 가능하다. 엄밀한 의미에서 자유로운 시민이기에 그 무엇에도 복종해야 할 의무는 없다. 그러나 또한 일반의지의 선언으로서의 법에는 복종해야 한다. 법을 주어진 것으로 그리고 단순히 복종해야 하는 것으로 생각하는 한, 끊임없이 움직이고 생성되고 있는 일반의지는 그 지속적 형성을 멈추게 되고, 결국 법은 사라지고 만다. 이제 공동체는 해체되고 그야말로 강제질서에 종속되게 되는 것이다. 사회에서 새로운 자연상태가 형성되는 셈이다. 이렇게 하여 잘못된 법질서에 복종하는 훌륭한[5] 시민들을 통해서 개인은 시민으로서의 의무를 저버리면서 사슬에 매이게 되고, 자유는 사라지게 되는 것이다.[6]

이렇게 볼 때, 시민의 의무는 법으로 전환될 일반의지의 형성에 지속적으로 참여하는 것이다. 루소의 '강제'의 근원에 자유라는 힘이 존재하고 있음을 분석하는 아펠트(Affeldt)에 따르면, 루소의 시민이 가지는 제1의 조건은 법에의 복종이 아니라 일반의지의 형성에 대한 적극적 참여이다. "사회에 참여하지 않고 형성된 법에 그저 복종하기만 하는 사람은 나쁜 시민인 정도가 아니라 전혀 시민이라고 볼 수 없다는 것이 루소의 평가이다." (Affeldt 1999: 308) 한마디로, 일반의지의 형성을 위해 노력하는 것이 시민의 의무이며, 그렇게 하지 않는 자는 시민이 아니다.

루소와 더불어 다른 사상가들도 개인의 사적 의지로 인해 일반의지 형성에 문제가 발생하는 경우를 우려하기도 한다. 그러나 실제로 사회의 정립을 위협하는 것은 개인의 사적 의지 자체가 아니라 개인의 그 사적 의지로 인해 일반의지 형성을 위한 참여를 주저하거나 거부하는 데 있다는 것이 보다 정확한 설명이다. 이에 대해서 아펠트는 이렇게

---

5) 루소의 또 다른 역설이다. '법에 대한 복종이 의무'라는 명제를 기계적으로 수용할 경우 발생하는 문제가 바로 여기에 있다. 일반의지로서의 법에 복종하는 것은 시민의 의무이지만, 잘못된 법질서에 복종하는 것은 그것을 바로잡아야 할 시민의 의무를 저버리는 것이 되고, 오히려 준법의 훌륭함이 악법을 존속시키는 좋지 않은 상황을 낳게 되는 것이다.

6) 여기서 '잘못된 법질서에 대한 복종'은 어디까지나 복종이지, 자유가 아니다. 이렇게 하여 상황은 루소의 『사회계약론』의 초기상태로 다시 돌아가고 만다. "인간은 자유롭게 태어났으나, 도처에서 사슬에 매여 있다." (S. C. I, chapter 1)

말한다.

> [개인이] 사적 의지에 귀를 기울이면서, 완전한 인간성이란 시민성을 전제하고 일반의지가 형성되는 현장에서의 참여를 필요로 하는 것임을 인식하지 못하게 되어 버린다. 결국 자연상태로 복귀하려는 개인 내의 유혹 때문에, 사적 의지는 사회에 위협이 될 수밖에 없다. 다시 말해서 사적 의지가 사회에 위협이 되는 이유는 사람들이 무엇인가를 파괴하려 해서가 아니라 할 일을 하지 않아서이다. (Affeldt, 1999. 311)

사회 성원들의 지속적인 참여를 통해 사회가 지속된다고 보는 것이 루소에서 참여민주주의를 말할 수 있는 근거이기도 하다. 사적 의지에 따르는 사람들의 등장으로 "전제적이고 비효율적인 체제"(S. C. I. vi: 53)로 사회가 이행될 가능성은 언제나 존재한다. 따라서 참여의 진작을 통해서 일반의지 형성자로서의 주체성을 확립해나가야 한다는 점에서, 루소의 자유와 강제의 역설을 통해 참여로의 이행과정을 거쳐 이제 일반의지가 민주주의 사회, 법치국가의 근간으로 등장하게 되는 것이다.

루소에게 인간의 자유란 일반의지에의 복종을 통해서만 그리고 본성을 변화시켜 일반의지의 형성에 참여하면서 달성되는 것이기에, 시민들이 다른 사람들에게 일반의지에 복종하도록 지속적으로 강제하는 일은 결국 시민들이 다른 사람들을 자유롭도록 강제하고 있음을 의미한다. 이제 개인으로 하여금 사적의지로부터 일반의지를 형성하게 하는 힘이 무엇인가라는 질문에 이르게 된다. 여기서 개인이 사적 의지로부터 일반의지로 움직이는 궁극적 목적은 도처에 존재하는 사슬로부터 해방되어 자유를 향한 길로 올라서는데 있다. 자유에서 강제로, 강제로부터 다시 자유로 움직이는 '이중전환의 정치학'[7]이 바로 여기에 존재한다.

---

7) 자유를 위해 강제하고, 강제하여 자유로 진행하는 역설적 상황 속에서 볼 때, 여기서 자신이 자신의 의지를 쳐서 복종시키는 강제는 엄밀한 의미에서 강제가 아니라 자유라는 역설적 전환을 의미한다. 앞서 각주 5)에서도 설명했듯이, 루소의

3) 일반의지의 실현과 시민의 참여

일반의지는 고정되어 있는 것이 아니고, 역동성을 가지고 있는 현재 진행형 의지이다. 일반의지의 형성 과정 속에서 인간은 시민이 되어간다. 사회계약 이후 시민이 되어가는 과정에서 각 시민은 일반의지에 복종하도록 자신을 포함하여 다른 사람을 강제하는 일을 수행하게 된다. 여기서 다른 사람을 강제하는 것의 핵심적 내용은 각 시민이 사적 의지를 꺾고 일반의지를 형성하는데 지속적으로 참여하게 하는 것이다. 이렇게 될 때, 시민은 루소가 말하는 입법자와 유사한 역할을 할 수 있게 된다. 루소의 또 다른 역설로서 주고 받는 작업이 여기에 또 다시 드러난다. 입법자의 작업은 결국 인간의 본성을 변화시키는 작업이다.

> 입법자는 인간으로부터 그 본래의 힘을 빼앗고 인간이 지금까지 소유하지 못했던 힘, 즉 타인의 도움 없이 사용될 수 없는 힘을 부여해야 한다. 즉, 자연적인 힘이 소멸되면 될수록 새로 얻는 힘은 크게 되고, 영속화할 수 있는 동시에 이 제도도 역시 더욱 견고해지고 완전해지는 것이다. 그리하여 각 시민이 만일 다른 시민의 힘을 빌지 않으면 아무것도 할 수 없고 또한 전체가 얻은 힘이 각 개인의 자연적인 힘의 총화가 되거나 또는 그 이상의 것이 된다면 입법은 그것이 도달할 수 있는 완전한 최고봉에 이르렀다고 할 수 있다. (S. C. II, vii. 68)

각 개인은 이러한 과정을 거쳐 일반의지의 지속적 형성에 적극적으로

도덕적 자유 상태에서는 강제가 필요없게 된다. 도덕적 자유를 가진 인간에서 모든 행동의 동인은 바로 자유이지 강제가 아니다. 이는 자신의 의지와 행동 준칙의 어긋남이 없는 칸트적 자율상태를 의미하기도 하며, 공자(孔子)가 말하는 종심소욕불유구(從心所欲不踰矩)의 상태이기도 하다. 자유를 분석하고 언급하는 모든 사상가들의 유토피아이자, 참여민주주의를 가능케 하는 시민의 가능태이기도 하다. 이 글은 이러한 도덕적 자유가 완벽하게 실현된 상태는 아니라 할지라도, 현실에서의 가능한 양상이 루소의 일반의지에서 드러날 수 있다는 가능성을 제시하는 것이다.

참여할 과제와 의무를 가지게 되고, 사회계약의 약속은 각 개인의 사적 의지가 참여를 억제하려는 위협을 제어하게 된다. 개인의 자유를 최고의 가치로 생각하면서도 개인의 이익에 반하는 공적 행위가 가능한 이유가 바로 여기에 있다. 이제 시민은 자신의 사적 의지에 반하는 일반의지의 명령에 주의해야 할 뿐만 아니라, 다른 사람도 일반의지의 명령에 주의하도록 해야 하는 의무를 가진다. 의무란 반드시 해야 하는 당위적 명제로서, 일반의지에 어긋한 행위를 하는 자를 보았을 때, 시민은 반드시 그로 하여금 일반의지에 따르도록 강제해야 한다는 것이다 이러한 상황 - 자신이나 타인의 개별 의지를 꺾고 일반의지로 강제해야 하는 상황 - 에서 적극적 참여가 있어야 루소적 의미의 시민이라고 할 수 있다.

시민의 의무가 일반의지의 형성에 참여하는 것이라는 말만으로 과연 시민의 실질적 참여를 담보할 수 있을까? 구체적인 참여로 시민을 이끄는 힘은 과연 무엇일까 하는 것이 사상에서 현실로 이어지는 과제일 것이다. 『에밀』에서 루소가 제시하는 시민교육이라는 측면에서 이는 플라톤의 동굴의 비유를 연상시킨다. 동굴 속의 사람들은 타오르는 불빛만 바라보다 태양 빛을 향해 강제로 끌려 올라간다. (Plato, *The Republic*. 1968: 518d) 여기서 동굴 속의 사람들을 루소적으로 변환시켜 보면, 현실의 사슬에 매여 있는 사람들이다. 이들을 자유롭게 하는 힘이 바로 교육이라는 점에 대해서 플라톤과 루소는 동의하고 있는 셈이다. 플라톤에 의하면, "교육이 바로 이러한 전환[개인을 자유롭게 하고 수호자가 되게 하는 학문(*The Republic*, 521d)]을 가능케 하는 기술이다... 교육은 영혼에게 보는 능력을 생기게 해주는 것이 아니라, 이미 그 능력을 가지고는 있되, 보아야 할 곳을 보게 하는 것이다. 바로 이것이 교육이다. (*The Republic*, 518d) 이렇게 볼 때, 루소가 말하는 자유를 위한 강제, 즉 참여의 문제는 결국 교육의 문제에서 그 열쇠를 발견한다. 교육의 기본 기능으로서 인간을 의존성으로부터 탈피시켜 자유로운 존재로 만들어야 한다고 주장하면서, 루소는 『에밀』에서 다음과 같이 설명한다.

> [인간 사회에서는] 두 종류의 의존이 있다. 하나는 자연에서 오는 사물에 대한 의존이고, 다른 하나는 사회에서 발생하는 인간에 대한 의존이다. 사물에 대한 의존은 자유에 해가 되지도 않고 어떠한 악도 발생시키지 않는다. 그러나 인간에 대한 의존은 다르다. 이는 질서가 없는 상태를 지칭하게 되면서, 모든 악의 근원이 된다. 또한 인간에 대한 의존을 통해서 주인과 노예 모두 타락하게 되는 [최악의] 상황이 발생한다. 이러한 사회적 질병을 치유하기 위해서는 법이 인간을 대체하게 하고, 개인의 사적 의지를 압도하는 강력한 힘을 가진 일반의지로 무장해야 한다.... 자유가 인간을 악으로부터 지켜주며, 도덕성을 가지게 하면서 덕성을 함양시켜 준다... 아이들을 사물에만 의존하게 하라. [인간에게 의존하지 않게 하라.] 아이들을 교육하는 과정에서 자연의 흐름에 맡겨라. [인위적으로 하지 말아라.] (Rousseau, *Emile*. 1970: Book II: 85)

인간이 이미 가지고 있는 능력이 사회의 사슬 속에서 무력화되어 왔다는 전제하에, 이를 교육을 통해서 해결할 것을 루소는 『사회계약론』과 『에밀』 등 도처에서 역설한다. 결국 "다른 사람에 대한 의존으로부터의 자유는 인간 영혼의 건강을 위해 필요한 것이며, 그러한 자유는 법의 지배를 통해 형성된다."(Melzer 1983: 634)는 것이 멜저(Melzer)의 분석이다. 교육을 통해서, 사회의 사슬과 질곡에 적응한 인간이 아니라 자유로운 판단이 가능한 시민이 형성되어야 적극적 참여가 가능한 사회, 즉 참여민주주의로의 이행이 가능하다는 것이다.

플라톤의 '철학자'와 마찬가지로, 사슬에 매인 사회상태의 시민이 자유로운 삶과 자유사회의 가능성을 발견했다면, 그는 반드시 강제[8]를 통해서라도 다른 사람들과 그 가치를 공유해야 한다는 것이 바로 루소가 말하는 시민의 적극적 참여의 기본적 내용이다. 여기서 일반의지의

---

8) 제도화를 통한 법제화도 방법이기는 하지만, 강제를 하기 위한 구체적이고 장기적인 방법 중의 하나가 앞서 언급한 '교육'일 것이다. 교육을 통해서 생각의 변화가 발생하고 행동이 바뀌고 사회가 움직인다. 교육은 완급조절이 된 강제라고 할 수 있다.

지속적 형성주체인 시민의 강제는 강제가 아니라 자유이고, 그러한 과정을 거쳐 형성된 일반의지와 이의 반영인 법이 지배하는 정치체제가 자리잡게 되는 것이다. 참여민주주의의 핵심은 참여에 있으며, 그 저변에서는 행위자 시민이 자리잡고 있고, 더 나아가 시민의 자유가 바로 자유를 위해 자신과 다른 시민들까지도 강제할 수 있는 힘으로 등장하게 되는 것이다.

민주주의의 근본이 개인의 자유라고 할 때, 그 사회의 모든 사람이 자유로워야 민주주의라고 할 수 있을 것이다. 따라서 한 사람이 자유롭지 못할 때 그 사회를 자유롭다고 할 수 없으며, 민주주의 체제가 제대로 작동하고 있다고 할 수 없을 것이다. 여기서 자유에 강제라는 개념이 들어설 수 있는 여지가 존재한다. 비롤리(Viroli)는 다음과 같이 자유와 일반의지의 관계를 설정한다. "시민이 다른 사람의 의지에 종속되는 상황을 제어하기 때문에, 일반의지는 인간을 자유로운 시민으로 만든다. 초기 계약에서 각 시민은 일반의지에 지속적으로 복종하게 되면서 어떤 한 개인의 의지에 종속되는 상황에서 벗어나게 된다... 법과 공동선이 주권자적 위치를 차지하고 있는 상황에서, 시민이 일반의지에 복종하지만 어느 누구도 시민에게 명령하지는 못하게 된다." (Viroli 1988: 151) 복종하지만 주인은 없고, 강제당하지만 자유로운, 나아가 자유를 위해 강제하는 그 힘의 근원도 바로 '자유 그 자체'[9]라는 상황이 일반의

---

9) 아펠트(Affeldt)가 말하는 '자유의 힘(force of freedom)'이 바로 여기서 발견된다. 자유는 그 자체로 자유를 향해 인간에게 압력을 가해 시민으로 형성시키는 힘이라는 설명이다.

"우리에게 자유의 가능성이 있다는 사실은 우리의 상태로서, 또한 우리 안에서 아직 실감되지 못하는 것으로서 인정하는 것은 그것을 실현시키기 위해 강제되어야 하는 것이다. 여기서 인정과 강제는 동일한 것이라고 할 수 있다... 현재 상태에서 실현시키는 작업을 우리에게 하도록 하는 것은 아직 실현되지 않은 우리의 상태에 우리가 이끌리는 것이고, 그것을 실현시키고자 하는 우리의 바람이다. 루소에게 있어서, 아직 실현되지 않은 상태의 자유를 인정하는 것은 우리의 행동을 이끌어내는 유인이 된다. 그 이끄는 힘을 통해서 우리는 그것을 실현시키도록

지가 주권자로 등장하는 참여민주주의 체제에서 드러나게 된다.

4. 역설의 전환과 새로운 과제의 등장

이데올로기 대립으로 얼룩졌던 20세기를 지나 이제 21세기는 민주주의 시대로 들어섰다. 민주주의의 보편화와 세계화 현상과 함게, 민주주의는 외연적 확산 일로에 있다. 이제 그 내용을 채우자는 내포적 심화가 운위되는 시대이기도 하다. (강정인 1997: 108) 즉, 국가와 사회에 책임지는 시민정신이 함양되어야 한다는 것이다. 민주주의의 주체는 바로 시민, '나' 자신이라는 점을 유념하고 시민이 일상의 삶에서 민주적으로 움직여야 정치체제로서의 민주주의가 바로 선다는 것이다.

사실상 지금까지는 법제화 작업을 통해서 민주주의를 제도화하는데 주력해 왔다. 쉽게 말하면 민주주의의 하드웨어를 만드는 일에 역량을 집중하다보니, 하드웨어를 움직이고 사용하는 소프트웨어인 민주 시민의 역량이 거기에 따라가지 못하는 일이 발생하게 되었다. 이러한 불일치 현상이 최근 사회전반에 걸쳐 도덕적 해이가 만연하게 된 중요한 이유이기도 하다. 이제 민주주의의 주체로서의 시민이 바로 서지 않으면 민주주의 자체의 존립이 불가능해진 상황에 봉착한 것이 바로 처음부터 언급한 현대사회 위기의 핵심이라고 하겠다.

루소의 '자유를 위한 강제'라는 말에서의 강제는 문자 그대로 해석해서 강요라고 보기에는 개인의 선택과 자유에 의존하는 정도가 매우 넓다. 한마디로 강제가 아니라 자유 그 자체라고 할 수 있다. 바로 여기에 루소의 역설이 다시 전환될 수 있는 단서가 있다. '자유를 위한 강제'는 다시 강제와 복종에서 자유로의 이중 전환을 통해 자연적 자유에서 도덕적 자유와 함께 시민적 자유를 가진 자유의 완성 상태에 이르게 되는 것이다.

우리를 강제하게 되는 것이다... 이렇게 자유를 위해 우리를 강제하는 힘은 자유 그 자체의 힘이라는 것을 루소는 명확히 한다." (Affeldt 1999: 324)

루소에게 있어 자유로의 전환은 행동 양식의 전환 - 즉, 일반의지의 지속적 형성을 위한 적극적 참여로의 전환 - 이다. 자유는 특정인이나 특정 사회를 통해 주어지거나 증여되는 것이 아니다. 루소의 자유는 지속적으로 요구되어 얻어지는 것으로 적극적 참여는 자유의 필수적 조건이고, 동시에 참여는 자유를 위해 노력하는 시민이라면 반드시 가져야 하는 의무인 것이다. 여기에 참여민주주의를 루소에서부터 논하는 이유가 있다.

결국 여기서 중요하게 등장하는 것은 시민의 적극적 참여를 통한 일반의지의 형성에 있다. 일반의지가 일단 형성되고 그에 기반을 둔 법과 제도가 제정되면, 이에 복종하는 것은 시민의 자유이지 강제에 의한 의무가 아니라는 것이다. 자유에 바탕을 둔 법제화의 가능성과 함께 이에 대한 복종은 자유라고 하는 이중전환의 정치학이 자유를 통해 일반의지가 형성되고 일반의지가 제도와 법의 근간을 형성하며, 법제화 작업을 통해 형성된 법에의 복종이 제도의 유지를 위해 필요하게 되고, 이어서 법에의 복종은 곧 나의 자유의 발현이라는 도식으로 자유와 강제의 역설이 가능해지고 참여민주주의로 귀착되는 것이다.

루소의 참여민주주의 논의에서 핵심에 존재하는 것은 바로 '시민'이다. 벤자민 바버에 따르면, "대중은 소란을 일으키고 시민은 심사숙고하고, 대중은 반응하지만 시민은 행동하며, 대중은 충돌하고 대립하지만, 시민은 약속하고 공유하고 기여한다. 따라서 대중이 약속하고, 공유하며, 기여하게 되면 시민이 되고, 그리하여 참여하게 된다는 것이다. 따라서 대중이 심사숙고하고, 행위하고, 함께 하며 공헌할 때 그들은 비로소 시민이 되고, 이때 참여하게 되는 것이다." (Barber 1984: 155)

이제 새로운 과제로 등장하는 것은 바로 이 시민의 문제이다. 참여민주주의를 위해서는 개인은 시민으로 바로 서야 하고, 시민으로서의 역할인 참여를 통해 시민임을 인정받고 또 다시 참여민주주의를 완성시킬 수 있는 기제가 되는 것이다.

제3장

밀(Mill)의 민주주의론

―자유와 관용의 제도화를 통한 대의민주주의의 가능성―

1. 밀의 정치사상 개관

존 스튜어트 밀(J. S. Mill)은 영국의 대표적인 공리주의 철학자이자 경제학자였던 아버지 제임스 밀(James Mill)과 제레미 벤담(Jeremy Bentham)의 지도로 공리주의 철학의 후계자로 성장하였다. 집중적 사교육과 타고난 천재성을 바탕으로 13살 이전에 이미 철학, 역사학, 수학, 논리학의 고전을 원어로 익혔다. 14살에 이미 독립적인 지적 사고를 할 수 있을 정도로 성숙했다.

공리주의 철학은 자연법칙, 올바른 도리, 사회계약과 같은 추상적인 개념을 버리고 온전히 경험주의의 입장에서 사람들이 본성적으로 추구하는 쾌락을 극대화하고 고통을 최소화하는 방향으로 사회를 개혁함으로써 최대다수의 최대행복을 실현해야 한다는 사상이었다.

이성에 집중한 조기교육의 결과 20세에 정서에 기반을 둔 정신적 위기에 봉착하게 된다. 너무나 이른 시기에 완성된 정신의 성장은 인생의 목적상실이라는 위기를 만나게 된 것이다. 인류전체의 행복을 인생의 목적으로 생각하고 느끼는 감정이 행복의 가장 큰 원칙임을 믿고 실제로 그렇게 행동하고 있다고 해서 자신의 행복한 것이 아님을 알게 된 것이다.

여기에 해리에트 테일러(Harriet Taylor)와의 만남이 인생의 전기를 이루게 된다. 이미 가정이 있는 테일러와 지적, 정서적 교감을 하면서 테일러의 남편이 사망하기까지 20여년 간 교류하고, 21년만인 1851년 결혼하여 7년 동안 살면서 사상적으로 많은 영향을 받게 된다. 이성 중심으로 지적 교육을 받았으나, 감성과 직관이 부족한 밀을 보완해준 것이 바로 진보적 사상을 가진 테일러의 감성과 직관적 지성이었다. 이후 밀의 작품은 거의 모두 테일러의 감수를 거쳐 출판된다.

밀의 자유론과 정치경제학원리, 여성의 종속은 모두 테일러와의 토론 및 공동의 검토를 거친 것이었다. 특히 자유론은 지적 동반자로서의 두 사람의 관계가 상징적으로 가장 잘 반영된 글이라고 할 수 있다. 현실의 선택에 근거하여 지적 귀족주의이자 보수주의 성향을 가지고 있었던 밀의 사상이 진보적이고 개혁적인 성향을 가지게 되는 것은 바로 테일러의 영향이라고 할 수 있다.

수많은 밀의 저술의 근저에 흐르는 공통된 것은 바로 자유에 대한 확고한 신념과 무한한 신뢰이다. 고대로부터 정치사상의 근본목표는 바로 인간의 행복에 있다고 보는 데에 밀도 전적으로 동의하면서 이를 위해서 가장 근본적으로 필요한 것이 바로 모든 인간의 자유를 통한 개별성의 확보라고 보았다. 밀은 자유라는 사상적 가치를 출발점으로 삼아, 현실에서 이를 가진 인간과 가지지 못한 인간의 삶은 비교할 수 없음을 사회적 효용성을 가지고 설명한다.

이 글에서는 자유를 확보하고 유지하고, 지속시켜야 인간은 사회에서 기쁨과 행복을 느낄 수 있음을 전제하면서 자유의 유지를 위해 사회적 관용이 필요하고, 자유와 관용의 제도화를 통해 민주주의가 형성, 운용되는 것이라는 밀의 주장을 살펴보고자 한다. 따라서 2장에서는 밀의 사상적 출발점인 공리주의 사상의 효용과 가치에 대해 살펴본다. 이어지는 3장은 밀의 핵심적 사상이 실려 있는 『자유론』을 통해 자유가 왜 나를 위해, 너를 위해, 나아가서 사회를 위해 좋은 것인지를 논리적으로 살펴보고, 4장에서 자유가 사회에서 실질적으로 모든 이에게 가능한 가치로 확보되기 위해서 절대적으로 필요한 관용과 소수자의 문제를 『여성의 종속』을 통해서 살펴본다. 5장은 자유와 지속적으로 확보되기 위해 필요한 제도화 작업에 대한 논의로서 밀의 『대의정부론』을 중심으로 그의 민주주의 사상을 분석하면서, 대의제가 민주주의와 배치되지 않는다는 근거를 찾아보고자 한다.

2. 공리주의(Utilitarianism): 철학과 이상의 현실적 적용

고대 그리스의 철학자 소크라테스의 죽음이후, 철학은 지속적으로 정치와 대립각을 세워왔다. 철학이 내세우는 가치나 도덕은 현실의 정치에서는 실현하기 어려운 것으로, 정치에서 추구하는 실현성은 덕성이나 윤리, 도덕을 어느 정도는 간과해도 어쩔 수 없는 것으로 분리되어 존재해 왔다. 특히 플라톤은 문제 있는 현실을 개조하기 위해서는 현실과 분리되어 있는 철학자가 통치해야 한다는 '철학자-왕'의 이론을 제시하면서, 정치와 철학은 오랫동안 대립하여 온 것이 사실이다.

이러한 대립구도는 15세기 마키아벨리의 등장으로 새로운 시대를 열게 된다. 마키아벨리는 정치에서의 도덕성에 철학에서의 도덕성과 다른 새로운 개념을 설정하면서, 정치의 새로운 영역을 개척한다. 고대 철학이 지향하는 '지혜(sophia)'로부터 근대의 '실천적 지혜(prudence, phronesis)'로 정치와 철학의 접점을 현실에서 찾아내려는 시도가 바로 그것이다. 여기에 경험론이라는 영국적 전통은 19세기에 이상을 현실에서 분석하고 설명하려는 시도와 맞물려 공리주의 사상으로 이어지게 된다.

공리주의는 행위의 기준을 '최대다수의 최대행복' 즉, 사회의 최대다수 구성원의 최대한의 행복을 구하는 윤리, 정치관으로서 주로 19세기 영국에서 유행한 사상이다. 공리주의는 영국의 경험주의 철학의 산물로서, 전통과 관습의 지혜에 반기를 들면서 행복과 쾌락(pleasure)에 대한 경험적 기준을 설정하고자 하였다.

공리주의는 현실의 경험으로부터 도덕의 근거를 제시하고, 나아가 법과 제도를 계산하여 설정한다. 즉, 법이 과학이 될 수 있는 가능성을 공리주의는 제시하고 있다. 행위의 판단기준을 효용(utility)으로 보고 효용성의 극대화가 곧 사회적 이익의 극대화를 가져올 수 있다고 판단한다. 사회에서의 이기적 개인을 출발점으로 사회적 이익과 선을 달성할 수 있다는 긍정적 사고의 전형을 보여주는 것이 바로 공리주의이다. 덕성과 가치를 기준으로 하는 고대철학에 반기를 들었다기 보다는 고대철학의 가치를 현실에 적용시키고자하는 노력의 결정체였다고도 할 수 있겠다.

벤담과 밀은 행복과 쾌락을 동일시하고, 벤담은 쾌락의 계량가능성을 주장하면서 쾌락을 계산할 수 있다고 생각하였다. 그러나 단순한 양적 계산만으로 인간의 도덕성과 가치의 경중을 가늠하기에는 부족하다고 생각한 존 스튜어트 밀은 벤담의 양적 공리주의에 반하여 질적 차이를 인정하는 질적 쾌락주의의 입장을 취하면서, 내면적인 동기, 양심, 자기 도야등의 중요성도 인정한다.

> 공리는 다음과 같은 사실, 즉 어떤 종류의 쾌락은 다른 종류의 쾌락보다 훨씬 더 바람직하고, 한층 더 가치있다는 점을 인정한다.[1] 다른 모든 것을 평가할 때는 양과 마찬가지로 질도 고려되는 것이 보통인데, 유독 쾌

1) "그러나 에피쿠로스 학파의 인생관이라고 알려진 것들 가운데 지성과 감정, 사상, 도덕적 심성의 쾌락이 단순한 감각 가치 이상의 보다 높은 가치를 부여받지 않은 것은 아무 것도 없다. 더욱이 공리주의 사상가들이 일반적으로 육체적 쾌락보다 정신적 쾌락의 우월함을 인정하는 것도 주로 정신적 쾌락이 주는 영속성, 안전성, 저비용성 때문이라는 점을 - 다시 말하면 외적 이익보다 내적 본성 때문이라는 점을 - 인정하지 않으면 안된다." (밀 2011: 24)

락을 평가할때만 반드시 양에 의존하라는 것은 불합리하지 않은가? (밀 2011: 공리주의, 25)

밀은 행복은 쾌락을 얻고 고통을 피하는데 있다는 벤담의 견해로부터 시작하지만, 쾌락이 동일한 가치를 지니는 것은 아니며, 정신적인 완전과 자기 존중, 미, 질서, 진리와 같은 외적 사람에 대한 사랑이 삶을 완벽하게 한다는 점을 강조하고 나선다. 쾌락의 질적인 차이를 언급하면서 공리주의를 수정한 밀은 지적이고 미적인 쾌락이 육체적 쾌락과 양적으로 같을 수 있다고 파악한다. 나아가서 밀은 만족한 돼지와 불만족한 소크라테스의 삶을 비교하면서,[2] 다량의 저질쾌락과 소량의 고질쾌락을 설정하고, 쾌락을 양과 질이라는 양가적으로 비교하면서 평가하고 판단한다.

특정한 쾌락이 특정한 고통을 희생하면서까지 구입할만한 가치가 있는가 없는가를 결정하는데 유경험자의 감정과 판단 외에 무엇이 더 있겠는가? 그런만큼 유경험자의 감정과 판단이 보다 높은 소질로부터 도출해 낸 쾌락을 높은 소질을 갖추지 못한 동물적 본성이 느끼는 쾌락보다 강렬성과는 별도로 유적으로 더 좋다고 선고할때, 이 유경험자의 판단은 앞의 경우와 마찬가지로 존중되어야 한다. (밀 2011: 32-33)

결론적으로 공리주의의 기준은 일 개인이나 행위자의 행복에 있는 것이 아니라 '최대 다수의 최대 행복'에 있기 때문에, 공리주의가 어떤 곳에서 다수에 행복을 줄 수 있는 중요한 가치를 발견했다면 그 발견자의 행복 여부와는 별도로 그 가치는 공리주의의 목적을 달성한 것이라고 볼 수 있다. 여기서 소크라테스가 지혜와 덕의 중요함을 말하다 죽임을 당했다 할지라도 그의 지혜와 덕으로 많은 사람들이 보람있는 삶

2) "만족한 돼지보다는 불만족한 인간이 낫고, 만족한 바보보다는 불만족한 소크라테스가 되는 것이 더 낫다." (밀 2011: 29)

을 영위해 왔다면, 소크라테스가 주장했던 지혜와 덕은 공리주의적 목적에 충실한 것이라 할 수 있다. 여기에 밀이 언급한 '불만족한 소크라테스'와 소량일지라도 높은 가치를 가지는 고질 쾌락의 중요성이 드러난다.

3. 자유론 (On Liberty, 1859) : 자유의 중요성

밀의 『자유론』은 개인주의를 사상적 근저로 하는 자유주의 정치이론, 정치적 자유주의의 기본적 문서로서, 19세기 영국 자유주의의 교과서라 하겠다. 『자유론』을 통해서 밀은 개인의 절대적 자유 원칙과 이 절대적 자유가 제한되는 유일한 상황으로서의 위해의 원칙(harm principle)을 가장 중요한 원칙으로 설정한다.

> 인간 사회에서 누구든 - 개인이든 집단이든 다른 사람의 행동의 자유를 침해할 수 있는 경우는 오직 한 가지 자기보호를 위해 필요할 때 뿐이다. 다른 사람에게 해를 끼치는 것을 막기 위한 목적이라면, 당사자의 의지에 반해 권력이 사용되는 것도 정당하다고 할 수 있다. 이 유일한 경우를 제외하고는, 문명사회에서 구성원의 자유를 침해하는 그 어떤 권력의 행사도 정당화될 수 없다. 본인 자신의 물리적 또는 도덕적 이익을 위한다는 명목 아래 간섭하는 것도 일절 허용되지 않는다..... 당사자에게만 영향을 미치는 행위에 대해서는 개인이 당연히 절대적인 자유를 누려야 한다. 자기 자신, 즉 자신이 몸이나 정신에 대해서는 각자가 주권자인 셈이다. (밀 2005: 30-31)

이에 앞서 밀은 『자유론』의 목적을 분명하게 제시한다.

> 나는 이 책에서 자유에 관한 아주 간단명료한 단 하나의 원리를 천명하고자 한다. 이를 통해 사회가 개인에 대해 강제나 통제 - 법에 따른 물리적 제재 또는 여론의 힘을 통한 도덕적 강권 - 를 가할 수 있는 경우를

최대한 엄격하게 규정하는 것이 이 책의 목적이다. (밀 2005: 30)

밀이 자유의 가치를 옹호하는 이유는 다음과 같다. 우선 자유는 진리와 진리로 인한 확신을 우리에게 부여한다. 두 번째로, 개인의 행복과 정신적 발전을 위해 자유가 필요하다. 세 번째로, 자유는 개인성을 개발하여 발전하게 하며, 각 개인의 개인성 발전은 궁극적으로 사회의 진보로 귀결된다. 즉, 개인의 자유는 개인에게는 행복을, 사회에는 발전을 가져온다는 19세기 자유주의 정치사상의 핵심적 내용이 바로 밀의 『자유론』에서 그대로 드러난다.

『자유론』에서 밀은 또한 다수의 전제와 심리적 압박으로부터 개인의 자유를 보호하기 위한 사상의 자유와 행복추구권, 결사의 자유를 강조한다. 어떤 사상이 옳던 그르던 사상의 자유와 언론, 출판의 자유는 절대적으로 보장되어야 하는데, 이는 인간의 정신이 토론과 경험을 통해서 잘못을 시정할 수 있는 능력을 지니고 있기 때문이다. 또한 다른 사람에게 피해가 없다면 개인의 행위는 다른 사람과 다르다는 이유로 박해받아서는 안된다. 개성이 발달하면 한 개인의 삶 뿐 아니라 사회전체도 더 활기 넘치게 될 수 있다. 때문에 개인이 한 인격체로 성장하기 위한 자발적 선택권은 반드시 보장되어야 한다. 이러한 인식을 바탕으로 밀은 사회나 국가가 개인에 대해 행사하는 권력이 도덕적으로 정당성을 지닐 수 있는 한계에 대해 논했다.

> 전체 인류 가운데 단 한 사람이 다른 생각을 가지고 있다고 해서, 그 사람에게 침묵을 강요하는 것은 옳지 못하다. 이것은 어떤 한 사람이 자기와 생각이 다르다고 나머지 사람 전부에게 침묵을 강요하는 일만큼이나 용납될 수 없는 것이다. (밀 2005: 42)

그 한사람이 다수와 배치되는 의견을 개진하도록 자유를 허용해야 한다는 것이 바로 자유론의 기본 전제이다. 자유론의 기본 전제는 인간은 전지전능하지 않으며, 오류가 있을 수 있다는 것이다. 절대적 확실성 같은 것은 인간사회에는 존재하지 않기에, 따라서 다양한 의견의 존재와 이들 간의 토론과 소통이 필요하다는 것이다. 그래서 국가와 사회는 개인의 개성과 다양성을 인정해야 하며, 개개인의 자유를 구속해서는 안된다는 것이다. "여론을 빌려 자유를 구속한다면, 그것은 여론에 반해 자유를 구속하는 것만큼이나, 아니 그보다 더 나쁜 것이다.[3] (밀 2005: 42)

개인에게 자유와 관용을 허용하는 목적은 개인으로 하여금 자아를 실현하고 개체성을 확립하게 하는데 있으며, 또한 새로운 사상을 자유롭게 개진하고 기존의 신념을 비판적으로 평가함으로써 인류의 진보를 이루려는데 있다. 사상, 토론, 행동의 자유는 심성의 독립과 자율적 판단의 발전에 필요한 조건이며, 인간의 심성과 합리성을 형성하는데 결정적인 조건이다. 밀의 자유론의 핵심은 인간의 개성과 다양성 그리고 활력과 자발성의 회복을 요구하는데 있는 것이다. 밀의 자유론에는 자유에 대한 한계도 존재한다. 모든 사람에게 자기를 보호할 권리가 있음을 인정한다면, 자유의 행사와 관계된 사람들에게도 자기보호의 원칙이 지켜져야 한다. 여기에 위해의 원칙이 존재한다. 위해의 원칙은 자유에 대한 정당한 간섭 요건이 된다.

밀이 주장하는 핵심내용을 정리하면 다음과 같다. 첫째, 틀렸다거나 해롭다는 것은 개인의 의사 표현을 가로막을 이유가 되지 못한다. 왜냐하면, 틀렸다거나 해롭다는 것도 또 다른 개인의 의견일 수 있기 때문에, 의사 표현으로 명백한 위해가 사회나 타인에게 가해지지 않는 한, 개인의 의사 표현의 자유는 보장되어야 한다. 둘째, 의사표현의 자유는

---

3) 역사에서 소크라테스와 예수는 각기 당시에 다수의 의사에 따라 죽임을 당했지만, 그로 인해 그들이 주장했던 것도 사라진 것은 아니다. 오히려 그들이 말은 이후 2천년동안 진리로 여겨져 왔다. 따라서 실제로 내가 지금 반대하는 것이 얼마나 중요한 것이 될른지에 대한 확신이 있는 사람들은 그리 많지 않기에, 인간은 모든 이의 자유로운 의견 개진에 열려 있어야 하는 것이다.

무제한 허용되어야 한다. 일부 제한이라는 것은 수사적으로만 가능하면, 실제로는 모든 표현의 자유를 제한하게 되어, 표현의 자유를 통해 얻어질 수 있는 사회의 발전과 진보를 지연시킬 수 있다. 마지막으로, 표현의 자유에 있어, 내용에 대한 제한은 없어야 하며 방식에 대해서는 제한이 있을 수 있다.

> 만일 그 의견이 옳다면 그러한 행위(의견을 억압하는 행위)는 잘못을 드러내고 진리를 찾을 기회를 박탈하는 것이다. 설령 잘못된 것이라 하더라도 그 의견을 억압하는 것은 틀린 의견과 옳은 의견을 대비시킴으로써 진리를 더 생생하고 명확하게 드러낼 수 있는 대단히 소중한 기회를 놓치는 결과를 낳는다... 어떤 의견을 폐기시키고자 할 때, 우리는 결코 그것이 잘못되었다는 것을 확신할 수 없다. 그리고 비록 그것이 잘못되었다는 확신이 있더라도 그것을 억누르는 것은 여전히 옳지 못하다. (밀 2005: 42)

사상은 절대적으로 자유로워야 하지만, 개인의 행동의 자유는 사회의 안전을 위해 제한되어야 한다는 관점에서 밀은 개인에 대한 추상적이고 절대적인 근본적 불간섭 원칙은 수정한다. 개인은 그 자신에게 속하며, 그가 타인을 해치지 못하도록 방지하는 목적을 위해서만 사회에 종속된다고 밀은 주장한다.

사람들은 행동이 의견처럼 자유로울 수 없다는 것에 일반적으로 동의한다. 행동은 타인에게 해를 끼치는 정도만큼 제한되어야 한다. 사회적 행동의 궁극적 목적은 "모든 사람에게 완벽한 독립과 행동의 자유를 확보하는 것이어야 한다. 이는 특히 취향을 충족시킬 자유와 그것을 추구할 자유, 결사의 자유를 포함한다. 이 세 가지 모두 다른 사람에게 해를 끼치지 않는 한도 내에서 허용된다. 자기의 덕성 교육에 의해 사회 속의 개인은 자신을 도덕적, 지적으로 향상시킬 수 있는 자신의 자유를 사용하게 된다.

그러나 개인의 사적인 사상을 공개적으로 표현하는 것은 다른 범주의 행동에 속하는 것으로 본다. 밀은 사상의 자유와 마찬가지로 표현의 자유도 절대적 자유라고 역설한다. 우선, 표현은 사상과 매우 밀접한 관련이 있기 때문에 표현의 통제는 사실상 사상에 대한 통제가 된다. 둘째, 밀은 표현의 자유를 제한하려는 권리주장은 그 권리를 주장하는 쪽의 무오류를 전제해야 한다고 설명한다. 그런데, 사회에서 어느 누구도 정당하게 무오류를 주장할 수 없으며, 어느 누구도 정당하게 다른 의견을 억압할 권리를 주장할 수 없다고 믿었다. 반대로 사회는 절대적 토론의 자유에 의해 아무 것도 잃을 것이 없으며 얻을 것만 있다고 역설한다.

> 첫째, 침묵을 강요당하는 모든 의견은, 그것이 어떤 의견인지 우리가 확실히 알 수는 없다 할지라도, 진리일 가능성이 있다... 둘째, 침묵을 강요당하는 의견이 틀린 것이라 하더라도, 그것이 일정부분 진리를 담고 있을지도 모른다... 셋째, 통설이 진리일 뿐만 아니라 전적으로 옳은 것이라고 하자. 그렇다 하더라도 어렵고 진지하게 시험을 받지 않으면 그것을 받아들이는 사람들 대부분은 그 진리의 합리적 근거를 이해하지도 못한채 그저 하나의 편견과 같은 것으로만 간직하게 될 것이다. 네 번째로, 그 주장의 의미 자체가 실종되거나 퇴색되면서 사람들의 성격과 행동에 큰 영향을 미치지 못하게 될 것이다. (밀 2005: 100-101)

이와 함께, 밀은 토론의 자유와 함께 '절제된 양식 아래 공정한 토론의 틀'(밀 2005: 101)의 필요성을 강조하면서, 사회에 존재하는 수많은 사람들의 '토론의 자유'가 고르게 보장될 수 있는 사회를 위한 다수자의 관용과 소수자의 지혜로운 태도가 있어야 한다고 본다.

> 다수가 받아들이는 생각과 일치하지 않는 소수 의견은, 부자연스러울 정도로 표현을 순화하고, 상대방에게 불필요한 자극을 주지 않도록 극도로 세심한 주의를 기울이지 않는 한 그 입장을 밝힐 기회를 얻기란 여간 어

렵지 않다. (밀 2005: 103)

밀의 『자유론』은 1859년에 처음 출간되었다. 『자유론』은 "우리는 최대한 다양하게 인간의 발전을 추구할 수 있어야 한다"는 훔볼트의 말을 인용하면서 시작한다. 밀은 우선 기능론적 차원에서 자유의 소중함을 강조한다. 효용을 증대시키는 데 자유가 필요하다는 것이다. 자유가 온전히 주어져야 각자가 자신의 이익을 최대한 달성할 수 있다. 각자에게 맡겨두고 간섭하지 않는 것이 본인을 위해서나 사회를 위해서나 최선의 결과를 낳는다는 생각이 밀의 자유론에서 그대로 드러난다.

자유는 왜 소중한가? 이는 행복한 삶을 위한 근본요소이기 때문이다. 자유, 즉 개별성의 발현이 전제되지 않는 행복이란 생각할 수도 없다. 자유란 행복을 구성하는 본질적 요소이기 때문에 그 자체로서 소중한 것이다. 나아가 『자유론』은 결과보다 과정을 더 중요시하면서, 내 방식대로의 삶, 즉 자유 그 자체의 소중함을 역설하는 기조 위에서 전개된다.

> 사람들이 자유롭게 자기 의견을 가지고 또 그 의견을 자유롭게 표현할 수 있지 않으면 안된다. 이와 같은 자유가 허용되거나 강조되지 않으면 인간의 지적 발달과 그들 통한 도덕 생활이 치명적인 타격을 입게 된다... 다른 사람들에게 중대하게 연관되지 않는 일에 대해서는 각자의 개별성이 발휘되도록 하는 것이 바람직하다. 각자의 고유한 개성이 아니라 전통이나 다른 사람들이 행하는 관습에 따라서 행동하게 되면, 인간을 행복하게 만드는 중요한 요소 가운데 하나이자 개인과 사회의 발전에 결코 빼놓을 수 없는 요소인 개별성을 잃게 된다. (밀 2005: 107-109)

개별 인간의 행복을 위한 개별성의 중요함과 동시에 나타나는 밀의 주장은 매우 역설적이다. 자유는 아무나 향유할 수 있는 것이 아니라는 주장이 바로 그것이다. 자신의 기본 원칙이 자유를 누릴만한 사람에게만 적용된다는 점을 분명히 한다. 밀은 또한 인간의 이성을 신뢰한다.[4)]

상식과 경험을 통해 올바른 선택을 할 것이고, 선택이 올바르면 결과는 좋을 수밖에 없다. 밀의 엘리트주의적 성격과 대중에 대한 우려가 드러나는 대목이다. 능력 있는 개인의 개별성이 인류의 행복을 위해 중요하다는 점과, 자유를 가진 개인의 집합으로서의 대중과 군중의 존재 속에서 고민하는 밀의 모습이 드러난다.

> 오늘날에는 개인이 군중 속에 묻혀버린다. 정치적 측면에서 볼 때 이제 여론이 세상을 지배한다는 말은 거의 진부하기까지 하다... 정부도 대중이 원하는 것과 좋아하는 것을 챙겨주는 기관이 되고 있다... 대중은 보통 사람들의 집합체로 존재한다... 대중이 더 이상,, 저명한 지도자들을 따라 하거나, 입장을 정리하지 않는다. 문제는 평범한 사람들이 움직이는 정부가 평범한 정부가 되는 것을 피할길이 없다는데 있다.
>
> (그러나) 현명한 일 또는 고상한 일들이 처음에는 모든 개인들에게서 시작되며 또 그래야만 한다. 일반적으로 보면 첫 단추는 어떤 특별한 한 사람이 꿴다. 보통 사람에게는 그런 첫걸음을 따라가는 것이 존경과 영광을 받는 길이다... 내가 여기서 재능을 가진 사람이 힘으로 권력을 장악해서 이 세상을 자기 마음대로 주무르는 일종의 영웅숭배론을 펼치자는 것은 아니다. 단지 천재 같은 사람이 자기 방식대로 세상을 살아갈 자유를 누릴 수 있어야 함을 강조할 뿐이다... 오늘날에는 무언가 남과 다른 것을 일절 용납하지 않을 정도로 여론의 전제가 심하다. (밀 2005: 124-126)

이러한 시각에서, 밀의 자유론에는 다수의 횡포에 대한 반대가 극명하게 나타난다. 당시 영국에서는 다른 나라에 비해 자유 문제는 어느정도 해결된 셈이었으므로, 당시 밀이 가장 중요하게 생각한 문제는 토크빌이 지적한 바 있는 다수의 전제였다. 다수의 전제, 사회적 전제, 여론

---

4) "이성은 우리에게, 각자의 능력을 완전하고 전체적으로 일관되게 최대한, 그리고 가장 조화있게 발전시킬 것을 명령한다." (훔볼트, 정부의 역할과 의무: 11-13/ 밀 2005: 110에서 재인용)

의 전제 등으로 인해 대중속에서 개성의 다양성이 매몰되고 중앙집권적 경향에 의해 개인의 창의와 자발성이 무시되는 것에 대한 경고였다.

여기서 다수의 전제에 대응하는 방법으로서의 소수자 보호의 원칙이 설정된다. 불이 꺼지지 않는 영국의회의 전통은 바로 여기서 출발한다. 하늘 아래 타협하지 못할 것은 없다는 전제 아래 모든 문제를 끝까지 토론하여 타협과 합의를 도출해내는 민주주의의 모범적 사례가 자리잡게 되는 것이다.

4. 여성의 종속(The Subjection of Women, 1869): 관용과 소수자의 문제

『자유론』의 저자로서 밀은 인간이란 자유를 향유할 수 있을 때 비로소 인간이 되는 것이라고 한다. 『자유론』에 나타난 밀의 생각은 『여성의 종속』에서도 동일하게 피력된다. 인간의 삶에서 행복을 누릴 수 있게 해주는 가장 중요한 것은 "각자가 자기가 하고 싶은 일을 추구할 수 있는 것"이다. 그것이 바로 행복의 원천이고, 그리되지 않을 때 불행의 씨앗이 된다고 할 수 있다. 이는 또한 모든 인간에게 동일하게 적용된다. 여성이 예외가 될 수 있는 근거를 밀은 어디에서도 발견하지 못한다.

> 자유를 반대하는 사람 쪽에서 자신의 주장이 옳다는 것을 입증해야만 한다. 우리는 자유를 존중하고 공평무사를 추구해야 한다는 것을 선험적으로 알고 있다. 따라서 공공의 이익을 위해 필요한 경우가 아니라면 어떤 제약도 용납될 수 없다. 정의 또는 정책적 필요라는 적극적 고려 때문에 상이하게 취급해야 하는 경우가 아니라면, 법은 차별대우를 해서는 안되고 모든 사람을 똑같이 대해야 한다. (밀 2006: 15)

다른 모두에게 적용되는 자유의 가치가 일부에 적용되지 않는다면, 이는 당사자에게는 불의이고, 사회 전체로 보아서는 불행한 결과로 이어진다. 자유를 통해서 인류의 절반은 행복을 향유하고 있는데 반해, 많은 여성들에게는 이것이 불완전하게 향유되거나 접근이 봉쇄되고 있다는 것이 밀 당시의 상황이었다. 그 결과 많은 여성들의 삶은 실패로 귀착된다. 밀은 성공하는 모든 남성들이 실패에 신음하는 여성의 삶을 직시해야 한다고 강조한다.

『여성의 종속』은 이렇게 밀의 사상, 특히 자유론과 밀접하게 연결되어 있다. 밀의 『여성의 종속』은 여성에게도 투표, 교육, 고용의 기회를 제공할 것을 주장한 19세기의 가장 강력한 항변이었다. 이 글에서 밀은 평등권의 단초를 보이면서도 여성에게 불리한 법적 장벽을 철폐한다고 해서 남녀평등이 이뤄질까 의심하기도 한다.

밀은 근본적으로 여성이 남성보다 열등하지 않으며, 남녀평등은 남성들에게도 도움이 될 것임을 강조한다. 밀 당시의 사회에서 여성의 사회활동에 대한 제약이나, 여성에 대한 폄훼는 여성이 남성보다 열등하다는 가정에서 출발한다. 여성은 남성과 달리, 근대사회의 중요한 기제인 이성 능력보다 감성이 더 발달해 사회의 선악과 정의를 제대로 판단해낼 능력이 부족하기에, 그 능력을 가진 남성의 보호와 지배아래 있어야 한다는 것이다.

> 일반 대중의 압도적인 정서가 여성에 대한 그런 편견을 부추기고 있다. 이런 부정적 편견의 힘은 워낙 세서, 높은 수준의 지성인이라면 모를까 웬만한 사람에게는 이성에 호소해봤자 별 효과가 없다.
>
> 19세기는 몇몇 중요한 측면에서 18세기와 다른 길을 걷고 있다. 그 중에서도 아주 특징적인 것이 바로 이성적 요소에다 흔들리지 않는 믿음을 주었다고 생각되는 18세기와는 달리, 인간 본성의 비이성적 요소를 아주 높이 평가하고 있다는 점이다. 이성을 떠받드는 대신 본능을 숭배하게 된 것이다. (밀 2006: 16-17)

밀은 남성과 여성 사이에 존재하는 정신적 차이는 교육과 환경의 차이에서 비롯되는 것일 뿐이라고 단언한다. 밀은 또한 여성이 한 남성에게 종속됨으로써 빚어지는 고통과 부도덕함을 밝히고, 성별에 관계없이 모든 사람이 평등하게, 그리고 인간답게 살지 않으면 안될 이유를 열정적으로 주장한다.

밀은 남성과 여성이 지배 복종의 관계를 맺어야 할 어떤 이론적, 경험적 이유도 없다고 단정하면서, 불평등 관계라는 것은 특정한 차이가 전제되지 않으면 정당화 될 수 없음을 분명히 한다. 남성이 여성을 지배하지 않으면 안될 이유, 남자와 여자의 근본적인 차이에 대한 세간의 속설은 모두 남성 지배 이데올로기의 조작의 결과라는 것이다. 이성적으로 판단해서 나온 합리적 결과가 아니라는 말이다.

> 법과 정치체제는 언제나 개인들 사이에 이미 존재하는 관계를 인정하면서 태동한다. 다시말해, 법과 정지체세는 단순히 물리적 사실에 불과했던 것을 법적 권리로 전환시키면서 사회적 구속력을 부여하고, 이런 권리들을 주장하고 보호해주는 공적, 조직적 수단을 확립함으로써 무질서하고 무법한 상태에서 벌어지는 난폭한 충돌을 방지하는 것을 일차적 목표로 한다. 이미 복종을 강요당했던 사람들은 이런 과정을 통해 합법적으로 지배당하게 된다. (밀 2006: 20)

이는 실질적으로 노예제가 법체계 내로 편입되게 된 과정을 나타내지만, 노예제 자체는 이미 반 인륜적이고 비 도덕적이라는 이유로 많은 나라에서 폐지되었다. 그럼에도 불구하고, 여성이 노예제보다는 완화된 종속상태에 남아있게 된 것은, 여성은 태어나면서부터 복종의 의무를 가지고 있고, 또한 여성은 지배하는 일에 태생적으로 적합하지 못하기에, 보다 강한 능력을 가진 남성의 지배하에 있는 것이 당연하다는 본능과 관습적 담론의 영향이었을 뿐, 이성적으로 추론 가능한 논리적 근거를 발견하기 어렵다.

그저 힘센 자가 지배한다는 강자의 법칙을 제외하고는, 남성과 여성 사이의 불평등을 뒷받침해줄 만한 것이 아무 것도 없다는 사실에 의아하지 않을 수 없다... 우리가 살고 있는 사회에서는 그러한 강자의 법칙이 인간사를 규율하는 원리로서의 효력을 완전히 잃어버린 것처럼 보이기 때문에 역설적으로 들릴 수밖에 없다. (밀 2006: 21)

밀은 현실적으로 당대에 예술이나, 철학, 사상등에서 탁월한 업적을 낸 여성이 없는 이유는 그동안 여성을 교육시키지 않았던 결과로서, 여성이 충분한 시간을 가지고 오랫동안 참여했던 분야에서는 그 성과가 결코 뒤지지 않음을 설명한다. 여성의 정치적 능력에 대해서도 동일한 논리를 제시한다.

남성과 여성의 타고난 본성 때문에 그들이 각각 현재와 같은 기능과 위치를 담당하게 되었고, 또 그것이 본성에 적합하다고 말할 수 있는 근거는 아무 것도 없다... 오늘날 여자의 본성이라고 알려져 있는 것들은 확실히 인위적으로 - 특정한 방향을 향해 강압적으로 몰아가고, 또 어떤 방향으로는 부자연스럽게 자극을 준 결과 - 만들어진 것이다. (밀 2006: 47-48)

밀은 여성의 정치적 권리에 대해 선구적 주장을 했다. 여성의 선거에의 참여는 물론이고, 공직을 담당하거나 중요한 공적 책임을 수행하는 데에도 아무 부족함이 없음을 역사적 사례를 들어 입증한다. 역사 속에서 몇 안되지만 여왕의 치세와 치적을 들어 증명한다. 그런데 현재 정치에의 여성참여를 제도적으로 막고 있는데 여성의 능력은 이유가 되지 못한다는 것이다.

여성들이 날 때부터 할 수 없는 일이라며, 그것을 하지 못하게 막는 것은 그야말로 불필요한 일이다. 여성들이 할 수 있는 일이지만 남성만큼 잘하지 못하기 때문에 경쟁원리에 따라 배제된다면 그것에 대해서는 뭐라 할 말이 없다. 아무도 여성 편에 서서 그들에게 특별 대우를 해줄 것을 요구

> 하지는 않기 때문이다... 무엇이든지 여성이 상대적으로 경쟁력을 갖고 있는 일이라면, 자유 경쟁에 맡기는 것이 여성에게 가장 도움이 된다. (밀 2006: 57)

밀은 자유론에서 인간의 개별성이 행복을 위해 필요한 것이며, 타인과 더불어 협동하며 사는 인간의 존재론적 특성을 강조하는데, 이는 『여성의 종속』에서도 동일하게 드러난다. 다른 사람과 더불어 평등하게 살 수 있는 능력이야말로 인간이 가져야할 참된 덕목중의 하나라고 하면서, 사회가 점점 발달할수록 명령하고 복종하는 삶은 예외적인 것인 반면 평등한 관계가 대세가 될 것이라고 단언한다.

인류의 절반에게 평등한 도덕적 권리를 박탈하고, 정치적 권리를 봉쇄한 것은 정의에 배치되는 것이며, 당사자 여성에게 뿐만 아니라 남성, 나아가 사회 선체에 큰 피해를 준다고 지적한다.

> 여성에게 자신의 능력을 자유롭게 발휘할 기회를 주고, 직업선택의 자유도 주고, 그리고 남성과 똑같이 일을 할 수 있을 뿐 아니라 그 대가나 상도 똑같이 받을 수 있게 함으로써 생기는 이득은, 인간 사회를 더 높은 단계로 발전시키는데 필요한 정신 능력이 두 배로 늘어난다는 점이다. (밀 2006: 161-162)

능력의 가능성이 있는 인류의 절반을 사장시키는 것은 사회전체의 엄청난 손실이라는 것이다. 또한 여성의 사회 참여가 늘어날수록 남성의 능력도 그에 비례해서 향상될 것임은 인간의 역량이라는 차원에서도 설명이 가능하다. 여성을 사회에 진입하도록 허용함을 통해서 사회의 역량을 배가시킬 수 있다는 것이다. 또한 남성 입장에서도 정당하지 못한 지배권력에 도취되어 버리는 잘못된 심성이 자리잡아, 여성의 종속을 정당화하는 것은 사회적 존재로서의 남성의 역량에도 좋지 못한 영향을 끼치게 된다고 한다.

> 지금까지 나는 여성이라는 이유로 인간으로서의 기본권을 누리지 못하고, 부당한 예속에 신음하는 것을 철폐함으로써 생기는 긍정적인 변화가 개인보다는 주로 사회적인 측면, 즉 사회 전체의 생각과 행동 역량의 증대, 남녀관계의 전반적인 상태의 개선에 집중되는 것처럼 설명했다. 그러나 굴종에서 해방된 인류의 반이 누리게 되는 사적인 행복이라는 하는 이득을 언급하지 않는다는 것은 문제의 본질을 완전히 놓치는 우를 범하는 것이 된다. (밀 2006: 183-184)

밀은 단지 "여성으로 태어났다는 이유만으로" 인류의 절반이 불행한 삶을 살아가면서 야기되는 해악을 규탄한다. 밀은 출생이 아니라 능력이 모든 권력과 권위의 유일한 원천이 되어야 한다는 점을 역설하면서, 상당수의 남성이 여성을 해방시키는 운동에 동참해야 현재의 사회부조리가 시정될 수 있음을 주장한다. 밀은 결혼과 고용에서 법적 평등을 이루려면 "단지 남성으로 태어났다는 이유만으로" 누리는 정치적, 법적, 경제적 이익을 희생시켜야 한다고 말했다. 밀이 여성참정권, 기혼여성 재산법, 이혼법, 여성에 대한 고등교육과 직업개방 등을 지지한 이유도 바로 이 때문이다. 이 중에서도 밀이 현실 정치에 참여하면서부터 내세운 여성의 투표권은 여성의 자유와 평등의 확보를 위한 현실에서의 첫걸음이라고 할 수 있다.

> 자신을 지배할 사람을 뽑는데 목소리를 낼 수 있다는 것은 모든 사람에게 허용된 자기 보호의 수단이라고 할 수 있다... 남성은 투표권을 가지고 있는데 여성이라고 그 권리를 부인하는 것은 정의의 원리에 어긋나는 일이다... 여성의 공정하고 평등한 권리를 보장한다는 차원에서도 그들에게 투표권이 보장되어야 한다. (밀 2006: 107-108)

밀은 남녀가 최고수준의 윤리적 관계를 형성하려면 여성이 평등한 자로 간주되어야 한다고 역설한다. 따라서 남성과 여성은 모두 남녀가 권리와 교육에 있어서 평등하다는 점을 뼈저리게 공감할 수 있도록 교육받아야 한다는 것이다. 인간에게 개별성이 중요하고, 그러기에 개별성이 가장 잘 발휘되는 능력이라고 보는 자유가 개인의 행복으로 이어지는 중요한 길이라는 주장에서 남성이 중요한 것처럼 여성도 배제되어서는 안된다는 것이 『여성의 종속』에서 밀이 제시하는 핵심적 주장으로, 이는 또한 모든 개인의 자유와 개별성을 근저로 하는 밀의 민주주의 담론을 위한 중요한 기반이 된다.

5. 자유와 관용 그리고 참여의 제도화: 대의민주주의

자유를 통해 개별적 독립성이 확보되고, 여기서 배제되는 구성원이 존재하지 않는 상황에서, 이제 중요한 것은 바로 자유와 평등의 제도적 보장이다. 자유가 타인으로 확대되어 가는 과정에서 걸림돌로 대두하는 다수와 여론의 전제를 돌파해 나가는데 필요한 요건이 또한 관용과 이어지는 소수자 보호의 원칙으로 다수결 원칙의 문제점을 보완해 나가는 중요한 내용인 바, 문제는 이러한 것들을 어떻게 지속적이고 효율적으로 사회에서 가동하도록 하는가에 존재한다.

밀은 『자유론』에서 인간이 행복한 발전된 사회의 기본 요소를 분석하고, 『여성의 종속』에서 모든 이의 자유를 위한 관용과 소수자 문제의 단초를 찾아낸 이후, 『대의정부론』에서 이제 자유의 제도화를 통한 지속가능성을 논한다. 여기에 정치제제와 정부에 관한 논의가 들어설 여지가 있다.

> 가장 이상적인 정부란 작동하기에 적합한 환경 속에서 지금 당장 뿐만 아니라 앞으로도 유익한 결과를 최대한 낳는 정부이다. 완벽하게 민주적인 정부가 바로 이 같은 규정에 부응할 수 있는 유일한 정치체제이다... 이 정부가 기존 사회를 잘 발전시킬 수 있으려면 다음 두 가지 원리를 반드시 전제해야 한다. 첫째, 누구든지 자신의 권리와 이익을 스스로 지킬 힘이 있고, 또 항상 지키려 해야 타인으로부터 무시당하지 않는다. 둘

> 째, 사회를 발전시키기 위해 노력하는 사람들이 개인적인 정력을 다양하게 많이 쏟을수록 그에 비례해서 사회 전체의 번영도 더 높은 수준에 이르고 또 널리 확산된다. (밀 2012: 60)

그러나 노래가 노래하는 것이 아니고 가수가 노래하듯이, 아무리 잘 달리는 말이라도, 기수가 있어야 하듯이, 아무리 좋은 정부, 좋은 정치체제라 할지라도 여기에 참여하는 개인의 존재는 정부를 작동하게 하는데 필수적인 조건이다. 밀은 『대의정부론』에서 "모든 사람이 자유의 공기를 누리는 데 빠짐없이 동참한다는 것은 자유 정부를 구성하는 가장 이상적이고 완벽한 개념" (밀 2012: 64)이며, 또한 이러한 개인의 참여를 통해 사회 전체가 움직이게 되는 것이라고 역설한다.

> 인간의 삶을 발전시켜 준 것은 자연의 힘과 추세에 맞서 싸우는 성격이었지 순응하는 성격은 아니었다. 적극적이고 정력적인 성격이 언제나 인간 사회에 유익을 가져다 주었다. 그리고 각 개인의 발전을 촉진하는 습관과 행동이 궁극적으로는 사회 전체의 발전을 초래하는 요소의 한 부분이 되었다. (밀 2012: 66)

고대 그리스 아테네의 민주주의를 논하면서, 밀은 시민의 참여와 공공성에 대해 논한다. 사회라는 시민의 참여 학교에서 공공성은 학습되고 확산된다는 것이다. 질서를 지키는 것이 나의 이익에 배치되지 않으면서 사회의 이익 총량이 증가된다는데 대한 확신이 시민들에게 들어서게 되면, 그 사회의 질서는 자연스럽게 자리잡혀 나간다는 것이 밀의 설명이다. '질서는 빠르고 아름답다'라는 최근 우리의 교통 구호를 생각나게 하는 대목이다.

> 가장 주목해야 할 점은 시민 개개인이 드물게라도 공공 기능에 참여하면 도덕적인 측면에서 긍정적인 변화가 생긴다는 사실이다... 이익이 충돌할 때는 자신의 사적인 입장이 아닌 다른 기준에 이끌리게 된다. 일이 있을

때마다 공공선을 제일 중요하게 내세우는 원리와 격률에 따라 행동하게 된다... 결국 자신이 사회의 한 구성원이라는 느낌을 가지게 되면서 사회 전체의 이익이 곧 자신에게도 이익이 된다는 생각을 품는다... 공동의 이익이 되는 일을 위해 결코 함께 일하지 않는 사람의 입장에서는 이웃이라는 것이 우군도 아니고 동료도 아니다. 그저 경쟁상대일 뿐이다. 이처럼 공공영역이 완전히 소멸된 곳에서는 개인의 사적 도덕도 황폐해지고 만다. (밀 2012: 73-74)

결국 좋은 정부란 바로 자유로운 시민이 자유롭게 선택하고 참여하는 정부라고 할 수 있다. 아테네의 민주주의 신화로부터 기원하는 루소의 직접민주주의에 대한 담론의 적실성은 여전히 존재하지만, 공리주의자 밀은 모든 이론의 현실에서의 적용과 실현 가능성에 방점을 두고 논의를 전개해 나간다. 규모에 있어 아테네와 제네바를 넘어서는 당대의 국가에서 모든 시민이 직섭 정치에 참여하기는 불가능한 것이 현실이다.[5] 이러한 난점을 넘어서려는 밀의 시도가 바로 완전한 정부의 이상적 형태로서의 대의제라고 하겠다. 이성을 중심으로 이상을 말하지만, 현실에 천착하는 공리주의자로서의 밀의 면모가 여실히 드러나는 대목이다.

밀이 제시하는 대의정부의 전제조건은 다음 세가지로 요약된다. 첫째, 국민이 그 정부를 기꺼이 받아들여야 한다. 둘째, 정부를 유지하는데 필요한 것을 충족시킬 능력이 있어야 한다. 셋째, 자신에게 부과된 의무를 기꺼이 이행하고, 필요한 기능을 수행할 수 있어야 한다. (밀 2012: 76) 이러한 조건을 통해서, 밀은 정체체제의 근거로서 개인의 자

5) 로버트 달은 현대사회에서의 직접민주주의의 불가능성을 계산해서 보여준다. 모든 유권자가 자유로이 의견개진을 하기 위한 시간과 결정해서 정책을 집행해야 하는 당위성을 비교하게 되면, 현대국가의 규모에서 직접민주정치체제는 불가능하다는 결론에 이르게 된다. 일례로, 한 한건에 대한 의견 수집에만도 10여년이 걸린다는 단순계산이 나와 실소를 자아내게 한다. (달, 민주주의론)

유를 훼손하지도 않고, 정치적 비능률성을 초래하지도 않는 국민의 의사에 근거한 대의정부의 설립가능성을 제시한다.

현실적으로 대의 정부란 국민의 의사를 대신하여 능력있는 전문가가 나서서 효율성있게 국정을 운영해 나간다는 개념을 가지고 있다. 이 과정에서 대의해준 국민의 의사가 전문가에 의해서 무시되거나 간과될 수 있는 위험성을 간과하기는 어렵고, 또한 이 때문에 밀의 민주주의론이 엘리트 중심주의라는 비판에 직면하기도 한다. 대의 정부를 운영하기 위한 전문적 관료집단의 존재와 전문성은 없지만 자유의사로 그들에게 정부를 맡긴 민주 시민의 존재는 갈등과 충돌의 가능성이 매우 높음을 드러낸다. 최악의 경우 전문가의 효율성의 결과는 시민들에게는 더 나쁜 결과를 초래할 수도 있다는 현실에 직면할 수도 있다. 이에 대해 밀은 로마의 관료제가 민주적 요소와 만나면서 부패와 병폐를 피할 수 있었음을 사례로 들면서, 다음과 같이 말한다.

> 인간의 일이란 것이 참 묘해서, 서로 반대되는 것이 있어야 좋은 결과가 나온다. 종류를 불문하고 반대편이 있어야 일이 원만하고 효율적으로 처리될 수 있다... 전문적인 훈련을 받은 관리들이 탁월한 능력을 발휘하는 것은 사실이지만, 이들도 자유로운 정부가 할 수 있는 일을 따라가지 못할 때가 있다. 거꾸로 자유정부가 할 수 없는 일을 이들이 해내는 경우도 있다. (밀 2012: 119-120)

사안에 대한 즉각적인 내응능력이나, 순발력은 상대적으로 떨어지지만, 긴 호흡으로 역사를 바라볼 때 드러나는 민주주의의 가능성에 대한 확고한 신념과 함께, 현실을 운용해 나아가야 한다는 당위성이 바로 밀의 대의민주주의론에 담겨진 내용이라 하겠다.

밀은 현실적 문제의 해결을 위한 대의정부론을 제시하면서도, 민주주의가 가질 수 있는 다수의 전제 가능성에 대한 우려는 떨치지 못하고 있다. 1830년 당시 미국의 상황을 프랑스와 비교하면서 자유보다는 평등 지향적이기는 하지만 나름대로 잘 진행되고 있다는 민주주의라고 평가했던 토크빌에 비해, 밀이 미국의 민주주의가 전형적으로 잘못가고 있다고 주장하는 근거가 바로 여기에 있다.

> 민주주의는 통상적으로 다수파에 의한 지배라고 인식되고 있다. 이러한 전제에서 바라볼 때, 지배 권력이 특정집단 또는 계급의 이해관계에 의해 휘둘릴 가능성이 충분히 있다. 지배 권력이 사회 전체의 이익을 지향하는 불편부당한 관점과 배치되는 행동을 취할 수도 있다는 말이다. (밀 2012: 123)

밀은 특히 『대의정부론』 7장에서 인민 전체를 대표하는 참된 민주주의와, 다수파만을 대표하는 거짓 민주주의를 구분하면서, 모든 사람이 대표권을 가지지 못하고 각 지역의 다수파만 대표를 낼 수 있는 것을 거짓 민주주의로 지칭한다. 거짓 민주주의에서는 높은 지성을 가진 소수파가 대의제에서 자신의 소리를 낼 수 있는 길을 찾기가 매우 어렵게 된다는 것이 밀의 주장이다. (밀 2012: 147) 대의 민주주의의 다수 대표제의 부족함을 보완해주는 것이 바로 개인 대표제라고 할 수 있는데, 민주적 다수의 본능에 맞서 부족한 것을 보완하고 잘못된 것을 고치려면 지성을 갖춘 소수밖에 의지할 데가 없음 (밀 2012: 152)을 역설하면서 비례대표제 도입을 주창한 토마스 헤어[6]를 높이 평가한다.

> 비록 다수파에 수적으로는 밀리더라도 소수파가 자신의 이해관계와 생각, 지성을 드러낼 기회를 가지고, 나아가 수적 열세를 뛰어 넘어 인격의 무게와 논리의 힘에 의해 일정한 영향력을 발휘할 수 있는 이런 민주주의만이 진정 평등하고 공평하며, 모든 사람에 의한 모든 사람의 정부를 가능하게 해준다. (밀 2012: 163)

---

6) 헤어(1806-1891)는 밀 당시 비례대표제 도입등 의회개혁을 주장한 영국의 법률가로 밀은 헤어의 발상을 통해 대의 민주주의가 질적 제고를 할 수 있게 되었다고 주장한다. (밀 2012: 141)

결국 대의정부의 기본에는 자유로운 시민이 있으며, 각 개인의 개별성과 자유를 인정하는 관용의 정신이 그 아래 깔려있음을 알 수 있다. 밀이 설명하는 자유정부의 장점은 "국가의 가장 중요한 문제를 결정하는 일에 참여하면 사회의 최하위 계층 사람들까지 지성과 심성을 교육시키는 효과를 얻게 된다는 사실"(밀 2012: 164)에 있다. 토크빌이 미국의 민주주의를 평가하면서 중요하게 생각한 것은 바로 미국 시민의 자질이었다. 토크빌은 미국 시민의 교양수준이 매우 높다는 사실과 민주주의의 상관성을 의미 있게 살펴본다. 토크빌의 『미국의 민주주의』에 드러난 미국의 삶과 문화는 민주주의의 기반이 되는 개인의 개별성과 자유에 대한 학교 역할을 한다는 점에 대해서 밀도 전적으로 동감하면서, 보통선거를 위해서 앞서 달성되어야 하는 것이 보통 교육임을 역설한다.

> 기본적인 교육은 모든 사람에게 무료로 열려야 한다. 아니면 자기 생계를 스스로 책임져야 하는 가장 가난한 사람들에게도 비용을 감당할 수 있는 한도 안에서 기초적인 교육이 제공되어야 한다. 그래야 정의로운 사회라고 할 수 있다. (밀 2012: 168)

보통교육에 대한 주장과 함께, 이제 밀에게 투표권은 모든 인간의 보편적 권리로 등장한다. 보편적 권리로부터 배제되는 인간이 없어야 모든 시민의 참여가 가능하고, 모든 시민의 참여가 있어야 대의민주주의는 대표성이라는 태생적 문제를 극복할 수 있다. 따라서 자유로운 개인에 대한 관용과 이들에 대한 사회적 인정, 그리고 자유와 관용의 제도화를 통한 보편적 권리로서의 정치참여의 권리는 밀이 주장하는 대의정부가 모든 시민의 이익이자 사회의 발전을 위해 도움이 된다는 목표를 달성하기 위한 초석이라 하겠다.

걷고 싶은 마음이 없다고 해서 발에 족쇄를 그대로 채워두어서는 더 이상의 발전이 없다. 인간으로 하여금 자신에 맞는 일을 스스로 선택하지 못하게 하는 모든 차별과 걸림돌을 제거하는 것이 민주주의의 길을 닦는데 가장 중요한 선결조건이라고 밀은 주장하면서 (밀 2012: 182-183), 전문가집단과 민주적 시민집단간의 갈등과 긴장 관계가 오히려 민주주의를 진작시키고 유지시켜 나갈 수 있는 힘이라고 생각한다. 이것이 바로 귀족적이고 엘리트중심적인 밀의 사고가 대중적 사고와 만나는 지점이다.

6. 목표로서의 좋은 삶

이상주의자이자 공리주의자인 밀은 좋은 삶을 목표로 한다. 좋은 삶은 좋은 정부에서 보장될 수 있다. 좋은 정부는 자유로운 개인들이 시민으로서 제대로 된 활동을 할 때 가능해진다. 자유가 행복의 근저에 존재한다는 신념에 따라 밀은 현실에서 그 가능성을 찾아보고자 하는 것이다. 이상의 현실에서의 시현이라고 할 수 있겠으나, 이를 위해 밀은 인간의 이성 중심으로 논의를 전개한다. 인간의 이성을 신뢰한다는 점에서 18세기적이고, 현실에 천착하고 있다는 점에서 19세기적이며, 이상적 원리의 현실적 적용이라는 점에서 20세기적이기도 한 것이 바로 존 스튜어트 밀의 정치사상이다.

남성중심의 사회에서 여성의 권리, 특히 정치적 권리를 주장하고, 노동계급의 삶에 정치적 관심을 드러내면서, 민주주의에 대한 신뢰를 보내고 있음에도 불구하고, 여성과 남성의 일에 대한 구분이 명백했다는 점에서, 엘리트와 전문가의 능력을 믿고 있다는 점에서 밀은 여전히 19세기의 사람이다. 그러나, 보수적이고 엘리트에 대한 신뢰를 가지고 대중에 대한 의구심을 가진 상태에서 자유주의 원칙에 대한 형평성있는 적용을 주장하면서 원칙을 현실에 그대로 적용하려 했다는 측면에서 또한 진보적이기도 하다. 현대에 와서야 현실화된 소외집단을 포함한 보통선거권, 대표성의 난점을 해결하기 위한 비례대표제 등을 적극적으로 주창하고 있다는 점에서 급진성을 드러내기도 한다.

현실적인 차원에서 대의민주주의 체제를 주장하면서도 다수파의 진행과 함께 소수파의 발언권에 대한 보호가 무엇보다 중요하게 제시되는 밀의 민주주의론은 소수가 다수 앞에서 자신의 생각을 자유롭게 표명할 수 있어야 함을 강조한다. 다수와 소수, 주류와 비주류가 공존하면서 공공영역에 모든 시민이 자유롭게 참여하게 되는, 동시에 능력있는 소수가 다수 속에서 자신의 능력을 제대로 발현할 수 있는 그러한 체제가 바로 밀이 설계한 민주주의라고 하겠다. 이렇게 할 수 있는 중요한 기제로 밀은 이성을 가진 시민들이 자발적으로 참여하는 토론의 장을 제시한다.

민주적 요소와 귀족주의적 요소가 다수 시민이 토론과 심의에 반복적으로 참여하는 현장에서 상생의 결과를 도출해낼 수 있다는 것이 밀의 일관된 사상이었다. 실제로 밀의 사상이 현실에서 그대로 적용되기에는 아직도 이상주의적 요소가 많이 남아 있지만, 여전히 가능성을 보여주는 것도 또한 사실이다. 현대의 복합적 다문화 사회에서 등장한 참여민주주의, 심의민주주의도 자유에서 행복으로 이어지는 밀의 사상 속에서 그 해결의 단초를 발견해 낼 수 있을 것이다.

제4장

페이트만의 민주주의와 페미니즘

1. 정치사상가 페이트만(Pateman)

인간이 모여 살아가는 국가 공동체는 자연의 산물이라는 고대의 신념을 개인이 주도하는 계약으로 대치시켜 국가공동체를 언젠가 누군가 인위적으로 형성했다는 생각은 근대의 혁명적 사고이다. 이러한 생각은 17세기 시민혁명의 시기에는 계급 불평등에 대한 불만과 함께 역사적 당위성과 적실성을 외치며 매우 급진적으로 다가서 세상에 변화를 가져온 바 있다. 사회계약에 대한 신념은 여전히 존재하고 있지만, 자본주의의 이행과 함께 20세기 후반부터 드러나는 빈부격차, 신분상승 사다리의 소실이라는 말 등에서 찾아볼 수 있는 사회적 균열과 파열음 속에서 사회계약을 다시 들여다보는 작업의 필요성이 제기되고 있다.

내가 과연 계약의 주체인가? 혹시 아니라면 계약사회에서 나의 위치는 어디인가? 계약에서 배제되거나 제외된 자들은 없는가? 있다면 그들은 계약사회의 그 어디에 숨어 있는 것인가? 이와 같은 다양한 질문과 함께 1970년대 초부터 사회계약론은 재조명되게 된다. 이 과정에서 캐럴 페이트만(Carole Pateman)은 1970년대부터 참여민주주의 사상가로서 작업장에서의 민주주의를 집중적으로 논하면서, 산업현장에 있는 노동자들을 중심으로 민주주의가 자리 잡아가야 함을 역설하고 사회계약의 중심에서 여성이 발견되지 않고 있음에 주목한다. 민주주의 사상가로서 페이트만이 노동자에 주목하고 여성의 문제에 천착하게 된 것은 사회에서 소외된 자들의 문제를 해결하지 않으면 민주주의의 더 이상의 진전은 불가능하다는 생각에서 시작된다. 페이트만에게 여성의 문제는 민주주의를 민주주의라 부를 수 있게 하기 위해 절대적으로 필요한 작업이 된 것이다.

민주주의 정치사상가이자 페미니스트로서 캐럴 페이트만(Carole Pateman)은 근대 정치사상에서 여성이 배제되어 있음에 주목하고, 그 기원을 사회계약론에서부터 살펴보기 시작한다. 1988년 『남과 여, 은폐된 성적계약 *The Sexual Contract*』을 통해 사회계약론에 '성적 계약(sexual contract)'의 문제를 포함시켜 근대 민주주의의 저변에 여전히 강하게 자리 잡은 가부장제도의 근대적 확립과정을 분석해내고, 1989년 『여자들의 무질서 *Disorder of Women*』에서는 이성과 언어 중심인 로고스의 사회에서 여성의 말이 무시되는 상황에 초점을 맞추면서 민주주의가 바르게 움직이기 위한 기제가 여성에 있음을 드러낸다.

현대정치사상가로서 페이트만이 다루어 온 주제는 매우 다양하다. 민주주의, 자유주의와 정치적 의무, 페미니즘과 계약 이론 그리고 시민권을 위한 사회적, 법적, 경제적 선결 요건 등 현대정치에서 다루어야 하는 거의 모든 문제에 대한 분석과 설명을 시도해 온 정치사상가가 페이트만이다. 그녀가 다루어 온 주제 중 어느 하나도 현대정치에서 소홀히 다룰 수 없는 주제이고, 어떤 것도 그리 단순한 주제가 아님에도 불구하고, 페이트만은 이 모든 주제에 대해 심도 있게 논의하고 숙고하면서, 통찰력 있는 결론과 대안을 제시한다.

2. 민주주의와 계약, 그리고 참여

17, 8세기 시민혁명으로 민주주의가 영국과 프랑스 등 서구 선진국에서 정치체제로 자리 잡아가는 과정에서 홉스, 로크, 루소로 대표되는 사회계약론은 민주주의의 사상적 지주로 뿌리내렸다. 자연상태라는 가설에서 시작해 좋은 삶을 추구하는 인간의 상상력이 사회계약을 생각해냈고, 민주주의라는 이름의 정치체제를 2000여 년 전의 그리스 아테네에서 소환하게 된 것이다. 과거에서 소환된 민주주의는 사회계약을 통해 새로운 모습으로 리모델링되어 현재에 이르고 있다.

17세기 사회계약을 주창하는 사상가들은 자유롭고 평등한 시민이라는 새로운 인간형을 만들어내고, 그 시민들이 주체가 되어 계약하여 설립한 국가 공동체(Commonwealth)가 바로 현실에 있는 그 국가임을 역설한다. 그리하여 국가는 소속된 모든 이의 공동의 부를 가진 코먼웰스가 되고, 이는 또한 공적인 것(res publica)을 대표하게 되면서 공화국(republic)으로 자리 잡았다. 이 모든 작업의 전제는 모든 사람이 자유롭고 평등한 시민이라는데 있고, 그 전제가 무너지면 그 위에 설립된 국가공동체는 마치 모래 위에 지은 집처럼 허상으로 사라져버릴 가능성은 언제나 존재했으나, 애써 무시해왔던 사상적 구조물이었다.

민주주의는 개인의 존재를 전제로 하고, 여기서 개인은 자유로워야 한다. 개인의 자유로운 선택으로, 동의(consent)하는 과정을 통해서, 개인은 자신이 속한 공동체를 형성하고 그 속에서 질서 있게 살아가게 된다. 여기서 개인은 시민으로 전환되고, 시민은 민주주의 사회의 주체이자 객체로서, 지배의 대상이나 지배자로서, 이중적 정체성을 가지고 공동체를 유지해나간다. 사회계약론에서 말하는 계약의 주체이자 계약의 당사자이기도 하다.

페이트만은 자신의 저술을 통해 지속적으로 '동의(consent)'의 개념과 역할에 대해 의문을 제기한다. 특히 고전 사회계약 사상과 자유민주주의의 관계를 다루면서 고용 계약과 결혼 계약의 문제에 주목한다. 사회계약론을 기반으로 형성된 근대 민주주의 이후 모든 계약관계에서 동의는 이후 행위자들의 행동을 정당화하는 근거가 된다. 근대사회의 성립 이후의 사회에서 발생한 수많은 종류의 계약에서 '동의'는 행위자의 자유와 평등을 보장하는 근거가 되고 있지만, 어떤 '동의'는 행위자의 자유와 평등을 오히려 저해하고 있을 수도 있다는 것이 페이트만의 주장이다. 즉, '동의'는 모든 정당성의 근거라는 '동의'에 대한 환상이 현실의 자유와 평등을 보장해주는 것이 아니라, 오히려 부자유와 불평등을 발생시키고 억압을 지속시키는 '합리적?' 근거로 제시되고 있을 가능성을 개진하고 있다.

페이트만은 1970년 초기 저서인 『참여와 민주주의 이론 *Participatory and Democratic Theory*』(1970)에서 루소(Rousseau)와 밀(J. S. Mill), 콜(G.D.H. Cole)을 통해 참여민주주의 사상을 발전시키면서부터 '동의'와 '계약'에 천착한다. 1960년대 후반 동시에 등장했던, 정치참여에 대한 대중의 요구와 지나친 참여는 사회 불안과 위험 요소가 될 수 있다는 참여 폭발 현상에 대한 우려의 기이한 동거를 보면서, 페이트만은 현대 민주주의의 이론적 지기 기반으로서의 사상적 기초와 경험적 근거를 재검토하게 된다.

> 이론상, 민주주의는 정치적 방법이고 일련의 제도이다. 결국, 민주주의라 일컫는 제도의 특징은 정기적이고 자유로운 선거에서 유권자들에 나서는 지도자들의 경쟁에서 잘 드러난다. 다수가 지도자에 대한 통제력을 확보하는 과정이라는 의미에서 선거는 민주주의에 결정적으로 중요한 역할을 한다... 정치적 평등이란 보통선거권과 지도자에 영향을 줄 수 있는 통로에 접근할 수 있는 기회의 평등으로 이해된다. 결과적으로 참여는 정책 결정자를 선택하는 데의 참여를 의미한다. 이렇게 볼 때 사상적으로 참여의 기능은 매우 방어적일 수밖에 없다. 선출된 지도자의 자의적 권력으로부터 개인과 자신의 사적 이익에 대한 보호를 위해서. 이러한 목적을 달성하

는 데에 민주적 방법의 정당성이 놓여있는 것이다. (Pateman 1970: 14)

당시 참여에 대한 대중적 요구의 급증과 함께, 참여는 정치적 효율성을 저해할 수 있으며, 정치적 안정성과 발전을 담보하기 위해 엘리트가 등장하는 길을 열어두어야 한다는 지식인들의 우려에 대해, 페이트만은 산업민주주의 현장에서의 참여가 노동자들에 대한 민주주의 교육과 함께 정치적 효능감을 오히려 증대시킬 수 있다고 역설한다.

> 참여민주주의 이론에서 민주적 시스템은 참여 과정에서 증대되는 인간의 가능성에서 그 정당성이 발견된다. 즉, 최대의 참여 투입이 요구되면서 결과적으로 정책 결정이 이루어질 뿐만 아니라 각 개인의 정치 사회적 발전을 도모할 수 있는 체제로 참여 민주주의 모델을 우리는 상정한다. 즉, 투입(input)에서 산출(output)로의 환류 작용(feedback)이 바로 그것이다. (Pateman 1970: 43)

개인적 차원과 체제의 안정성 측면에서 모두 참여가 긍정적 효과를 드러낸다는 점을 강조하고, 확인하게 되면서, 페이트만은 참여민주주의 이론에 관한 관심을 불러일으키면서 1970년대 민주주의 담론에 활력을 불어넣는다. 비현실적이고 시대에 맞지 않게 되었다는 고전 민주주의 이론이 루소(Rousseau), 밀(Mill), 콜(Cole)의 사상을 거치면서 페이트만이 정제해 낸 참여민주주의 이론을 통해서 다양한 사회 집단이 존재하는 시대의 민주주의 담론을 이끌어나가게 된 것이다.

산업사회에서의 참여민주주의의 가능성에 대한 재확인 과정을 통해서 자연스럽게 등장하는 사상적 관심은 자유민주주의로 이어진다. 1979년의 저서 『정치적 의무의 문제 *The Problem of Political Obligation*』에서 페이트만은 자유주의와 민주주의의 자연스러운 사상적 결합에 의문을 제기한다. 자유주의 이론에 따르면, 정치적 의무란 자유롭고 평등한 개인들의 자발적 행위로부터 나오게 된다. 그러나 실제로 자유주의 제도는 개인들이 자신의 동의를 제대로 확인해 볼 수 있는 참여를 강조하지 않고 있다는 현실로부터, 정치적 의무는 진정한 동의에 근거하고 있다는 생각은 정치 지도자, 대표자, 고용주 등에 대한 단순한 복종이라는 현실을 넘어서지 못한다. "자유민주주의 국가에서 정치적 의무를 정당화하는 데 문제가 없다고 가정하는 것이 실수일 뿐만 아니라, 가장 빈번하게 제시된 정당화들이 문제에 대한 해결책을 제공하지 않는다."(페이트만 2018, 99)는 것이 그녀의 문제의식이다. (O'Neill 2008: 2-3)

> 자유민주주의 국가 안에서 정치적 의무를 논할 때 이론가들은... 동의, 계약, 합의, 헌신 또는 약속들, 혹은 더욱 광범위하게는 정치적 의무를 발생시킨다고 여겨지는 개인들의 자발적인 행위에 호소하는 것이다. 다시 말해, 정치사상가들은 통상 정치적 의무가 스스로 떠맡은 의무의 형태, 개인들이 자유롭게 들어서고 자신들의 행위를 통해 자유롭게 스스로 취하는 도덕적 헌신이라고 가정한다.… 동의, 합의, 그리고 약속의 관념이 왜 중요한지, 왜 스스로 책무를 취하거나 떠맡아야 하는지에 대한 질문이 거의 제기되지 않는다. 자유민주주의 국가에서 정치적 의무를 정당화하는 문제가 얼마나 큰 문제인지를 이해하려면 이 질문에 대한 답변이 요구된다. (페이트만 2018: 100)

자유주의 정치 제도의 철저한 민주화가 없는 상태에서 - 즉, 참여가 충분히 실행되고 있지 않은 상태에서 - 이 문제는 절대로 해결될 수 없다고 페이트만은 역설한다. 참여 없이 동의는 불가능하며, 동의 없이 자발적 행동도 있을 수 없고, 자발적 행동 없이 정치적 의무가 발생할 수 없는 것은 자명한 귀결이기에, 자유민주주의 사회에서 정치적 의무의 내용을 역추적하여 동의와 참여의 과정이 발견되지 않는다면, 이는 자유주의도 민주주의도 아닐 수 있게 된다. 자유주의와 민주주의의 진정한 결합은 참여민주주의를 통하고, 동의라는 행위를 거쳐야 그 제대로 된 모습을 드러낼 수 있다는 것이다. "사회계약론자들은 자유주의적 개인주의가 갖고 온 문제를 잘 인지하고 있었다. 즉, 어떻게 그리고 왜 자유롭고 평등한 개인이 그 어떤 누군가에 의해서건 정당하게 통치될 수 있는가 하는 것이다. 이 전복적인 물음의 완전한 함축은 오늘날까지도 완전히 해결되지 않았다. (페이트만 2018: 101)

3. 개인의 동의에 의한 계약의 한계?

자유롭고 평등한 개인의 동의는 계약의 기초이고, 계약의 정당성과 합법성 여부를 판별하는 기준이기도 하다. 간단히 말하자면, 동의로 계약할 수 있는 것이라지만, 여기서도 문제는 있다. 동의하는 주체가 누구인지, 계약하는 대상이 무엇인지, 그 목적은 어디에 있는지 등이 주요한 이슈로 등장하는바, 17, 8세기 홉스, 로크, 루소는 사회계약론을 통해 이를 제시한다. 이들은 모두 개인을 주체로 내세운다. 자유롭고 평등한 개인은 이전의 시민을 대체하는 정치적 주체로 등장한다. 근대의 개인은 고대와 중세시기에 공동체와 연결되어 존재했던 시민(citizen)을 대체하면서 천부인권과 자연적 권리를 지닌 존재로서 사회계약의 당사자로서 국가 설립의 주체이기도 하다.

참여를 통해 동의하는 주체를 상정하면서 참여민주주의와 정치적 의무를 개진한 페이트만이 여성에 관한 관심을 보이고, 논의를 확장하게 되는 것은 어쩌면 자명한 귀결인지도 모른다. 페이트만은 사회와 가부장체제에 종속되어 있는 여성의 상태와 정치에서 배제되어 있는 여성의 현실 모두를 자신의 참여민주주의 논의를 위한 주요한 이슈로 소환한다. 참여와 동의가 절대적 요건인 민주주의의 현실과 거부할 수 없는 여성의 존재는 근대 사회계약론의 주체부터 대상, 목적까지 다시 살펴보아야 할 필요성을 드러낸다. 사회계약의 주체 개인은 남성인가, 여성인가? 양자 모두라면 여성이 당연히 포함되는 것이고, 남성만이라면 왜 여성은 아닌가? 그럴 경우, 여성은 정치사회 어디에 위치하는가? 그런 여성은 어떤 권리와 어떤 자유를 가지고 있는가? 동의에 의한 계약에는 제한이 없는가? 모든 것을 계약할 자유가 개인(남성)에게 있는 것인가? 이러한 젠더적 질문이 동의와 참여민주주의를 역설하는 현대정치사상가 페이트만에게는 절대로 그냥 넘어갈 수 없는 매우 중요한 질문으로 다가서게 된 것이다.

1989년 자신의 논문을 모아서 저술한 『여자들의 무질서 *The Disorder of Women*』에서, 페이트만은 페미니스트 정치사상가로서의 자신을 명확히 한다. 민주주의 정치체제의 사상적 기반인 사회계약론에서 자유로운 개인의 동의는 필수적 전제조건이지만, 그 동의가 과연 제대로 된 동의인지에 대한 탐구는 부족하다는 것이 그녀의 주장이다. 여기에 특히 페이트만이 사회계약의 과정에서 여성의 동의에 초점을 맞추는 이유가 존재한다. 사회계약의 온전한 달성과 이행을 위해서 시민의 동의가 요구되는 것이라면, 그 동의가 진실한 동의여야 하는 것이기에, 현대 민주주의 사회에서 사회적 소수자들이 과연 그러한 동의를 하고 있는지에 대한 질문과 함께, 사회계약이 형성되는 시점에 여성의 동의는 어디서 어떻게 이루어졌는지에 대한 사상적 추적 작업이 페이트만의 사상에서 중요하게 등장하게 되는 것이다. "여성과 동의(Women and Consent)"라는 글에서, 페이트만은 근대 자유주의 사회가, 이론적으로나 현실적으로, 여성을 남성에 종속적인 존재로 자연스럽게 편입시켰고, 따라서 여성은 시민이 되기에 절대적으로 필요한 '동의'를 할 수 없는 존재로 전락하게 되었다고 역설한다. 남녀성을 불문하고 모든 시민은 정부의 행위에 동의할 수 있다는 가정이 존재하지만, 진정한 동의를 위한 전제조건으로서의 자유와 평등이 부족하다. 자유주의 사상가들은 '동의', '자유'와 '평등'을 연계시켜 생각하지만, 지배, 종속과 불평등 관계가 형성되어 있을 경우에 동의가 불가능하다는 점을 간과한다. (O'Neill 2008: 2-3)

> 동의는 개인적 자유와 평등을 유지하는데 필수적이기 때문에 자유민주주의에서 핵심적이다. 하지만 동의는 개인적 자유와 평등이 또한 동의의 실천을 위한 전제조건이기 때문에 자유민주주의에서 문제다. 강간에서 강요된 복종을 동의와 동일시하는 것은 동등자들에 의한 자유로운 확약과 합의를 지배, 종속화, 불평등과 구별하지 못하는 자유민주주의 이론과 실천의 더 광범위한 실패를 보여주는 극명한 사례다. (페이트만 2018: 143)

개인의 자유와 평등을 전제하는 자유민주주의에서 동의가 핵심인 동시에, 또한 동의를 실천하기 위한 전제조건은 개인의 자유와 평등이다. 여기서 개인은 근대에 새로이 설정된 개념으로, 독립적인 인간으로 자연권을 지닌 자유롭고 평등한 존재를 의미한다. 이러한 추상적 개인의 개념 정의가 현실에 존재하는 남성과 여성을 만나면서 한쪽으로 휘어지는 일종의 왜곡 현상이 나타난다. 사회계약론 속에서 계약의 주체 개인이 남성으로 드러나게 되면서 여성은 현실의 수면 아래에 위치하게 되고, 결국 존재하지만 존재하지 않는 존재로 위치 지워진다. 사회계약이 설명하는 것은 사회, 즉 국가공동체의 형성이고, 국가형성 이전에 이미 존재하고 있었던 가족의 기원에 대한 계약 차원의 설명은 존재하지 않는다.[1] 국가형성 이전에 존재하는 인간 조직인 가족관계[2] 내에서의 남성과 여성의 관계를 기본으로 전제하면서 남성이 근대의 개인으로 등장하게 된 것은, 사회 계약적 의미에서는 여성의 암묵적 동의를 그야말로 암묵적으로 전제하고 있는 셈이다. 개인의 존재 이전에 가족이 있었고, 남성과 여성이 존재하고 있었음을 유추할 수 있으며, 여기서 사회

1) 여기에 대해 페이트만은 홉스만이 예외적이라고 주장한다. 홉스는 자연상태에서 여성은 아이에 대한 지배자이자 군주로 설정될 수 있다고 설명한다. 다만 그 취약성으로 인해 자연상태에서 아이와 함께 가부장에게 종속되었다는 것이다.

2) 루소에 따르면, 사회적 자연상태는 고립된 개인들이 아니라 가족들이 거주하고 있다. 그는 '모든 사회 가운데 가장 오래되고 또 유일하게 자연적인 것은 가족사회라고 쓰고 있다.' (Rousseau 1978: book. 1. p.47)

계약의 기반이 되는 여성의 암묵적 동의가 전제되지 않는다면 사회계약의 가능성 자체가 흔들리게 되는 상황이 초래되며, 결과적으로 사회계약론에서 말하는 사회계약이란 남/녀성의 계약이라는 1차적 계약을 딛고 형성된 2차 계약인 셈이다. 민주주의 계약의 전제조건으로서의 원초적 계약이 있었다는 추론이 가능하며, 여기서 계약 당사자 간의 동의와 복종의 부분에 대한 담론은 어디서도 찾아보기 어렵다.

페이트만은 여기서 사회계약의 '전제로서의 여성의 암묵적 동의'가 과연 진정한 동의일 수 있는지에 대한 문제를 제기한다. 가부장적 사회구조[3)]가 주어진 상황에서 자유로운 개인의 자발적 계약이 과연 가능한 것일까? 즉, 사회계약으로부터 여성이 복종해야 하는 상황이 동의에 의해서 이루어졌다는 가정을 추론해내기는 매우 어렵게 된다. 여성은 어떠한 상황을 거쳐 남성에게 복종하는 가족 구도 속에 갇힌 채 사회계약에 등장하게 된 것일까에 대한 문제의식이 페이트만의 사상에 자리 잡게 된 것은 민주주의를 연구해 나가는 과정에서 드러나는 매우 자연스러운 과정이라고 할 수 있다.

현실에서 강요된 복종과 동의를 구별해내지 못한다면, 자유민주주의는 지배와 종속, 평등과 불평등을 구별해낼 수 없다. 자유민주주의의 실패가 바로 여기, 진정한 동의에 대한 인식의 실패에서 기인하는 것이다. 권력과 지배가 존재하는 구체적 현실 속에서 실행되는 자유, 평등 그리고 동의가 그 진정한 의미를 제대로 구현해낼 수 있는지에 대한 현실적 문제를 제기하면서, 페이트만은 "동의란 자유롭고 평등한 개인들이 상호적으로 확약하거나 의무를 떠맡을 수 있는 가장 중요한 방식이 아니라 한가지 방식일 뿐" (페이트만 2018: 146)이라고 말한다.

---

3) 루소는 가족이 자연의 질서를 따르는 사회제도의 주된 사례를 제공한다고 주장한다. 가족 안에서는 연장자가 연소자보다 자연적으로 우선하고, 남성이 여성보다 자연적으로 권위를 갖기 때문에 그렇다는 것이다. 루소에게 가족은 필연적으로 가부장적이다. (페이트만 2018: 38)

> 이데올로기로서의 동의는 습관적인 묵인, 인정, 말 없는 반대, 복종 혹은 심지어 강요된 복종과도 구별될 수 없다. 동의의 거절이나 동의의 철회가 실재적 가능성이 아니라면, 우리는 그 어떤 진정한 의미에서도 더 이상 '동의'에 대해 말할 수 없다. (페이트만 2018: 120)

개인의 자유와 평등을 전제하고, 개인의 동의를 체제유지의 기반으로 자유민주주의 사회는 형성되었지만, 그 민주주의 사회의 두 당사자 간에 존재하는 권력적 관계 또한 현실이다. 즉, 자유도, 평등도 현실이라는 판 위에서 작동하는 것이고, 동의는 또한 그 권력적 관계의 직접적 결과이기도 하다는 점에서, 사회에서 소수자 - 특히, 여성 - 가 행하는 '동의'에 대해서는 보다 면밀하고 조심스러운 분석이 필요하다는 것이 페이트만의 주장이다.

자유로운 개인이 동의를 통해서 세상의 모든 것을 계약할 수 있다는 것이 근대 사회계약론의 핵심이지만, 자유에도 한계가 있듯이 계약에도 한계가 없을 수 없다. 현대사회에서 모든 이는 자의에 따라 계약을 이행하지만, 원천적으로 불가능한 계약도 존재한다. 소위 신체 포기각서나 인간의 신체를 사고파는 행위에 대한 계약, 그리고 노예계약 등이 개인의 자유와 평등을 인정하고, 동의를 필요조건으로 하는 한 현대사회에서 용인될 수 없는 행위라는데 이의를 제기할 사람은 없을 것이다.

이렇게 볼 때 사회계약 이전에 가족이 존재했고, 가족 구성원 중 남성만이 개인으로 사회계약의 당사자가 되었다는 것은 시작부터 논리적 모순을 배태하고 있으며, 자유로운 개인의 자유와 평등이라는 전제에 결정적 흠결로 존재하게 되는 것이 바로 계약의 대상에서 배제된 여성으로, 사회계약론은 전 사회적 조직체인 가정에서 여성을 빼내거나 숨길 수도 없으며. 여성을 계약의 당사자로 내세울 수도 없는 미묘한 상황에 처하게 되었다. 여성의 존재를 인정하지 않으면 사회계약의 전제가 무너지고, 존재를 인정하게 되면 왜 여성이 계약당사자로서의 개인에 포함되지 못하는지에 대한 답변을 해야 하는 상황에 봉착하게 되어 버린 것이다. 노예계약을 계약으로 인정하지 않는 현대사회에서 가족 구도 내에서의 여성의 제한적 위치와 역할은 개인의 자유와 평등을 근거로 한 근대의 민주주의 이론에 왜 결함[4]이 생길 수밖에 없는지를 잘 설명해주고 있다.

> 여성들은 여성들이 종속 안에서 태어나며 그들의 종속이 자연적이며 정치적으로 무관하다고 주장하는 '개인주의'와 '보편주의'의 모순을 단번에 포착했다... 17세기 말 메리 애스텔(Mary Astell)은 '모든 남자들이 자유롭게 태어난다면, 모든 여자들이 노예로 태어난 것은 어째서인가?'라고 질문했다. (페이트만 2018: 71)

사회계약에서 배제되고 소외된 집단의 존재는 시작부터 민주주의의 일탈과 왜곡 가능성을 배태하고 있으며, 그 성장 과정에서 인간의 본성에 기생하는 권력에 대한 욕망이 기형적으로 성장하게 되는 계기를 제공하기도 한다. 보편성을 강조하면서 동시에 개별적 차이를 인정하고 있는 모순적 상황에서, 억압된 일부의 권리를 밟고 서 있는 '모든 이들의 권리'가 가지는 허구적 상황에 대한 페이트만의 비판과 분석은 자본주의와 동반 발전하면서 빈부격차가 자연스러운 현상이라는 인식에 함몰된 20세기 이후의 자유민주주의에 대한 정면 도전이자 대안 사회의 제안으로 이행된다.

4. 사회계약과 여성: 개인과 시민 지위의 회복?

> 사회계약이 만들어질 때까지 자연적인 조건에 있는 모든 여성들은 꼭 남

4) 민주주의가 제대로 작동하지 못하고 있는 현실에서의 문제점을 지적한다. 여기서 결국 능력 있는 일인이나 한 집단이 획일적이고 효율적인 정치라는 미명하에 과거 권위주의 정권으로의 회귀 현상이 발생하게 된다.

> 성에 의해 정복되어 남성의 신민(하인)이 된다는 가정이 반드시 필요하다. 만약 어떤 남성이 종속된 채 하인의 처지에 있다면, 그 또한 사회계약으로부터 배제될 것이다. 오직 자유롭고 평등한 '가족'의 주인인 남성들만이 사회계약에 참여하게 될 것이다. (페이트만 2001: 80-81)

사회계약의 현실성과 동의의 진성성에 대한 페이트만의 비판적 분석은 20세기 말 전 세계의 정치체제로 자리 잡은 민주주의의 근간을 흔들기도 하지만, 새로운 사회로 이행하는데 필요한 사상적 기초를 다시 세우는 작업이기도 하다. 계약을 통한 근대기획은 절반의 성공이었고, 계약에서 배제되고 소외된 자들의 존재는 미래의 걸림돌이다. 계약에서 배제된 자들의 대표집단이 여성이라고 할 때, 민주주의가 제대로 이행되기 위해서 여성 문제는 반드시 해결되어야 할 과제라고 할 수 있을 것이다. 페이트만의 말을 빌리자면, "논리상 자유롭고 평등한 여성 개인이 결혼을 통해 또 다른 자유롭고 평등한 남성 개인에게 항상 스스로를 복종시킬 것을 계약할 이유는 없다. (페이트만 2018: 71)

페미니스트 사상가로서의 입지를 결정적으로 굳히게 된 자신의 저서 『남과 여, 은폐된 성적계약 *The Sexual Contract*』(1988)에서, 페이트만은 자신의 기본적인 관심사였던 의무, 동의, 참여민주주의와 젠더의 문제를 보다 심화 발전시킨다. 페이트만의 페미니즘은 매우 독특하며, 당시 페미니스트 사상의 주요 갈래라고 볼 수 있는 자유주의 페미니즘이나 사회주의 페미니즘 그 어디에도 연결되지 않는다. 그녀는 근대 정치사상가들의 문헌을 비판적으로 읽으면서, 근대 서구정치사상의 전통에서 정치 권력 정당성의 근거로 제시되는 '사회계약'이 잘못 이해되고 있음을 파악하고, 그렇게 계약으로 형성된 사회에 근본적 질문을 제기한다. (O'Neill 4) 여기에 페이트만이 급진적인 자유주의자(radical liberal)라고 평가받는 이유가 있다.

『남과 여, 은폐된 성적계약』에서 페이트만은 홉스와 로크, 루소 등

사회계약론자는 원초적 계약을 통해 시민사회를 형성했지만, 이는 여성이 종속된 상태에서 동등한 자들의 남성적 유대를 통해 남성의 지배를 보장하는 근대적 방법이라고 역설한다.

> 여성은 자유롭게 태어나지 않는다. 여성은 자연적 자유를 가지고 있지 않다. 자연상태의 고전적 특징은 또한 예속의 질서 – 남성과 여성 간의 –를 포함한다... 여성은 남성이 그들의 자연적 자유를 시민적 자유로 바꾸는 원초적 계약에 참여하지 않았다. 여성은 계약 신민이다. (성적) 계약은 남성의 여성에 대한 자연적 권리를 시민적인 가부장적 권리로 전환시키는 수단이다. (페이트만 2001: 22)

여기에 여성의 동의 능력에 대한 매우 역설적 가정이 제시되는 이유가 있다. 그 하나로서, 여성은 동의에 요구되는 개인적 속성이 부족하기 때문에 원초적 계약에 당사자로 참여할 수가 없다는 것이고, 다른 한편으로, 여성은 동의 능력을 가지고 있지만, '성적 계약' – 즉, 남성과의 결혼 – 을 통해서 개인인 남편에게 그 능력을 이양했다는 가정이다. (O'Neill 4)

> 자연상태에서 모든 여성은 하인이 되며 원초적인 계약으로부터 배제된다. 즉 모든 여성은 시민적 개인이 되는 것도 배제된다는 것이다. 어떠한 여성도 자유로운 주체가 아니다. 모든 여성들은 시민사회에서 특별한 종류의 '하인들', 이름하여 '아내들'이다. 확실히 여성은 계약에 들어옴으로써 아내가 된다. (페이트만 2001: 82)

모든 인간은 자유롭게 태어났지만, 사회계약으로 이행되기 위한 전제조건으로서의 가족이 형성되는 시점에 여성은 그 자유를 결혼을 통해 남성에게 이양했기에[5)] 사회에서는 더 이상 자유롭다고 말할 수 없다는

---

5) 자유롭고 평등한 한 남성과 여성이 결혼을 하고 가정을 이루게 될 경우, 대표성

것이다. 여기에 사회계약이 여성에게는 성적계약이자 노예계약일 수 있음을 역설하는 페이트만의 주장이 설득력 있게 다가서는 이유가 있다. 이는 또한 개인의 자유와 평등을 그 사상적 기반으로 하는 근대 후기에 이르러 '노예계약이 계약일 수 없다'라는 주장과 함께, 여성의 부자유와 종속을 기반으로 하는 자유계약이란 과연 존재할 수 있는 것인지, 그렇게 형성된 사회계약이 모든 이의 자유와 평등을 논할 수 있을 것인지에 대한 신랄한 비판으로 이어진다. 잘못된 가정 위에서 형성된 논증이 참이 아닐 수도 있음은 그리 복잡한 논증 과정을 거치지 않아도 이해할 수 있는 매우 자명한 내용이다.

> 자연적인 우월함을 향유하는 사람에게 그 스스로를 복종시키기로 항상 계약해야만 하는 존재는 자유롭고 평등한 존재일 수 없으며, 따라서 그들은 그 결과가 시민사회로 진행되었을 때 시민적 개인이 될 수 없다. (페이트만 2001: 84)

사회의 구성원 모두가 자유로운 선택을 하지 않았을 수도 있었던 상황에서의 사회계약이 정치적 정당성의 근원으로 작동할 수 있었던 근대의 역사적 배경이 궁금해지는 이유가 바로 이것이다. 더불어 개인에서 시민으로의 이행과정에서 여성이 배제된 데 대한 진단과 함께 대책이 필요해지는 이유가 바로 여기에 존재한다. 시민이 주인인 민주주의 사회에서 여성은 어떤 존재이며, 어디에 존재하는 것인지에 대한 담론이 페미니스트 정치사상에서 중요한 이슈인 이유도 여기에 있다. '근대의 시민에는 여성이 포함되어 있는가?'라는 질문에는 사회계약의 주체가 누구인지에 대한 논의와 함께, 시민으로서의 여성의 가능성에 대한

에 대한 논쟁이 존재한다. 이에 대한 기독교적 해석은 "이러므로 남자가 부모를 떠나 그의 아내와 합하여 둘이 한 몸을 이룰지라." (창세기 2장 24절/ 에베소서 5장 31절)라는 성경 구절에 기원을 두고, 그 가정의 대표자는 남성이라는 하나의 존재로 대표된다는 소위 가족 동일체설이다.

논의가 포함되어 있다. 근대 정치사상에서 개인이 시민으로 전환되는 과정에서 왜 여성이 배제되었는지에 대해 논리적으로 설명하고 있는 사상가는 토마스 홉스(Thomas Hobbes)를 제외하고는 없다는 것이 페이트만의 분석이다. 홉스는 가족이 자연스럽게 형성된 것이 아니라, 인위적으로 형성된 조직이라고 보았다. "가족은 출산이 아닌 정복으로 만들어지고, 하나의 가족은 주인과 주인의 하인들, 즉, 나이나 성별에 관계없이 주인의 절대적 지배권에 귀속된 모든 사람들로 구성된다." (페이트만 2004: 112)라는 것이 홉스의 주장이라고 페이트만은 설명한다.

> 아무런 계약이 없는 경우에는 지배권은 어머니에게 속한다. 왜냐하면, 완전한 자연상태에서는 혼인법이 없으므로, 어머니가 확실하게 밝히지 않는 한, 아버지가 누구인지 알 수가 없기 때문이다... 유아는 태어나자마자 어머니의 수중에 놓이게 되는데, 어머니는 그 아이를 양육할 수도 있고, 유기할 수도 있다... 따라서 그 아이는 누구에게 보다도 어머니에게 복종할 의무가 있으며, 그 결과 아이에 대한 지배권은 어머니가 갖게 된다... 아이는 자신을 보호한 사람에게 복종할 의무가 있기 때문이다. (홉스 2008: 제20장, 267)

홉스가 가족의 형성과 부권적 지배의 출현에 대해서 말하고 있는 『리바이어던 *Leviathan*』 제20장은 자연상태에서 아이에 대한 지배권은 어머니에게 속한다는 것이지만, 그 여성이 어떻게 남성의 지배하에 들어가게 되었는지에 대한 충분한 설명은 찾아보기 어렵다. 그러나 "인간이 타인에게 복종하는 것은 생명의 유지를 목적으로 하는 것이기에, 자신을 구하거나 멸할 힘을 가진 사람에게 복종을 맹세하는 것은 지극히 당연하다" (홉스 2008: 267)는 홉스의 주장으로부터 페이트만은 최초의 사회계약 시기에 자연상태의 모든 여성이 남성에게 정복당했을 것이라고 유추한다. 미완인 홉스의 설명을 페이트만은 다음과 같은 추정을 통해 완성한다.

> 여성이 어머니가 되고, 군주가 되어 아이를 키우기로 결정하면서부터, 그녀의 지위가 달라진다. 이제 그녀는 자신의 아이까지 지켜야 하므로 남성에 비해서 약간 불리한 위치에 처하게 된 것이다. 처음에는 동등한 자로 대우해야 했던 여성을 굴복시킬 수 있게 됐다. 홉스의 자연상태에서는 어머니가 군주였지만, 역설적으로 여성에게는 이처럼 어머니이자 지배자가 된다는 것이 자신의 파멸을 부른 일이 되어 버렸다. 여성은 끝없는 자연상태의 투쟁에서 남성 적들이 자신을 능가하고 정복할 수 있게 되는 기회를 제공했다. 그리고 모권은 어느덧 사라져 버린다. (페이트만 2004: 113)

전복된 어머니의 권리 위에 성립된 자연상태는 가부장적 가족으로 넘치고, 모든 여성들은 이제 가족 내의 존재로 편입되는 것이다. 이제 자연상태에서 행위자로서는 남성만이 남게 되었고, 사회계약은 그들만의 계약이었고 이후의 진행 상황은 그들만의 리그로 이어지게 되는 것이다. 여성이 사회계약의 이면에서 사라지는 극적인 장면을 그나마 유추라도 해볼 수 있는 것이 위안이라고 할 수 있을 정도로, 이후 사회계약의 논의에서 여성이 일시적이나마 지배자로, 군주로 군림하는 모습은 찾아보기 어렵다. 남성은 자유인으로 시민사회를 구성하는 계약의 주체가 되면서 계몽기획의 주인으로 등장하지만, 예속된 존재 여성은 자유롭지도 않고 평등하지도 않으며, 나아가 '개인'도 아니기에 시민사회 형성에 참여할 자격이 주어지지 않는다.[6)]

사회계약의 주체로 등장한 개인은 근대의 주인으로 등장하게 되는

---

6) 사회계약의 시기에 사라진 여성이라는 이슈는 1789년 프랑스 대혁명 직후 사회를 정치적으로 정리해가는 과정에서도 그 민낯을 드러낸다. 1793년 장 바티스트 아마르(Jean-Baptiste Amar)가 국민공회의 보안위원회에서 "자연 자체에 의해 여성에게 운명지워진 사적 기능은 사회의 일반적인 질서와 관련되어 있다. 이 사회적 질서는 남성과 여성 사이의 차이에 근원 한다. 남녀는 각각의 성에 적합한 종류의 직업에 종사한다"라고 말하고, 2주후 피에르 쇼메트(Pierre Chaumette)는 파리 시 평의회에서 "여성이 남성처럼 되기를 원하는 것은 모든 자연의 법칙에 위배된다"고 소리높이 외쳤다." (헌트 2000: 167-8)

바, 개인으로 서지 못한 존재는 시민사회의 정식 구성원으로 인정받지 못한 채 남성 시민이 지배하는 가족의 구성원이라는 신분으로 시민사회에 입장이 허용된 셈이다. 여성의 완전한 시민성이 확보되기 위해서는 우선 시민의 자격 회복이 우선되어야 한다. 페이트만은 사회계약을 유지하는 저변에 여성과의 성적 계약이 자리잡고 있음을 제시하면서, 결혼에 붙는 화려한 수식어에 숨겨지고 은폐되어 있는 여성의 신분에 대한 명확한 정리가 필요하다고 주장한다. 우선 그는 여성에게 사회계약은 은폐된 성적 계약이자 노예 계약으로, 결혼으로 성인 여성의 정치 사회적 신분이 결정되는 것임을 명백히 한다.

> 공적 세계에서 계약은 동등한 개인들간의 교환이다. 그러므로 만일 그것이 사적영역으로까지 확산된다면 결혼 관계에서 남성과 여성 사이의 지위의 불평등은 사라져야만 한다. 그러나 여전히 남편만이 아내에 대하여 정치적 권리를 행사할 수 있고 남성만이 그러한 남편이 될 수 있다. 이보다는 의미에서의 신분도 계약에 의해 대체되어야 한다.... 계약의 자유 혹은 적절한 계약은 성과 같은 인간의 실체적 속성을 고려하지 않아야 한다. 만일 결혼이 순수한 계약이라면 성차는 고려되어서는 안된다. 남편과 아내는 성에 의해 결정되어서는 안된다. 사실 계약의 관점에서 보면 남성과 여성이라는 것 자체가 의미가 없다. (페이트만 2001: 236-7)

여성이 개인으로 계약당사자가 되어야 시민사회를 비롯한 공적 세계에 참여할 수 있게 된다. 노예는 노예제의 모순 (노예의 인간성을 인정하지 않으면서 동시에 인정하지 않을 수 없는)으로 그 전제가 무너지면서 노예상태에서 벗어날 수 있었지만, 여성은 여성의 신분을 고정하고 종속된 지위에서 벗어날 수 없게 한 사회계약의 전제가 여전히 존속하는 한 그 종속상태에서 벗어나기 어렵다.[7] 오랫동안 존재해 왔던 결혼

---

7) 노예는 노예로 태어난 것이 아니지만, 아내는 본래부터 개인 혹은 시민일 수 없기에 공적인 일에 참여할 수 없다. (페이트만 2001: 251)

계약의 종속적 성격이 단번에 사라지기는 쉬운 일이 아니다. 동의에 의한 자유로운 계약이라는 이름으로 자행되는 노예적 복종 계약은 동의한 것이라 보기 어렵고, 자유도 아니다.[8] 존 스튜어트 밀(John Stuart Mill)은 자유와 노예제는 양립할 수 없는 것이라고 말한다. 밀의 입장에서, 노예계약은 법률상 무효인 것이다. 이에 대해서는 사회계약론자 루소가 이미 언급한 바 있다.

> 모든 사람은 평등하고 자유롭게 태어나므로, 자신의 유익을 위해서만 자신의 자유를 양도한다.... 노예화할 권리는 부당할 뿐만 아니라 사리에 어긋나고 무의미하므로 무효이다. 노예와 권리는 서로 배척하는 말이다. (루소 2015: 22/30)

그렇다면 결혼 계약은 어떠한가? 한 여성이 한 남성에게 향후 인생에서 자신이 전적으로 복종할 것임을 계약할 수 있는 것인가? 여기서 여성이 보낸 동의는 계약 이론에서 말하는 동의에 해당하는 것인가? 위에서 언급한 바와 같이 루소는 노예계약을 전적으로 거부하고, 경제적 이유로 자신을 파는 모든 관계에도 부정적이었지만, 성적계약에 있어서는 다른 반응을 보인다. 노예계약은 잘못되고 부당하다고 역설하면서도, 결혼 계약에 대한 그러한 지적은 루소에게서 찾아보기 어렵다. 페이트만은 이렇게 지적한다. "그 결과 루소에게는 노예제와 유사한 어떠한 관계도 정당하지 않고 복종 관계를 만들어내는 어떠한 계약도 유효하지 않다. 다만, 성적계약을 제외하고." (페이트만 2001: 117)

여기서 페이트만은 사회계약, 시민사회, 민주주의 담론에서 그동안 보이지 않는 듯이 존재해 왔던 '성'과 '성차'의 문제를 제기한다. 여성의 결혼이 신분을 누군가에 귀속시키는 작업이 아니라 진정한 의미에서

---

8) 자유의 원칙이 자유롭지 않을 자유까지 허용하지는 않는다. 자유를 포기할 자유는 허용하지 않는 것이다. (밀 2005: 189)

한 인간의 동의에 의한 한 인간과의 결합이 되기 위해서는 여성의 시각에서 제대로 된 계약이 있어야 한다는 점이다. 페이트만의 말에 따르면, "신분에서 계약으로 완전히 이동한 사회에서는 일종의 귀속적 지위인 성에 대한 차이 개념이 없어져야 한다. (페이트만 2001: 237) 성차에 대한 개념의 변화가 선행되지 않으면, 신분에서 계약으로의 전적인 이행이 이루어지기 어렵고, 설사 이행된다하더라도 이와 연계되어 있는 가부장제가 동시적으로 변화하지 않으면, 지배와 복종의 관계로부터 벗어나려는 페미니스트들의 꿈은 아직 멀리 있다고 페이트만은 분석한다.

5. 페미니즘과 민주주의의 미래

근대기획이 사회계약으로부터 시작되었기에 계약 당시 행위자의 상황과 동의 문제에 페이트만이 천착한 것은 지극히 당연한 이론적 귀결이다. 페이트만은 모든 이의 자유와 평등, 개인과 시민의 형성하는 시민사회에 대한 사회계약의 담론을 지지한다는 면에서 자유주의자이자 민주주의자라고 할 수 있지만, 사회계약의 이면에 존재하는 성적계약의 종속적, 노예적 속성을 드러내면서 이에 대한 '성차'를 문제 삼는다는 차원에서 급진적이다.

페이트만의 민주주의는 따라서 페미니즘과 직접적으로 연관되어 있다. 그동안 여성이 사회계약의 이면에서 종속적 상태로 있었음에 대한 확인과 함께, 후속 작업은 이제 여성의 민주주의 사회로의 귀환일 것이지만, 이는 그렇게 단순한 일이 아니라는 것이 페이트만의 설명이다. 과거의 귀속적 신분질서로부터 계약사회로의 변화는 개인의 자유로운 상태로의 이행을 의미하는 것이며 개인을 구속했던 전체주의적 국가, 주인, 성차별 등에서 벗어나는 것을 의미하지만, 시민사회에서는 새로운 지배와 종속의 관계가 형성되었다. 과거에서의 해방을 통해 새로이 들어선 것은 동의에 의한 시민적 예속[9]과 가부장권이라는 것이다. 동의에 의한 계약이 모든 이의 자유를 의미하기 위해서는 모든 이가 이미 해방되고 자유로운 인격적 개인이라는 전제가 있어야 한다. 이것이 플라톤적 이데아나 유토피아가 되지 않기 위해서는, 동의와 계약에 따라다니는 노예제의 모순과 예속적 상황에 유의할 필요가 있다.

> 시민적 예속을 자유라고 부르는 것은 시민적 자유와 가부장적 권리의 상호의존성을 감추는 뛰어난 정치적 고안물이다... 근대 계약론적 가부장제는 여성의 자유를 부정하는 동시에 그것을 전제한다. 그러한 전제 없이 근대 계약론적 가부장제는 작동할 수 없다. 성적계약에 대한 논의는 이 문제에 대해 의미 있는 통찰력을 제공한다. (페이트만 2001: 319)

이렇게 볼 때, 여성들의 시각에서 민주주의는 결코 존재한 적이 없다해도 과언이 아니다. 여성들은 민주주의라고 알려진 그 어떤 나라에서도 완전하고 동등한 구성원과 시민으로 인정받은 적이 없다는 말이다. 2등 시민으로 사회에 등장한 여성은 민주주의의 기관으로 일컬어지는 의회, 법원, 정당 등 모든 구조물에서 배제되고 제외되어 있으며, 설사 존재한다 해도 보조자에 불과하다. 현대 모든 국가에서 여성의 정치참여 및 사회 참여도를 통계 수치로 측정하고 발표하는 것의 의미가 바로 여기에 있다. 여전히 여성은 근대의 개인이나 시민으로서의 완전한 지위를 회복하지 못하고 있으며, 그 이유는 바로 성차의 문제를 정치적으로 해결해내지 못한데 기인하는 것이다.

민주주의의 이행과 발전을 통해 우리는 수많은 권위적 구조와 사고체계로부터 해방되어 온 것도 사실이지만, 여전히 해결되지 않은 채 강

---

9) 시민적 예속은 다른 사람이 강제로 노동력과 서비스를 강탈하기 때문이 아니라 인간이 스스로 자신의 노동력과 서비스에 대해 계약할 수 있는 능력을 지니고 있기 때문에 이루어지는 것이다. 그러나 거기에는 이행능력과 수단이 있어야 하고, 서비스를 요구하는 명령권이 있어야 하고 대상에 접근하는 권리도 담보되어야 한다. (페이트만 2001: 318)

고히 존재하고 있는 권위적 구조물인 가부장적 권리체계의 문제는 미래로 가는 민주주의의 길목에 걸림돌로 작동하고 있다. 페미니즘은 민주주의를 가부장제라는 전 지구적 권력체계로부터 구해내려는 매우 어려운 과업을 담당하고 있다. 페미니즘이 가부장제를 어떻게 해체해 내는가에 따라 우리의 민주주의는 다른 모습으로 우리 앞에 서게 될 것이다.

17세기에 사회계약에서부터 시민사회 전면에 등장한 가부장제는 민주주의의 확산과 동반 성장하여 온 것으로, 결과적으로 민주주의의 미래지향적 발전의 발목을 잡은 형국이다. 모든 이의 자유와 평등이라는 전제가 그 의미대로 적용되기 위해서는 가부장제의 근원이 되는 남성 권력의 근저에 놓여있는 여성의 노예적 예속상태가 해결되어야 한다는 것이 21세기 민주주의와 페미니즘의 과제인 것이다.

> 개인의 자유와 평등이라는 전제 및 권위의 관례적 기반이라는 그것의 귀결과 여성들(아내들)은 자연적으로 종속되어 있다는 가정 사이의 모순은 그[사회계약] 이후로 주목되지 않은 채로 있었다. 이와 유사하게, 여성들이 자연적으로 부차적이거나 종속상태로 태어난다면 이러한 지위에 대한 여성들의 동의나 합의는 잉여적이라는 문제에 대한 아무런 인정도 없었다. 이 모순과 역설은 민주주의 이론과 실천의 심장부에 놓여 있다. (페이트만 2018: 328-9)

페미니스트적 관점에서 볼 때, 현대의 참여민주주의 담론은 여전히 분리되어 있는 가부장적 논리와 자유주의적 논증 사이에 갇혀있다. 문제의 근본은 공적인 삶과 사적인 삶의 구분이 남성 가부장의 삶과 어머니 여성의 삶으로 이분화되고 있다는 데서 발견된다. 가사 분담과 경제활동의 관계, 직장 내에서의 성별 분업, 직장 내에서의 일상과 성추행의 구분 등의 중요성에 대한 인지를 통해, 남성과 여성의 삶 모두에 존재하는 공적, 사적 영역의 존재에 대한 동시적 인정이 필요하고, '개인적인 것은 정치적인 것'이라는 캐치프레이즈가 바로 그 시작인 셈이다. 페미니스트적 이론화 작업은 민주주의의 이론과 실천에 새로운 관점과 통찰력, 그리고 동력을 제공한다. 민주주의는 페미니즘과 동시적으로 움직이지 않으면 민주주의 저변에 자리 잡은 근본적 지배형태를 변화시킬 수 없으며, 궁극적으로 민주주의는 퇴행적으로 움직이게 될 것이다. 페미니즘과 민주주의는 그 근원, 동력, 지향점, 목표 등 모든 면에서 하나라는 점을 역설하면서, 페이트만은 진정한 자유와 페미니즘을 실현시킬 수 있는 방법으로 최근 본격적으로 논의되기 시작한 기본 소득(basic income)[10]의 주장을 긍정적으로 검토하고 있다.

---

10) 페이트만은 기본소득에 대해 비판적 지지를 보내면서, "개인의 자유란 자율성을 기본으로 하는 것이기에 이를 가능케 하는 기본소득을 참정권과 마찬가지로 민주적 권리나 천부적인 정치적 권리로 여겨야 한다고 주장한다. 시민권과 참정권은 삶을 위한 것이고, 기본소득은 평생에 걸쳐 존재하는 시민의 권리이다. 풍족하지는 않지만 적당한 생활 수준을 위해 충분한 수준의 기본소득이 근본적이거나 민주적 권리로 간주될 수 있는 것은 이를 통해 적절한 생활 수준이 보장되기 때문이다. 여기서 적절한 생활 수준이란 개인이 자신의 삶을 어느 정도 조절할 수 있고 원하는 만큼의 정치적, 경제적, 사회적, 문화적 활동에 참여하기에 충분한 수준을 의미한다." (Pateman 2003. "Freedom and Democratization," in Carver 2011: 165)

제5장

시민의 자치능력과 민주주의의 가능성

1. 군중속의 고독 vs 연대의 가능성

17-8세기 시민혁명을 통해서 집단에 눌려있던 개인이 사회의 주인으로 등장하게 되었다. 사회와 공동제의 주인으로 화려하게 등장한 개인은 국가 조직을 통해 개인의 자유와 평등을 기반으로 하는 법과 제도를 조직화해나갔다. 법과 제도를 탑재하고 조직화된 국가는 19세기와 20세기를 지나면서 이제 개인을 위한다는 미명하에 개인위에 군림하는 초월적 권력의 모습으로 거대한 리바이어던으로까지 무한 성장을 거듭하게 된다.

자유주의를 통해 개인의 사상적 정립이 가능해진 반면, 그 자유 확보라는 미명으로 전체주의가 도입되는 역설적 상황이 최근 3-4세기 간의 역사에서 전개되어 왔다. 각 개인의 자유가 확보된 사회에서 리바이어던의 등장은 인간의 속성상 시간문제에 불과할 뿐, 이는 필연적 결과였다. 홉스의 리바이어던은 루소에서는 투표일만 자유로운 인간이라는 의미로 일부 후퇴하기도 하지만, 실제로 언제나 인간의 마음속에 잔류하게 된다. 누군가를, 무엇인가를 통제하고 싶은 인간의 권력욕의 극단적 결과는 20세기에 등장한 파시즘과 나치즘으로 대변되는 전체주의였다.

모든 인간이 잘 먹고 잘사는 유토피아를 목표로 설정했던 공산주의도 궁극적으로는 전체주의라는 현실의 벽을 넘어서지 못했다.

인간의 자유에 대한 무한한 애정과 인정을 기본으로 하는 무정부주의적 낙관주의는 권력 구조가 존재하는 한 세상의 질서에서 자리 잡을 수 없었다. 개인과 자유는 사회와 공동체 앞에서 언제나 제한과 규제의 대상이 되어야 했다. 사회가 확대되고, 공동체의 힘이 커질수록, 개인은 소외되어 갔다. 확대되는 군중과 대중 속에서 인간은 갈수록 작아지고, 고독으로 내몰리게 되었던 것이다. 20세기까지의 권력적 구조와 국가질서가 지속되는 한 이러한 관계가 역전될 가능성은 그리 높지 않다. 개인과 사회의 관계를 선택적 구도로 보는 한 그러하다.

그러나 21세기도 10년을 넘어서면서, 이제 인간은 정주의 시기를 지나 유목적 사회로 다시 돌아가는 듯 한 여러 가지 사회적 징표가 드러난다. 인간이란 단독으로 존재할 수 없기에 사회계약으로 이행하고, 일단 계약이 성립된 이후 그 조건에 구속되는 것으로 보는 근대정치사상의 철학적 전제에 대한 균열이 21세기 정보사회를 지나면서 가속되었다고 하겠다. 가상현실이 현실 속으로 강하게 침투하면서, 개인의 홀로서기가 불가능하지만은 않다는 생각을 인간은 하게 되었다.

이와 같은 인간과 사회관계의 유동성 속에서 사회에서 소외된, 배제된 군중 속의 고독한 개인은 연대를 통해서 또 다른 차원의 사회를 형성해낼 수 있는 가능성을 제시하게 된 것이다. 공감을 통한 연대는 21세기 사회의 정치적 권력 구조를 형성해 내는데 또 매우 중요한 역할을 하게 될 것이며, 이를 통해서 개인의 자유를 통한 새로운 체제의 형성 또한 가능할 것이다.

이 글에서는 강력한 수직적 권력구조 속에서 살아가는 우리의 주민과 이웃이 어떻게 정치참여의 주체로서 등장할 수 있는지, 시민의 자치능력과 진정한 의미의 민주주의의 가능성은 과연 어디에 있는지 등을 기본 문제의식으로 삼는다. 민주주의 체제가 정립되는 시기인 19세기 미국을 살펴본 알렉시스 드 토크빌(Alexis de Tocqueville)과 20세기초 미국을 분석한 메리 폴렛(Mary Follett)의 진단과 처방을 중심으로 인간의 자유와 자율성에 기반을 둔 자치능력의 가능성을 통해서, 차별과 배제가 없는 참여와 포함의 공동체가 형성될 수 있으며, 나아가서 민주주의의 질적 심화로까지 이어질 수 있음을 제시해보고자 한다.

2. 다수의 지배와 시민 자치의 가능성

1) 인간의 자유와 평등에 대한 신념

고대 그리스의 아테네에서 민주정치가 가능했던 것은 참여하는 시민의 자유와 평등에 대한 신념에 근거한다. 2000여년 이후 종교에 억눌린 인간의 자유로운 정신을 되살리자는 문예부흥과 종교개혁에 시동을 건 것도 인간의 자유와 평등에 대한 신념이었다. 인간의 자유와 평등에 대한 신념은 근대시민혁명으로 이어져 민주주의 정치체제의 근간으로 자리 잡고 있다. 모든 법과 제도의 뿌리는 인간의 자유와 평등에서 시작한다.

그러나 실제로 인간의 자유와 평등은 인간의 개별성(individuality)에 대한 인정에 그 사상적 근저를 두고 있다. 근대의 최고의 발견은 '개별성'의 발견이라고 할 수 있는 바, 근대에 이르러 인간은 자유의지와 이성을 가진 존엄성을 가진 존재로 등장한다. 개별성을 통해서 근대의 인간은 타인과 구별되는 자기 자신만의 고유한 특성과 사회와 분리된 독립된 정체성을 가지게 된다. 여기서 개인(individual)이 가지는 역사성과 사상성이 드러난다.

고대에서 중세에 이르는 동안 인간은 공동체와 신에 압도된 존재로, 인간의 행복은 공동체의 행복과 연동되어 있었고 신의 뜻에 맞는 삶을 살아가야만 인간은 행복을 비로소 누릴 수 있다고 보았다. 따라서 인간의 정치활동은 이러한 전체를 위한 맥락에서 이해되는 것으로, 이것이 바로 아리스토텔레스의 목적론으로 규정되는 인간의 모습이다. 중세에는 신의 뜻에 합당한 인간이 되는 것이 목적이었기에, 이를 이루어내지 않으면 인간에게 행복은 너무도 먼 일이었다. 인간의 삶에서 인간이 자신의 행복을 위해서 할 수 있는 일이란 순종하고 복종하는 일이었던 것이다.

근대정치사상이 혁명적인 이유는 바로 이러한 생각의 변화에 있다. 공동체와의 관계 속에서 규정되고 있던 인간으로부터 공동체의 사슬을 끊고, 이제 인간은 독립적인 하나의 개체로서, 자유와 권리를 가진 개인으로 역사 속에 등장하게 되었다. 원칙이나 목적에 종속되는 존재가 아니라, 원칙이나 목적 그 자체의 주인으로 자리매김하게 된 것이다.

인간이 세상의 주인으로 그 진정한 모습을 드러내기 시작한 시점이 바로 '개인'의 등장과 일치한다. 공동체 속의 인간이 살던 시대의 인간은 모두가 자유롭고 평등하기 어려운 존재였다. 공동체와 신과의 연관성 속에서 인간은 질서 지워질 수밖에 없는 존재였던 것이다. 르네상스를 통해서 고대의 자유로움에 대한 예술적 추적이 힘을 발휘하고 인간의 자유로운 감정 표현이 가능해지게 되면서, 인간의 자유와 개인을 지지하는 발판이 형성되었다. 여기에 종교개혁은 그나마 인간의 개인으로의 비상을 막고 있던 마지막 장막을 걷어버렸다. 신앙의 문제에서 개인과 신의 사이에 존재하고 있던 교황의 존재가 사라지면서, 이제 인간의 자유는 거칠 것이 없게 되었다. 이렇게 시작된 개인의 자유를 극대화시킨 것은 바로 인간 정신의 영역을 확장시켜 준 계몽사상이었다. "계몽사상은 그 어느 것보다도 광범위하고 직접적이고 적극적으로 자유를 진작시켰다. 계몽사상은 자기 결정성, 인간 목표의 선택과 실현에 있어서의 지식과 이성의 힘을 고양시켰다. (Muller 1964: 321; 박의경 2010b: 6에서 재인용)

칸트에 따르면, 계몽이란 편견과 미신으로부터의 해방이며, 자신을 위해 생각하는 능력이다. 계몽사상은 인간의 이성 능력에 대한 신뢰를 바탕으로 한다. 이제 개인은 이성 능력을 가지고 모든 것을 생각하고 모든 것을 알아내고 모든 것을 만들어낼 수 있게 된 것이다. 이러한 개인의 이성 능력이 인간으로 하여금 지식을 알고, 전수하게 하는 것이다. (박의경 2008a: 404)

인간 능력으로서의 이성은 사회적 자유와 궁극적으로 행복을 위하여 작동해 왔다. 계몽사상을 기제로 발현된 인간이성은 17-8세기 시민혁명을 통해 역사적 승리를 확인하고 민주주의 체제를 발전시켜 현재에 이른다. "개인이 행위의 주체로서 사회의 주인으로 등장하고, 개인의 권리에 대한 보호가 체제의 최우선 과제이며, 권력의 남용으로 개인의 권리가 침해받지 않도록 하는 것이 국가의 중요한 임무로 등장한 체제가 바로 민주주의이다. (박의경 2008a: 405)

현대사회의 민주주의 체제는 세계의 보편적 현상이다. 세계 어느 나라도 민주주의를 표방하지 않는 나라는 없다. 개인의 자유와 평등이라는 근대의 신념체계는 인간의 이성능력에 대한 인정을 그 기본 내용으로 하면서, 인간에 대한 무한한 가능성을 열어주었다.

2) 자율성과 자치의 능력에의 신뢰

역사의 목적은 인본성(humanity)의 완성이다. 인본성으로 충만한 사회는 궁극적으로 인간의 선한 삶이 가능한 선한 사회를 의미하는 것이다. 인본성을 통하여 인간은 인간의 본질적 조건을 그 자체로서 이해할 수 있게 된다. 이러한 인본성 완성을 위한 선결 조건은 인간의 자유이다. 사실상, 인본성은 '자기실현(self-realization)으로서의 인간의 자유'라는 사고방식의 개념적 근저를 형성하고 있다. 자유를 자기실현으로 이해한다는 측면에서, 그린(Thomas Hill Green)은 자기 실현이란 또한 타자의 실현과 동시에 존재하는 것으로 사회 공동의 도덕적 목표라고 주장한다. 특히 인본성은 모든 인간의 선한 삶에 대한 이해에 근거한 삶의 양식이라는 개념을 포함하고 있기 때문에, 자유 개념은 그 사회적 상황과의 관계에서 이해되어야 한다고 본다. (박의경 2010b: 2)

자유와 평등을 인정한다고 해서, 자유와 평등이 저절로 이루어지는 것은 아니다. 인간이 자유롭고 평등하다는 것은 자유와 평등이 현실에서 옷을 입고 일상의 삶에서 작동하고 있어야 비로소 인간은 자유롭고 평등하다는 것을 인지할 수 있다. 사상과 이상이 현실에 내려와 법과 제도에 실려 있어야 한다는 말이다.

> 자유는 인간에게 타인의 행복을 침해하지 않고 자신의 행복을 이룰 수 있는 능력을 준다. 이는 개인의 사적 이익과 전체로서 사회의 선을 조화시킬 수 있음을 의미한다. 때로 우리는 개인과 사회 중 어느 것이 더 중요한가에 의문을 제기하고 답을 해야만 한다. 개인과 사회가 유기적으로 연계되어 있음을 고려할 때, 이는 어리석은 질문이다. 자유는 때로 '타인을 괴롭히지 않음'을 의미하기도 한다. 이렇게 볼 때, 개인 자신의 발전과 사회에서 개인의 발전은 조화될 수 있는 것이다. 개인도 사회도 모두 상호작용의 산물이다. 따라서 개인이 자유 사회의 시민일 때 비로소 그 개인은 자유로울 수 있게 된다. 구체적으로, 개인이 규제 받지 않은 진정한 자신의 의지로 한 선택에 책임을 지고 자율적일 때 개인은 자유롭다고 할 수 있다. (박의경 2010b: 4)

여기서 자율성이 자유를 실현하는데 핵심개념이라는 점이 명확해진다. 이상과 원칙의 존재는 현실에서의 실현을 전제로 하여 그 가치를 평가해 볼 수 있을 것이다. 현실에서의 실현은 자율적 능력과 자치 능력에 대한 신뢰로부터 가능하다. 자율성과 자치능력이 뒤에서 받쳐주지 않으면 자유와 평등은 무너지는 거푸집에 불과하다. "인간의 궁극적 가치로서의 자유는 자기실현 능력을 의미하게 된다. 이러한 자기실현 능력을 통하여, 개인은 그 존재의 기반이 되는 전체구조 안에서의 자신을 인지한다. (박의경 2010b: 29)

> 시민적 삶을 위한 제도적 가치는 의지와 이성 능력에서 현실성을 부여하고, 실제에서의 활용 가능성을 높이는 기능에서 판단할 수 있다. 일반적으로 제도는 인간이 자신을 완성시킬 수 있다는 생각으로 자유롭게 결정할 수 있음을 제시할 수 있어야 한다. 따라서 의지라는 인간의 기본 능력에 현실감을 부여하게 되며, 자신의 이성 - 즉, 자기 완성 - 을 구현할 수 있게 되는 것이다. 이는 특히 개개인이 다른 사회 성원의 보다 나은 복지에 공헌하게 되는 사회조직의 성원으로서 활동하면서 가능하게 된다. (Green 1941: 32-33)

자유는 지속적인 행동을 필요로 하는 역동성을 지니고 있다. 자유는 기왕에 만들어져 있는 개념이 아니라, 인간의 삶의 과정에서 형성중인 개념이다. 자유란 내가 나의 의지에 따라 움직이거나 활동하고 있을 때 비로소 알 수 있는 것이고, 현재화되는 개념이다. 이러한 자유의 역동성과 지속성이 담겨 있는 개념이 바로 자율성이다. 인간의 자율적 능력을 통해서 인간의 자치는 가능해진다. 루소가 말하는 치자와 피치자의 자기 동일성, 민주주의와 지방자치에서 드러나는 시민의 자치가 바로 이 개념으로부터 시작된다.

자유와 평등에서 시작하여 자율성과 자치의 능력으로 천착하게 되는 과정은 근대의 시민혁명 과정에서 잘 드러난다. 영국의 명예혁명, 프랑스 대혁명, 미국의 독립전쟁은 개인의 자유와 평등에 대한 신념, 인간의 자율성과 자치 능력에 대한 신뢰가 전파되어간 경로를 잘 보여준다. 벌린의 말처럼, “자유는 행위 자체가 아니라, 행동할 기회, 즉 행위의 가능성을 의미하는”(Berlin 1970: Introduction, xlii) 것이기에, 앞에서 언급한 역사적 사건 속에서 인간의 위대한 이념과 사상의 족적이 발견되는 것이다.

여기서 문제는 인간이 자율성과 자치의 능력을 가지고 태어나는 것이라기보다는, 자유와 평등을 기반으로 하여 배양하고 성장시켜야 한다는 데 있다. 한마디로 자율성과 자치 능력은 길러지는 것이지, 완성된 형태로 우리에게 주어진 선물이 아니라는 점이다. 우리에게 주어진 것은 자유와 평등이고, 우리가 키워내야 할 것이 자율성과 자치능력이다. 이렇게 볼 때, 자율성과 자치능력의 정도에 따라서 자유와 평등이 영향을 받는다는 현실은 매우 역설적이기는 하나, 우리가 직면한 현실이기도 하다. 자유와 평등이 주어져는 있으나 자율성과 자치능력이 자라나지 못한다면 그 근거인 자유와 평등마저 사멸되어 버릴 수도 있다는 위험한 상황에 노출되어 있기에, 자율성과 자치능력의 실현을 위한 노력은 인간의 인간다운 삶을 위해 필수적인 조건이다.

고대부터 지금까지 학교교육의 기본 목표가 시민 양성에 있음은 이를 방증하는 것이며, 지방자치를 민주주의의 학교라고 지칭하는 것도 여기에 근거하는 것이라고 말할 수 있다. 근대 이후 공동체의 억압으로부터 독립한 개인이 20세기 이후 국가 권력의 확대와 함께 또다시 집단중심의 전체주의적 흐름 속에 휘말리는 사태가 발생하였으나, 이로부터 개인의 자유와 자율성 확보를 위한 노력은 여전히 계속되고 있다. 100여년의 역사를 가진 영국의 섬머힐(Summer Hill)을 비롯하여 세계 각지에 존재하는, 자유와 자율을 몸으로 체득하는 시민학교가 바로 그러한 가능성을 보여주고 있다.

3. 사람들과 이웃의 조직화 - 토크빌의 타운미팅과 폴렛의 이웃집단

1) 커지는 사회와 작아지는 사람들

근대의 사상혁명을 통해 형성된 인간의 자유와 평등이 시민혁명을 통해 제도적으로 보장되면서, 민주주의는 부동의 정치체제로 자리잡아 왔다. 1990년대 이후 공산체제가 무너지면서, 프랜시스 후쿠야마는 『이데올로기의 종언』에서 자유주의와 민주주의의 전면적 승리를 선언하기도 하였다. 민주주의가 확고하게 자리 잡았다는 것의 의미는 사람들이 곧 그 정치체제의 주인이고, 행위자인 시민이라는 것이다.

시대의 진행에 따라, 사회의 규모와 영역이 확대되면서 직접민주주의가 불가능해지고, 대의민주주의가 제도적으로 자리 잡게 된다. 시민의 주인 됨은 선거를 통해서 제도로 정착되었다. 인간의 자유와 평등을 전제로 하기에, 모든 결정 방식은 다수결에 따르게 된다. 또한 대표자를 선출하는 과정을 통해서 시민은 정치의 주인임을 알게 되는 과정이라고 하지만, 문제는 바로 여기서부터 발생한다.

모든 인간은 자유롭고 평등하다는 전제로부터 과연 타인이 한 인간의 의사를 대신할 수 있는 것인가 하는 대의민주주의에 대한 근본적인 질문이 나오게 된다. 개인의 독립적 정체성을 기반으로 하는 민주주의 정치체제에서 현실적 어려움을 빌미로 하여 그 근본정신이 훼손되는 것이다. 다수결의 원칙도 모든 인간의 자유와 평등에서 기인하여 형성된 의결 원칙이기는 하나, 소수의 의견은 어떻게 처리해야 하는 것인지에 대한 명쾌한 답을 내놓기는 용이한 일이 아니다. 각 개인의 모든 의견을 동일한 가중치로 취급해야 할 것인지, 개별 의견의 무게가 동일하기에 다수의 의견이 소수의 의견보다 중요하게 다루어지는 것이 당연하다고 생각해야 할 것인지는 풀어내기가 쉽지 않다.

17,8세기 시민혁명을 통해 전제권력을 타파하고 형성된 초기의 민주정치는 시민의 힘이 전제권력을 제압해야 한다는 당위성이 개별 인간의 가치에 대한 존중을 압도하게 되면서, 대의민주주의는 체제로 정립되었다. 그러나 대의민주주의론을 이론적으로 정립한 존 스튜어트 밀(John Start Mill)조차도, 대의민주주의 체제가 가지는 문제점으로서 다수의 횡포 가능성을 심각하게 지적한다. 다수의 횡포는 프랑스 대혁명 시대 미국의 민주주의를 분석한 토크빌의 『미국의 민주주의』에서도 드러나는 개념으로, 커지는 사회 속에서 작아지는 사람들의 모습을 압축적으로 드러낸다.

> 아메리카에서는 몇가지 특수한 상황이 복합적으로 다수의 권력을 우세할 뿐만 아니라, 막강한 것으로 만들어주고 있다. 다수의 도덕적인 권위는 단 한사람보다는 결합된 다수의 사람들에게서 더 많은 지성과 지혜가 있다는, 그리고 입법자들의 수는 그들의 질보다 더 중요하다는 개념에 부분적으로 기초하고 있다. 따라서 평등이론이 사람들의 지능에도 적용되고 있다. (토크빌 1983: 248)

사회와 정치는 인구 증가와 함께 제도나 기구적 차원에서 확대되고 복잡해진다. 사회가 다원화되어가면서, 개인은 일상의 순환적 고리에서 벗어나기가 점점 더 어렵게 된다. 사회의 주인이고, 정치의 주인이라는 시민이 일상에 매몰되면서, 정치는 시민으로부터 독립적 지위를 얻어가게 된다. 주인에게 장악되어야 할 조직이 역으로 주인을 장악하게 되는 셈이다. 시민은 이제 사회 속에서 군중과 대중이 되어 간다. 소란한 군중과 소요하는 대중이 존재하는 곳에 민주주의의 주인인 참여하는 시민은 더 이상 존재하지 않는다. 거대화 되어가는 사회조직 속에서 사람들은 단순히 하나의 숫자이자 거수기로 변모해간다. 대의민주주의 하에서, '사람들은 투표일만 자유로울 뿐'이라는 루소의 말이 그러한 상황을 대변한다.

> 오늘날에는 개인이 군중 속에 묻혀버린다. 정치적인 측면에서 볼 때 이제 여론이 세상을 지배한다는 말은 거의 진부하기까지 하다. 대중만이 권력자라는 말이 어울리는 유일한 존재가 되었다. 정부도 대중이 원하는 것과 좋아하는 것을 챙겨주는 기관이 되고 있다. 공공 영역에서만 그런 것이 아니고, 개인들의 사회적, 도덕적 관계에서도 똑같은 현상이 목격된다. (밀 2005: 124)

앞 절에서 언급한 인간의 자유와 평등, 자율성과 자치능력은 19세기와 20세기 대중의 시대를 지나면서 군중과 대중 속에 묻혀버린 인간에게서 찾아보기 어려운 것이 현실이다. 자율성과 자치능력이 회복되어야 군중과 대중은 시민으로 다시 전환되어, 시민이 주인인 진정한 의미의 민주주의를 완성시킬 수 있다. 자율성과 자치능력은 태생적인 것이 아니고, 성장하고 자라나는 것임은 이미 앞에서 언급한 바와 같다.

이러한 자율성과 자치능력의 배양이 시민 형성의 선결조건이고, 시민의 형성이 민주주의의 질적 가치를 심화, 발전시킬 수 있다. 자율성과 자치 능력의 배양은 인간의 일상을 통해서 학습되고 가꾸어질 필요가 있다. 일상을 영위하는 인간이 자신의 주위에서 손닿는 곳에 존재하는 사람들끼리의 만남과 교류를 통하여, 정치의식이 형성되고 의사결정이 자연스럽게 이루어지면서 기초적 민주주의를 체득하게 된다. 머리로 아는 지식의 차원에서, 몸으로 습득한 민주주의적 습관은 지방자치를 가능하게 하여, 지방자치는 민주주의 학교라는 말도 가능해지는 것이다. 여기서 토크빌이 1830년대 미국에서 관찰한 뉴잉글랜드 타운미팅(New England town meeting)과 20세기 초 폴렛이 주장한 이웃집단(neighborhood groups)의 가능성이 등장한다.

2) 이웃의 조직화를 통한 사회의 역전 가능성

국가와 사회 규모의 확대로 비인격적 조직에 비해 인간의 존재가 왜소해진 것도 일면적으로 사실이기는 하나, 여전히 존재하는 인간에 대한 가능성을 부인할 수는 없다. 강력한 전제권력을 사람들의 힘으로 타파하였듯이, 인간의 자유와 평등이라는 기본 능력은 자율성과 자치능력의 배양을 통해서 개인의 가능성을 배가시킨다. 사람들 간의 연합과 유대를 통해서 자신의 일상을 해결해나가는 지방자치에서부터 이러한 가능성은 점차 현실화될 수 있음이 드러난다.

토크빌은 1830년대 미국의 민주주의를 살펴보면서 다수의 횡포나 전제 가능성과 동시에, 이를 해결할 수 있는 사회적 힘을 뉴잉글랜드 타운미팅에서 발견한다.

> 뉴잉글랜드의 주민들은 타운이 독립적이고 자유롭기 때문에 애착을 가진다. 다시 말해서 타운의 업무에 협조함으로서 그 이해관계에 그들이 관심을 갖도록 하는 것이다. 그는 타운이 자신에게 주는 복리 때문에 애착을 가지게 되며 타운의 복지는 그들이 앞으로 쏟을 노력과 야망의 표적이기도 하다. 그들은 마을에서 일어나는 모든 일에 참여한다. 그들은 자기 손이 닿을 수 있는 작은 영역 안에서 정부의 일을 실천한다. 그들은 자유가 실려있는 그런 형식에 익숙해진다. 그들은 그 정신을 흡수하고, 질서를 존중하는 태도를 얻으며, 세력균형 감각을 이해하게 되고, 자신의 의무의 본질과 권리의 범위에 관해서 분명하고 현실적인 개념을 얻게 된다. (토크빌 1983: 79)

뉴잉글랜드 타운미팅은 한마디로 자치활동을 통한 정치훈련의 장이었다. 고대 그리스 아테네에 있었던 아고라(agora)의 19세기적 모습이 바로 뉴잉글랜드 타운미팅이었던 것이다. 타운미팅의 현장에서 개인은 참여에 대한 훈련을 쌓아가며, 여러 가지 토론을 벌이면서 정치의식을 가지게 되고, 체제의 주인으로 자리매김하게 되는 것이다. 밀도 토크빌과 마찬가지로 다수의 횡포와 전제 가능성을 심히 우려하면서 이에 대한 방법으로 소수자 보호의 원칙을 제시하는데, 그 핵심적 내용은 토론의 활성화에 있었다.

결국 거대한 사회 속에 함몰되어가는 개인을 다시 세울 수 있는 방법은 직접 참여를 통한 토론의 활성화가 그 단초라고 볼 수 있겠다. 토론의 활성화를 위해서 우선적으로 필요한 작업은 규모의 적정화이다. 적정한 규모의 집단 속에서 인간은 자신의 목소리와 정체성을 드러낼 수 있다. 1918년 미국의 메리 폴렛은 새로운 거대국가 속에 함몰되어가는 개인을 회복시키고자 하는 새로운 국가 계획을 구상하고 제시한다.

1900년대 초기는 미국의 입장에서는 성장가도에서 진보와 발전을 구가하고 있던 시기라고 할 수 있다. 1830부터 미국은 국가 경계의 확대와 함께 비약적 발전을 거듭하여 왔다. 토크빌이 극찬했던 타운미팅을 중심축으로 하던 미국의 민주주의는 정당의 발전과 함께, 대의민주주의, 정당민주주의로 이행된 지 이미 오래되었다. 폴렛은 당시 사람들의 정치적 삶은 이미 침체되어 있다고 주장한다. 자본과 노동의 전쟁이 이미 시작되었고, 같이 살아간다는 것이 무엇인지 사람들을 알지 못하고 있다고 설명한다. 20세기 새로운 결사 조직을 찾아내야 한다고 목표를 제시한다.

> 중구난방의 산만한(crowd) 철학, 산만한 정부, 산만한 애국주의는 사라져야 한다... 집단 조직이 정치에 도입될 새로운 방법이며, 이는 미래 산업체계의 기초가 되고 국제질서의 근본이 될 것이다. 집단조직은 우리가 맹목적으로 추구하려 하는 새로운 세계를 창조할 것이다. 창조적인 힘은 집단에서 나오고, 집단 활동을 통해서 발전하는 것이기 때문이다. (Follett 1998: 3)

폴렛에 따르면, 대의민주주의는 이미 실패했다. 그 실패의 이유는 단순하다. 인간의 자율성과 자치능력에 의거한 체제가 아니기 때문이다. 개인에 근거를 두지 않는다면, 어떤 정부도, 어떤 정치체제도 성공할 수 없다. 대의민주주의에서 시민과 개인을 발견할 수 없는 것이 실패의 가장 중요한 이유이다. 따라서 민주주의의 관건은 개인을 다시 제자리로 복귀시키는 일이다. 투표를 통해서 대표자를 선출하는 투표소 민주주의는 개인을 주체로 생각하지 않는다. 여기서 개인을 발견할 수 있게 되면서, 대의민주주의는 새로운 길을 모색하지 않을 수 없게 되었다. 투표소에서 아무리 많은 사람들이 있어도, 이것으로 민주주의의 몰락을 막아내지 못한다. 방법은 매우 단순하다. 개인을 찾아내는 일이다.

> 민주주의는 무감각한 숫자로 평가되지 않는다. 민주주의는 진정한 개인의 순수한 연합을 의미한다. 현재 미국이 당면한 문제는 이러한 순수한 연합을 어떻게 이루어내는가, 진정한 개인을 어떻게 찾아낼 것인가에 있

다. 정당은 언제나 개인을 무시했다. 정당은 오직 군중, 다수의 득표만을 원하고 있다. 개혁을 했다고 하지만, 개혁 집단도 마찬가지이다. 양자 모두 원하는 것은 투표자이지 인간이 아니다.... 개인이 사라지면, 완벽한 사회를 형성할 수 있는 유일한 힘이 사라지는 것이다. 민주주의는 개인의 창조적 힘에 의존한다. (Follett 1998: 5-6)

민주주의를 회생시킬 수 있는 관건으로 폴렛은 개인의 힘을 들고 있다. 폴렛은 또한 정당이나 기존 집단에 의해 단순 거수기가 되어버린 개인의 힘을 되살릴 수 있는 방법으로 집단을 언급한다. 인간은 집단속에서의 삶을 통해서 자신의 본성을 알게 되고, 자유를 얻게 된다고 그녀는 분석한다.

따라서 집단 조직은 우리를 단순한 숫자의 지배로부터 벗어나게 한다. 비로소 민주주의는 시간과 공간을 초월하게 되고, 사상적으로 이해될 수 있게 된다, 다수의 지배는 숫자에 의존하지만, 민주주의는 사회가 단순한 단위체의 집합이나 유기체가 아니라 인간관계의 네트워크라는 가정에 근거한다.... 민주주의의 본질은 창조적인 것이고, 민주주의의 기술은 집단조직이다... 정치가 인간의 고도의 행위가 되기 위해서, 정치는 창조적이어야 한다. (Follett 1998: 7)

창조적 힘의 근원은 개인에게서만 발견될 수 있기에, 개인을 창조적 힘을 발휘할 수 있는 집단 속에서 양육하는 것이 민주주의 성공의 열쇠가 된다는 것이 폴렛의 분석이다. 당시에 발전하고 있는 정당은 그러한 역할을 하지 못하고, 인간을 숫자에 매몰시켜 버렸기에, 새로운 국가에서 새로운 정치학이 필요하다는 점을 또한 강조한다. 폴렛은 당시의 현실에 대한 비관적 분석에서 출발하였으나, 또한 개인에게서, 작은 일상에서의 가능성에 천착하는 매우 긍정적인 태도를 보여준다. 기왕에 주어진, 있는 것으로부터 민주주의에 필수적인 창조적인 시민정신을 형성하고 키워나갈 수 있다고 보기에, 거대한 사회 속에 함몰되는 듯이 보였던 개인이 전세를 역전시킬 수 있는 가능성이 매우 높다고 판단한다.

4. 참여와 포함의 공동체: 개인과 이웃, 국가로의 상승곡선

1) 치자와 피치자의 자기동일성

루소에 따르면, 민주주의의 핵심은 치자와 피치자의 자기동일성이다. 치자와 피치자가 분리되기 시작하면, 그때부터 민주주의는 타락과 부패의 길로 들어서게 된다. 근대사상으로 개인의 가치가 사회에 드러난 이후, 모든 개인은 자신의 가치를 드러내는 일에 매진하여 왔다. 인간은 언제나 타인과의 차별성을 드러내려는 노력을 하게 되고, 여기서 타인과 구별되는 전문가 또는 리더로서 자리매김을 하고자 하는 사회적 욕망을 실현하면서 자신의 가치를 세상에 내놓는다. 이를 사회적으로 성공이라 하고, 세상의 모든 사람들이 이러한 욕망을 좇게 되면서, 지도자와 추종자, 치자와 피치자, 전문가와 비전문가의 구별이 점점 더 명확해져 왔다.

민주주의를 통해서 모든 인간이 자신의 사회적 욕망을 추구하는 것이 가능해짐과 동시에, 민주주의로 인해서 인간들 간의 자연스러운 차별화 현상이 나타나게도 된 것이다. 민주주의의 주인이기에, 개인은 능력을 마음껏 발휘할 수 있지만, 그 결과 드러나는 차별화 현상으로 인한 지도자와 추종자, 치자와 피치자의 분리는 어쩌면 자연스러운 귀결인지도 모른다. 그러나 여기에 문제의 핵심이 있다. 민주주의에서 치자와 피치자가 분리되기 시작하면, 더 이상 민주주의라고 볼 수 없는 것이기 때문이다.

'자유를 위한 강제(forced to be free)'라는 자유의 역설을 통해, 자신이 만든 법에 복종하는 것을 루소는 자유라고 한다. 그러나 자신이 만들지 않은 법에 복종해야 한다면 상황은 달라진다. 이는 루소의 역설을 아무리 반복 적용하더라도, 강제에 불과하다. 강제당하고 있다면 이는 자유가 아닌 것이며, 여기서 개인은 민주주의의 주인인 시민이 아니다. 민주주의라는 이름의 정치체제하에서 통치와 지배의 대상이 되는 수동적인 피치자일 뿐이다.

"시민을 만들어내라. 그러면 필요한 모든 것을 가지게 될 것" (Rousseau 1978: 222)이라고 역설하는 루소의 말 속에서 민주주의를 위해 필요한 것은 시민이며, 그 시민은 태어나는 것이 아니고 만들어지는 것임을 알 수 있다. 폴렛은 이러한 시민 형성과정을 일상에서 찾아낸다.

> 우리의 제안은 이렇다. 사람들이 이웃집단으로 조직화되어 자신의 일상을 표현하고, 그 삶의 필요, 욕구, 열망을 드러내어 그러한 요구가 정치의 실체가 되도록 해야 한다. 이러한 이웃집단이 정치단위로 인정받을 수 있도록 하여야 한다. (Follett 1998: 192)

폴렛은 이러한 이웃 간의 결사를 통해서 거대사회 속에서 소외되어 가는 인간의 관계망을 형성하고자 한다. 관계망의 형성을 위한 첫걸음은 일단 안면 익히기이며, 이를 위해 이웃간의 빈번한 만남이 이루어져야 한다는 것은 지극히 단순한 정치적 논리이면서 동시에 매우 중요한 정치 전략이기도 하다. 이웃집단의 빈번한 교류와 만남을 통해서 서로를 알게 되면서, 이해하게 되고 궁극적으로 사회적 일체감도 이를 통해서 가능하게 된다는 것이 폴렛의 설명이다. 이웃 조직을 통해서 개인은 조직과 결사의 기술을 습득하게 되고, 민주주의 정치체제의 주인이 될 수 있는 자질을 가진 시민이 되어간다. 추종자가 지도자가 되고, 피치자가 치자가 되어가는 일상정치의 현장이 바로 폴렛이 역설하는 이웃집단에서 드러난다. '시민을 만들어내라'는 루소의 말이 폴렛에서 다음과 같이 반복적으로 강조되고 있다.

누가 사람들(people)인가? 모든 개인? 다수? 이론적 평균자? 타협적 집단? 우리가 여론을 정확히 파악하지 못하는 이유는 우리가 '사람들'에 대한 명확하고 적절한 정의를 아직 내리지 못하고 있기 때문이다. 우리에게 '사람들'이 없었다. 우리는 사람들을 만들어내야 한다.... [계획은] 사람들의 의지가 사람들의 삶을 통제할 수 있도록 하여야 한다... 우리의 역할은 창조적 시민이라는 우리의 힘과 함께 우리의 삶을 만들어가야 하는 것이다. 오늘 우리에게 필요한 것은 다음과 같다. 1) 활동적 시민의식, 2) 책임감있는 시민의식, 3) 창조적인 시민의식이 바로 그것이다. (Follett 1998: 220-222)

시민의식은 일상적 삶에서 밀접하게 연계된 이웃과의 의식에서부터 출발한다는 것이 폴렛의 분석이다. 이웃집단은 이웃 간에 유대의식을 형성하게 된다. 이러한 이웃 간의 의식은 정기적인 모임, 진솔한 토론, 활성화된 공동체적 삶을 통한 공동학습과 타인의 경험 공유, 이웃의 삶에 대한 의무감의 양성, 그리고 이웃에서, 도시, 지역, 국가 등으로 확대되는 다른 조직과의 정기적 연계성 등을 통해서 증진된다. (Follett 1998: 204-205) 일상적 삶의 공유를 통해서 사회적 의무와 권리, 배려와 기쁨 등의 사회적 감정을 공유하게 되고 사람들 간의 정신적 유대가 강화되는데, 바로 이것이 새로운 정치의 핵심으로 새로운 국가를 형성하는데 중요한 기제가 되는 것이다. 이를 통해서 생동감 있고 역동성 있는 정치가 국가를 새로이 조직하면서 이제 군중과 대중으로 소극성과 순응성에 길들여있던 사람들이 적극성과 정체성을 가진 시민으로 거듭나게 된다. 일상의 사적인 힘이 정치라는 공적인 영역에서 커다란 변혁을 일으키는 셈이다. 개인적인 것은 정치적인 것이고, 사적인 것은 공적인 것이다. 일상이 정치이고 나는 곧 정치인이기도 하다. 내가 지도자를 선출하는 투표자이기도 하면서, 지도자이기도 하기에, 개인의 자아 속에서 치자와 피치자는 동일하게 드러나는 것이다.

2) 군림하는 권력(power-over)에서 함께하는 권력(power-with)으로

치자와 피치자가 동일하고, 사적인 것이 곧 공적인 것으로 인식되며, 일상의 삶이 정치적 이슈로 등장하는 곳에서 드러나는 공동체는 우리가 지금까지 경험한 군림하는 권력(power-over)이 존재하는 수직적 권력관계와 다른 권력의 짜임으로 구성된다. 공동체는 자체적으로 인격성을 가진 존재가 아니기에 그 속성은 물론 개체들의 속성이 축적되어 발현되는 것이다. 치자와 피치자가 동일하고, 지도자와 추종자가 상호 순환할 수 있는 공동체는 그 자체로서 권력의 유연성을 드러낸다. 우리가 권력을 수직적 상호 역학관계로 이해하고 있는 한, 루소가 말한 민주주의는 근본적으로 불가능하다.

치자와 피차자의 자기동일성이 시연되는 공동체에서의 권력은 수평적 구조를 보인다. 누군가 무엇인가 위에 군림히여 위계적 상하질서를 형성하는 것이 아니고, 누군가 무엇인가와 함께 가는 병렬적 수평질서를 형성한다. 이것이 바로 함께하는 권력(power-with)이다. 여기서 개인들의 관계는 출신과 지위에 관계없는 공동체의 동료로서 자리매김한다.

토크빌이 분석한 뉴잉글랜드의 타운미팅도, 폴렛의 이웃집단도 모두 이렇게 변화된 권력개념을 전제로 하고 있다. 토크빌이나 폴렛이 우려했던 바는 평등의 강력한 힘이다. 평등은 인간의 자유를 기반으로 하지 않고서는 모든 것을 삼킬 수 있는 쓰나미와 같은 위력으로 사회를 휩쓸 것이라는 것이 19세기와 20세기 초입을 지나면서 사회를 관찰한 이들의 분석이었다. 여기서 이들은 평등의 이름으로 인간의 자유가 억압당할 수 있는 상황이 발생할 수 있음을 예견하고 이에 대한 대책을 타운미팅이나 이웃집단으로 제시한 것이다. 평등의 확대는 시대적 요청이고 거부할 수 없는 흐름이라고 토크빌은 이미 1830년에 진단하면서, 다수의 전제와 횡포가능성을 예견하고 있다. 폴렛이 분석했던 1918년의 미국사회 역시 그 흐름의 결과 거대한 국가조직 속에 개인은 함몰되어 가고, 정치는 정당조직을 통해서 대리인들이 의뢰인들의 이름을 빌려 행하는 그야말로 명목만의 대의민주주의로 진행되고 있었던 것이다. 정치인 시민과 유권자 시민은 두 개의 다른 계층으로 유리되게 되었던 것이다.

이렇게 진행되는 역사와 사회의 역전 가능성을 이들은 개인성의 회복과 시민으로서의 정립, 이러한 시민을 기반으로 하는 공동체의 재구성 가능성에서 분석한다. 타운미팅과 이웃집단에서의 사회를 구성하는 힘을 여타 정부조직이나 정당조직의 힘과 비교해본 것이 바로, 폴렛의 함께하는 권력과 군림하는 권력이다. 폴렛의 『새로운 국가 *The New State*』는 이 함께하는 권력(power-with)을 개념적 전제로 한 저술이다.

함께하는 권력이란 일견 모순적 개념이다. 함께할 수 있다면 과연 권력이라고 할 수 있을 것인가에 대한 질문이 존재할 수 있겠으나, 폴렛은 '함께하는 권력은 함께 활동적인 힘, 공동으로 발전하는 힘이며, 그러한 힘은 이웃 간의 집단이나 결사를 통해서 형성되는 것'이라고 주장한다. (Forward by Mansbridge, in Follett, 1998: xviii) 군림하는 권력이 지배와 통제로 이해된다면, 함께하는 권력은 우리가 평등한 사람들 사이에서 엮어내는 영향력이자 사회적 힘이라고 할 수 있다. 한나 아렌트는 자신의 저서 『혁명론』에서 "권력이란 인간이 행동을 목적으로 함께 연합했을 경우에만 드러나는 것"이라고 설명하면서, 권력에 대해 다음과 같은 설명을 덧붙인다.

> 권력은 단순히 행동하는 인간의 능력이 아니라, 함께 행동하는 인간의 능력을 말한다. 권력은 결코 개인의 자산이 될 수 없다; 권력은 집단에 속하는 것이며, 집단이 함께하는 한에서만 유지되는 힘이다. (Arendt 1970: 44)

이는 폴렛의 함께하는 권력 개념을 그대로 담고 있는 내용이다. 폴렛은 개인이 어떻게 공동체와 함께 갈 수 있는지가 미국 민주주의의 관건이라고 역설하면서, 이를 위해서는 공동체가 개인성을 억압해서는 안

되며 오히려 개인성에 기반을 두고 있어야 함을 강조하다. 폴렛은 개인으로부터 이웃집단, 그리고 이웃집단으로부터 국가로 이어지는 일련의 과정을 군림하는 권력을 넘어서 함께하는 권력을 고양시킬 수 있는 최선의 방법으로 제시한다.

> 오늘날 민주주의에는 두 가지 문제가 있다. (1) 개인이 정치적 효율성을 가질 수 있는 방법. (2) 실질적으로 사회정책에 도움이 될 수 있는 방법이 바로 그것이다. 이 두 문제의 근저에는 모두 개인에 대한 사고가 깔려있다. 민주주의의 역사는 개인주의를 향한 점진적 성장의 역사였으며, 민주주의의 희망은 개인에 있다. 민주주의는 사회의식의 발전이라는 말과 민주주의는 개인주의의 발전이라는 말은 동일한 의미를 가지고 있다. 우리가 일정수준의 사회의식을 가지고서야 비로소 개인의 가치를 인식할 수 있게 된다. 사회적 가치에 대한 인식은 개인에 대한 인식과 동일 궤적을 그리며 같이 가고 있다. (Follett 1998: 162)

폴렛의 함께하는 권력 개념은 이후 정치사상사에서 소수자를 언급할 때는 반드시 대두하는 개념이다. 현재 아렌트의 말을 빌자면, 군림하는 권력 - 즉, 강제 - 은 권력이 아니며, 폭력에 불과하다. 폭력적 방법이 권력을 취득하거나 유지하는데 하나의 방법으로 이용될 수는 있으나, 폭력 그 자체가 권력이 되는 것은 아니다. 결국 민주주의 사회에서 필요한 힘은 바로 함께하는 권력이며, 폴렛은 개인의 힘을 극대화시켜 정치의 영역을 개인에게 되돌려줄 수 있는 중요한 사회적 기제로 함께하는 권력의 가능성을 평가한다.

함께하는 권력을 통해서 개인은 치자이자 피치자로, 지도자이자 일반시민으로, 이웃과의 지속적 모임을 통한 정부조직이나 정당등 국가적 단체로 자아 정체성을 그대로 보유한 채 나아갈 수 있게 되는 것이다. 다수결의 원칙이 그대로 존속하는 다수의 지배사회에서도 개인이 자신의 정체성을 잃지 않을 수 있는 것은 바로 이러한 타운미팅, 이웃집단으로 대별되는 지방자치적 조직과 그 안에서 운용되는 함께하는 권력이라는 역발상에 근거한다.

3) 통합된 자아의 활동 공간 - 차별과 배제가 없는 공동체

> 공동체가 없으면 대화가 없다. 대화가 없으면 학습이 없다. 학습이 없으면, 교육이 없다. 교육이 없으면, 시민이 없다. 시민이 없으면 자유가 없다. 자유가 없으면 문화도, 민주주의도, 학교도, 문명도 없다. (Barber 1998: 185)

자유로운 개인은 공동체 속에서 그 자유를 만끽하고 실제로 행사할 수 있다. 자유 있음은 인간관계 속에서 활성화된다. 인간관계 속에서 개인은 대화와 학습을 하고, 이를 통해서 시민으로 형성된다. 자유로운 개인과 자유로운 시민이 없으면 민주주의는 근원적으로 불가능하다. 치자와 피치자가 동일한 개인에게 자아는 통합되어 있다. 일단 통합된 자아는 활동할 수 있는 공간이 있어야 유지될 수 있으며, 또한 자아의 활동 공간 속에서 자아의 통합성이 지속적으로 재생산되게 된다. 정치의 주인으로 등장한 개인이 거할 공간으로서 공동체의 존재 필요성이 바로 여기에 있다.

공동체의 자유는 바로 그 구성원인 개인의 자유를 통해서 드러난다. 개인의 자유는 공동체에서의 자유로운 대화와 토론, 이어지는 학습의 장에서 체험적으로 느껴진다. 이러한 학습과정을 통해서 일상의 삶이 자유롭게 영위되고, 민주주의로 이어진다. 따라서 민주주의는 일상에서 학습되어야 하고, 지극히 사소하게 보이는 듯한 개인의 일상이 정치의 중요한 이슈로 드러나게 되는 것이다. '개인적인 것이 정치적인 것'이라는 여성주의의 모토도, 21세기 들어 중요한 사회적 이슈로 등장하는 생활정치의 문제도 그 근원이 바로 여기에 있다.

인간은 사회성을 일상의 연습을 통해서 학습하게 된다. 삶에 있어서는 현실과 관습이 이론보다 중요하다. 단일성이나 애국심, 형제애와 같은 추상적 가치들이 인간의 마음속에 자리 잡는 방법은 지성이나 의지에 의해서가 아니라, 공동체 속 일상에서의 지속적 교류를 통해서인 것이다.

> 나는 친구에 대한 나의 의무를 우정에 대한 글을 읽으면서 배우는 것이 아니라, 친구와 삶을 공유하고 우정이 요구하는 의무를 경험으로 터득하면서 알게 된다. 많은 사람들과 많은 경험을 서로 알게 되면서, 전체적 삶의 구조와 나의 공감대를 형성해가면서, 나는 사회와 나의 관계를 정립해 나가게 되는 것이다. (Follett 1998: 193)

참여민주주의를 논할 때, 우선적으로 언급하는 것은 시민의 등장과 형성이지만, 거기에 반드시 필요한 것은 그 시민의 활동공간인 공동체이며, 그 공동체 안에서 시민의 참여가 가능해야 하고, 시민의 지속적 재생산도 이루어져야 한다. 인간의 소외로 대변되는 민주주의의 위기를 돌이켜 민주주의를 민주주의로 바로 세우기 위해서는 시민의 시민으로서의 확립이 필요한 것이 사실이고, 이를 위해서 전문가, 엘리트 정치에서 보통사람, 시민의 정치로 돌아와야 하는 것도 필요하지만, 동시에 절대로 간과되어서는 안 될 것이 있다면 바로 시민의 활동공간 - 즉, 공동체 - 이다. 시민은 자신이 소속된 조직에서 자아성취를 이루어낼 수 있어야 한다. (박의경 2008b: 78)

개인과의 관계 속에서 공동체는 구성원인 개인의 참여를 핵심기능으로 하면서, 전체를 포용할 수 있어야 한다. 현대사회의 문제라고 볼 수 있는 차별과 배제가 없는 공동체의 형성이 개인의 자유를, 나아가서는 사회전체의 자유를 유지하고 증진시킬 수 있는 길이다. 사회의 구성원 모두의 자유와 평등을 차별과 배제 없이 포용하기 위해서 언급되는 것이 타운미팅이나 이웃집단과 같은 사회의 소규모 조직이며, 개인의 자유에 근거한 자발적 결사이다. 인간의 영혼이 있으되 이를 담는 그릇인 육체가 없으면 그 영혼이 세상에 드러나 전달되지 않는 것과 마찬가지로, 사회의 중요한 가치가 있고, 그 정신을 공유한 행위자 시민이 있으나, 그 시민정신을 담아내고, 전달할 수 있는 공동체와 그 안에서 훈련이 담보되지 않으면 현실적으로 사회 발전에 크게 도움이 되지 않는다. 가치를 보유한 개인과 공동체 상호간의 상승작용을 통해서만 그 시너지 효과가 극대화될 수 있을 것이다.

5. 민주주의의 방향전환 – 영역의 확대에서 질적 심화로

민주주의는 2000여년의 역사를 가지고, 현대사회에서 최고의 정치체제로 자리 잡았다. 시민이 정치의 주인이고, 체제의 주인이라는 이루어질 것 같지 않은 역사가 이루어진 것이다. 나라의 주인이 구체화된 누군가였던 시기의 사고에서 추상적인 시민이나 국민이라는 생각이 인간의 머리와 가슴 속에 자리 잡을 때까지, 인간은 집단 속의 하나에서 개인으로 독립하여 군중과 대중을 거쳐 시민으로 형성되어 온 것이다. 하나의 개체이자 곧 집단으로 설정되는 사람들의 집단이 시민이다.

사회는 확대되어가고, 인구는 증가하여가는 상황에서, 다수결의 원칙은 숫자를 중심으로 민주주의의 외연을 확대시키며 양적 증가를 성공적으로 이끌어낸다. 이러한 민주주의의 가시적 성과 이면에 민주주의가 직면한 위기가 그 암울한 모습을 드러낸 것이 바로 시민이 아닌 군중과 대중의 번잡스러움과 여론이라는 이름의 소동들이다. 2500여 년 전의 플라톤과 아리스토텔레스가 염려하였던 중우적 민주주의의 상황이 재연될 수 있는 상황이었지만, 근대의 사상적, 시민적 혁명기를 겪어낸 개인들의 역량으로 이러한 흐름은 방향을 바꾼다.

물이 차면 넘쳐흐르듯이, 민주주의는 이제 양적 성장에서 질적 성장으로, 외연의 확대에서 내포적 심화로 자연스럽게 그 궤도를 수정하게 된 것이다. 이렇게 된 이면에는 또한 시민들의 힘이 존재한다. 근대 이후 시민으로 등장하여 확대되어가는 사회 속에서 군중과 대중 속에 함몰되었으나, 개인은 작은 것에서부터 다시 길을 찾아가는 원론적 전략을 선택하게 된다. 이러한 소리는 민주주의가 시작되는 시점부터 이미 존재해 왔던 방법으로 - 일상에서 이웃으로, 이웃에서 공동체로 - 점진적인 영역확대를 통해 시민이 배제된 거대 공동체가 아니라, 시민 자체가 실려 있는 참여와 포함의 공동체의 등장으로 결실을 맺게 될 것이다.

이웃과의 공감을 통한 연대는 21세기 현대사회에서 필요로 하는 중요한 가치이기도 하다. 다양한 사회에서 소통이라는 것이 이미 사회 통합을 위해 중요한 가치로 대두한 상황이고, 소통의 출발점이 만남과 대화임은 주지의 사실이다. 20세기 초엽 민주주의가 자리 잡기 시작하는 지점에서 이러한 내용을 간파하고, 이웃집단의 필요성과 중요성을 설파한 폴렛의 예지력과 19세기 혁명의 시기에 미국의 타운미팅에서 100여 년 후의 세상을 예견했던 토크빌의 혜안은 21세기 현대사회의 대중과 시민들에게 시사한 바가 적다고 할 수 없다. 지난 100여 년 간 민주주의를 위해 달려왔던 역사에서 가장 중요한 시민이 빠져 있었다는 뼈아픈 반성과 함께, 향후 100년의 역사에서 우리가 할 수 있는 일이 구체적으로 토크빌과 폴렛을 통해 제시되고 있음을 우리는 인식해야 할 것이다. 모든 문제 해결의 출발점은 문제 자체에 대한 인식에 있기에, 이제 우리는 미래를 향한 새로운 출발점에 서 있는 것이라고 볼 수 있다. 일상에서의 삶과 정치의 연계성을 강조하면서 생활정치의 중요성이 대두하는 시점이라 하겠다.

제2부

민주주의와 현대사회: 다양성과 기회구조

제6장

대중에서 시민으로

—참여적 시민의 형성을 위하여—

1. 대중과 시민 : 참여민주주의를 위한 의미와 관계

대중과 시민은 이 글의 핵심 주제어로서, 동일한 주체를 각기 다른 시각에서 부르는 이름이다. 이 글에서는 우선적으로 참여민주주의와 참여적 시민의 형성을 다루게 되는 바, 루소의 참여에 대한 고전적 이론으로부터 출발하여 현대의 바버와 페이트만의 참여민주주의에 대한 이론적 시각을 바탕으로 한 분석이다. 일관되게 중요한 개념은 공공성을 담지한 시민과 공동체의 관계 설정이다. 근대 정치사상가 루소가 정통성 있는 정치사회 건설을 위해 필수적이라고 역설한 시민은 원자화된 이기주의자 개인이 아니라 공공성을 담지한 "덕있는 개인"이다. 덕있는 개인인 시민이 가지는 자유는 자연적 자유가 아니라 시민적 자유이고, 도덕적 자유이다. 현대적으로 풀어서 설명하자면, 루소의 시민은 이성과 양심과 함께 상황을 판단할 수 있는 능력을 가지고 일반의지가 구현된 모습과 가장 유사한 법의 제정과 유지에 적극적으로 참여하는 자이다. 한마디로 참여민주주의의 가장 기초적인 모습이 바로 루소의 『사회계약론』에 나타난 민주주의의 모습이고, "치자와 피치자의 자기동일성"이 바로 참여민주주의를 가능케 하는 시민이 가져야할 속성이다. 입법자로서의 시민과 법 준수자로서의 시민이 동일한 자아 내에서 원활하게 소통될 때, 비로소 참여민주주의의 기본 조건이 형성되었다고 볼 수 있는 것이다.

이러한 루소의 사상은 근대민주주의의 형성기에 존재했던 것으로 현대사회에서 그대로 적용하기에는 많은 무리가 따른다. 역사 속에서 움직이고 변화하지 않는 것은 존재하지 않기에, 사상의 적용에도 현실의 많은 변화가 반영되어야 한다. 벤자민 바버(Benjamin Barber)와 캐럴 페이트만(Carol Pateman)은 이러한 루소의 참여민주주의 사상을 바탕으로 정치현장에서 민주주의 사상의 변화를 적용시켜 보고자 시도한다.

바버는 대의민주주의의 철학적 토대에서부터 근본적인 문제를 제기한다. 그는 개인화의 진전은 시민성의 상실로 이어지고, 그로 인해 개인과 공동체의 관계에서 개인의 우위가 확보되면서 그 간격은 점차 커지게 되고, 개인의 자유의 확대는 역설적으로 개인적 입지의 협소화 현상으로 진행하게 된다고 한다. 바버는 이를 "약한 민주주의(thin democracy)"라 지칭하고, 이는 개념상 민주주의의 기본 개념과 대립하고 있다고 설명한다.

우선, 대의제가 시민 개개인의 정치적 의지를 위임하는 것이라고 생각할 때, 이는 개인의 자유와 양립될 수 없다. 각 개인의 자유를 전적으로 인정할 때, 과연 "대의"가 가능한지에 대한 근본적 질문을 다시 제기하는 것이다. 이렇게 되면, 민주주의의 기본적 의결 원칙인 다수결의 원칙에서도 근본적 결함이 발견되게 마련이다. 둘째, 대의제는 법적, 선거권적 평등을 확보하면서도 평등을 실체적으로 보장하는데 절대적으로 필요한 경제적, 사회적 결정인자를 제외하고 있다는 점에서 평등과도 양립할 수 없다. 마지막으로, 대의제는 앞에서 언급한 바와 같이 공동체의 능력을 손상시키고 정의 관념의 근간이 되는 참여적 시민의 발전을 도모하지 않고 있다는 측면에서 사회정의와도 양립할 수 없다는 것이다. 결국 대의민주주의에서는 시민들로 하여금 대표자들이 작성한 법률에 복종하도록 강제하며, 정책 과정의 전반에 걸쳐 시민공동체와 공공 목적의 형성을 통해 시민적 참여를 유인하고 촉진하는 요소를 발견하기 힘들다는 것이 바버의 분석이다.

또한 페이트만은 직장, 학교, 행정, 환경 등 다양한 삶의 영역에서 표출되고 있었던 집단적 불만과 소외감의 해소기제로서 “참여”에 주목하고, “참여”를 주로 선거에서의 투표로 제한하여 이해하고 있는 대의민주주의에 도전한다. 참여민주주의란 개인과 제도가 분리된 상태에서는 결코 실현할 수 없다는 것이 페이트만의 출발점이다. 대의민주주의 제도는 민주주의의 완성에 불충분한 제도로서 모든 사람이 최대한의 참여를 할 수 있는 제도가 아니라는 것이다. 실제로 참여는 선거에 임한 투표로서 마감되는 것이 아니라, 개인의 삶의 궤적 속에서 항상적으로 존재하는 일종의 과정이다. 참여민주주의 이론에서 참여의 주요한 기능은 교육적인 기능, 즉 심리적 측면과 민주적 기술 및 절차의 습득을 포함한 가장 넓은 의미의 교육적인 기능이다. 과정을 언급할 때 언제나 들어서는 중대한 반론은 안정의 가능성인데, 이 경우에도 체제의 안정성에는 아무 문제가 없다. 이는 참여 과정의 교육기능을 가진 자기유지적 체제이기 때문이다. 참여라는 행위 자체가 바로 체제의 존속과 유지에 필요한 자질을 발전시킨다. 참여는 하면 할수록 능력이 항진되는 각 개인의 기본 능력이라는 것이 페이트만의 생각이다.

따라서 페이트만은 민주주의의 유지를 위해서 참여가 반드시 필요하다고 역설한다. 이는 결국 그 사회의 모둔 정치세계가 빈주화되고 참여를 통한 사회화가 모든 영역에서 이루어져야 한다는 것이다. “민주주의는 삶의 양식”이라는 존 듀이(John Dewy)의 주장을 현대적으로 풀어 설명한 것이라고도 할 수 있는 것으로 볼 수도 있을 것이다. 민주주의의 생활화, 민주적 문화의 확산이야말로 진정한 참여민주주의를 확립하고, 지속시켜 나갈 수 있는 기제이며, 그 주체는 바로 시민이다. 페이트만이 말하는 참여적 이론에서 “참여”란 의사결정에의 평등한 참여를 말하고, 정치적 평등이란 결정의 결과를 도출해내는데 대한 권력의 평등을 말한다. 또한 과정을 중시하는 페이트만의 이론에서는 참여적 체제의 정당화가 중요해지게 마련이다. 자본주의의 심화에 따라 경제의 중요성이 높아진 현 시점에서, 각 개인이 직장에서 보내는 시간은 선거에 임해 투표하는 시간보다 엄청난 비율로 높아져 있다. 따라서 직장과 산업사회에서의 민주주의가 이루어지지 않고, 여기에서의 참여가 이루어지지 않을 때, 과연 개인에게 민주주의적 시민이 될 가능성이 존재하는지는 미지수이다. 시민의 각 부문에서의 참여도가 높아지면서 페이트만의 참여민주주의 체제는 투입(평등)과 산출(정책결정) 뿐만 아니라 각 개인의 정치적, 사회적 발전까지 포함하는, 따라서 산출과 투입으로 이어지는 피드백(feedback)이 존재하는 자율적 체계인 것이다. 이를 통해 이제 참여민주주의는 자체적 재생산 단계로 들어서게 된다고 하겠다.

개인 차원의 다양한 참여만큼이나 학계에서도 다양한 민주주의 이론들이 논의되고 있는 것도 사실이지만, 실제로 참여의 의미부터 진솔하게 개진한 참여민주주의에 관한 사상적 분석을 비롯하여 현실에서의 선진국의 경험과 이의 적용, 그리고 여기서 발생하는 쟁점, 궁극적으로 한국의 경우에 참여민주주의를 구체적으로 실행해나가기 위한 조건 등을 체계적으로 점검한 연구는 그리 많지 않다. 사상이나 이론을 분석하고 설명하는 것도 중요하지만, 보다 중요한 것은 현실에서의 적용이다. 이 글에서는 우선적으로 참여적 시민에 대한 이론적 분석과 함께 현대 참여민주주의 체제에서의 시민형성 프로젝트를 알아본다. 그리고 이를 바탕으로 차후에 진행될 연구에서는 현실의 정치에서의 참여민주주의의 수용과정 및 쟁점을 검토하고 그 지속가능성과 미래사회의 참여민주주의의 비전을 제시할 수 있게 될 것이다.

2. 대중과 시민의 동학

1) 대중의 속성과 시민의 역동성

민주주의의 핵심적 내용은 다수가 절대적으로 우세하다는데 있다. 모든 사람이 평등하기에 민주주의 사회에서의 결정방식은 다수결을 택한다. 여기서 다수 대중이 가지는 힘이 드러나게 되며, 토크빌과 밀은 급기야 다수의 횡포를 우려하기에 이른다. 루소는 민주주의의 참여자로 시민을 논하면서 그 필수적 조건으로 참여를 제시한다. 일반의지의 형성과정 속에서 인간은 시민이 되어 간다. 사회계약이후 시민이 되어가는 과정에서 각 시민은 일반의지에 복종하도록 자신을 포함하여 다른 사람을 강제하는 일을 수행하게 된다. 여기서 다른 사람을 강제하는 것의 핵심적 내용은 각 시민이 사적 의지를 꺽고 일반의지를 형성하는데 지속적으로 참여하게 하는 것이다. (박의경 2008: 94-95)

루소는 인간의 본성을 변화시켜 사적의지를 꺾고 일반의지에 참여하게 만드는 것을 입법 작업의 요체로 제시한다.

> 입법자는 인간으로부터 그 본래의 힘을 빼앗고 인간이 지금까지 소유하지 못했던 힘, 즉 타인의 도움없이 사용될 수 없는 힘을 부여해야 한다. 즉, 자연적인 힘이 소멸되면 될수록 새로 얻는 힘은 크게 되고, 영속화할 수 있는 동시에 이 제도도 역시 견고해지고 완전해지는 것이다. 그리하여 각 시민이 만일 다른 시민의 힘을 빌지 않으면 아무것도 할 수 없고 또한 전체가 얻은 힘이 각 개인의 자연적인 힘의 총화가 되거나 또는 그 이상의 것이 된다면 입법은 그것이 도달할 수 있는 완전한 최고봉에 이르렀다고 할 수 있다. (루소 1978: vii. 68)

루소의 참여는 시민을 결정짓는 조건이 되며, 토크빌(Tocqueville)과 밀(Mill)이 우려했던 다수의 횡포[1]를 다수의 지적 활동[2]으로 변화시킬 수 있는 근거가 되기도 한다. 여기서 파악할 수 있는 것은 대중이나 시민은 고정된 개념이 아니라는 사실이다. 시민은 역사적이고, 사회적 개념이다. 시민은 또한 역동적 개념이기도 하다.

근대 시민혁명이후 역사와 정치의 주체로 등장한 시민은 대의민주주의 체제를 성립시키면서 루소의 말대로 "선거일만 자유로운" 다수 대중적 시민이 되어갔다. 그러나 이 과정 속에서 토크빌과 밀은 역설적으로 다수의 횡포를 논하게 된다.

> 아메리카에서는 몇 가지 특수한 상황이 복합적으로 다수의 권력을 우세할 뿐만 아니라, 막강한 것으로 만들어주고 있다. 다수의 도덕적인 권위는 단 한 사람보다는 결합된 다수의 사람들에게서 더 많은 지성과 지혜가 있다는, 그리고 입법자들의 수는 그들의 질보다 더 중요하다는 개념에 부분적으로 기초하고 있다. 따라서 평등이론이 사람들의 지능에도 적용되고 있다....
>
> 다수의 도덕적인 힘은 또 다른 원칙에 기초하고 있다. 그 원칙은 다수의 이해관계는 소수의 이해관계 보다는 우대되어야 한다는 것이다. (토크빌 1983: 248)

더 나아가 밀은 이렇게 말한다.

> 오늘날에는 개인이 군중 속에 묻혀버린다. 정치적인 측면에서 볼 때 이제 여론이 세상을 지배한다는 말은 거의 진부하기까지 한다. 대중만이 권력자라는 말이 어울리는 유일한 존재가 되었다. 정부도 대중이 원하는 것과

---

1) 이들과 마찬가지로 루소도 이미 "개인의 사적의지로 인해 일반의지 형성에 문제가 발생하는 경우를 우려하기도 한다. 그러나 실제로 사회의 존립을 위협하는 것은 개인의 사적의지 자체가 아니라 개인이 그 사적의지로 인해 일반의지 형성을 위한 참여를 주저하거나 거부하는데 있다는 것이 보다 정확한 설명이다." (박의경 2008: 93)

2) Barber는 *Strong Democracy*와 *Aristocracy of everyone*에서 다수이거나 소수이거나 관계없이, 대중의 시민이 될 수 있는 가능성에 대해 논한다.

좋아하는 것을 챙겨주는 기관이 되고 있다. 공공 영역에서만 그런 것이 아니고, 개인들의 사회적, 도덕적 관계에서도 똑같은 현상이 목격된다. (밀 2005: 124)

근대 시민혁명을 통해서 자유와 평등의 정신은 자유민주주의를 통해 체제로 정착되어 역사적 승리를 구가하게 되었지만, 그 체제에서 드러난 주체로서의 시민의 속성은 대중적 인간이었다. 대중적 인간에 대해서 바버(Barber)는 "프라이버시와 재산에 의해 정의되면서 자신이 누구인지 결정할 수 없으며, 권리와 자유에 의해 정의되면서도 도덕적인 주체로서 행동할 수 없으며, 야망과 욕정에 의해 이끌리면서도 그것을 성취하는데 도움을 줄 것이라고 생각했던 바로 그 권력 때문에 행복과는 거리가 멀어져버린 그러한 개인들" (바버 1992: 159)이라고 설명한다.

대중들은 권력을 부여받기만 하면 사적 이해관계를 추구하며, 이기적인 야망을 추구하고 개인적 이익을 위해 타협한다.... 대중은 스스로를 지배하지 않는 명목적 자유인일 뿐이다. (바버 1992: 234-5)

이러한 대중에 의한 통치는 그 자체로서 자유를 말살하는 전체주의적 독재의 속성을 내포하고 있다. 따라서 대중이 주체로 등장하는 자유민주주의가 바로 히틀러와 무솔리니를 등장시킨 요인이었다. 대중의 통치로 정의되는 민주주의에 대한 불신은 정치사상의 태동기로부터 연원한다. 고대 그리스의 플라톤과 아리스토텔레스는 민주주의를 중우정이나 폭민정과 연관시켰고, 이후의 폴리비우스, 키케로등도 대중의 통치가 인간의 삶에 도움이 된다고 생각하지 않았다. 통치에는 기술이나 지혜가 필요하고, 이를 보유하는 자들은 대체로 소수라는 것이 자유민주주의가 성립되는 근대 이전의 대체적인 생각이었다. 따라서 지혜로운 소수에 대응하는 다수 대중에 대한 기본적인 개념은 단순히 무지하고 소란스러운 집단에 불과하였다.

민주주의의 과잉은 당시 그리스에서 가장 지혜로운 자 소크라테스를 죽음으로 몰아넣었고[3], 사려 깊지 못하고 모험적인 판단을 다수 대중의 이름으로 자행하고, 결과적으로 사회적 진리가 다수결로 결정되는 결정적 오류까지 범하게 된다. 이는 근본적으로 민주주의의 주체가 시민이 아니라 대중이었다는 데 기인한다. 시민으로 불리는 자들이 시민의 속성을 제대로 갖추지 못하고 대중의 상태에 머물러 있었기 때문인 것이다.

> 과거에는 특별한 사회적 위치에 있는 사람들이 그 특별함 때문에 다수 대중의 생각을 무시할 수 있었지만, 이제는 그러한 것들이 점차 사라지고 모두가 평등한 가치를 지니게 되었다. 대중들도 나름대로 의지를 가져야 한다는 적극적 생각이 확산되면서 정치 일선에 있는 사람들의 머릿속에는 대중의 의지에 맞선다는 생각이 점점 더 사라지고 있다... 대중의 수로 밀어 붙이는 것에 대항하면서 대중과 다른 자신만의 생각이나 경향을 지키려는 강력한 사회세력이 아예 존재하지 않게 된 것이다. (밀 2005: 136-137)

근대 이후 자유민주주의의 확립은 모든 인간의 자유와 평등을 기본으로 대중적 인간을 정치사회의 전면으로 등장시켰지만, 이를 통해서 오히려 인간의 자유가 억압되는 역설적 상황에 봉착하게 된 것이다. 대중과 시민에 대한 혼동과 오류가 자유민주주의 사회를 전체주의로 역행시키게 된 이유이다. 자유와 평등의 동시적 확보와 보장은 그 개념적 모순으로 난관에 봉착하게 되면서, 민주주의는 필연적으로 평등의 확대로 귀착되고 만다. 평등의 확대는 다수에 대한 신뢰로 움직이고, 다수 대중이 민주주의의 주체적 세력으로 등장하게 된 것이다.

---

3) 플라톤은 아테네 법정에서 소크라테스에게 사형 판결을 내린데 대해 정치(politics)가 철학(philosophy)을, 현실이 이상을 공격했다고 판단하였다.

자유민주주의가 상정한 인간은 권리를 보장받고 공평무사한 법률과 책임 있는 대표자들에 의해 통치되는 이성적 존재들이지만, 그 현실적 귀착점은 대중적 인간, 더 나아가서는 전체주의적 인간이었다. 자유민주주의의 사상적 근간인 자유주의는 인간의 완전한 독립성과 개인성을 전제하고, 신뢰에 기반을 둔 대의제를 실천적 방법으로 제시한다. 그러나 이는 현실에서 발생하는 문제에 대해서는 무대책과 무방비로 일관한다. 실제에서 발생하는 자유에 대한 구속에 어떻게 대응할 것인지, 철저한 개인주의 하에서 개인은 어떻게 공동체내의 동료들과 연관되는 것인지, 대의제하에서 개인의 정치적 의지와 활동은 어떻게 판단해야 하는 것인지 등에 대한 질문에 자유민주주의의 답은 궁색할 수밖에 없다. 궁극적으로 이상과 현실의 괴리가 또 다시 현실화 된 것이라 할 수 있다. 즉, 현실을 고려하지 않고 당위적 전제에서 시작한 정치논리의 당연한 귀착점은 자유의 상실이었다.

근대 시민혁명을 통해서 하드웨어격인 정치체제는 자유와 평등으로 급선회했지만, 실제로 그 기관을 움직일 소프트웨어로서의 인간은 아직 시민의 자격을 갖추지 못한 채 대중으로서 기관실에 들어선 격이다. 근대 이전의 마차 운전을 하던 자가 현대식 자동차를 운전하기 위해서는 근대의 정신에 맞는 사상적 훈련으로 무장되어야 한다. 따라서 민주주의가 그 정신을 제대로 수행해 내기 위해서는 대중이 시민이 되어 정치적 주체로 등장해야 한다는 점이 자명하게 드러난다.

대중에 대한 이러한 우려에도 불구하고, 대중에 대한 가능성 또한 존재한다. 근대는 고대로부터의 대중에 대한 부정적 사고를 전복시키면서 출발한다. 대중과 구별되는 엘리트의 능력에 의지하여 유지되던 사회의 한계와 함께, 인간 모두에 대한 가능성이 근대로 사회를 이행시켰다. 일인의 지혜보다 다수의 지혜가 더 좋을 수 있다는 사고도 단순하지만 평등이라는 생각을 통해서 가능하고, 여기서 대중은 정치적 피치자에서 치자로서의 가능성을 가진 잠재적 존재로 인식될 수 있게 되었다. 천부인권설을 중심으로 모든 인간의 자유와 평등에 대한 사고와 함께, 모든 이가 그 능력인 이성을 보유하고 있다는 데에 대한 신뢰는 인간의 가능성을 열어주었다. 이성능력을 가진 인간이기에 교육을 통해서 발전과 변화를 이루어 낼 수 있다는 생각은 '인간의 탁월성(human excellence)'에 대한 신념을 가졌던 그리스적 전통에서 그 기원을 찾아볼 수 있다.

그리스의 플라톤과 아리스토텔레스가 민주주의에 대해 부정적으로 판단했던 근거는 정치주체가 교육받지 않은 집단이라는 데에 있다. 동시에 교육을 통해서 인간이 변화할 수 있음을 제시한 것도 또한 그들이다. 교육을 받는다면 달라질 수 있다는 내용이 그 근저에 전제되어 있다. 플라톤과 아리스토텔레스의 파이데이아(paideia)는 인간의 탁월함에 대한 가능성을 전제로 하여 인간의 발전과 변화 가능성을 열어두었다. 여기서 사적 이해관계에만 집중하는 대중이 공적 존재인 시민으로 거듭날 수 있는 근대적 가능성의 맹아를 발견할 수 있다. 왜 고대에서 폄훼되었던 민주주의가 근대에서 화려한 부활을 할 수 있었는지에 대한 해답도 여기서 발견할 수 있을 것이다. 근대에서 시민의 존재성과 함께 교육이 제도적으로 정착되면서, 이제 다수가 무지로부터 벗어날 수 있는 가능성[4]이 생긴 것이다.

한마디로 대중과 시민은 고정되어 있는 개념이나 존재가 아니고, 역사를 통해 역동적으로 움직이는 것이다. 21세기 참여민주주의를 위한 사상적 과제는 시민의 형성이다. 민주주의의 이름 아래 정치적 권리를 가졌다고 해서, 모두가 사상적, 개념적으로 시민은 아니다. 대중과 시민

4) 소크라테스는 인간이 무지(ignorance)의 상태에서 지식(knowledge)의 상태로 가야한다고 하면서, 그 첫 단계는 무지를 자각하는데 있다고 하였다. 또한 그는 대부분의 인간은 무지와 지식의 중간상태인 자신의 개인적 견해(doxa, opinion)를 가지고 살아가는데, 덕(virtue) 또한 지식이므로, 이것이 진정한 지식으로 이행되어야 모든 사람이 덕(virtue)을 갖춘 좋은 사회(good society)에 도달한다고 보았다. 이렇게 볼 때, 대중에서 시민으로 이행하는 것은 좋은 사회와 좋은 삶을 위한 모든 인간의 의무라고 할 수도 있다.

을 바버는 다음과 같이 구분한다. 민주주의의 대중은 평면적이고, 수동적이며, 순응적이라고 한다. 이에 비해 시민은 입체적이고, 능동적이며, 참여적이다.

> 대중은 소란을 일으키고 시민은 심사숙고하고, 대중은 반응하지만 시민은 행동하며, 대중은 충돌하고 대립하지만 시민은 약속하고 공유하고 기여한다. 따라서 대중이 약속하고, 공유하며, 기여하게 되면 시민이 되고, 그리하여 참여하게 된다는 것이다. 따라서 대중이 심사숙고하고, 행위하고, 함께 하면서 공헌할 때 그들은 비로소 시민이 되고, 이 때 참여하게 되는 것이다. (Barber 1984: 155)

여기서 중요한 점은 대중과 시민은 움직인다는 것으로, 시민은 태어나는 것이 아니라 만들어지는 것임을 알 수 있다. 또한 대중과 시민은 인간의 양면이라고 볼 수 있으며, 인간으로 태어나 대중으로 살다가 시민이 되어간다는 의미이고, 대중에서 시민으로 가는 일차적 조건이 참여라는 사실도 명백하게 드러난다.

2) 참여와 시민의 형성

(1) 시민의 속성과 형성의 가능성

1830년대에 이미 토크빌이 선언했던 바와 같이 평등과 민주주의는 거부할 수 없는 시대의 대세이고, 민주주의에서 시민의 위상은 절대적이다. 그런데 앞서 언급한 바와 같이 시민은 태어나는 것이 아니라 형성되는 것이다. 따라서 교육의 기본목표로서의 시민의 형성은 근대이후부터 21세기에도 여전히 유효하다. 더구나 21세기는 인터넷의 확대와 함께 국가와 지역의 경계를 넘어선 지구시민권(global citizenship)까지 논의되고 있는 실정이기에, 더욱더 시민의 형성은 중요해진다.

체제순응적인 2차원 공간의 평면적이고 수동적인 시민이 아니라, 3차원이상의 공간에서 활동이 가능한 역동적이고 적극적인 시민이 21

세기 민주주의를 인간의 자유와 평등이 제대로 확보되고 발휘되는 참여민주주의로 이끌어 나갈 수 있다. 오크숏(Oakeshott)은 시민이란 본성과 권리보다는 공유하는 의식으로 인하여 평등하다고 주장하는데, 그의 시민 개념을 살펴보면 다음과 같다.

> 시민은 신경생리학적 유기체, 유전학적 특성, 심리적 자아 또는 사회적 과정의 구성요소가 아니라 다른 사람의 행위와 말에 대한 반응이 이해의 차원인 '자유로운' 행위자이며, 시민적 결사는 유기적, 진화적, 목적론적, 기능적, 대증적 관계가 아니라 지성적 행위자들이 상호이해하는 관계이다. (Oakeshott 1975: 112)

참여민주주의는 이끄는자(leader)와 따르는자(follower)로 형성되는 이원적 구도가 아니라, 시민이 앞서서 이끄는 자이자 동시에 뒤에서 따르는 자인 일원적인 듯하면서도 복합적인 구도를 가진다. 루소가 말하는 '치자와 피치자의 자기동일성'이 바로 이를 의미한다. 여기서 시민은 일인이자 동시에 다수인이다. 치자이자 피치자이고, 누구에게도 의존하지 않는 자급자족적 독립성을 가지고 있으면서도, 공동체와 직결되어 있는 상호적 존재이기도 하다. (Barber 1998: 99)

> 시민은.. 도덕적 신분이다. 시민으로서의 개인은 타자를 만나고 공유된 세계의 지시에 자신의 인생계획을 맞추어가기 때문이다, '나'는 욕구와 욕망의 존재이다. '우리'는 개인의 욕구와 욕망을 모두가 공유할 수 있는 하나의 미래에 공동으로 서열화시킴으로써 존재하는 도덕적 존재이다. 시민은 시민적 욕구와 욕망을 규정하지 않는다. 그는 개인적 욕망과 욕구가 공공선과 공공목표로 변형될 수 있는 공동의 수단을 발전시킨다. (Barber 1984: 224)

시민의 경쟁력은 공동의 참여활동에서 나온다. 시민은 상호간의 감정이입과 존경에 근거하여 타인과의 관계를 형성하며 공동으로 대화하고 이를 통하여 결정하며 공동으로 작업을 하게 되는 창조적 합의를 도출해 낸다. 독립적 개별성에서 출발하지만, 단순한 옆집사람이 아닌 진정한 이웃으로 인간관계가 형성되면서 공동체와 입체적인 관계를 맺게 된다. 이러한 "경쟁력 있는 시민이 없다면, 민주주의도 정의도 지속되기 어렵다"는 것이 바버의 생각이다. (Barber 1998a: 102) 지도자와 추종자가 시민 안에서 변증법적 통합을 거쳐 한 몸이 되고, 현실에서 두 가지 특징을 모두 발휘하는 시민의 이중적 구도를 보여주면서 참여민주주의는 지속가능한 동력을 자체적으로 가지게 된다.

경쟁력 있는 시민은 자체로서 민주주의의 경쟁력이라 할 수 있다. 자유와 평등이라는 근본 개념도 시민의 몸에 실려 세상의 현장에서 그 모습이 드러나야 한다. 영혼의 중요함이 육체의 움직임을 통해서 명확하게 드러나는 것처럼, 정신과 개념은 행위자 시민의 움직임을 통해서 그 정신의 있고 없음이 명백해진다. 따라서 가치 있는 시민의 존재 여부는 민주주의의 관건이다. 민주주의가 진행되고 있음은 참여하는 시민의 존재를 통해서 알 수 있다는 것이다.

현대의 민주주의가 맞닥뜨린 위기는 직접민주주의의 대안으로 실행되어 온 대의민주주의에서 시민이 사상된데 기인한다. 루소의 말처럼, 투표일만 자유로운 시민은 시민이라 할 수 없다. 시민의 속성이 공적 대화에 적극적으로 참여하고 활동하는 것이라며, 투표일의 투표만으로 이를 충족시킬 수는 없는 일이다. 시민이 시민으로 바로 서야 한다.

> 참여의 부재와 정치에 대한 무관심의 증대를 돌이켜 민주주의를 민주주의로 돌리기 위해서 가장 중요한 것은 시민의 시민으로서의 확립이다. 이를 위해서는 대의민주주의에서 시작된 전문가 정치에서 보통사람, 즉 시민의 정치로 돌아와야 한다. 여기서 시민은 자유와 평등을 기반으로 하여 독립적 판단능력을 발휘하여 자신이 소속된 조직에서 자아성취를 이루어 낼 수 있어야 한다. (박의경 2008: 78)

근대형성의 기폭제 역할을 했던 사회계약론은 인간이외의 모든 것은 인간이 직접 형성한 것이라는 내용을 내포한다. 즉, 사회계약론은 사회와 국가의 근원을 논하는데 있어, 인위적 형성론을 제시한다. “우리가 살아가는 사회의 모든 근거, 초석, 원리, 나아가서는 법과 규칙까지 그 개인[인간]의 작품이자 결과”(박의경 2008: 80)라는 말 속에는 이미 참여의 논리가 배태되어 있음을 알 수 있다. 참여는 세상에 태어난 인간의 권리이자 곧 의무인 셈이다. 참여를 통해서 “인간의 능력이 발휘되고 발전되며, 그의 사고가 확대되고, 감정이 정화되고, 그의 전체 영혼이 고양된다. (Rousseau, On the Social Contract, Book I, Chapter 8) 이러한 루소의 주장은 사회계약 초기뿐만 아니라 사회의 지속을 위해 지속적으로 적용된다. 일단 형성된 사회에서 법과 질서에 대한 시민의 의무에 대해 아펠트(Affeldt)는 루소를 분석하면서 이렇게 말한다 “사회에 참여하지 않고 형성된 법에 그저 복종하기만 하는 사람은 나쁜 시민인 정도가 아니라 전혀 시민이라고 볼 수 없다. (Affeldt 1999: 308)

(2) 민주주의와 참여의 문제

참여는 민주주의를 민주주의로 유지하게 하며, 시민을 시민으로서 바로 서게 하는 중요한 기제이다. 참여를 통해서 자유와 평등은 그 모습을 세상에 드러내고, 법과 질서는 탈선하지 않고 제 궤도를 찾아 움직이게 된다. 앞서 언급한 바와 같이, 참여는 사회계약론의 근본적 전제로 존재하고 있으나, 그 적용과정에서 현실적으로 참여의 겉모습만 남아있을 뿐 참여의 실체는 사상되어버리고 만 것이 현재 당면한 민주주의의 위기의 본질적 내용이다. 형해화된 참여를 복원시켜야 시민도 제모습을 찾게 되고, 민주주의는 위기를 벗어나 제 궤도를 찾아 지속할 수 있게 된다.

대중에서 시민으로 움직이게 하는 기제로서 참여라는 시민의 적극적 역할을 강조하는 데 있어서 루소의 『사회계약론』에 나타난 시민 개념을 우선적으로 살펴볼 필요가 있다. 루소는 『사회계약론』에서 '자유를 위한 강제(forced to be free)'를 통해서 자유와 강제의 이중전환적 구도를 설정하면서, 자신이 만든 법에 자신이 복종하는 것은 자유라고 정의내린다. 결국 자신의 직접 참여를 통해서 방만하게 갈 수 있는 자신의 자유를 통제하는 구조이다. "법률에 대하여(Des Loix)"라는 제하의 "정치적 단상(Fragments Politiques)"에서 루소는 인간의 자유와 자신을 통제하는 법의 관계를 다음과 같이 설명한다.

> 나는 법에 복종할 때 자유롭다. 그러나 나의 동료에게 복종하라고 강요받을 때에는 그렇지 않다. 후자의 경우 나는 한 개인의 의지를 따르는 것이기 때문이다. 그러나 내가 법에 복종할 때, 나는 공동의 의지에 따라 행동하게 되는 것으로, 여기서 공동의 의지는 다른사람의 의지이기도 하지만 나의 의지이기도 하기 때문이다. (Rousseau 1964: vol. III, 492)

여기서 공동의 의지에 복종하는 것이 나의 자유가 되기 위해서는 공동의 의지가 바로 루소가 말하는 일반의지가 되어야 한다. 루소에게 인간의 자유란 일반의지에의 복종을 통해서만 그리고 본성을 변화시켜 일반의지의 형성에 참여하면서 달성되는 것이기에, 시민들이 다른 사람들에게 일반의지에 복종하도록 지속적으로 강제하는 일은 결국 시민들이 다른 사람들을 자유롭도록 강제하고 있음을 의미한다. 개인이 사적의지로부터 일반의지로 움직이는 궁극적 목적은 도처에 존재하는 사슬로부터 해방되어 자유를 향한 길로 올라서는데 있다. 자유에서 강제로, 강제로부터 다시 자유로 움직이는 이중전환의 정치학이 여기에 존재한다. (박의경 2008: 88-94)

페이트만은 루소의 참여 시스템 분석을 통해서 다음 두 가지를 명백하게 알 수 있다고 한다. 첫째, 루소의 참여는 결정을 내리는데 있어서의 참여를 말한다. 둘째, 이는 사적 이익을 보호하고 좋은 정부를 확보하기 위한 것이다. 그런데 플라메나츠(Plamenatz)에 따르면, 루소의 참여는 그 이상의 의미를 지닌다.

> 그(루소)는 우리로 하여금 사회질서가 어떻게 인간성의 구조에 영향을 미치는지에 대한 생각을 하게 한다.... 인간은 자유를 깊이 원하지만, 이는 욕망의 화신이라서가 아니라 최고에 대한 신념을 가진 도덕적 존재이기 때문이다... 인간은 자신이 하고자 하는 것에 대한 장애물이 적다고해서 더 자유롭다고 생각하지 않는다. 하고자 하는 것을 할 수 있는 기회와 가치 있는 삶을 살 수 있는 기회가 더 클수록 인간을 자유롭다고 생각한다. 그(루소)를 통해서 우리는 행복이 자유와 밀접하게 연관되어 있음을 알게 된다. 행복하다는 것은 자신과 다른 사람과의 좋은 관계에 있음을 의미하는 것으로, 여기서 자신의 조건은 타인과의 관계 즉, 사회적 상황에 의존하고 있다. (Plamenatz 1963: vol. 1, 440-441)

여기서 사회적 관계에 대한 고려를 통해서, 루소가 말하는 참여 기능의 핵심에는 교육이 버티고 있음을 알 수 있다. 참여의 과정을 통해서 인간은 책임 있고, 개인적이지만 동시에 사회적이고, 정치적인 행위를 하게 된다는 것이다. 이 과정을 통해서, 개인은 공적이익과 사적이익이 연결되어 있음을 알게 된다. 참여의 과정을 통해서, 인간은 자신의 자유를 통제할 수 있는 강제를 자유로 받아들일 수 있는 역량을 가지게 되고, 자신의 개인의지를 일반의지에 복종시킬 수 있는 단계까지 자신의 자유를 고양시킬 수 있게 된다는 것이다. 이렇게 하여 루소의 참여와 통제는 자유 개념과 연계되게 되는 것이다. (Pateman 1970: 24-25) 이러한 참여라는 사회적 교육과정을 통해서 자유로운 인간은 이제 자신의 주인이 되는 것이다. 바로 이것이 진정한 참여의 기능이자 효과이며, 사회교육으로서 참여가 절대적으로 필요한 이유이기도 하다. 시민은 태어나는 것이 아니라 만들어지는 것임은 루소를 통해서도 명확히 드러난다.

루소의 참여 이론이 정립된 이후 프랑스 대혁명과 미국독립전쟁 이후, 미국의 민주주의를 관찰하면서 민주주의와 평등의 보편화 현상을 시대의 대세로 예견했던 토크빌은 시민의 개인적 판단의 안내자로 여론과 다수 의견에 지배될 수 있는 가능성에 우려를 표명한다. 이상과 같이 토크빌은 다수의 횡포와 전제에 대한 깊은 우려를 보이면서도, 동시에 미국에서 보이는 지역적 수준에서의 참여의 가능성에 주목하고 있다.

> 뉴잉글랜드의 주민들은 타운이 자주적이고 자유롭기 때문에 그것에 애착을 갖는다. 다시 말해서 타운의 업무에 그들이 협조함으로써 그 이해관계에 그들이 집착하도록 하는 것이다... 그들은 마을에서 일어나는 모든 일에 참가한다. 그들은 자기 손이 닿을 수 있는 작은 영역안에서 정부의 일을 실천한다. 그들은 바로 그런 형식에 익숙해지는 것이다.... 그들은 그 형식의 정신을 섭취하고 질서를 존중하는 태도를 얻으며, 세력균형 감각을 이해하게 되고 자기의 의무의 본질과 자기 권리의 범위에 관해서 분명하고 현실적인 개념을 얻게 된다. (토크빌 1983: 79)

토크빌의 중앙집권적 사회와 대중사회의 발전에 내재된 위험성에 대한 논의는 밀(Mill)에게 많은 영향을 주게 된다.

> 민주적으로 제도화되지 아니하고 중앙집권적으로 통치되는 민주 헌법은 정치적 자유가 아니라 오히려 정반대의 정신을 형성하게 되어, 정치적 지배라는 욕망과 야심을 사회 저변에까지 이르게 한다. (Mill 2004: 865)

토크빌과 마찬가지로, 밀은 또한 지역적 수준에서의 참여가 이루어지지 않는다면, 전국적 차원에서의 보통선거권이나 참여는 별 의미가 없다고 역설한다. (Pateman 1970: 30) 이들은 민주주의와 평등의 보편화 시대를 맞이하여 다수 대중의 힘이 제어되지 않는다면 민주주의는 위험에 빠질 수 있음을 인정하고, 동시에 다수 대중의 힘을 제어할 수 있는 사회적 기제로서 참여를 제시하고 있는 것이다. 물론 여기서 참여의 핵심은 명분만의 참여가 아닌 실질적 참여가 가능한 지역적 수준에서의 참여부터 시작해야 함을 토크빌과 밀 모두 명백히 하고 있음을 알 수 있다.

미시적인 일상의 민주화를 통해서 거시적 체제의 민주화를 논할 수 있으며, 이에 필요한 핵심 기제가 바로 참여라는 것이다. 페이트만은 밀을 분석하면서 다음과 같이 작업장과 산업사회에서의 참여를 통한 민주화의 가능성을 제시한다.

> 참여의 교육적 개선효과로 인하여 지방정부 차원의 참여는 전국수준의 참여를 위한 필수조건인 것과 마찬가지로, 밀은 작업장 수준에서의 참여도 동일한 효과를 가질 수 있음을 시사한다... 작업장에서의 그러한 참여가 가능하다면, 산업계의 권위적 관계가 상명히복이라는 통상적 관계에서 노동자에 의해 선출된 관리자와 상호협력의 평등 관계로 이행될 수 있을 것이다... 다시 말해서, 산업사회에서의 정치적 관계가 민주화될 것이다... 지방정부와 작업장에서의 참여의 교육적 효과에 관한 밀의 논의를 통해서 하위체계의 전반적인 권위적 구조 또는 정치체제에서의 참여의 효과까지 언급할 수 있게 될 것이다. (Pateman 1970: 34-35)

참여민주주의를 논하면서 페이트만은 산업사회, 작업장에서의 민주주의의 필요성을 역설한다. 이는 토크빌이 미국 민주주의의 성공 비결을 미국의 헌법구조에서가 아니라 동부 13주의 타운미팅에서 찾고, 밀이 지방정부 차원에서의 참여를 대중이 시민으로서 참여할 수 있는 첫 번째 이자 가장 중요한 단계라고 주장했던 것과 거의 동일한 맥락이다. 인간은 사적 영역에서 일상의 삶을 살아간다. 일상의 민주화가 선행되지 않은 상태에서 국가 전반적인 정치체제의 민주주의를 논하는 것은 불가능하다. 사소함에서 거대함이 나오고, 개인적인 것은 정치적인 것이다.

페이트만은 “참여사회가 가능한지에 대한 문제에서 산업이 매우 중요한 위치는 차지한다.” (Pateman 1970: 83)고 하면서, 산업과 사업장을 시민들이 참여를 학습할 수 있는 매우 좋은 곳으로 생각한다. 페이트만은 작업장을 언급하면서 곧 인간들의 삶 전반에서 참여를 위한 교육이 매우 필요한 작업임을 시사한다.

> 계서조직과 복종관계가 존재하는 산업계야말로 가장 정치적인 곳으로, 거기서 보통 사람들은 상호작용을 하고 자신들의 삶에 지대한 영향을 미치는 결정을 해나간다. 게다가 기업 규모가 개인이 정책결정에 직접 참여하기에 적정하기에 산업은 민주주의와 참여에 더욱 중요하다. (Pateman 1970: 83-84)

민주주의를 위해서는 대중이 시민이 되어야 하고, 참여가 시민 형성을 위해 절대적으로 필요한 교육 항목이다. 참여를 위한 교육은 간혹 있는 선거에서가 아니라 일상에서부터 출발해야 한다. 노동을 하면서 살아가는 현대사회의 인간들에게 작업장은 일상의 대부분을 차지한다. 따라서 가족의 민주화, 교육과정의 민주화, 학교의 민주화 못지않게 중요한 것이 또한 산업과 작업장에서의 민주주의이고, 이를 위한 참여는 곧 시민을 위한 교육의 장이다.

3. 참여적 시민의 형성과 역할

1) 민주주의와 참여, 그리고 교육

> 시민이 된다는 것은 의견을 표현할 뿐만 아니라 받아들이기도 하는 것이며, 자신의 이익을 분명히 해야 할 뿐만 아니라 다른 사람의 이익도 고려할 줄 알아야 한다... 시민은 지도자도 추종자도 아니다: 시민은 그러한 양 극단을 배제하는 시민적 활동 형태를 구현한다... 지도자와 추종자간의 간격이 커질수록 민주주의는 약화된다. 이에 대한 대책은 보다 훌륭한

> 지도자가 아니라, 보다 훌륭한 시민에 있다. 시민성과 시민의 경쟁력에 초점을 맞춘 민주주의적 전통을 강화시켜야만 우리는 보다 훌륭한 시민이 될 수 있다. (Barber 1998a: 107-109)

민주주의의 관건은 시민에 있으며, 시민의 관건은 그 참여에 있다. 참여하는 시민의 존재 없이, 참여민주주의는 불가능하다. 참여를 통해서 사적영역에 존재하는 인간이 공공의 정신을 알게 되면서 공공선의 존재를 인식하게 되고, 비로소 공적인간 시민이 되는 것이다. 참여를 통해서 시민은 사회에 필요한 덕성을 가지게 되고, 비로소 제대로 된 사회적 가치판단을 내릴 수 있게 된다. 이러한 과정에서 절대적으로 요구되는 것이 바로 태어나는 시민이 아닌 만들어지는 시민을 형성해야할 교육이다.

교육에 해당하는 그리스어 파이데이아(paideia)는 종종 폴리스에서 정의로운 사회가 형성될 수 있도록 하는 문화적 관행에 대한 학습으로 이해되고 있는바, 시민 교육은 보통 사람을 시민으로 변화시키는 것을 의미한다. 교육을 통해서 시민은 타산적 이기주의자에서 공적판단을 하는 공적인 인간으로, 타락한 상인에서 덕을 가진 유덕자로, 자기의 사적이익만 고집하는 고집불통에서 인내를 하는 사람으로, 본능에 따라 즉흥적으로 행동하던 행위자에서 신중한 행동을 하는 자로, 반대만 하던 자에서 반대파와 공동의 합의를 도출해낼 수 있는 사람으로 변화한다.(Barber 1998: 162) 시민은 자연의 산물이 아니라 인위적 교육의 산물인 것이다. 교육 없이, 민주주의는 민주주의로 바로 설 수 없다. 교육이 없다면, 정치 현장은 모든 사견(private opinion)의 나열장에 불과할 뿐, 지혜와 원칙을 찾을 수 있는 근거 자체에 대한 논의가 사라지게 된다.

현대의 민주주의가 그리스적 중우정치로 가지 않기 위한 절대적 조건이 바로 시민교육이며, 이를 통해서 대중은 시민으로 거듭나게 되는 것이다. 시민교육은 인간의 삶 전 영역과 기간에서 발생한다. 가족은 어린아이에게 삶에 필요한 덕을 가르치는 최초의 훈련기관이다. 특히 밀은 시민교육기관으로서의 가족에 주목한다. (Donner 2007: 266) 가족은 자유라는 덕목을 위한 학교이며, 여기서 함께 사랑으로 살아가는 것을 가르친다. 상호성과 공감, 그리고 존경 등이 학교에서 배우는 덕목들이다. 결혼을 통해서 인간은 우정과 협조 그리고 애정이 있는 평등을 배운다. 가족에서 배우는 것이 어떤 것인가에 따라서 인간은 자유 지향적으로 또는 반자유 지향적으로 성장해간다. 자유주의 사상에서 가족은 때로 사적영역으로 간주되기는 하지만, 밀의 자유주의에서 가족이 가지는 사회적, 정치적 역할은 매우 중요하다.

밀은 참여를 위한 시민교육 기관에 가족부터 결혼, 학교, 자신이 살아가는 지역등 인간이 경유하는 모든 사회적 제도와 기관을 모두 포함시킨다. 올바른 민주주의를 하기 위한 정치에 대한 교육에 참여가 필요한 것이라면, 이는 인간의 삶의 현장 모든 곳에서 발견된다는 의미로 이해될 수 있다. 일상의 삶이 곧 참여의 학습이라면, '개인적인 것은 정치적이다'라는 캐치프레이즈는 단순히 페미니즘의 모토가 아니라 참여민주주의의 진정한 모토가 되어야 할 것이다.

미국 독립선언서를 기초한 토마스 제퍼슨도 대중의 무비판적 열정과 편견의 가능성에 대한 우려를 하고 있었다. 천부적 자유에 대한 신념은 확실했으나, 자유의 실현을 위해서는 출생 이외에 또 다른 노력이 필요하다고 역설하였다. 바버는 제퍼슨에 대해 이렇게 말한다.

> 제퍼슨은 정부로부터 인간을 분리시키기보다 정부안에서 그들을 교육시키고자 하였다. 권력이란 인간을 무분별하게 만들기 때문에, 권력을 가진 사람들은 때로 절제가 없는 것이 사실이다.... 그렇다고 해서 원래 그 사람들의 것인 권력을 사람들로부터 빼앗는 것이 제대로된 방법은 아니다. 방법은 오히려 '권력의 무분별성은 인식'시키는 데 있다.... 토마스 제퍼슨

은 민주주의를 위해 대표성보다는 교육을 선호하였다. (Barber 1998a: 162-163)

적극적 참여와 시민의 동의에 근거한 제퍼슨의 민주주의는 시민교육을 모든 세대의 의무로 제시한다.[5] 루소가 『에밀』에서 제시한 바와 같이 시민은 교육을 통해서 형성된다. 즉, 교육은 시민을 만들고, 시민은 정치적 권리와 의무를 설정하며, 권리를 통해 민주주의가 제도화된다. 이렇게 볼 때, 시민 없이 민주주의가 있을 수 없고, 교육 없이 시민이 있을 수 없다. 시민이 없다면, 국가에서는 지배하는 소수의 통치자와 지배받는 다수의 피치자 이외에는 존재하지 않는다. 이러한 관계를 바버는 다음과 같이 요약한다.

> 공동체가 없으면 대화가 없다; 대화가 없으면 학습이 없다; 학습이 없으면 교육이 없다; 교육이 없으면 시민이 없다; 시민이 없으면 자유가 없다; 자유가 없으면 문화도, 민주주의도, 학교도, 문명도 없다. (Barber 1998a: 185)

민주주의와 자유를 위해서 시민이 필요하고, 시민을 형성하기 위해서 교육이 필요하다. 그런데 이 교육의 실행자는 인간이다. 가르치는 자와 가르침을 받는 자 사이에서 교육이 이루어진다. 원칙이 있다는 것과 가르친다는 것은 다르다. 노래가 노래하는 것이 아니고, 가수가 노래하는 것처럼, 원칙이 가르치는 것이 아니고 가르치는 자가 가르친다. 결국 교육은 가르치는 자와 가르침을 받는 자의 문제이고, 이 양자가 있는 곳

---

5) 제퍼슨에 따르면, 교육이 민주제도의 초석이며, 그 교육은 글을 읽는 데서부터 출발한다. 따라서 독서가 대중 교육에서 가장 중요하며, 책이 교육의 제1의 도구이다. (Barber 1998: 170) 제퍼슨은 시민교육에서 가장 중요한 것으로 법치에 대한 교육을 들고 있다. 법은 자유주의 사회를 유지하고 지속시킬 수 있는 근간이기에, 모든 시민에 대한 법치 훈련을 중시하고 있다.

에 공동체가 존재한다. 공동체에서 이러한 교육과정을 통해 대화가 이루어지고 가치와 덕성이 교환될 때 시민은 형성되고, 민주주의가 바로 서게 된다.

2) 민주주의와 그 지속성의 조건: 일상의 참여 학습

“시민을 만들어내라. 그러면 필요한 모든 것[자유, 덕성 등]을 가질 것” (Rousseau 1978: 222)이라는 루소의 외침 속에서, 참여는 곧 시민의 정치를 의미하며, 시민정신은 참여의 조건이자 결과임을 알 수 있다. 그런데 일단 만들어진 시민은 언제까지나 시민으로 유지될 수 있는 것일까? 인간으로 태어난 자는 언제나 인간일 수 있지만, 시민이 태어나는 것이 아니고 만들어지는 존재인 한에서, 시민의 존재와 속성은 영원할 수 없는 것이 논리적 귀결이다.

이제 과제는 이렇게 형성된 시민과 시민성이 어떻게 유지되는가 하는 것이다. 시민의 지속가능성이 곧 민주주의의 지속가능성으로 이어지게 된다. 모든 법과 제도의 운용에서 가장 중요한 것은 행위자 인간의 문제이다. 따라서 시민이 시민으로서의 가치를 지속적으로 가지고 지속적으로 참여를 이행해야만, 참여민주주의는 공동체와 나를 위해 긍정적인 제도로서 존재할 수 있다.

시민교육의 핵심은 참여에 있고, 참여는 인간의 삶 전반에 걸쳐 이루어진다. 가족, 학교, 교회, 직장등 인간의 성장경로를 따라 곳곳에 존재하는 많은 제도적, 비제도적 기관을 통해서 시민은 형성되어 간다. 일단 형성된 시민의 시민성이 발휘되는 현장은 수년에 한번씩 다가오는 선거 정치현장으로 이해되는 것이 일반적이다. 그러나 학습의 효과가 지속성을 가지기 위해서는 능력을 발휘할 수 있는 장이 자주 펼쳐져야 하는 것은 자명한 일이다. 일상의 정치화를 역설하면서 생활 민주주의를 주장하는 것이 그 사례가 할 수 있을 것이다.

일상의 정치화나 생활 민주주의의 문제가 없는 것은 아니나, 시민의 살아있는 훈련장이라 아니할 수 없다. 미국 동부 13주에 독립이후부터 지금까지 존재하고 있는 뉴잉글랜드 타운 미팅에서 그 적절한 사례를 본다. 미국의 정치사상은 뉴잉글랜드 타운미팅에 지대한 영향을 받았으며, 토마스 제퍼슨, 알렉시스 드 토크빌과 많은 시민들의 지지를 받았다.

강력한 중앙집권적 정부를 반대하는 반연방주의자였던 제퍼슨은 뉴잉글랜드 타운미팅을 찬양하고 지지한다. 루소와 마찬가지로 제퍼슨은 모든 정부가 소수의 통치자에게 맡겨질때부터 타락하기 시작한다면서, 모든 정당성과 안정성의 근거는 인민에 있음을 역설한다. 제퍼슨으로부터 루소의 소리를 들어보자. "1년에 한번뿐인 선거일뿐만 아니라 매일같이 모든 사람이 공화국의 담당자이고 정부의 일에 참여하고 있다고 느끼는 곳에서, 크거나 작거나 정부 위원회의 성원이 아닌 사람이 없을 때(Zimmerman 1999: 3)," 정부는 정당성을 얻게 되고, 안정되게 된다는 것이다. 뉴잉글랜드 타운 미팅이 사람들로 하여금 자치활동을 통해 정치훈련을 하게하는 장이 된다는 점에 대해 제퍼슨은 극찬한다. 특히 제퍼슨은 공적 활동을 직접 수행하는 시민의 능력과 이를 통해서 그들이 공동체를 자각하게 된다는 점을 강조한다. (Zimmerman 1999: 3)

토크빌은 뉴잉글랜드 타운미팅을 기원전 5세기에 존재했던 아테네의 의회와 비교하면서, 뉴잉글랜드 사람들이 당시(1830년경)에 정부의 문제를 이해하고 있었다는 점을 매우 인상적으로 기술하고 있다. 자신의 일상과 직결되는 일견 사소하지만, 중요한 문제에 대한 의견교환과 정책결정과정을 통해서 주민들은 공동체에 대한 애착을 가지게 되고, 이를 통해서 시민의식이 형성되면서 권리와 의무를 알게 된다는 내용이 토크빌의 분석에 잘 나타나 있다.

> 뉴잉글랜드의 주민들은 타운이 독립적이고 자유롭기 때문에 애착을 가진다. 다시 말해서 타운의 업무에 협조함으로서 그 이해관계에 그들이 관심

> 을 갖도록 하는 것이다. 그는 타운이 자신에게 주는 복리 때문에 애착을 가지게 되며 타운의 복지는 그들이 앞으로 쏟을 노력과 야망의 표적이기도 하다. 그들은 마을에서 일어나는 모든 일에 참여한다. 그들은 자기 손이 닿을 수 있는 작은 영역 안에서 정부의 일을 실천한다. 그들은 자유가 실려있는 그런 형식에 익숙해진다. 그들은 그 정신을 흡수하고, 질서를 존중하는 태도를 얻으며, 세력균형 감각을 이해하게 되고, 자신의 의무의 본질과 권리의 범위에 관해서 분명하고 현실적인 개념을 얻게 된다. (Tocqueville 1960: 68)

자신의 일상을 통해서 보는 정치훈련의 장이 잘 그려져 있는 뉴잉글랜드 타운미팅은 참여민주주의를 논하는 현대 우리 사회에도 적용해 볼 수 있는 일이다. 자유와 권리는 내가 현장에서 그것을 행사할 때 비로소 그 존재를 드러내는 것이다. 권리위에 잠자는 자의 권리를 법이 완벽하게 보호해주지 못하는 것이 현실이다.

물론 이러한 장점에도 불구하고, 뉴잉글랜드 타운 미팅에는 참여가 저조해지면서 결과적으로는 특수 이익집단이나 파벌이 그 조직을 장악해 버릴 것이라는 연방주의자 매디슨(Madison)의 비판도 간과할 수는 없다.

> 소수의 시민으로 구성된 순수한 민주주의에는 파당의 해악에 대한 대책이 존재하지 않는다. 대부분의 경우 전체의 다수가 공통의 열정 또는 이익을 느낄 수 있고, 그렇게 형성된 정부로부터 대화와 합의가 가능하다. 따라서 군소 정당이나 마음에 들지 않는 개인을 희생시키려는 성향을 저지할 수단이 전혀 없다. 따라서 그러한 민주주의는 언제나 소란과 분쟁의 연속이고 개인의 안전이나 재산권과는 거리가 멀 뿐만 아니라 일반적으로 그 생명도 짧았다. 이런 정부를 옹호하는 정치인들은 완벽한 정치적 권리의 평등을 인류에게 부여하게 되면 그들의 소유, 의견, 그리고 열정도 동등하게 되리라는 잘못된 생각을 가지고 있었다. (Hamilton et. al. 1988: 46)

뉴잉글랜드 타운미팅에 대한 매디슨의 비판도 참여의 문제를 거론하고 있음에 주목할 필요가 있다. 매디슨도 이미 공통의 열정이나 이익은 다수가 가질 수 있으며, 다수로 형성된 정부를 통해 대화와 합의가 가능함을 인정하고 있다. 선출을 통한 소수의 시민만으로는 다른 개인들의 희생을 막을 수 없으며, 따라서 평등 중심의 민주주의는 문제가 있다는 생각을 개진하고 있다. 여기에 참여하는 자로서의 시민의 정의와 함께 시민을 확대시킨다면 문제는 달라질 수 있다. 시민 참여의 장이 정치현장에서 중요해지는 이유가 바로 여기에 있다.

앞서 언급한 바와 같이, 노래하는 것은 노래가 아니라 가수이고, 원칙이나 신념이 존재한다고 해서 그것을 전달하고 그것으로 행동하는 자가 없다면 그 원칙이나 신념은 사회에 드러나지 않는다. 마찬가지로 자유는 자유 자체가 아니라 자유롭게 움직이는 자를 통해서 드러나고, 민주주의도 또한 직접 참여하는 자들을 통해서 바로 서게 되는 것이다.

고대 그리스에서 아테네의 민회는 미국 독립당시의 뉴잉글랜드 타운미팅으로 이어지면서 민주주의 정신을 현실에 부활시켰고, 공청회나 길거리 집회 등 1990년대 이후 대한민국의 여러 가지 참여 형태는 참여민주주의의 가능성을 열어주었다. 일상에서 참여를 가능케 하는 여러 단체의 존재와 함께, 정치권력의 훈련장으로서의 시민교육의 장이 지속적으로 이어질 필요가 있다.

4. 대중에서 시민으로

고대의 플라톤부터 미국의 연방주의자 알렉산더 해밀톤을 거쳐 현대의 자유주의자 알란 블룸까지 모두 무지한 대중에게 권력을 주게 되는 민주주의를 비판해 왔다. 토크빌과 밀도 마찬가지로 대중이 이끄는 정부에 신뢰를 주지 않고 있다. 토크빌은 민주주의의 위기를 여론의 노예가 될 수 있다는 데에서 찾고 있다. 근대 사상의 천부인권설을 바탕으로 형성된 국민 주권론이 엘리트주의와 결합하게 되면서, (무지한) 다수 대중이 (능력 있는) 소수를 선택하는 대의민주주의 체제가 설득력을 얻게 되었던 것이다. 다수 대중의 무비판적 열정과 편견으로부터 체제를 구출해 내려는 메시아적 발상이 바로 대의제라는 타협안이었다. 그러나 이 제도를 통한 선거인단, 간접선거 등의 방법은 주권자인 다수 대중을 정치로부터, 권력으로부터 배제시키는 결과를 가져왔다. 대의민주주의가, 교육받지 못한 다수의 독재는 사회를 진리나 원칙으로부터 이탈, 왜곡시킬 수도 있다는 우려와 함께, 다수 대중은 능력 있는 소수를 선출하는 데만 필요하다는 대중의 제한적 역할을 강조하여 온 바, 민주주의의 근간인 대중이 정치로부터 유리되기에 이른 것이다.

20세기말은 대중에 대한 정치적 인식이 달라지는 시기이다. 대중 사회의 등장과 함께, 정치에서의 대중의 역할에 대한 고려를 하게 된다. 정치, 경제, 사회등 지구화, 세계화 현상과 함께, 인터넷의 등장은 모든 인간으로 하여금 지식을 공유할 수 있게 하면서, 능력 있는 다수, 지적인 대중이 가능함을 알려주었다. 여기에 정치의 주인인 시민은 고대 그리스로부터 2000년을 돌아 다시 참여를 논하기에 이른다.

근본적 가치나 원칙의 존재로 인하여 지적 귀족주의에 경도되었던 많은 근본주의 사상가들이 만인의 귀족주의가 가능할 수 있다는 21세기적 현실과 만나게 된 것이다. 오늘날에도 많은 사람들은 폭민정이나 여론의 전제정과 동일시하면서 여전히 참여민주주의를 불신하고 있다. 그러나 공동체를 통치할 수 있는 대표를 선출할 수 있는 능력을 인정한다면, 직접 통치할 수 있는 능력이 있음도 인정해야 한다. 선출이 참여라면, 직접 일을 담당하는 것도 당연히 참여이다. "참여민주주의 공동체는 정치적 자유가 있는 사람들로 구성되어 있으며, 나누기보다는 연합한다." (Barber 1992: 245)

시민은 태어나는 것이 아니고 만들어진다는 말을 신뢰한다면, 교육기회의 정비와 이에 대한 적극적 참여를 통해서 시민양성이 가능함을 신뢰해야 한다. 궁극적으로 현대 교육의 목표는 시민양성이라야 하고, 사회 전반에는 시민교육 시스템이 제도화되어 시민을 교육시킬 수 있어야 한다. 따라서 한편으로는 문제가 있더라도, 교육에 있어서 보편성도 수월성도 손상 받아서는 안되며, 지방자치는 시민교육의 장으로 반드시 보장되어야 하고, 이를 통한 참여 학습 또한 보편화되어야 한다. 지방선거를 비롯한 각급 선거는 참여를 통한 시민교육의 보고이다. 이와 같이 보편화된 학습 기회를 통해서 만인의 귀족주의(aristocracy of everyone)가 가능하기에, 보편화된 참여를 통해서 참여적 시민의 형성이 가능하고, 궁극적으로 민주주의화된 민주주의(democratized democracy)라는 목적지(telos)에 이르게 될 것이다.

제7장

참여민주주의의 지속가능성

—일상의 민주주의를 위하여—

1. 참여적 시민과 일상의 민주주의

민주적 절차는 민주주의의 성립 여부를 결정하는 주요 변수이지만, 절차만으로 민주주의가 완성되었다고 보지는 않는다. 민주주의는 그 자체가 목적이 아니고, 사회에서 살아가는 사람들의 좋음과 행복을 궁극적 목적으로 하기 때문이다. 2013년 현재 세계의 많은 나라에서 민주주의가 절차적으로 확립되어 자리 잡고 있음에도 여전히 민주주의를 논의하고, 시민의 형성과 그들의 참여를 논해야 하는 이유가 바로 여기에 있다. 절차적 민주주의의 정립은 비로소 민주주의가 탄생하고 성장하기 시작했음을 의미하는 것이기에, 이제 민주주의 사회의 시민인 우리는 민주주의를 지속적으로 건강하게 관리해야 할 의무를 가지고 있다.

민주주의의 건강은 시민의 건강과 직결되어 있으며, 시민의 건강은 민주주의에의 참여를 통해서 단련되고 표출되게 된다. 시민의 지속적 참여는 시민과 민주주의를 건강하게 하고, 이는 또 다시 시민의 참여를 촉발시키는 제도적 선순환과정으로 들어서게 되고, 그렇게 될 때 참여민주주의는 자체적으로 움직이게 되면서 지속가능성을 담보하게 되는 것이다. 여기서 핵심은 시민의 존재이고, 시민의 참여인 바, 시민의 참여를 가능하게 하는 동력은 사람들이 살아가는 일상에서 나온다. 모든 '개인적인 것이 정치적인 것'이라는 20세기말 정치혁명의 과정을 통해서 정치가 다루어야 할 분야가 개인의 일상사와 불가분의 관계에 있다는 것은 이미 주지의 사실이다.

정치는 권력이 아니라, 일상의 체험으로부터 나온다는 것은 민주주의의 행위자 시민이 주인임을 개념적으로도 명백히 드러내는 명제이다. 시민이 정치권력의 주인으로 드러나게 되는 민주주의의 역사를 살펴보면 민주주의의 성립과 시민의 등장으로 집약된다. 집중된 권력으로부터 민주주의를 쟁취하기 위한 공화주의적 투쟁이 로크와 루소를 비롯한 근대 사회계약론자들의 사상적 지원을 받아 18세기말 프랑스대혁명을 비롯한 근대 시민혁명으로 역사에 분출되고, 이후 엘리트의 통치에 명목상의 정치의 주인으로 남아있던 시민이 정치의 실질적 주체로 등장하는 20세기 역사의 장면이 바로 그 것이다. 이제 남은 과세는 자리 잡은 민주주의와 주체로서 등장한 시민이 참여민주주의 체제 안에서 지속적으로 움직일 수 있도록 하는 것이다. 참여민주주의의 지속가능성을 위한 해법은 정치와 권력에 대한 기존 개념의 변화에 있다.

권력을 추구하는 정치인의 직업으로서의 정치로부터 일상의 삶을 영위하는 시민의 생활정치로 민주주의와 정치의 초점이 움직여야 하는 데에는 탈근대, 세계화, 다문화라는 시대적 현상이 자리 잡고 있다. 21세기는 세계화시대이며, 다문화시대이다. 국가는 여전히 정치의 경계로서 강고하게 존재하고 있지만, 경제와 사회등 많은 분야에서 이미 국가경계를 넘어서는 현상이 발생하고 있다. 참여민주주의를 지켜내는 자율성 있고 자유와 체화된 시민의 존재에 대한 논의와 함께, 다양해지는 시민의 삶의 양태에 주목해야 하는 것은 글로벌 사회가 요구하는 시대적 소명이다.

이 글은 세계적 시민사회로 가는 길목에서, 진정한 민주주의의 모습을 찾아보는데 그 목적을 두고 있다. 시민들이 추구하는 일상에서의 행복 실현을 가능하게 하고 행복한 현실이 지속가능하도록 하는 정치제도로서의 민주주의가 바로 진정한 민주주의라는 전제로부터, 필자는 삶의 양식으로서의 민주주의를 말하는 존 듀이의 민주주의 철학으로부터 논의를 시작한다. 2장에서 듀이의 민주주의론에서 전개되는 민주주의의 생활화, 생활의 민주주의화의 가능성을 살펴보고, 3장에서는 민주주의가 대의민주주의 체제로 자리잡아가는 과정에서 드러난 다수와 소수의 문제를 통해서 드러나는 민주주의의 함정을 밀과 토크빌의 논의를 빌어 살펴본다. 이어지는 4장에서는 다양한 시민이 살아가는 삶의 현장에서 드러나는 민주주의의 가능성에 주목한다. 대의민주주의 체제라는 절차 속에서 참여민주주의가 지속될 수 있는 가능성을 찾아본다. 특히 시민의 직접행동을 통해서 당면 문제를 해결해가는, 미국의 타운미팅, 스위스의 직접민주주의, 스웨덴과 같은 북유럽 사회의 열린 문화 등의 사례를 통해서 그 구체적 방안과 제도화의 가능성을 살펴보기로 한다.

2. 일상의 민주주의 - 민주주의의 생활화, 생활의 민주주의화

1) 삶의 양식으로서의 민주주의 - 존 듀이(John Dewey)

좋은 정치체제에 대한 이상은 고대 그리스부터 모든 정치가들이 가지는 이상이다. 여기서 좋은 정치체제가 과연 어떤 것인지를 밝히는 것은 정치사상가들의 임무이다. 소크라테스 이후 좋음의 궁극적 목표는 인간의 행복이었다. 2000여년의 정치사상사는 좋음이 무엇인지, 누구를 위한 좋음인지, 무엇을 위한 좋음인지를 밝혀내는 작업에 다름 아니었음을 잘 보여준다. 이러한 좋음에 대한 질문에 답변하기 위해 설정된 기준점이 옳음 즉, 정의의 문제이다.

좋음과 옳음은 서로 앞서거니 뒤서거니 하면서 정치사상을 이끌어왔다. 옳음이 좋음에 우선하게 되면, 원칙주의나 보편주의적 설정에 인간이 따르게 되고, 좋음이 옳음에 우선하게 되면 개인주의와 특수주의적 인간의 선택을 중요시하게 된다. 전자는 덕을 중시하고 사회의 근간으로서의 덕을 교육시켜야 한다는 공화주의적 원칙에, 후자는 개인의 자유와 권리를 중시하면서 구체적 현실에서의 인간의 삶을 중심으로 하는 자유주의적 선택에 초점을 맞춘다. 양자가 대표하는 현실주의와 이상주의는 모두 한 인간의 삶의 복합적 양태를 제대로 반영하지 못한다는 문제점에 봉착한다.

마이클 샌델은 『민주주의의 불만』에서 원칙과 현실의 선택의 기로에서 고뇌에 찬 한 인간의 선택에 대해 이렇게 설명한다.

> 남북전쟁 직전 로버트 리(Robert Lee)의 경우를 생각해 보라. 당시 연방군에 몸담고 있던 리는 연방 탈퇴에 반대했다. 그는 연방탈퇴가 반역이라고 생각했다. 하지만 선운이 감돌자 리는 연방에 대한 의무와 노예제 반대 입장보다 버지니아 주에 대한 의무가 우선이라고 결론을 내렸다. "나는 연방을 강력히 지지하지만, 그렇다 해도 나의 친지들, 나의 아이들, 나의 집을 공격하기로 결정할 수는 없었다.... 만일 연방이 해체되고 연방정부가 붕괴되면, 나는 내가 태어나고 자란 주로 돌아가 그들과 고통을 함께 할 것이다. 나의 주를 방어하는 경우가 아닌 한, 더 이상 칼을 들지 않을 것이다. (샌델 2012: 31)

여기서 볼 때, 이상과 현실을 분리되어 존재하는 것이 아니며, 동시에 언제나 양자를 모두 가지고 갈 수는 없는 경우가 인간에게는 발생한다는 사실이다. 또한 한 인간에게 중요하는 것은 추상적 이상이라기보다는 구체적 실체로서의 현실이라는 점이다.

인간의 삶은 이상과 현실의 복합태라는 데 착안하여 '현실에서 필요하고 구체적 상황에 맞는' 사상이나 제도가 무엇인가 하는 점에 초점을 맞춘 사상이 바로 영국에서 시작된 공리주의의 영향을 받은 미국의 실용주의사상이다. 실용주의의 대표자로서 미국의 존 듀이는 철학의 궁극적 목적은 인간의 행복에 있기에, 철학이란 인간의 삶을 개선하고 인간이 당면한 문제를 해결하는 도구가 되어야 한다고 역설한다. 철학이 그런 역할을 하기 위해서는 창조적 이성이 자유롭게 활동할 수 있는 민주주의 사회의 형성이 필수적이고, 이를 위해 개개인이 비판적 사고를 할 수 있도록 교육받아야 한다는 것이 듀이의 일관된 주장이었다.

자연과 인간, 경험과 도덕이 하나의 전체로서 유기적 관계를 맺고 있다고 생각하는 듀이에게 진리는 진리만을 위한 것이 아니며, 철학은 철학만을 위한 것이 아니고, 인간의 구체적 삶에 실용적 도움이 되어야 하는 것이었다. 이렇게 볼 때, 듀이에게 민주주의는 고정된 어떤 개념으로 우리가 좇아야 할 이상적 상태는 아니었다. 오히려 그의 민주주의는 사회를 구성하는 구성원들의 생각과 행동에 따라 얼마든지 바뀔 수 있는 유동적 개념이었다.

> 민주주의는 정부 형태 그 이상의 것이다. 그것은 무엇보다 공동생활의 양식이요 경험을 전달하고 공유하는 방식이다. (Dewey 2011: 50)

민주주의를 하나의 이상적 사회생활의 양식으로 보면서, 듀이는 모든 인간사회에 공통적인 집단 간의 상호작용과 협동관계가 존재하고 있음을 근거로 하여, 공통된 이해관계와 상호작용이라는 두 가지 민주적 사회의 표준이 되는 요소를 제시한다.[1)] 공통적 이해관계와 상호작용의 존재가 민주주의의 존재여부를 결정지을 수 있는 결정인자이기에, 이

1) 이에 대해 듀이는 다음과 같이 설명한다. "어떤 사회적 집단 - 하다못해 범죄 집단 - 에서도 우리는 공통된 이익을 찾아볼 수 있다. 여기서 우리는 다른 집단과의 상호작용과 협력관계가 존재하고 있음을 발견한다. 이 두 가지 속성으로부터 다음과 같은 두 가지 표준이 도출된다. 명시적으로 공유되는 이해관계는 얼마나 되고 어느 정도나 다양한가? 다른 형태의 집단과의 상호작용이 얼마나 완전하고 자유로운가?" (Dewey 2011: 48) 듀이가 말한 이해관계와 상호작용을 위해서는 각 개인의 사회에의 참여가 필수적이라는 점은 특별히 지적할 필요가 없을 것이다.

두 가지만 있다면 그 집단의 속성이나 성격에 관계없이 그 사회는 민주적이라는 말이 된다. 여기서 두 가지 요소는 모두 민주주의를 지칭하고 있다는 것이 또한 듀이의 설명이다.

> 표준으로서의 두 가지 요소는 모두 민주주의를 지칭한다. 첫째 요소는 보다 많고 다양하고 공통된 이해관계의 존재뿐만 아니라, 나아가서는 사회통제의 한 요소로서 상호적 이해관계를 인정하고 있다는 점 자체의 중요성을 드러낸다. 두 번째 요소는 사회집단(교류할 의사가 별로 없었던)간의 보다 자유로운 교류뿐만 아니라 사회적 관행의 변화(다양한 상호관계로 형성된 새로운 환경에 만남을 통하여 지속적으로 재적응하는 과정)까지 의미한다. 따라서 이 두 가지는 민주적으로 구성되고 있는 사회의 특성이라고 볼 수 있다. (Dewey 2011: 49)

듀이의 민주주의는 제도나 기구가 아니기에, 현대적 의미에서의 절차적 민주주의의 완성이란 그에게 별로 의미를 가지지 못한다. 그에게 민주주의는 한 인간으로서의 개인이 일상을 영위해나가는 세부적 경험을 통해 독자적으로 판단력을 키워가면서 자아정체성을 발전시키고 실현해가는 삶의 한 양식을 의미하는 것이었다. 따라서 듀이의 민주주의는 사상과 개념뿐만 아니라, 행동이나 실천과 직결되어 있다. 매순간 판단과 선택의 기로에서 제대로 된 선택을 하기 위해 민주적 인간에게 필요한 능력은 교육을 통해 갖추어진다는 점에서 듀이의 민주주의와 교육은 직결되어 있고, 보다 나은 미래를 지향한다는 측면에서 동의어에 가깝다. 또한 민주주의와 교육의 주체 모두 개인이라는 점에서, 민주주의는 인간 이성의 발현으로 가능하기에 교육을 필요로 하고, 교육은 이성의 도야를 통해서 민주주의를 가능하게 한다. 교육을 통해 이성적 판단능력이 갖추어지면, 사람들은 자신의 이해뿐만 아니라 집단의 이해와 교류하는 방법을 터득하게 되고, 이는 곧 다양한 이해관계와 타집단과의 상호작용이라는 민주주의의 두 기둥을 갖출 수 있게 된다는 점에서,

교육은 민주주의의 유지와 성장에 필요충분조건이 되는 것이다. 민주주의 사회에서 교육이 목표로 하는 것은 정체성을 가진 정치적 주체로서의 참여적 시민의 양성이고, 이들을 통해 민주주의는 개인과 집단 간에 이해관계의 접점을 찾아갈 수 있다는 것이다. 듀이에게 민주주의는 제도를 넘어선 목표이자 과정이고, 삶 그 자체이기도 한 것이었다.

> 개인의 관점에서 보면, 그것(민주주의)은 그가 속한 집단의 행위를 형성하거나 유도하는 능력에 따라, 그리고 그런 집단이 유지하려는 가치를 위해 참여하는 능력에 따라 책임지는 몫이다. 집단의 관점에서 보면, 그것은 또한 보편적 선과 이해관계에 대한 조화 속에서 집단의 구성원으로서 잠재적 가능성을 해방하도록 요구하는 것이다. 모든 개인이 다양한 집단의 성원이기에, 다른 집단과의 관계가 유연하고 충분히 발생하는 경우를 제외하고는 이러한 설명은 적용되지 않는다. (Dewey 1927: 147)

민주주의는 서로 다른 집단에 속한 개인들의 상호작용 속에서만 가능한 것이며, 이를 위해 이해관계의 조정이 가능한 인간의 형성이 민주주의적 삶에서 필수적이라는 결론에 이른다. 19세기 말, 듀이는 위대한 사회 형성을 목표로 했고, 이를 위해서 모든 이의 모든 이와의 교류 가능성을 염두에 둔 위대한 공동체 형성을 캐치프레이즈로 내세운다. 민주적 교육과정을 통해, 인간의 이성적 판단능력이 확대되고 타인과의 이해관계를 조정해가는 과정에서 모든 인간의 삶이 민주적 방식으로 조율되게 될 때, 사회는 비로소 민주주의가 자리 잡게 된다는 것이 듀이가 19세기 말 현대사회에서 던진 미래비전이다. 민주주의는 민주적으로 형성되어야 민주주의라고 할 수 있다는 말의 의미가 바로 여기에 있다.

2) 작업장에서의 민주주의 - 페이트만

민주주의는 삶의 양식이라고 할 때, 인간의 삶의 양식에 대해 생각해볼 필요가 있다. 여기서 삶이란 매우 포괄적인 말로서, 인간이 존재하는 장소에 대해서는 구체적으로 언급되어 있지 않다. 19세기를 지나면서 산업근대화시대를 거쳐, 인간의 삶의 구체적 장소는 직장과 가정으로 크게 되게 된다. 인간에게 일이 주는 의미는 역사적으로 다양하지만, 산업혁명이후 인간의 일은 생계문제와 직결되면서 노동의 문제는 국내적, 국제적 이슈가 되기도 한다. 유럽을 필두로 시작된 산업화의 물결은 세계적으로 확대되어 이제 지구상 대부분의 인간은 직장에서 하루의 많은 시간을 보내게 되고, 작업장에서의 결정과 판단, 선택이 삶의 많은 부분을 차지하게 되었다.

캐럴 페이트만(Carole Pateman)은 이에 착안하여, 작업장에서 많은 시간을 보내는 대다수의 사람들에게 작업장의 정치적 환경을 무시하고 민주주의를 말하는 것은 허위일 수 있다고 생각하게 된다. '삶의 양식'이라는 듀이의 민주주의 정의로부터 페이트만은 삶의 구체적 형태인 작업장에 초점을 맞추면서 '삶의 양식'에 대한 보다 구체적인 설명과 보다 세부적인 조명을 시도한다.

페이트만은 오늘날 사회의 핵심적 제도의 하나인 고용제도가 민주적이지 않다는 사실을 인정하면서도, 현대인들이 삶에서 많은 시간을 소비하는 바로 그 직장에서 참여민주주의의 가능성을 찾는다. 페이트만은 참여민주주의의 가장 중요한 요소로서 다음과 같은 것들을 제시한다.

* 개인의 역량, 기술, 특성은 권력적 구조의 형태와 연관되어 있다. 개인은 참여하면서 참여를 배운다. (참여민주주의의 교육적, 발전적 측면) 따라서 개인은 참여를 가능하게 하는 민주적 정체 내에서 상호작용할 필요가 있다.
* 참여민주주의이론은 민주화에 대한 논의이다. 즉, 우리의 사회적, 정치적 삶이 보다 민주화되도록 하는 변화에 대한 논의이며, 개인에게 보다 큰 정치체제에서 뿐만 아니라 우리의 일상에서의 정책결정에 참여하는 기회를 제공할 수 있도록 하는 변화에 대한 논의를 말한다. 그것은 민주주의를 민주화하는데 관한 것이다.

* 저서 『참여와 민주주의 사회』에서 내가 참여사회라고 부르는 것은 창조될 필요가 있다.
* 구조적 변화가 필요하다: 비민주적 권위구조의 개혁이 필요하다. (Pateman 2012. 10)

'민주주의의 민주화'가 일상에서의 참여를 활성화시키기 위한 페이트만이 차용한 핵심적 개념으로 참여민주주의는 고정되어 있는 개념이 아니라 시민에 의해 형성되고 창조되어야 할 미래비전인 셈이다. 페이트만의 시민은 주어진 정보에 예민하게 반응하고 환경에 의존적인 산업사회의 소비자가 아니라, 권리와 의무, 민주주의의 생산자라는 적극적 개념으로 제시된다.

> 참여민주주의 이론에서 제시되는 시민권 개념은 시민은 절대 소비자가 아니라는 것이다. 시민은 공적 권리와 자신들의 집단적 삶에 대한 정책결정에 참여할 권리를 가지고 그러한 참여를 가능하게 하는 권력구조에서 살아갈 권리를 가고 있다. (Pateman 2012: 15)

따라서 그는 "작업장에서 개인이 자기통치를 실현할 수 있을 때 민주주의가 가능해진다"는 콜(G.D.H Cole)의 주장에 동의하면서 산업체계에서의 노동자의 참여를 통해 생산자로서의 시민의 가능성을 제시하고 이를 위한 교육의 필요성을 역설한다.[2)]

페이트만은 "참여사회가 가능한지에 대한 문제에서 산업이 매우 중요한 위치를 차지한다" (Pateman 1970: 83)고 하면서, 산업과 사업장을 시민들의 참여를 학습할 수 있는 매우 좋은 곳으로 생각한다. 페이트만

2) "투표함의 추상적 민주주의는 결코 진정한 정치적 평등을 의미하지 않으며 오히려 보통선거는 정치적 권력이 아주 불평등하게 나누어져 있다는 사실을 은폐한다. 이는 사람들이 실제로 작업장 내에서는 굴종되도록 훈련되고 있다는 점에서 그러하다"는 콜의 관점에 페이트만은 동의한다. (한국정치연구회 1992: 143-144을 참조)

은 작업장을 언급하면서 곧 인간들의 삶 전반에서 참여를 위한 교육이 매우 필요한 작업임을 시사한다.

> 계서조직과 복종관계가 존재하는 산업계야말로 가장 정치적인 곳으로, 거기서 보통 사람들은 상호작용을 하고 자신들의 삶에 지대한 영향을 미치는 결정을 해나간다. 게다가 기업 규모가 개인이 정책결정에 직접 참여하기에 적정하기에 산업은 민주주의와 참여에 더욱 중요하다. (Pateman 1970: 83-84)

미시적인 일상의 민주화를 통해서 거시적 체제의 민주화를 논할 수 있으며, 이에 필요한 핵심 기제가 바로 참여라는 것이다. 페이트만은 밀을 분석하면서 다음과 같이 작업장과 산업사회에서의 참여를 통한 민주화의 가능성을 제시한다.

> 참여의 교육적 개선효과로 인하여 지방정부 차원의 참여는 전국수준의 참여를 위한 필수조건인 것과 마찬가지로, 밀은 작업장 수준에서의 참여도 동일한 효과를 가질 수 있음을 시사한다... 작업장에서의 그러한 참여가 가능하다면, 산업계의 권위적 관계가 상명하복이라는 통상적 관계에서 노동자에 의해 선출된 관리자와 상호협력의 평등 관계로 이행될 수 있을 것이다... 다시 말해서, 산업사회에서의 정치적 관계가 민주화될 것이다... 지방정부와 작업장에서의 참여의 교육적 효과에 관한 밀의 논의를 통해서 하위체계의 전반적인 권위적 구조 또는 정치체제에서의 참여의 효과까지 언급할 수 있게 될 것이다. (Pateman 1970: 34-35)

참여민주주의를 논하면서 페이트만은 산업사회, 작업장에서의 민주주의의 필요성을 역설한다. 이는 토크빌이 미국 민주주의의 성공 비결을 미국의 헌법구조에서가 아니라 동부 13주의 타운미팅에서 찾고, 밀이 지방정부 차원에서의 참여를 대중이 시민으로서 참여할 수 있는 첫 번째 이자 가장 중요한 단계라고 주장했던 것과 거의 동일한 맥락이다.

인간은 사적 영역에서 일상의 삶을 살아간다. 일상의 민주화가 선행되지 않은 상태에서 국가 전반적인 정치체제의 민주주의를 논하는 것은 불가능하다. 사소함에서 거대함이 나오고, 개인적인 것은 정치적인 것이다. (박의경 2011: 93-94)

인간은 환경과 제도 속에서 살아가는 존재이기에, 이들을 분리하여 참여민주주의 체제를 운위할 수는 없다는 것이 페이트만의 생각이다. 페이트만에 있어서, 참여는 선거에서의 투표 행위를 넘어서 직장, 학교, 주변 환경등 다양한 삶의 영역에서 표출되고 있는 집단적 불만과 소외감을 해소시킬 수 있는 매우 강력한 사회적, 정치적 기제로 사용된다. 실제로 인간의 참여는 투표시간이 끝나면서 마감될 수 있는 사안이 아니다. 인간에게 참여는 항상적으로 존재하는 과정이며, 삶이 지속되는 한 참여도 진행형이다.

3. 다원사회와 다원적 시민의 참여 – Tocqueville과 Mill

1) 민주주의의 정립과 확산: 참여하는 시민

자유와 평등의 원칙이 혁명의 옷을 입고 유럽사회를 뒤흔들고 있던 1830년대에 미국과 영국을 다니면서, 자유와 평등의 힘을 확인한다. 토크빌에게 자유와 평등은 사회의 역동성을 드러내는 근간이 되는 힘이었다. 평등한 개인의 자유로운 정치참여 활동을 통해서 사회는 역동성을 가지게 된다고 주장하면서, 토크빌은 『미국의 민주주의』에서 정치행위의 파급력이 사회 전 영역으로 퍼져나간다는 실증적 사실을 발견한다.

토크빌은 자연상태가 아니라, 사회상태를 그 분석의 출발점으로 삼았다. 이는 이상이 아니라 현실이 자유를 위한 분석과 판단의 출발점이었다는 의미이다. 따라서 인간의 자유란 사회에서 수용 가능한 것이어야 하고 현실에 적용 가능한 것이라야 했다. 이렇게 볼 때, 토크빌의 자유는 칸트적 의미의 자율성과 연관되어 있으며, 현실에서의 참여를 통해 드러난다고 할 수 있겠다. 역사를 자유의 확대과정으로 보는 헤겔의 언명을 차치하고라도, 근대의 자유는 추상적 개념의 현실화라는 경로를 따라 확산하게 되고, 이는 곧 법제화 과정으로 귀착되게 된다.

즉, 자유라는 하늘의 가치는 법과 제도의 옷을 입고 나의 현실에 변화를 가져올 수 있게 된다. 평등과 달리 자유는 정신적이고 추상적 가치이기에, 나의 현실에 구체적으로 다가서기 위해서는 법제화가 필요하고, 그 법과 제도가 현실에 긍정적 변화를 일으키기 위해서는 나의 자유를 담고 있어야 한다. 이러한 순환과정의 열쇠는 바로 자유로운 개인의 자유 선택에 의한 참여라고 할 수 있다. 즉, 거주이전의 자유는 이사갈 때 드러나고, 직업선택의 자유는 이직 했을 때 분명해지는 것처럼, 내가 자유롭다는 사실은 내가 말하고, 행동하고, 판단하는 과정을 통한 사회 참여에서 그 분명한 모습을 찾아볼 수 있다. 자유가 내용물이라면, 자유를 담은 용기가 바로 참여로서, 사회 속의 존재 인간은 참여를 통해서 그 속에 내재하는 자유의 가치를 드러내고 인지할 수 있는 것이다.

참여에는 자유가 전제되어야 하고, 자유를 위해서는 평등이 동반되어야 한다는 것은 200여년의 민주주의의 역사 속에 담겨있는 핵심적 내용이다. 따라서 자유와 민주주의의 발전을 제도화 과정에서 찾아보는 것은 당연한 귀결이다. 역사의 발전이 자유의 확대과정이라고 하는 말로부터, 역사의 발전은 결국 자유가 체화된 민주주의 제도의 확산과정에 있다는 것을 우리는 알 수 있게 되는 것이다.

밀은 『자유론』에서 인간이 행복한 발전된 사회의 기본 요소를 분석하고, 『여성의 종속』에서 모든 이의 자유를 위한 관용과 소수자 문제의 단초를 찾아낸 이후, 『대의정부론』에서 이제 자유의 제도화를 통한 지속가능성을 논한다. 여기에 정치제제와 정부에 관한 논의가 들어설 여지가 있다. (박의경 2013: 114)

> 가장 이상적인 정부란 작동하기에 적합한 환경 속에서... 유익한 결과를 최대한 낳은 정부이다. 완벽하게 민주적인 정부가 바로 이 같은 규정에 부응할 수 있는 유일한 정치체제이다...
>
> 기존 사회를 잘 발전시키려면 다음 두 가지 원리를 반드시 전제해야 한다. 첫째, 누구든지 자신의 권리와 이익을 스스로 지킬 힘이 있고, 또 항상 지키려 해야 [한다.] 둘째, 사람들이 개인적인 정력을 다양하게 많이 쏟을수록 그에 비례해서 사회전체의 번영도 더 높은 수준에 이르고 또 널리 확산된다.... 자기 권리와 이익을 지킬 수 있는 가장 확실한 보호자는 바로 당사자 자신이[다.](밀 2012: 60)

자유는 보편적 개념이기는 하지만, 개념이기에 가지는 현실적 한계를 넘어설 수는 없는 일이다. 자유 개념만으로 일상에서의 자유가 보장되지는 않는 일이다. 추상적 자유는 법과 제도를 통해 현실의 옷을 입고, 현실에서 개인의 참여를 통해 법과 제도가 집행되면서 자유가 나의 삶에 다가서는 것이다. 따라서 밀이 역설한 대의민주주의 체제와 참여하는 개인의 존재는 모든 인간의 자유를 위해 설정된 법과 제도에 생명력을 부여하는 일이다. “모든 사람이 자유의 공기를 누리는데 빠짐없이 동참한다는 것은 자유 정부를 구성하는 가장 이상적이고 완벽한 개념” (밀 2012: 64)이라고 밀은『대의정부론』에서 주장하면서, 개인의 참여를 통해 사회가 움직인다는 고전적 정치참여이론을 다시 한 번 강조한다.

사적인 영역에 존재하는 개인이 삶을 영위하는 과정에서 정치에 참여하는 과정에서 타인과의 소통, 타인의 관용, 객관성에 대한 인지가 가능하게 되고, 궁극적으로 사적인 한계를 넘어서는 공공성을 습득하게 된다는 것이 밀이 설명이다. 이어서 개인이 자신의 발전과 사회의 진보, 사적 이익과 공적 이익의 조화와 균형을 추구해나가는 과정에서 상생의 효과를 경험하기 위해서는 질서가 중요함을 알게 된다고 그는 주장한다. 질서 있고 규율 있는 사회에서의 자유로운 삶을 통해서 자신의 행복을 이룩해 낼 수 있다는 확신이 서게 되면, 개인은 비로소 매우 효율적인 정치 참여자, 시민으로 설 수 있게 된다는 것이 밀의 일관된 주장이다.

> 시민 개개인이 드물게라도 공공기능에 참여하면 도덕적인 그 면에서 긍정적인 변화가 생긴다는 사실이다. 사람들이 공공영역에 참여하면 자기와 관련 없는 다른 이해관계에 대해 저울질하게 된다. 이익이 서로 충돌할 때는 자신의 사적인 입장이 아닌 다른 기준에 이끌리게 된다. 일이 있을 때마다 공공선을 제일 중요하게 내세우는 원리와 격률에 따라 행동하게 된다... 결국 자신이 사회의 한 구성원이라는 느낌을 가지게 되면서 사회전체의 이익이 곧 자기 자신에게도 이익이 된다는 생각을 품는다... 공동의 이익이 되는 일을 위해 결코 함께 일하지 않는 사람의 입장에서는 이웃이라는 것이 우군도 아니고 동료도 아니다. 그저 경쟁 상대일 뿐이다. 이처럼 공공 영역이 완전히 소멸된 곳에서는 개인의 사적 도덕도 황폐해지고 만다....., 사회가 요구하는 모든 필요를 충족시킬 수 있는 유일한 정부란 곧 모든 인민이 참여하는 정부일 수밖에 없다. (밀 2012: 73-74)

주관적 개인이 정치사회에서 객관적 시민으로 거듭나는 과정의 핵심에 바로 참여가 있으며, 이 참여를 통해서 자유는 자율로 그 모습을 드러내고, 개인이 시민으로 자리 잡게 되는 과정은 정치체제로서의 민주주의의 정립과정에서 핵심적 역할을 하게 된다. 민주주의의 핵심 기능은 시민의 자유를 보장하는데 있으며, 시민으로서의 개인은 "참여"를 통해 민주주의의 첨병으로 상호간에 상승작용을 하게 되는 것이다.[3)]

---

3) 루소의 '강제'의 근원에 자유라는 힘이 존재하고 있음을 분석하는 아펠트(Affeldt)에 따르면, 루소의 시민이 가지는 제1의 조건은 법에의 복종이 아니라 일반의지의 형성에 대한 적극적 참여이다. "사회에 참여하지 않고 형성된 법에 그저 복종하기만 하는 사람은 나쁜 시민인 정도가 아니라 전혀 시민이라고 볼 수 없다는 것이 루소의 평가이다." (Affeldt 1999: 308) 한마디로, 일반의지의 형성을 위해 노력하는 것은 시민의 의무이며, 그렇게 하지 않는 자는 시민이 아니다. (박의경 2008: 94)

> 참여는 민주주의를 민주주의로 유지하게 하며, 시민을 시민으로서 바로 서게 하는 중요한 기제이다. 참여를 통해서 자유와 평등은 그 모습을 세상에 드러내고, 법과 질서는 탈선하지 않고 제 궤도를 찾아 움직이게 된다. 앞서 언급한 바와 같이, 참여는 사회계약론의 근본적 전제로 존재하고 있으나, 그 적용과정에서 현실적으로 참여의 겉모습만 남아 있을 뿐 참여의 실체는 사상되어버리고 만 것이 현재 당면한 민주주의의 위기의 본질적 내용이다. 형해화된 참여를 복원시켜야 시민도 제 모습을 찾게 되고, 민주주의는 위기를 벗어나 제 궤도를 찾아 지속할 수 있게 된다. (박의경 2011: 91)

루소의 참여이론이 정립된 이후, 토크빌과 마찬가지로 밀도 기초집단과 같은 지역적 수준에서부터 참여가 이루어지지 않는다면, 거시적 참여이론이나 담론, 권리 등이 별 의미가 없다는 것에 동의한다. "민주주의와 평등의 보편화시대를 맞이하여 다수 대중의 힘이 제어되지 않는다면 민주주의는 위험에 빠질 수 있음을 인정하고, 동시에 다수 대중의 힘을 제어할 수 있는 사회적 기제로서 참여를 제시하고 있는 것이다. 물론 여기서 참여의 핵심은 명분만의 참여가 아닌 실질적 참여가 가능한 지역적 수준에서의 참여부터 시작해야 함을 토크빌과 밀 모두 명백히 하고 있음을 알 수 있다. (박의경 2011: 93) 토크빌이 미국 민주주의의 성공비결과 가능성을 뉴잉글랜드 타운미팅에서 찾고 있고, 밀이 지방 정부 차원에서의 참여를 중요하게 보았던 점이 이를 웅변적으로 드러낸다. 일상의 민주화와 민주주의의 일상화가 그들이 우려했던 '다수의 전제'로부터 벗어나 모든 개인의 자유를 현실에서 보장할 수 있는 유일한 방법이라는 것 또한 그들이 공감했던 내용이다. 여기서 밀은 나아가 현실적으로 가능한 정치체제로서의 대의민주주의를 민주주의의 확산과정에서 발생한 다수의 전제 속에 함몰되어가는 개인의 자유 확보를 위한 대안으로 제시하고 있다.

2) 민주주의의 함정 - 여론의 정치와 다수의 전제

민주주의의 확대와 평등의 확산을 통한 평등의 시대로의 진입이 섭리적 운명이라고 선언하면서, 토크빌은 이 과정에서 발생할 수 있는 자유의 위기를 설명하고 이를 극복해내야 한다고 역설한다. 자유에 대한 위협은 민주주의 자체로부터 발생한다는 것이 토크빌의 분석이다. 모든 사람이 자유롭다는 명제로부터 출발하는 평등의 압도적 힘은 정책결정 방법으로서의 다수결의 원칙에 대한 정당하고 합리적 근거로서 언제나 제시된다. 시민혁명의 결과로서의 민주주의가 자리 잡게 되면서 대중의 시대가 형성되고, 다수결의 원칙은 평등을 확보할 수 있는 최선의 방법으로 등장하게 된 것이다. 평등에 기반을 둔 다수결의 원칙은 그 이면에 [소수의] 자유에 대한 억압이라는 매우 역설적 상황에 직면하게 된다.[4)]

> 전체 국민이라는 이 무차별적 다수가 이론상 유일한 합법적 주권으로 인정되긴 하지만 사실상 정부의 행동을 통제하거나 감시할 권한마저도 교묘하게 박탈당한다. 그리고 마침내는 국민의 동의 없이 국민의 이름으로 모든 권한을 행사할 수 있는 유일한 수권자가 전체 국민위에 군림하게 된다... 요컨대 그것은 법적으로는 하위기구이지만 현실적으로는 지배자인 것이다. (토크빌 2013: 182)

토크빌이 언급한 민주적 전제정치는 다수로 무장한 국가권력의 통치에 개인의 자유가 포괄적으로 맡겨진 상태를 의미한다. 법적으로는 노예가 아니지만, 종속되어 있는 노예나 다름없는 삶의 양상이 전개될 수 있는 가능성에 대한 우려가 나폴레옹 3세의 전제정치에 대한 토크빌의

---

4) 사실상 개념으로서의 자유와 평등은 양립 가능하지만, 만인이 존재하는 현실이라는 시간과 공간 속에서 자유와 평등이 공존하기는 쉽지 않다. 내 마음대로 할 수 있는 자유와 너와 내가 동일하다는 평등이 만나는 현장은 너와 내가 동일한 곳에서 동일한 것을 추구하는 곳으로서 외나무다리에서 만난 원수(?)와 같은 형국이다.

평가에 담겨있다.[5] 평등의 시대를 예견하면서도 자유의 상실을 우려했던 토크빌은 1830년 미국과 프랑스의 현실을 비교 분석하면서, 민주주의의 위험성과 동시에 가능성을 확인하고 있다. 민주주의의 문제에 대한 해결책으로 민주주의를 제시한 것은 시대를 관통하는 토크빌의 통찰력과 혜안으로 가능한 것이었다. "민주주의로 민주주의를 온건하게 만들어야 한다... 민주주의 말고는 민주적 사회상태가 불가피하게 빚어내는 각종 해악을 우리가 감당할 수 있을 정도로 제어해낼 수 있는 것이 없다"는 토크빌의 말을 인용하면서 크라이우투(Craiutu)는 토크빌이 제시한 민주주의의 역설을 명백하게 드러낸다.

> 민주주의의 병폐에 대한 효과적인 민주적 치료책으로 토크빌은 교육, 언론의 자유, 종교, 탈집중화, 지방자치와 지방기관, 선거 등을 제시한다. 종교는 민주주의 사회에서 압도적인 부와 물질에 대한 사랑을 순화시키고 규제하는 역할을 한다고 그는 주장한다. 민주적 입법자들은 영혼을 고양시키고, 무한한 존재에 대한 개념, 위대함과 비물질적 즐거움에 대한 사랑 등을 잘 길러낼 수 있도록 노력해야 한다. 지방 기관은 사회에 존재하는 악과 대결할 수 있는 자유정신을 함양시킬 수 있을 것이다. 오직 자유만이 물질숭배와 사소한 일상사로부터 사람들을 떼어낼 수 있고, 그들로 하여금 자신들의 위나 옆에 존재하는 국가와 민족을 느낄 수 있게 한다. (Craiutu 2005: 625)

사회전체가 지향점으로서의 민주주의를 향해가는 과정에서 보편성이 개별성을 압도해가는 상황은 다수결이라는 결정원칙에서 명시적으로 드러난다. 물리적 계산에 의한 다수가 거기에 속하지 않는 소수의 다른 의견을 감안하지 않은 채 보편성이라는 미명하게 사회전체를 이끌어나가는 과정에서 형성된 민주주의는 개별성이라는 원칙이 내포하는 자유

---

5) 『앙시앙레짐과 혁명』에서 그는 "전체로서의 국민이 모두 주권을 갖고 있지만, 사실상 시민 개개인은 엄격한 종속상태에 놓여 있다." (186)고 역설한다.

의 의미를 제대로 반영하지 못한다. 섭리적으로 진행되고 있는 평등으로의 길은 자유를 통해 개별성이 보완되지 않는다면, 민주주의를 달성하기는커녕 오히려 민주주의를 본질로부터 파괴하고 말 것이라는 우려가 토크빌의 분석에서 잘 드러난다. 민주주의는 인간의 행복한 삶을 위한 것이었기에 반드시 달성되어야 하고, 그러기 위해서 자유를 통한 개별성의 확보와 인간성에 대한 존중이 선행되어야 한다는 것이 토크빌의 주장이었다. 자유가 없이는 그 어떠한 사회도 번영과 위대함을 이룩해낼 수가 없기에, 자유가 인간의 삶에서 최고의 가치를 가져야 하고, 법과 제도에 이러한 내용이 반영되어야 한다는 주장이 알렉시스 드 토크빌과 존 스튜어트 밀이 사상적으로 만나는 지점이다.

> 나는 기질적으로 자유를, 본능과 이성적으로 평등을 사랑한다. 많은 사람들이 가진 척하는 이 두 가지 열정을 나는 내 자체임을 확신하고 있으며, 이들 가치를 위해 어떠한 희생을 치를 각오도 되어 있다.
>
> 내가 가진 열정은 오직 하나로 자유와 인간의 존엄성에 대한 사랑이다. 모든 정부형태 [그것이 귀족정이든 민주정이든] 는 이 신성하고 합법적인 인간적 열정을 만족시키는 완벽한 방법이다. (Tocqueville 1985: 100; Letter to Mill in 1835: 115; Letter to Reeve in 1837)

오랫동안 존재했던 귀족정은 이미 사라지고 민주정은 아직 존재하지 않는 과도기적 시기인 1830년대를 분석하면서 토크빌은 자유와 인간의 존엄성을 기반으로 하는 민주주의를 향한 열정을 불태운다. 자유는 그 자체로서 인간이 추구해야할 독립적 가치이기에, 모든 인간에게 자유는 절대 없어서는 안 되며, 절대로 포기해서도 안 되는 가치이고, 그 어떤 체제에서도 자유만은 보장되어야 했다. 이러한 개별적 자유가 인간의 보편적 가치로서 지속적으로 존재해야만, 자본주의 사회의 압도적인 자본의 힘에 인간이 밀리지 않을 수 있다는 것이 『미국의 민주주의』와 『구체제와 혁명』에서 일관되게 흐르는 토크빌의 주장이다. 다시 말해서, 민주주의 체제가 정립되면서 평등의 시대로 이행되어가는 과정에서 발생하는 문제에 대한 적절한 처방은 자유 이상 가는 것이 없으며, 보다 구체적으로는 정치적 참여의 확대재생산이 민주주의의 질병 퇴치에 가장 효과적이라는 것이다.

특히 토크빌이 정치적 참여의 구체적 형태로서 타운미팅을 비롯한 지방자치, 지방기관들에의 직접 참여 등 일상으로 침투하는 민주주의의 생활화를 통한 확대과정에 주목하고 있다는 점에서, 당시 영국에서 대의정부론을 정립하면서 다수의 전제에 공감하고 소수의 보호를 위한 제도적 장치를 역설한 존 스튜어트 밀과 21세기 현대사회에서 강조되는 지방자치, 일상의 민주주의 등과 그 맥을 같이 하고 있다. 미국과 영국에서 뉴잉글랜드 타운미팅이 진행되고, 대의정부의 기초가 놓이는 과정을 통해 민주주의가 형성되고 있는 시점에서 도래할 민주주의의 시대에 대한 문제점의 진단과 처방을 내리고 있다는 점에서 미래작가[6)]로서의 토크빌의 위대함과 가치가 드러난다. 또한 자유로부터 시작된 민주주의가 전제로 귀착되지 않기 위해서는 자유에 대한 애정과 감수성, 그리고 공공성을 잊어서는 안 되며, 자유와 공적 의식의 지속적 보장을 위해서는 자신이 존재하는 사회와의 소통이 절대적으로 필요하며, 따라서 소통을 가능하게 하는 시민의 정치참여가 민주주의의 전제화를 제어하고 민주화를 지속가능하게 할 것이라는 토크빌의 주장은 21세기 참여민주주의 사회에서도 여전히 시의성을 가지고 우리에게 다가선다.

---

6) 일종이 공상과학 소설가라고 할 수도 있을 것이다. 1800년대 쥘 베른(Jules Berne)의 『해저2만리』, 『달나라여행』은 100년 후에 잠수함과 우주선으로 현실이 되었던 것처럼, 체제로서의 민주주의도 1830년 당시에는 그 어떤 모양이 규정되어 있지 않은 상태였기에, 토크빌과 밀을 비롯한 초창기 민주주의 사상가들의 통찰력과 예지력이 돋보인다.

3) 소수인종, 여성, 사회적 소수자들의 문제 - 배제의 최소화

밀이 대의민주주의를 자유 확보를 위한 최적의 대안으로 제시한 이면에는 토크빌이 예견한 '평등의 시대'와 다가올 '다수의 전제'에 대비하는 의미를 발견할 수 있다. 토크빌과 마찬가지로 밀이 언급하는 '다수'와 '대중'은 당시 일반 사람들을 지칭하고 있으며, 이들의 전제를 통해 소수 전문가와 지식인들의 혜안이 묻혀버리고, 사회이 발전이 퇴행할 수 있는 가능성에 대한 우려를 밀은 배제하지 못하고 있었다. 밀의 대의정부는 근본적으로 국민의 의사를 대신하여 능력 있는 전문가가 효율성 있게 국정을 운영해 나갈 수 있도록 하면서, 다수의 사회에서 소수의 지식인이 배제되지 않을 수 있도록 설계되어 있다는 점에서 밀의 대중에 대한 비판적 입장과 기본적으로 엘리트주의적 사고를 엿볼 수 있다.

밀은 현실적 문제의 해결을 위한 정치체제를 제시하면서도, 민주주의가 가질 수 있는 다수의 전제 가능성에 대한 우려는 떨치지 못하고 있다. 1830년 당시 미국의 상황을 프랑스와 비교하면서 자유보다는 평등지향적이기는 하지만 나름대로 잘 진행되고 있는 민주주의라고 평가했던 토크빌에 비해, 밀은 미국의 민주주의가 전형적으로 잘못 가고 있다고 폄훼하고 있는 근거가 바로 여기에 있다.

> 민주주의는 통상적으로 다수파에 의한 지배라고 인식되고 있다. 이러한 전제에서 바라볼 때, 지배 권력이 특정집단 또는 계급의 이해관계에 의해 휘둘릴 가능성이 충분히 있다. 지배 권력이 사회 전체의 이익을 지향하는 불편부당한 관점과 배치되는 행동을 취할 수도 있다는 말이다. (밀 2012: 123)

밀은 특히 『대의정부론』 7장에서 인민 전체를 대표하는 참된 민주주의와, 다수파만을 대표하는 거짓 민주주의를 구분하면서, 모든 사람이 대표권을 가지지 못하고 각 지역의 다수파만 대표를 낼 수 있는 것을 거짓 민주주의로 지칭한다. 거짓 민주주의에서는 높은 지성을 가진 소수파가 대의제에서 자신의 소리를 낼 수 있는 길을 찾기가 매우 어렵게 된다는 것이 밀의 주장이다. (밀 2012: 147) 대의 민주주의의 다수 대표제의 부족함을 보완해주는 것이 바로 개인 대표제라고 할 수 있는데, 민주적 다수의 본능에 맞서 부족한 것을 보완하고 잘못된 것을 고치려면 지성을 갖춘 소수밖에 의지할 데가 없음 (밀 2012: 152)을 역설하면서 비례대표제 도입을 주창한 토마스 헤어[7]를 높이 평가한다.

> 비록 다수파에 수적으로는 밀리더라도 소수파가 자신의 이해관계와 생각, 지성을 드러낼 기회를 가지고, 나아가 수적 열세를 뛰어 넘어 인격의 무게와 논리의 힘에 의해 일정한 영향력을 발휘할 수 있는 이런 민주주의만이 진정 평등하고 공평하며, 모든 사람에 의한 모든 사람의 정부를 가능하게 해준다. (밀 2012: 163)

결국 대의정부의 기본에는 자유로운 시민이 있으며, 각 개인의 개별성과 자유를 인정하는 관용의 정신이 그 아래 깔려있음을 알 수 있다. 밀이 설명하는 자유정부의 장점은 "국가의 가장 중요한 문제를 결정하는 일에 참여하면 사회의 최하위 계층 사람들까지 지성과 심성을 교육시키는 효과를 얻게 된다는 사실" (밀 2012: 164)에 있다. 토크빌이 미국의 민주주의를 평가하면서 중요하게 생각한 것은 바로 미국 시민의 자질이었다. 토크빌은 미국 시민의 교양수준이 매우 높다는 사실과 민주주의의 상관성을 의미 있게 살펴본다. 토크빌의 『미국의 민주주의』에 드러난 미국의 삶과 문화는 민주주의의 기반이 되는 개인의 개별성과 자유에 대한 학교 역할을 한다는 점에 대해서 밀도 전적으로 동감하면

---

7) 헤어(1806-1891)는 밀 당시 비례대표제 도입등 의회개혁을 주장한 영국의 법률가로 밀은 헤어의 발상을 통해 대의 민주주의가 질적 제고를 할 수 있게 되었다고 주장한다. (밀 2012: 141)

서, 보통선거를 위해서 앞서 달성되어야 하는 것이 보통 교육임을 역설한다.

> 기본적인 교육은 모든 사람에게 무료로 열려야 한다. 아니면 자기 생계를 스스로 책임져야 하는 가장 가난한 사람들에게도 비용을 감당할 수 있는 한도 안에서 기초적인 교육이 제공되어야 한다. 그래야 정의로운 사회라고 할 수 있다. (밀 2012: 168)

보통교육에 대한 주장과 함께, 이제 밀에게 투표권은 모든 인간의 보편적 권리로 등장한다. 보편적 권리로부터 배제되는 인간이 없어야 모든 시민의 참여가 가능하고, 모든 시민의 참여가 있어야 대의민주주의는 대표성이라는 태생적 문제를 극복할 수 있다. 따라서 자유로운 개인에 대한 관용과 이들에 대한 사회적 인정, 그리고 자유와 관용의 제도화를 통한 보편적 권리로서의 정치참여의 권리는 밀이 주장하는 대의정부가 모든 시민의 이익이자 사회의 발전을 위해 도움이 된다는 목표를 달성하기 위한 초석이라 하겠다.

걷고 싶은 마음이 없다고 해서 발에 족쇄를 그대로 채워두어서는 더 이상의 발전이 없다. 인간으로 하여금 자신에 맞는 일을 스스로 선택하지 못하게 하는 모든 차별과 걸림돌을 제거하는 것이 민주주의의 길을 닦는데 가장 중요한 선결조건이라고 밀은 주장하면서 (밀 2012. 182-183), 전문가집단과 민주적 시민집단간의 갈등과 긴장 관계가 오히려 민주주의를 진작시키고 유지시켜 나갈 수 있는 힘이라고 생각한다. 이것이 바로 귀족적이고 엘리트중심적인 밀의 사고가 대중적 사고와 만나는 지점이다.[8)]

---

8) 이에 대한 보다 상세한 것은 박의경의 “공리주의자 밀의 민주주의론 고찰”(2013)을 참조하라.

4. 참여민주주의의 지속가능성 제고 방안

> 토크빌이 말하는 공화주의 정치는 루소의 단일한 비전처럼 의견 일치를 추구하는 것이 아니라 시끄럽다. 그것을 차별을 무시하지 않는다. 그것은 사람들 사이의 공간을 없애는 대신에, 사람들을 갈라놓기도 하고 연결시키기도 하는 다양한 입장의 사람들을 불러 모으는 공적 제도로 채운다. 이러한 제도들은 타운십, 학교, 종교 그리고 덕을 함양할 수 있게 해주는 직업 등인데, 이것들은 민주공화국에 필요한 '정신적 특성'과 '마음의 습관'을 길러준다. 이러한 시민교육기관들은 각각의 특수한 목적이 무엇이건 간에 사람들에게 공적인 일에 신경을 쓰는 습관을 심어준다. 그러면서도 그것들은 매우 다양해서 공적 생활이 무차별적인 전체가 되지 않게 해준다. (샌델 2012: 425-426)

듀이와 토크빌, 밀과 페이트만을 종합하여 민주주의를 정의하자면 다음과 같을 것이다. 민주주의는 가정과 직장을 포함하는 총체적 삶의 방식이고, 공적 생활과 사적 생활의 간격이 사라진 정치체제로서 이를 위해서는 거기에 맞는 정신적 특성과 마음의 습관이 형성되어야 한다. 절차적 민주주의가 제도화된 이후 민주주의의 과제는 정신과 마음의 습관이 민주적으로 자리 잡을 수 있도록 하는 것이다. 참여민주주의의 지속가능성과 제고방안에 대한 논의가 필요한 이유가 바로 여기에 있다.

이 글에서는 민주주의가 제도적으로 자리잡아가는 시기인 19세기 중반 미국의 뉴잉글랜드 타운미팅과 20세기에 국민과 정부가 함께 행복한 나라를 지향하는 스웨덴의 민주주의적 문화, 많은 일을 시민이 제안하고 시민이 결정하는 직접민주주의의 이상을 현실에서 실행하고 있는 스위스로부터 시민의 직접 참여와 결정과정 그리고 이를 가능케 하는 사회의 문화를 통해 대의민주주의 체제를 유지하고 있는 대다수 국가에서 참여민주주의가 지속될 수 있는 가능성을 살펴보기로 한다.

1) 뉴잉글랜드 타운미팅 - 일상의 민주주의화

17,8세기 시민혁명을 통해 전제권력을 타파하고 형성된 초기의 민주정치는 시민의 힘이 전제권력을 제압해야 한다는 당위성이 개별 인간의 가치에 대한 존중을 압도하게 되면서, 대의민주주의는 체제로 정립되었다. 그러나 대의민주주의론을 이론적으로 정립한 존 스튜어트 밀(John Start Mill)조차도, 대의민주주의 체제가 가지는 문제점으로서 다수의 횡포 가능성을 심각하게 지적한다. 다수의 횡포는 프랑스 대혁명시대 미국의 민주주의를 분석한 토크빌의 『미국의 민주주의』에서도 드러나는 개념으로, 커지는 사회 속에서 작아지는 사람들의 모습을 압축적으로 드러낸다.

> 아메리카에서는 몇 가지 특수한 상황이 복합적으로 다수의 권력을 우세할 뿐만 아니라, 막강한 것으로 만들어주고 있다. 다수의 도덕적인 권위는 단 한사람보다는 결합된 다수의 사람들에게서 더 많은 지성과 지혜가 있다는, 그리고 입법자들의 수는 그들의 질보다 더 중요하다는 개념에 부분적으로 기초하고 있다. 따라서 평등이론이 사람들의 지능에도 적용되고 있다. (토크빌 1983: 248)

사회와 정치는 인구 증가와 함께 제도나 기구적 차원에서 확대되고 복잡해진다. 사회는 다원화되어 가면서, 개인은 일상의 순환적 고리에서 벗어나기가 점점 더 어렵게 된다. 사회의 주인이고, 정치의 주인이라는 시민이 일상에 매몰되면서, 정치는 시민으로부터 독립적 지위를 얻어가게 된다. 주인에게 장악되어야 할 조직이 역으로 주인을 장악하게 되는 셈이다. 시민은 이제 사회 속에서 군중과 대중이 되어 간다. 소란한 군중과 소요하는 대중이 존재하는 곳에 민주주의의 주인인 참여하는 시민은 더 이상 존재하지 않는다. 거대화 되어가는 사회조직 속에서 사람들은 단순히 하나의 숫자이자 거수기로 변모해간다. 대의민주주의 하에서, 사람들은 투표일만 자유로울 뿐이라는 루소의 말이 그러한 상황을 대변한다.

> 오늘날에는 개인이 군중 속에 묻혀버린다. 정치적인 측면에서 볼 때 이제 여론이 세상을 지배한다는 말은 거의 진부하기까지 하다. 대중만이 권력자라는 말이 어울리는 유일한 존재가 되었다. 정부도 대중이 원하는 것과 좋아하는 것을 챙겨주는 기관이 되고 있다. 공공 영역에서만 그런 것이 아니고, 개인들의 사회적, 도덕적 관계에서도 똑같은 현상이 목격된다. (밀 2005: 124)

인간의 자유와 평등, 자율성과 자치능력은 19세기와 20세기 대중의 시대를 지나면서 군중과 대중 속에 묻혀버린 인간에게서 찾아보기 어려워졌다. 자율성과 자치능력이 회복되어야 군중과 대중은 시민으로 다시 전환되어, 시민이 주인인 진정한 의미의 민주주의를 완성시킬 수 있다. 자율성과 자치능력은 태생적인 것이 아니고, 성장하고 자라나는 것임은 이미 앞에서 언급한 바와 같다.

이러한 자율성과 자치능력의 배양이 시민 형성의 선결조건이고, 시민의 형성이 민주주의의 질적 가치를 심화, 발전시킬 수 있다. 자율성과 자치 능력의 배양은 인간의 일상을 통해서 학습되고 가꾸어질 필요가 있다. 일상을 영위하는 인간이 자신의 주위에서 손닿는 곳에 존재하는 사람들끼리의 만남과 교류를 통하여, 정치의식이 형성되고 의사결정이 자연스럽게 이루어지면서 기초적 민주주의를 체득하게 된다. 머리로 아는 지식의 차원에서, 몸으로 습득한 민주주의적 습관은 지방자치를 가능하게 하여, 지방자치는 민주주의 학교라는 말도 가능해지는 것이다. 여기서 토크빌이 1830년대 미국에서 관찰한 뉴잉글랜드 타운미팅(New England town meeting)의 가능성이 등장한다. (박의경 2011a)

토크빌은 1830년대 미국의 민주주의를 살펴보면서 다수의 횡포나 전제 가능성과 동시에, 이를 해결할 수 있는 사회적 힘을 뉴잉글랜드 타운미팅에서 발견한다.

> 뉴잉글랜드의 주민들은 타운이 독립적이고 자유롭기 때문에 애착을 가진다. 다시 말해서 타운의 업무에 협조함으로서 그 이해관계에 그들이 관심을 갖도록 하는 것이다. 그는 타운이 자신에게 주는 복리 때문에 애착을 가지게 되며 타운의 복지는 그들이 앞으로 쏟을 노력과 야망의 표적이기도 하다. 그들은 마을에서 일어나는 모든 일에 참여한다. 그들은 자기 손이 닿을 수 있는 작은 영역 안에서 정부의 일을 실천한다. 그들은 자유가 실려 있는 그런 형식에 익숙해진다. 그들은 그 정신을 흡수하고, 질서를 존중하는 태도를 얻으며, 세력균형 감각을 이해하게 되고, 자신의 의무의 본질과 권리의 범위에 관해서 분명하고 현실적인 개념을 얻게 된다. (토크빌 1983: 79)

뉴잉글랜드 타운미팅은 한마디로 자치활동을 통한 정치훈련의 장이었고, 시민들이 자신들의 힘이 미치는 범위 내의 작은 영역에서 통치의 기술을 실행할 수 있도록 해주는 제도였다.

> 독립선언서의 서명자 벤자민 러시는 '사람들을 공화주의적 기계로 개조하고 "각 시민에게", "자신은 자신의 소유가 아니라 공적 재산이라는 것을" 가르치고자 했다. 하지만 시민 교육이 반드시 그와 같이 무자비했던 것은 아니다. 실제로 성공을 거둔 공화주의적 치심술(soulcraft)은 비교적 온건한 지도방식을 사용한다. 예를 들어, 19세기 미국 생활에 영향을 준 시민권의 정치경제학은 공통성만을 육성하려 한 것이 아니라 공동선에 대해서 충분히 숙고할 수 있는 독립성과 판단력도 육성하고자 했다. 그것을 억압을 통해서가 아니라 토크빌이 "사회가 스스로 가하는 점진적이고 조용한 조치"라고 부른 것, 즉 설득과 습관화의 복잡한 혼합을 통해 영향력을 발휘했다. (샌델 2012: 424-425)

고대 그리스 아테네에 있었던 아고라(agora)의 19세기적 모습이 바로 뉴잉글랜드 타운미팅이었던 것이다. 타운미팅의 현장에서 개인은 참여에 대한 훈련을 쌓아가며, 여러 가지 토론을 벌이면서 정치의식을 가지게 되고, 체제의 주인으로 자리매김하게 되는 것이다. 밀도 토크빌과 마찬가지로 다수의 횡포와 전제 가능성을 심히 우려하면서 이에 대한 방법으로 소수자 보호의 원칙을 제시하는데, 그 핵심적 내용은 토론의 활성화에 있었고, 그 운용기제는 토론 주제의 일상성이었다. (박의경 2011a)

일상을 주제로 하여 주변 사람들과 토론하고 의논하여 합의에 이르고, 구체적 행동을 통해 사회를 움직여간다는 아주 단순한 명제로부터 미국의 타운미팅은 민주주의의 원천이자 민주주의의 학교이며 세상에서 가장 완전한 민주주의의 모델로 등장한다.

> 타운미팅은 미국에서 조직된 모임 중에서 가장 존중할만한, 진정한 의회가 되었다. (소로우).. 타운미팅은 '각 개인이 정부에서 동일한 가중치를 가지게 한다는 점에서,' 정치의 중요한 비밀을 드러내고 그에 대한 해결책도 제공한다.(에머슨).. 타운미팅과 자유는 초등학교에서의 과학의 역할과 같다. 그들(타운미팅)은 그것(자유)을 사람들의 손닿는 곳으로 가져와, 자유를 어떻게 사용하고 즐겨야하는지 사람들에게 가르쳐 준다.(토크빌).. 존 스튜어트 밀은 "타운미팅은 공공정신의 학교"라고 하면서 더욱 강조한다. (Bryan 2004: 26)

현대사회에서 지방자치의 사상적 기원은 개인의 자율성과 자치능력에 대한 신뢰에서 찾아볼 수 있으나, 현실적 기원이 바로 18세기 뉴잉글랜드 지방의 타운미팅에서 발견된다는 데 많은 학자들이 동의하고 있음을 알 수 있다. 특히 많은 나라에서 절차적 민주주의가 자리 잡은 이후 민주주의의 외연의 확대를 거쳐 내실화를 기하기 위해 필요한 과제가 시민의 참여로서 현대사회에서 참여민주주의는 지방자치를 통해서 그 지속가능성을 드러내고 있다는 점에서, 지방자치의 근대적 모태가 되는 뉴잉글랜드 타운미팅이 가지는 교육적 효과를 간과하기는 쉽지 않다.

2) 스웨덴을 통해 본 민주적 문화와 민주주의의 순환

국가의 정치체제라는 거대담론에서 타운미팅이라는 소규모 모임으로 참여민주주의의 관심이 옮겨진 데에는 거대함과 위대함의 역설이 존재한다. 개인의 존엄성과 자유를 보장받기 위해 국가를 형성했지만, 커지는 사회 속에서 작아지기만 하는 인간의 모습을 경험하게 되면서, 시민들을 정치적 주체로서의 정체성에 대한 자각을 하게 되고 보다 가깝고 작은 자신의 주변을 돌아보면서 일상에 관심을 돌리게 된다. 거대함 속에서 사라져가는 자아정체성이 아니라 일상 속에서 오히려 정치적 주체성이 정치체제에 보다 확실하게 자리 잡게 되는 과정은 타운미팅과 같은 지방자치의 극적인 교육효과라 하겠다.

지방자치가 참여민주주의를 실질적으로 수행하기 위한 좋은 제도이기는 하지만, 민주주의의 학교로서, 시민에게는 참여 훈련의 장으로서 자리 잡은 지방자치도 민주적으로 운영되지 않으면 참여민주주의를 지속가능하게 하는데 별 도움이 되지 않는다는 것은 '민주주의는 삶의 양식'이라고 역설한 존 듀이에게서 잘 드러난다. 민주주의 이후의 민주주의를 고민하는 현대사회에서 민주주의가 지속가능하기 위해서는 사회가 민주적이라야 한다는 점에서, 민주주의 문화의 정착과 민주주의의 순환은 21세기 정치사상에서 가장 중요한 화두라 할 것이다.

스웨덴을 비롯한 스칸디나비아 국가는 사회의 복지수준이나 평등지수에 있어 세계 최상위권을 형성하고 있다. 따라서 UN에서 발표하는 인간개발지수(HDI) 측면에서도 언제나 세계 10위권 이내를 형성하고 있다.[9] 경제수준, 복지수준을 포함하여 전반적으로 높은 사회평등지수

9) www.UNDP.org에서 매년 발표하는 인간개발보고서(Human Development Report)에서 찾아볼 수 있으며, 특히 인가개발지수(HDI)와 여성권한척도(GEM)인 사회의 민주주의의 정도를 파악할 수 있는 중요한 지표이다. 다만 2010년 이후 GEM은 여성평등지수(GNI)로 변경되었다.

는 높은 단계의 민주주의와 평화선호 성향을 보여주고 있다. 여기서 말하는 높은 단계의 민주주의란 시민들 간에 상호신뢰의 관계가 기본으로 되어있으며, 서로에게 영향을 주는 모든 사안은 토론과 타협을 통해서 결정하는 민주적 문화가 자리 잡은 사회를 말한다.

스웨덴에서 근대민주주의는 왕실의 정치개입이 공식적으로 종식되는 1917년에 확립되었다고 할 수 있다. 프랑스나 러시아와 같은 나라에서 혁명 과정을 거치면서 매우 격렬한 계급 간 투쟁이 있었던 데 비해, 스웨덴에서의 체제 이동과정은 매우 평화로웠음을 알 수 있다. 실제로 "스웨덴 농민들에게는 러시아나 기타 대륙국가에서 볼 법한 억압의 역사가 없다. 근대를 전후해 스웨덴에서 계급간 혹은 지역간 내전을 경험하지 않았다는 사실" (신필균 2012: 30)은 스웨덴의 평화로운 민주주의로의 이행과정의 역사적 근거로 제시되기도 한다.

평화국가의 전통은 스웨덴으로 하여금 패권경쟁의 시기에 유럽에서 중립주의를 견지해내면서 어떠한 갈등에도 쉽사리 휩쓸리지 않는 중도적 문화를 보유할 수 있게 하였으며, 따라서 다가오는 모든 갈등에 대한 평화적 해결의 가능성을 보여주게 된다.

> 17세기 이래 내전은 물론 외국과의 큰 전쟁 없이 장기간에 걸쳐 평화가 유지된 것은 근대 스웨덴의 정치문화가 형성되는 과정에서 큰 역할을 했다..... 산업혁명 이후 유럽의 주요 국가가 격렬한 계급 대립을 겪었던 것과 달리 스웨덴은 비교적 평화적으로 갈등을 해결할 수 있었다. (신필균 2012: 31)

국가 내부적으로나 대외적으로 격렬한 계급 간 대립의 역사를 경험하지 않았고 중세와 근대에 폭정과 억압이 없었다는 바이킹의 평등주의적 문화[10]가 존재하고 있었다는 것은 스웨덴이 20세기에 민주주의

10) 10세기 덴마크 바이킹에게 전령이 "당신들의 주인은 누구인가?"라고 물었을 때,

국가로서 세계 평화에 공헌할 수 있는 국가로 자리매김하는데 중요한 민주적, 평화적 문화를 형성하는 근거로 제시되기도 한다.

홉스테드의 문화차원 이론에 따른 국가문화 모형[11]에 따르면 스웨덴은 개인주의를 근거로 작은 권력 간격을 유지하고 있으며, 위험회피 성향이 낮고 매우 여성적 구조를 형성한다. 이렇게 볼 때, 스웨덴은 개인이 집단의 영향을 받지 않으며, 사회가 보다 평등한 구조를 형성하고 있으며, 낮은 위험회피 성향으로 인해 미래에 대한 불안감이 그리 높지 않아 시민들이 까다롭지 않고 조용하며 절제되어 있으며, 어떤 일에 집중적으로 격렬하게 매진하는 경향이 없어 게으르다는 평을 듣기도 한다. 마지막으로 스웨덴의 여성주의적 성향에서 남녀성의 역할구분이 명백하지 않아 성평등사회로 이행하기 매우 용이한 문화적 의식구조를 찾아볼 수 있다. (Hofstede 1980)

스웨덴의 참여민주주의가 자리 잡고 복지개념인 '국민의 집'[12]이 성공한 근저에는 위와 같은 평화적 전통과 민주적 문화와 동시적으로 성장한 시민상호간의 신뢰, 정치에 대한 신뢰등 사회적 신뢰가 존재한다.

"주인은 없다. 우리는 모두 동등하다"라고 답했다는 말을 통해 달은 스웨덴에서의 민주적 문화의 존재에 대한 언급하고 있다. (Dahl 2000: 19)

11) 홉스테드 모형에서 개인주의는 사람들이 자신과 직계 가족들에게만 관심을 가지고 여타의 사회집단에 대해 배타적으로 반응하지 않는 것을 의미하며, 권력 간격은 한 사회의 조직에서 권력이 불평등하게 분산되어있다는 사실을 받아들이는 정도를 말한다. 불확실성이나 위험에 대한 회피 성향이 낮은 사회에서는 불확실한 미래에 대한 위협을 별로 느끼지 않으며 지나친 일중독이나 나와 다른 의견에 대해서 독립적으로 반응하는 것은 지칭하는 것이므로, 변화에 대해 커다란 두려움을 갖지 않으며, 위험을 극복하려는 의지가 잘 드러난다. 사회구조에 있어서 여성적이란 관계 유지를 중요시하며, 구성원을 배려하고 삶의 질을 강조하며 남녀 간의 역할을 명백히 구분하지 않음을 의미한다. (Hofstede 1980)

12) 국민의 집은 1921년 스웨덴 사민당 의원이었던 페르 알빈 한손이 제시한 개념으로, 스웨덴 복지국가의 이념이자 정신으로 국가는 모든 국민들의 행복을 위한 집이 되어야 한다고 설정한다. 스웨덴 사민당은 달팽이가 긴 여정을 거쳐 찾아가는 집을 '국민의 집'으로 정의한다. (신필균 2012. 7, 63)

현대사회에서 복지에서 가장 큰 걸림돌은 '공유지의 비극'13)으로 통하는 부패와 불신이다. 따라서 사회적 신뢰의 구축은 복지국가의 형성, 시민 참여의 확보를 거쳐 참여민주주의의 지속가능성을 위해 무엇보다도 중요한 사안이다.

스웨덴은 어느 세력이나 개인이 절대 권력을 차지하지 못하는 사회적 관습과 제도적 장치가 존재한다. 비례대표제라는 독특한 선거제도로 인하여 한 정당에 의한 다수지배가 불가능하고 따라서 어느 정당도 다른 정당의 협조 없이 정책을 만들거나 수행할 수 없으며, 의회구성에서 '어느 한 성이 40% 이하여서는 안 된다'라는 법률규정에서도 이러한 사회적 균형감각을 발견할 수 있다. 이렇게 볼 때 스웨덴 모델은 "평등과 사회정의를 기본으로 한 사회적 가치, 이를 경제적으로 실현 가능케 한 사회적 연대, 행정집행의 효율성 그리고 합의 문화"로 요약된다.

스웨덴의 합의 문화는 토론과 타협으로 모든 일을 수행해나가야 하는 민주주의 문화와 합일을 이룬다. 스웨덴에서는 모두가 동의하지 않으면 결정하지 않는다. 일부가 반대하는 결정을 강행할 때 발생하는 사회적 비용을 생각해 보면 매우 비생산적이라는 것이 스웨덴 사람들의 생각이기에, 신속한 집행이나 실행보다는 장기간에 걸친 설득을 통해 사회공감대를 형성해가는 작업에 중점을 둔다. 갈등보다 협동, 열정보다 논리, 미신보다 과학을 중시하며 구체적 사회질서의 성공적 작동 가능성에만 관심을 가지는 실용주의적인 스웨덴의 문화는 자유, 평등에 근거한 민주적 문화의 설정과 이를 통한 시민의 참여와 민주주의의 순

---

13) 공유지의 비극(tragedy of commons)은 G. 하딘이 1968년에 처음 사용한 개념으로 공공의 자원을 사적사용에 그대로 맡겨놓은 경우, 개인들의 사적 이익 추구에 의해 전체의 이익이 파괴되어 개인이나 집단이나 모두가 손해를 보게 된다는 개념으로, 이의 해결을 위해서는 권력기관의 강제적 개입이나 이해당사자간 합의에 의한 제한과 규제가 필요하다는 주장이다. 자본주의 사회 사적 소유권의 확장과, 이윤극대화의 원칙 하에서 공공의 이익은 지켜지기 힘들다는 내용이다. (사전트 1983...)

환으로 귀결된다. (Alexander 2008: 8)

> 시민의 깨어 있는 참여는 정치를 감시하는 역할도 하기 때문에 결국 정치를 견제하고 통제하는 기능을 발휘한다. 민주주의가 항상 역동적으로 작동하는 중요한 역할을 담당하고 있는 것이다... 사회자본의 토양이 비옥한 나라일수록 영양공급이 잘 이루어져 민주주의가 튼튼하게 자랄 수 있으며, 그 토양을 이루는 것이 바로 시민활동과 평생교육활동의 참여율이라는 것이다....
>
> 스웨덴이 세계에서 가장 갈등지수가 낮고, 관용성이 높은 이유는... 일관성 있는 교육에서 찾아야 한다. 나의 가치, 나의 행복, 나의 주장도 중요하지만 타인과 공존하는 것의 중요성을 강조하는 교육이 스웨덴 사회의 공통된 행동원리로 받아들여지고 있다. 결국 민주주의의 잘되고 못 됨은 역시 기초의 문제로 귀결되는 것이다. (최연혁 2012: 75, 107)

2013년 현재 스웨덴이 세계최고의 복지국가로 등장하고, 여성의 진출에 있어 타의 추종을 불허할 정도(여성의회의원 43%)로 앞서있는 상황은 단순히 제도만으로는 설명되지 않는다. 동일한 법과 제도를 가지고도 차별화가 발생하는 상황에서 민주적 문화의 중요성이 등장한다. 민주주의를 위해 민주적 문화가 형성되어야 하고, 민주적 문화는 참여를 통해 민주주의를 성장시키게 되고, 이어서 참여민주주의는 이제 선순환 구도에 들어서게 되고 지속가능한 미래형 민주주의로 자리 잡을 수 있게 된다는 것이 스웨덴 모델을 통해서 드러난다.

3) 스위스의 열린 민주주의 - 직접민주주의의 도입과 제도화

바버와 샌델을 비롯한 공동체주의자들은 자유주의로 인해 공유하는 가치를 상실한 공동체가 양산되고 있으며, 여기서 시민들은 상호간에 이방인이 되어가고, 시민권은 이제 사익을 추구하는 과정에서 흥정거리로 전락했다고 주장한다. (Barber 1984: 24; Sandel 1982: 182) 자유주의에 기반을 둔 민주주의는 시민의 힘이 사라지고 조직과 제도만 남은 형해화된 상태의 약한 민주주의라고 바버는 비판한다. 이들은 개인의 자유의 근간이자 발판이 되는 공동체의 복원을 역설하는데, 바로 이 공동체를 통해서 이웃 간에 토론과 의사소통이 가능하며 대화를 나누면서 공동의 이해를 추구해나가는 고대의 아고라와 같은 공론장이 형성되어야 한다는 점에 초점을 맞춘다.

개인과 사회의 관계에서 개인의 자유와 권리 확보를 최우선의 과제로 한 근대기획은 대의민주주의로 그 모습을 드러내게 되지만, 이는 결국 공동체라는 구체적 현실을 떠난 추상적 인간의 자유로서 현실에서 소외되어 버린 셈이다. 여기서 구체적 현실에서의 시민의 역할에 대해 논의를 거듭하게 되면서 루소적 일반의지의 실현이 필요하다는데 의견이 모아지고, 이를 위해서는 직접민주주의적인 방법이 도입될 필요가 있다는 결론에 이르게 된다.

현실적 정치공간이 지리적으로 광역화하고, 시민이 다양해진 현실에서 직접민주주의가 불가능하다는 생각이 지배적이기는 하지만, 시민이 자신에게 영향을 주는 공동체의 공공정책 결정에 직접적으로 참여해야 한다는 주장의 힘은 여전히 강력한 설득력을 가지고 있다. 직접민주주의적인 사고의 핵심인 '일반의지' 개념을 통해 루소는 다수의 시민이 공익을 위한 법률 제정에 참여하는 필수적 요건으로 시민교육을 등장시키고, 이를 통해서 후일 다수의 국가에서 주민 발안(Initiative), 주민 소환(recall), 주민 투표(referendum) 등의 제도가 구체적으로 제시된다. 대의민주주의 체제하에서 참여민주주의를 활성화하고 지속가능성을 높이기 위해서는 가속페달로서의 주민발안, 브레이크로서의 주민투표와 같은 직접민주주의 제도를 통한 보완작업이 이루어져야 한다는 점에서 스위스의 다문화적 현실에서 평화롭게 작동하고 있는 직접민주주의 제도를 살펴볼 필요가 있다.

프랑스에서 시작되어 스위스에서 정착한 직접민주주의 사상은 시민이 명시적으로 승인하지 않은 헌법은 결코 민주적일 수 없음을 근간으로 하고 있다. 1869년에 제정된 취리히 주 헌법 제1조에 "국가 권력은 전체적으로 국민에게 있다. 국가 권력은 직접적으로 투표권이 있는 국민에 의해 행사되고, 간접적으로 정부 당국에 의해 행사된다." (카우프만 2012: 71) 고 명시하면서 근대 직접민주주의 제도를 법제화한 모델이었다.

주민발안과 주민투표는 개방적 입법과정의 대표적 제도로서 시민의 정치에 대한 직접행동과 직접 참여를 제도적으로 독려하는 것으로, 스위스가 이러한 제도를 적극적으로 활용하는 대표적 국가이다.

> 스위스 직접민주주의에는 3가지 중요한 절차가 있다. 첫째가 의무적인 국민투표이다. 만약 국회에서 헌법을 개정하거나 부가조항을 넣고자 한다면, 반드시 전국적 국민투표를 통해 승인되거나 거부되어야 한다. 둘째가 권한을 부여하는 혹은 선택적인 국민투표이다. 법의 제정과 개정의 경우 5만 명 이상의 국민들로부터 요구가 있을 경우에는 의회에서 법의 제정과 개정이 통과되었다고 하더라도 국민투표를 실시해야 한다. 셋째가 시민발의이다. 10만 명 이상의 유권자로부터 지지를 받은 시민제안은 해당 제안을 반드시 국민투표로 결정해야만 하는 입법제안사항으로 만들 수 있는 권리가 시민들에게 있다. (카우프만 외 2008: 35)

주민투표에 해당하는 국민투표제도를 실행하고 있는 나라가 많은 것은 사실이지만, 이들의 국민투표는, 시민들에게 권한이 부여되어 있는 스위스의 주민발안에 의한 국민투표(referendum)와 달리, 정부가 주도하는 국민투표(plebiscite)로서 권력자들의 권력행사의 수단에 불과하다. 국민이 결정한다는 개념의 국민투표라도 안건의 제안자가 누구인가에 따라 그 개념이 달라진다는 점이 바로 민주주의의 핵심이다. 직접민주주의는 국민이 주인임을 법과 제도에서 명시하고 절차에 있어서도 시민이 움직여서 발안하고, 결정하는 것으로, 국가에 소속된 국민의 수동적 순응으로 움직이고 있는 대의민주주의에 시민들이 활력을 불어넣어

동력을 제공하게 된다는 점에서 매우 중요한 사안이다.[14)]

18세기 말 프랑스대혁명을 통해 루소의 직접민주주의의 이상이 사회 변혁을 주도하게 되지만, 프랑스와 영국등 유럽 대부분의 국가에서는 엘리트가 주도하는 대의민주주의로 현실에서 변용되게 되는 중요한 이유는 직접민주주의가 비효율적이고, 또한 대중에 의한 소요 가능성으로 사회질서 확립에 위협적일 수 있다는 가능성 때문이었다. 그러나 스위스에서 직접민주주의 제도는 대의민주주의에 대한 보완적 제도로 대두되었고, 적용과정에서 매우 효율적이며 평화적이었다. 나아가 궁극적으로 시민의 자존감과 정치적 능력을 향상시키면서 정치의 주역으로서의 시민이 형성되고 있다는 점에서, 스위스의 민주주의는 그야말로 민주주의의 본질적 개념을 충족시키고 있다고 하겠다.

> 시민발안의 지지자들은 그들의 발의가 궁극적으로는 투표에서 부결된다고 해도 일정한 효과를 거둘 수 있다는 것을 경험적으로 알고 있었다. 시민발안은 승자가 독식하고 패자는 모든 것을 잃는 제로섬 게임이 결코 아닌 것이다...
>
> 스위스에서 직접 민주주의가 정치의 교란요소로 작용하고 있지 않다는 것은 진실이다. 오히려 정치에 생기를 불어넣고 지속적으로 활성화되도록 만든다. 순수한 의회제에서보다 사회전반에서 더욱 높은 기대치들이 제기되는 것이다. (카우프만 2012: 89-90)

다수의 일상적인 사안에 대해 시민발안이 이루어지고 국민투표가 진행되는 과정에서 참여의 정치문화는 자신도 모르게 시민에게 체득되게 된다. 언제나 제안과 투표가 가능하기에 단기적으로 승패는 그리 중요

---

14) 시민과 국민은 기본적으로는 동일한 개념으로 사용되지만, 여기서 국민은 국가와 연계되어 있는 정체성을 가지고 있다는 점에서 보다 자유롭고 포괄적인 시민과 구별하여 사용한다. 시민은 그들이 살아가는 공동체와의 관계성 속에서 인간을 파악하는 것을 의미한다.

하지 않다. 다만 정치라는 광장이 형성되고, 참여라는 과정 속에서 정치적 흥미와 관심이 증대되고 정치의식 수준이 높아지며, 결과적으로 시민의 정치적 경쟁력이 제고된다. 긴급한 안건에 대한 해결에 시간을 요한다는 점에서 정치적 효율성을 언급할 수는 있지만, 실제로 보다 많은 국민이 설득되었을 경우에 실행되는 정책과 그렇지 않은 경우의 시간을 비교한다면 정치적 효율성에 대해서도 전향적 접근이 가능하다. 스위스에서는 효율성이 속도가 아니라는 점에 방점이 있다. 궁극적으로 효율성이란 시민이 정책을 자발적으로 수용하는 시간을 말하는 것으로, 정부에서 주도하는 하향식 전달과 시민이 직접 생각하고 결정해서 만들어내는 상향식 정책의 효율성은 자발성이라는 측면에서 본질적 차이를 가지고 있다.

정치적 주체로서의 시민 형성이라는 민주주의의 근본적 이상의 발현과 동시에 직접민주주의 제도가 가지는 장점은 평화적인 사회갈등 해결의 가능성이다. 역사적으로 전쟁도 때로는 다른 수단에 의한 정치의 연장이라는 말도 있듯이 정치와 폭력은 뗄 수 없는 관계에 존재하는 것도 사실이다. 그러나 정치과정에서 사회의 소수자들이 의견제시나 참여의 길이 막혀있을 때 폭력에 의존하게 된다는 점에 착안한다면, 민주주의에서 문제해결의 방법이 보일 때 사회가 무조건적으로 폭력의 길로 접어들지는 않을 수 있음을 알 수 있다. 소수자들은 "직접민주주의의 도움을 받아 그들의 의제를 정치공론화하는데 성공함으로써 대표성의 결손을 보완할 수" 있고[15], 이를 통해서 폭력에의 의존도를 줄일 수 있는 것이다. 정치에 폭력이 동원되는 것은 자신이 원하는 것을 달성하고 싶지만, 자신을 대변해줄 방법이 사회에 없다고 생각하는 바로 그 순간

15) 1974년 스위스에서 국민투표를 통해 베른 주로부터 분리하여 주라(Jura)주가 탄생하였다. 주라 분리주의 운동의 역사는 비폭력적이고 평화적인 소수자의 정치활동이 가능함을 보여주는 사례이다. (카우프만 2012: 97-105)

이다.

프랑스 혁명을 통해 도입된 수많은 직접민주주의 제도들이 혁명 직후 프랑스에서 적용되지 못하고 엘리트에 의한 대의민주주의로 움직이게 된 이면에는 대중에 대한 불신이 자리 잡고 있다. 그러나 직접민주주의 체제에서 반복되는 참여를 통해서 정치적 사고가 자라나고 참여의 습관이 체화되는 과정 속에서 시민이 정치적 주체로 성장하게 되는 모습이 스위스의 직접 민주주의에서 잘 드러난다. 누구나 법안을 제안하고 결정하는 과정을 통해서 스위스에서 실질적으로 정치인과 시민의 구별을 하기가 쉽지는 않다. 직접민주주의 제도의 스위스에서 시민은 일종의 비상근 정치인이라고 할 수 있기 때문이다.

> 농촌 지역의 작은 칸톤에서는 지금도 직접민주주의 전통이 유지되고 있으며, 대단위 칸톤에서는 법 제정과 주요 예산 심의 사항을 주민투표에 부치ᄀ 있다. 연방차원에서도 의회의 결정을 국민투표에 다시 회부할 수 있으며 모든 헌법 개정 안건은 반드시 국민투표를 거쳐야 한다. 더욱이 시민들이 주민 투표를 발의할 수 있으며, 대외정책이나 국가 안보 문제도 국민투표를 거치곤 한다. 예를 들어 중립국인 스위스가 유엔의 정식 회원국이 될 것인지(1986), 군대를 계속 유지할 것인지(1989)를 두고 국민투표를 실시했다. 이런 채널이 있다면 현실 정책에 불만이 있는 활동가들은 그런 채널을 활용할 가능성이 높다. (카터 2006: 512-513)

직접민주주의는 시민들의 정치학습의 장이며, 정치적 신뢰를 형성해주는 제도이기도 하다. 여기서 볼 때 신뢰는 과정이며, 신뢰는 또한 형성되는 것이라고 할 수 있다. 스위스에서 시민들이 신뢰할 수 있는 정치적 주체로 자리 잡게 되는 과정은 주민발안과 함께 지속적 주민투표의 방법에서 찾아 볼 수 있다. 단발성으로 끝나는 일반적 국민투표와 달리, 스위스에서 국민투표는 다양한 방법으로 장기간에 걸쳐 시행된다. 투표소에 직접 나가 투표하는 직접투표와 함께 1994년 이후부터는 우편투표, 2000년 이후부터는 전자투표 제도가 입법화되어 투표방법이 다양화되고 투표기간이 충분히 길어지면서, 투표율은 전반적으로 높아지고 있어 시민의 정치참여가 일상화된다. 참여민주주의의 지속가능성을 위한 스위스의 직접민주주의 제도의 실험은 민주주의의 생활화라는 점에서 듀이가 말한 '삶의 양식으로서의 민주주의'를 실감나게 한다.

> 복합적이고 시민 친화적 참여 방법이 적용된다면, 대의민주주의도 보다 좋아질 수 있다는 것을 우리는 스위스의 경험으로부터 알게 된다. 스위스에서 수적으로 적기는 하지만 가장 중요한 문제는 시민이 결정하고, 중요하지만 다양한 사안들은 의회가, 그리고 별로 중요하지 않은 잡다한 이슈들은 정부가 결정한다. 이것이 바로 그들이 말하는 민주주의이다. (Kaufmann 2007)

5. 진정한 민주주의의 귀환

> 진정한 민주주의를 위해서 우선 시민이 필요하다. 다음에는 심의(deliberation)가 필요하고, 세 번째로 필요한 것은 어떤 사회집단도 배제되지 않아야 한다는 것이고, 마지막으로는 심의에 충분한 시간이 확보되어야 한다. (Bryan 2004: 255)

루소가 주장했던 민주주의 사상은 "치자와 피치자의 자기동일성"이라는 말에 모든 것이 함축되어 있다. 공적 공간에서 사회적 삶을 유지해나가기 위해 필요한 질서 형성을 위한 법은 필수적이다. 공동체에서의 개인의 삶을 규제하는데 영향을 미치는 법의 제정에 공동체의 개인 모두가 관여하게 되면, 법에 복종하면서 개인은 남이 아니라 자기 자신에게 복종하게 된다는 것이다. 따라서 루소의 민주주의적 이상은 사회 속에 살아가는 개인이 법의 제정에 참여하고, 바로 그 법에 복종하면서, 여기서 나는 법의 주체이자 객체로서 동시적 존재가 되는 것이다, '내가 법과 제도를 만드는데 참여하고 결정하며, 내가 그 법과 제도에 복종한다'는 것이다.

일견 간단한 듯 한 루소의 논리는 자유와 강제의 역설, 나와 너의 역설, 주인과 노예의 역설등 많은 데서 역설적 상황을 노정하면서, 정치의 주인, 민주주의의 주인이 되어야 했던 개인은 정치의 주변으로 밀려나고, 엘리트 중심의 대의민주주의로 자리 잡게 되는 것이 근대혁명의 역설적 상황이다. 민주주의 정치의 주체 시민이 사라져버린 정치는 동력을 상실하게 되었고, 참여민주주의는 주변부로 밀려난 일반 시민들의 정치인으로의 복권과 중앙무대로의 진출을 요구하게 된다.

근대의 뒤안길로 밀려나 참여와 결정의 역사에서 배제되어 있던 시민들이 정치의 중심에 위치하기 위해서는 참여와 활동을 위한 직접 행동의 훈련이 필요하다. 참여는 과정이고 시민은 형성되는 것이기 때문이다. "참여민주주의는 시민들이 자기의 삶이나 가장 기본적인 신념에 극히 중요한 영향을 끼치는 이슈를 결정하려고 할 때, 그리고 이런 결정과정에 참여하는 사람들이 공동체 정신이나 공동의 목적을 공유하고 있을 때에 잘 작동할 수 있다. (카터 2006: 514) 따라서 참여민주주의는 지속성이 있어야 하고, 참여민주주의가 지속되기 위해서 시민의 참여는 항상적이어야 하고, 또한 지속적이어야 한다.

노래가 노래하는 것이 아니고, 법과 제도가 그 자체로서 안정과 행복을 주는 것이 아니듯이 모든 정치와 제도에서 행위자는 인간이기에, 참여민주주의가 지속가능하기 위해 절대적으로 필요한 조건이 시민의 존재이다. 여기서 말하는 시민은 자신의 존재가치에 대한 자존심과 실패와 성공에 흔들리지 않고 자신들에게 정치적 역량이 존재한다는 자신감과 최종 결정을 기다릴 줄 아는 인내심을 가지고 있어야 하며, 이 모든 것을 자신의 인식과 판단으로 이루어낼 수 있어야 한다. 단일성에 기반을 둔 통합보다 다원성에 근거한 다원적 가치의 조화가 21세기 글로벌 사회의 요구라고 할 때, 시민의 참여와 행동의 중요성은 아무리 강조해도 지나치지 않다.

뉴잉글랜드 타운미팅, 스웨덴 모델, 스위스의 정치제도는 시민 양성을 위한 정치훈련의 장이 가지는 중요한 요소들을 포함하고 있다. “참여민주주의 이론은 참여의 경험이 사람들을 심리적으로 변화시켜 앞으로 더 많은 참여를 할 수 있게 만든다.” (Pateman 1970: 45)는 페이트만의 논점처럼 참여할 수 있는 공론장이 많아지면서 일상에서의 민주적 훈련 기회는 더욱 늘어나고, 이러한 일상의 과정을 통해서 민주주의가 삶의 양식이 되며, 궁극적으로 민주주의의 생활화와 생활의 민주주의화가 가능해지는 상황에 이르게 될 것이다. 이러한 단계에서 민주주의로 인한 문제가 발생할 경우, 이에 대한 해결책은 민주주의의 수정이 아니라 더 많고 다양한 민주주의라는 결론이 가능하다. 완전한 민주주의, 진정한 민주주의 등 미래의 민주주의 사회를 지칭하는 용어가 무엇이던 간에, 21세기 참여민주주의 시대를 살아가는 시민들에게 필요한 것은 정치적 주체로서의 자각과 정치인으로서의 자격의 회복이고, 이를 위한 일상에서의 참여와 행동을 통한 민주주의 훈련과 민주적 문화의 형성이라는 점이다.

제8장

민주주의와 선거제도

—여성의 대표성 증진과 관련하여—

1. 민주주의의 에토스(ethos)

> 정치학은 인간의 최고선을 연구하는 학문이다. 정치학은 해야 하는 것과 해서는 안될 것에 대한 규칙을 만드는 학문이므로 그 목적은 다른 모든 학문의 목적을 포함한다. (Aristotle 1953: 64)

세상에 존재하는 모든 것에는 목적이 존재한다. "모든 기술과 탐구, 그리고 모든 행동과 추구하는 바는 좋음을 목적으로 한다. 좋음이란 모든 것이 목적으로 하는 바로 그것이라고 규정할 수 있다. (Aristotle. 1953. 63) 목적의 달성이 그것의 존재 목적이라는 것이 아리스토텔레스의 목적론(teleology)이다. 나무와 꽃은 꽃을 피우고 열매를 맺는 것이 목적이고, 사람은 자신의 역량을 발휘하여 잠재성을 현실화시키는 것이 목적이다. 수많은 인간의 존재로 구성되는 공동체의 존재 목적은 구성원의 잠재성이 최고도로 발휘되도록 하여 그들의 탁월성이 드러나도록 하는 데 있다. 이를 위해 인간으로 구성되는 공동체에는 제도가 있으며, 제도 또한 생명체와 마찬가지로 생성되고 사멸하며, 그 존재 목적을 가지고 있다. 제도의 목적은 공동체를 건강하게 유지하는데 있다.

고대 그리스 아테네의 짧았던 민주주의는 2000여년의 침잠의 역사를 넘어 18세기 근대시민혁명을 통해 화려하게 부활한다. 국민이 주인이라는 개념이 왕정과 세습의 시대를 넘어설 수 있었던 데에는 정치체제의 근저에서 그 체제의 정신을 유지해나가는 기본 정신과 이를 실행에 옮기는 구체적 제도의 공헌을 인정하지 않을 수 없다. 국가의 주인이 왕과 귀족등 상류층에서 일반 시민으로 전환하게 되면서 민주주의는 기본 정치체제로 자리 잡고 일반 국민들은 일개 개인에서 일약 국가의 주인으로 지위가 격상된다. 시민의 지위가 국가의 주인으로 지위가 격상되게 되는 결정적 유인은 민주주의 제도의 근본정신인 자유와 평등, 그리고 그 정신을 현실에서 드러나게 만든 선거제도에서 발견된다.

이 글은 민주주의의 지속가능성을 담보하는 제도적 기반으로서의 선거제도의 효과를 분석한다. 2장에서는 민주주의의 자유와 평등을 제도화하기 위한 작업의 역사와 적실성을 살펴보고, 3장에서 그 구체적인 제도로서의 선거제도의 등장을 자유와 평등의 관계에서 분석한다. 선거제도에서 모아지는 시민의 의견을 다수결로 계산하는 과정에서 사상되는 소수자의 문제를 살펴보면서, 논의는 자연스럽게 4장의 대표성의 문제로 이어지게 된다. 직접민주주의가 물리적으로 불가능한 상황에서 등장하는 대의민주주의는 대표성의 불균형적 가능성이라는 난관을 넘어설 수 있어야 비로소 선거제도의 텔로스(telos)라고 할 수 있는 대표성과 시민간의 거리 최소화를 달성할 수 있다는 점을 결론으로 제시한다.

2. 민주주의의 제도화

1) 민주주의와 자유의 관계

민주주의라는 말은 그리스 아테네의 정치가 페리클레스의 장례식 추도연설에 처음으로 등장한다. 투키디데스는 저서 『펠로폰네소스 전쟁사』에 페리클레스의 연설 전문을 수록하고 있다. 페리클레스의 연설은 다음과 같이 시작한다.

> 우리의 정치체제는 민주주의라 부르는데, 이는 권력이 소수의 손이 아니라 전체의 손에서 나오기 때문이다. 사적인 분쟁을 해결하는 문제에서 모든 사람은 법 앞에서 평등하다. 그러나 어떤 사람을 공적인 책임있는 자리에 다른 사람보다 위에 둘 때 중요하게 고려되는 것은 그의 출신 성분이 아니라 그의 실제적인 능력이다. 어떤 사람에게 국가에 봉사할 능력이 있다면, 가난 때문에 정치적으로 빛을 못보는 일은 없다. 그리고 우리의 정치 생활이 자유롭고 개방적이듯이 다른 사람들과의 관계에서 일상생활 또한 개방적이다... 우리는 우리의 사생활에 대해서 자유롭고 관용적이다. 그러나 공적인 문제에서 우리는 법을 준수한다. 그 이유는 법은 우리가 존중할만큼 가치가 있기 때문이다. (Thucydides 1960: 111-112)

이어서 페리클레스는 "우리는 어디까지나 공공의 자유를 위해 힘쓰며, 하루하루를 서로 시기와 질투의 눈을 두려워하는 일 없이 자유로운 생활을 누린다"고 역설하면서, 아테네가 그리스 모든 폴리스의 이상적 정치체제를 보여주고 있음을 자랑스럽게 선포하고, 아테네인은 자유인임을 강조한다.

페리클레스의 연설에서 우리는 정치체제로서의 민주주의의 기반과 출발점은 바로 자유에 있음을 알 수 있다. 자유가 체제의 근본이고, 인간에게 소중한 가치인 이유는 그것이 행복의 근본 요소이기 때문이다. 인간이 사회에서 추구하는 궁극적 목적이 행복이라는 것은 고대부터 현대까지 이르는 정치사상의 핵심이다. 자유, 즉 개별성의 발현이 전제되지 않는 행복은 존재하지 않는다. 결국 자유는 행복을 구성하는 본질적 요소이므로 그 자체로서 소중한 가치이고, 반드시 사회에서 실현되고 보존되어야 할 덕목임을 존 스튜어트 밀(Mill)은 다음과 같이 역설한다.

> 사람들이 자유롭게 자기 의견을 가지고 또 그 의견을 자유롭게 표현할 수 있지 않으면 안된다. 이와 같은 자유가 허용되거나 강조되지 않으면 인간의 지적 발달과 그들 통한 도덕 생활이 치명적인 타격을 입게 된다... 다른 사람들에게 중대하게 연관되지 않는 일에 대해서는 각자의 개별성이 발휘되도록 하는 것이 바람직하다. 각자의 고유한 개성이 아니라 전통이나 다른 사람들이 행하는 관습에 따라서 행동하게 되면, 인간을 행복하게 만드는 중요한 요소 가운데 하나이자 개인과 사회의 발전에 결코 빼놓을 수 없는 요소인 개별성을 잃게 된다. (밀 2005: 107-109)

밀이 『자유론』에서 제시한 자유의 가치에 대한 옹호의 근거는 다음과 같이 요약된다. 첫째, 자유는 진리와 진리로 인한 확신을 우리에게 부여한다. 둘째, 개인의 행복과 정신적 발전을 위해 자유가 필요하다. 셋째, 자유는 개인성을 개발하여 발전하게 하며 각 개인성의 발전은 궁극적으로 사회의 진보로 귀결된다. 개인의 자유는 개인에게는 행복을, 사회에는 발전을 가져온다는 것이 『자유론』에서 밀이 역설하는 핵심적 내용이다.

따라서 밀이 언급하는 자유는 개인의 행복을 위한 조건이자 동시에 사회의 발전과 진보를 위한 조건이기도 한 것이다. 그러기에 자유는 언제나 철저히 보장되어야 하며, 충분한 의견 개진의 기회가 모두에게 주어져야 한다는 것이 『자유론』을 거쳐 『대의정부론』으로 이어지는 밀의 민주주의론의 근간을 이룬다. "전체 인류 가운데 단 한 사람이 다른 생각을 가지고 있다고 해서, 그 사람에게 침묵을 강요하는 것은 옳지 못하다. 이것은 어떤 한 사람이 자기와 생각이 다르다고 나머지 사람 전부에게 침묵을 강요하는 일만큼이나 용납될 수 없는 것이다." (밀 2005: 42)라고 역설하면서, 밀은 민주주의 사회에서의 다양한 의견의 존재 가능성과 이들 간의 토론과 소통의 필요성을 인정한다.

여기서 언급하는 "개인의 자유"에서 개인에 초점을 맞추어 본다면,

자유는 보다 복잡한 사회적 이슈로 등장하게 된다. 정신적 가치로서의 자유가 정치의 장에서 실현되어야 진정한 자유라는 데 착안하게 되면서, 나와 너의 관계, 즉, 개인간의 관계로부터 자유의 실현가능성을 위해 정치적 제도와 체제가 필요하다는데 생각이 모아지게 된다. 여기서 문제는 사회의 성원 모두가 동등한 자유를 지니고 있다는 데에서 시작된다. 모든 이가 평등하기에 모든 이가 동등한 자유를 지니고 있지만, 모든 이의 자유를 동시에 충족시킬 수 있는 정치의 장은 현실에 존재하지 않는다는 것이 바로 정체제도와 체제를 형성하게 되는 이유이기도 한다. 여기에 근대 민주주의의 존재 가치와 그 어려움이 동시에 드러난다.

2) 민주주의와 평등의 제도화

자유가 민주주의 제도의 기반임이 그리스 아테네의 직접민주주의 모델로부터 드러나고 있음은 주지의 사실이지만, 자유는 이념이자 정신적 원칙이기에 현실에서 그 모습을 드러내기 위한 작업의 필요성이 존재한다. 여기에 평등의 중요성이 있다. 그리스 시민들의 지유는 시민간의 평등으로부터 가능했고, 근대 이후의 민주주의에서 평등은 자유를 지켜내는 수호자 역할까지 담당하게 된다. 자유와 평등이라는 두 가지 중요한 근대적 가치의 균형을 어떻게 맞추어 나가야 하는지가 바로 근대 민주주의 체제가 정립된 이래 지속되는 문제의식이다. 평등에 대한 침해는 곧 자유의 위기로 이해되었고, 평등의 파괴는 자유에 대한 공격으로 간주되면서 역사적으로 전방위적인 정치적 저항에 정당성이 부여되는 이유가 되기도 하였다.

『미국의 민주주의』에서 토크빌은 18세기 프랑스와 미국에서 동시적으로 발생하고 있는 평등으로 향한 시대적 상황을 설명하고 있다. 자유의 가치에 대한 절대적 신뢰를 보내면서도, 평등으로 움직이는 현실정치의 흐름을 분석하면서, 정치체제로서의 민주주의가 자유정신을 앞세워 평등의 제도화로 향하는 경향성을 찾아낸다.

> 사람들이 평등하고 동일한 조건의 평범한 수준 속에서 더욱 가깝게 접근할수록 특정한 개인이나 또는 특정계급을 절대적으로 신뢰하는 일은 적어진다. 그 반면에 대중을 신뢰하는 마음은 점점 증가하고 동시에 여론은 세계를 제패하는 여왕처럼 고고해진다. 공통적인 견해야말로 민주사회의 시민에게 있어 개인적 판단에 도움을 주는 유일한 안내자일 뿐 아니라, 또 그것은 다른 사회에서 공통적인 견해가 갖는 영향력보다 훨씬 큰 영향력을 갖는다. (토크빌 2013: 571)

결국 자유를 위해서는 평등이 동반되어야 하고, 참여에는 자유가 전제되어야 한다는 것이 민주주의의 기본적 내용으로 인정되어 온 데서 알 수 있듯이, 자유와 평등의 제도화 과정에서 우리는 민주주의의 모습을 찾아볼 수 있을 것이다. 정신적 가치로서의 자유는 법과 제도의 옷을 입고 평등과 함께 현실의 변화를 주도하고, 그 구체적 모습은 법과 제도의 정립이라는 제도화 과정을 통해서 드러난다. 거주이전의 자유는 이사갈 때 드러나고, 직업선택의 자유는 이직했을 때 분명해지는 것처럼, 나의 자유와 평등은 사회에서의 활동과 참여를 통해서 드러나는 것이며, 그 드러냄을 담는 과정이 바로 제도화 과정이다. 따라서 민주주의 제도화는 자유, 평등의 가치 확보를 위해서도 절대적으로 필요하지만 동시에 토크빌과 밀이 우려했던 제도 속에 고립되는 개인이 발생할 가능성의 사전 차단이라는 과제도 중요하게 등장한다.

자유가 인간을 자유롭게 한다는 것은 원론적으로 당연하지만, 평등을 통해 다수에 의존하게 되는 개인의 자유는 개인을 자유가 아닌 구속으로 몰아버릴 수 있다는 민주주의 사회가 가지는 역설적 위험성에 대해 토크빌은 경고한다.

> 민주사회에서 평등은 시민으로 하여금 동료시민으로부터 독립할 수 있도록 해주지만 동시에 그것은 전체시민 각자에게 그렇게 해줌으로써 결국 개개 시민을 외롭게 하며 또 다수의 영향을 쉽게 받게 만든다. (토크빌 2013: 571)

여기에 밀은 "여론을 빌려 자유를 구속한다면, 그것은 여론에 반해 자유를 구속하는 것만큼이나, 아니 그보다 더 나쁜 것" (밀 2005: 42)이라며, 자유에 대한 정당한 간섭의 요건으로 위해의 원칙(harm principle)을 제시한다. 모든 사람에게 자기를 보호할 권리가 있음을 인정한다면 자유의 행사와 관계된 사람들에게도 자기 보호의 원칙이 지켜져야 한다는 의미에서, 자유에도 한계가 존재한다는 점을 밀은 인정한다.

궁극적으로 자유와 평등이라는 가치는 민주주의의 제도화 과정을 통해서 서로의 균형을 맞춰나가게 되는 것이다. 즉, 자유를 통해 개별적 독립성이 확보되고 제도에서 배제되는 구성원이 존재하지 않도록 하는 것이 자유와 평등의 제도적 보장이 지향하는 지점이다. 자유가 타인으로 확대되어 가는 과정에서 형성되는 다수결의 원칙과 이에 걸림돌로 대두하는 다수와 여론의 전제를 돌파해 나가는데 필요한 요건으로 소수자의 권리 확보와 보호라는 문제가 드러나는 바, 이러한 난제를 어떻게 효율적으로 제어하면서 사회의 발전을 지속적으로 제고시킬 수 있는가 하는 것이 바로 민주주의 제도화 과정의 궁극적 목적지이며, 여기에 선거제도 논의의 적실성이 존재한다.

3. 선거제도의 역할과 목적 - 민주주의의 제도적 기반

1) 민주주의와 선거제도

고대 정치사에서도 선거의 역사는 그리 짧지 않다. 민주주의의 기원으로 회자되는 그리스 아테네에서도 추첨과 함께 인선방식으로서 선거는 중요한 제도로 차용되어 왔다. 중세 유럽에서도 선거는 신분제 의회의 대표 선출을 위한 방법으로 활용되었다. 근대 민주주의와 고대나 중세의 선거는 선거권자의 범위에 있어서의 현격한 차이가 있었을 뿐, 의사와 정책결정 방식으로서의 선거는 공동체의 역사만큼이나 오래되었다고 볼 수 있을 것이다. 대표자 선출과 정책결정이라는 집합적 의사결정 방식으로서 선거가 활용된 이유로는 다음 두 가지를 들 수 있다. 즉, 일정한 사회문제 해결을 위한 정책 결정이 필요했고, 다수의 지지를 받는 대표자나 의견이 합당한 것이 될 수 있다는 공감대의 형성이 바로 그것이다. 현실적으로 불가능한 직접민주주의제보다, 대의민주주의 제도 하에서 선거와 투표는 필수적이다. 대의민주주의는 국민의 대표자가 주도적으로 운영해나가는 정치제도이기에, 국민이 대표자를 선출하는 과정이 정치제도의 핵심이며, 선거제도는 민주주의의 제도적 기반이자 기둥이라 하겠다.

민주주의의 제도적 기반으로서의 선거에 대해 사회과학백과사전에서는 "조직 구성원의 일부나 전체가 조직의 권위있는 직책을 수행할 1인 또는 소수의 인사를 조직의 규칙에 의해 인정된 절차에 따라 선정하는 것"으로 규정하고 있다. 민주주의를 경쟁적으로 투쟁하여 공직을 차지하려는 수단으로서의 제도적 장치라고 설명하면서, 민주주의를 선거와 동일시하는 견해도 있는 바 이는 국민의 대표자를 통한 정치제도가 민주주의이고, 그 핵심에 선거제도가 있기 때문이다.

이러한 선거제도의 기능에 대해서는 대표선출이라는 상향적 기능과 정치엘리트의 정당성 확보라는 하향적 기능으로 양분되기도 하지만, 실제로는 대표자인 정치엘리트와 국민이 상호 의사소통하는 쌍방향 통로로 볼 수 있을 것이다. 선거를 민주주의의 제도적 기반으로 볼 수 있는 것은 다음과 같은 선거의 기능으로부터 추론이 가능하다. 선거의 우선적 기능은 정치인의 충원과 정부의 구성이다. 다음으로 이렇게 구성된 정부는 대표성을 가지고 정책에 영향력을 행사하게 된다. 나아가서 선거는 정치현실과 정책현안, 정당과 후보자관련 정보, 정부의 현안과 시민의 관심사 등을 유권자 시민에게 알리는 교육의 기능도 수행하면서, 동시에 정치엘리트 집단의 권력을 강화시키는 일종의 역기능도 수행한다. 마지막으로 선거를 통한 정당성 확보는 선거의 기능 중에서 가장 중요하다고 할 수 있겠다. (김비환 2013: 187-192) 민주주의의 주인은 국민이고, 국민의 동의를 통해 정치가 지속되어 나가는 정치체제가 민주주의이기에, 선거를 통해 받아낸 국민의 동의는 정치집단의 정당성과 정권의 정통성 유지에 매우 중요한 근거가 되는 것이다. 대표성에도 정당성이 담보되지 않으면 실효적 정치지배를 유지해나갈 수 없다는 것은 1980년대 우리의 민주화 과정에서 잘 드러난다.

개인의 자유와 평등을 기반으로 하여, 선거가 현대의 민주주의 사회에서 공정한 문제 해결과 대표자 선출을 하기 위해서는 몇 가지 조건을 필요로 한다. 근대 이후 선거제도의 4대원칙이라고 제시되는 보통선거, 평등선거, 직접선거, 비밀 선거 원칙에 그 기본이 제시되어 있다. 보통선거는 일정 연령에 도달하는 모든 시민에게 선거권을 부여하는 것으로 모든 이의 자유와 평등이라는 전제에 대한 보편적 신뢰가 인정되지 않는 사회에서는 이루어지기 어려운 것이었다. 평등선거는 모든 이의 평등이 반영된 내용으로 1인 1표를 의미한다. 프랑스 대혁명 등 시민혁명을 통해서도 이러한 선거 원칙은 쉽사리 형성되지 못하였고, 재산이나 세금 등의 액수에 따른 일정기준을 설정한 제한선거, 어떤 이는 1인 다표를 가지는 차등선거 등 다양한 방식의 차별성이 오히려 일반적이던 시기가 그리 오랜 과거가 아님을 알 수 있다. 여기에 몇 가지를 현대적으로 부가하자면 다음과 같은 것들이 있다. 우선, 선거는 집단적 선택 행위이므로 사회에서 보편적으로 인정되는 규칙과 절차에 따라 진행될 필요가 있다. 절차와 규칙은 민주주의 정치제도 유지에 필요한 정당성 확보를 위해 필수적인 장치이다. 또한 선거 결과를 도출하는 방식은 자유와 평등에 근거하여 다수결 방식을 차용한다.

2) 다수결 원칙과 소수자 보호

2500여 년 전 고대 그리스 아테네의 민주주의 사회에서 시민의 자유와 평등을 드러나게 하는 주된 인선방식은 선거가 아니라 추첨이었다. 오랫동안의 토론과 의견교환 작업을 통해 시민의 가능성과 동질성에 대한 신뢰를 기반으로 아테네는 평의회의 평의원과 재판부 배심원단으로 봉사할 사람들을 선발하는데 추첨이라는 방식을 사용한다. 민회의 구성원이었던 시민 모두를 대상으로 하여, 그들 중에서 필요한 인원을 추첨하고, 일정 임기 후에는 그들 이외 나머지 민회의 구성원에서 추첨하는 방식을 채택하였다. 직접민주주의 형태로서 대표자를 선발하는 것이 아니라 봉사자를 택하는 작업이라는 점에서 현대 민주주의 체제의 인선작업과는 근본적으로 상이하다.

근대에서 부활한 민주주의가 아테네의 민주주의와 동일한 모습의 정치체제로 자리 잡는 것은 애초부터 불가능한 일이었다. 아테네라는 도시국가와 영국, 프랑스, 미국이라는 국가체제는 구성 규모부터 많은 차이를 보인다. 시민인구 3-4만 여의 작은 도시국가 아테네의 민주주의가 수천만의 인구를 보유한, 광역국가에서 자리 잡기 위해서는 아테네와는 다른 방식의 체제가 요구되었고, 불가피하게 대표자가 필요해졌다. 이제 문제는 자유, 평등의 시민 집단으로부터 누구를, 어떻게 대표자로 선별해낼 것인가라는 데 모아진다.

모든 이의 자유와 평등에서 출발하는 근대의 민주주의에서 모든 인민의 정치에서의 참여 확보와 보장은 필수적 요소가 되며, 나아가서 참여는 최대한 확대되어야 한다. 따라서 모든 사람이 주권행사에 참여하여 주권을 나누어가지는 것이 민주주의의 이상적 형태라고 하겠지만,

실제 현대의 공동체 규모로 보아, 모든 구성원이 정치에 직접 참여하는 것은 현실적으로 불가능하다. 따라서 민주주의가 대의제로 가는 것은 민주주의의 모습을 지켜내기 위한 필연적이고 당연한 경로라고 할 수 있다. 이에 대해 로버트 달(Dahl)은 현실에서의 시간과 수가 가지고 있는 냉혹한 결과를 수치로 보여준다. (달 1999: 144-147)

"민주적 단위에 시민들이 많이 있으면 있을수록 정부결정에 직접 참여할 수 있는 시민은 점점 줄어들고 점점 더 그들은 다른 사람들에게 권한을 위임해야 할 것"이라고 주장하면서, 달은 시민참여와 체제의 효율성간의 딜레마에 대해 다음과 같이 설명한다.

> 민주적 단위가 작으면 작을수록 시민참여의 잠재적 가능성은 점점 증가할 것이고, 시민이 정부결정을 대표에게 위임해야할 필요는 점점 줄어들 것이다. 단위가 크면 클수록 시민에게 중요한 문제를 다루는 능력은 점점 증대될 것이고, 시민이 대표에게 결정을 위임할 필요도 점점 증대된다. (달 1999: 149)

유권자 4000만 시대를 넘나드는 대한민국의 현실에서 이는 명확히 드러난다. 어느 한 가지 안건에 대해 1분씩만 의견을 제시한다고 했을 때, 유권자 모두가 의견을 제시하는데 필요한 시간은 상상을 초월하게 된다. 결국 현실사회에서 가능성과 효율성의 문제로 인해 민주주의 제도적 적용에 있어 대의제와 의결방식으로서의 다수결이 채택되게 된다. 다수결은 모든 이의 자유와 평등이라는 전제에 매우 충실한 방법으로, 정책을 결정하고 대표자를 선출하는 과정에서 기본적으로 사용되는 방법이다.

우리의 대통령 선거방식과 국회의원 선거에서의 소선거구제에서 적용되는 단순다수대표자 선출방식이 그 전형적인 방법이라고 할 것이다. 각 개인이 가지는 자유의 무게가 동일하기에 하나라도 더 많은 사람이 동의를 보이는 쪽으로 결정 추는 움직이게 된다는 것이다. 민주주의 사회의 의결 원칙인 다수결방식은 모든 이의 자유와 평등에서 기인하는 것으로, 어느 누구의 의견도 다른 어느 누구의 의견보다 우선할 수 없는 상황에서 결정을 내릴 수 있는 합리적 방법이라고 할 수 있을 것이다.

자유와 평등에 그 논리적 근거를 두고 있는 다수결 원칙은 이행되어 결정이 집행되는 과정에서 다수에 속하지 않는 소수의 자유와 평등이라는 문제에 봉착하게 된다. 실제로 현대의 많은 정책이 결정되는 과정에서 압도적 다수는 흔하지 않다. 오히려 51% 대 49%라는 매우 근소한 차이로 결정되는 경우가 허다한 상황에서, '거의 절반'이라고 할 수 있는 49%에 해당하는 '숫적 소수'의 자유와 평등에 대한 문제 제기를 간과하기는 어렵다. 이미 앞서 언급한 바와 같이 존 스튜어트 밀은 『자유론』에서 '다른 생각을 가진 단 한 사람'에게도 의견제시의 자유가 충분이 보장되고 다수의 이름으로 침묵이 강요되어서는 안된다고 역설하면서, 자유와 평등의 진정한 보장을 위해서는 다수결 원칙 적용의 선결요건으로 소수자 보호 원칙을 제시한다.

민주주의의 사상적 근간인 자유와 평등의 동시적 확보라는 목적을 달성한 듯했던 민주주의 사회의 선거제도는 소수자의 문제에 직면하여 새로운 돌파구를 마련하고자 시도한다. 자유와 평등의 관계 설정을 통해, 다수결원칙과 소수자 보호의 문제를 모두 충족시키기 위한 선거제도의 변화를 모색한다. 실제로 단수다수대표제 방식에서 비례대표제의 도입은 소수자의 의결권과 대표성을 보장하기 위한 것으로 자유와 평등의 실질적 확보라는 의미를 갖는다.

4. 대표성의 문제와 민주주의의 지속가능성

1) 소수자의 대표성 증진이 주는 함의

선거는 다양한 정치적 역할을 수행하면서 민주주의의 제도적 기반으로서 자리매김한다. 사회에 다양하게 분포하는 정치적 의견, 가치관, 이해관계를 대표하면서, 선거를 통해 정당과 후보자는 자신의 주장과 정책을 유권자에게 전달하고 지지를 호소하며, 잠재되어 있던 유권자들의 정치적 견해와 이해관계를 드러나게 한다. 이렇게 드러나게 된 다양한 정치적 견해와 이해관계를 통합 조정하면서, 사안에 따른 여론의 추이와 방향을 확인하는 것도 선거의 정치적 역할이라 할 수 있다. 선거를 통해 결정된 대표자나 정책은 정치사회의 정당성과 정통성의 근거가 되며, 민주주의는 안정 기조 위에서 움직일 수 있게 되는 것이다. 이러한 선거의 역할을 통해서 유권자는 민주주의의 진정한 주인으로 자리매김하게 되면서 주권자로서의 권리와 자부심, 그리고 정치에의 책임감을 가지게 된다. 반복되는 선거를 통해서 유권자는 정치의 국외자가 아니라, 정치의 핵심에 존재하는 정치인이라는 인식을 통해 민주주의가 안정적으로 지속하게 되는 것이다.

모든 존재하는 것에 목적이 있다는 아리스토텔레스의 말처럼, 선거제도도 목적(telos)이 있다. 앞에서 언급한 선거의 정치적 역할에서 살펴보면, 선거제도의 목적은 주권자로서의 시민의 등장과 민주주의 제도의 안정과 정당성 확보라고 할 수 있을 것이다. 목적을 가진 모든 존재는 목적을 달성하려는 의도를 가지고 일정 과정을 설정하게 되는데, 목적에 충실한 의도와 과정은 그 자체로서 정당성을 가진다. 선거제도의 목적인 시민의 등장과 민주주의의 안정을 위해서 필요한 것은 자유롭고 평등한 시민의 주권자로서의 등장이며, 이를 위해서는 선거제도의 절차적 정당성 확보가 필요하고, 이는 곧 선거의 규칙과 절차에 대한 합의와 결정방식에 대한 신뢰가 요구된다.

대의민주주의에서는 선거를 통해 국민이 선출한 대표자로 의회가 구성되고, 다수 득표를 한 자에게 정부 형성의 권한을 맡긴다. 수많은 국민의 다양성이 동일한 하나의 결과로 통합되어 대의민주주의는 '동일성의 정치(politics of identity)'를 구현한다. 동일성의 정치는 '1인1표'의 평등성, '다수는 항상 옳다고 하는 정당성', '소수는 다수가 될 수 있다'는 가능성에 근거한 다수결을 정치적 결정 원칙으로 설정하고 대표자에게 정통성을 부여한다. 다수결 원리에 따르면 보통, 평등, 직접, 비밀선거에 의해 다수가 된 51%는 49%의 소수보다 정당하다. 49%의 소수는 다음 선거에서 51%의 다수를 설득해 51%의 다수가 될 가능성을 가질 수 있고 자신의 정당성을 주장할 수 있는 가능성과 기회를 가진다는 것이다. 이러한 다수결 원리로부터 다수대표성의 근거가 제시된다. (이남석 2001: 20-21)

그러나 실제로 사회에 존재하는 소수가 모두 앞서 언급한 49%의 소수에 해당하지는 않는다는 것에 정치적 소수의 문제가 존재한다. 51% 대 49%의 경쟁에서 49%에 해당하는 소수는 해당 시기에 양적인 배제를 당했을 뿐, 차후에 또 다른 기회와 가능성은 이들에게 열려있다. 그러나 현실적으로 사회에는 이러한 변화의 가능성이 차단되어 있는 질적 소수집단 - 즉, 정치사회의 주류가 될 가능성이 거의 없는 운명에 처한 집단 - 이 존재한다. 여성, 유색인, 외국인노동자, 배우지 못한 자, 소수종교 신봉자, 특정이념 신봉자, 동성애자, 양성애자, 경제적 무능력자 등이 기존 정치사회질서에 편입되기 어려운 주체로서 여기서 언급한 질적 소수집단에 속한다. 이들은 선거에서 다수가 되기도 어려울 뿐만 아니라, 다수가 될 수 있다는 가능성과 기회에서도 차단되어 있는 것이 현실이다. 이렇게 볼 때, 다수결 원리가 자랑하는 평등성, 정당성, 가능성이란 이들에게는 형식적 평등성, 허구적 정당성, 말뿐인 불가능한 가능성에 불과하다. 현실 정치의 문제 해결을 위한 방법으로 대의정부론을 제시하면서도, 밀이 민주주의에서 나타날 수 있는 '다수의 전제(tyranny of majority)'[1]에 대한 우려를 떨쳐내지 못하고 있는 이유가 바로 여기에 있다.

민주주의는 통상적으로 다수파에 의한 지배라고 인식되고 있다. 이러한 전제에서 바라볼 때, 지배 권력이 특정집단 또는 계급의 이해관계에 의해 휘둘릴 가능성이 충분히 있다. 지배 권력이 사회 전체의 이익을 지향하는 불편부당한 관점과 배치되는 행동을 취할 수도 있다는 말이다. (밀 2012: 123)

다수 대표성은 전체 유권자가 아니라 다수가 될 가능성이 차단된 상태에 존재하는 소수의 대표성을 배제한 상태의 대표성으로 진정한 대표성이 될 수 없다는 점으로부터 소수대표성의 제고가 민주주의의 달성을 위해 절대적으로 필요한 조건임이 드러난다. 한마디로 대표성에 대한 전향적 사고가 대의민주주의의 진행과정에서 드러난 대표성의 문제 해결과 정당성의 확보를 위해 요구된다고 하겠다. 민주주의는 완결된 상태가 아니라 미결정상태로서 형성과정에 있는 것이기에, 사회에 존재하는 타자로서의 소수자에 대한 인정과 통합은 동일성의 정치에 대한 차이의 정치 구현이며 민주주의의 질적 제고를 의미하는 것이다. (Benhabib 1996: 254) 여기에 소수자의 대표성에 대한 논의가 민주주의의 진행과 지속가능성에 주는 함의가 존재한다.

앞서 언급한 바와 같이 선거제도의 목적이 동의에 의한 정당성 확보에 있다면, 다수 대표성에 동의하지 않는 소수의 문제를 넘어서야만 선거제도는 지향점인 목적지에 도달할 수 있을 것이다. 따라서 소수의 권리 증진과 대표성의 확보를 통한 민주주의의 질적 심화는 민주주의가 바로 서기 위해서 우리가 해결해야 할 당면과제이자, 민주주의 확립을 위한 선거제도의 텔로스를 향한 최선의 정책이다.

---

1) 밀이 1870년대 언급한 '다수의 전제'는 물론 소수엘리트가 다수 대중에 의해 억압당하면서, 사회의 지적 발전이 저해될 수 있다는 우려에서 나온 개념으로, 이 글에서 말하는 '다수'에 대한 '소수'의 개념과 정확히 일치하는 것은 아니다. 그러나 그의 '다수의 전제'라는 개념으로부터 어느 하나가 다른 모든 것을 장악해서는 안된다는 다원주의적 속성을 찾아낼 수 있을 것이다.

> 비록 다수파에 수적으로는 밀리더라도 소수파가 자신의 이해관계와 생각, 지성을 드러낼 기회를 가지고, 나아가 수적 열세를 뛰어 넘어 인격의 무게와 논리의 힘에 의해 일정한 영향력을 발휘할 수 있는 이런 민주주의만이 진정 평등하고 공평하며, 모든 사람에 의한 모든 사람의 정부를 가능하게 해준다. (밀 2012: 163)

『대의정부론』 7장에서 밀은 인민 전체를 대표하는 참된 민주주의와, 다수파만을 대표하는 거짓 민주주의를 구분하면서, 모든 사람이 대표권을 가지지 못하고 각 지역의 다수파만 대표를 낼 수 있는 것을 거짓 민주주의로 지칭한다. 밀은 당시 토마스 헤어(1808-1891)가 영국 의회개혁의 방법으로 제시한 비례대표제를 통해 대의민주주의의 질적 제고가 가능하게 되었다고 주장한다.[2] 비례대표제라는 발상은 기본적으로 다수대표가 장악하고 있는 정치현장에서 소수의 엘리트들의 소리가 묻히지 않을 수 있도록 도와주는 장치로서 시작되었다고 볼 수 있지만, 소수가 다수를 뚫고 현실정치에서 그 대표성을 드러내는데 매우 효율적이고 유용한 방안이라 할 수 있을 것이다.

단순다수대표제이거나 비례대표제이거나간에, 민주주의의 제도적 기반으로서의 선거제도가 가지는 원리는 다음 세 가지로 요약이 가능하다. 첫째, 유권자의 정치적 의사가 정치에 정확하고 충실하게 반영되어야 하며, 둘째, 제도를 통해서 당선된 대표자는 권력의 정당성과 정통성을 인정받아야 하고, 셋째, 유권자의 입장에서 이해하기 용이하고 예측

---

2) '거짓 민주주의'에서는 높은 지성을 가진 소수파가 대의제에서 자신의 소리를 낼 수 있는 길을 찾기가 매우 어렵게 된다는 것이 밀의 주장이다. (밀 2012: 147) 대의 민주주의의 다수 대표제의 부족함을 보완해주는 것이 바로 개인 대표제라고 할 수 있는데, 민주적 다수의 본능에 맞서 부족한 것을 보완하고 잘못된 것을 고치려면 지성을 갖춘 소수밖에 의지할 데가 없음 (밀 2012: 152)을 역설하면서 비례대표제 도입을 주창한 토마스 헤어를 높이 평가한다.

하기 쉬운 방법이라야 한다. 선거제도를 통해서 다수대표와 함께, 소수자도 대표 선출 과정에서 배제되지 않는 방법, 대의민주주의가 가지는 동일성의 정치에 차이의 정치를 어떻게 배합할 것인가에 대한 연구는 비례대표제를 필두로 하여 여전히 진행 중이며, 여기서 정치적 소수자로서의 여성의 정치참여와 대표성 증진 문제가 민주주의의 양적 확대와 질적 심화에 결정적인 사안으로 대두하게 되는 것이다.

2) 여성 참여의 효과와 대표성 증진 방안

소수자의 대표성 증진은 민주주의의 양적 확대를 통한 질적 성장의 가능성을 보여준다. 인간의 삶에서 건강의 지표가 각 신체 기관의 건강에서 나타나듯이, 정치 건전성과 정통성의 지표도 각 개인과 기관의 정당성을 통해서 반영되는 것이며, 이는 궁극적으로 대표성의 확보비율이라든가 대표자의 수에서 명시적으로 드러나게 된다. 시민의 정치적 의사가 정치에 충실하게 반영되어 정치가 정당성을 부여받을 수 있도록 하는 것이 선거제도의 원리이자 목적이기에, 이들을 현실정치의 장에서 드러내는 구체적 작업이 절실해진다. '이상적인 것은 현실적인 것이고, 현실적인 것은 이상적인 것'이라는 헤겔의 말이 아니더라도, 추상은 현실의 구체성 속에서 그 모습을 드러내고, 구체적 양태는 추상으로부터 근본이라는 생명을 주입받는다. 따라서 민주주의는 선거제도를 통해 자유, 평등한 모든 개인의 동등한 참여와 의사표현의 가능성이 제고되는 것이다. 결국 선거제도의 목적은 민수주의의 증진이고, 민주주의의 증진은 선거를 통한 대표성의 증진을 통해서 가능해지는 것이다.

근대 시민혁명을 통해서 자리 잡게 된 대의민주주의 체제와 다수대표제 선거의 원리는 다수의 이름으로 소수자를 배제한 채, 모든 이의 자유와 평등이 다수의 자유와 평등으로 좁아지면서, 근대혁명사상의 기본인 보편성이 정치사회의 소수자 앞에서 멈춰버리는 현상이 여성 이슈 앞에서 극명하게 드러난다.

민주주의의 완성 여부나 그 완성도는 법과 제도의 적용 정도에서 측정이 가능하다. 따라서 민주주의의 기본 개념인 자유와 평등의 적용을 동일하게 받지 않는 사회적 집단이 존재한다고 할 때, 그 사회의 민주주의가 완성되었다고 말할 수 없다. 민주주의의 완성 정도는 따라서 자유와 평등이 닿지 않는 사각지대의 존재와 그 혜택을 받지 못하는 소외집단의 존재를 통해 평가할 수 있는 것이다. 그렇기에 민주주의는 단순히 양적 외연의 확대만으로 그 성공을 운위할 수 없으며, 질적 내용의 심화 - 즉, 자유의 질적 확대 - 를 통해서만 그 완성을 말할 수 있는 것이다. '국민이 국가의 주인'이고 '민중(demos)이 통치(cratia)'하는 것을 민주주의라 할 때, 주인이 아닌 집단이나 통치하지 못하는 사람들이 존재하는 곳에 민주주의가 존재하는 것인지에 대해서는 생각해 볼 필요가 있다.

여성이라는 대규모 소외집단의 존재가 민주주의를 측정하고 그 양적, 질적 완성도를 평가하는데 결정적인 변수가 되는 중요한 이유가 바로 여기에 있는 것이다. 실제로 유엔개발계획(UNDP)의 통계자료에서도 한 국가의 경제발전정도를 나타내는 인간개발지수(HDI)와 여성의 진출도와 사회적 활용도를 측정한 성별권한척도(GEM)는 많은 나라에서 대체로 유사한 수준을 유지한다.[3] 결국 여성의 사회에서의 집단적 위치가 그 나라의 민주주의의 정도를 제시해주는 지표이며, 나아가서는 여성관련 법제에서 보다 구체적인 지표를 찾아볼 수 있다. (박의경 2011: 38-39)

---

3) 이와 달리, 한국의 경우는 HDI와 GEM에서의 격차가 발생하고 있음을 알 수 있다. HDI에 있어서 대체로 30위원 이내로 상위국으로 분석되는 한국의 GEM은 68위에서 83위를 오가면서 중하위국으로 내려앉아 있는 상태이다. 사회의 불균형성을 보여주는 지표이다.

여성의 정치참여나 정책결정직에의 참여를 논할 때 빠지지 않고 등장하는 사례가 스웨덴과 노르웨이등 북유럽의 노르딕국가들이다. 2014년의 국제의회연맹(IPU)의 자료에 따르면, 여성의회의원비율에서 있어 스웨덴은 45%, 핀란드는 42.5%, 노르웨이는 39.6%에 이르고, 여성장관비율에 있어서는 각각 56.5%, 50%, 47.1%에 달한다. 이들 국가는 모두 UNDP에서 발행하는 인간개발보고서(HDR)상의 인간개발지수(HDI)와 성별권한척도(GEM)에서 세계 10위권 안에 포진하고 있다. 인간개발지수는 평균수명, 1인당 GDP, 국민의 교육수준, 문자해득율 등을 가지고 평가하며, 국가의 경제수준을 알 수 있는 지표인 반면, 성별권한척도는 여성의회의원비율, 여성고위직 공무원비율, 여성전문가 비율, 여성 1인당 GDP등을 가지고 평가하는 것으로, 한 국가에서 여성의 의사결정에 대한 참여도를 중시하는 지표이다.

> 양성평등정책, 여성의 정치적 대표성을 논의할 때 스웨덴은 자연스럽게 하나의 관심국가가 되고 있다. 주지하다시피, 스웨덴은 1998년 총선 이후 의회의 여성대표율이 43%, 내각의 50%를 이루어 세계에서 가장 활발한 여성친화적 국가로 기록되었다. 1993년 스웨덴 정당사상 처음으로 여성의원이 쉬만(Dudrun Schyman)이 좌익당의 당수가 되었으며, 1994년 칼손(Ingvar Crlsson) 정부는 내각의 절반을 여성에 할당한 정부를 구성한 바 있다. 그리고 1998년 이후 페르손(Goran Persson)정부에서도 이 원칙은 지켜지고 있다. 2002년 선거 이해 스웨덴 의회 내 여성의원비율 45.3%, 내각에의 여성참여 평균 40-50%는 분명 특징적 모습으로 기록되었다. (이헌근 2007: 131-132)

이렇게 북유럽 국가들이 다른 지역의 나라들보다 여성정치 분야에서 특별히 다른 양상을 보여주는 이유에 대해서는 논란이 많다. 대체로 비례대표제도라는 선거제도를 가장 중요한 요인으로 분석한다.[4] 그러나 단순히 선거제도 하나만 가지고 세계평균 여성의원 비율 20%를 두 배

이상 상회하는 통계수치에 대한 설명을 명쾌하게 해내기는 쉽지 않다. 특히 북유럽 사회가 다른 사회와 많이 다른 양상을 드러내는 데에는 다른 이유도 분명히 존재한다.

북유럽 국가는 대체로 1900년대 초에 여성들에게 투표권을 부여하였다. 핀란드는 1906년, 노르웨이는 1917년, 스웨덴은 1919년에 여성에게 투표권이 부여된다. 또한 1889년에 스웨덴에서는 사회민주주의를 강령으로 하는 사민당이 창당되고 1920년 집권하게 되면서 국가 정책은 평등을 지향하는 사회민주주의를 기조로 하게 된다. 사회민주주의의 사상적 근간은 무엇보다도 사회의 구성원 모두의 동등한 참여에 있다. 사민당의 집권이 이후 30여 년 간 이어지는데, 여기서 스웨덴의 개혁을 추구하는 사민주의 노선은 노사관계나 복지국가 형성 차원에서 하나의 모델로서 자리 잡게 되었다.

이러한 스웨덴 모델은 여성정치의 차원에서도 동일한 방향으로 진행된다. 스웨덴의 "어느 한 성(性, gender)이 40%이하여서는 안 된다"라는 규정은 다수결의 원칙을 기본적 의결방식으로 채택한 민주주의 사회에서 발견할 수 있는 가장 평등 지향적 규정이다. 사회의 구성원 모두의 참여를 근간으로 인정하는 데서부터 소외받는 자가 없어야 한다는 생각을 현실에 구체적으로 적용하려는 의식이 법으로 구체화된 것이라고 볼 수 있다. 여기서 민주주의의 질적 제고를 위한 다수대표성과 조화를 이루는 소수 대표성의 증진은 선거제도의 개선과 이를 뒷받침해주는 참여적 정치문화의 보편화와 양성평등적 가치의 정립을 통해서 가능한

4) 2014년 현재 의회에서의 여성의원 비율이 30%를 넘는 국가로서 스웨덴, 핀란드, 벨기에, 아이슬란드, 스페인, 노르웨이, 덴마크, 네덜란드, 독일, 오스트리아는 모두 비례대표제를 채택하고 있다. 국제의회연맹(ipu)의 자료를 살펴보면, 이들 국가의 여성의원 비율은 스웨덴 45%에서 오스트리아 32.2%까지의 분포를 보이고 있다. (www.ipu.org)

것임이 드러난다, 제도를 실현하기 위해서는 의식의 뒷받침이 필요하며, 의식이 지속적으로 힘을 얻기 위해서는 제도의 공고화가 필요하다는 것이다. 결국 제도와 의식은 상호적으로 동력을 제공하게 되면서, 양자는 민주주의의 발전과 지속가능성을 위한 필요충분조건으로 자리매김하게 되는 것이다.

3) 제도와 의식의 상생작용 - 비례대표제와 공천제도

노래가 노래하는 것이 아니고, 노래는 사람이 하는 것처럼, 법과 제도가 아무리 좋아도 사람이 법과 제도를 적용하고 실행하지 않으면 무용지물이다. 따라서 제도의 생명이라고 할 수 있는 실행력을 부여하는 것은 바로 유권자들의 참여와 의식이다.[5] 소선거구 단순다수대표제를 기반으로 하는 대한민국에서도 비례대표제의 역사는 이미 20여년을 넘어섰지만, 소수자 대표성 증진이나 다양성 확보와 같은 목적을 지향하고 또 어느정도 달성했는지에 대해서는 의문의 여지가 있다. 북유럽의 비례대표제가 소수자 여성의 대표성 증진에 획기적인 도움이 되었다는 평가와는 사뭇 다르다. 제도는 의식의 지원을 통해서 그 목적지에 도달할 수 있다는 것이 선거제도사에서 비례대표제의 역사를 통해서도 잘 드러난다.

---

5) 여기에 구조변화를 위한 의식의 변화, 의식의 변화를 위한 교육의 중요성이 들어서게 된다. 복지국가의 가치관과 민주주의의 완성에 핵심적 역할을 하는 스웨덴 여성정책은 교육에서부터 시작하는 양성평등 의식의 고양에 그 기반을 두고 있다. 평등사회를 위해 근본적으로 필요한 것은 새로운 세대의 올바른 성인식과 교육에서 찾을 수 있다는 스웨덴의 접근방식은 평등한 사회구조 형성에 공헌하고, 여성의 정책결정직 진출의 확대와 함께 사회의 평등 의식이 다시 고양되는 선순환구조를 이룬다. 어린 시절부터의 양성평등교육을 통해 '성 중립적(gender neutral)' 의식을 가지게 되고 진정한 평등에 대한 인식을 보유할 수 있는 기반이 형성되어, 민주주의와 평화를 위한 사회의 토대가 형성된다는 것이다. (박의경 2011: 48)

실제로 비례대표제는 유럽문화의 산물이다. 비례대표제를 처음 도입한 나라는 벨기에였고, 1906년과 1907년에 핀란드와 스웨덴, 1919년 스위스를 이어서 많은 서유럽국가들이 선거제도로서 비례대표 체제를 갖추게 된다. 비례대표제는 정치적으로 다수자 지위에 있던 집단들이 소수집단의 요구를 수용하고 그들을 정치체제에 편입시키는 일환으로 도입되어 확산되었다. (박찬욱 2000: 12-15) 그러나 실제적 효과는 비례대표제라는 제도만으로 이루어진 것은 아니다. 실제로 강력한 여성운동이나 소수자 운동이 존재하지 않는 곳에 평등의 기회가 저절로 찾아오는 경우는 거의 없다. 여성의 천국이라 일컫는 스웨덴의 경우도, 복지국가, 여성운동, 적절한 전략을 통해 스웨덴 모델을 형성한 것이다. 스웨덴을 여성대표성 약진의 성공모델로 보지만, 이는 매우 오랜 시간에 걸쳐 사회 전분야의 협업으로 이루어진 것이다.

> 제도적으로 양성평등정책의 목표에 도달하기 위해서는 다양한 분야에서의 노력들이 필요하다. 여성의 정치적 대표성 제고를 위한 스웨덴의 노력은 비례대표 선거제도와 할당제, 선거공영제, 대선거구제, 정당의 입후보자 리스트 시스템, 특히 스웨덴에 짚 시스템, 공정한 의석배분 노력, 정부의 정당 및 언론 지원방법 강화, 언론과 정당의 관계 등에서 다양하게 분석되어야 한다. 또한 여성 대표성의 균형 보장을 목표로 하는 정당의 의지가 중요하다. (이헌근 2007: 138)

여기서 알 수 있는 것은 제도의 성패를 가르는 것이 제도 그 자체에 있다기보다는 제도 밖에 있는 것이라는 점이다. 비례대표제의 성공여부는 비례대표 선정을 위한 절차, 그 절차를 거쳐 만들어지는 정당명부가 얼마나 민주적으로 결정되는가에 달려 있다는 점에서 정당의 민주화가 비례대표제 성공의 열쇠를 쥐고 있다. 선거제도의 개혁은 개혁자의 의지에 많이 좌우되고 있음도 또한 마찬가지로 해석할 수 있을 것이다.

민주주의와 정당제도가 이미 자리 잡은 상태에서 한국에서도 정당의 공천이 선거에서 후보자의 당락을 결정짓는 역할을 충실히 하고 있다는 점에서, 정당의 민주화와 의사결정구조의 민주화는 중요한 요소라 아니할 수 없다.

현재 한국 정당의 민주화에 대해서는 한마디로 규정할 수 없지만, 한국에서 비례대표제와 정당공천제도가 여성의 대표성 증진에 매우 중요한 역할은 해왔다는 점에 대해서는 아무도 부인할 수 없을 것이다. 2006년 5대 지방선거부터 기초의회에 대한 정당공천이 제도화되고, 비례대표제가 병용되면서, 2%대에 머물러 있던 여성 기초의원 비율은 2010년에는 15.1%로 획기적 증가를 보였다는 점에서 더욱 그러하다. 여성의 권익을 위해 여성의 대표성이 높아져야 한다는 주장에 대한 반박으로 여성만이 여성을 대표하는 것이 아니라는 주장에도 논리적으로 일리가 있는 것은 사실이지만, 또한 여성만이 가지는 삶의 경험이 존재하고 있다는 점 또한 간과할 수 없다는 것도 사실이기에 여성의 대표성, 소수자의 대표성 문제는 향후 선거에서도 여전히 중요한 이슈로 존재할 가능성이 높다.

스웨덴을 비롯한 북유럽에서도 여성문제는 초기에 특수한 사회적 소수의 문제로서 그들만의 사안으로 취급되어 왔으나 점차 정당의 주요 이슈로 변화하였다. 현대 우리 사회에서도 과거 개인과 가정의 개별적 사안으로 취급되던 문제들이 이제는 모두 정당의 공약에서 다루어지는 상황으로 변화되었다. 대한민국에서도 이미 10여 년 전부터 출산, 영유아 양육, 아동 보육과 교육, 집안의 환자 간호와 노인 부양 등 제반 가정 문제가 정당 공약에서 많은 비중을 차지하고 있다는 것은 주지의 사실이다. 여성 이슈의 정치화는 여기에 대한 문제의식을 먼저 가진 자가 문제를 제기하면서 시작되는 것이지만, 이를 실행하고 정책으로 반영하는 작업은 사회의 기득권이 움직여야 하기에, 기존 정치권과 정당에의

여성의 참여가 요구되는 것이다.[6)]

보다 나은 민주주의 사회로 이행하기 위해서는 소수자 여성의 정치 참여가 실질적으로 보장되어야 하며, 결과적으로 여성의 대표성이 확대되어야 한다. 비례대표제와 같은 성친화적 제도를 활성화시킬 수 있는지의 여부는 바로 인간의 의지에 달려있다. 여기에 정당의 민주화가 운위되는 이유가 있다.[7)] 법과 제도의 운영자는 인간이기에, 여성의 대표성 보장에 대한 정부의 의지, 정당의 노력, 정치지도자의 생각은 절대적 위치를 차지한다. 비례대표제나 최근 논의가 되었던 정당의 공천제도 모두 그 궁극적 지향점이 유권자의 대표성과 그들의 의사를 공정하고 충실하게 반영하는데 있다는 점을 정당 관계자를 비롯한 정치인들 뿐만 아니라 모든 유권자들이 주지할 필요가 있다.

세상은 내가 만들어가는 것이지만, 나도 또한 세상을 통해 형성되어 가는 존재이고, 제도와 의식은 서로에게 상호적 영향을 주고받는 것이기에 선거제도를 통한 정치기획은 실패한 근대기획의 방향을 '그들만의 리그'인 반쪽의 근대기획에서 온전한 근대기획이라는 목표에 도달할 수 있게 할 것이다. 모든 이의 해방, 자유와 평등을 외치면서, 인류의 절반인 여성을 배제한 채 진행되어버린 왜곡된 근대의 모습이 전향적으로 온전한 근대의 모습을 갖출 때, 민주주의도 비로소 대표성을 제대로 반영한 보다 나은 민주주의의 모습을 드러낼 수 있을 것이기 때문이다.

---

6) 한국 지방의회에서 여성관련 조례 입법 상황에 가장 적극적인 의원들은 비례대표 여성의원들이다. 따라서 여성의원의 증가와 함께 현저하게 달라진 것은 여성정책 의제의 증가추세라고 할 수 있다. 현대 사회에서 삶의 질에 대한 관심이 높아지면서 생활정치를 중시하고, 사회복지에 대한 관심이 한층 높아진 상황에서, 여성의원의 증가와 함께 여성의제의 증가는 남녀 의원 모두에게 영향을 주고 있다고 볼 수 있다. (박의경 2010: 206-207)

7) 201년 여성의원 수가 크게 증가한 이유를 정당의 여성의무공천제에서 찾았듯이, 정당공천 과정에서 정당들의 여성후보자 추천에 대한 의지는 여성의 정치적 대표성을 높이는 핵심적인 요인임을 보여주는 것이다. (황아란, 서복경 2011: 118-119)

5. 선거제도의 텔로스

법과 제도의 변화가 먼저인지, 의식과 문화의 변화가 먼저인지에 대한 논의는 닭과 달걀의 논의와도 같이 쉽사리 답을 내릴 수 있는 문제는 아니다. 그러나 한 가지 분명한 것은 두 가지 모두 절대적으로 필요하다는 것이다. 어느 하나의 뒷받침 없이 다른 것이 역동성을 가지기 어렵다는 말과 별반 다르지 않다. 상호간에 서로의 영향력을 가지고 있기에, 의식의 변화는 생각을 바꾸고, 생각이 바뀌면 현실에서 삶의 모습이 변화한다. 눈에 보이는 현실의 변화는 이제 당연한 것으로 간주되고, 변화된 생각에 정당성과 당위성이 부여된다. 이렇게 해서 역사는 움직이고, 사회는 변화하는 것이다. 젠더화된 국가의 비젠더화도 이런 과정을 거쳐 형성될 수 있을 것이다.

결론적으로 법과 제도의 변화를 위해서는 안정적으로 그 지속성이 확보되어야 하는데, 지속성의 확보를 위해 필요한 것이 바로 양성평등에 대한 의식의 변화와 문화의 형성이다. 이 과정에서 주역은 당연히 민주주의 사회의 시민이다. 시민으로 하여금 민주주의를 움직이게 하는 제도의 근간은 바로 선거에 있다. 선거를 통해서 집권정당이 가려지고, 정책이 선택되면, 이를 통해서 법과 제도의 변화가 발생하고 삶의 방식에도 영향을 미치게 되는 것이다. 여기에 민주주의란 삶의 방식이라는 말의 적실성이 존재한다. 민주주의는 일상의 민주화를 통해서 실행되듯이, 사회의 평등, 남녀 간의 평등도 일상의 평등, 가정의 평등에서 실현될 수 있는 것이다. 민주주의 의식의 확보가 여성의 평등을 위한 행진에 절대적으로 중요하며 여성의 평등이 민주주의의 완성을 위해 필요한 것이기에, 사회의 민주주의화와 여성의 사회참여는 상호간의 필요충분조건이다.

선거제도는 민주주의의 제도적 기반으로 시민의 다양한 대표성 욕구를 충족시켜줄 필요가 있고, 특히 여성의 대표성 증진은 민주주의의 확대와 심화로 이어진다는 점에 모두가 동의한다. 따라서 대표성 증진을 통한 평등의 확대라는 기획의도를 가지고, 현대의 선거제도는 현대사회의 다양한 욕구를 충족시키기 위한 다양한 제도를 고안하고 시행하게 된다. 이러한 모든 과정의 목적은 대표성의 증진과 정당성의 확보에 있으며, 다양한 시민 - 특히, 그동안 배제되어 왔던 여성 시민 - 의 확보를 통해서 민주주의는 미래로 가는 동력을 얻게 되는 것이다. 다수가 아닌 자를 배제하고, 모두가 다수의 일원이 되고자 하는 한 가지 꿈을 꾸게 하는 사회의 획일성은 결코 민주주의로 갈 수 없으며, 단일한 정체성을 넘어서는 차이의 정치로 움직이게 하는 선거제도와 이를 가능케 하는 정치적 의지가 미래형 민주주의를 가능케 할 것이며, 모두의 사회에서 모두가 주인일 수 있는 루소적 민주주의 사회가 도래할 수 있다는 희망도 가질 수 있을 것이다. 민주주의의 이상적 상태로서의 '치자와 피치자의 자기동일성'은 대의민주주의의 대표자와 시민간 거리의 최소화를 의미하는 것으로, 여전히 멀리 있으나 그래도 우리가 가야할 길을 제시하고 있다.

제9장

민주주의 사회의 정책과 공약

1. 민주주의와 정책, 공약

민주주의는 근본적으로 정당을 바탕으로 한 정책 대결의 장으로 형성되는데, 여기서 중요하게 대두되는 것이 바로 선거이다. 선거는 복잡하게 분화된 현대사회에서 일반 국민이 정치에 가장 광범위하게 참여하고, 그 체제의 주인임을 느끼게 하는 가장 근본적이고 기초적인 제도로서, 이 선거제도를 바탕으로 하여 정당은 존립근거를 확보하게 되고, 나아가 정권에 접근하게 되는 것이다.

따라서 선거의 기본은 또한 민주주의의 근간을 형성하는 중요한 내용으로, 근대혁명을 통해서 확립된 보통, 평등, 직접, 비밀 선거라는 선거의 4대 원칙으로 구성된다. 여기서 직접, 비밀 선거원칙은 설명하기도 이해하기도 용이하지만, 실제로 보통선거나 평등선거 원칙은 이전의 사회상에 대한 지식이 조금이라도 있다면, 이해하는 것이 그리 쉽지만은 않은 것이 현실이다.

보통선거는 법률로 정하는 일정조건만 충족하면 시민 누구나에게 투표권이 주어진다는 내용이고, 평등선거는 만민의 평등에 근거하여 모든 유권자의 권리를 1인 1표로 한다는 내용이다. 현재의 우리에게 이러한 원칙은 지극히 당연한 것으로 여겨지고 있지만, 17/8세기 당시의 상황으로 보면 이는 매우 예외적인 것으로 기득권자들이 받아들이기 어려운 일이었기에, 혁명을 통해서 이에 대한 여론이 형성되고 수렴되게 된다. 이제 해당 국가에서 일정연령에 도달하는 모두가 선거권을 가지게 되는 시민사회가 형성된 것이다. 물론 이 과정도 단번에 이루어진 것은 아니다. 선거권의 확대는 일련의 점진적인 과정을 거친다. 영국의 경우를 살펴보면, 일단 일정연령 이상의 남성들에게, 이후에 일정연령 이상(남성의 연령보다 높은)의 기혼여성에게, 마지막으로 남성과 동일한 연령기준을 설정하여 그 이상의 여성(기혼과 미혼을 불문하고)에게로 선거권이 확대되면서 현재에 이르게 된다.[1)]

19세기 중엽 보통선거 원칙의 정립을 통해서 비로소 대의민주주의 체제는 그 근간을 형성하게 된다. 대의 민주주의체제 하에서 주권자는 국민이지만, 정치의 중심에는 정당이 자리 잡게 되고 정당의 공약이라는 것이 유권자인 국민에게 선택의 중요한 요건으로 등장하게 된다. 따라서 현대 민주주의 사회에서 선거와 정당, 그리고 공약은 민주주의의 완성을 위한 3대 요소로서 밀접한 상관관계를 가지고 있다.

그러나 현실에서 선거와 정당에 비해 공약의 중요성이 부각된 것은 비교적 최근이다. 오랫동안 정당의 공약은 선거 때의 한시적 행사에 불과했으며 실제로 각 정당 간 공약의 차별성도 찾아보기 어려웠다. 이러한 상황에서 국민의 선택은 공약이나 정책이 아니라 인물 중심으로 움직일 수밖에 없었다. 이것이 최근까지의 한국 현대 정치의 현실이었다. 공약이라는 것이 제대로 국민을 의식하면서 평가받는다는 생각으로 작성되기 시작한 것은 불과 10여년 정도밖에 되지 않는다. 이전의 공약(公約)은 그야말로 공약(空約)에 불과한 적이 많아 오히려 불신의 대상이 되었다. 대의민주주의 선거에서 "국민은 오직 투표일만 자유로울 뿐

1) 신명순. 2001. 『비교정치』 291-294.

이다. 투표일이 지나고 나면 곧 노예로 되기가 쉽다"[2]라는 루소의 주장에서 알 수 있듯이, 공약은 선거일만 지나면 폐기처분되기 일쑤였다.

대한민국에서는 1990년대 중반을 지나면서 정당간 경쟁이 활성화되면서, 공약에 대한 중요성과 심각성을 정치권에서 인지하게 된다. 따라서 공약은 이제 정당의 성격을 결정짓는 중요한 잣대로까지 인식될 수 있는 가능성을 내포하게 되었다. 공약을 통해 정당의 성격과 정책을 인지하고 선택하기에, 그동안의 인물 본위의 정당체계가 정당 본위로 움직이는 정치사적 발전을 이룩하게 되었다. 특히 2000년대 이후 정당들이 공약을 중요하게 생각하여 각 분야별 공약을 심사숙고하게 되자, 이제는 한발 더 나아가 과연 그 공약이 실현가능한 것인지까지 생각해 보게 된다.

이 글에서는 2002년 16대 대선당시 노무현 후보를 내세운 새천년 민주당의 여성관련 공약을 분석하고, 집권이후 5년이 되어가는 현재 상황에서 그 이행 정도를 평가하는 작업이 주목적이지만, 이를 위해서 대선 직전의 2000 총선 시 여성관련 공약과 대선 당시 해당관련 공약과의 연계성도 비교하게 될 것이다. 이러한 평가 작업을 통해서 이 글은 공약에 대한 이행의 검증, 여권투표(feminist vote)[3]의 중요성에 대한 인지와 함께, 이를 위한 민주시민교육 그리고 그 모든 것들의 지속을 위한 제도의 확보와 동시에 임박해 있는 17대 대선에서 중요하게 다루어져야 할 여성정책의 방향성과 원칙이 무엇인지에 대한 제시를 포함하게 될 것이다.

---

2) J. J. Rousseau, 이극찬. 1995.『정치학』p.455.

3) 모든 공약 평가 시 성인지적 태도와 여성의식을 가지고 평가하는 태도를 말한다. 여성관련 공약의 중요성이 정당차원에서 인지되면서 다양한 경로를 거쳐 나오고 있으나, 이것이 실제 정책으로 전환되고 지속 가능하게 되기 위해서는 여성들의 여권투표에 대한 의식의 고양이 필요하지만, 이 글에서 여권투표는 공약에서 정책으로 전환되어 실행된 부분에 대한 평가에 집중하므로 문제의식으로만 제시되어 있다.

2. 선거와 공약, 그리고 여성정책

지난 5.31 지방선거에서부터 선거 공약에 대한 새로운 접근이 구체적으로 실행된 바, 바로 매니페스토 운동이다. 그동안 많은 정당과 후보자가 공약을 내세웠지만, 이에 대한 구체적 검증작업은 동반되지 않았다, 따라서 공약은 공약대로, 정책은 정책대로 상호연관성을 갖지 못한 채 유리되어 있었다. 그러나 1987년을 지나면서 많은 시민단체의 형성과 의견 투입의 활성화와 함께 시민의 참여에 대한 진지한 논의가 사회의 주류를 형성하게 되면서, 선거에 있어 공약에 관심을 가지게 되었다. 공약이 정책으로 이어지고, 정책은 나의 삶에 영향을 준다고 할 때, 시민으로서 공약에 관심을 가지는 것은 지극히 당연한 일이며, 나아가서 우리 사회의 정당을 정책정당으로 바로 서게 하는데 일조하여 민주주의를 확립시키게 될 것이기 때문이다. 따라서 매니페스토 운동은 민주주의를 활성화시키고 궁극적으로 정착시키기 위해 매우 필요한 운동이라고 생각한다.[4] 매니페스토 운동은 1회성으로 끝나서는 아무 의미가 없다. 매니페스토는 지속성을 가져야 현재의 화두로 대두되어 있는 참여민주주의를 확립시킬 수 있게 된다.[5]

매니페스토와 함께 공약에 대한 관심이 증대되면서 각 분야별 공약에 대한 검증과 대안제시 등 여러 가지 대응책이 제시되고 있다. 여성

---

4) 매니페스토에 대한 시각은 단일하지 않다. 실제로 김영래와 이현출(2006)은 매니페스토에 대해 낙관적으로 김영태(2006)는 회의적으로 본다. 이에 대해 김욱(2006)과 안철현(2006)은 매니페스토의 긍정적 효과를 인정하면서도 정치적 악용 가능성에 대해 우려하는 등 중도적 시각을 보여준다.

5) 한국에서 매니페스토 운동은 2006년 5. 31. 지방선거를 앞두고 논의되기 시작한 것이다. 이 글은 2000년과 2002년의 총선과 대선 공약에 대한 것이므로, 매니페스토에 대한 논의를 이 글에 구체적으로 반영하기는 어렵다. 다만 여기서 매니페스토를 언급하는 이유는 현 시점부터 매니페스토를 통한 공약의 검증과 정책으로의 이행에 대한 평가 작업의 중요성을 제시하기 위함이다.

관련 공약도 이러한 관점에서 평가되고 분석된다. 실제로 여성관련 공약이란 14대 대선정도부터 나타나기 시작한다. 이 말은 그 이전에는 여성관련 공약이 거의 없었다는 말이다. 여성이 투표권은 가지고 있으되, 실질적인 유권자로서 각인이 되어 있지 않았다는 것을 의미한다. 여성이 독립적인 시민이자 유권자로 인식되기 시작하자 이 분야에 대한 공약이 분리되어 나타나게 된 것이다.

14대 이후 15대 16대로 오면서 이제 여성관련 공약은 대선 후보의 공약 중에서 상당히 중요한 비중을 차지하게 된다. 여성단체들이 이 공약을 검증하고, 집권 이후에도 정책의제로서의 설정에 많은 비중을 두고 다루게 되면서 각 정당은 이 분야에서의 공약과 정책 설정에 신중을 기하게 된다. 17대 대선을 1달여 앞두고 있는 현재, 후보가 확정된 한나라당이나 대통합민주신당에서도 아직 여성관련 공약의제를 구체적으로 내놓지 않고 있다. 서로의 공약에 어떤 내용이 담길 것인지에 대해 매우 신경을 쓰고 있는 상황이다.

아직 17대 대선에서의 여성관련 공약이 확정이 되지 않은 상태에서[6], 이 장에서는 대선의 공약에 영향을 미치는 직전의 총선이나 지방선거에서의 여성관련 공약과 이후에 바로 따라오는 대선에서의 여성관련 공약과의 연관성과 그에 따른 정책 의제 설정과 실현도를 분석해 보기로 한다. 즉, 2002년 대선 직전의 16대 총선의 여성관련 공약은 2002년 16대 대선에서의 여성관련 공약과의 관련성 속에서 살펴볼 것이다.

1) 16대 총선(2000년 4월 13일) 시 여성관련 공약

16대 총선에서 여성의 진출이 괄목할 만했다. 지역구에서 5인의 당선자, 전국구에서 11인의 당선자를 배출하여 총 16인의 여성국회의원이

6) 논문을 수정하는 시기인 12월 현재는 17대 대선의 여성관련 공약이 나와 있으나, 이 논문의 작성과 투고 시기가 10월 말이었던 관계로 17대 대선의 여성관련 공약은 반영할 수 없었음을 밝혀둔다.

당선되었다. 비율로 보면 5.8%로 전 세계 평균 12%의 절반에 조금 못 미치는 수치이다. 물론 이전 15대의 2%대에 비하면 급진적 성장이며, 이는 선거 직전 몇몇 여성의원의 노력으로 비례대표에 여성 30% 할당에 대한 의무조항이 정당법에 추가된데 기인한다. 그러나 이러한 정당법의 개정도 새천년 민주당을 제외하고 한나라당을 비롯한 다른 정당의 결정에는 영향을 미치지 못했다. 자신들이 국회에서 통과시킨 법을 무시하는 양태를 드러낸 사례이다.

여러 가지 문제에도 불구하고 당시까지로 보아 사상 최대의 여성의원을 보유하게 된 것이 16대 국회였다. 이러한 상황에서 16대 총선에서 제시된 양대 정당의 여성관련 공약을 살펴보고 다음 대선에서의 여성관련 공약의 방향을 제시해 보고자 한다. 여전히 지역주의에 볼모잡혀 정책과 비전이 제대로 힘을 발휘하고 있지는 못하지만, 궁극적으로 우리의 선거가 정책대결의 장으로 변모하고, 정계개편은 국민의 힘으로 이룬다는 사실을 확인시켜 주는 전초 작업이기도 하다.

16대 총선은 여러 분야에서 여성 진출이 두드러지고 여성정치 세력화가 화두로 대두된 상태에서 치러진 새천년 첫선거인만큼, 각 정당 모두 여성정책에 대해 각 분야에서 체계적이고 여성의 관점이 고려된 공약을 제시하였다. 이것이 모두 실천되기만 한다면, 어느 나라 부럽지 않은 양성평등의 국가가 될 수 있을 것이라는 생각이 들 정도이다.

(1) 정당별 여성관련 공약

16대 총선의 결과는 한나라당이 원내 제1당을 차지하면서, 새천년민주당과의 양당구도로 재편되었기 때문에, 여기서 공약의 비교의 대상으로는 한나라당과 새천년민주당 두 정당만을 대상으로 할 것이다. 각 당 여성관련 공약을 평가하기 위한 기준은 여성정책 방향, 목표 및 형성, 여성정책의 집행과정, 여성정책의 성과와 영향력이 얼마나 남녀평등 원칙에 입각하여 이루어졌는지 그리고 정책 집행의 실현 가능성 여부이다. 일단 각 당 모두가 변화하는 사회에서 여성의 지위 향상에 대한 문제점 인식이라는 측면에서 체계적인 정책을 제시하고 있다는 평가를 내릴 수 있겠다.

표 1. 정당별 여성관련 공약

정당	정책 공약 사항
한나라당	• 여성의 정치 및 정치참여 기회 확대 • 정책 결정직에 여성시각 반영 • 여성고용의 안정화 • 여성경제인 활동지원 • 여성의 정보화 사회의 주역화 • 삶의 질 향상을 위한 여성복지정책 확대 • 양성평등 교육과정 확립 • 여성농어민에 대한 육성책 추진 • 대중매체의 성평등문화 정착 • 여성익의 확대
새천년민주당	• 여성공직 진출기회의 확대 • 여성취업기회 확대 • 모성 보호 • 자녀 양육지원 • 폭력으로부터의 보호 • 가정해체 예방 • 성비불균형 시정 • 여성부 신설

박의경. "16대 총선: 정당공약과 지역구 여성출마자 공약분석," 한국여성정치연구소. p.3. 2000년 4월 24일 세미나 발표자료7)

---

7) 이 자료는 다음에 열거한 신문의 자료를 혼합하여 필자가 작성하고 2000년 한국여성정치연구소 세미나에서 발표한 것이다. 한겨레신문. "4.13 정책점검: 여성부문. (2000년 3월 17일) 중앙일보, "전문기자가 본 각당 공약" (2000년 3월 17일) 조선일보, "3년 후면 행복한 나라" (2000년 3월 15일)

(2) 쟁점별 정책 공약

전체적인 여성관련 공약 비교표에서 볼 수 있듯이, 여성의 공직 및 의사 결정직에의 참여 확대, 고용증진, 정보화, 모성보호 확대 및 복지 정책, 여성인권, 교육, 여성농업인 육성을 공통적으로 제시하고 있으며, 개별분야로 가족의 중요성, 대중매체, 여성영역확대를 제시하였다.

이밖에 한나라당에서는 여성정책을 주부, 노동자, 청년층, 공무원, 교원, 실업자, 농어민, 장애인, 경제인을 위한 정책 등 대상별로 분류하고 제시한 점이 돋보인다. 각 당이 제시하고 있는 정책이 여성문제에 대한 정확한 인식을 기반으로 하고 있다는 점은 매우 긍정적이다. 그러나 정책의 이행 가능성을 세부적으로 따져보고 제시하였는가는 별개의 문제이다.

각 당 모두 우선적인 공약 항목으로 여성의 공직 및 의사결정직에의 참여 보장을 제시하고 있다. 특히, 새천년민주당과 한나라당은 여성부 신설 혹은 국가기구 강화를 공약으로 제시하고 있다. 이는 당시 대통령 직속 여성특별위원회[8]의 위상을 실제적으로 강화시키려는 것이다.

다음으로, 모두 여성의 고용확대 및 고용불안정 제거를 위한 사회보장정책을 내세우고 있다. 특히, 고학력 여성의 취업기회 확대와 고용불안정, 여성의 고용조건 및 근로환경 개선을 제시하고 있다. 실제로 여성정책의 주요한 관심분야는 여성고용의 확대이다. 그러나 한국의 여건상 공약 이행이 그리 쉽지는 않은 것이 현실이다. 특히 고학력 여성의 취업기회 확대는 여전히 불만족스럽다. 수요에 비해 공급이 많은 상태에서 나타나는 애로현상이라 할 수 있다. 여성의 취업을 억제하는 구체적인 요인을 제거하기 위한 정책의 제시가 절실하다. 셋째, 새천년 민주당과 한나라당은 모성보호 확대 및 복지를 위한 공약으로 산전산후 휴가 12주 확대, 비용의 사회보험분담을 제기했다. 그러나 이 정책은 정부의

---

8) 현재 여성가족부의 전신으로 2001년 여성부가 설치되기 이전까지 여성정책에 대한 총괄기능을 하였다.

협력 없이는 현실화하기 어렵다. 따라서 구체적인 협력 방안을 정책으로 제시하는 것이 필요하다. 넷째, 여성 인권 보호를 위해 각 당은 모두 아동의 성매매 근절을 위한 단속 및 사회복귀 지원 시스템을 구축하고자 하였고, 새천년 민주당에서는 성폭력 친고죄 폐지 및 사이버 성폭력 방지를, 한나라당에서는 가족관련법제도의 정비를 위해 종래 호적제를 1인 1적의 개인별 편제로 바꾸는 방안을 적극 검토하였다.

10대 청소년 매매춘 근절은 최근 사회적으로 심각한 문제를 해결하고자 하는 각 당의 의지를 적절히 표현해주고 있으며, 정부가 이 문제를 해결할 의지를 보이는 것이 매우 중요하다. 구체적인 정책 대안으로서 새천년 민주당에서는 성폭력에서 친고죄를 폐지하겠다는 공약을 제시하였다. 지금까지 친고죄 폐지에 대하여는 인권침해냐 인권유린이냐의 입장에서 많은 논란이 있었다. 그러나 여성의 입장에서 볼 때 일단 성폭력을 범죄로 보고 처벌하겠다는 점은 여성주의적 관점이 반영된 정책이라 볼 수 있겠다.

호적제에서 1인 1적의 개인별 편제로 바꾸겠다는 한나라당의 방안을 여성과 자녀의 입장에서 보면, 이는 가부장적 부계제를 양성 평등의 가족제도로 전환하겠다는 공약이다. 물론 이 공약이 이행되기에는 많은 제약이 따르겠지만, 가부장적 호주제의 문제점을 인식하고 있다는 점, 그리고 이 호주제가 변화할 가능성을 보이고 있다는 점 역시 여성주의적 관점이 반영된 정책이라 하겠다.

또 여성의 교육에 있어서의 양성평등 교육과정의 확립과 교육행정직과 전문직에의 여성비율 확대를 새천년 민주당과 한나라당 공히 제시하고 있으며, 특히 새천년 민주당은 학교내 성희롱 근절을 위한 대책까지도 공약으로 내세웠다. 마지막으로 각 당 모두 여성 농업인의 복지증진에 관심을 가졌다. 새천년 민주당은 농가 도우미 확대실시에 관심을 가지고 있다.

큰 틀에서의 차이는 별로 눈에 띄지 않는 가운데에서도, 각 당 정책

마다 다소나마 특징이 있다. 새천년 민주당에서는 가족의 중요성을 강조하고 있다. 즉, 가정의 중요성 재인식 프로그램 개발, 명절 및 관혼상제에 남녀평등 참여 독려, 다양한 가족을 위한 가족복지 서비스 확대, 저소득 모자가정 및 부자가정 지원기준 동일화 및 민간부문 가족 간호휴직제 도입 정책은 가족의 중요성과 여성주의적 관점이 반영되어 있다고 볼 수 있다. 한나라당은 대중매체와 성차별 문화 개선, 여성의 미디어 및 문화활동 적극지원, 구제분야 정책결정과정에 여성의 참여확대, 통일대비 여성정책 적극 추진, 환경문제 해결에 여성 참여 유도등을 제시하였다. 이를 표로 제시하면 다음과 같다.

표 2. 쟁점별 정책공약 1 (여성의 사회적 권한을 위한 장치)

정당	정책 공약 사항
한나라당	• 여성권익 향상을 위한 국가기구 강화 및 지방자치단체에 여성 전담부서 설치 (광역 및 기초자치단체에 여성국 신설) • 여성의 정치참여 확대(선출직과 비례대표직의 30% 여성할당제, 여성의석 수 또는 여성출마자의 득표율에 따른 국가지원 배분) • 정책결정직에 여성시각 반영(공무원 보직 배치, 승진, 교육 훈련시에 여성공무원 20% 할당, 5급이상 여성공무원 비율 20%, 개방형 공직자 임용시 여성비율 확보, 여성전문가 데이터베이스화, 정부 각 위원회에 여성위원 30% 강제 규정 신설) • 교육 행정직 및 전문직에 여성비율 확대(학교 행정가와 부장교사 임용에 여교원 의무임용제, 대학교수직에 여성참여확대)
새천년민주당	• 여성부 신설 • 중앙부처와 차관급 및 지방자치단체 부단체장에 여성임용확대 • 중앙부처와 지방자치단체 5급과 6급 승진 시 여성비율 20% 확대 • 여교장 및 여교감 승진목표제 • 여성과학자 육성을 위한 행정적, 재정적 지원확대

박의경. "16대 총선 : "정당공약과 지역구 여성출마자 공약분석," 한국여성정치연구소. p.3. 2000년 4월 24일 세미나 발표자료[9)]

표 3. 쟁점별 정책공약 2 (여성의 사회진출 및 고용지원정책)

정당	정책 공약 사항
한나라당	• 여성의 우선해고 방지 • 여성실업대책과 남녀고용차별문제를 실질적으로 다루는 가칭 '고용평등위원회' 설치 • 원격직업훈련, 원격근무, 재택근무 활성화 • 여성취업기회 확대: 적극적 조치 도입 및 전국적 정보망 구축 운영 • 여성실업대책 및 재고용 확대 • 비정규직 여성노동자의 고용조건 및 근로 환경개선 • 여성전용 정보서비스 센터 운영: 여성취업을 비롯한 각종 정보 서비스 제공
새천년민주당	• 비정규직 여성근로자 보호 • 여성창업촉진을 위한 창업교육, 보육센터, 정보망구축, 자금지원 확대, 여성 기업 생산물품에 대한 정부와 공기업의 우선 구매제 확대 • 실식 여성가장을 위한 지원 확대 • 퇴직 여성의 재고용을 위한 고용보험기금의 여성재고용 장려금 확충

박의경. "16대 총선 : 정당공약과 지역구 여성출마자 공약분석," 한국여성정치연구소. p.3. 2000년 4월 24일 세미나 발표자료[10)]

표 4. 쟁점별 정책공약 3 (남녀평등을 위한 조치)

정당	정책 공약 사항
한나라당	• 노동시장의 남녀차별에 대한 행정감독 및 지도강화 • 남녀고용평등지표의 개발과 이를 통한 기업평가 • 남녀차별에 대한 지율점검 범위 확대 • 간접 성차별에 대한 처벌규정 신설, 고용상 차별에 대한 구제절차마련, 고용 평등문제를 전담하는 근로감독관 수 증대 • 직장내 성차별, 성희롱, 폭언, 폭행 근절을 위한 적극적 대책

9) 표 1과 동일한 방식으로 작성되었다.

10) 표 1과 동일한 방식으로 작성되었다.

정당	정책 공약 사항
	수립 • 친고죄 폐지 및 성폭력 특별법 개정 • 호주제를 대체할 수 있는 '기본 가족별 편제방안' 혹은 '1인 1적의 개인별 편제 방안' 검토 • 양성평등 교육과정 확립
새천년민주당	• 양성평등의식 확산을 위한 학교교육 강화 • 친고죄 폐지

박의경. "16대 총선: 정당공약과 지역구 여성출마자 공약분석," 한국여성정치연구소. p.3. 2000년 4월 24일 세미나 발표자료[11)]

16대 총선 시 각 정당의 여성관련 공약은 이후 16대 대선의 공약으로 이어지고, 17대 총선과 2006년 지방선거를 거쳐 17대 대선에 임박한 지금까지 현재진행형으로 이어지고 있다. 선거 공약의 역사를 살펴볼 때, 공약의 차기로의 이행정도는 16대 이후부터 명시적으로 드러나며, 각 여성단체에서도 공약의 이행평가를 정기적으로 수행하면서, 그 지속성을 추적하고 있다.

3. 16대 대선에서의 여성관련 공약과 여성정책

1) 여성관련 공약과 정책

16대 대선 시 한나라당과 새천년 민주당의 여성관련공약을 표로 제시하면 아래와 같다. 이렇게 볼 때, 이 시기의 여성관련 공약은 2장에서 검토한 바 있는 2000년 16대 총선당시 각 정당의 여성관련 공약이 거의 반복되고 있음을 알 수 있다.

당시의 선거과정에서 가장 관심을 모은 것은 일자리의 문제, 여성에 대한 차별의 해소, 보육에 대한 사회적 책임, 여성의 정치참여의 진작과

11) 표 1과 동일한 방식으로 작성되었다.

함께 호주제가 대표적 이슈로 등장하고 있다. 여성문제에 대한 공통의 관심사로서 여성의 지위에 관련된 사항과 여성의 권익에 관련된 내용 그리고 여성의 정치참여와 정책관련 분야가 있다.

여성의 지위에 관련해서는 호주제, 친양자제도, 가사노동의 처리 문제(가치에 대한 법적 대응)등이 있으며, 여성의 권익관련 내용으로는 성매매의 문제, 여성차별에 대한 대책, 성폭력과 가정폭력에 대한 대응, 직장과 가정의 양립을 위한 보육대책, 비정규직 여성노동자의 문제, 여성의 일자리, 여성노인에 대한 지원등과 함께 궁극적으로 양성평등의식의 정착을 위한 사회적 책임 등이 포함되고 있다. 정치참여에 대한 내용으로는 정치, 행정 분야에서의 채용, 승진 할당제 도입, 여성정책 담당기구와 여성정책 담당관제등의 문제를 각 정당이 공통적인 문제의식으로 공유하고 있었다.

표 5. 정당별 여성관련 공약

정당	정책 공약 사항
한나라당	1. 100만개 여성일자리 창출 2. 여성 직업훈련 강화 및 전문인력 양성 3. 여성의 채용, 임용, 승진 등에서 차별 받지 않도록 함 4. 비정규직 근로자가 안심하고 일할 수 있도록 함 5. 보육, 마음놓고 맡길 수 있도록 국가가 책임짐 6. 모성보호 및 육아휴직제도 강화 7. 종합적인 가족정책 추진 및 여성의 재산권과 법적 권리 보장 8. 고령 여성과 여성 가구주, 여성 장애인 등에 대한 종합복지 대책 마련 9. 여성들의 정보화 능력 및 문화생산능력 높임 10. 교육과 대중매체를 통한 남녀평등의식 확산 11. 여성 농업인을 보호, 육성 12. 폭력으로부터 여성 보호 13. 여성의 정치, 사회 참여를 확대

정당	정책 공약 사항
새천년민주당	1. 보육료 절반을 국가가 지원하고, 안심하고 아이를 맡길 수 있는 보육환경을 만듦 2. 여성일자리 50만개 창출과 여성취업촉진기반 조성으로 여성이 일할 수 있는 사회를 만듦 3. 동일가치 노동의 기준과 간접차별 기준을 마련하고, 직장내 성희롱 규제를 강화하는 등 남녀고용평등제도를 정착 4. 직장보육과 육아휴직제도의 현실화, 가족간호휴가제를 도입하는 등 가정과 직장이 양립되도록 함. 5. 모든 선출직에 지역구 30%, 비례대표 50%할당제 실시 및 5급이상 여성공무원 20%를 위한 임용 목표제를 실시 6. <성매매 방지법> 제정 및 친고죄 폐지 등 여성에 대한 폭력예방과 인권보호를 강화 7. 호주제 폐지 등 양성평등한 가족정책과 다양한 가족에 대한 지원을 확대. 8. 여성농어민, 장애인, 노인의 복지향상을 위해 적극 지원. 9. 모성보호제도를 강화하고 여성건강 증진을 위한 지원을 확대. 10. 교육, 문화, 미디어의 양성평등문화 정착을 위해 노력 11. 여성과학 기술자의 사회적 진출기회 확대 및 안정적 연구기반 토대를 마련. 12. 평화, 통일, 환경, 국제협력에 여성의 참여를 확대. 13. 여성부를 강화하고 양성평등의 관점에서 예산과 정책을 만듦.

한국정책학회. "제16대 대통령선거 정책공약비교분석집," 2002. pp.247-248.

16대 대선에서 새천년민주당의 노무현 후보가 대통령에 선출되었고, 노 대통령은 12대 국정과제를 통해 정책방향을 제시한다. 이 중에서 여성관련 정책과제는 <국민통합과 양성평등> 항목의 과제 중 '5대차별 해소를 통한 평등사회 구현'과 '양성평등사회의 구현'에서 구체적으로 제시된다. 이제 앞에서 살펴본 새천년민주당의 공약이 정책으로 전환되는 순간이다.

표 6. 참여정부의 여성정책과제(사회통합과 양성평등)

5대차별 해소	* 한시적 Affirmative Action 도입추진(할당제, 채용목표제의 실효성에 대한 의문) - 민간부문 채용/ 정부 입찰에 우선권과 인센티브 제공(비정규직과 외국인 제외) * 차별금지법 제정/ 차별시정위원회 설치
양성평등사회 구현	* 정치관계법에 여성참여 확대방안 반영/ 공공부문 여성채용 확대 * 호주제 폐지를 위한 국민 공감대 확산/ 폐지 이후 대안 검토 * 성인지적 가족지표 개발 및 가족 정책 기본법 제정 * 성매매 피해 여성 - 무료법률 구조사업, 현장 상담센터 확충, 자활 지원(국무총리 산하 성매매 방지 대책기구 설치)
보육	* 보육료의 50% 국가지원/육아휴직제도의 활성화 (참여복지 항목)
일자리 창출	* 여성, 노인, 장애인 등을 대상으로 매년 5-10만개 일자리 창출 (사회통합적 노사관계구축 항목)

김복규. "선거공약을 통해본 여성정책과제," 2003년 한국행정학회 하계학술대회 발표논문집, p.10)

일자리 창출이라든가, 보육문제의 사회적 책임성 등의 문제가 들어있지 않아, 앞서 살펴본 새천년 민주당 여성관련 대선공약의 내용이 전부 담겨 있는 것은 아니지만, 일단 기본적인 국정지표로서 양성평등과 차별해소 차원에서 여성문제에 접근하고 있음을 알 수 있다.

2003년 2월 참여정부의 여성정책의 기본 방향은 새천년 민주당이 공약으로 제시한 "여성이 행복한 나라"[12]로 대표되는데, 여성의 사회참여를 가능케 하는 기반으로 보육에 대한 사회적 책임을 강조하면서 보육환경 개선을 중요한 정책지표로 제시하고, 여성에 대한 일자리 확대를

---

12) 한국정책학회 2002: p.255.

기치로 내세운다. 궁극적으로 가정과 직장의 양립 가능성을 제고하도록 하는 선에서 정채기조를 유지한다. 출산 이후 아동보육과 노인 부양까지 여성의 부담으로 여겨지던 영역의 사회적 책임성을 강조하고 국가가 개입하게 되면서, 이전에는 사적영역으로 간주되었던 것이 이제는 공적영역으로 치환되어 '개인적인 것은 정치적인 것'이라는 여성주의의 명제가 현실화되게 된다.

2) 참여정부 여성정책의 수립과 평가

(1) 참여정부 여성정책의 수립

2003년 참여정부 출범이후 첫 번째 업무보고에서 여성부는 정부의 여성관련 공약은 다음과 같이 14가지로 요약하여 제시한다. 1) 보육의 공공성 확대, 2) 여성 일자리 창출, 3) 남녀고용평등실현, 4) 여성의 대표성 제고, 5) 양성평등한 가족정책, 6) 가정과 직장의 양립지원, 7) 폭력예방 및 인권보호, 8) 여성의 복지증진, 9) 모성보호와 여성건강, 10) 양성평등문화조성, 11) 여성과학자 진출기회 확대, 12) 여군 인력 육성, 13) 남북여성교류 활성화, 14) 여성부 역할 제고 등이 그것이다.

이 중에서 여성부는 보육업무의 여성부 이관(기존의 보건복지부에서), 성매매방지대책, 호주제 폐지를 당면 현안과제 설정하고, 여성부의 기능보장과 정책의 성별 영향분석과 평가는 쟁점 과제로, 또 양성평등 가족정책 및 국제적 수준으로의 여성지위 향상은 핵심전략과제로 구분하여 제시한다, 이중에서 보육업무와 같이 당시에는 타 부처와의 의견 조율이 완전히 되지 않은 상태의 과제도 있었다.

이러한 정책기조를 바탕으로 2003년부터 시작된 제2차 여성정책 기본계획의 핵심과제는 다음 표와 같이 제시된다.

표 7. 제2차 여성정책 기본계획

핵심과제	정책과제
1. 정책에 양성평등 관점 통합	1-1. 여성정책 추진기구 확대 및 성인지적 예산수립 1-2. 정책의 성별분석을 위한 기반조성
2. 정책결정과정에 여성의 대표성 제고	2-1. 공공부문 여성의 의사결정과정 참여 확대 2-2. 여성의 정치적 대표성 제고 2-3. 기업의 여성관리직 진출 촉진
3. 여성인적자원의 개발과 활용	3-1. 여성 과학기술인력 육성 및 지원 3-2. 여성농어업인의 능력개발 및 전문인력화 3-3. 여성창업 활성화 및 여성기업경쟁력 제고 3-4. 여성정보화 촉진 3-5. 여성의 평생교육 참여여건 강화
4. 남녀고용평등과 여성의 경제활동 참여제고	4-1. 고용상 기회균등과 남녀차별 개선 4-2. 모성보호 및 직장과 가정생활의 양립지원 4-3. 여성의 직업능력 개발 및 고용촉진 4-4. 남녀고용평등 의식의 확산 4-5. 비정규직 여성근로자 등의 근로조건 보호와 능력개발 4-6. 보육서비스의 강화
5. 사회, 문화분야 여성참여 확대	5-1. 여성단체 지원 및 협력강화 5-2. 여성자원봉사 활성화 5-3. 여성의 문화예술 활동 참여 확대
6. 평화, 통일, 국제 협력에서의 여성의 기여/확대	6-1. 통일대비 여성역량 강화 및 참여확대 6-2. 평화 환경분야에서의 여성역할 강화 6-3. 여성 국제교류 및 협력 활성화
7. 여성의 건강과 복지 향상	7-1. 여성 건강증진 대책강화 7-2. 여성의 자활능력 제고와 사회보장권 확대 7-3. 여성노인에 대한 복지서비스 확대 7-4. 여성장애인에 대한 복지서비스 확대
8. 여성에 대한 폭력 예방 및 인권보호 강화	8-1. 성매매 방지대책의 실효성 제고 8-2. 가정폭력 및 성폭력 근절을 위한 대책 추진 8-3. 남녀차별 및 성희롱 피해의 예방과 구제 강화
9. 양성평등한 가족 정책 기반조성	9-1. 통합적 가정(가족) 복지정책 기반조성 9-2. 양성평등한 가족법, 제도 구축
10. 평등문화 및 의식의 정착	10-1. 평등문화의 확산과 정착 10-2. 양성평등한 교육환경 조성 10-3. 남녀평등한 미디어 문화의 정착

여성부. 제2차 여성정책기본계획, 2002

제2차 여성정책기본계획은 2003년부터 2007년까지 시행하는 것으로 실질적 남녀평등사사회의 실현이라는 비전을 가지고 성주류화(gender-mainstreaming)와 협력체계 구축을 추진전략으로 설정하였다. 이는 1998년부터 2002년까지 시행된 바 있던 제1차 여성정책기본계획의 “건강한 가정의 구현과 국가 및 사회발전에 남녀가 공동으로 참여하고 책임을 분담하는 사회시스템 구축”이라는 목표에서 현실로 한 걸음 더 나아간 형태를 취하고 있다. 제2차 여성정책기본계획의 목표는 남녀의 조화로운 동반자 관계형성, 지식기반 사회 여성의 경쟁력 강화, 사회 각 분야 여성의 대표성 제고, 여성의 복지증진 및 인권보호 강화 등을 목표로 설정하여 2002년 대선당시의 새천년 민주당의 여성공약이 비전으로 내세운 “여성이 행복한 나라”를 구체적으로 실현해 보겠다는 의지를 보여준다. 이렇게 참여정부의 여성정책 기조는 2002년 대선당시 새천년민주당의 여성관련 공약을 기반으로 하여 형성되었다.

특히 제2차 여성정책기본계획에서 성주류화를 기본적인 추진 전략으로 설정함에 따라 부처간 여성정책의 연계성 강화와 성인지적 예산 도입의 필요성, 각 정책의 성별영향평가의 실행과 그 지표의 개발, 성인지적 통계 작성, 성인지적 정책형성 등 정책에 있어서의 양성평등 관점 통합 등이 이전과 다른 새로운 내용으로 자리 잡았다.[13] 이제 여성정책은 제시와 기획단계에서 구체적 실행단계로 들어섰다고도 할 수 있다.

(2) 참여정부 여성정책에 대한 분석과 평가

참여정부는 여성정책을 여성부[14] 중심으로 추진해 나간다. 여성부는 제2차 여성정책기본계획의 10대 핵심과제를 중심으로 정책과제와 세부과제를 설정하여 집행해 오면서 2007년 현재에 이르고 있다. 2006년도

---

13) 여성개발원 연구보고서. “제3차 여성정책기본계획(안),” 2006년 12월, pp.4-7.

14) 여성부는 2004년에 보건복지부에서 영유아 복지업무를 이관 받아 여성가족부로 확대 재편되었다.

여성가족부의 여성정책 추진성과에 따르면, 많은 부분에 있어 일단 그 이전에 비해 진전된 것으로 평가할 수 있겠으나, 이에 대한 제대로 된 평가를 위해서는 2002년 대선당시 새천년민주당의 여성관련 공약과의 비교분석을 해보아야 할 것이다. 공약에서 정책으로 이행된 것에 대한 분석과 집행의 정도에 대한 평가가 내려져야 다음 단계와 차기정권에서 필요한 공약이나 정책이 무엇인지 분명해지기 때문이다.

2002년 새천년민주당의 여성관련 공약을 간단하게 정리하고 2006년 여성가족부의 여성정책 추진성과와 비교해 보면 다음의 표와 같이 나타난다.

표 8. 2002년 공약과 2006년 정책성과

과제	2002년 대선시 새천년민주당의 여성관련 공약	2006년 여성가족부 정책추진성과
여성할당	*모든 선출직 지역구 30%, 비례대표 50% *공무원 5급이상 관리자 20% *교장, 교감 20% *여성과학기술자의 사회적 진출 확대	*선출직 비례대표 50% 법제화 *공무원 5급이상 관리자 2006년 현재 9.6% *여성교장 9.2%, 여성교감 16.1% *여성과학인력 채용목표제: 2006년 99개기관 대상으로 21.4%
성매매, 성폭력	*성매매방지법 제정 *친고죄 폐지 *성매매방지 종합대책기구 설치	*성매매방지법 제정 *가정폭력방지법 개정 *성매매 방지를 위한 상담소, 지원시설 확충
육아휴직, 모성보호	*육아휴직급여 평균임금 40%로 확대 *생리대 부가가치세 면제	*육아 휴직급여 2007년 4월에 50만원으로 확대
한부모가족 지원	*모자보호시설 증대 *양육비지원 현실화	*보육재정 확대 *영아 기본보조금 지원 및 유아 기본 보조금 시범실시(2006) *건강가정지원센터 설치확대, 아이돌보미 연계사업 수행(2006년 50개소 29만명)

과제	2002년 대선시 새천년민주당의 여성관련 공약	2006년 여성가족부 정책추진성과
여성장애인 지원	*관련부처 여성장애인 전담인력 설치 *출산도우미 파견	*여성장애인에 대한 취업지원 강화
여성농민 지원	*농가도우미제도 60일로 확충 *여성농업인센터 확충	*여성농업인센터 38개소로 확충(2006) *농업인 영유아양육비 지원 확충(2006)
노인복지	*장기와병노인 방문간호서비스 확대	*여성노인취업서비스 - 고령자 인재은행 지정 확대 - 고령자 단기적응훈련 실시
성평등의식 정착	*교육위원회 여성비율 확대 *교육, 문화, 미디어의 양성평등 문화 정착을 위해 노력	*정부위원회 여성참여율 2006년 33.7% *양성평등교육실시 *교원 연수과정에 "양성평등교육" 내용 반영 및 강화 *양성평등연구학교 운영(6개교) *학보모등 성인대상 양성평등교육 실시
남북여성 교류와 국제협력	*교류사업지원 *남한 여성정보통신전문가 북한파견	*남북교류협력과정에 여성참여를 확대 (2007년 10월의 남북정상회담에 여성의 참여 확대) *호주제 폐지후 UN 여성차별철폐 협약의 유보조항 철회 및 선택의정서 가입
성인지적 예산정책	*여성부 강화 *지자체 여성담당관 제도 도입	*영유아복지업무를 이관받아 여성가족부로 확대개편 *국무총리 산하 여성정책조정회의 구성 - 중앙에 여성정책책임관 48개 운영 *성별 영향평가 시범실시

한겨레신문. 2002년 11월 18일자 "한다는걸까 안한다는걸까 : '여성공약' 헷갈려,"
한국정책학회, 제16대 대통령선거 정책공약비교분석집, p.248. 2002.
여성가족부. 2006년 여성정책 추진성과. pp.15-18.

<표 8>에서 드러나는 것은 행정부에서 단독으로 처리할 수 있는 정책과제는 많은 부분 실행되었고, 일부는 현재 진행형이다. 양성평등적 관점을 정책에 통합시킨다는 제1의 핵심과제를 실현하기 위해서 중앙부처 간 여성정책조정회의의 설치와 성별영향평가 확대 및 내실화, 성인지적 예산제도를 2006년 10월부터 국가 재정법에 반영하여 2010년부터 적용하기로 하였다. 여성 인적자원의 개발과 활용이라는 핵심과제 하에서 여성과학기술인, 여성농어업인, 여성기술인력의 육성지원, 여성가장에 대한 창업지원 등을 비롯하여 여성의 건강과 복지 향상이라는 핵심과제로 묶인 여성근로자, 여성장애인, 여성노인에 대한 종합적 접근도 나름대로의 진척을 보고 있다. 특히 여성에 대한 폭력예방 및 인권보호는 성매매 방지 및 피해자 보호 등에 관한 법률의 제정과 가정폭력 방지법 개정을 통해 가장 괄목할만한 성과를 보였다. 남녀고용평등과 여성의 경제활동 참여제고 분야에 있어서는 육아휴직제도의 정착을 위해 육아휴직급여를 확대해가는 과정이며, 대체인력 채용장려 지원을 강화하고 있다. 또한 비정규직 근로자의 보호를 위한 법률을 제정하고 출산후 계속 고용 지원금제를 2006년 도입하였다. 제1차 중장기 보육계획(2006-2010)을 수립하여 직장보육시설에 대한 지속적 지도 감독을 통해 직장보육시설 의무 이행율은 2006년 47.1%까지 끌어올렸다. 오랫동안 남녀평등의 장애로 여겨져 왔던 호주제가 폐지되고 국적법이 여성친화적으로 개정되었다.

위와 같은 여러 항목과 달리, 정책결정과정에 여성의 대표성 제고 항목에서는 약간 다른 양상이 드러나기도 한다. 정부위원회 여성참여율은 이미 2003년에 목표치 30%를 상회하여 2006년에는 33.7%에 달하고 있으나, 공무원 5급이상 관리자 임용목표나 여성교장, 교감 임용목표는 목표수치에 많이 미달하고 있다. 여성비례대표 50%는 정당법에 규정되어 있고, 이에 대한 준수 의식이 형성되어 달성되고 있지난, 지역구 공천 30%는 아직도 요원한 수준이다. 결국 1,2차 여성정책기본계획을 통

해서 많은 법과 제도의 도입을 통해 많은 진전이 있었으나, 실질적 사회변화의 체감도는 그리 높지 않았음을 증명하는 것이다. 이는 통계수치에서도 드러나는데, 매년 UNDP에서 발표하는 인간개발보고서(HDR) 중 성별권한척도(GEM)의 순위에서도 알 수 있다. 2000년 83위, 2003년 63위에서 2005년 59위로 상승하는 추세이기는 하나, 현재 한국의 경제력과 세계에서의 위상(경제력 순위 12위, 인간개발지수(HDI) 순위 24-5위)과 비교해 볼 때 이는 턱없이 낮은 순위이다.[15] 다른 분야와 달리 왜 여성의 권한척도만 이리도 낮은 것인지에 대한 분석이 이루어져야 하는 이유이다. 이는 우리 사회의 정치문화 및 의식과 직결되어 있는 것으로, 양성평등문화의 조성에 아직은 많은 장애가 존재함을 보여준다. 여기서부터 시작하여 여성의 경제활동 참가율이나 남녀임금격차도 다른 분야에 비해 매우 느리게 움직이고 있다.

법과 제도가 생각과 문화를 선도해야 하는데 너무 앞서 나가 별개의 영역처럼 움직이고 있어, 상호작용에 의한 상승효과가 발생하지 않는 것이다. 국가의 행정권이 미치는 공공부문에서의 여성의 발전 속도는 매우 빠르지만, 이를 민간부문으로 이행시키려는 제도적 조치는 그리 신속하지 않다. 결국 국가가 손쉬운 방법을 채택하고 있다는 비난을 면하기 어려운 이유가 바로 여기에 있다.

여성에게 직장과 가정을 양립시키자는 목표로 설정되어 있는 것도 실상은 남성들에게 가정과 보육에 대한 책임감을 부여하는 작업으로 전환되어야 할 문제이지, 국가가 이를 책임진다는 데에는 한계가 있다. 현재 보육업무에 대한 국가의 접근방법의 근저에는 여전히 보육이나 가사일은 여성의 영역이라는 전제가 깔려있음을 부인할 수 없다. 이는 젠더화된 국가의 근본 속성으로 국가의 비젠더화가 모든 사회문제 해결의 근본이라는 생각이 들어서게 되는 이유도 또한 여기에 있다.

---

15) UNDP. Human Development Report. 2000-2005. www.undp.org

참여정부는 시작부터 사회의 5대 차별[16] 해소를 정책기조로 내세우면서 여성관련 정책을 많이 제시했다. 사회통합과 양성평등을 국정과제로 제시하면서, 그동안 여성계의 숙원사업이었던 것들을 많은 부분 해결해 온 것은 사실이다. 그러나 실제로 성주류화, 성인지적 예산, 성별영향평가 등 여러 가지 새로운 용어들이 사회에 등장하면서 이에 대한 이해가 제대로 되고 있는 것인지에 대한 의문은 여전히 존재한다. 2006년 여성개발원이 여성가족부에 제출한 연구 보고서에 따르면, "지난 10년간 성인지 정책, 성주류화 등 새로운 용어들이 행정기구 내에 등장하여 폭넓게 사용되어 왔지만, 이에 대한 명확한 이해와 공감대 형성, 정책 추진 역량에는 눈에 띄는 진전이 이루어지지 않았다"[17]라는 평가를 내리고 있다.

결국 여성정책에 대한 심도 있는 이해 없이 정책으로만 집행되고 있음을 의미하는데, 이는 정책기조가 변경되면 소리 없이 사리질 수 있는 충분한 가능성을 내포하고 있다. 여성정책이 진정한 의미에서 사회에서 필요한 정책이라는 공감대의 형성 없이는 그 지속성을 논할 수 없는 것이다. 참여정부의 여성정책이 많은 것을 이루어놓았으나, 보다 중요한 것은 여성정책의 지속가능성의 기반을 다져야 한다는 것이다. 사회의 변화는 지속성을 담보하지 않고는 성공했다고 말할 수 없다. 일회성으로 시행되고 사라지는 정책은 수없이 많다. 여성의 삶에 대한 변화에 대한 절실한 필요와, 이를 위해서는 남성중심적 삶의 방식에 대한 변화가 필수적이라는 성평등적 발상이 있어야 진정한 의미에서의 양성평등 사회로 이행할 수 있는 조건이 비로소 형성되는 것이다.[18]

---

16) 참여정부가 집권 초기에 국정과제로 제시한 5대 차별 해소는 학력, 지역, 여성, 장애인, 외국인노동자이라는 5가지에 대한 것으로서, 이를 해소하고 사회통합을 이루어내겠다는 것이 궁극적인 목표로 제시되었다.

17) 여성개발원 연구보고서(2006), p.11.

18) 2000년 UN에서 개최된 Beijing+5 세계 여성대회에서의 중요 주제는 성주류화와

참여정부가 그 어떤 정부보다도 여성인력의 개발에 많은 노력을 경주하고 있음을 부정하지는 않는다. 실제로 2006년 7월 4일 국무총리 주재 관계부터 장관이 참석한 여성정책조정회의에서 여성인력개발종합계획(2006-2010)이 심의 확정되었다. 핵심과제는 잠재노동력인 여성의 노동시장 참여촉진으로, 여성인력 활용을 통한 선진경제로의 도약을 비전으로 삼고 있다.[19] 여기서 제시된 여성인력개발을 위한 일자리 확대, 여성능력개발, 또한 이를 뒷받침하기 위한 여성인적자원 인프라구축과 직장과 가정 양립기반 조성, 그리고 정책의 종합적 추진을 위한 추진체계 정비등 5대부문으로 구성되어 있다.[20] 2002년 대선 공약부터 참여정부의 정책과 앞으로의 계획까지 별반 차이를 보이지 않는다. 여기에서도 문화와 의식에 대한 체계적 작업을 위한 시도는 보이지 않는다. 법과 제도라는 틀은 이제 완성되어 가는데, 그 내용물은 여전히 채워지지 않은 상태라 할 수 있다.

의식과 문화의 뒷받침이 없는 제도의 변화는 일시적이며 허위적일 가능성이 매우 높다. 다음 단계로의 도약이나 진전에 대한 희망을 가지기 어려운 경우가 대부분이며, 더구나 차기 정권에서 이의 연장과 지속을 기대하기는 보다 어려워진다. 따라서 앞서 언급한 여러 가지 행정적 조치들보다 더욱 중요한 것이 의식의 변화를 통한 양성평등 문화의 형성이다. 생각은 행동을 변화시키고, 행동은 습관을 만들고, 습관은 제도로 이어져 또 다시 생각으로 환류된다. 지금까지 참여정부가 여성정책

함께 남성교육이었다.

19) OECD 국가 중 한국은 여성인력 활용율이 매우 낮은 국가에 속한다. 인력활용 측면에서 GDP가 높은 선진국과 한국의 차이는 여성인력의 활용율에 있다는 것이 OECD의 발표이다. 스웨덴의 여성경제활동참가율 80%이상, 미국 70%정도에 비해 한국은 50%에 머물러 있는 현실로 볼 때, 이러한 분석이 설득력을 가진다.

20) 관계부처합동. 여성인력개발종합계획('06-'10): 2007년도 시행계획. 2007년 6월, pp.15-16.

이라는 하드웨어에 집중하여 왔다면, 이제부터는 그 하드웨어를 조종해 줄 양성평등문화라는 소프트웨어 개발에 집중해야 한다. 남성과 여성을 불문하고 인간의 생각이 양성평등문화적 사고로 이행되지 않으면 어떠한 정책도 일회적이고 단기적일 수밖에 없으며, 사회변화로 이어질 지속성을 기대하기는 매우 어려운 것이다. 현재 우리의 목표는 단순히 제도를 설정하는데만 있는 것이 아니라, 제도가 설정되고 정착하여 안정적으로 지속가능하게 만드는데 있다.

4. 미래를 위한 제언 - 여성정책의 지속가능성을 위하여

법과 제도의 변화가 먼저인지, 의식과 문화의 변화가 먼저인지에 대한 논의는 닭과 달걀의 논의와도 같이 쉽사리 답을 내릴 수 있는 문제는 아니다. 그러나 한 가지 분명한 것은 두 가지 모두 절대적으로 필요하다는 것이다. 어느 하나의 뒷받침 없이 다른 것이 역동성을 가지기 어렵다는 말과 별반 다르지 않다. 상호간에 서로의 영향력을 가지고 있기에, 의식의 변화는 생각을 바꾸고, 생각이 바뀌면 현실에서 삶의 모습이 변화한다. 눈에 보이는 현실의 변화는 이제 당연한 것으로 간주되고, 변화된 생각에 정당성과 당위성이 부여된다. 이렇게 해서 역사는 움직이고, 사회는 변화하는 것이다. 젠더화된 국가의 비젠더화로 이런 과정을 거쳐 형성될 수 있을 것이다.

결론적으로 법과 제도의 변화를 위해서는 안정적으로 그 지속성이 확보되어야 하는데, 지속성의 확보를 위해 필요한 것이 바로 양성평등에 대한 의식의 변화와 문화의 형성이다. 이 과정에서 주역은 당연히 민주주의 사회의 시민이다. 시민으로 하여금 민주주의를 움직이게 하는 제도의 근간은 바로 선거에 있다. 선거를 통해서 집권정당이 가려지고, 정책이 선택되면, 이를 통해서 법과 제도의 변화가 발생하고 삶의 방식에도 영향을 미치게 되는 것이다. 여기에 민주주의란 삶의 방식[21]이라는 말의 적실성이 존재한다.

선거에 임해서 시민들의 정당을 선택할 수 있는 기준으로 제시되는 것이 바로 공약이다. 선거에 있어 공약에 관심을 가지고 평가하는 이유는 공약이 공약으로서 그쳐서는 안된다는데 대한 공감대가 형성되어 있기 때문이다. 공약에서 정책으로 이행되고, 그 정책이 적용되면서, 현실의 삶에서 드러난 문제점을 해결하고 갈등에서 통합의 사회로 진행되어야 한다는데 공약을 분석하는 당위성이 있는 것이다. 따라서 이어지는 선거들에서의 여성관련 공약에 대한 지속적인 관심과 분석, 의견의 제시 등은 공약이 정책으로 이행되는데 결정적인 역할을 하게 될 것이다.

공약을 정책으로 이행시키는 결정적 힘이 어디 있는가에 따라 각 정당이 선거에 임할 때 집중하는 대상이 달라질 것이다. 한국에서 여성관련 공약이 구체적으로 등장하기 시작한 이유라면 시민으로서의 여성에 대한 인지를 들 수 있을 것이다. 정당이란 정권의 장악을 궁극적인 목표로 하기에, 정권창출에 도움이 되는 - 즉, 표가 되는 - 집단의 반응에 매우 민감한 집단이다. 따라서 매 선거 시마다 공약을 분석하고, 평가하고, 정책으로 적용된 이후까지도 검증 작업을 지속할 경우 정당의 유권자에 대한 태도나, 공약 설정시의 태도에 많은 변화가 있을 것은 자명하다. 여기에 2006년 5.31 지방선거부터 시작된 매니페스토 운동의 적실함이 있다.

시민이 살아있음을 명확히 하고, 여기에 시민 여성의 존재에 대한 분명한 각인이 있을 때, 정당의 시민 여성에 대한 태도가 성실해지면서, 제시된 공약은 정책의 전신으로 보다 구체성을 띠게 되고, 사회의 변화를 선도해가는 역할을 하게 될 수 있다. 이렇게 해서 사회의 변화가 이루어지면, 의식과 문화의 변화를 형성하는데 초석이 될 수 있다. 결국 법

---

21) 존 듀이. 1987. 민주주의와 교육. 이홍우 번역. 교육과학사. p.137.

과 제도라는 형식적 요건과 의식과 문화라는 실질적 요건의 쌍끌이 장세에서 여성을 말하지 않아도 되는 사회[22]로 이행 될 수 있을 것이다.

이를 위해서 가장 중요한 것은 우선 시민 여성의 역할이다. 그동안 2등 시민으로 숨겨진 상태에서 시민 여성이 민주주의의 주역으로 정당의 공약에 대한 분석, 평가, 비판을 통해 정권을 좌우할 수 있는 주도세력으로 등장한지도 이미 오래되었다. 참여민주주의의 지속가능성을 논하는 21세기에 시민 여성은 민주주의와 매니페스토의 주역이 되어야 한다. 다음으로 필요한 것은 민주시민으로서의 지속적인 교육과 이를 통해서 얻어지는 여권투표(feminist vote)에 대한 중요성이다. 마지막으로 강조하고 싶은 것은 민주주의의 지속가능성을 위한 민주시민교육의 활성화이다. 민주주의는 민주적 삶의 방식에서 드러나는 것이기에, 시민 여성에 대한 지속적인 민주시민교육을 통해서 판단력과 비판의식이 고양되면 공약과 정책도 평가할 수 있는 능력이 증진되고, 사회의 불평등을 평등의 방향[23]으로 움직이게 하는 여권투표에 대한 사고도 진척될 것이다. 이제 현대 민주주의사회에서 민주시민교육을 통한 시민의 참여 - 특히, 여성 시민의 참여 - 는 공약에서 정책으로, 정책에서 사회의 변화로 이어지는 연결고리가 되어 선순환하면서, 민주주의는 그 지속가능성을 담보하게 될 것이다.

---

22) 현대 사회에서 여성을 말하는 궁극적 목적은 여성을 말할 필요가 없는 사회를 만들고자 함이다. 여성할당제로 여성에 대한 불평등이 없어질 때까지 적용하는 한시적인 제도이며, 여성부도 성평등이 달성될 때까지 필요한 한시적 부처임은 모두가 동의하는 바이다.

23) 지구상에 적용되는 물리학의 역할법칙에 따르면, 세상의 모든 것은 불균형에서 균형으로 움직이다.

제10장

지역의 민주주의와 여성정치*

1. 현대사회의 변화와 지방자치 그리고 여성정치

지방자치도 20년을 맞이하면서 어언 성년을 맞이하고 있다. 성년식을 치르기 전에 과거의 행적을 다시 한 번 돌아볼 필요가 있다. 과거를 정리해서 현재의 존재 이유와 문제점의 근거를 발견하고 다시 해결책을 찾아보면서 미래로 진행하자는 역사의식의 발로라 할 수 있겠다.

보통 우리는 문명의 시기를 고대, 중세, 근대로 구분한다. 현재까지도 우리 삶의 많은 것을 규정하고 있는 여러 가지 기법은 근대의 산물이다. 한국사회가 지향하는 '민주주의와 시장경제'도 그렇고, 만민평등사상에 근거한 의무교육과 자유경쟁을 기본으로 하는 각종 시험제도와 채용제도, 기계가 발명되고 대규모 생산으로 부의 대량 축적과 이동이 가능해진 산업근대화 등 이 사회의 근저를 형성하는 모든 제도의 기반에 르네상스를 거쳐 계몽사상으로 자리 잡아 온 근대사상이 흐르고 있는 것이다.

* 이 글은 지역의 여성정치에 대한 시론적 연구로서, 2009년 12월 9일 전남대학교 여성연구소와 광주 여성단체연합 공동주최 <지역 여성정치 토론회>에서 발표한 것을 기본으로 수정 보완한 것이다.

르네상스시기를 10-13세기로 보고, 계몽사상의 활동시기를 16-7세기로 본다면 줄잡아서 한 4/5백년간 근대가 지속되고 있다고 할 수 있다.

이제 그 시대가 움직이고 있다. 우리는 이를 사회의 근간이 변화하고 있는 변혁기(paradigm-shift)라고 한다. 산업근대화 시대에서 정보화 시대로, 물리적 힘이 중요하게 여겨지던 사회에서 지적 능력이 다양하게 인정되는 시대로 움직이면서, 투쟁과 경쟁 일변도의 사회에서 공존과 화합으로, 수직적 위계질서사회에서 수평적 관계사회로, 개발 우선 전략에서 보존의 중요성이 대두하는 시기로 움직이고 있는 것이다. 기업 경영원칙도 대기업에 의한 단일품종 대량생산체제에서 다품종 소량생산체제로, 획일성을 넘어 다양성을 추구하는 시대로 진행한다. 규모의 경제로 대형화만 추구하던 한국의 재벌이 구조조정을 실행하게된 것도 바로 이러한 시대의 움직임과 무관할 수 없다. 수년전 갑자기 다가와 아직도 우리사회에 어두운 그림자로 남아있는 IMF라는 기억도 바로 이러한 맥락에서 이해해야 한다.

현재 우리가 직면하고 있는 가치와 패러다임의 변화를 살펴보면 다음과 같다.

1) 가치의 변화

근대	탈근대(현대)	현상과 사례
이성 중심	감성의 등장	EQ와 정서교육의 등장
힘과 강함 중시	부드러움에 대한 재조명	여성성의 등장
큰 것	작은 것	지방자치의 등장
동질성과 획일성	이질성과 독특성	'튄다'라는 표현의 등장
대원칙 중심	일상성 강조	개성중시 '개인적인 것은 정치적인 것' 공사구분이 사라짐

2) 패러다임의 변화

산업화 시대	정보화 시대	구체적 현상
물리적인 힘 중시	다양한 지적 능력의 필요성	다양한 가치 등장
투쟁과 정복	공존	협상과 나눔
개발	보존	인간의 장기적 생존을 위한 sustainable development
소유	공유	선택적 소유와 공유로 개념전환
만드는 것	유지하는 것	지키는 자의 힘에 대한 인정
남성성	여성성	젠더적 사고의 확산

이상과 같은 가치와 패러다임의 변화를 바탕으로 정치와 권력구조도 변화하고 있다. 전통사회에 바탕을 둔 위계적 인간관계에서는 효율성과 성과중심성이 상소되고 있으나, 정보화시대의 수평적 인간관세에서는 소통과 배려, 과정에 대한 강조와 함께 상호 포용적 태도가 중시되고 있다. 동시에 권력과 정치 지형에서도 변화가 이어진다. 지배/피지배를 근간으로 하는 군림하는 권력은 소통을 핵심으로 하는 함께하는 권력으로 변화되고, 권력의 강압성을 드러내는 통치(government)는 협력적 성격을 의미하는 거버넌스(governance)로 움직이고 있다.

과거 오랫동안 우리 사회를 지배해 온 산업사회의 리더십은 언제나 권위적이고 강력한 카리스마를 요구해 왔다. "나가자, 싸우자, 이기자" 식의 조직폭력배 두목 같은 마인드가 지도자의 가치로 인정받아 왔다. 그러나 정보사회로 급격하게 움직이면서 이러한 리더십은 상당히 빠른 속도로 변화해 가고 있다. 획일 사회에서 다원사회로 변형되면서, 어떠한 규정된 리더십의 유형도 없이, 그야말로 다양한 리더의 양태가 존재한다. 대체로 정보사회의 리더십은 '기러기 형'이라는 말을 많이 하고 있다. 기러기들은 한 명백한 리더가 존재하지 않는다. 리더가 계속 바뀌어 간다. 우리가 볼 때, 가장 앞서 나는 것이 리더가 아니라는 점도 지적할 만하다. 여기에 또 다시 힘이 없는 듯이 보이는 시민의 가능성을 본다. 언제나 1등만 중요시되던 위계사회에서 2등 이하가 리더라는 것이 쉽게 인지되지는 않겠지만, 이것이 사회의 다양성을 확보하고 일반 시민이 사회를 지켜내는 사회의 주인으로 등장할 수 있는 여건을 조성해 준다.

여기에 지방자치와 여성정치의 시대적 당위성이 존재한다. 이 글은 지방자치 20년을 바라보며 2010년 6월 2일로 다가선 전국지방 동시선거를 맞이하면서, 지방의회에서의 여성의원의 현실 과제를 분석해 본다. 현실의 분석 작업을 통해서 미래 과제를 선정해 보고, 그에 대한 구체적 방법까지 제시해 보기로 한다. 여성의 참여가 지방자치의 완성이요, 이는 동시에 민주주의의 완성이라는 미래 비전을 가지고, 이 글은 현재 지역 여성정치를 조망해 본다.

이 글은 전반적인 지방자치에 대한 평가와 전망을 시도하면서 광주지역 여성정치에 대한 분석자료만 사용하였다는 한계점을 가지고 있다. 보다 포괄적이고 종합적인 지역 여성정치에 대한 분석은 자료를 보완하여 차후에 시도하기로 한다. 이 글은 지역의 여성정치에 대한 시론적 연구로서 비록 단편적이기는 하지만, 광주 시의회 여성조례에 대한 간단한 분석을 통해 지역의 여성정치라는 일반 이론으로까지 논의를 연장하여, 지방자치 20년의 성과와 한계점, 앞으로의 과제를 살펴보도록 한다.

2. 지역 여성정치의 현황과 문제점

1) 여성정치의 현황

우리나라의 지방자치제는 1991년 30년 만에 부활된 이래, 5대까지 오면서 여성의 역할이 확대될 수 있는 여건이 조성되고 여성의 정책결정과 정치참여가 확대되고 있다. 실제 2006년 동시 지방선거 결과 광역의회 여성의원 비율은 12.0%(88명), 기초의회 여성의원 비율은 15.1%(437명)로, 2002년의 각각 9.2%와 2.2%에 비해 많은 증가를 보이고 있다. 특히 기회의회 여성의원은 괄목할만한 증가를 보이고 있는 바, 이는 기초의회에 적용된 비례대표 여성공천 할당제의 영향으로 보인다.

캔터(Rosabeth Moss Kanter)의 설명에 따르면, 여성이 어떤 조직에서 효율적인 의사결정집단으로 등장하기 위해서는 수적 전체의 15%는 되어야 하며, 그 수준 이전까지는 여성의 이익과 요구는 무시되거나 간과된 가능성이 매우 높다고 한다. 다시 말해서 의회에서 15%의 여성의원이 존재한다는 것은 여성의원들이 특정 사안을 지지하고 영향력을 행사하기 위한 입법적 행동이 가능하다는 사실을 의미한다. (Kanter 1977) 물론 여성의 정치적 대표성이 단순히 여성 정치인의 수적 증가만을 의미하는가에 대한 논란도 있을 수 있으나, 실제로 증가된 여성의원들은 조직 내 지위변화와 함께 종전에는 여성과 관계가 없어 보이던 분야의 조례안 발의가 늘어나는 것과 더불어 조례안 심의과정 및 본회의, 상임위 활동에서의 발언내용 역시 성인지적 관점에서의 발언이 많을 것으로 예상할 수 있다. 또한 여성의원의 증가는 지방의회 전반적 분위기를 변화시키고 양성평등, 인권증진, 가족, 보육, 가정과 직장의 양립문제등에서의 여성의 대표성이 강화된 의정 활동이 증가하리라는 예측이 가능하다. 김원홍을 비롯한 한국여성정책개발원의 연구에 따르면, 16대 국회의 여성의원 비율 5.9%에서 17대 13.7%로 증가하면서, 여성의원들은 남성의원들과 비교하여 발의건수, 여성 친화적 의정 활동이 활발하였고, 남성의원들에게도 영향을 주어 양성 평등한 조직문화를 형성하는데 기여하고 있는 것으로 드러나고 있다. (김원홍 외 2008: 79-82)

역대 각급 중앙, 지방 선거에서 여성의원의 당선율을 살펴보면 다음과 같다.

표 1. 역대총선에서의 여성국회의원 당선율

총선 연도	총의원수	여성의원 (비율%)	지역구 여성의원수	비례대표 여성의원수
13대(1988)	299	6(2.0%)	0	6
14대(1992)	299	8(2.7%)	1	7
15대(1996)	299	10(3.0%)	3	7
16대(2000)	273	16(5.9%)	5	11
17대(2004)	299	39(13.0%)	10	29
18대(2008)	299	41(13.7%)	14	27

출처 : 중앙선거관리위원회

표 2. 역대 전국지방 동시선거에서의 여성의원 당선율

지방선거년도	구분	총당선자	지역구 여성의원수	비례대표 여성의원수	여성의원수와 전체당선자 중 비율 (%)
1995(2대)	광역의원	970	13	42	55(5.7%)
	기초의원	4,541	72	-	72(1.6%)
1998(3대)	광역의원	690	14	27	41(5.9%)
	기초의원	3,489	56	-	56(1.6%)
2002(4대)	광역의원	682	14	49	63(9.2%)
	기초의원	3,485	77	-	77(2.2%)
2006(5대)	광역의원	733	32	57	89(12.1%)
	기초의원	2,888	110	326	436(15.1%)

출처 : 중앙선거관리위원회

이 중에서 특히 지방선거에서의 여성의원 당선현황을 살펴보면 2002년 선거에서 광역의원 여성비율이 이전에 비해 급증하고, 2006년에는 기초의원 여성비율이 급증하였음을 볼 수 있다. 이는 정당법 개정과 함께 비례대표 여성할당제, 지역구 여성공천 할당 권고등 정부와 정당이 제도적 차원에서 노력한 결과라고 할 수 있다. 이에 도움이 된 공직선거관련 제도의 변화는 다음과 같다.

① 2000년 2월 정당법 개정을 통해 국회의원 및 지방의회 의원 비례대표에 30% 여성할당제 도입[1)]

② 2002년 3월 정당법 개정을 통해 비례대표 50%를 반드시 여성으로, 교호순번제로 하도록 하였으며, 지역구 여성후보 30% 공천할당제를 노력사항으로 도입, 이를 지키는 정당에 대해서 정당에 주는 국고보조금을 인센티브로 지급하기로 함.[2)]

③ 2004년 3월 정당법 개정을 통해 정당은 비례대표 중 50%를 반드시 여성으로 하되, 후보자 명부 순위에 따라 2인마다 반드시 여성 1인이 포함되도록 개정함(정당법 제44조 제7항)[3)]

실제로 2005년 개정된 공직선거법 제47조 4항은 다음과 같은 내용까지 담고 있다. "정당이 임기만료에 따른 지역구 국회의원 선거 및 지역구 지방의회의원선거에 후보자를 추천하는 때에는 각각 전국 지역구 총수의 100분의 30이상을 여성으로 추천하도록 노력하여야 한다." 그러나 이 규정은 권고 규정으로 사문화되어 있다.

---

1) 정당법 제31조 제4항 신설
④ 정당은 비례대표 전국선거구 국회의원 선거후보자와 비례대표 선거구 시도의회 선거후보자 중 총 100분의 30이상을 여성으로 추천하여야 함.

2) 2002년 3월 정당법의 여성관련 조항 개정
제31조 제5항 : 정당은 비례대표 선거구 시도의회선거 후보자주우 100분의 50이상을 여성으로 추천하되, 선거 후보자 명부 순위에 따라 2인마다 1인이 포함되도록 함.
제31조 제6항 : 지역구 시도의회의원선거 후보자중 여성을 100분의 30이상 추천하도록 노력하여야 하며, 이를 준수한 정당에 대하여는 추가로 보조금을 지급할 수 있도록 함.

3) 2005년 8월 공직선거법 개정
제47조 3항 : 비례대표 국회의원 선거 및 비례대표 지방의원 선거에 후보자를 추천할 때에는 그 후보자 100분의 50이상을 여성으로 추천하되, 그 후보자 명부의 순위의 매 홀수에는 여성을 추천하여야 한다.

2) 지방의회 여성의원의 활동

여성의원 비율이 증가하면서 정책결정에의 영향력도 점증하여 온 것은 사실이다. 특히 기초의회에서 여성비율이 15%를 넘어선 5대의 경우 많은 차이를 보이다. 164개 기초의회의 성별조례안 발의 현황을 분석한 김원홍의 연구(2009)를 보면, 성별조례한 발의 건수는 성별 의원수와 비례하고, 발의된 내용의 대부분이 가결되는 현상을 보이고 있다.

여성의원 비율이 2.2%였던 4대 기초의회에서 여성의원 발의 건수는 25건으로 모두 가결되었다. 여성의원 비율이 15.1%로 급증한 5대 기초의회에서 여성의원 발의 건수는 430건이고 이중에서 414건이 가결되었다. 이에 비해 남성의원의 발의 건수는 4대에서는 1,041건, 5대에서는 2,558건으로 나타난다. 성별의원수가 성별 조례안 발의의 형평성 제고에 많은 영향을 주고 있음이 드러난다. 4대와 5대를 비교해 볼 때, 여성의원의 증가에 따라 평균 <발의 건수/가결건수> 비율이 증가하고 있음을 알 수 있다.

표 3. 기초의회 의원 성별조례안 발의 현황

	4대 기초의회 전반기	5대 기초의회 전반기
여성의원 대표발의 / 가결 (여성의원 1인당 평균발의건수/ 평균 가결건수)	25/25 (0.46건/0.46건)	430/414 (1.44건/1.39건)
남성의원 대표발의 / 가결 (남성의원 1인당 평균발의건수/ 평균 가결건수	1,041/1,007 (0.47건/0.45건)	2,558/2,497 (1.56건/1.52건)
지방정부 대표발의 / 가결	11,221/10,859	12,877/12,519

출처 : 230개 기초의회 설문조사(164개 의회 답송)
김원홍 외 "지방의회 의원 의정활동 비교를 통해본 양성평등 실현방안" (2009)

이러한 성별조례안 증가 추세는 광주시 의회 여성의원의 의정자료에서도 드러난다. 여성의원 발의 조례건수가 3대(여성의원 2인)에서는 1건, 4대(여성의원 5인)에서는 13건, 5대(여성의원 4인)에서는 22건으로 나타난다. 발의 건수를 년도별로 세분화시켜보면, 증가추세는 더욱 더 확연해진다. 2002년 1건, 2003년 2건, 2004년 6건, 2005년 4건, 2006년 2건, 2007년 3건, 2008년 7건, 2009년 11건으로 드러나며, 최근으로 올수록 가결 비율과 원안 그대로 통과되는 비율도 높아져, 여성의원들의 의회에서의 입지가 자리잡혀가고 있음을 추정할 수 있다. 2002년 2003년까지만 해도 여성의원이 발의하더라도 부결되거나 수정되는 비율이 높았으나, 2009년의 상황은 판이하게 달라져 있음을 통계에서 알 수 있다.(여성의원 발의 안건 11건 중 9건이 원안 그대로 가결되었다.)

표 4. 광주시의회 여성의원 발의 현황

년도	발의 건수	의결 결과
2002	1	부결 1
2003	2	부결 2
2004	6	원안 1; 수정 3; 계류 1
2005	4	원안 1; 수정 2; 계류 1
2006	2	원안 2
2007	3	원안 3
2008	7	원안 1; 수정 3; 계류 1; 철회 1
2009	11	원안 9; 계류 1; 철회 1

출처: 여성의원 활동자료 (광주 여성단체연합에서 제공)

일반적으로 볼 때 지방의회 의원들이 제출하고 있는 조례 건수는 계속 증가하고 있는 것으로 보인다. 여성의원과 남성의원의 전체 조례 제출 실적에서는 큰 차이가 발견되지 않으며, 여성의원은 남성의원보다 여성 및 소외계층, 사회적 약자에 대한 조례를 더 많이 발의하고 있다.

또한 여성의원 비율이 증가함으로써 여성의원들이 협력과 경쟁을 통해서 적극적인 입법 활동을 하고 있는 것으로 확인된다. 3대에서 4대 5대로 넘어오면서 여성의원들이 이제 의정활동에 대한 기본자세를 가지게 된 점도 지적하지 않을 수 없다. 남녀의원 불문하고 모두 초선의원이 가장 적극적인 입법 활동에 나서고 있다. 여성의원이 증가한 상황에서 지역구 여성의원은 지역구 남성의원보다 입법 활동에 더욱 적극적이지만, 비례대표의 경우에 남녀의원간의 젠더적 차이는 크게 드러나지 않는다. 그러나 여성관련 조례 입법에 가장 적극적인 의원들은 비례대표 여성의원들이다. 따라서 여성의원의 증가와 함께 현저하게 달라진 것은 여성정책 의제의 증가추세라고 할 수 있다. 나아가 여성의원 증가의 영향으로 남성의원의 남녀평등의식이 제고되고 성인지적 관점이 강화되고 있음도 또한 중요하다. (김원홍 2009: 21-22)

현대사회에서 삶의 질에 대한 관심이 높아지면서 생활정치를 중시하면서, 사회복지에 대한 관심이 한층 높아진 상황에서, 여성의원의 증가와 함께 여성의제의 증가는 남녀 의원 모두에게 영향을 주고 있다고 볼 수 있다. 현실의 삶과 밀착된 생활공간에서 이슈도 모두 정치적 의제가 되고, 특히 지방정치에서 이러한 문제는 지방 살림이라고 표현할 수 있을 만큼 여성 밀착형 의제가 증가되는 것은 민주주의가 생활화되면서 발생하는 자연스러운 추세라고도 할 수 있겠다. 지방의회의 의제나 조례안 분석을 통해 보아도 이는 그대로 반영되고 있다. 사회적 문제로 일단 부각되면, 여성의제이던 아니던 모든 의원들이 관심을 가지지 않을 수 없게 되고, 따라서 저 출산, 보육, 여성인적자원개발 등에 대한 관심도 제고에 여성의원의 증가는 직접적인 영향을 미치고 있다.

3) 여성정치의 문제점

지방의회에서의 여성의원의 증가는 위에서 볼 수 있듯이 정책결정과정에서 변화를 가져왔고, 여성의원들의 의정활동도 증가하면서, 남성의

원들에게도 영향을 주어 양성평등적인 지방의회에 형성에 지대한 영향력을 미치고 있다. 이러한 상황에서 지방자치 20년을 맞이하면서, 여성정치의 과제를 논하자면 다음과 같다.

우선적으로, 여성의원의 양적증가가 지속되어야 하고, 더불어 질적인 측면도 제고될 필요가 있다. 지방의회가 이제 5대를 넘어가고 있는 시점에서 필요한 것은 단순히 여성의원의 수 뿐만 아니라, 지방자치단체장을 비롯하여 상임위원장이나, 부의장, 의장을 비롯한 지방의회 간부직에 여성이 진출해야 한다는 것이다. 양적 변화는 일정 수준을 넘어서면 질적으로 변환되어 시대를 선도해 나갈 수 있다. 현재 지방의 여성정치는 이 기로에 서있다고 하겠다.

둘째, 지방자치가 이제 성년을 맞이하면서 보다 성숙해지기 위해서는 여성의원들의 경력이 지속되어야 할 필요가 있다. 선거 때마다 새로운 인물을 찾는다는 핑계로 여성들에게 나누어 주기식 공천을 하게 되면, 초선의원들만 양산되어, 양적으로는 도움이 될 수 있으나, 질적인 변화의 기제가 형성되기 어렵다. 다른 모든 조직에서와 마찬가지로, 신입사원과 경력사원의 역량은 다를 수밖에 없다. 국회나 지방의회에서도 3선 정도 되어야 상임위원회 의장을 비롯한 정책결정직에 접근이 가능하다. 현재 15%밖에 안 되는 상황에서, 정치초년생 여성들도 물론 많이 있어야 하지만, 이제부터는 경력자들의 경륜이 요구되는 시기라고 볼 수 있다. 현실적으로 비례대표 공천은 1회로 그치고 있으므로, 지역구 공천에 대한 제도적 보완이 수반되어야 한다고 본다.

셋째, 보다 많은 여성이 지방의회에 진출하여 의정활동을 해나가기 위해서는 기존의 의회 운영 방식에 대한 분석과 반성도 필요하다고 하겠다. 아직은 여성이 소수인 상황에서 성인지적 의정활동의 활성화를 위해 다수인 남성의원들의 성인지 교육이 절실한 상황이다. 이를 위해서는 여성관련 상임위라든가, 여성정책 관련 의제 발의자에 많은 남성이 포함될 수 있도록 의회 내에서의 지속적인 양성평등, 또는 성인지

교육이 병행되어야 할 것이다. 지방의회에 대한 지속적인 모니터링 작업을 통해서 이는 어느 정도 가능하리라 본다. 현재 지역의 여성단체가 여성정치의 안정을 위해서 할 수 있는 가장 중요한 일이 아닐까 생각한다. 한마디로 의원이 되었다고 끝난 것이 아니며, 그 때부터 시작이라는 생각을 여성의원들 모두가 가지고 지속적인 자기 개발이 있어야 한다고 본다.

마지막으로, 정치지도자는 태어나는 것이 아니라 만들어진다. 자신의 주위에 대한 관심에서부터 사회에 대한 관심으로 의제가 확대되면서, 사회적 사명감이 정치지도자를 형성한다. 이를 위해서는 지속적으로 학습할 수 있는 장이 형성되어 있어야 한다. 실제로 국회에서도 수많은 주제에 따른 소모임이 활성화되어 있다. 이러한 소모임을 통해서 국회의원들은 자신들의 관심사를 구체화시키고, 대안도 제시하게 된다. 지방의회에서도 마찬가지로 이러한 각 사안별 소모임의 활성화가 필요하다고 본다. 특히 여성의원들의 경우 여성정책에 한정되지 말고, 각 분야별로 각자의 적성에 맞게 전문적 식견을 가지고 의정활동에 임할 필요가 있다. 현재의 여성의원은 여성정책에 대한 의무와 동시에 일반 의제에 대한 두 가지 의무를 지고 있는 셈이다.

3. 지역 여성정치의 과제 및 활성화 대책

지방의회 여성의원들의 수적 증가를 통해서 지방의회의 의정활동은 시민으로서의 여성의 삶의 질 향상에 많은 도움을 줄 수 있는 방향으로 설정되고 있다는 것이 지금까지의 논의의 결과라고 할 수 있다. 그렇다면 일반 시민의 삶과 직결되어 있는 지방자치의 발전을 위해서 여성의 참여는 지속적으로 확대되어야 한다는 결론이 도출된다.

2009년 국제의회연맹의 통계자료에 따르면, 세계의 여성의원 평균 비율은 18.6%인데, 현대 한국의 여성 국회의원 비율을 13.9%로 세계

86위에 위치한다. 아프리카 카메룬과 지부티, 스와질랜드 등과 동일한 비율이다. 2009년 UNDP의 인간개발보고서에 따르면, 한국의 인간개발지수 순위는 26위로 상위에 있는데 반해, 여성권한척도 순위는 61위로 중위권에서 맴돌고 있다. 또한 2009년 스위스 세계경제포럼(WEF)이 여성의 경제적 참여와 기회, 교육수준, 보건 및 수명, 정치적 권한을 종합하여 발표한 '2009 성 격차 보고서(The Global gender gap Report)'에 따르면, 한국의 양성평등지수는 134개국 중 115위로 하위에 속하고 있다. 특히 보건 80위, 정치 104위, 교육 109위, 고용 113위로 젠더간 격차가 매우 심각한 것으로 드러났다. (동아일보 2009.10.29)[4] 이러한 불균형은 경제적 참여와 기회에서의 심각한 불균형과 경제력에 비해 상대적으로 매우 낮은 여성의 정치적 대표성에 기인하고 있다.

2010년 6대 지방선거를 목적에 둔 이 시점에서 여성의 정치참여 확대를 여전히 논의하지 않을 수 없는 이유가 바로 여기에 있다. 이제는 단순히 여성의 참여를 원론적으로 감정에 호소하고 추상적으로 논하는 단계에서 구체적 전략으로 이행할 필요가 있다고 본다. 여기서 필자는 구체적 전략을 제도적 측면과 내용적 측면으로 나누어 설명하고자 한다.

1) 제도적 측면 : 대표성 제고 방안

(1) 비례대표 비율 상향 조정

여성의 정치참여 확대를 위한 제도적 개선 방안에서 우선적으로 논

---

4) 한국은 2006년에는 92위였으나, 해가 갈수록 97위(2007년), 108위(2008년)로 순위가 떨어지고 있다. 구체적으로는 여성정부수반 재직기간 30위, 유사직업 임금평등 109위, 초등교육 등록 120위, 출산성비 116위, 여성의 정부각료진출 124위 등을 기록했다. 아이슬란드가 1위를 차지했고, 핀란드와 노르웨이, 스웨덴이 뒤를 이었다. 필리핀은 9위, 중국은 60위, 일본은 75위로 한국보다 훨씬 높았다. 한국보다 순위가 낮은 나라는 최하위 예멘을 비롯해 파키스탄 132위, 사우디아라비아 130위 등 거의 이슬람 국가들이었다. (동아일보 2009. 10. 29)

의되는 것은 비례대표 비율의 상향 조정이다. 현재 광역지방의회 선거에서 비례대표 비율은 전체 정수의 10%에 해당하며, 이 10%에 여성을 50% 할당하는 것이 의무로 규정되어 있다. 그러나 비례대표 10%인 상황에서는 여성을 50% 할당하더라도 전제 5%에 불과하여 여성의 참여 진작에 미치는 효과는 매우 미미하다. 현실적인 차원으로 여성의 정치참여를 끌어올리기 위해서는 비례대표 비율을 30%정도로 상향조정할 필요성이 여기에 존재한다. 또한 광역지방의회의 입장에서도 지방의 살림을 제대로 꾸려나가기 위해서는 선거에서 표만을 의식하는 정치꾼들보다는 각 분야의 전문가들이 의정활동을 해나가는 것이 지방자치의 미래를 위해서도 보다 효율적이다. 따라서 비례대표 비율을 30%로 상향조정하고, 여성할당 50%를 유지하면서 교호순번제를 존치시키면, 전문가에 의한 효율적 지방의정활동도 가능하게 됨과 동시에 여성의 정치참여를 높이는 두 가지 효과를 동시에 달성할 수 있게 된다.

(2) 지역구 공천 비율 상향 조정

형식적이고 상징적 여성참여를 실질적 참여의 수준으로 진작시키기 위해서는 비례대표에서의 여성비율 확대만 가지고는 한계가 있다. 지역구에서 여성의 진출이 확대되어야 실질적 여성의 정치적 대표성이 제고될 수 있다. 2001년 프랑스에서 "남녀동수 공천법"을 통해 지방 시의원 선거에서 지역구 여성공천 50% 할당을 법제화한 직후의 선거에서 여성의원의 비율이 22-47%로 증가한 바 있다.

따라서 지역구에서의 여성공천이 법제화되고 제도화되어야 한다. 이미 언급한 바와 같이, 한국에서도 2005년 개정된 공직선거법 제47조 4항은 다음과 같은 내용을 담고 있다. "정당이 임기만료에 따른 지역구 국회의원 선거 및 지역구 지방의회의원선거에 후보자를 추천하는 때에는 각각 전국 지역구 총수의 100분의 30이상을 여성으로 추천하도록 노력하여야 한다" 그러나 실제로 이 규정은 강행규정이 없어 사문화되어 있는 실정이다.

이렇게 볼 때 이 규정을 살릴 수 있도록 강행규정을 두어야 할 것으로 본다. 현실적으로 강행규정이 없는 법 개정은 사회적 의미를 가지지 못한다. 우리는 과거 정당법에 여성할당이 명시적으로 규정되었음에도 각 정당이 이를 지키지 않았던 경험을 우리는 가지고 있다. 또한 지난 17대 국회에서 한나라당의 문희 의원이 선출직 30% 여성공천 강행규정을 담은 법안을 제출하였으나, 정치개혁특별위원회에서 논의가 제대로 되지도 않은 채 폐기된 사례도 있다. 이에는 요건을 충족하지 않았을 경우에는 선관위에서 후보등록신청을 수리할 수 없도록 하는 안이 포함되어 있었다.

이어서 현재 국회 정치개혁특별위원회에 선출직 여성할당 강제 관련 개정안[5])과, 지방자치단체장 여성할당 강제 관련 개정안[6]), 비례대표 여

---

5) 김상희 의원이 2008년 8월 29일 대표 발의한 공직선거법 일부개정법률안으로 주요 내용은 다음과 같다.
"각 정당이 후보자를 추천하는 지역구 총수의 100분의 30이상을 의무적으로 여성으로 추천하도록 함"(안 제47조 제4항)
"비례대표 국회의원 선거, 지역구 국회의원선거 및 지역구 지방의회 의원선거도 여성후보자 추천의 비율과 순위를 위반한 등록신청은 수리할 수 없도록 하고, 이를 위반하여 등록한 것이 발견된 때에는 등록을 무효로 하도록 함"(안 제 49조 제8항 및 제52조 제1항 제2호)

6) 이은재 의원이 2009년 8월 28일 대표 발의한 공직선거법 일부개정법률안으로 주요 내용은 다음과 같다.
"지역구 국회의원선거 및 지역구 지방의회의원선거에 후보자를 추천하는 때에는 전국지역구 총수의 100분의 30이상을 여성으로 추천하도록 규정하고 있으나, 이 여성추천 비율을 의무적으로 이행하도록 함"(안 제47조 제4항)
"지역특성을 고려하여 지방자치단체의 장의 선거에 있어서도 시도지사의 경우 100분의 10, 자치구. 시의 장의 경우 100분의 30, 군의 장의 경우 100분의 10이상을 각각 여성으로 추천하도록 하는 내용의 규정을 신설함"(안 제47조 제5항 신설)
"비례대표 지방의회 의원은 물론 비례대표 국회의원의 추천비율과 순위를 준수하여 수리하도록 함"(안 제49조 제8항)

성할당 비율 상향조정 관련 개정안[7]이 각각 2008년과 2009년에 발의되어 논의되고 있는 상황이다. 참고로 2010 지방선거 남녀동수 범여성연대(여성단체협의회, 여성단체연합 대표가 공동대표를 맡고 있음)가 2009년 11월 11일 발족하여 2010년 6월까지 지방의회 50% 여성참여를 목표로 활동하고 있다.

(3) 정당내 여성 당직자 비율 상향 조정

비례대표 비율 상향조정이나 지역구 여성할당 법제화 모두 여성의 정치적 대표성 증진을 위해 효율적 방법이기는 하지만, 현실적으로 요건에 맞는 여성이 존재하지 않으면 의미가 없다. 실제로 2001년 프랑스의 남녀동수공천법 발효이후 지방선거에서 프랑스의 각 정당은 공천할 수 있는 여성후보가 없어 고심했다는 후문도 있다. 이는 법제화의 공간을 채울 수 있는 자격을 갖춘 여성들이 존재하지 않으면, 제도화/ 법제화도 커다란 효과를 빌휘하지 못할 수도 있다는 말을 반증한다. 결국 중요한 것은 다시 사람이다. 여성 자신으로 돌아오게 되는 것이다.

이를 위해서 제도권에서 해야 할 일이 있다면, 이는 각 정당의 몫이라고 본다. 각 정당의 근저에는 많은 여성당원이 존재하지만, 고위당직으로 올라갈수록 여성의 숫자는 줄어드는 것을 알 수 있다. 자리가 사람을 만든다는 말이 있듯이, 정치지도자는 지속적 학습과 훈련을 통해서 만들어지는 것이다. 민주주의와 선거의 근간이 정당이라고 볼 때, 정당에서의 여성 당직자의 필요성, 특히 고위 여성당직자의 필요성이 절대적으로 요청된다고 하겠다. 현대사회에서 정치적 훈련을 제도적으로

---

7) 박순자 의원이 2009년 8월 31일 대표 발의한 공직선거법 일부개정 법률안으로 주요내용은 다음과 같다.
"정당이 비례대표국회의원선거 및 비례대표 지방의회 의원 선거에 후보자를 추천하는 때에는 그 후보자 중 3분의 2 이상을 여성으로 추천하되, 그 후보자 명부의 첫 순위는 여성이어야 한다. 이 경우, 매 연속된 3명중에 2명은 여성이어야 함"(안 제47조 제3항)

받을 수 있는 곳이 바로 정당이기에, 각 정당은 정당차원에서 정당의 정책결정 과정, 공천심사과정에 여성의 참여비율을 높이는 작업을 제도화수준까지 올려놓아야 할 것이고 본다.

이에 대해서 정부가 할 수 있는 일이 있다면, 각 정당에서 정책결정과정에의 여성 참여 비율에 따른 정당보조금을 통한 통제를 생각할 수 있을 것이다. 인력의 풀이 없으면 제도는 그야말로 허상에 불과하며, 사회를 변화시키거나 발전시키지 못한다. 정치적으로 훈련받은 여성인력의 배출로부터 지방자치와 여성정치의 미래가 달려있다고 하겠다.

(4) 선거구제 개편과 정당공천 문제

여성의 정치참여 진작을 위해서 필요한 또 하나의 제도적 장치로서 선거구제에 대한 논의가 있다. 실제로 여성의원 비율이 40%를 상회하는 북유럽 국가들의 경우 대선거구 비례대표제라는 선거구제의 영향을 많이 받고 있다는 것은 주지의 사실이다. 실제로 서구 선진국 중에서 소선거구제를 택하고 있는 미국이나 프랑스는 여성의원 비율이 20% 미만으로, 다른 서구 선진국에 비해 낮은 편이다.

따라서 남성 중심적 사고가 여전히 강한 나라에서 소선거구제는 원천적으로 여성에게 불리한 제도라고 볼 수 있다. 실제로 지난 17대 국회의원 선거에서 지역구 출마 여성후보 66명 중 10명이 당선되었는데, 해당 선거구에서 2위를 한 여성후보가 10명, 3위를 한 여성후보가 9명으로 드러났다. 당시 소선거구제가 아니었다면 지역구 여성후보 당선율은 더욱 높아졌을 것이다. 선거구제에 대한 개편은 현재 행정구역 개편과 맞물려 있으나, 지역구 출신 여성후보의 당선가능성을 높일 수 있는 방향으로 개선되어야 할 것이다.

또한 현재 정치권에서는 지방자치의 근본 개념을 살린다는 취지아래 기초의회 정당공천제 폐지에 대한 논의가 활발하다. 실제로 기초의회 정당공천제의 폐해가 지방의회 5대까지 오는 동안 극심하게 드러나 있어 이에 대한 개선을 고려하고 있는 점은 인정되지만, 기초의회 정당공천제는 여성의원의 증가에 많은 도움을 준 것도 사실이다. 게다가 정당공천제가 폐지되면, 비례대표제도 존폐의 기로에 놓이게 된다. 2006년 지방선거에서 여성비율이 15%에 달하게 한 결정적인 역할은 한 비례대표, 정당공천제가 동시에 사라지면, 여성의원 비율은 또다시 1,2%대로 하향 조정될 가능성이 매우 높다. 따라서 기초의회 정당공천제가 폐지될 경우 여성의 정치참여 확대에 대한 보완적 장치가 반드시 마련되어야 한다. 일부는 여성전용선거구제를 제안하고 있으나, 이를 포함하여 남녀동반선출제, 당선보장제 등 가능한 대안들을 모두 정밀하게 살펴 여성의 정치참여가 과거로 퇴행하는 일은 없도록 해야 할 것이다. 기초의회 여성의원 15%의 현실은 여전히 안정성이 부족하여, 여성에 대한 정책적 보완장치가 마련되지 않으면 15%라는 여성의 정치참여 비율은 하방으로 움직일 수 있는 가능성이 매우 높은 수치이다. 우리 사회에서 여성의 정치참여가 아직도 궤도에 올라있다고 볼 수 없어, 정책적 고려는 지속되어야 하는 문제이다.[8)]

2) 내용적 측면 : 여성정치교육의 활성화 및 내실화

(1) 여성정치교육의 지속성 필요

정부와 정당, 의회가 법제화 작업을 통해 제도를 갖추어 놓으면, 이제 거기에 맞는 인력이 배출되어 그 제도의 실효성을 드러내야 한다. 이에

8) 2009년 12월 16일 현재 국회의 정치개혁특별위원회에서의 논의에 따르면, 기초의원과 기초단체장에 대한 정당공천제는 현행대로 유지하고, 현행 10% 수준인 지방의원 비례대표 비율을 20%-30%로 확대하는 방안에 의견을 모은 것으로 알려졌다. 이는 현재 비례대표 50%을 여성에게 배정하는 여성할당제가 실질적인 효과를 거둘 수 있도록 한다는 것이다. (연합뉴스 2009년 2월 16일)
국회의 정개특위는 12월 18일로 소위 활동을 마감하고, 합의된 사안에 대해서는 이후 전체회의를 통해 공직선거법, 정당법 개정안을 2009년 내에 처리할 예정으로 있다.

따른 여성정치 인력의 지속적 배출을 위한 상시적 여성정치교육이 필요하다. 현재 각 정당에서 여성정치 아카데미 등을 개설하여 운영하고 있으나, 이는 각급 선거에만 직접적으로 초점을 맞추고 있어 장기적 인력 배출의 창구로 전화하는 작업이 필요하다 하겠다.

2004년 3월 개정된 정치자금에 관한 법률 제19조에 따르면, 중앙당에 지급하는 국고보조금 중 10%는 여성정치발전용도로 사용해야 한다는 의무조항을 두고 있다. 이에 따라 각 정당마다 당헌당규로 규정된 여성정치 교육과정을 지방에서 상시적으로 적용해야 할 필요가 있다. 대체로 수도권 중심으로 중앙에서는 여러 가지 통제와 규제가 가능하지만, 지방으로 올수록 이완되는 경향이 있는바, 지방의 현장에서 더욱 더 충실하게 여성정치인 교육에 대한 작업을 충실히 할 필요가 있다. 교육과정을 만드는 단계부터 여성이 50%이상 참여하여 여성친화적인 교육프로그램으로 설 수 있게 해야 한다.

기본적으로 교육과정은 다음과 같은 세 가지를 포함하고 있어야 할 것으로 보인다. 여성정치인 교육과 여성유권자 교육, 이어서 중요한 것이 차세대 여성정치교육이다. 일반적으로 각 정당의 여성정치아카데미는 여성정치인 교육에 초점을 맞추고 있으며, 다른 두 가지에 대해서는 소홀한 감이 없지 않다.

정치인의 핵심에 유권자가 있음을 인지하고, 여성유권자들이 여권투표를 할 수 있는 지적 토대를 형성해주어야 한다. 일상에서의 삶을 영위하는 여성유권자들이 가지는 정치의식은 그대로 지방정치의 현주소라고 할 수도 있을 것이다. 정치는 정치인에 의해 달라지기도 하지만, 정치인을 선택하는 유권자의 손이 정치사회를 규정하는데 더욱 중요한 변수가 되기도 한다. 독일의 연방정치교육원과 같이 정치인, 유권자 구분 없이 민주사회 시민에 대한 정치교육의 장이 상시적으로 존재할 필요가 있다. 따라서 중앙정부차원이든, 지방정부차원이든, 아니면 정당차원에서도 상설기관으로 <여성정치교육원(가칭)>을 설치할 것을 제안해 본다.

이러한 상설기관이 생긴다면, 차세대 여성정치교육에 대해서도 고려할 수 있는 근거가 생길 수 있다. 여성정치의 지속을 위해서는 차세대에 대한 정치교육이 필수적이다. 따라서 현대 20,30대 젊은 여성들을 대상으로 하는 정치교육의 장도 염두에 두어야 한다. 수년전에 과거 여성개발원에서 전국의 대학생들을 대상으로 하는 차세대 여성정치교육 프로그램이 지역별로 실행된 바 있다.

(2) 여성정치교육의 현실성과 내실화

여성정치교육은 현실성을 갖추고 내실화되어야 한다. 21세기 정치는 생활정치라는 말로 압축적으로 표현된다. 실생활과 직결된 것들이 모두 정치적 이슈로서 등장한지 이미 오래이다. '개인적인 것이 정치적인 것'이라는 말도 이미 진부한 것이 되어버렸다.

정당과 시민단체는 이슈와 정책이 중앙지향형이고, 이념 지향성이 매우 강하다. 우리사회의 민주화 과정과 그 연혁을 같이하기에 이는 어쩔 수 없는 일인지도 모른다. 그러나 이제 민주주의의 이행과정에서 하드웨어격인 제도의 정착을 의미하는 민주주의의 공고화 과정을 우리사회는 이미 지났다. 이제는 민주주의의 외연의 확대보다, 그 질적 내용을 관심사로 하는 내포적 심화에 보다 신경을 써야 한다. 소프트웨어의 장착이 중요해진 셈인데, 소프트웨어의 핵심은 역시 시민과 시민의 삶이다. 여기에 생활정치가 들어설 수 있는 여지가 있다. "개인적인 것은 정치적인 것"이라는 단계에서 "생활정치"라는 말에는 이제 제도와 이념을 구체적으로 채우고 실현시킬 생활밀착형 이슈들의 개발이 매우 중요하다는 의미가 깔려 있다.

따라서 살림을 하면서 생활과 밀착된 일반 유권자 여성들의 문제의식에 대한 교육이 21세기 한국 민주주의의 실질적 정착을 위해서 절대적으로 필요하게 된 것이다. 이제 정치는 선출직에 당선된 자들만의 것이 아니라는 사실이 촛불시위를 통해서 드러났다. 모두가 참여자이고, 일상의 사소한 먹거리부터, 입는 것, 돌아다니는 일 모두가 정치적 이슈가 되는 시대이다. 여기에 정치인의 90%(필자는 유권자도 정치인이라 칭한다)를 차지하는 유권자들이 10%도 안 되는 선출직 정치인이나 전문지식인 집단, 시민단체 활동가들에게만 자신의 삶을 맡길 수 없는 이유가 있다. 나의 삶은 내가 가장 잘 알고 있다. 내 주변의 문제점도 가장 잘 아는 사람은 바로 나이다.

그러나 문제를 안다고 해서 모두가 이슈를 형성하고 정책대안을 만들어낼 수 있는 것을 아니라는데 또 다른 문제가 있다. 따라서 이슈형성과 정책대안 제시를 위한 사회적 훈련과 교육이 실생활의 현장에서 지속적으로 이루어져야 한다. 의식 있는 시민이라야 문제를 제대로 볼 수 있고, 대안도 제시할 수 있다.

제도와 기관의 설치와 함께 중요하게 드러나는 것은 그 제도와 기관을 채우는 내용이다. 내용은 실생활에서 채워져야 한다. 김경희 대전여성정치네트워크 공동대표는 이렇게 말한다. "평범한 주부들이 생활 속에서 가로등과 수돗물 문제가 결국 정치와 맞물려 있음을 깨닫게 하는 것이 생활정치의 시작이다. 이런 면에서 벼룩시장, 자원재활용운동, 환경보호운동, 의정모니터 등 지역 활동은 매우 중요한 변화의 시작이다. (오마이뉴스 2009. 2. 13.)

세상의 변화는 결국 나로부터 시작한다는 시민적 자신감을 가지는 것이 우선적인 과제로서, 모든 정치교육에서 근본적으로 다루면서, 시민으로서 가지는 일상 이슈에 대한 체계적 사고와 정책 대안적 사고 훈련에 대한 내용들이 지속적으로 다루어져야 할 것으로 보인다.

4. 미래를 위한 제언

21세기는 여성의 시대이자 생활정치의 시대이다. 이 시기에 저변을 중시하는 지방자치와 함께 여성정치는 시대적인 요청이다. 산업사회를 통하여 남성자원의 개발이 거의 완료되어 이제 사회에 남은 자원은 여성뿐이다. 따라서 여성능력의 개발과 활용이 21세기 국가 경쟁력을 좌우하게 된다는 데에 모두가 동의하고 있는 상태이다. 따라서 현재 상태를 산업화에서 정보화로 넘어가는 시기로 규정할 때, 중요하게 등장하는 것이 여성인력의 개발이다. 산업화의 마지막에 서서 거의 모든 것의 개발이 끝난 상황에서 여성이야말로 아직 미개발인 무진장의 자원이다. 뒤집어 말하면, 여성인력의 개발이 없으면, 사회 인력의 절반이 미개발 상태이므로, 그 국가의 경쟁력은 이미 계산이 나온 셈이다. 한마디로 여성 인력의 개발이 없이는 중진국 이상을 바라보기에서는 불가능하다는 것이다.

산업화시대를 지나면서 여성은 이에 적당하지 않다는 평가를 많이 받아왔다. 즉, 산업사회에 맞지 않게 여성은 일단 힘이 약하고, 비조직적이고, 비권력적이며, 산업사회에 절대적으로 필요한 추진력도 부족하다는 것이 대체적인 평가였다. 이와 더불어 세상에서 인간지사 새옹지마라는 말도 있다. 산업화 시대의 단점이 정보화 시대를 살아가기에 오히려 장점으로 작용되기도 한다는 사실은 역사의 역설이다. 즉, 비조직적이기 때문에 신선하다. 비권력적이라 민주적이다. 비투쟁적이라 협조적이다. 원칙에 충실하니 법치정신에 잘 맞는다. 이러한 특성으로 여성이 오히려 정치를 살리고, 정치의 주체가 되기에 보다 적절한 위치에 서게 된 것이 바로 지금의 현실이다.

현재 여성들의 요구는 늘어난 상태에서 사회의 수용여력이 이에 부응하면서 맞추어주지 못하고 있다. 일종의 애로(隘路)현상이라고 하겠다. 지금 이 시점에서 사회가 수용해주지 못한다고 하여 당장 필요한 수만큼의 여성만 있어서는 곤란하다. 여성 인력은 미래를 대비하는 인력이라고 볼 수 있다. 지금부터 준비해야 미래에 곧장 활용할 수가 있는 것이다. 즉, 준비된 인력이 곧 그 사회의 미래라고 할 때, 이제 여성이 그 준비 작업으로 들어가야 한다. 준비를 하는데는 훈련이 필요하고, 훈련이란 곧 적극적 참여를 의미하는 것이다 여기서 참여란 대통령이나 국회의원을 말하는 것이 아니다. 참여는 사회 어디에나 존재한다. 특히 지방자치가 활성화되면서 이제 정치는 살림이라는 인식을 하게 되고, 살림의 선수들인 여성이 거기에 거부감 없이 들어설 수 있는 것이다. 정치가 각 개인의 삶에 직접 영향을 미치게 되면서, 각 가정의 운영자인 여성이 정치의 주체로 등장하게 된 것이다. 남성중심 사회에서 여성이 할 수 없는 일이 많았던 만큼이나, 여성이 아니면 할 수 없는 일도 많아진 현재의 한국사회에서, 여성이 참여해야 비로소 상생의 정치가 제 몫을 할 수 있게 된다.

21세기의 정치는 권력투쟁의 정치에서 삶의 질을 높이는 정치, 생활의 정치로 패러다임적 전환을 가져올 것임이 이미 드러난 상태에서 여성의 정치참여도 이에 맞추어 확대되고 있다. 이제 여성은 남성과 마찬가지로 모든 분야에서 리더가 될 수 있다는 전제하에 리더로서의 훈련과 교육이 필요해진다. 근대까지 적용되었던 공사의 이분법적 사고에서 탈피하여 이제 여성이 공적 영역에 자유로이 진입하게 되면서 여성의 리더십이 사회발전을 위해 절실히 요구되는 것이다. 남녀평등이라는 인류의 보편적 신념과 남녀 공히 제대로 발전해야 한다는 실용주의적 사고에서도 이는 자명한 귀결이다.

최근까지의 남성중심적 정치 개념은 정치란 권력을 둘러싼 현상이라고 정의하면서, 지배와 피지배, 갈등과 경쟁을 강조하는 산업 사회적 속성을 보여 왔다. 여기에서 권력은 폭력에 근거하게 되는 것이다. 20세기의 탁월한 여성정치사상가 한나 아렌트(Hanna Arendt)는 전체주의에 관한 탁월한 분석을 통하여 권력은 정치의 속성이 아니며 권력에 근거한 정치는 정치가 아니라는 논리를 제시한다. (Arendt. 1958) 다른 말로 하면, 정치란 공동체의 삶을 개선하고 풍요하게 하며, 여기서의 정치지도자는 권력과 지배가 아니라 캐롤 길리간(Carol Gilligan)적 표현인 돌봄이나 보살핌(care)이라는 공존적 리더십(Gilligan, 1982)을 실천하여야 하는 것이므로 권력은 평화적이고 민주적인 개념으로 전환하게 된다. 권력이 과도하게 남성중심성으로 움직이면서 여성성이 배제된 결과 왜곡된 것이 경쟁과 파괴, 심지어는 폭력의 수단화 현상을 수반하게 되었다는 것이다. 현대 세계의 보편적 이데올로기가 된 민주주의는 남성성과 여성성의 조화라는 새로운 패러다임으로 진행되어야 진정한 민주주의로 달성 가능해진다는 것이 이들의 논리이다.

21세기 정치의 목표는 균형의 회복이 되어야 할 것이다. 정치에 균형이 회복되면, 성장위주, 경쟁 위주의 정쟁에서 생존을 중시하고 보존을 고려하는 삶의 질을 높이는 복지의 정치로 전화될 것이다. 정치가 이렇게 움직일 때, 우리의 경제 계획도 이에 부응하게 되고, 환경, 교육 등 다른 분야도 경쟁이나 투쟁보다는 화합과 공생을 유지, 보존하는 방향으로 움직이게 될 것이다. 이에는 돌봄과 보살핌의 특성을 지니고 공생을 목표로 설정하는 여성성이 중요하게 등장하게 된다. IQ에 대비한 EQ의 등장이 이러한 사회적 요구가 반영된 양태라고 할 수 있다. 즉, 중앙정부나 지방의회에서 여성의원이 제대로 활동하게 되면서, 교육과 보건, 사회 문화적 사고의 저변이 확대되고 있음은 이미 통계적으로 드러나고 있다. 지역 여성정치의 확대는 현 시점에서 이러한 상황의 퇴행을 막고 역사가 지속적으로 발전할 수 있게 하는 가장 좋은 방법이자 우리의 역사적 소명이다.

물론 이 글은 서론에서 언급한 바와 같이 논의의 한계점도 지니고 있다. 단편적이고 제한된 지역의 지방의회 여성의원이 발의한 조례분석을 통해서 지역 여성정치 전반을 조망해 본다는 것이 지난한 일이기는 하나, 성년을 맞는 지역정치에서 특히 여성정치 현황을 찾아본다는 점에서 지역 여성정치에 대한 일반이론의 단초를 제공할 수도 있다고 본다.

제3부

뉴노멀 시대의 민주주의 : 모두 함께하는 평화의 가능성

제11장

다문화주의와 참여민주주의

1. 정체성과 다양성의 균형

근대사상은 개인의 정체성에 대한 논의로 시작한다. 집단과 공동체 속에 함몰된 개인이 자유와 평등을 부르짖고 혁명이라는 극단적 과정까지 통과해 가면서, 개인이 집단으로부터 자신만의 정체성을 찾아내 형성한 것이 바로 근대국가이다. 개인의 자유와 평등이라는 추상적 가치는 국가라는 실체 속에서 구체적 모습을 보여주게 된다. 따라서 개인의 정체성은 근대국가의 성립과 유기적으로 연관되어 존재한다.

개인이라는 개별성으로부터 시작된 정체성 논의는 국가로 돌아오면서 시민으로 전환되고, 국가내적 존재로 귀착되게 된다. 정체성은 어떤 의미에서는 자유가 아니라, 질곡의 귀환인 셈이다. 왕조질서로부터의 개별성 확보의 시도라는 차원에서의 정체성과 달리, 근대 국가내의 정체성 담론은 국가의 구성원이라는 집단논리로 다시 회귀하게 된 것이라고 할 수 있겠다. 200여 년 간의 민주주의 체제의 형성과정은 절대주의와 권위주의로부터 벗어나기 위한 개인의 투쟁으로 일관되고 있으나, 개인의 자유와 평등을 위한 투쟁의 결과는 국가라는 추상적 주권체의 등장으로 귀결되면서 개인의 정체성과 집단의 정체성이 다시 한번 만나게 된 것이다.

개인의 자유 보호라는 가치를 내건 민주주의 국가는 개인의 자유와 평등이라는 미명하에 여러 가지 제한과 규제, 경계를 설정하게 된다. 이는 결국 근대 시민혁명 초기의 과제인 자유와 평등, 인권에 대한 주장이 다시 힘을 얻게 되고, 개인의 정체성이라는 이슈가 다양한 사회의 구성과 맞물리면서 '개인적 정체성과 사회적 다양성'의 균형이라는 정치적 과제가 부상한다.

이는 또한 20세기 말부터 시작되어 21세기 들어 본격화된 탈근대 지구화 현상과도 연관되어 있다. 경제에서의 국가 경계가 사라지면서, 경제 주체의 세계화 현상과 함께 노동력의 국가간 이동 현상이 활발해지고, 국가 경계를 넘어서는 인구의 이동과 확산은 각 국가에 다양성과 다원성을 불어넣고, 다문화 현상에 대한 대책과 적응을 정치사회적 과제로 등장시키게 된 것이다.

지금까지 다문화의 문제는 주로 사회경제적 차원에서 다루어져 왔지만, 논의의 초점이 정치적 시민권의 문제로 이동할 수 밖에 없는 것은 한 국가 경계 내에서 살아가는 인간들의 문제를 다루는 것이라는 정치에 대한 개념적 정의에도 본다면 지극히 당연한 귀결이라고 하겠다. 20세기말부터 이미 세계는 외연의 확장만으로 이어지는 민주주의의 내용적 심화를 위해 각 시민 개인의 참여와 심의를 중요시하는 참여민주주의, 심의민주주의의 필요성을 강조하여 왔기에, 다문화주의도 종국에는 개별 인간의 정치적 권리 확보를 위해 시민의 참여를 중요시하는 참여민주주의의 논의 선상에서 언급되지 않을 수 없는 것이다.

이 글은 다문화사회에서 다문화의 각 개별주체들이 정체성 문제를 정치사상적으로 민주주의 담론과 연결시키면서 다문화주의와 참여민주주의의 사상적 연계성과 다문화주의를 통한 참여민주주의의 지속가능성을 제시한다. 이 글에서 필자는 다문화주의와 참여민주주의의 근간을 형성하는 공통 개념으로 자유, 관용, 인정을 제시한다. 2장부터 4장까지 이들 각 개념을 사상적 연원부터 상호간의 관계를 살펴보면서 개인의 정체성과 사회적 다양성이 민주주의에서 만나고, 참여민주주의를 통해서 다문화주의는 지속가능성을 높이고, 다문화주의를 통해서 참여민주주의는 그 질적 강도를 높일 수 있는 상생의 가능성을 가지고 있음을 살펴본다. 이어지는 5장에서는 결론적으로 이 모든 것의 근저에 사회적 신뢰가 존재한다는 점에 천착하여, 이를 통해 자유, 관용, 인정이 재생산되고, 삼자의 상승과 상생과정을 통해 개인의 정체성과 사회의 다양성이 균형을 이루게 될 것이다. 이렇게 하여 21세기 다문화사회에서 참여민주주의는 자유, 관용, 인정의 역동적 삼각구도를 통해서 그 지속가능성을 공고히 하면서 미래형 민주주의로 자리잡아 미래사회를 위한 역량을 강화시킬 수 있음을 제시하고자 한다.

2. 자유와 관용

민주주의는 개인의 자유를 사상적 근간으로 하여 성장해 왔다. 뿌린 내린 지역의 토양에 따라 구체적 가지의 모습과 열매는 다양하지만, 여전히 모든 것의 근저에는 개인의 자유가 중요하게 등장한다. 개인의 자유를 주장하는데 빠지지 않고 등장하는 개념이 있으니, 이는 바로 평등이다. 자유와 평등은 간혹 서로 모순되면서도, 서로의 존재를 위해 절대적으로 필요한 개념으로 서로 등을 맞대고 발전해온 근대정치사상의 쌍생아인 셈이다. 평등을 기반으로 모든 이의 자유가 가능했고, 모든 이의 자유는 결국 평등의 개념적 기반이 되었다. 현실에서 드러나는 불평등한 상황은, 이러한 개념적 평등을 통해서, '기회의 평등'에서 '결과의 평등'으로 초점을 이동시키면서, 현실에서 지속적으로 보정되어 현재에 이르게 된다.

1) '관용' 개념의 연원: 볼테르, 로크의 관용론에서 밀의 자유론까지

자유를 진작시키고 유지하는데 중요한 개념으로 평등과 함께 중요하게 논의되어야 할 개념은 바로 관용이다. 볼테르의 말이라고 전해지는 다음과 같은 말이 바로 그 관용의 핵심 개념을 잘 제시한다. "나는 당신의 의견에는 반대한다. 그러나 나는 당신이 그것을 말할 권리를 위해서는 죽기까지 싸울 것이다.[1] 관용이 동반되지 않는 자유나 이성은 재앙이 될 수 있다는 가능성을 볼테르는 『관용론』에서 제시하면서, 특히 인간이 가지는 도덕적, 사회적 한계로 인해 관용은 인간사회에서 선택사항이 아닌 필수적 요건임을 분명히 하고 있다.

관용이 전제되지 않았다면, 과거에 만연했던 계층사회의 명확한 불평등 상황이 근대의 자유로운 시민집단이라는 평등 사회로 이행하는 것은 불가능했을 가능성이 매우 높다. 관용은 근대 이전부터 이미 사회의 발전을 가능케 한 중요한 기제이기도 했다. 한사람의 의견이 모든 것을 지배했던 전제사회를 통과하면서도 사회가 발전할 수 있었던 것은 바로 관용으로 인해 가능했다고 할 수 있겠다.

정치사상의 역사에서 근대사회와 민주주의의 등장을 자유와 평등 정신의 확대로 인한 것이라고 설명하고 있지만, 다시 한번 생각해 본다면, 자유와 평등 정신의 확대를 가능케한 관용의 문제를 간과할 수 없을 것이다. 근대 이전의 전제사회에서는 자유와 평등의 부재가 아니라, 타인에 대한 관용의 부재가 보다 더 근본적인 문제였음이 드러난다. 근대

1) 이 말의 연원은 사실상 불명확하지만, 일단 볼테르의 말이라고 전해지고 있다. 이성에 대한 확신을 가지고 있던 계몽사상의 대표자 볼테르(Voltaire, 1694-1778)는 자신의 저서 『관용론』에서 1761년에 있었던 구교와 신교 간 종교 갈등의 희생자간 된 장 칼라스 재판사건을 다루는 과정에서, 종교적 광신과 불관용이 평범한 개인에게 재앙이 되어가는 과정을 파헤치면서 이성에 근거한 정의와 진실을 추구한다. 볼테르는 인간 이성의 신봉자로서 이성과 자유가 종교적 불관용을 제어해나가야 하며, 이성과 자유가 억압당하게 되면 종교는 인간을 억압하게 되면서 신의 의지와는 반대로 나가게 된다는 사실에 대해 역설한다. 궁극적으로 볼테르는 신앙의 자유와 이성에 근거한 합리성을 보편적 가치로 제시하고, 이를 위해서는 사회에 반드시 '관용'이 존재하고 있어야 한다는 사실을 제시하였다. 자유와 이성이 관용과 함께 있어야 한다는 사실을 계몽사상가 볼테르는 인식하고 있었다.

시민혁명이후 개인의 자유와 평등이 드러남은 바로 사회적으로 관용이 드러나기 시작했음을 알리는 현상이다.

의견에는 반대하지만, 말할 권리에는 동의한다 라는 것이 관용의 핵심적 개념임은 이미 언급한 바와 같지만, 관용은 사회적으로 갈등이 증폭되어 질서교란의 가능성이 보일 때 주로 등장한다. 근대사상사에서 관용은 유럽에서 구교와 신교 간 종교분쟁이 한창일 때, 로크를 통해 제시된 바 있다. 로크는 『관용에 관한 편지』를 통해서 구교와 신교간의 화합을 시도한다.

> 모두가 정통 신앙을 제아무리 크게 자랑하더라도 그들이 내세우는 이러저러한 주장들은 그리스도가 세운 교회의 표식이 아니라 인간이 권력과 지배를 둘러싸고 경쟁함을 보여주는 것일 수도 있습니다. 이 모든 것을 누군가 소유하고 있어도, 만약 자비와 온순과 호의를 세상 모든 사람들에게는커녕 같은 그리스도교 신앙을 고백하는 사람들에게조차 결여하고 있다면, 그 사람은 아직 그리스도인이 아닙니다. (로크 2008: 15)[2)]

로크에게 있어 관용은 상대에 대한 존중과 인정을 그 사상적 기반으로 하며, 자신의 확신을 모든 이에게 무조건적으로 확산 적용시키는데 매우 조심스럽고 보수적으로 접근해야 하는 것이었다. 이러한 관용의 개념은 밀의 『자유론』에서 표현의 자유에 대한 밀의 강력한 주장을 통해 다시 확인된다.

> 전체 인류가운데 단 한사람이 다른 생각을 가지고 있다고 해서, 그 사람에게 침묵을 강요하는 일은 옳지 못하다. 이것은 어떤 한 사람이 자기와 생각이 다르다고 나머지 사람 전부에게 침묵을 강요하는 일만큼이나 용납될 수 없는 것이다. (밀 2010: 42)

---

2) 로크의 『관용에 관한 편지』는 이후 찬반논쟁을 불러일으켰고, 근대민주주의의 확립과 종교전쟁을 종식시키는데 지대한 공헌을 하게 된다. 자유로운 인간의 영혼에 대한 신념을 가지고 상대를 존중해야 한다면서 관용의 근본을 제시한다.

밀의 이러한 주장은 자유를 위해서 관용이 얼마나 필수적인가를 확인시켜주는 것이다. 설령 그 의견이 틀린 것이라고 하더라도, 주장할 권리와 기회를 박탈해서는 안된다는 것으로 인권의 근간을 형성하는 '표현의 자유'의 절대성을 의미한다. "그 의견이 잘못되었다는 확신이 있더라도 그것을 억누르는 일은 여전히 옳지 못하다" (밀 2010: 42)[3]는 것이 밀의 주장으로 관용에 대한 확실한 가이드라인을 제시해주는 것이라 할 수 있다. 물론 밀의 이러한 주장은 인간의 불완전성이나 오류가능성으로 인해 완벽성을 보장할 수 없는 것이기에, 반드시 수정이나 교정의 가능성을 담보해야 한다는데 그 기원을 두고 있다는 점에서, 관용은 당연히 인간의 불완전성[4]을 전제로 성립되게 되는 것이다.

인간이 완전하지 않기에 자신을 확신할 수 없고, 따라서 타인의 오류를 무조건적으로 배척할 수 없다는 합리적 사고가 사회에서 관용을 가능하게 하고, 타협과 협상을 통한 소통의 현장으로 확신에 찬 개인들을 이끌어낼 수 있는 것이다. 이러한 뭔가 미비한 인간의 불완전성으로 인해 근대사회에서 모든 이는 자유롭고 평등한 존재가 될 수 있게 된다.

2) 관용의 효과와 역설

자유는 관용을 통해서 가능해지며, 사회에 자리 잡은 관용은 자유 사회를 그 결과로 보여준다. 이성을 가진 모든 이의 자유와 평등으로 결실을 맺은 근대의 시민혁명은 민주주의 체제의 화려한 부활과 비상을 가져왔다. 모든 이의 자유에 대한 개념은 관용이라는 사회적 관행을 통

---

3) 이어서 밀은 그 의견이 잘못되었을 경우에 대해서도 동일한 논지를 유지한다. "설령 잘못된 것이라고 하더라도 그 의견을 억압하는 것은 틀린 의견과 옳은 의견을 대비시킴으로써 진리를 더 생생하고 명확하게 드러낼 수 있는 매우 소중한 기회를 놓치는 결과를 낳는다." (밀 2010: 42)

4) 이로 인해 종교적 확신을 근거로한 종교전쟁은 타협의 여지를 가지지 못하고 극한 충돌로 치닫게 되어 있다. 우리 사회의 극한 대립에서도 그 이면에 존재하는 종교적 신념에 버금가는 수준의 이념과, 계층 대립의 양상을 찾아볼 수 있다.

해서 현실화되는 것으로, 자유를 통해 형성된 민주주의 사회는 관용의 눈에 보이는 결실이자 효과라고 할 수 있을 것이다.

이러한 관용의 아름다운 결실과 달콤한 열매와 동시에 존재하는 것이 바로 관용의 역설이다. 인간의 불완전성을 전제로 나와는 다른 기독교사상을 관용하지 않으면 안된다고 주장한 로크의 관용론이 과연 그리스도교를 부정하는 종교이론에 대해서도 관용하는 것인가라는 질문과 마찬가지로, 자신의 신념에 대한 확신을 전제로 관용을 부인하는 태도도 관용해야 하는 것인지에 대한 문제가 대두된다. 과연 관용에는 한계가 없는 것일까? 한계가 없다면 관용은 이로 인하여 존재의 근거를 박탈당하게 될 것이고, 한계가 있는 것이라면 과연 그것이 진정한 의미의 관용일까 하는 문제에 봉착하게 된다.

절대적 표현의 자유를 주장한 밀도 이 부분에 대해서는 분명한 태도를 취한다. 밀의 표현을 빌리면 다음과 같다.

> 자유의 원칙이 자유롭지 않을 자유까지 허용하지 않는다. 자유를 포기할 자유는 허용하지 않는 것이다. 극단적인 예이기는 하지만, 자유의 원칙이 현실에서 적용될때, 삶의 필요에 의해 어디서든지 그 한계가 설정될 수 밖에 없음이 분명히 밝혀졌다. (밀 2010: 189-190)

즉, 관용이나 자유는 바로 그 개념의 본질을 훼손하는 상황까지 관용하거나 자유를 허용하지는 않는다는 의미라고 하겠다. 자유나 관용의 본질적 의미가 존속하는 시점까지의 자유나 관용에 대한 허용이며, 사회 질서의 근간을 훼손하지 않는 상태까지라는 매우 광범위하면서도 제한적 의미로 해석될 수 있는 것이다.

관용은 그로 인해 자유와 평등을 가능케 하지만, 또한 그 인해 토크빌이 분석해 내고 밀이 동의한 '다수의 전제(tyranny of majority)' 현상을 초래하면서 자유와 평등의 근간이 위협받게 되는 자유의 위기에 봉착하게 된다. 밀은 또한 이러한 역설적 상황의 타개책으로 '소수자 보호'

라는 원칙을 통해 자유를 재확인하게 된다.

(1) 토크빌의 '다수의 전제(tyranny of majority)'

평등원칙의 전개는 섭리적인 사실이다... 즉, 그것은 보편적이고 지속적이며 끊임없이 인간의 모든 간섭을 회피한다. 또한 만인은 물론 만사가 그 발전에 기여한다... 봉건제도를 무너뜨리고 왕들을 패하게 만든 민주주의가 상인과 자본가들을 맞아 뒤로 물러나리라고 생각할 수 있을까? 민주주의가 그렇게나 강성해지고 그 적들이 그렇게나 약화된 지금 그 발길을 멈출 것인가? (토크빌 1983: 22)

1789년에 시작된 구체제를 뒤엎기 위한 프랑스 대혁명이 1830년 왕정복고를 거치면서 사회적, 정치적으로 혼란을 거듭하고 있는 동안, 1776년에 영국의 지배로부터 독립한 미국의 민주주의는 평등의 사회를 향해 개인의 자유를 중심으로 나아가고 있었다는 것이 『미국의 민주주의』의 저자 토크빌의 분석이다. 프랑스 혁명의 경험을 안고, 미국의 1830년을 살펴보면서, 토크빌은 평등의 위대한 힘을 확인했고 그 힘이 다음 세대를 장악할 힘이라는 사실을 의심하지 않았다. 그러나 또한 평등의 전개와 확산은 자유의 축소를 초래하게 되면서, 궁극적으로 다수의 전제를 통해 개인의 자유가 억압될 수 있다는 매우 역설적 가능성을 분석해 내고 있다.

앞서 언급한 바와 같이, 관용은 자유와 함께, 모든 이의 평등을 가능하게 했다. 모든 이의 평등은 모든 이의 자유와 다르게 사회적으로 많은 문제를 야기한다. 사회적으로 많은 문제가 존재하고 대부분의 사안들은 선택을 거쳐 결정된다. 선택과정에서 많은 것들은 논쟁과정을 거치게 되는데, 여기에 이성과 자유, 관용이 기반이 되어 모든 이의 평등 개념까지 적용되면 이제 상황은 더욱 복잡해진다. 특히 정치적인 사안들은 결정되고 실행되어야 하는 바, 평등한 개인들의 의견을 어떻게 반영하고 어떠한 결정을 내려야 하는지에 대한 논의가 필요하게 되는 것이다. 모든 이가 자유롭고 평등하기에, 어느 누구의 의견도 타인의 의견을 제압할 수 없다.

> 각 시민들은 가장 분명하고 확실한 진리의 원천을 자기 자신의 이상에서 찾게 된다. 시민 상호간의 신뢰가 파괴되었을 뿐 아니라, 어떤 사람의 권위를 믿는 상황마저 파괴되었다. 모든 사람은 자기자신 속으로 강하게 빠져들게 되고, 또 그러한 상태에서 세계를 판단하게 된다... 민주주의 사회에서 평등은 시민으로 하여금 동료시민으로부터 독립할 수 있도록 해주지만 동시에 그것은 전체시민 각자에게 그렇게 해줌으로서 결국 개개 시민을 외롭게 하며, 또 다수의 영향을 쉽게 받게 만든다. (토크빌 1983: 415-421)

결론적으로 토크빌은 관용이 가지는 효과와 한계를 동시적으로 인정하면서, 개인의 자유를 억압하는 절대왕정의 전제적 권력에 저항한 시민혁명의 목적이 달성되자 동시에 억압되고 있는 프랑스 혁명의 퇴행적 상황과 자유와 평등의 동시적 확장에 따른 미국 민주주의의 발전적 양상 모두에서 '커지는 사회와 작아지는 사람들' (박의경 2011: 45)의 모습을 그려내고 있다. 토크빌은 다음과 같이 말한다. "다수의 도덕적인 권위는 단 한사람보다는 결합된 다수의 사람들에게서 더 많은 지성과 지혜가 있다는, 그리고 입법자들의 수는 그들의 질보다 더 중요하다는 개념에 부분적으로 기초하고 있다. (토크빌 1983: 283)

관용으로 가능해진 모든 이의 자유는 결국 인간으로 하여금 숫자에 종속되게 만들어 버린다. 다시 말하자면 커가는 사회 조직 속에서 사람들은 하나의 숫자로 변해버린 것이다.

> 오늘날에는 개인이 군중 속에 묻혀버린다... 대중만이 권력자라는 말이 어울리는 유일한 존재가 되었다. 정부도 대중이 원하는 것과 좋아하는 것을 챙겨주는 기관이 되고 있다. 공공 영역에서만 그런 것이 아니고, 개인들의 사회적, 도덕적 관계에서도 똑같은 현상이 목격된다. (밀 2005. 124)

'그 본질적 내용을 훼손하지 않은' 상태까지의 내용을 관용하고 제한할 수 있다는 관용의 역설에 대한 제동장치가 효과적으로 작동하지 않을때, 인간이 사회에서 맞닥뜨리는 현상을 토크빌은 1830년 형성되어 가는 미국의 민주주의에서 이미 찾아낸 셈이다. 당시 영국에서 '다수의 횡포'라는 토크빌의 문제 제기에 공감한 존 스튜어트 밀은 더 나아가 이에 대한 해결책을 제시한다. 공리주의자로서 밀은 현실에서 수용가능하고 적용 가능한 방법을 제시하게 되는데, 그것이 바로 '소수자 보호의 원칙'이다.

(2) 밀의 '소수자 보호'

밀은 자유의 옹호자이고, 이를 위해 불관용을 철저히 배격했다. 실수할 수 있다는 인간의 오류가능성은 인간으로 하여금 절대적이고 보편적 원칙의 무조건직 직용에 대해 신중할 수 밖에 없도록 한다. 따라서 밀의 자유론은 철저한 관용에 바탕을 둔 것이었고, 오류가능성을 가진 인간이 오류가능성을 가진 다른 인간을 억압한다는 것은 도덕적으로도 논리적으로도 인정할 수 없는 일이었다.

> 인간 정신이 불완전한 상태에 있는 한, 그리스도교적 신앙도 다양한 의견을 허용해야 진리를 찾을 수 있다는 원칙에서 벗어날 수 없다.... 다양한 의견을 허용하는 것은, 그 무엇과도 바꿀 수 없이 소중한 어떤 것을 얻기 위해 지불하지 않으면 안되는 비용인 셈이다.... 자유토론을 허용하더라도 사람의 생각이 한쪽으로 치우치는 것을 근본적으로 막을 수는 없다고 생각한다.... 부분적인 진리를 둘러싸고 격렬하게 충돌하는 것보다 진리의 절반에 대해 소리 없이 억압하는 것이 사실은 더 무서운 결과를 낳는다. (밀 2010: 98-100)

밀은 계속하여 '사람들이 억지로라도 양쪽 의견을 모두 듣게 되면 언제나 희망이 있다'라고 말하면서 지속적인 인내와 관용을 통한 토론과 소통을 강조하면서, 사회에서 소수에 속하는 사람이 표현의 자유를 누리기 위해서는 다수에 속하는 사람들보다 더 많은 용기가 필요하다는 사실에 착안하여, 소수에 대한 특별한 보호 장치가 있어야 한다는 점을 역설한다. 보다 약한 고리에 대한 강한 힘이 결과적 균형을 이루어낼 수 있다는 점에 천착하여 제시된 것이 소수자 보호의 원칙[5)]이다.

자유가 관용을 통해서 가능하다고 할 때, 자유나 관용은 모두 추상적 표현이다. 자유는 인간이 어떠한 행동을 수행하는 순간 비로소 알게 되고, 관용은 그 행동에 대한 제제가 발생하지 않을 때 작동하는 것이다. 즉, 소수자 보호의 원칙은 민주주의 사회의 현장에서 드러나는 관용의 구체적 표현이라고 할 수 있다. 관용이 있고 없음은 타인의 자유가 어느 정도까지 인정되고 있는지의 지표가 될 수 있으며, 곧 소수자 보호의 원칙 실행 여부에 따라 그 구체적인 모습이 드러나게 된다고 하겠다. 다시 말해서, 관용이란 어떠한 구체적 규정과 원칙의 실행을 통해서 비로소 그 실체를 드러내는 일종의 투명인간인 셈이다.

모든 이가 자유롭고 모든 이의 가치가 동등한 평등 사회에서 다수가 아닌 소수에게도 자유가 보장되어야 하는 이유를 밀은 다음과 같이 설명한다.

> 다수가 받아들이는 생각과 일치하지 않는 소수 의견은, 부자연스러울 정도로 표현을 순화하고, 상대방에게 불필요한 자극을 주지 않도록 극도로 세심한 주의를 기울이지 않는 한 그 입장을 밝힐 기회를 얻기란 여간 어렵지 않다. (밀 2005: 103)

'절제된 양식 아래 공정한 토론의 틀' (밀 2005: 101)이 필요한 이유가

5) 현대사회에서 소수자 보호를 위한 대표적 입법 사례로는 1963년 미국의 적극적 시정조치(Affirmative Action)를 필두로 하여, 2002년 한국의 여교수 할당제, 5급 공무원 시험에서의 여성 채용목표제 등을 들 수 있다.

바로 여기에 있다. 절제된 양식을 위해서는 다수자의 관용이, 공정한 토론의 틀을 위해서는 소수자의 지혜가 필요하다. 이를 요약하자면, 모든 이의 토론의 자유가 사회에서 확보되기 위해서는 다수자의 관용과 소수자의 지혜가 있어야 한다고 밀은 『자유론』, 『여성의 종속』, 『대의정부론』 등 여러 저작에서 지속적으로 역설하고 있다.

> 민주주의는 통상적으로 다수파에 의한 지배라고 인식되고 있다. 이러한 전제에서 바라볼 때, 지배 권력이 특정집단 또는 계급의 이해관계에 의해 휘둘릴 가능성이 충분히 있다. 지배 권력이 사회전체의 이익을 지향하는 불편부당한 관점과 배치되는 행동을 취할 수도 있다는 말이다. (밀 2012: 123)

밀은 이어서 민주적 다수의 본능에 맞서 부족한 점을 보완하고 잘못된 점을 고치기 위해 지성을 갖춘 소수의 필요성을 역설하기도 한다.

> 비록 다수파에 수적으로는 밀리더라도 소수파가 자신의 이해관계와 생각, 지성을 드러낼 기회를 가지고, 나아가 수적 열세를 뛰어 넘어 인격의 무게와 논리의 힘에 의해 일정한 영향력을 발휘할 수 있는 이러한 민주주의만이 진정 평등하고 공평하며, 모든 사람에 의한 모든 사람의 정부를 가능하게 해준다. (밀 2012: 163)[6)]

다수와 동시에 존재하는 이러한 소수의 힘이 민주주의를 가능하게 해주는 힘이라고 밀은 역설하면서, 이러한 시민의 자질 함양을 위해 교육을 통한 시민의식의 고양을 중요한 가치로 등장시킨 토크빌의 주장에 전적인 동의를 표한다.

---

6) 여기서 밀이 말하는 소수는 '능력 있고 힘이 있으나, 숫적으로만 적은' 소수로서 현대사회에서 언급하는 '능력도 힘도 없고, 사회에서 배제당하고 있는' 권력적 소수자와 개념상으로 같지는 않으나, 결과적으로 배제와 배척당하는 자의 권리와 자유를 언급하고 있다는 점에서 동일한 맥락으로 볼 수 있다.

> 자유정부가 지닌 최대 장점이 무엇인가? 그것은 바로 국가의 가장 중요한 문제를 직접적으로 결정하는 일에 참여하면 사회의 최하위 계층사람들까지 지성과 심성을 교육시키는 효과를 얻게 된다는 사실이다. (밀 2012: 164)

토크빌과 밀의 주장을 요약하자면 다음과 같다. 자유는 인간생존의 기본조건이며, 자유정부는 필연적으로 시민의 참여로 이루어지는 민주주의로 진행된다. 민주주의의 구체적 조건은 시민의 참여이고, 시민의 참여가 보편적으로 가능하기 위해서는 자유는 필수적이다. 그런데 이 자유는 관용을 통해서만 모든 이의 보편적 자유라는 개념으로 설 수 있게 된다. 이렇게 형성된 자유, 관용의 민주주의 체제는 다수의 전제라는 문제에 봉착하게 되고, 이를 위한 해결책으로 소수의 보호가 등장한다. 자유의 동등한 가치로부터 출발하기에 다수의 정치로 시작한 민주주의는 다수의 전횡으로 이어질 수 있는 가능성을 가지고 있고, 이를 제어하기 위해 필요한 덕목으로 또 다시 관용이 등장하고, 소수자 정치가 대의민주주의에서 참여민주주의로 이행되어가는 현대사회에서 중요한 과제로 등장하게 되는 것이다. 모든 시민이 자유로운 참여민주주의 사회에서 다수에게도, 소수에게도 필요한 덕목은 결국 관용으로 집약된다는 것이 토크빌과 밀의 분석을 통해서 드러나고 있다.

3. 관용과 인정

관용이 자유의 필요한 덕목이라면, 관용이 사회에서 자리잡기 위해 필요한 조건으로 어떤 것이 있는지 살펴볼 필요가 있다. 관용이란 사회에서 모든 이의 자유를 가능케 하고, 모든 이의 자유가 활성화된 상황에서 관용의 역설을 통해 다수의 전제가 발생하지 않도록 제어하는 역할도 동시에 수행하게 된다. 참여민주주의는 모든 이가 동등한 정치적 가치를 가지는 사회에서 모든 시민의 동등한 참여에 무게를 두고 있기에, 소수를 억압하는 다수의 전제도, 다수가 휘둘리는 소수의 전횡도 효과적으로 제어할 수 있어야 하는 바, 이를 위해 필요한 것이 바로 관용이며, 그 관용의 속성에는 인정(recognition)이 있음을 인지할 필요가 있다. 이제 자유를 위해 필요한 관용이 사회에서 지속적 가치로 존재하는 데 필수적인 인정에 대해 논의할 것이다.

1) 인정으로서의 관용

이제 관용은 자유를 가능케 하는 중요한 기제로서, 참여민주주의의 근간을 형성하는 주요 개념이라고 하겠다. 그렇다면 관용은 어떻게 드러나는 것일까. 관용을 통한 인내가 현실로 드러나기 위해서는 타인에 대한 인정이 우선적으로 고려되어야 한다고 본다. 타인에 대한 인정이 우선적으로 규정되지 않을 경우, 관용과 인내는 매우 피상적인 제스춰로 그칠 수밖에 없나. 개념이 현실에서 인간의 행위를 통해 드리날 때, 그 개념은 비로소 생명력을 가질 수 있는 것이기에, 자유가 관용을 통해 살아 움직이게 된다면, 관용은 또한 인정을 전제로 하여 현실사회에서 그 힘을 드러낼 수 있게 되는 것이다.

근대의 사상적 혁명과정에서 제시된 모든 이의 자유가 선언적 가치라면, 모든 사람을 진정으로 자유롭게 살아갈 수 있도록 하는 현실적 가치는 선언적이고 추상적 가치 자유를 모든 사람이 가지고 태어났다고 인정하는데 있다고 볼 수 있다. 천부인권사상이라든가, 모든 사람이 동등한 존엄성을 가지고 있음을 주장하는 루소와 같은 계몽사상가로부터 인정의 사상적 단초를 찾아볼 수 있다. 테일러는 인간의 존엄성에 대한 보편성을 주장하면서 인정의 중요성을 역설한 사상가로 루소를 들고 있다.

> 루소는 인정 담론의 주창자라고 할 수 있다. 루소가 그 용어를 사용해서가 아니라, 그가 동등한 존중에 대한 중요성을 인지하고 이를 곧 자유의 필수 조건으로 간주하였기 때문이다. 잘 알다시피, 루소는 평등 속의 자

유라는 조건을 위계질서와 의존성 속의 자유와 대비시키고 있다. 이러한 상태에서 사람들이 누군가에게 의존적인 이유는 그 누군가가 권력을 휘두르거나 생존을 위해 필요하기 때문이 아니라, 자신이 그들의 존경을 갈망하기 때문이다. 여기서 다른 의존적인 사람은 '여론'의 노예이다. (Taylor 1994: 44-45)

루소는 "인간은 자유롭게 태어났다. 그러나 어디에서나 질곡에 묶여 있다"는 선언으로 『사회계약론』을 시작하면서, 바로 이어서 "인간은 자신을 타인의 주인으로 생각하지만, 여전히 그들보다 더한 노예로 남아 있게 된다"는 역설적 주장을 이어간다. (Rousseau 1978: 46) 시민의 중요성을 주장하면서 저술한 『에밀』에서도, 루소는 "주인과 노예는 서로를 타락시킨다." (Rousseau *Emile*. book. 2: 70)고 역설하면서, 사회 구성원간의 동등한 존엄성과 인정의 필요성을 강조한다.

루소가 전 저작을 통해서 일관성있게 강조하고 있는 시민의 자유와 독립적 능력은 바로 이러한 의존성의 타파로부터 시작한다. 인간의 타인에 대한 의존성은 차이와 차별의 시작이며, 이로 인해 권위와 권력의 차별화가 발생하게 되고, 인간의 가치에 대한 차별화로까지 이어지면서 사회에 불평등이 발생하게 된다고 분석한다. 단순한 소유의 불평등이 강자와 약자의 관계를 거쳐 권력의 불평등으로 이행되면서 자유로운 시민이 노예가 되는 과정을 루소는 『인간 불평등 기원론』에서 분석적으로 파헤친다.

『인간 불평등 기원론』에서 루소는 사회적 불평등의 기원으로 두가지를 지적하는바, 첫째는 어떤 한 사람이 자신의 소유를 주장하게 되는 사건, 다음으로는 주위의 다른 사람이 그 사람의 주장을 승인하게 되는 사건이 바로 그것이다.

어떤 토지에 울타리를 두르고 '이것은 내 것이다'라고 선언할 것을 생각해 내고, 그것을 그대로 믿을 정도로 얌전한 사람들을 맨 처음에 발견한

자는 정치사회(국가)의 참된 창립자였다. (루소 2002: 제2부 75)

여기서 두 번째 사건은 바로 승인과 인정의 측면에서 관측될 수 있을 것이다. 한 인간을 중심으로 인정이란 타인으로부터 발생하는 것으로 어떤 사건의 지속가능성을 담보할 수 있는 매우 중요한 행위라고 할 수 있다. 『인간 불평등 기원론』의 인정은 사회적 인정의 역기능을 드러내고는 있으나, 인정의 힘을 보여준다는 점은 분명하다. 사회에서 인정은 일의 이행과 지속을 가능하게 한다. 따라서 자유로운 인간의 자유는 관용을 통해서 유지되고, 인정을 통해서 지속하게 된다고 할 수 있다.

테일러는 루소를 분석하면서 존엄성의 시대가 탄생했음을 선언한다.

> 루소가 제1논문(학문예술론)에서 다소 위협적인 어휘를 구사하고는 있으나, 결코 명예와 존경에 대한 관심을 포기하지는 않는다. 오히려, 그의 공화주의 모델에서 명예는 중심적인 관심사로 남아있다. 자만심이나 명예의 문제점은 무엇인가 비교하여 선별하고 분할하며 의존성이 생기게 하여, 사물의 본 모습을 상실하게 하며, 궁극적으로 타락하게 하고, 그 경계를 불분명하게 한다는데 있다. 대책은 존경의 중요성을 거부하는 것이 아니라 전적으로 다른 체제 - 평등, 상호성과 목적의 단일성으로 규정지어지는 체제 - 로 들어서는 것이다. 이러한 단일성은 존경의 평등을 가능하게 하며, 또한 원칙상 존경이 평등하다는 사실은 목적의 단일성에 본질적인 것이다. **일반의지의 비호아래, 모든 덕있는 시민은 동등하게 명예를 가지게 된다. 존엄성의 시대가 탄생한 것이다.** (Taylor 1994: 49)

자유와 관용에서 인정으로 이행되는 과정에서 인간의 존엄성에 대한 존중과 강조는 핵심적 역할을 하게 된다. 루소에서 도출되는 모든 인간이 존엄하다는 사실은 모든 인간이 동등하게 존경받을 만하다는 생각에 근거를 두고 있기에, 모든 인간은 존경받을만한 가치가 있다는 칸트의 주장으로 이어지면서, 인간은 수단으로 취급되어서는 안되며, 목적 그 자체가 되어야 하다는 인간중심적 명제가 완성되는 것이다.

법 아래 서 있는 모든 이성적 존재는 자신과 다른 모든 존재들을 수단으로 취급해서는 안되며, 어떤 경우에도 목적 그 자체로 다루어야 한다. 여기서 공동의 객관적 법을 통한 이성적 존재의 체계적 연합이 가능해진다.

> 이성적 존재는 자신도 복종하는 보편법을 가지고 있을 때, 그 구성원으로서 목적의 영역에 속하게 된다. 또한 그가 법제화 작업을 하면서 누구의 의지에도 종속되지 않을 때, 주권자로서 목적의 영역에 속하게 된다. 일개 구성원이든, 주권자이든, 이성적 존재는 의지의 자유를 통해 가능한 목적의 영역에서 자신을 곧 입법부로 간주할 수 있다.
>
> 도덕성이 바로 그 이성적 존재가 목적 그 자체가 될 수 있는 유일한 조건이다. 도덕성을 통해서만 목적의 영역에서 법을 제정할 수 있는 성원이 될 수 있기 때문이다. (Kant, "Foundations of the Metaphysics of Morals," in Beck 1988. 276-277)

이제 근대는 인간존엄의 보편적 원칙과 이를 향한 모든 인간의 잠재적 능력을 신뢰하게 되고, 타인을 존중하지 못하거나, 타인의 존엄을 부정할 이유를 찾을 수 없게 되면서, 관용과 인정이 민주주의 체제를 유지해 나가는데 더욱더 중요한 가치로 등장하게 된다.

2) 관용에서 사회적 인정으로 가는 길

인정으로서의 관용과, 관용에 근거한 인정이 자리 잡은 사회는 참여민주주의 체제의 이상이라고도 할 수 있다. 체제의 이상적 모습이 구체적으로 재현되기 위해서는 추상적 개념의 구체화가 우선적으로 요구된다. 인정이라는 개념이 가능하기 위해서는 일단 인정의 적용 대상이 존재해야 한다. 인정의 적용 대상은 인간이고, 특히 자신의 존재와 가치를 인식하고 있는 현존재적 인간이다. 인정에 대한 인간의 욕구는 인간이 사회적 동물임을 반증하는 것이며, 인정은 사회에서 나에 대해 타인으로부터 오는 것이라는 점에서 지극히 사회적 개념이다. 따라서 인정을 살펴보기 위해서는 우선적으로 존재하는 개인의 자아 문제와, 다음으로는 구체적 사회의 현장에서 진행되는 인간들의 관계를 살펴보아야 할 것이다.

'인간을 목적으로 대하라'는 칸트의 말은 인간이 사회에서 인정을 통해 무엇을 요구하는지를 명시적으로 드러낸다. 이 장에서는 인정이 과연 어떠한 모습으로 내가 속한 사회에서 구체적으로 작동하는지 19세기 초 미국[7]의 지식인 에머슨과 소로우를 통해서 알아보기로 한다.

(1) 에머슨의 '자기 의존적 가치'

1830년대 미국은 사상적으로 계몽시기이자, 경제적으로 산업혁명의 시대였다. 유럽대륙과 일정 시차를 가지고 근대 사상이 전파되고 이식되어 자리잡아가는 과정이라고 할 수 있겠다. 특히 1830년대 미국은 원래 영국에서 종교적 박해를 피해나온 청교도로부터 시작하여 자유를 주요 가치로 하면서 형성되어 왔으나, 청교도가 사회의 근간으로 자리잡아가는 과정에서 자체적 불관용과 배타성의 역사를 경험하고 이로부터 벗어나는 과정에 있었다.

나다니엘 호손의 『주홍글씨』는 불관용의 배타적 사회에서 인간의 자유와 가치가 얼마나 훼손되는지 18세기 미국의 모습을 잘 그려내고 있다. 종교적 불관용으로부터 도피해 나왔으나 결국 자체적 불관용사회로 다시 회귀해가는 역설적 상황은 당시 지식인들로 하여금 인간의 존엄과 가치에 대해 다시 생각하는 계기가 되었다. 당시 에머슨을 비롯한

7) 개념의 현실적 적용을 살펴보기 위해서 이 글에서 필자는 19세기 미국을 선택했다. 많은 사상이나 개념은 구대륙이라고 볼 수 있는 유럽에서 발생하였지만, 대체로 이 개념들이 적용되고 실험된 곳은 바로 신대륙 미국이었다. 미국은 종교적 불관용을 벗어나기 위해 도피한 사람들이 모여 형성한 나라로서, 관용과 상호인정은 사회 존속과 형성의 필수적 기제였다. 기존의 것이 존재하지 않는 불편함도 있었겠지만, 그러기에 모든 것은 인간의 머리와 손을 통해 만들어내게 되었다. 이러한 점에서 19세기 초 미국이 제도적으로 형성되어가는 시점의 지식인들의 사상과 그 적용을 살펴보게 되었다.

미국의 지식인들은 청교도의 보수적 종교개념과 다른 일신주의적 전통[8] 속에서, 칸트의 직관을 중심으로 하는 초월적 사고에서 출발하여, 보편적 인간의 가치를 역설한다.

> 칸트는 합리적 이성과 과학의 세기인 계몽시대에 과학적 인식과 도덕적 인식의 관계를 탐구하고자 한다. 순수이성비판과 실천이성비판에서 칸트는 이성 중심으로 움직이는 과학적 세계에서 인간의 오성이 작동하는 영역을 찾아내고 있다. 로크적인 경험적 세계에서 칸트는 선험적 세계의 존재를 드러내면서 인간의 직관이 작동하고 있음을 증명해낸다. 인간은 일종의 도덕적 명제인 정언명령에 따라 직관적으로 도덕성을 인지할 수 있는 초월적 능력을 가지고 있다는 것이다. (박의경 2010: 294; 볼러 1989: 42-47에서 재인용)

오성 작용을 통해 도덕적일 수 있는 존재 인간은 탁월한 존재라는 것이 당시 초월주의자들의 생각이었고, 이러한 인간의 가능성은 무한한 것이었다. 따라서 인간은 새로운 것을 창조할 수 있는 내면적 힘을 가지고 있기에 전통과 관습에서 벗어나 새로운 세계로 나아갈 수 있다는 미래지향적 가치를 초월주의자 에머슨도 가지고 있었다.

에머슨은 고대 그리스에서 추구하고자 했던 인간의 탁월성으로부터

8) 일신주의 사상은 기독교의 본질로 인정받고 있는 삼위일체설을 부인하고, 예수는 인간이며 신성이 있다고 보지 않는다. 따라서 기독교는 어떠한 교리를 가진 것이 아니라 삶의 방식이라고 주장한다. 성경은 인간들이 기술한 것으로 절대적으로 옳은 것만은 아니라고 하면서, 기독교의 또 다른 핵심이라고 할 수 있는 성경 무오류설에 대해 정면으로 맞선다. 절대적인 구원이나 저주의 상태는 없으며, 예수는 위대하고 비범한 사람이다. 지도자로서의 예수는 위대하지만, 십자가 위에서의 그의 죽음은 인간의 죄에 대한 희생이 아니고 자신의 가르침과 필생의 사업의 결과로 볼 수 있다. 이어서 죄는 인간관계를 포함한 도덕성의 문제이며 신에 반대하는 범죄가 아니다. 인간은 자신의 행위에 책임을 지고 있으며, 성경은 진리에 이르는 많은 통로들 중 하나이다. 교회는 순수하게 인간적 제도이고, 어떠한 교회도 구원의 방법에 대한 독점권을 가지고 있지 않다. (박의경 2010)

출발한다. "새로운 땅, 새로운 인간, 새로운 사상'의 존재로 이어지는 미국사회의 형성을 위해서는 과거와의 단절이 필요하며, 새로운 체제를 창조해 내야 하는데, 칸트적 오성으로 인간은 그런 능력을 충분히 보유하고 있다는 것이다. 에머슨의 인간능력에 대한 신뢰는 이성능력에 기인하고 있으며 이는 궁극적으로 초월적 직관능력과 그 맥을 같이한다. 인간이 순수한 진리를 직관적으로 파악해 낼 수 있는 능력을 가지고 있다는데 동의하면서, 이를 통해 인간은 자신에 대한 신뢰를 가진 존재이며, 자기 의존적(self-reliant) 가치를 가진 존재가 된다는 것이다.

> 너 자신을 믿어라. 그러면 만인의 가슴은 그 철선에 호응하여 울리 것이다. 신의 섭리로 맡겨진 너의 그 위치, 너의 동시대인으로 구성된 그 사회, 여러 사건의 연결을 받아들여라. 위대한 인간들은 언제나 그렇게 해왔고, 그들은 어린아이처럼 그 시대정신에 자신을 내맡기고는 절대적으로 신뢰할만한 것은 내 심중에 있고, 내 손을 통하여 작용하고, 나의 전존재에 군림한다는 자각을 보여주었던 것이다. (에머슨 2009: 260)

에머슨은 모든 인간이 자기의존성(self-reliance)와 대령(oversoul)을 소유한다고 역설하면서, 모든 인간은 각자의 관점에서 보편정신을 보유하고 있으며 어느 누구도 도덕적으로 우월한 위치에 있지 않음을 강조한다. 따라서 모든 인간은 자신만의 독특한 역할이 있으며, 이를 통해 인본성이 실현된다고 에머슨은 주장한다. 여기서 모든 인간의 존재 필요성과 가능성이 다시 확인된다. 18세기 독일의 신학자 헤르더의 말처럼, "꽃밭에는 다양한 꽃들이 존재하고 있지만, 어느 것의 존재가 다른 꽃의 존재에 방해가 되지 않는 것"이며, 나아가 장미는 장미대로, 국화는 국화대로, 각자의 가치를 가지고 존재의의를 드러내게 된다. 인간의 세상도 이와 같다. 에머슨이 주장하는 자기 의존적 존재로서의 인간이 가지는 보편성은 사회에서 타인을 인정하고 관용할 수 있게 하는데 근본적 전제가 되는 것이다.

(2) 소로우의 불복종

모든 사람은 내면의 빛, 즉 칸트적 직관과 루소적 양심을 가지고 있어 모든 정치사회적 사안에 대해 옳고 그름을 판단할 수 있다는 것이 에머슨과 소로우가 가지고 있었던 초월주의 사상의 핵심이다. 에머슨이 삶의 원리와 조건을 제시하고 있다면, 소로우는 이를 삶의 현장에서 직접 실험하고 있었다는데 차이가 있을 뿐이다. 에머슨이 이론가라면, 소로우는 실천가이자 행동주의자라고 할 수 있다. 실제로 자유를 자율성이라고 규정한 칸트가 자유의 실현가능성에 천착하고 있는 것처럼, 소로우는 초월주의적 사고를 몸소 실천하면서 사회개혁의 의지를 실천에 옮기고 있다는 점에서 독특하다고 하겠다.

소로우는 특히 민주주의사회의 다수의 의지에 대해 의문을 제기한다. 다수의 의결이라는 이름으로 과연 모든 개인의 판단을 제어할 수 있는가에 대해서는 단호하게 '아니오'를 외치는 소리가 바로 소로우의 『시민불복종』에 잘 드러나 있다. 모든 이가 제정에 참여하여 형성된 법률이나 정책에 복종하는 것은 나의 의지에 대한 복종이라는 것을 루소의 "치자와 피치자의 자기동일성" 원칙이라고 지칭하면서, 이를 일반의지라고 표명했지만, 여전히 추상적이고 비현실적이라는 것이 소로우의 생각이다.

> 다수의 지배가 실현된 정부는 대체로 정의에 근거하지 못한다. 옳고 그름을 결정하는 것은 다수가 아니라 양심이다. 다수는 편의적 규칙만 결정할 수 있을 뿐이다. 시민들이 입법자들에게 자신의 양심을 양보해야 하는가? 그렇다면 모든 인간이 양심을 가지고 있는 이유는 무엇인가? 언제나 인간이 먼저이고 신민은 다음에 와야 한다는 것이 나의 생각이다.... 제도나 기관에는 양심이 없다. 양심을 가진 인간들의 기관이야말로 양심 있는 기관이라 할 수 있다. 법은 인간을 한 치라도 정의롭게 만들지 못한다. (Thoreau 1986: 387)

노래가 노래하는 것이 아니고, 가수가 노래하듯이, 법과 제도가 사회를 정의롭게 만드는 것이 아니고, 법과 제도를 집행하는 사람을 통해 정의가 이루어지고, 질서가 형성되는 것이다. 이와 같이 소로우의 기본 생각은 '원리에서 나오는 인간의 행동'이었다. 인간은 판단할 수 있는 능력이 있기에, 그 능력으로부터 나오는 판단의 결과는 존중받아야 한다는 것이다. 적어도 그 판단으로 인해 피해나 손해를 보아서는 안된다는 것이 소로우의 생각으로, 다수의 통치, 다수의 전제가 우려되고 있던 상황에서 개인의 가능성, 소수의 소리에 귀를 기울이는 다문화주의적 사고의 전형이 소로우의 사상과 삶에 잘 드러나 있다.

> 다수의 통치가 진행되고 있던 사회에서 다수의 의견이 언제나 정의롭지 않으며, 개인의 판단이나 소수의 의견이 옳을 수도 있다는 다원적 사고의 전형이 바로 소로우의 『시민불복종』에서 잘 드러나면서, 소수 의견에 대한 관용을 찾아볼 수 있다. 다수의 통치로 진행되는 사회현상을 당시의 역사적 일반적 현상으로 바라보면서 다수의 횡포와 전제를 우려했던 토크빌의 우려에 대한 정신적 제어장치가 이미 그 시대에 소로우를 통해서 미국사회에 자리 잡고 있었다. (박의경 2010: 302)

소로우의 불복종은 결국 자신의 가치에 근거한 판단을 사회적으로 인정받고자 하는 욕구의 표출이라고 할 수 있다. 이러한 개인의 인정욕구가 상호적으로 사회에서 인정받을 - 즉, 헤르더의 꽃밭의 비유에서 볼 수 있듯이 내가 너를 인정하고, 네가 나를 인정하면서, 집단이 집단을 상호적으로 용인할 수 있을 - 때, 사회는 모든 이의 자유와 평등을 관용할 수 있게 되는 것이다. 이제 관용을 통한 개인의 개별 가치 인정은 자유의 확대로 이어지게 되며, 자유, 관용, 인정의 선순환적 구조를 형성하게 되는 것이다. 물론 이 구조에서도 핵심은 이성과 양심을 가진 자유로운 개인의 존재이다.

4. 인정을 통한 자유의 확대

1) 인정의 목적과 효과 - 정체성 확보를 위하여

마키아벨리에서 연원하여 홉스를 거치면서 근대정치사상은 인간을 자기중심적 존재로 자신의 이익과 욕망을 좇으며 '자기보존'이라는 궁극적 욕망을 추구하고 달성하고자 하는 존재로 규정하고 있다. 따라서 자기보존의 욕망에 충실한 개인으로 가득찬 사회는 결국 각자의 '자기보존'을 위한 투쟁으로 장으로 이해되게 마련이다. 사회계약론자 홉스가 자연상태를 '만인의 만인에 대한 투쟁 상태'라고 규정한 것은 이러한 논지로부터의 자연스러운 귀결이다. '좋은 삶'이라는 궁극목표를 설정하고 인간을 사회속의 시민으로 규정하면서 시민과 사회의 연합이라는 공동체성을 중요시했던 고대정치사상에서 근대는 시민으로서의 인간을 사회로부터 분리시켜 개인이라는 개별적 원자로 독립시켰다. 고대의 시민에게는 사회의 문제가 곧 자신의 문제였으나, 근대의 개인에게 사회는 원자적 개인의 자기보존에 위협을 가할 수 있는 위험한 존재로 인식되게 된다. 따라서 근대의 개인은 '자기보존을 위한 투쟁'을 자신의 사회에서 수행해 나가야 한다는 사명감으로 무장하여 탄생한 것이다.

그러나 계몽사상이후 낭만주의를 거치면서 헤겔은 자연상태와 사회계약의 허구성에 의심을 하게 되고, 이미 존재하는 사회에 태어난 인간은 자기 보존이 아니라 자유로운 존재로서의 주체성을 사회적으로 인정받기위해 노력하게 된다는 점에 착안하였다. 『역사철학 강의』에서 세계 역사를 자유의 확대 과정이라고 규정한 헤겔은 개인의 자유의 보장을 위한 법과 제도, 영역의 확대를 위한 개인들의 사회적 투쟁이란 자기보존으로부터 출발하는 것이 아니라 보다 나은 상태로 이행하려는 자신의 정체성에 대한 인정을 요구하는 도덕적 충동에서 시작되는 것이라고 설명한다.

> 헤겔이 당시 가지고 있던 생각은, 개인의 자유를 보장하기 위한 제도를 실천적, 정치적으로 관철하려는 사회내적 동력이 바로 자신의 정체성을 상호 인정받기 위한 주체의 투쟁에서 비롯된다는 것이었다. 이러한 인정에 대한 욕구는 제도화된 사회적 진보의 틀을 넘어서서 단계적으로 반복되는 투쟁이라는 부정적인 방식을 통해 차츰 의사소통적으로 실현된 자유의 상태로 나아가게 된다. (호네트 2011: 32)

자기보존은 자신의 생명유지가 확보되면 달성되지만, 정체성의 문제와 동반된 인정 욕구는 사회 구성원 상호간의 인정에 도달할 때까지 그 투쟁의 동력을 이어갈 수 있게 된다. 또한 인정은 사회 구성원의 구체적 행위를 통해 사회에서 명시적으로 드러날 때 달성되었음을 알 수 있는 것으로, 자유와 같은 추상적 개념과는 차원이 다르다. 따라서 인정은 구체적 사회 현장에서 일상적 삶의 양태, 소통하는 과정을 통해서 드러나게 되어있다. 때로 심리적, 정서적 모욕이나 무시가 해당 개인의 분노를 불러일으키고 파장이 큰 반사회적 범죄의 원인으로 분석되는 경우가 바로 여기에 해당한다.

개인의 자유와 평등은 타인에 대한 관용을 통해서 가능함은 이미 언급한 바 있지만, 이를 지속가능하게 만들기 위해서는 상호간의 인정이 필요함을 알 수 있다. 헤겔과 호네트에서 알 수 있듯이, 개인의 인정투쟁은 사회적으로 상호인정이라는 상태에 이르러야 비로소 만족하고 투쟁 지속의 명분과 동력이 상실하게 되는 것이다. 이리하여 개인 간, 집단 간의 상호인정은 자유를 확대시키고 지속가능하게 하면서, 나아가 각 개인의 정체성을 확인시켜주는 역할을 하게 되는 것이다.

그러나 인정 개념은 주관적이고, 상호인정이라는 사회적 상태 또한 매우 주관적이고 때로는 상대적이라는데 인정을 향한 욕구가 종식되기 어려워 인정을 향한 사회적 투쟁의 가능성이 상존한다는 점에 유의할 필요가 있다. 호네트의 분석에 따르면, 인정은 인간이 자신의 삶을 성공적으로 실현시킬 수 있는 사회적 조건이자 긍정적인 자기의식을 가지게 하는 심리적 조건이며, 따라서 사회의 주체들은 상호간의 정체성을 인정받고 해주는 작업을 지속적으로 요구한다는 것이다.[9)]

20세기까지의 대의민주주의에서 만족하지 못하고, 참여민주주의로 움직이게 된 사회의 저변에는 개인의 정치적 주체성을 향한 인정투쟁이라는 사회적 동력이 존재하고 있었다고 하겠다. 수동적이고 순응적이며 산만한 대중에서 적극적이고 주도적인 참여적 시민으로 변화하게 된 정신적, 심리적 동력도 또한 자기보존이라는 수동적 목적에 만족하지 못하고 정치적 주체로서 사회적 인정을 받고자 하는 인정투쟁으로부터 나온 것임을 추론할 수 있다.

정치적으로 주체로서의 정체성을 확보하고자 하는 참여적 시민의 존재와 사회적으로 다양한 기원과 문화를 가진 다양한 집단의 존재는 자유로운 의사소통 과정을 통해 상호인정의 상태로 이행하면서 비로소 실서를 잡고 안정과 평화를 이루어낼 수가 있게 된다.[10)] 한마디로, 자유와 관용의 사회가 인정의 과정을 통과하면서, 개인은 정체성을 얻게 되고 사회는 안정성과 지속가능성을 확보하게 되는 것이다.

---

9) 호네트는 헤겔을 분석하면서 자신의 저서 『인정투쟁』을 시작하는데, 여기서 그는 다음과 같이 말한다. "헤겔이 당시 지니고 있던 생각은, 개인의 자유를 보장하기 위한 제도를 실천적, 정치적으로 관철하려는 사회내적 동력이 바로 자신의 정체성을 상호적으로 인정받기 위한 주체들의 투쟁에서 비롯한다는 것이었다. 여기서 자신의 정체성을 상호주관적으로 인정받으려는 개인들이 요구는 본래부터 사회적 삶에 내재하는 도덕적 긴장의 원천이 된다. 또한 이러한 인정에 대한 요구는 사회적 진보의 제도화된 수준을 넘어서 단계적으로 반복되는 투쟁이라는 부정의 방식을 통해 차츰 의사소통적으로 실현된 자유의 상태로 나아가게 된다. (호네트 2012: 33-34)

10) 실제로 많은 사회적 분노는 이러한 상호인정 과정을 통해서 해결의 단초를 보이기도 한다. 상호인정 과정의 시작이 바로 의사소통이고, 이런 의미에서 하버마스가 말한 공론장이나 아렌트가 주장하는 정치적 행위의 중요성과 필요성이 대두하기도 한다. 고대 그리스에 있었던 정치의 광장 아고라의 현대적 부활이 요구되는 이유가 여기에 있다.

2) 인정과 자유의 상호성

자유는 관용이라는 기반을 통해서 지속되고, 관용은 인정에 의해 강화되며, 인정은 또한 개인의 자유로운 판단에 근거한 정체성에 대한 승인이라는 점에서 자유를 통해서 확인되는 것이라고 볼 수 있다. 이렇게 확인된 자유는 이제 관용의 영역을 확대하는데 도움이 되고, 관용은 사회 성원간의 인정을 위한 필수요소가 되고, 인정은 이제 다시 자유를 재확인하는 선순환 구조를 형성한다. 이 중에서 특히 인정과 자유의 관계는 지극히 상호적이며 상보적이다. 인정은 개인의 자유를 전제로 가능하며, 자유는 상호인정 과정을 통해서 확대되고, 나아가 사회는 안정적 질서를 지속적으로 구가할 수 있게 된다. 자유의 최종 목적지는 인정에 있으며, 인정의 궁극적 목적도 자유에 있다. 다시 말해서, 인정과 자유는 서로 간에 필요충분조건인 셈이다. 자유, 관용, 인정의 선순환적 삼각구도는 개인의 정체성을 확립시킴으로써 다문화 사회에서 개인의 입지를 강화시키게 된다.

대의민주주의가 참여민주주의로 변화하면서, 다문화사회로의 이행은 세계화의 진행과 함께 현대사회의 모든 국가가 직면하고 있는 초미의 관심사이다. 이미 상당부분 진행된 다문화 현상은 한 공동체내에서 집단 간의 문제가 발생하고 있음을 보여주고 있으며, 집단 상호간에 인정투쟁이 이미 여러 곳에서 벌어지고 있음을 국가 내 소수자 문제를 통해서 잘 드러난다. 21세기의 국가 공동체에 존재하는 다문화현상을 어떻게 극복하고 통합질서를 유지해 나갈 것인가의 문제는 이제 한두 나라만의 고민거리가 아니고 전 지구 공동체가 같이 고민하고 해결책을 모색해나가야 하는 인류공동체의 문제로 자리 잡은 지 이미 오래되었다.

21세기 민주주의 정치체제 내에서의 다문화현상에 대한 논의는 정치적 주체의 문제와 정체성, 공동체내의 집단 등을 논제로 하고 있다는 점에서, 20세기 말 자유주의와 공동체주의 논쟁의 연장선상에 존재한다.

특히 다문화 현상이 부인할 수 없는 국제정치적, 사회적 현상으로 드러나게 되면서, 자유주의자나 공동체주의자 모두에게 다문화주의는 미래형 민주주의를 모색하는데 절대로 피해갈 수 없는 과제가 된 것이다.

다문화 사회라는 당면 현실을 통해서 사회의 통합과 조화를 모색해 나가는 현대정치사상가로 테일러와 킴리카를 들 수 있다. 이제 공동체주의자 테일러와 자유주의자 킴리카의 다문화주의에 대한 분석을 통해 사회적 인정의 문제에 대한 이들의 분석과 다문화주의와 참여민주주의가 중첩된 미래형 민주주의에 대한 이들의 전망을 알아보기로 한다.

(1) 테일러: 인정의 정치학

테일러는 인정의 논의를 두 가지 차원에서 진행한다. 모든 이의 동등한 존엄성을 강조하는 보편의 정치학과 모든 이가 자신의 정체성을 인정받아야 한다는 차이의 정치학이 바로 그것이다.

> 그래서 인정담론은 다음 두 가지 차원에서 우리에게 매우 친숙하게 다가온다. 첫째 차원은 사적 영역이고, 여기서 우리는 의미 있는 타인들과의 지속적인 대화와 투쟁을 통해 정체성과 자아가 생성된다고 생각한다. 다음 차원은 공적 영역인데, 여기서 동등한 승인의 정치학은 점점 더 중요한 역할을 하게 된다. (Taylor 1994: 37)

테일러는 여기서 후자에 초점을 맞추어 동등한 인정의 정치가 무엇을 의미하는 것인지 분석해내고자 한다. 테일러는 고대 그리스의 '좋은 삶'이라는 모델을 제시하면서, 단일한 가치로 통합되는 것보다 여러 가지 가치의 조화라는 차원에서 인정의 문제를 논한다. 다문화현상이 진행되면서 한 국가 내에 존재하는 여러 집단으로부터 다양한 정체성이 요구되는 상황에서 어느 하나로 통합을 요구한다는 것은 다른 집단에게는 정체성에 대한 억압으로 드러나기 때문이다.

인간사회에서 모든 보편 원칙은 기원과 유래가 있다는 점에서, 이들은 일정 가치를 반영하고 있으며, 지배문화의 반영이라고 할 수 있다. 보편 원칙의 보편적 적용이 차이와 정체성의 정치를 주장하는 측에서 보자면, 억압과 폭력으로 다가올 수 있다는 것은 개인의 자유를 중시하고 이를 위해 관용하고, 타인의 가치를 인정하고 있는 민주주의 사회의 가치와 근본 이념에도 들어맞지 않는 일이다.

> 동등한 존엄성을 중립적이고 비차별적으로 적용한다는 것은 어떤 의미에서는 지배적인 한 문화의 반영에 불과할 수도 있다. 결과적으로 공정을 가정하고 차별을 모르는 사회는 (정체성을 억압하기 때문에) 비인간적일 뿐만 아니라, 오히려 교묘하고 무의식적인 방법으로, 고도로 차별적이기도 하다. (Taylor 1994: 43)

개인의 자유를 인정하고 관용하는 한, 집단 정체성에 대한 인정은 문화의 차이를 인정하는 방향으로 진행할 수밖에 없으며, 완벽하게 중립적인 보편가치가 인간 사회에서 발견될 수 없다는 점에서, 테일러는 공동체에 속한 개인이나 집단의 정체성과 가치는 동등한 가치를 가지고 있음을 인정받아야 한다고 주장한다.

보편적 가치가 가지는 중립성과 문화적 맹목성이 해결책이 될 수 있다고 보는 자유주의자의 논의에 대해 테일러는 "개인은 좋은 삶을 추구하기 위해 기본적인 문화적 자산을 필요"로 하고 있음을 강조한다. 테일러의 개인은 루소의 '풍요와 고립 상태의 개인'이 아니라, 사회 속에 태어나 사회 속에서 성장하고 존재하는 문화적 편견을 이미 담지한 개인이었다. 따라서 그 상태를 그대로 인정하지 않는다면, 이는 개인에 대한 편견이자 억압이고 폭력이라는 것이 테일러의 주장이다.

자유주의적 중립성을 통해 자유주의가 차이를 포용해낼 수 있다고 주장하는 킴리카(다음 절 참조)를 비판하면서 테일러는 다음과 같이 역설한다.

> [킴리카의 해결책은] 이미 어떤 문화의 압력아래 존재한다고 믿는 사람들 사이에서만 가능하다. 조건이 충족된 곳에서는 충분히 성공하겠지만, 다른 곳에서는 거의 불가능하다. 그러나 그것은 또한 불확실한 미래 세대를 통해 생존을 확보하도록 고안된 수단으로 정당화될 수 없는 것이다. [현실적으로] 관련된 사람들, 그것이 문제의 관건이다. (Taylor 1994: 41)

테일러의 논의를 중심으로 자유주의와 다문화주의를 논하면서, 쿠카다스(Kukathas)는 다음과 같이 정리한다.

> 사회적 통합이 보다 덜 강조될수록, 사회적 조화는 더 가능해진다고 나는 생각한다. 다문화 사회에서 바로 이것이 자유주의가 제의하는 것이기도 하다고 생각한다. 자유주의는 또한 법 아래 살아가는 다양한 사람들의 삶과 무관한 상태에서 사람들이 공존하고 다른 문화와 문자, 학문이 그들과 함께 번성할 기회를 제공하기도 한다. 그러나 이 기회는 법이 그들을 인정해서가 아니고 법이 침묵하기 때문에 제공되는 기회이기도 하다. (Kukathas 1998: 698)

원칙도 중요하지만, 구체적 현실을 살펴보아야 하고, 통합과 질서의 필요성은 사회 속에서 살아가는 구체적 인간이 좋은 삶을 영위하는데 있다는 점을 잊어서는 안된다는 것이 테일러의 주장이다. 이러한 테일러의 주장 속에서, 원자적 개인이 아닌 관계 속의 개인을 상정하고, 사회 속에서 좋은 삶을 찾아가는 것을 정치의 목적으로 설정했던 고대의 정치사상이 다시 들리는 듯하다.

(2) 킴리카: 인정과 다문화주의

보편적 개인을 기반으로 하는 자유주의는 보편주의적 사상으로 사회의 주류가 아닌 소수자에게는 일반적으로 적용되지 않는다는 것이 일반적인 생각이지만, 킴리카는 이를 비판하면서 자유주의가 다문화주의와 배치되지 않는다는 점을 역설한다. 자유주의는 자유로운 개인을 기반으로 하고 개인의 자유와 자율성의 증진을 목표로 한다. 개인의 자유와 자율성의 증진이라는 자유주의의 목표는 자유주의화된 사회문화를 통해서 보다 잘 성취될 수 있다고 킴리카는 주장한다.

킴리카에서 개인의 자유는 그 개인이 태어나서 자라난 사회의 문화와 깊숙이 연관되어 있다. 자유라는 추상적 개념의 현실적 담지자 인간을 공동체 문화 속의 인간이 본다는 측면에서 킴리카는 테일러와 논의의 출발점을 공유하고 있다.

> 킴리카에 따르면, 사회적 문화란 그 구성원들에게 인간활동의 전 영역에 걸쳐서 의미있는 삶의 방식들을 제공하는 문화이다. 이 문화는 영토적으로 집중되어 있고, 언어의 공유에 기반하고 있다. 따라서 개인에게서 선택의 맥락을 제거하는 것, 즉, 사회적 문화를 빼앗는 것은 그의 개인적 자율성을 빼앗는 것과 마찬가지이다. 킴리카는 자치와 자기대표성, 다인종적 권리등, 문화적 특수함을 표현할 수 있도록 사회적 소수에게 부여된 권리가 개인의 자유와 양립할 뿐 아니라 개인의 자유를 실질적으로 증진시키고 있다고 주장한다. (Kymlicka 1995: 75-106/ 김남국 2005. 97에서 재인용)

보편가치가 특수한 현장과 연합할 수 있다는 가능성을 통해서, 다문화 사회 현장에서 발생하는 문화갈등과 정치적 갈등의 소지를 원론적인 차원에서 부정하면서, 개인의 자유에 근거한 참여민주주의와 다문화주의간에 타협의 가능성을 열어두고 있다는 것이 킴리카의 주장의 핵심이다.

프랑스계 캐나다인이 다수 거주하는 퀘벡의 문제를 논의하는 과정에서도, 킴리카는 자유주의적 가치가 다양성과 차이를 수용해낼 수 있음을 역설한다.[11] 특히 킴리카는 별도의 공동체를 요구하는 소수민족과

11) Kymricka(1995), Taylor(1994)를 참조하라.

자발적 이민이나 이동을 통해 타문화 사회에 존재하게 된 소수 인종을 구별하여 전자와 후자가 가지는 권리를 구분해 내면서 개인의 자유를 중시하는 자유주의 원칙으로 개인과 집단의 권리 간 충돌의 가능성을 완화시킬 수 있다고 주장한다. 자유주의의 국가 중립성, 개인의 자유와 평등이 집단 자치, 집단 대표성, 다인종적 권리 등과 어떻게 양립할 수 있는지에 대한 설명은 그리 명확하지 않다는 문제점이 존재하고 있기는 하지만, 보편 원칙의 보편적 적용을 강조하는 자유주의의 입장에서 개별성과 특수문화와의 조화와 화합의 가능성을 제시하고 있다는 점에서 킴리카의 설명은 또한 미래지향적이기도 하다.

> 우리는 다문화주의의 인정이 소수자들로 하여금 전심으로 정체제도를 포용하려는 것을 막는 장벽과 배제적 요소를 제거함으로써, 실질적으로 연대를 강화하고 정치적 안정성을 증대시킬 것이라고 예측할 수 있다. 이 가설은 적어도 다문화주의가 사회통합을 침식한다는 반대가설보다는 그럴듯하게 들린다.... 다문화주의와 민주주의적 안정성 사이에 어떤 본질적 모순이 있다고 사전에 추정할만한 어떠한 이유도 없다. (킴리카 2006: 506-507)

테일러와 킴리카의 메시지는 명확하다. 다문화주의가 참여민주주의와 만나는 것은 지극히 자연스러운 현상이고 보편성의 시현은 구체적 현실에서 가능하다는 사실이 바로 그것이다. 특히 다문화주의가 참여민주주의 사회에서 자리잡기 위해서는 다문화적 권리가 민주주의 사회에서 말하는 정치적 권리로서 인정받아야 한다는 점에서 인정의 문제가 논의의 전면으로 등장하게 되면서 자유, 관용, 인정이라는 상호순환적 삼각구도가 완성되는 것이다.

5. 미래형 민주주의의 가능성

자유의 확대과정을 역사의 발전으로 보는 헤겔의 주장을 조금만 확장하여 본다면 민주주의는 인류 정신사의 발전을 의미하는 것임을 알 수 있다. 민주주의는 개인의 자유와 자율성을, 개인주의, 자기 표현의 가치는 자율적 인간의 선택을 강조하며, 이러한 자유주의적 정향은 본질적으로 인간중심적이고 이는 곧 민주주의와 다시 연결된다. 즉 민주주의 그 자체의 등장과 번성이 인류 발전 과정의 일부임을 의미하는 것이다. (잉글하트 2011: 261) 『민주주의는 어떻게 오는가』에서 세계 민주주의의 종합적 분석을 통해, 인간의 발전을 의미하는 민주주의의 지난 날을 분석하고 앞으로의 행로를 제시한 잉글하트는 민주주의를 효과적으로 작동하게 하는 시민적 덕목으로 신뢰와 관용을 제시한다. (잉글하트 2011: 280-281)

이미 언급한 바와 같이 자유, 관용, 인정은 민주주의를 지탱하는 3개의 다리로서, 선순환적 삼각구도를 형성하고 있다. 자유는 관용을 통해 가능하고, 관용은 인정이 있어야 성립하며, 인정을 자유를 확대시킨다. 역으로 확대된 자유는 상대를 인정하게 하며, 인정을 통해 관용이 이루어지고, 관용은 또 다시 자유를 보장하게 되는 것이다. 참여민주주의가 가능하기 위해 필요한 것이 개인의 자유라고 할 때, 자유에는 관용과 인정이 연결되어 있는 셈이다. 즉, 자유, 관용, 인정은 민주주의를 지탱하는 3개의 다리이며, 각각의 가치는 신뢰라는 기단위에 서 있는 것이다. 시민 상호간의 신뢰는 자유, 관용, 인정 모두의 조건으로, 신뢰 없이 그 사회의 민주주의가 제대로 갈리 없다는 것은, 기단 없이 다리 기둥이 서 있을 수 없는 것과 마찬가지로 이해될 수 있다. 여기서 신뢰는 자유, 관용, 인정 3자를 역동적으로 움직이게 하는 중요한 사회적 기제라고 하겠다.

여기서 3자의 역동성을 가능케 하는 중요한 또 하나의 기제로서 신뢰

(trust)가 새로운 연구과제로 등장한다. 사회구성원 상호간의 신뢰를 기본으로 하여 법과 제도가 자리 잡고, 사회의 질서가 유지된다. 타인을 신뢰하기에 관용할 수 있고, 상대를 신뢰하기에 인정할 수 있는 것이다. 이미 언급한 바와 같이 관용에서 인정으로, 인정에서 자유로 순환하면서 개인의 참여를 가능케 하면 참여민주주의는 진행되고, 21세기 다문화 현상은 신뢰를 근본 추동력으로 언급한 3가지 가치의 순환적 삼각구도의 역동성을 유지시킨다.

다문화주의는 다양한 참여의 가능성을 높이고, 참여민주주의는 다문화사회에서 각 집단의 정체성을 지켜낼 수 있는 기제를 만들어내게 되고, 자유로운 시민은 서로 관용하면서 인정하게 되는 과정에서 상호 신뢰의 선순환 구조를 형성하게 될 것이다. 일단 이러한 시스템이 자리잡기만 하면, 사회는 자체논리를 가지고 정체성을 재생산할 수 있는 순환과정으로 진입하게 되면서, 상생으로 진일보할 수 있을 것이다. 결론적으로, 참여민주주의는 다문화주의와 만나면서 그 지속가능성을 확보함과 동시에, 다문화주의는 개인의 정체성과 집단의 정체성의 상생과정을 통해 참여민주주의와 합일을 시도하면서 사회를 선도하는 미래형 민주주의의 모습으로 진화해나갈 것으로 보인다.

제12장

민주주의 완성을 위한 여성정치전략*

1. 미래 가치의 현재화: 여성의 가능성

1) 여성주의적 가치와 그 가능성

(1) 공감, 연대를 통한 통합과 소통

21세기로 들어선지 이미 오래되었지만, 대한민국에서 민주주의는 아직 진행형이다. 소외집단이나 소수집단의 존재가 없는 사회는 없겠으나, 극명한 대립관계에 존재하여 사회에서 아직 해소되지 않은 갈등의 폭이 여전히 큰 것이 사실이기 때문이다. 양적인 민주주의는 이제 대한민국에서 포화상태를 이루고 있으나, 질적인 측면에서 과연 거기에 걸맞은 내실을 가지고 있는지에 대해서는 논란이 많다. 참여의 폭발[1]단계는 지난듯하나, 여전한 참여에의 갈급함이 사람들을 광장으로 나오게 하고 있는 것이 현실이다. 서울 시청 앞 광장[2]은 시민들이 연대의식을

---

* 이 논문은 여성가족부의 지원을 받아 작성되었으며, (사)사회과학협의회가 주최하고 여성가족부가 주관한 <2011 여성정책 세미나>에서 발표된 것을 수정/보완하였다.

1) 헌팅톤의 후진국 발전과정에서 발생하는 참여의 폭발현상

느끼면서 소통을 할 수 있는 장소로서 이미 각인되어 있다. 인터넷과 이동통신의 발전은 흩어진 사람들은 한데로 모아주는 역할도 하고 있다.[3] 이제 사람들은 언제 어디에 있어도 서로 공감하면서 연대를 할 수 있고, 나아가서 소통하면서 통합을 이루어낼 수 있는 상황에 직면하고 있다.

여기서 공감과 연대, 통합과 소통은 위계질서적, 수직적 권력구조 하에서는 작동하기 어려운 가치들이다. 그러기에 이들 가치는 권력의 주류에 들어가지 못한 집단, 기득권의 외곽에 포진해 있는 사람들을 통해서 전승되어 온 가치이기도 하다. 역사 속에서 주류와 기득권 집단은 소통과 대화를 별로 필요로 하지 않는다. 언제나 위계적 질서의 상위에서 상의하달식 명령 구조에 익숙해 있기에 공감할 필요도 연대할 가능성도 별로 보여주지 않는다.

반면 여성으로 대표되는 소수집단, 소외집단은 사회 속에 진입하기 위해서 끊임없는 노력을 해야 한다. 주류 속으로 진입을 위한 시도는 단계별로 포진되어 있는 사회적 방어막을 뚫고 나가야 하기에, 혼자의 힘만으로는 역부족임을 실감하게 되고, 이어 공감하는 자들과의 연대는 당연하고도 필연적이다. 이들은 민주주의의 핵심적 가치인 대화와 타협을 통해 결정에 이르는 과정을 반복하면서, 민주주의를 머리가 아니라 몸으로 터득하게 되고, 궁극적으로 소통을 통한 사회 통합에 일조하게 되는 것이다.

여성은 현재의 수직적 권력구조에서 배제되어 있기에 수평적 권력구조를 추구하게 되고, 공감을 통한 연대의 힘을 알게 된다. 연대의 힘은

---

2) 민주주의에서의 광장의 역할은 고대 그리스에서부터 시작되어, 서양의 근대시민혁명시기를 거쳐 현대에 이르고 있다.

3) 네티즌의 공간인 인터넷의 토론 공간이나, 플래시 몹(Flash mob)에서 트위터까지 이제 인간이 시공간의 제한에서 상당히 빠르게 벗어나고 있음을 반증하는 개념들이다.

바로 민주주의에서 시민이 역사를 변화시킬 때 발생하는 힘이다. 현실의 가치에 편입될 수 없는 바로 그 이유로 인하여 여성은 미래의 가치를 가지게 되고, 이를 통해서 비로소 미래가 형성되는 것이다. 여성의 가치가 미래가치의 현현이라고 볼 수 있는 근거가 바로 여기에 있다.

(2) 지속가능한 안정과 평화를 위한 인간안보

여성주의적 가치가 가지는 가능성은 안정과 평화의 희구에 있다. 실제로 지구상에서 평화를 원하지 않는 사람들은 존재하지 않지만, 언제나 갈등과 투쟁의 상황은 존재해 왔다. 그 이유에 대해서 아우구스티누스의 분석은 매우 예리하고 시사적이다. “모든 인간은 평화를 원한다. 자기 마음에 드는 평화를 원한다. 나아가 조금 더 마음에 드는 평화를 원한다. (아우구스티누스 1998: 936) 어떻게 평화를 원하는 인간이 전쟁을 수행하는 역설적 상황이 인류역사에서 지속되어 왔는지 그 일면적 이유를 알 수 있게 하는 대목이다.

이러한 역설적 현실 속에 익숙해 있는 인간들이 그 순환의 덫을 벗어나기 위해 필요한 것은 발상의 전환이다. 평화는 전쟁으로 달성되는 것이 아니고, 안정은 갈등을 통해 진정되지 않는다는 간단한 사실에 대한 인지로부터, 발상의 전환은 그 단초를 보인다. 그런데 문제는 이러한 발상의 전환을 할 수 있는 행위자가 누구인가에 있다. 기득권을 가진 자들은 발상의 전환에 대한 필요성을 느끼지 못하기에, 그에 대한 욕구도 강하지 않다. 필연적으로 발상의 전환은 기존의 역사순환고리에서 이득을 향유하지 못하고, 오히려 피해를 보는 집단을 통해 이루어질 수밖에 없다. 여기에 여성을 통한 통합적 안보 개념인 인간안보가 등장하게 된다.

여성은 사회의 기득권 밖에 존재하면서, 사회의 존재 자체를 떠맡아 왔다. 가정이라는 공간에서 출산과 양육과 살림을 도맡아하면서, 재생산 분야를 통해 사회의 지속가능성을 담보하여 온 것이다. 역사를 들여다보면, 남성들의 전쟁과 여성들의 피해는 시대를 달리하면서, 언제나 동일한 그림으로 그 모습을 드러내고 있다. 여기서 피해자들이 가지는 안정과 평화에 대한 희구는 전쟁이나 갈등을 일으키는 주역들의 역사적 사명감과 대비된다. 19세기와 20세기가 전쟁의 시대였다면, 21세기는 안정과 평화의 시대여야 한다는 것은 모두가 동의하지만, 그 방법에 대해서는 논란이 많다. 이 시점에서 여성주의적 시각은 이런 질문을 던진다. “전쟁을 수행하는 자들이 평화를 이루어낼 수 있는가? 평화는 평화롭게 살아온 자들이 이루어낼 수 있는 것이 아닐까?”

이제 21세기 사회는 지속가능한 민주주의를 통해서 지속가능한 안정과 평화를 이루어내야 한다. 여기에 인간안보가 중요한 개념으로 등장한다. 기존의 국가를 중심으로 하던 가치에서 일상의 삶을 영위하는 보통 사람들의 생활이 보호되어야할 중요한 가치로 등장하게 된 것이다. 인간안보(human security)는 인간이 추구해야할, 추구하고 싶은 가치에 대한 존중에서부터 출발한다.[4] 국내에서 시민의 권리가 생존권에서 생활권으로 초점을 옮겨가듯이, 국제적으로 국가의 안보로부터 인간의 안보로 그 중점이 이동하고 있는 것이다. 여성이 현실의 일상과 더 많은 연관을 맺어 왔기에, 여기서 움직이는 미세한 시각의 변화 또한 여성주의적 가치에서 더 많은 포착이 가능하다.

인간안보적 차원에서도 민주주의의 증진에 대한 요구는 필연적이다. 인간 안보의 근간은 인간의 자유에 대한 보호에 있으며, 인간에게 생존과 존엄성을 지킬 수 있도록 정치 체계를 갖추는데 있다. 안보란 위협으로부터의 보호와 방어와 함께, 인간의 자율성 증진과 자치능력 확산

---

4) ‘인간안보’란 국가안보가 인권보장과 항시 충돌하면서 사실상 ‘정부보안’, ‘기득권 세력의 자기보호 카드’로 활용되는 걸 비판하면서 나온 개념이다. 더 성능 좋고 더 비싼 무기와 감시체제가 보장하는 안전이야말로 진짜 안전이라는 주장에 맞서 진짜 안전은 국민의 존엄성과 인권이 효과적으로 보호되는 것이라 주장한다. 인간안보는 여성, 환경 등 그동안 국가안보라는 논리에 눌려있었던 인간의 가치들의 부활이고, ‘안전’의 개념이 국가에 대한 위협, 영토에 대한 위협, 군사적 차원의 안보 개념을 넘어서야 한다고 본다. (Human Security Now: 2003)

을 통해 인간의 잠재성 계발과 정책결정과정에의 참여가 보완되어야 완벽해질 수 있다. 국가의 보호와 자신의 힘에 대한 확신이라는 두 가지 모두 인간안보를 위해서는 필수적인 것이며, 이를 위해 여성의 정치사회에의 진출과 참여를 통한 여성주의적 미래사회의 형성 또한 중요한 정치적 목표라 아니할 수 없다.

(3) 군림하는 권력(power over)에서 함께하는 권력(power with)으로

여성주의적 가치가 궁극적으로 추구하는 것은 권력자나 기득권 집단의 교체가 아니다. 사회의 속성에 대한 변화 요구가 그 핵심에 존재하고 있다. 이는 궁극적으로 인간성에 대한 근본적 변화를 요구하기도 한다. 여기서 대상은 남성에 한정되지 않는다. 남성주의적 권력사회에 익숙하고 길들여진 사람들 모두가 그 대상이라고 할 수 있다. 일종의 의식개혁, 또는 의식의 혁명이라고 할 수도 있겠다.

현재까지의 정치사회는 권력을 중심으로 형성되어 왔고, 그 권력의 속성은 언제나 위계적이고, 수직적으로 구조화되어 왔던 것이 사실이다. 이로부터 지배자와 피지배자가 존재하게 되고, 사람들은 지도자와 추종자로 구분되게 된다. 권력은 언제나 피지배자와 추종자를 지배하고 지도하는 '군림하는 권력(power-over)'으로 규정되고, 이 개념에 따라 군림하는 위치에, 상위에 서기 위한 갈등과 투쟁을 곧 정치라 정의하면서, 국내정치는 선거를 통한 끊임없는 전쟁상태를 연출해오고 있다.

여성이 가지는 특징으로 인간관계 중심적 사고와 수평적 질서 개념은 위에서 언급한 군림하는 권력에 대한 새로운 대안으로 제시될 수 있다. 20세기 초반 미국사회의 변화를 촉구하면서 『새로운 국가(New State)』에서 메리 폴렛(Mary Follett)이 제시한 '함께하는 권력(power-with)'이라는 개념에서 군림하는 권력에 대한 대안적 성격을 발견할 수 있다. 함께하는 권력 구조에서 구성원들은 출신과 지위에 따른 위계적 구조가 아니라 공동체의 동료로서 자신들을 자리매김한다.

> 함께하는 권력이란 일견 모순적 개념이다. 함께할 수 있다면 과연 권력이라고 할 수 있을 것인가에 대한 질문이 존재할 수 있겠으나, 폴렛은 '함께하는 권력은 함께 활동적인 힘, 공동으로 발전하는 힘이며, 그러한 힘은 이웃 간의 집단이나 결사를 통해서 형성되는 것'이라고 주장한다. (Forward by Mansbridge. in Follett. 1998. xviii) 군림하는 권력이 지배와 통제로 이해된다면, 함께하는 권력은 우리가 평등한 사람들 사이에서 엮어내는 영향력이자 사회적 힘이라고 할 수 있다. (박의경 2011: 56-57)

폴렛에 따르면, 함께하는 권력은 개인의 힘을 극대화시켜 정치의 영역을 일반 시민에게 돌려 줄 수 있는 중요한 개념이다. 민주주의 사회에서 궁극적으로 필요한 힘은 바로 함께하는 권력이며, 나눌 수 있는 권력이다. 이를 위해서 일방통행적이고 간혹 폭력적이기까지 한[5] 권력 개념에 길들여진 사람들의 의식에 혁명적 변화가 수반되어야 한다. 기존 사회가 군림하는 권력 중심으로 편제되어 있으며, 동시에 남성중심적으로 싸여있기에, 함께하는 권력으로의 사회의 변화에 여성의 힘이 들어서게 된다. 자의든 타의든 사적인 가족 영역에 존재하면서 돌봄과 배려를 학습하여 온 여성이 수평적 인간관계를 형성하고, 자기중심적 이기성이 아니라 관계중심적 사고를 할 가능성에 있어서 남성보다 앞서 있다는 것은 어렵지 않게 파악할 수 있다.

여성이 가지는 관계중심성이 함께하는 권력의 핵심이고, 민주주의의 근간이다. 루소가 말하는 치자와 피치자의 자기 동일성이 드러나는 사회에서의 권력은 자연히 수평적으로 구조화된다. 결국 여성의 사회에의 참여를 통해서, 차별과 배제의 군림하는 권력이 차이와 통합의 함께하는 권력으로 움직일 수 있게 되는 것이다.

---

5) 한나 아렌트는 권력은 강제나 폭력과 구분한다. 강제는 폭력에 불과할 뿐, 이를 통해 얻어낸 권력은 실제적으로는 권력이 아니라는 것이다. (Arendt 1970: On Violence)

2) 여성주의적 미래사회

여성주의적 미래사회란 남성주의적 현재 사회의 대체재가 아니라 보완재이다. 남성인 기득권 집단을 여성으로 교체했다고 해서, 남성주의적 사회가 변화되지는 않는다. 남성주의적이라 규정되는 권력적이고 위계적 속성에 대한 근본적 변화를 추구하는 것이 여성주의적 미래사회의 목표이다. 즉, 여성주의적 속성과 가치를 기반으로 거의 폭력화되어 있는 권력의 정당성을 회복시켜 미래의 정치는 여성들을 포함한 모든 시민들에게 희망을 주는 정치가 되어야 한다.

사회변혁을 위한 힘으로 여성에게 새로운 것이 요구되지는 않는다. 기왕에 가지고 있는 것이 바로 사회변혁의 힘이다. 실제로 역사는 역설의 연속이듯이, 여성의 문제에서도 역설적 상황이 드러난다. 산업화시대를 지나면서 여성이라서 차별받았던 바로 그 이유가 21세기에는 변화의 주역이 될 수 있는 능력이 된다. "즉, 비조직적이기 때문에 신선하다. 비권력적이라 민주적이다. 비투쟁적이라 협조적이다. 원칙에 충실하니 법치정신에 잘 맞는다." (박의경 2010: 219) 권력의 속성에 대한 변화는 여성이 정치의 주체가 되어야 이루어낼 수 있는 것으로, 여성의 참여가 정치를 살리는 길이고 여성주의가 바라는 미래사회의 모습이 바로 여기서 출발한다.

(1) 여성주의적 자유 개념의 적용과 확장

여성주의적 미래사회의 중요개념도 역시 현재 민주주의의 핵심개념인 자유와 평등에서 출발한다. 모든 인간의 자유와 평등이라는 근대혁명의 목표가 일부 남성만의 자유와 평등으로 훼손된 상황을 원상으로 회복하여 여성을 포함한 모든 인간에게 실질적 자유의 지평을 확대시켜야 한다. 2011년 현재 지구상의 대다수의 사회에서 법적으로 여성의 정치, 사회 참여를 부인하는 나라는 이제 거의 없다. 그러나 문제는 그 법적 실효성과 현실적 활용도에 있다. 이는 자유의 존재와 자유의 향유간의 간격에서 출발한다. 대체로 법치주의가 보장되고, 법적으로 모든 국민의 자유가 확보되어 있는 국가에서, 집단 간 개인 간에 그 자유에 대한 접근성에는 차이가 발생하기 마련이다. 특히 사회내 소수집단에게 자유는 일종의 '그림의 떡'에 불과하게 되는 경우가 발생하게 된다. 따라서 여성에게 자유는 사회의 기득권 집단에게 주는 자유의 의미와 다르게 다가오는 경우가 생긴다. 헌법상의 권리일 뿐, 언제나 나에게 가능한 권리인지에 대해서는 경우와 사안에 따라 다른 대답이 나올 수 있는 것이다.

여성에게도 직업선택의 자유가 있고 사회참여에 대한 권리가 있는 것은 법적으로 분명하지만, 그러한 권리가 여성의 시계열적 삶을 통해 실제적으로 보장되고 있는지에 대해서는 상세히 분석해볼 필요가 있다. 대부분의 국가에서 연령대에 따른 여성의 사회참여율을 보면, M자 곡선의 형태를 보인다. 이는 20대 후반 여성의 사회진출이 일정비율을 보이고, 이후 20대 후반 30대중후반에서 급격하게 줄어들고, 40대 이후 오히려 약간 상승하는 모양을 일반적으로 M자 곡선이라고, M자의 곡면을 형성하는 부분의 깊이가 여성참여 선후진국을 가르고 있다. M자의 골짜기가 깊어 거의 완전한 M자형에 가까우면 여성 참여 후진국, 골짜기의 깊이가 낮아지면서 M자의 형태에서 지붕이 거의 일직선에 가까워지는 완곡면을 이루게 되면, 여성참여 선진국이라고 할 수 있다. 후자의 형태는 스웨덴과 같은 북유럽 국가에서 볼 수 있는 여성참여 형태이다.

여성이 사회에서 일시적으로 퇴출되는 모양을 보이는 시기는 20대 후반에서 30대 중후반으로 이는 여성의 결혼, 임신, 출산, 육아의 시기와 정확히 일치한다. 이 기간의 시장에서의 퇴출을 과연 모든 여성의 자유로운 선택이라고 할 수는 없을 것이다. 또한 10여 년 간의 잠정적 퇴출이후 다시 사회로 복귀하려고 할 때, 과연 과거에 종사하던 직종으로 복귀할 수 있는지에 대해서도 생각해볼 필요가 있다. 이렇게 볼 때 여성에게 직업선택과 사회활동의 자유가 실질적으로 보장되어 있는 것인지 의문이 들지 않을 수 없다. 자유가 자유로 인정받을 수 있으려면, 생각에서 행동으로 자유로운 이동이 가능해야 하고, 사회에서의 진퇴에 있어 자유로울 수 있어야 한다.

아직도 여성에게 자유는 헌법상에 규정된 자유일 뿐, 그 자유를 실행할 수 있는 지원체계가 현실적으로 준비되어 있어야 한다. 여성의 사회참여를 위해서는 여성의 가사, 육아 전담이라는 생각의 변화가 수반되고, 이에 따라 어린이집이나 놀이방등 사회적 제도가 정비되어야 비로소 여성의 자유로운 사회참여가 가능해질 수 있는 것이다. 가족과 결혼은 국가의 보호를 받도록 헌법에 규정되어 있는 바, 결혼이 여성에게 주는 의미에 대해서도 사회적으로 해석이 달라질 수 있다. 결혼으로 이루어진 가정에서 여성이 분담하는 부분에 대한 사회적 합의 없이 여성의 사회진출을 논함은 여성에게는 일종의 립서비스에 불과한 것이다. 따라서 여성주의적 자유는 사상적 차원에서 한걸음 더 나아가 실제 행동으로 옮겨질 수 있는 사회적 시스템의 존재를 필요로 한다.

> 행위 개념은 여성주의적 자유의 핵심인 바, 이 행위는 추상적이나 소극적 자유의 자연상태에서의 개인주의적 행위가 아니라 일반의지와 같은 집단적 행위를 의미한다. 사회구조를 보면서 우리는 가부장세계의 언어, 개념, 인식론 등이 남성의 선택을 침해하지 않는 방법으로 여성의 선택을 규제하는 체제를 이해하게 된다. 행위와 선택을 강조하면서, 행위자와 그들의 선택을 관계와 구조와 연관시키면서, 그러한 개념화 작업은 사람들을 도와주고 그들을 규정하며, 그 능력을 인지하는 여성들 간의 공동체를 필요로 한다. 사람들은 사회구조 자체에 영향을 주기위하여 선택권을 행사할 수 있어야 한다. 이러한 사회에서 하는 선택이야말로 진정한 자유를 의미하는 것이다. (박의경 1999: 38-39)

(2) 여성의 현실참여와 정책결정직으로의 진출 확대

자유의 핵심에 선택이라는 행위가 존재하고, 진정한 의미에서의 자유로운 선택의 가능성은 체제의 구조와 연결되어 있기에 사회의 여성정책이 중요한 문제로 대두한다. 여기서 우리는 여성의 사회참여, 정치참여는 여성주의적 자유가 실천 가능성을 가지기 위한 전제조건임을 알 수 있다. 실제로 여성의 정치참여에 법적인 제한이 있는 곳은 현재 지구상에서 중동의 몇몇 국가를 제외하고는 거의 존재하지 않는다. 문제는 그럼에도 불구하고, 여전히 여성의 정치참여는 북유럽의 노르딕 국가를 제외하고는 그리 높지 않다는데 있다.[6]

여성의 자유를 논함에 있어, 여성의 정치참여를 살펴보게 된다면 그 이면의 여성정책도 필연적으로 분석해 보아야 한다. 일반적으로 소수자에 대한 정책은 국가에서 강제적, 인위적으로 정책적 안배를 해야만 실현가능성이 높아진다. 여성정책도 마찬가지로서 국가가 법과 제도를 통해 정책의지를 제시하고 견인해가야만 여성의 정치참여 비율이 상승하고 여성의 자유가 실효성을 가지게 된다는 것이다. 이러한 맥락에서 여성의 적극적인 정치에의 진출과 정책결정직에서의 참여는 여성주류정책이 사회에 쉽게 뿌리내리는데 중요한 역할을 하게 된다.

앞서 자유에 대한 논쟁에서도 알 수 있듯이, 자유가 존재한다고 해서 현실에서 움직이는 것은 아니다. 마찬가지로 법과 제도로 여성의 참여를 보장하였다고 해서, 여성의 참여가 이루어지는 것이 아니다. 법과 제도의 존재만으로는 그 실효성을 확보하기가 쉽지만은 않은 것이 현실이다. 사회는 법과 제도가 움직이는 것이 아니라, 그 법과 제도에 동의하는 사람들을 통해서 움직이는 것이기 때문이다. 따라서 사람들의 의

6) 여성 정치참여의 지표는 의회의 여성의원 비율이라고 볼 수 있는데, 노르딕 국가에서 여성의회의원 비율은 평균 42.1%이고, 중동 이슬람 국가에서 여성의회의원 비율은 평균 10.1%이다. (www.ipu.org: Women in Politics 2010, IPU)

식변화를 위한 지속적인 노력도 동시에 수반되어야 법과 제도에 팔과 다리를 제공해 줄 수 있다.

의식의 변화는 궁극적으로 교육을 통해서 이루어져야 하겠지만, 의식은 또한 현실에서의 확인 작업을 거쳐 공고화되는 것이기에 국가가 정부차원에서 사회 고위직이나 정책결정직 여성의 비율을 증가시키는 가시적 성과를 보여주는 것도 매우 중요하다. 따라서 헌법에 있는 양성평등의 원칙을 모든 제도에 적용하려는 시도를 통해서 헌법의 조항에 생기를 불어넣어야 한다. 살아 움직이는 조항으로 만들어, 현실에서 많은 사람들이 보고 느낄 수 있도록, 그리하여 생각이 변화할 수 있도록 해야 한다. 여전히 남성에 무게중심이 놓여있는 가부장적 사회에서 여성이 리더로서의 역할을 할 수 있으려면, 앞서 나가는 여성 역할 모델들이 필요하고, 선구적 여성리더가 존재하지 않는 곳에서는 인위적으로 이를 조성할 필요가 있는 것이다. 여성의 사회참여 문제에 대한 악순환의 고리를 끊는 선도적 역할을 정부가 정책적으로 보여주어야 한다. 현재 각국에 여성부나 여성위원회가 존재하는 이유가 바로 그것이다.

일종의 케인즈적 유수정책이라 할 수 있을 것이다. 모든 정책의 성공여부는 궁극적으로 일반 시민들의 동의 여부에 달려있으나, 이를 정부차원에서 유도해낼 수 있다는 말이다. 따라서 정책결정직에의 여성 진출 가능성은 정부의 의지에 달려 있다고 해도 과언이 아니다. 1963년 미국의 '적극적 시정조치(Affirmative Action)'와 최근 한국의 5급 공무원시험에서의 여성채용목표제나 여성교수 할당제등의 조치가 대표적 제도들이다. 미국에서 적극적 시정조치가 시행되면서 사회전반에서 여성의 진출이 괄목할만하게 증가했고, 한국에서도 공직에서의 여성채용목표제와 여성교수할당제, 선거직에서의 비례대표에 교호순번제를 통한 여성 50%할당, 각종 정부위원회에서의 여성 30% 할당제등 정책결정과정에서의 여성대표성 제고를 위한 정부정책들이 시행된 결과, 정책결정직등 사회의 고위직에 여성비율이 일정부분 증가한 것도 사실이다.[7] 더불어 북유럽에서 여성들의 정치참여가 월등하게 높은 이유로 거론되는 정당명부식 비례대표제도 여성의 참여 진작을 위해서 유용한 제도이다.

한마디로 여성의 사회참여는 이제 많은 곳에서 제도의 문제를 이미 넘어섰다. 법적, 제도적으로는 이미 자리 잡고 있기에, 이를 활성화하고 법과 제도를 실제에 적용하는 문제가 중요한 과제로 등장한다. 19세기에 투표권의 확보라는 미시적 목표를 달성하고 이에 관련된 법과 제도를 정착시키는 것이 20세기 여성정치의 과제였다면, 만들어진 법과 제도의 지속가능성을 확보해야 하는 것이 21세기 여성정치의 전략적 목표이다. 이를 위해서 정부 정책은 이제 정책결정직이나 사회전반의 상위직에의 여성 진출을 확대하는 방향으로 움직여야 한다.

(3) 스웨덴 사례와 여성정치 발전전략의 모색

여성의 정치참여나 정책결정직에의 참여를 논할 때 빠지지 않고 등장하는 사례가 스웨덴과 노르웨이 등 북유럽의 노르딕국가들이다. 2010년의 국제의회연맹(IPU)의 자료에 따르면, 여성의회의원비율에서 있어 스웨덴은 46.4%, 핀란드는 40%, 노르웨이는 39.6%에 이르고, 여성장관비율에 있어서는 핀란드 63.2%, 노르웨이 52.6%, 스웨덴은 45%에 달한다. 이들 국가는 모두 UNDP에서 발행하는 인간개발보고서(HDR)상의 인간개발지수(HDI)와 성별권한척도(GEM)에서 세계 10위권 안에 포진하고 있다. 인간개발지수는 평균수명, 1인당 GDP, 국민의 교육수준, 문자해득율 등을 가지고 평가하며, 국가의 경제수준을 알 수 있는 지표인

---

7) 한국의 경우는 여전히 UNDP의 인권개발보고서에서 조사하는 성별권한척도(GEM)에서 인간개발지수(HDI)에 비해서 매우 낮은 상태로 여성에 관해서는 불균형적 상황을 드러내고 있으며, OECD 국가들 중에서 여성 - 특히, 고학력 여성 - 의 사회진출이 상대적으로 저조하여 국가경쟁력 강화에 걸림돌이 되고 있다. OECD는 대한민국의 경쟁력강화를 위해서는 고학력 여성들의 활용도를 현재보다 높여야 한다고 권고한다.

반면, 성별권한척도는 여성의회의원비율, 여성고위직 공무원비율, 여성전문가 비율, 여성 1인당 GDP등을 가지고 평가하는 것으로, 한 국가에서 여성의 의사결정에 대한 참여도를 중시하는 지표이다.

이렇게 북유럽 국가들이 다른 지역의 나라들보다 여성정치 분야에서 특별히 다른 양상을 보여주는 이유에 대해서는 논란이 많다. 대체로 대선거구 비례대표제도라는 선거제도를 가장 중요한 요인으로 분석한다. 그러나 단순히 선거제도 하나만 가지고 세계평균 여성의원 비율 20%를 두 배 이상 상회하는 통계수치에 대한 설명을 명쾌하게 해내기는 쉽지 않다. 북유럽 사회가 다른 사회와 이렇게 달라진 데에는 다른 이유도 분명히 존재한다.

북유럽 국가는 대체로 1900년대 초에 여성들에게 투표권을 부여하였다. 핀란드는 1906년, 노르웨이는 1917년, 스웨덴은 1919년에 여성에게 투표권이 부여된다. 또한 1889년에 스웨덴에서는 사회민주주의를 강령으로 하는 사민당이 창당되고 1920년 집권하게 되면서 국가 정책은 평등을 지향하는 사회민주주의를 기조로 하게 된다. 사회민주주의의 사상적 근간은 무엇보다도 사회의 구성원 모두의 동등한 참여에 있다. (신정완 2000: 99) 사민당의 집권이 이후 30여년간 이어지는데, 여기서 스웨덴의 개혁을 추구하는 사민주의 노선은 노사관계나 복지국가 형성 차원에서 하나의 모델로서 자리 잡게 되었다.

> 스웨덴 정치의 두드러진 특징의 하나인 조합주의적 의사결정구조도, 스웨덴 모델의 핵심적 구성요소로 인식되어 왔다. 잘 발달된 각종 이익단체들이 다양한 경로를 통해 정부의 정책에 영향을 미치는 조합주의적 의사결정구조는, 적어도 1960년대 말까지는 스웨덴 사회의 안정적 발전을 떠받쳐주는 핵심적인 제도적 요소로 작용했다. 또 스웨덴 모델이란 용어는 스웨덴 사회에 편만한 지적, 정신적 태도로서 실용주의, 타협주의를 지칭하는 용어로 사용되어 왔다. (신정완 2000: 112)

이러한 스웨덴 모델은 여성정치의 차원에서도 동일한 방향으로 진행된다. 스웨덴의 "어느 한 성(性, gender)이 40%이하여서는 안 된다"라는 규정은 다수결의 원칙을 기본적 의결방식으로 채택한 민주주의 사회에서 발견할 수 있는 가장 평등 지향적 규정이다. 사회의 구성원 모두의 참여를 근간으로 인정하는 데서부터 소외받는 자가 없어야 한다는 생각을 현실에 구체적으로 적용하려는 의식이 법으로 구체화된 것이라고 볼 수 있다.

모든 이의 참여를 통해, 토론과 타협을 거쳐 정책을 도출해내는 관행은 100여년의 사회 민주주의적 전통과 함께, 갈등을 넘어서는 지혜로운 방법에 대한 사회적 합의가 이미 전제되어 있는 상황에서 가능하게 된다. 이러한 사회구조는 또한 궁극적으로 평화를 지향하게 된다. 안정과 평화가 최대의 가치로서 인간의 행복이 보장받는 사회의 달성을 최고의 목표로 하면서, 이를 배제당하는 자 없이 모든 이의 참여를 통해서 이루어나가겠다는 의식으로부터 법, 제도로 보장되고, 현실의 정책으로 확인되는 과정에서 북유럽 스웨덴의 사례는 안정과 평화를 희구하는 모든 사회에서 갈등[8)]을 해결하는 모델로 등장하게 된 것이다.

두 번에 걸친 세계대전이 끝나고 많은 국가에서 민주주의가 자리 잡게 되면서, 국가 간의 갈등보다 국내의 갈등에 대한 조정이 국가의 중요한 과제로 등장하게 된다. 20세기를 지나면서 국내의 갈등 상황은 계급갈등과 젠더의 갈등으로 모아진다. 1960년대 제2의 물결(the second wave)운동[9)]을 통해서 여성주의가 다시 사회적 화두로 등장하게 되면

---

8) 실제 갈등해결과 평화와 함께 군사문제를 연구하는 스톡홀름 국제평화연구소(SIPRI)가 스웨덴에 위치하고 있으며, 국제정치에서도 이 분야에 대한 연구는 스웨덴이 선도하고 있다.

9) 1800년대 중반부터 1900년대 초반까지 투표권 획득을 목표로 하는 여성운동은 제1의 물결로 보고 1기 여성운동으로, 2차 대전 이후 1960년대 미국을 중심으로 하는 여성운동을 제2의 물결이라고 한다.

서, 젠더간 갈등은 사회의 안정과 평화를 결정하는 매우 중요한 이슈로 인식되게 되었다.

모든 개인의 자유와 참여를 기본으로 인정하고, 사회갈등은 타협을 통해 해결하겠다는 의식이 스웨덴 모델을 성공적으로 정착시킨 주요 원인이었다. 타협을 통한 의사결정이라는 전통과 함께, 비례대표 제도도, 여성정치참여 증진 정책도 수립되었고, 자신들이 한 의사결정이기에 여성정책은 지속성도 가지게 된다. 여기서 사회의 변화는 국가정책의 저변에 국민의 타협적 의식구조가 존재하고 있어야 가능하다는 점이 드러난다. 미래를 위한 여성정치 발전 전략은 정책과 의식의 변화 양 측면에서 동시적, 상호적으로 작동해야 한다.

2. 현실의 여성정치 - 법과 제도의 확보와 적용

1) 숨은그림찾기와 끼어들기 - 각개약진의 시대

여성의 정치참여에 대한 논쟁의 시작은 18세기 시민혁명의 시기로 거슬러 올라간다. 1789년의 프랑스 대혁명과 1776년의 미국 독립혁명의 문서인 '인간과 시민의 권리선언'과 '독립선언서'에는 모든 인간의 자유와 평등을 천명하는 천부인권 사상이 잘 드러나 있다. 여기서 언급된 인간에 여성이 포함되어 있지 않다는 점이 명시적으로 드러나지는 않는다. 1791년 프랑스에서 올랭프 드 구주에 의해 '여성과 여성시민의 권리선언'이, 1848년 미국에서 엘리자베스 캐디 스탠튼이 주도한 '감성 선언서'가 발표된 것은 여성이 인간에 포함되어 있지 않았다는 반증이다.

프랑스 혁명이후 여성의 정치적 권리를 주장한 올랭프 드 구주는 여성을 사회적 인간으로 보지 않은 사회의 세력에 의해 단두대의 이슬로 사라지고, 프랑스 혁명정신의 인간에 대한 존중을 찬양하면서 이를 여성에게도 적용하려 한 영국의 울스톤크라프트는 반향 없는 울음을 토해내며 고난의 삶을 살다 생을 마감한다. 혁명의 시기에 여성의 힘은 중요하게 이용되지만, 혁명이후 사회가 안정을 되찾으면 여성은 제자리(?)로 돌아가야 한다는 것이 가부장적 사회의 요구였다. 여기서 제자리란 가정을 의미하는 것이었다. 18세기 프랑스에서도, 미국에서도 예외는 없었다.

20세기에 들어서 여성에게 정치적 권리는 주어졌지만, 여성의 고정된 자리가 가정이라는 고정관념은 변하지 않았다. 2차 세계대전 시기 전쟁에서 군사로서 남성들이 차출되자, 여성들이 산업사회에서 남성의 공백을 메웠지만, 1945년 전쟁이 끝나자 여성들은 다시 남성들에게 그 자리를 내어주고 제자리로 돌아가야 한다는 사회적 압력에 시달리게 된다. 베티 프리단과 시몬느 드 보부아르는 각기 자신의 저서 『여성의 신비』와 『제2의 성』에서 여성의 사회적 욕망이 인간이 가지는 정상적 욕망임을 역설하면서 여성은 태어나는 것이 아니라 사회에서 만들어지는 것임을 강조한다. 사회의 여성에 대한 인식이 인위적으로 형성된 것이라는 의미는 변화의 가능성을 내포하고 있다는데 잇다.

이러한 역사의 순환구도 속에서 소수 여성의 끊임없는 자기 자리 찾기와 확대에 대한 노력은 지속되었다. 사회의 일반적 인식은 아직 변하지 않았으나, 이들의 노력은 여성의 가치와 권리 찾기를 위한 단초를 제공한다. 이를 필자는 숨은그림찾기로 명명하고, 숨은그림으로서 여성의 역할은 여성의 사회에서의 역할에 대한 정당성을 부여해 주는 현재의 근거가 된다. 가부장 사회에서 역사의 기록은 남성의 기록이기에, 역사에서 여성은 잘 드러나지 않는다. 이는 곧 현재의 남성중심적 사회적 짜임의 정당성에 대한 근거로서 작동하면서, 현재의 우리를 설득한다. '원래부터 여성들은 사회에 없었다'는 말이 힘을 가지게 되면서, 여성의 사회참여에 대한 설명 작업은 악순환적 구도를 가지게 된다. 억압적 과거임에도 여성이 존재했었다는 사실에 대한 확인으로서의 숨은그림찾기는 그 악순환의 고리를 끊을 수 있는 단서가 된다.

재발견된 숨은 그림 속 여성과 함께, 현실의 여성은 남성적 가치 중심으로 편제되어 있는 남성사회에 끼어들기를 시도한다. 남성적 가치가 주류이자 곧 일반 가치로 인정받는 사회에 진출하기 위해서 필요한 능력은 남성적 능력이다. 그러한 남성적 능력을 학습하고 습득한 여성들이 사회에 끼어들면서, 사회에도 여성들이 눈에 띠기 시작한다. 끼어들기는 숨은그림의 전승자이지만, 아직 여성적 가치가 제대로 전수되는 것은 아니다. 끼어들기는 일단 여성이 사회에 존재하게 된다는 점을 긍정적으로 볼 수 있으나, 또 다른 한편으로는 일정 비율 이상을 넘어설 수 없는 한계가 존재하며, 남성중심 사회는 여성을 이이제이의 방법으로 통제한다. '여성의 적은 여성'이라는 말은 남성중심 사회가 끼어들기한 여성과 끼어들려는 여성을 동시에 통제하고 길들이는 방법인 것이다. 여기서 여성은 여성에 대해 대체재로서 존재하며, 인간으로서의 가치를 인정받기에는 아직도 거리가 멀다.

끼어들기의 방법은 여성의 사회참여 문제에 있어 그 주도권이 여전히 사회의 기득권층 - 즉, 남성 - 에게 있음을 시사한다. 채용하는 자가 끼어드는 것을 허용하는 한에서만 가능한 것이 끼어들기이다. 또한 끼어들기는 분할통치(divide and govern)를 통해 여성의 집단화의 가능성을 막는다. 끼어들기의 사회에서 여성은 어느 집단에서든 하나 이상 복수로 존재하기 어려워진다. 개인으로서 사회의 주류에 저항하기 어렵다는 것을 설명하기는 그리 어렵지 않다. 사회에서 여성은 언제나 홍일점으로 존재하면서, 하나의 장식품으로 존재하기 십상이다. 따라서 끼어들기는 이제 법제화와 제도화를 통해서 채용하기로 변화되어야 한다. 개인적으로 움직이는 각개약진의 시대에서 이제 집단의 힘을 통해서 법과 제도에 대한 접근이 가능해야 사회가 움직이고, 그동안 진입을 허용하지 않았던 소수집단에도 문을 열어줄 수 있게 되는 것이다.

숨은그림찾기와 끼어들기를 통해 열악한 환경에서 여성의 참여가 점진적으로 늘어가더라도 그것이 과연 여성의 참여이고, 여성 권리의 진작인지에 대한 문제가 발생한다. 개별적으로 각개약진을 통해 사회의 주류에 끼어든 여성들이 과연 진정한 의미의 여성이라고 할 수 있을까. 늑대라야 늑대사회에 들어갈 수 있다기에, 양이 늑대의 탈을 쓰고 늑대의 사회에 들어가서 살게 되었다고 하자. 늑대의 탈을 쓴 채 살아온 세월이 양으로 살아온 세월을 넘어선다고 할 때, 그 양은 과연 늑대인가, 양인가? 남성에 채택되어, 남성사회에 편입한 여성은 남성인가, 여성인가라는 근본적인 성적 정체성에 대한 질문이 제기된다. 여성주의의 역사에서 초기에는 남성과의 동일성을 주장하는 동일성의 주장이, 후기에는 여성으로서의 남성과의 차이를 인정하고 드러내는 차이에 대한 주장이 힘을 얻게 되는 것은 바로 이러한 질문에서부터 출발한다. 여성의 사회참여에 대한 요구가 남성이 되고자하는 것에 목표를 두고 있지 않다. 여성이라는 정체성을 유지하는 상태에서의 사회참여가 이루어져야 진정한 의미에서의 여성의 사회참여라고 할 수 있는 것이다.

2) 법과 제도의 구조화 - 민주주의의 외연의 확대와 내포적 심화

개별적으로, 선별적으로 끼어들기를 통해 사회로 진입한 여성들에게는 이후 역사의 방향성에 대한 사회적 책임이 부여된다. 차후 세대를 위해 문호를 개방하고, 길을 닦아주어야 한다. 끼어들기는 개인별로 선별된 상태로 사회에 참여하는 양상으로 사회변화를 유도해내기에는 수적으로나, 힘으로나 역부족이다. 이제 일반적으로 여성의 사회참여를 위한 법과 제도의 정비가 바로 그것이다. 각개약진의 시대에서 연합전선을 구축하여 사회변화의 동력을 구축하는 전략이다. 이는 동시에 민주주의의 외연을 확대하여 여성을 시민으로 포함시키고, 배제되고 소외된 집단의 소멸과 권리 인식의 증진을 통해서 민주주의의 질적 심화를 달성시키게 되는 길이자, 곧 민주주의의 완성을 향한 길이기도 하다.

근대의 시민혁명을 통해서 자유주의적 세계관은 현실의 제도로 정착하게 되면서, 중세의 종교의 지배로부터의 자유에서 시작하여 생명과 재산에 대한 보호가 기본법제로 자리 잡는다. 자유주의의 전통은 권리를 위한 투쟁으로 이어지고, 권리는 시대의 흐름에 따라 구체화되면서 생명과 재산에 대한 존중을 근간으로 하는 살아야할 인간의 권리인 '~으로부터의 자유와 권리'라는 소극적 생존권에서 인간다운 생활을 할 권리인 '~으로의 자유'라는 보다 적극적인 생활권으로까지 확장되게 된다.

특히 근대적 자유의 법제화 과정 가장 중요하고 대표적인 특징은 보편성인 바, 그것이 바로 근대시민혁명의 역사적 의미로 자리매김하게 된다. 그러나 이러한 보편성이 여성에게서 드러나지 않고 있다는데 근대기획의 한계가 존재한다. 자유주의 정치사상에서 여성의 자리를 찾아내기가 그리 용이하지 않다. 결국 자유주의 정치사상의 민주주의적 약속은 아직 충족되지 않았기에 근대기획으로 설정된 민주주의 법제는, 진정한 자유와 평등을 현실에서 달성하기 위해서, 아직도 갈 길이 멀다.

근대정치사상은 성에 있어서 중립적인 것(gender-neutral)이 아니라, 성에 무지(gender-blind)한 채로, 근대정치사상의 기본 개념인 자유와 평등을 현실에 적용하게 되었던 것이다. 성에 무지한 상태로 기존 사회의 짜임과 편제를 그대로 인정하는 상황에서 자유와 평등이라는 근대의 개념이 적용되자, 발생하게 된 것이 개념의 젠더간 불균형적 적용으로 현대사회 남녀 불평등의 기원이 근대의 평등으로부터 기원하게 되는 역설적 상황이 드러난다. 현저한 불평등의 상황을 여성이나 남성이라는 이유로 합리화시키고, 평등하다고 치부하게 되는 개념적으로나, 현실적으로, 그리고 사상적으로도 매우 잘못된 길로 들어서게 된 것은 근대의 결정적 결함이었다.

> 근대정치사상은 성에 무지했고, 그 결과 인간의 자유, 평등, 권리의 확장이 지속되고 있었음에도 불구하고 거기에 여성은 들어설 수 있는 지적, 역사적 공간을 부여받지 못하였다. 시민혁명 이후 정치사회에서의 인간

의 기본적 권리로 드러난 선거권과 피선거권이 여성에게 주어지지 않은 것이다.... 프랑스 혁명당시 여성의 선거권, 피선거권을 주창한 올랭프 드 구주는 단두대의 제물이 되었다, 아비게일 아담스를 비롯하여 독립전쟁에 공헌한 미국 여성들의 노력도 미국 헌법에 반영되기 위해서는 수정헌법 19조가 통과되는 1920년까지 기다려야 했다. 영국에서 차티스트 운동을 통해 성인 남성 모두에게 선거권이 확대되었지만, 여전히 여성이 포함되기 위해서는 20세기를 기다려야 했다. (박의경 2009: 140)

민주주의의 완성여부나 그 완성도는 법과 제도의 적용정도에서 측정이 가능하다. 따라서 민주주의의 기본 개념인 자유와 평등의 적용을 동일하게 받지 않는 사회적 집단이 존재한다고 할 때, 그 사회의 민주주의가 완성되었다고 말할 수 없다. 민주주의의 완성 정도는 따라서 자유와 평등이 닿지 않는 사각지대의 존재와 그 혜택을 받지 못하는 소외집단의 존재를 통해 평가할 수 있는 것이다. 그렇기에 민주주의는 단순히 양직 외연의 확내만으로 그 성공을 운위할 수 없으며, 실석 내용의 심화 - 즉, 자유의 질적 확대 - 를 통해서만 그 완성을 말할 수 있는 것이다. '국민이 국가의 주인'이고 '민중(demos)이 통치(cratia)'하는 것을 민주주의라 할 때, 주인이 아닌 집단이나 통치하지 못하는 사람들이 존재하는 곳에 민주주의가 존재하는 것인지에 대해서는 생각해 볼 필요가 있다.

여성이라는 대규모 소외집단의 존재가 민주주의를 측정하고 그 양적, 질적 완성도를 평가하는데 결정적인 변수가 되는 중요한 이유가 바로 여기에 있는 것이다. 실제로 유엔개발계획(UNDP)의 통계자료에서도 한 국가의 경제발전정도를 나타내는 인간개발지수(HDI)와 여성의 진출도와 사회적 활용도를 측정한 성별권한척도(GEM)는 많은 나라에서 대체로 유사한 수준을 유지한다. 앞서 언급한 바 있는 스웨덴, 노르웨이, 핀란드 등이 HDI나 GEM 모두 세계 10위권 이내에 드는 나라들이다. 이들 국가는 또한 민주주의의 정도나 국가 투명성지수 등에 있어서도 상위권을 차지한다. 결국 여성의 사회에서의 집단적 위치가 그 나라의 민주주의의 정도를 제시해주는 지표이며, 나아가서는 여성관련 법제에서 보다 구체적인 지표를 찾아볼 수 있다.

3) 한국의 여성관련 법제와 정책의 현주소

대한민국은 1945년 식민지로부터의 해방과 함께, 여성의 해방도 개념적으로는 동시에 완성품으로 도입된다. 그 기본정신에 대한 이해는 도외시한 채, 법의 외관만 수입된 것이다. 따라서 민주주의와 남녀평등의 외관이 전근대 의식이 아직 해소되지 않은 대한민국 사람들 위에 덧씌워지게 된다. 형식과 내용의 이러한 간극은 1948년 제헌헌법부터 한국사회의 기본 정서로 자리 잡게 되고, 사회적 문제에 대한 이성적인 해결책과 감성적인 대안이 서로 겉도는 상황이 오랫동안 지속하게 된다. 이러한 이상과 현실의 중첩적 현실은, 의식과 제도의 괴리현상을 초래하고 사회의 현재 상태에 대한 진솔한 평가를 어렵게 만드는 이유가 되기도 한다.

한국에서 이상과 현실, 원칙과 구체적 현실의 격차가 가장 크게 드러난 분야가 바로 여성에 대한 사회의 일반적 인식과 남녀평등에 대한 문제이다. 사회가 발전되어 가는 과정에서 한국은 개발독재를 거치면서 경제발전과 정치발전을 순차적으로 경험하게 되지만, 이 모두의 과정에서 여성 이슈는 언제나 선결과제에 묻혀 차후로 미루어지게 된다. 여성 이슈가 사회적 문제로 등장하여 정책적 과제로 대두하기 위해서는 1980년대를 지나야 했다. 민주화에 대한 열망이 모든 것을 압도하게 되면서, 여성 이슈 자체가 바로 민주화의 지표라는 생각에는 못 미친 것이 당시 한국 시민들의 의식수준이었기 때문이다.

여성이 사회의 동등한 구성원으로 들어서고, 그렇게 인정받기 위해서는 사회에 여성이 존재하는 것이 우선이다. 이를 위해서 필요한 것이 법과 제도라면, 그 법과 제도의 정비를 위해 필요한 작업이 정책결정과정에 여성의 시각이 도입되어야 한다는 점이다. 여기에 정책결정직에서의 여성의 참여를 논할 필요가 생긴다. 정부의 정책부터 여성주의적 시각이 도입되고, 이를 위해 적극적으로 노력할 때 여성과 사회의 관계에 대한 시민의 의식이 변화된다. 의식의 변화는 제도를 견인하고, 제도는 또다시 의식의 수준을 고양시키는 선순환 구조가 형성되어야, 여성의 사회참여를 기본적 권리이자 인간의 자유의 근본으로 인식할 수 있게 되면서 민주주의는 지속적 발전을 통해서 완성에 이를 수 있게 된다.

여성관련 법제화 작업은 1987년 민주화 이후 1990년대에 들어서서야 가능해졌다. 1995년 여성발전기본법을 시작으로 여성관련 법제화 작업이 시작된 것이다. 이후 남녀고용평등법(1987년제정, 1999년 개정), 남녀차별금지법(1999년 제정), 성폭력 특별법(1994년 제정, 98년, 2001년 개정), 가정폭력방지법(1997년 제정, 2001년 개정), 국적법 일부 개정(1997년), 모성보호 관련법 개정(2001; 근로기준법, 남녀고용평등법, 고용보험법 개정)등을 거쳐, 2005년 호주제 폐지에서 그 절정에 도달한다.

1980년에서 90년대를 거치면서 여성관련 법제가 정비되면서, 이제 한국에서도 정책결정직에의 여성참여로 눈을 돌리게 된다. 정치란 사회의 구조를 결정하는 것이며, 민주주의의 시민에 여성이 포함되어 있고, 민주주의와 정치의 주인은 바로 시민이라는 사고의 귀결점은 바로 여성의 정치참여 증대와 정책결정직에의 여성참여율 증진이다.

한국의 여성공무원 비율은 1995년 27.3%에서 2007년에 40%를 넘어서고, 2009년에는 41.1%에 달하고 있다. 그러나 고위직으로 올라갈수록 여성비율은 급격하게 하락하고 있다. 중앙행정기관의 5급 이상 관리직 여성 비율은 2008년 현재 10.8%이고, 지방자치단체 5급 이상 여성 관리직 공무원은 8.1%에 불과하다. 중앙행정부처의 고위공무원단 1,496명중 여성은 41명으로 2009년 현재 2.7%로 미미한 수준이다. 지방자치단체의 3급 이상 여성공무원은 2009년 현재 5급 이상 지방자치단체의 총 여성 공무원 1,085명중 13명에 불과하여 비율상으로는 0.01%

라는 의미 없는 수치로 급격히 떨어진다. 6급 이하 공무원의 여성비율이 10여 년 전부터 25%를 상회한데 비해, 이는 턱없이 낮은 수치이다. 2002년 이후 양성평등정책의 일환으로 여성공무원 채용목표제가 실시되어 5급 국가고시 합격자에 여성들의 수가 급격히 증가한 결과 현재 5급 이상 상위직 여성공무원 중 5급이 차지하는 비율은 90%에 달한다. (김혜영 2011) 이를 통해서 정부차원의 여성정책의 효과를 짐작할 수 있다.

1987년 민주화 이후 여성의 사회참여 증진과 정치참여에 대한 적극적 정책을 통해서 2011년 현재 여성 국회의원 비율은 13.8%, 지방의원 비율은 2010년 제6대 지방의회 선거에서 광역(14.8%)과 기초(21.6%)를 합하여 18.7%로 증가하였다. (2010년 6월11일 여성신문) 이는 2006년 제5대 선거 (광역 12.1%, 기초 15.1%)에 비하여 약간 증가하였고, 2002년 제4대 지방선거 당시의 광역 9.2%, 기초 2.2%에 비해서는 현저히 증가한 수치이다. (박의경 2010: 203) 이는 2002년에서 2005년 사이에 정당법과 공직선거법의 개정에서 그 이유를 찾을 수 있는데, 비례대표 여성할당제, 지역구 여성공천 할당권고 등이 개정내용에 포함되어 있다.[10)]

---

10) 공직선거관련 제도의 변화는 아래와 같다.
① 2000년 2월 정당법 제31조 4항 신설: 정당은 비례대표 전국선거구 국회의원 선거후보자와 비례대표 선거구 시도의회 선거후보자 중 총 100분의 30이상을 여성으로 추천하여야 함.
② 2002년 3월 정당법 여성관련 조항 개정
@ 제31조 5항: 정당은 비례대표 선거구 시도의회 선거 후보자 중 100분의 50이상을 여성으로 추천하되, 선거후보자 명부 순위에 따라 2인마다 1인이 포함되도록 함.
@ 제31조 6항: 지역구 시도의회 의원선거 후보자중 여성을 100분의 30이상 추천하도록 노력하여야 하며, 이를 준수한 정당에 대해서는 추가로 보조금을 지급할 수 있도록 함.
③ 2005년 8월 공직선거법 제47조 3항 개정: 비례대표 국회의원 선거 및 비례대

현재 한국 여성국회의원 비율 13.8%는 세계평균 18.6%에 못 미치고 있으며, 성평등의 달성으로 민주화 지수도 매우 높은 북유럽 국가들의 40%와는 현저한 차이를 보이고 있다. 실상 세계 12위 정도의 경제, 무역 대국인 한국의 여성정치참여율이나 여성권한척도는 사실상 하위권에 머물고 있어, 여성분야에서 한국은 매우 불균형적 상황을 드러낸다. 세계경제포럼(WEF)에서 발표하는 성격차지수(GG I: Gender Gap Index)는 경제참여와 기회, 교육, 건강과 생존, 정치적 권한 등 4개 분야를 통해 국가의 성별 격차를 파악하는데, 130여개 국가 중 한국은 2009년 115위에 머물러 있다. 또한 OECD 국가들 중에서 한국의 여성관련 지표는 하위에 머물러 있으며, OECD는 지속적으로 한국 여성들의 참여 확대 - 특히, 고학력 여성들의 사회 활용 - 을 적극적으로 권고하고 있다.

이러한 성평등지수에서의 불균형적 상황에 대해서 한국여성정책연구원은 2009년 <양성평등 수준 선진화를 위한 성평등지수 관리방안>이라는 보고서에서 국가적 차원에서의 노력이 필요함을 강조하고 있다. 특히 여성국회의원 비율은 OECD 국가 평균인 25%수준에 많이 미달하고 있음을 지적하면서, 여성의원 비율의 상승은 여성권한 척도, 성평등지수에 영향을 미치게 될 것이다. 성평등 지수를 통해서 볼 수 있는 것은 한 국가의 성평등 수준이고, 교육과 노동시장의 성평등은 인적 자원의 질을 높이고 노동생산성을 향상시킬 수 있다는 측면에서 국가경쟁력 강화로 이어지게 되는 것이다. 법제화가 일정부분 시행된 한국의 당면 과제는 제정된 법과 제도의 지속성을 보장하고 강화하는데 있다.

표 지방의원 선거에 후보자를 추천할 때에는 그 후보자 100분의 50이상을 여성으로 추천하되, 그 후보자 명부의 순위의 매 홀수에는 여성을 추천하여야 한다.

3. 미래의 여성정치 - 변화와 개혁의 연착륙

1) 권력개념의 변화와 새판짜기 - 연대와 연합의 시대

현재 한국의 여성참여는 앞서 언급한 여러 법과 제도가 만들어지면서, 일면적으로는 성공적이라고 볼 수도 있지만, 또 다른 한편으로는 일종의 교착상태에 봉착해 있다. 민주화 이후에 오히려 민주주의에 대한 문제가 더욱 심각해지는 것과 동일한 양상으로 볼 수 있는 바, 법과 제도의 제정이후 이제 어떻게 그 법과 제도를 적용해 나갈 것인가 하는 것이 바로 그 교착상태의 핵심이다. 법과 제도가 존재한다고 해도, 실제로 법과 제도를 실행하지 않으면 그 법과 제도는 무용지물이다. 사람들이 얼마나 지속적으로 그것을 활용하는가 하는 지속가능성에 대한 문제가 사회의 전면에 등장하는 것은 당연한 귀결이다. 법과 제도의 행위자는 인간이기에, 그 인간의 생각과 의식이 제도의 진행과 완성도에 많은 영향을 미치게 된다. 따라서 이제 중요한 것은 기왕에 설정된 법과 제도를 지속적으로 운용해 나갈 수 있도록 제도와 의식의 격차가 해소되어야 한다.

제도와 의식의 격차해소를 위해 우선적으로 필요한 것은 전반적 구조의 변화이다. 적극적 시정조치(Affirmative action), 여성할당제, 채용목표제 등 강제 조치를 통한 여성 끼워 넣기는 양적 증가에만 치중하여 반드시 한계에 이르게 된다. 그 한계를 넘어서기 위해서 필요한 것이 새판짜기를 통한 판의 변화에 있다. 남성중심 사회에 끼어든 여성들이 주체가 된 구조의 여성주의적 변화를 통해서 정치의 새로운 판이 형성되어야 정치사회에 대한 여성의 자유로운 진출입이 가능해진다. 새판위에서만 여성은 끼어들지 않고 채용될 수 있으며, 채용되어야 임시가 아닌 영구적으로 사회의 구성원이 될 수 있고, 비로소 민주주의 사회의 제대로 된 시민으로 등장할 수 있게 된다.

할당제나 채용목표제는 여성의 경쟁력 부족을 태생적으로 인정하고 그에 대한 보완조처를 한 것이기에 여성이 남성과 동등한 사회의 구성원으로 취급받기 위해서는 그러한 보완조처가 필요 없는 사회 - 즉, 새 판의 사회 - 가 되어야 한다. 실제로 현대사회에 존재하는 여성부나 양성평등을 위한 한시적 불평등 조치 등은 모두 '목표 달성시까지'라는 시한부적 기관이자 제도이다.[11]

사회구조와 짜임의 변화는 시민의 의식변화가 선행되어야 하며, 이를 위해서는 권력과 같은 근본 개념의 변화가 바탕이 되어야 한다. 앞서 언급한 바와 같은 폴렛의 '함께하는 권력(power-with)'으로의 변화는 민주주의의 완성을 위해 절대적으로 필요하다. 군림하고 지배하는 기존의 권력 개념으로 수직적 사회의 수평적 사회로의 변화를 기대하기는 어렵다. 군림하는 권력에서 함께하는 권력으로 가기 위해서는 현실 사회에서 적극적 정책을 통해 사회의 각 분야에서 여성을 비롯한 소수자들이 활동하는 가시적 성과를 보여야 하는 것이 선결조건이다.

따라서 현 상황에서 가장 필요한 것은 정부 차원에서 시행하는 정책결정직에서의 여성진출 증대정책, 여성관리자 임용 증진 정책 등과 함께, 공공기관에서도 고위관리직에 여성들의 진출을 증대시킬 수 있도록 하여야 한다. 여성가족부에 따르면, 제3차 여성정책기본계획(2008-2012)에도 여성의 공공기관 진출 확대 정책이 포함되어 있다. 그러나 실제로 공직사회에서의 성과가 공기업, 준정부기관및 기타 공공기관을 포함하는 공공분야 전체로까지 확대 적용되고 있는 것 같지는 않아 이에 대한 필요성이 요구된다.[12] 여성의 사회참여 진작과 진출입의 자유를 확보

---

11) 1975년에 UN에서 제정된 <여성차별철폐협약> 제4조는, '현저한 차별을 시정하기 위한 한시적 차별은 차별로 보지 아니한다'라고 규정하고 있다.

12) 2011년 현재 추진되고 있는 국가직 여성관리직 증진 정책 내용은 다음과 같다. (출처: 행정안전부 2010.9.10. 균형인사지침)

@ 2011년 12월말까지 정부 전체의 4급이상 관리직 공무원 중 여성비율이 10%

하기 위해서는 끼어들기와 새판짜기의 병행을 통해 여성의 수적 증가와 함께 정책결정직, 고위관리직 여성의 확대로 이어지는 질적 심화가 이루어져야 한다. 이를 위해 정부도 많은 계획을 수립하고 행정안전부에서 공무원 채용, 승진관련 지침을 작성하여 내려 보내고는 있으나, 진정한 구조의 변화를 위해 더욱 중요한 것은 고위공무원단의 운영이다. 현재로서 고위공무원단 제도 운영에 성별을 고려하는 균형인사제도가 도입되어 있지 않아, 고위직으로의 여성진출에 유리천정(glass ceiling)이 여전히 존재하고 있는 양상이다. 유리천정은 여성의 진출에 대한 법적 규제는 사라졌으나, 심정적, 문화적으로 존재하는 보이지 않는 장벽을 의미한다. 제도와 의식의 격차가 큰 곳에서 언제나 발생하는 문제로서, 사회 전반에서의 유리천정의 해소가 21세기 여성정책의 주요과제라고 볼 수 있다.

끼어들기는 제도적 변화와 함께 여성들 개개인의 역량중심으로 움직이는 반면, 새판짜기를 위해서는 구조와 세력의 문제이기에 개개인의 역량강화와 더불어 여성들 간의 연대와 연합전선을 통한 여성정치 세력화 작업이 필요하다. 2006년에 여성정치분야에서 가장 앞선 나라로 평가되는 스웨덴에서 페미니스트 이니셔티브(Feminist Initiative)라는

이상이 되도록 노력함

* 적용대상: 일반직과 이에 상당하는 별정직, 일반계약직 및 외무공무원(6등급이상)

@ 중앙행정기관등은 <4급이상 여성관리자 임용확대 5개년 계획(2007-2012)>에 따른 연도별 여성관리자 임용목표비율을 차질없이 달성하여야 함.

@ 중앙행정기관은 2005. 1. 1. 이후부터는 과장(급) 이상의 직위에 여성1명 이상 임용을 유지하여야 함.

* 특별채용, 부처 간 인사교류, 내부승진 등을 적극 활용.

@ 승진후보자명부 서열상 승진예정인원수 범위내에 여성공무원이 포함되어 있는 경우에는 최소한 그 인원비율만큼 여성공무원이 승진 임용될 수 있도록 함. (예시: 서열 5번까지의 후보자 중 여성공무원 1인이 있는 경우 배수 범위 내 여성공무원 1인이 승진될 수 있도록 함)

페미니스트 정당이 창당되었다. 여성의 의회진출이 40%를 넘어선 스웨덴에서 기존 정당이 여성의 권익을 제대로 대변하지 못하고 있어 여성에게 불합리한 차별의 개선과 개혁이 기존 정당만으로는 어렵다는 생각이 스웨덴에서 페미니스트 정당을 가능하게 했던 것이다. 물론 2006년 총선에서 의석확보에 실패하기는 하였으나, 페미니스트 이니셔티브의 등장은 기존 정당에 끼어들기에 대한 새판짜기를 위한 도전이라는 점에서 2011년 현재 우리에게 매우 시사적이다. (여성신문 1011호: 2008. 12. 26.) 새판짜기는 모든 역사를 지우거나 잊고 시작하는 것이 아니라, 현재의 끼어들기와 중첩적으로 실행되어 사회에서 변화와 개혁의 연착륙을 지향한다. 향후 10년간의 여성정책은 새로운 구조 형성이라는 미래지향적 목표를 가지고 실행되어야 할 것이다.

2) 인간안보의 현실화

여성정책의 궁극적 목표는 삶의 질 향상에 있다. 삶의 질 향상을 위해서 법과 제도의 정비, 새로운 구조의 형성 등을 위해 노력하는 것이 민주주의의 지향점이자 여성정책의 귀결점이라고 할 때, 21세기 사회에서 삶의 질을 높이기 위해 필요한 것이 과연 무엇인지에 대해 생각해볼 필요가 있다. 자유, 평등과 같은 기본 개념의 확보와 함께 단순히 생존을 위한 권리를 외치던 20세기의 주장에 비해, 삶의 내용의 질적 향상과 총체적 인간안보에 대한 요구는 21세기를 과거와 구분 짓는 시대적 요청이다.

인간안보는 그 개념의 문제보다 현실화에 초점이 맞추어져 있다. 지구촌 모두가 열려가는 세계에서 이제 개인과 국가의 안전문제는 각자의 문제가 아니라, 집단적으로 대처해야 하는 문제이다. 인간안보가 진정한 의미에서 현실화되어 있는 사회를 여성주의적 미래사회라 할 수 있으며, 미래의 여성정치가 지향하는 사회이다. 앞서 언급한 유리천정의 해소와 새판짜기의 요구는 민주주의의 완성과 직결되는 문제이기에 인간안보라는 21세기적 요청에 대한 중요한 해법이라고 할 수 있다.

국가안보나 인간안보 모두 인간의 자유에 대한 확보와 보호를 근간으로 한다. 다만 20세기적 국가안보에서 21세기적 인간안보로 개념이 확장되면서, 보호받아야할 자유의 범주가 확장되는 현상에 우리는 주목해야 한다. 인간안보는 국가안보를 보완하는 것으로, 인간의 발전과 인권의 증진을 통해 국가안보의 위협으로 간주되지 않았던 불안요소를 다루면서 인민의 삶의 질 개선을 위해 노력한다.

> 인간안보란 인민에게 생존, 존엄 및 생계를 지킬 버팀대를 주는 시스템을 창조하는 것을 의미한다. 인간안보는 다양한 유형의 자유, 즉 궁핍으로부터의 자유, 공포로부터의 자유, 자신을 위해 행동을 취할 자유로 이어진다. 이를 위해 인간안보는 보호(protection)와 세력화(empowerment)라는 두가지 전략을 구사한다. 보호는 인민을 위험으로부터 방어한다. 보호는 체계적으로 불안을 다룰 수 있는 규범, 과정, 제도를 발전시키기 위한 노력을 필요로 한다. 세력화는 인민으로 하여금 자신들의 잠재성을 발전시킬 수 있게 하고, 의사결정에 완전한 참여자가 될 수 있게 한다. 보호와 세력화는 상호 강화하는 것이며, 양자 모두 대부분의 상황에 요구된다. (Commission on Human Security 2003: 10-12)

궁극적으로 인간안보의 핵심은 인권의 존중에 있으며, 이를 위해 민주주의의 증진은 필수적이라는 결론에 이르게 된다. 민주주의의 증진으로 인민은 정치에 참여할 수 있게 되고 자신에 영향을 주는 정책 결정과 집행과정을 알 수 있게 된다. 따라서 21세기 지구촌 사회에서 인간안보의 실현을 위해서는 국내적으로 인권의 확보와 법의 지배를 통한 민주주의의 완성, 그리고 정치적 시민의 형성 - 즉, 인민의 정치세력화 - 이 요구된다. 이 글에서 지속적으로 강조하고 있는 여성정치의 확대는 곧 민주주의의 완성으로 이어진다는 점에 착안할 필요가 있다. 민주주의와 인권, 법의 지배의 사각지대는 소외집단이고, 그 소외집단 중 가장 대규모로 존재하는 집단이 바로 여성이기에, 여성정책의 집행과 수행은 곧 민주주의로 이어지고, 곧 인간안보에 대한 확보로 귀결되는 것이다.

동서고금을 막론하고 안보의 문제가 해결되지 않을 때, 최대의 피해자는 여성이었다는 점을 상기한다면, 인간안보에 대한 정책의 국내적 도입 및 수행 또한 21세기 열린 미래를 위한 여성정책의 중요한 과제라 아니할 수 없다. 인간안보위원회(Commission on Human Security)에서 인민의 안전을 증진시키기 위한 방법으로 폭력과 분쟁, 전쟁으로부터의 인민의 보호, 빈곤으로부터의 인민의 보호와 인민의 건강보호, 다양한 정체성 인정과 함께 개인의 자유와 평등을 인정하는 지구적 인간 정체성 필요성 인정, 보편적 교육을 통한 인민의 세력화 등을 제시한다. (Commission on Human Security 2003: 129-143)

인간의 삶의 질에 대한 포괄적 이해를 통해서 인간안보는 국가적 위협에 대한 반응이라는 단순한 정책으로부터 전쟁, 갈등, 폭력이외에 빈곤, 질병, 환경, 재해 등으로부터의 인간의 보호라는 인류사회의 미래를 위한 균형적 대응 전략으로의 전환을 의미하게 된다. 특히 빈곤과 질병, 환경과 재해가 발생했을 때 많은 피해에 노출되는 집단으로 여성, 아동, 노인등 취약집단에 대한 보호는 인간안보 전략의 핵심적 내용이기에, 여성에 대한 미래 전략을 통한 여성의 자유, 평등의 확보, 여성의 세력화는 인간안보가 당면한 많은 과제를 풀어낼 수 있는 단서를 제공한다. 열린 미래를 위한 여성정치전략은 인간안보 확보 전략이나 민주주의의 완성을 위한 전략과 동일한 방향을 바라보고 있다. 국내적으로 여성정치발전전략을 세우는 작업은 자유와 평등의 확대와 그 내용적 실효성에 초점을 맞추면서 민주주의의 완성을 기하게 되고, 대외적으로는 소외집단의 자유와 평등의 확보, 삶의 질 개선 그리고 다원적 사회의 형성에 기여하게 되면서 인간안보의 증신에 기여하게 될 것이다.

3) 여성주의적 미래사회와 평화 - 소프트 파워의 정치학

국가안보를 넘어서 인간안보에 관심을 기울이게 되면서 국가가 안전하면 개인도 안전할 수 있다는 일차원적 사고에서 국가의 질서 확보와 개인의 안보문제는 다차원적 공간에서 복합적으로 발생할 수 있다는 다원적 사고가 형성되고, 민주주의에서는 커다란 힘의 강력한 권력으로부터 사회의 작은 소리, 작은 힘으로 논의의 초점이 이동한다. 군림하는 권력에서 함께하는 권력으로의 이동이 바로 이러한 현상을 말해주는 것이다. 사회의 작은 소리와 작은 힘이 강력한 힘으로 등장하게 되는 배경에는 소프트 파워의 정치학이 있다.

인간안보나 민주주의의 지향점은 안정과 질서 그리고 궁극적으로는 평화로 귀착된다. 평화는 또한 삶의 질 향상을 위한 전제조건이 되기도 한다. 진정한 의미에서의 안정과 평화는 힘 있는 자들이 아니라 사회의 최소수혜자의 입장에서 파악되어야 한다는 것이 소수 담론의 핵심이다. 개인의 삶과 행복이 모인 곳에 사회복지가 존재하며, 개별국가의 안전에서 세계의 평화는 시작된다. 여성주의가 내세우는 "개인적인 것이 정치적인 것(The personal is political.)"이라는 명제의 적실성이 바로 여기에 있다.

> 중대함과 위대함은 태어나는 것이 아니고, 사소하고 미세한 삶의 현장으로부터 만들어지는 것이다. 기존사회의 틀에서 여성의 움직임이 개인적이고 그 영역이 사적 영역이라면, 바로 여기에 여성 이슈가 국내 정치의 중대이슈로, 세계정치의 커다란 화두로 등장하게 되는 이유가 있다. 많은 사람에게 지대한 영향을 준 전쟁이 끝나도 계속되는 여진으로 안정과 평화로의 길은 여전히 멀었던 역사적인 경험에서 보아 중대함이란 일반적인 인식에 있지 않음을 알 수 있다. 여성의 렌즈(lens)는 이러한 사회의 미세한 움직임을 간파해내고, 최소 수혜자의 속삭임까지 들을 수 있는 일종의 특수장치인 셈이다. (박의경 2007a: 83)

새로운 시대를 여는 것은 천재나 영웅, 기득권자의 위대한 작업일 수 있으나, 그 시대를 지속시키고 움직이게 하는 것은 보통 사람들의 사소하고 작은 일상에서부터 시작한다. 여성주의적 시작은 이러한 사소함과 일상성, 개인적인 것에 주목한다. 여성의 시각은 남성중심사회에서 보이지 않는 문제를 보게 하는 역할을 한다.

정치에서의 소프트 파워의 역할, 여성주의적 시각의 도입은 기존 갈등 해결의 방식에 대한 전면적 수정을 요구하고 있다. 갈등이나 분쟁에 강하게 대응하는 기존의 방법은 평화와 안정을 가져오기보다 오히려 테러로 이어져 반복되는 악순환의 고리를 형성한다. 공격과 반격, 그리고 2차공격에 이어지는 역공까지 공격은 공격의 악순환을 가져올 뿐, 안정과 평화를 불러오지 못한다. 『지하드 맥월드』에서 벤자민 바버(Benjamin Barber) 다음과 같이 말한다. "맥월드가 시민사회의 공공선을 무시할수록, 지하드는 자신의 존립을 위해 테러를 선택할 수밖에 없다... 이런 비극적 충돌을 막을 대안은 세계적으로 시민사회를 굳건히 하는데 있다... 민주주의만이 대립하지 않는 세계를 창조하면서 지하드의 테러와 대적할 수 있다." (바버 2003: 33, 367-396)

갈등해결자로서의 민주주의의 잠재성에 대한 이러한 논의는 스웨덴과 노르웨이 등 북유럽 국가에서 잘 드러난다. 스웨덴이나 노르웨이는 다른 나라들에 비해 대내적으로 사회적 약자에 대한 연민과 지원, 대외적으로 해외 원조 프로그램에 대한 지원을 많이 운영하고 있으며, "2007년 노르웨이는 정부 차원에서 사회 책임투자에 나선 바 있다. 이를 소위 '윤리투자'라고 할 수 있는데, 이는 인권, 환경 등 윤리 기준에 위배되는 기업을 투자대상에서 제외시키는 정책이다. 사회적 책임을 미래의 투자 원칙으로 제시한 것이다." (한겨레신문 2007: 5.4.) 이러한 국가 정책의 근저에는 민주주의 원칙과 소수자 배려에 대한 담론이 깔려 있다. 이들 국가에서 여성의 지위가 다른 나라보다 높게 나타나는 이유가 바로 여기에 있다.

여성과 민주주의, 평화는 결국 동일한 문제의 다른 측면일 수 있으며, 동시적으로 추구되어야 하는 것이다. "페미니즘은 현실 상황에 대한 불만세력의 소리가 아니라, 미래를 위해 사상적 초석을 다지는 새로운 소리다. 민주주의의 일상화, 평화의 습관, 갈등 해결방식의 다양성을 통해 닫힌 사회를 열린사회로 이끄는 사상적 선도세력이라 하겠다." (한국정치학회 2008: 432)

민주주의의 완성을 위해 여성주의적 시각이 들어서는 방법에는 세 가지가 있다. 숨은그림찾기와 끼어들기, 새판짜기가 바로 그것이다. 숨은그림찾기는 역사 속에 존재했던 여성들의 소리와 아우성을 찾아내 완성하는 일이다. 이 작업은 과거와 현재를 이어주는 역할을 하면서 미래의 비전을 제시한다. 끼어들기는 현재의 상황에서 남성적 구도가 잔존하더라도 그 상태 그대로 끼어들어 여성의 참여율을 일단 높이는 일을 한다. 이는 미래를 위한 준비 작업이다. 새판짜기는 여성주의적 시각으로 새로운 짜임으로 구성된 사회에서 여성의 속성에 대한 인위적 규정과 변화 없이 정치사회적 권리를 자연스럽게 향유하게 되는 것으로 미래를 선도적으로 열어가는 역할을 하게 된다.

법과 제도가 갖추어진 상태에서 이제 그 지속성을 담보하기 위한 구조변화를 이루어내는 것은 바로 사람이다. 자유롭고 평등한 여성시민의 존재는 민주주의의 관건이자, 동시에 여성정치 발전전략의 핵이기도 하다. 자유와 평등을 기조로 법제가 자리 잡고, 그 법제를 기반으로 여성정치의 발전을 논하는 것은 바로 민주주의의 완성을 논하는 것으로, 여성시민이 정치사회 곳곳에 포진하고 있어야 사회의 구조는 변화할 수 있다. 사회구조의 변화는 제도와 인간의 동시적 작업을 필요로 한다.

여기에 구조변화를 위한 의식의 변화, 의식의 변화를 위한 교육의 중요성이 들어서게 된다. 복지국가의 가치관과 민주주의의 완성에 핵심적 역할을 하는 스웨덴 여성정책은 교육에서부터 시작하는 양성평등 의식의 고양에 그 기반을 두고 있다. 평등사회를 위해 근본적으로 필요한 것은 새로운 세대의 올바른 성인식과 교육에서 찾을 수 있다는 스웨덴의 접근방식은 평등한 사회구조 형성에 공헌하고, 여성의 정책결정직 진출이 확대와 함께 사회의 평등 의식이 다시 고양되는 선순환구조를 이룬다. 어린 시절부터의 양성평등교육을 통해 '성 중립적(gender neutral)' 의식을 가지게 되고 진정한 평등에 대한 인식을 보유할 수 있는 기반이 형성되어, 민주주의와 평화를 위한 사회의 토대가 형성된다는 것이다. 민주주의는 일상의 민주화를 통해서 실행되듯이, 사회의 평등, 남녀 간의 평등도 일상의 평등, 가정의 평등에서 실현될 수 있는 것이다. 민주주의 의식의 확보가 여성의 평등을 위한 행진에 절대적으로 중요하며 여성의 평등이 민주주의의 완성을 위해 필요한 것이기에, 사회의 민주주의화와 여성의 사회참여는 상호간의 필요충분조건이다.

양적 팽창을 통해서 상당히 짧은 시간에 높은 수준에 이른 한국의 여성정책, 이제는 질적인 측면에 초점을 맞추어야 한다. 법과 제도의 설정과 정립만 가지고 사회의 변화를 보장할 수는 없다. 선진적 정책의 지속적 도입과 적용이라는 법제적 측면과 세계경제포럼이 제시한 성별격차 104위라는 수치가 시사하는 여성과 관련된 현실의 후진성이라는 이율배반적 구조가 한국의 현실이다. 여성정책이 겉돌고 있다는 말이 의미 있게 다가오는 이유이기도 하다. 여성정책의 부문에서도 이제는 양적 변화에만 일차적으로 주목하는 성과주의적 사고방식에서 벗어나 질적 변화로 진행되어 실제 여성의 구체적 삶의 현실에서의 변화가 드러나야 한다.[13] 양적 변화는 질적 변화가 동반되어야 사회의 구조적 변화

13) 이런 문제의식을 공유하고, 여성의 현실과 여성정책의 현황을 분석하고 대안을 제시해보자는 GnP(gender and Perspective)포럼이 2011년 5월 17일 발족하였다. GnP포럼의 목적은 정책과 현실의 연관성 강화에 있다. 정책이 겉돌지 않고 실효성을 갖출 수 있도록 고용, 일/가정 양립, 복지, 건강, 가정폭력, 성폭력, 여성인권, 성매매, 환경등 제반 문제를 점검해 보자는 것이 GnP포럼의 주요 과제라 하겠다. (여성신문 2011: 6.3)

와 함께 의식의 변화를 유도할 수 있고, 나아가 여성관련 법제의 지속 가능성을 담보한다. 인간 수명 100세 시대를 눈앞에 두고 있는 2011년 현재, 우리는 10년 앞을 내다보는 장기적 계획을 세워야 한다. 여성정책의 성과가 여성 개인의 삶과 일에 어떤 영향을 미치고 있는지 구체적으로 성찰해 나가야 한다.

제13장

일상의 민주주의에서 일상의 평화로

— 평화의 제도화를 위한 제언 —

1. 노벨평화상과 평화

> 서로 곁에서 생활하는 사람들 사이의 평화상태는 자연상태가 아니다... 다시 말해, 설령 언제나 적대 행위들이 발발해 있는 것은 아닐지라도, 적대 행위들로 인한 지속적인 위협이 있는 것이다. **평화상태는 이룩되어야 [만들어져야] 하는 것이다.**[1)]

2014년 노벨평화상은 파키스탄의 16세 소녀 말랄라 유사프자이와 인도의 카일라쉬 사티아르티가 공동 수상하였다. 말랄라는 여성의 교육받을 권리를, 사티아르티는 아동의 권리를 위해 노력한 공로를 노벨상 위원회는 높이 평가했다. 평화상은 평화를 위해 노력한 사람이나 집단에게 주는 상으로 과거나 현재가 아니라 미래를 위한 상이라고 할 수 있다. 노벨상 분야에서 평화상이 존재하는 것의 의미는, 그 근저에 평화는 당연히 존재하는 것이 아니고, 인간의 노력을 통해 만들어져 가는 것이라는 생각이 전제되어 있다.

---

1) 칸트, 임마누엘 지음, 백종현 옮김. 2013.『영원한 평화』(2013. 아카넷) p.113.

이전 세기와 마찬가지로 21세기도 전쟁으로 시작했다. 2001년 테러와의 전쟁이라는 미명하에 미국의 아프가니스탄 폭격으로 21세기의 문은 열렸다. 테러는 종식되지 않았고, 그 테러의 희생자로서 살아난 16세 소녀는 말랄라는 이제 테러에 대항하는 또 다른 여성 전사가 되었다. 전쟁과 폭력을 중심으로 기술되어 온 인류 역사는 여전히 진행 중이고, 목표로서의 평화는 아직 먼 곳에 있다. 평화는 존재하는 것이 아니고, 정밀한 노력을 통해 만들어야 하는 것이며, 그것은 또한 언제 무너질지 모르는 아슬아슬한 현장이 우리의 삶이라는 것에 이의를 제기하는 사람은 없을 것이다.

인류의 역사는 갈등과 전쟁으로 점철되어 있으며, 평화시대는 '아무 일도 없었다'라는 간단한 기술로 넘어가곤 한다. 역사를 바라보고 기술하는 인간의 시각을 드러내는 문장이라 아니할 수 없다. 평화시대란 아무 일도 없는 상태이기에 기록할 것도 논의할 것도 없다는 전제로부터, 역사의 기록은 자연스럽게 사건과 사고, 폭력과 갈등을 중심으로 이루어지게 마련이다. 인간의 관심이 갈등에 초점을 맞추게 되면서 폭력은 그 주요 수단으로 대두하게 되고, 폭력을 독점한 국가의 등장은 폭력적 상황의 증폭과 함께 국가 간 충돌이라는 전쟁의 주도적 수행자로 자리잡게 된다. 폭력을 조직화시키면서 독점하게 된 국가는 국가안보의 문제를 사생결단의 과제로 등장시키게 되고, 따라서 국가의 안보는 평화로운 인간의 삶보다 더욱 중요한 과제로 등장한다.

여기서 더욱 결정적인 것은 국가안보가 목적을 평화로 설정한다는데 있다. 국가의 경계선을 중심으로 국가 내에서의 평화를 위해 국가 외에서 전쟁을 수행하는 모순적 상황에 전개되면서 평화를 위해 전쟁을 수행한다는 역설이 인류의 역사기록을 점령하여 온 것은 부인할 수 없는 사실이다. 이제 생각의 방향을 바꾸는 발상의 전환이 필요한 시기이다. 이유가 어떻든 전쟁은 전쟁이고, 평화가 아니다. 폭력이 수단으로 이용되는 현장에서 과연 평화를 운위할 수 있는지에 대한 심도 있는 논의가 진행되어 폭력을 통해 평화를 이룩할 수 있다는 생각이 헛된 망상으로 드러나야만, 평화를 향해 움직이는 인류 역사가 제대로 된 방향을 설정할 수 있게 될 것이다.

이러한 문제의식 하에서, 이 글은 2장에서 국가중심체제에서의 전쟁과 평화의 문제를 다룬다. 20세기말부터 시작된 세계화 현상이 경제 분야를 중심으로 국가 경계의 무력화를 가져오기는 했지만, 여전히 강고하게 존재하는 국가 경계의 유지를 위해 누구도 저항할 수 없는 국가의 목표라고 설정되어 있는 국가 안보의 개념이 확대되면서 형성된 인간 안보의 개념에 대해 논하면서, 평화로 가는 길목에서 발생하는 안보 개념의 변화에 주목한다. 다음 3장에서는 보다 구체적으로 평화의 조건에 대해 논하면서, 통상적인 비평화상태의 무력적 대비에 비해 일상에서 이루어지는 평화의 조건을 다룬다. 여기서 논의되는 것은 일상의 민주주의를 통해서 가능한 평화적 문화의 형성 가능성이다. 이어지는 4장은 3장의 논의에 대한 구체화를 시도한다. 즉, 칸트의 『영원한 평화』를 통해서 제시된 바 있는 평화에 대한 보다 구체적인 법적, 제도적 접근을 시도하면서, 평화헌법에 대해 논한다.

노벨평화상이 의도하는 바와 UN 헌장에서 목표로 하는 바는 동일한 것으로, 평화의 제도화를 통해 평화의 평화적 순환을 의미한다. 따라서, 민주주의의 정립과 평화적 문화의 형성을 통해 제정된 평화 헌법은 이제 평화라는 목적 달성을 위한 수단으로서의 평화에 초점을 맞추게 된다. 결론적으로 '평화는 평화적으로 달성될 수 있다'는 지극히 단순한 명제 속에 담겨있는 평화의 지속가능성을 통한 평화의 제도화를 담보할 수 있게 될 것이다.

2. 전쟁과 평화의 변증법

1) 국가안보와 개인의 권리 그리고 평화

고대사회부터 현재까지 정치의 목적은 인간의 '행복'으로 '잘 사는'데 있다. '잘 사는 것'이란 혼란과 갈등에서 기인한 무질서와 테러가 없으며 두려움과 공포가 배제되어 있어, 인간이 내일에 대한 희망을 품을 수 있으며 미래에 대한 예측이 가능한 상태를 의미한다. 이러한 상태를 한마디로 요약한다면 바로 '평화' 그 자체이다. 세상에서 살아감에 있어 꿈을 가지고 미래에 대한 희망을 품고, 그 꿈을 향해 노력할 수 있다는 것은 인간을 인간으로 서게 하는 기본적 가치라고 할 수 있을 것이다.

파키스탄의 16세 소녀 말랄라 유사프자이는 학교에 가고 싶다는 꿈을 가졌지만, 그 꿈을 가졌다는 이유로 테러를 당했고, 여전히 테러의 위협 속에 있다. 소녀의 꿈을 꺾어버리겠다는 테러의 목적은 소녀의 의지와 노벨평화상이라는 세상의 화답으로 실패했지만, 여전히 위협적이다. 말랄라의 꿈은 사실상 그렇게 커다랗고 획기적인 것은 아니었다. 일상에서 학교 다니고 싶다는 생각은 보통 교육 체제가 자리 잡은 18세기 이후 대부분의 사람들에게 매우 자연스러운 꿈이자 욕망으로 인식되어 왔지만, 세상의 어느 지역에서는 생명을 걸어야 하는 매우 두렵고 위험한 꿈이자 소망이었던 것이다. 1차테러에서 극적으로 생명을 건진 말랄라는 자신의 꿈과 소망을 자유로이 말하고 달성할 수 있는 사회를 만들어가기 위해 나서게 되고, 자신도 모르게 투사가 되었다. 평화로운 삶에서 필요한 꿈을 꾸기 위해서 싸워야 한다는 말이다. 어린 소녀 말랄라의 눈에 비친 세상에서 평화는 기왕에 존재하는 것이 아니었고, 생명을 걸고 위태롭게 만들어가야 하는 것이었다.

이슬람 근본주의 집단의 눈에 비친 말랄라의 꿈은 질서에 대한 도전이자 체제에 대한 공격이었던 것이다. 국가안보라는 틀 속에서 개인이 가지는 모든 꿈이 용인되지 못하는 현대국가의 안보체제와 개인의 권리 그리고 평화라는 삼각구도의 문제를 생각나게 하는 대목이다. 인류의 오랜 경험 속에서 국가안보는 개인의 권리를 보장하기 위해 평화를 지키는 것을 그 궁극적 목적으로 삼고 있다. 특히, 18세기 시민혁명을 거쳐 근대국가가 성립되게 되면서, 이러한 국가의 목적으로 보다 분명해지고, 국가는 안보를 제1의 사명으로 삼고, 폭력을 독점하면서 형법을 설정하고, 경찰력과 군대를 보유하게 된다. 여기서 안보의 목적은 시민의 자유와 평등을 보장하는데 있으며, 시민의 자유와 평등의 보장을 위해 기본적으로 요구되는 것이 바로 질서의 확보를 통한 평화로운 일상의 보장이다.

이렇게 보면, 파키스탄의 말랄라가 학교 다니고 싶다는 꿈이 이루어지는 사회의 형성이 바로 국가 안보의 궁극적 목적이 될 수 있다는 말이다. 그러나 현실에서 국가 안보의 개념은 시민의 일상성의 확보라는 포괄적 차원보다는 대외적 침략과 위협으로부터의 시민의 보호라는 보다 소극적이고 협소한 차원의 목표로 설정되게 된다. 이제 국가는 시민을 보호한다는 미명하게 외부로부터의 위협을 상정하면서, 시민에게 기존 질서를 강요하고 시민을 무장시키기까지 한다. 실재로 존재하지 않지만 가능성이 있는 가상의 위협으로 인해, 시민의 삶은 두려움과 공포에 상시적으로 대비해야 하는 상황에 봉착한 것이다. 울리히 벡(Ulrich Beck)이 말하는 위험사회의 전형적 모습이 바로 여기에 있다.

> 우리가 현재와 미래에 살아가야 하는 세상은 미증유의 위험이 가득한 세상이지만, 스스로 산출한 위협조건 아래에서 우리 자신의 미래를 결정해야 하는 세상이기도 하다. 현대가 산출한 위험을 세상이 더 이상 통제할 수 없다는 뜻도 여기에 담겨있다. 더 정확하게 말한다면, 현대사회가 스스로 산출한 위험을 통제할 수 있다는 믿음이 깨졌고, 그것도 현대가 실패하거나 제대로 일을 못해서가 아니라 승리했기 때문에 그렇다....

이 시대는 전통적인 생활양식을 벗어던졌을 뿐만 아니라 성공적인 현대화의 부작용과 불확실한 인생 기록들, 파악하기 어려운 위험과 씨름한다. 누구도 이 위험을 피할 수 없고, 누구도 적절한 보호책을 마련할 수 없다.[2)]

국가안보가 국가 구성원의 안전과 평화를 보장하는 것을 목적으로 한다면, 그들의 삶에서 드러나는 불편함과 부당함의 해소부터 시행해나가야 한다. 그러한 국가안보를 앞세우는 현실은 국가안보를 위해 개인의 부담과 희생을 요구해 온 것이 사실이다. 전쟁에 당면하여 개인과 개인의 재산을 징발하기도 하고, 헌법에 보장된 일부 권리를 제한하기도 했다. 더 나아가 아직 도래하지 아니한 미래의 갈등과 전쟁상태에 대비하기 위한 개인의 부담과 희생을 지속적으로 요구하고 있는 것이 여전한 21세기 국가의 현실이다. 국가의 성립과 함께 시작되어 지금까지 진행되어오고 있으며, 언제 끝날지 모르는 전쟁과 위기에 대한 준비작업이 개인과 국민의 평화를 위한 것이라는 역설 속에서 말랄라 유사프자이와 같은 어린이로 대표되는 피억압계층은 오히려 증가하고 있다. 피억압계층의 증가와 함께, 일상에서 하고 싶은 것을 못하는 부분이 많아진다면, 그것이 과연 인간의 행복인지, 평화로운 상태인지 깊이 생각해 볼 일이다. 여기서 평화란 진정 무엇을 의미하는지 짚어 볼 필요가 있는 것이다.

평화란 전쟁이 없는 상태라는 것이 전쟁으로 점철된 인류 역사를 통해 단련된 일반적 인간들의 개념이다. 여기에 평화연구자 요한 갈퉁(Johan Galtung)은 자신의 저서 『평화적 수단에 의한 평화』에서, 인간의 건강과 인류의 평화를 대비하면서 치료적 처방을 목표로 하는 소극적 대안과 예방적 처방을 목표로 하는 적극적 대안을 제시한다.[3)] 치료

2) 벡, 울리히. 『글로벌 위험사회』 (2010, 길) pp.27-28.

란 어떤 실체적 사건이 발생했을 때 행해지는 행위로서 소극적 평화로 간주되며, 폭력을 동원하는 전쟁이 발생할 경우 그 폭력적 행위를 멈추게 하는 작업이 치료로 인식된다. 적극적 평화란 평화롭지 않은 상태가 발생하지 않도록 예방하는 것을 목표로 설정하고, 평화를 만들어나가는 행위까지 포함한다. 개인의 자유와 일상의 민주주의화를 통한 권리의 보장이 평화로 가는 길에서 같이 논의되는 이유가 바로 여기에 있다.

2) 확대된 안보 개념: 인간안보의 문제

<위험사회>라는 개념을 제시하면서, 울리히 벡은 위험이 가지고 있는 전쟁의 파괴력에 대해 언급하면서 위험의 언어는 파급력이 있고 사회 불평등의 형태를 바꾼다고 주장한다. 이러한 전방위적 위험에 직면하여 모든 정부는 비난에 직면하고 동시에 새로운 기회구조가 형성되기도 한다고 하면서, 21세기 지구상에서 살아가는 인간은 모두 '글로벌 위험공동체'의 일원이라고 역설한다. 국가가 국민에게 제공해야 할 의무를 가지고, 국민은 그것을 받을 권리가 있는 '안전'이 자본주의 사회의 소비재로서 보다 확실한 안전을 위한 구매의 대상으로 부상하면서 경제적 재화로서의 기능을 하게 되는 것이다. 이미 자본주의 사회에서 미래에 대한 '리스크(risk)'는 현재의 인간이 구매하는 상품이 되어버린지 오래라는 점에서 벡의 설명은 설득력을 가진다.

---

3) "평화연구는 진단, 예측, 처방이라는 삼각구도가 적용될 수 있다는 점에서 건강연구와 비슷하다. 여기에는 행위자나 세포 같은 체계, 그리고 좋은 상태와 나쁜 상태에 관한 일반적인 개념이 있다.... 따라서 평화를 위한 조건은 균형잡힌 관계로 볼 수 있다. 그러나 만약 행위자의 내부에서 무엇인가 잘못된다면, 착취가 없는 체제 안에서도 폭력이 있을 수 있다. 마찬가지로 건강을 위한 조건은 인간 신체의 중요한 요소들의 균형상태이다. 예를 들어 모든 부분들이 균형적으로 성장하지 못하면, 하나의 세포나 세포들의 조직체가 잘못될 수도 있을 것이다." (갈퉁, 강종일 역(2000, 들녘) p.17)

> 사회적 고통은 위계질서에 따라 다르지만, 새로운 위험은 민주적이다. 부유한 자나 가난한 자를 가리지 않는다. 위험의 충격파는 모든 곳에서 감지된다. 시장은 무너지고 법체계는 사태를 제대로 파악하지 못한다... 위험은 한 국가의 내정 문제가 아니다, 또한 국가 단독으로 위험과 싸울 수 없다. 사회적 불평등의 새로운 갈등역학이 나타난다.
>
> 불안이 삶의 느낌을 결정한다. 가치의 위계에서 안전이 자유와 평등을 밀어내고 정상을 차지한다. 법은 엄격해지고, 이성적인 '위험방어의 전체주의'가 등장한다... 안전은 물과 전기처럼 공적으로, 민간경제적으로 조직되어 이익이 남는 소비재가 된다.[4)]

전쟁의 세기를 보내고 테러의 시대를 지나면서, 안전은 인간의 일상의 삶에서 가장 중요한 명제가 되었다. 안전이 경제적 재화로 탈바꿈하면서 나타난 것이 보험이라는 현대자본주의의 상품이라면, 근대화의 과정을 통해 발생한 위험을 치료하고 예방하면서 안전과 평화를 위한 국가안보라는 명제는 이제 그 위험에 대비하여 시민의 자유를 제한할 수는 근거까지 가지게 되었다. 실제로 대한민국 헌법에서도 국가안보로 인한 자유의 제한 가능성을 명시적으로 규정하고 있다. 이렇게 본다면, 평화를 위한 국가안보가 그 평화의 목적인 국민의 자유를 제한하고 규제할 수 있게 되어 버린 매우 역설적 상황이 발생한 것이다. 국가안보는 국민의 생명보전에만 관심을 가지고 있을 뿐, 국민의 삶의 양태나 모습에는 관심을 가지지 않는다. 생존권에서 생활권으로, 살아야 하는 권리에서 인간다운 생활을 할 권리로 초점이 이동하고 있는 현대사회의 양상에도 불구하고, 국가안보의 개념은 생명의 보장만을 제시하고 있으며 그 이상도 이하도 아니다. 따라서 국민의 꿈이라든가, 인간다운 삶을 위한 희망이나 소망의 달성에 대해서 기존의 국가안보 개념은 어

---

4) 벡, 울리히. 『글로벌 위험사회』 (2010, 길) pp.28-29.

떠한 해법도 제시하지 못한다.

많은 것의 변화를 목도한 21세기는 국가안보의 개념에 대한 변화도 요구하고 있다. 이제 국가안보의 궁극적 목적에 대한 인식부터 수단에 대한 논의까지 광범위하고 전향적인 논의가 요구되며, 그 중심에 인간다운 삶을 영위하기 위한 기반으로서 평화에 대한 인류의 소망이 존재하고 있다. 이제 안보는 인간다운 삶을 지켜주기 위한 가치로 확대되어야 할 필요가 있으며, 거기에 확대된 안보 개념으로 인간안보가 들어설 여지가 있는 것이다.

국가 안보로 명명되는 기존의 안보 개념은 소극적 평화 개념과 연계되어 있으며, 확대된 안보 개념으로서의 인간안보는 평화에 대한 적극적 개념과 연관되어 있다. 소극적 평화는 폭력이 동반되는 무력분쟁 - 즉, 전쟁 - 의 부재상태를 의미하는 것이며 인간이 물리적 전쟁에 노출되지 않는 상태를 말한다. 적극적 평화는 인간의 행복과 복지와 번영이 보장되어 있는 상태의 평화를 의미한다. 적극적 평화란 다시 말해서 사회정의의 실현이며, 인권의 보장과 확대이고, 결핍으로부터의 해방으로 이해되어야 한다는 것이다. 갈퉁은 평화의 논의와 함께 평화를 해치는 폭력에 대해서도 직접적이고 현재적인 개인적 폭력과 간접적이고 잠재적인 구조적 폭력을 구분하면서, 전자에는 전쟁, 테러, 폭행 등이, 후자에는 잘못된 사회제도와 관습, 불평등한 경제, 나쁜 정치와 법률, 환경파괴와 오염, 난개발 등이 있다.

> 평화를 창조하는 것은 폭력을 줄이는 것(치료)과 폭력을 피하는 것(예방)과 분명히 관련이 있다. 폭력은 해치거나 다치게 하는 것을 뜻한다... 생명은 몸과 마음에 가해지는 폭력을 겪을 수 있는데, 이는 각각 육체적 폭력과 정신적 폭력을 가리킨다. 그러나 생명은 몸과 마음에 찾아오는 기쁨인 축복을 경험할 수도 있다. 일부에서는 그러한 경험에 대해 '적극적 평화'라는 용어를 사용할 수 있을 것이다.[5)]

이와 같은 갈퉁의 적극적 평화는 UNDP가 1994년 인간개발보고서(Human Development Report)에서 제시한 것으로 "일상생활 속에서 안보를 추구하는 평범한 사람들의 정당한 관심"[6]에 초점을 맞추는 '인간안보' 개념과 직접적으로 연계되어 있다. 보고서에서 제시하는 인간 안보 개념은 다음 두가지로 정의되는 바, 우선적으로 기아, 질병, 가혹행위 등 사회의 만성적 위협으로부터의 보호와 다음으로 가정과 직장, 사회 속에서 일상적 생활양식이 갑작스럽게 파괴되는 것으로부터의 보호를 의미한다.[7] 인간개발보고서는 이어서 인간안보를 구성하는 요소 7가지로 경제안보, 식량안보, 건강안보, 환경안보, 개인안보, 공동체 안보, 정치적 안보를 적시하고 있다. 이에는 빈곤과 질병으로부터의 자유와 보호받을 권리, 환경오염이나 자원고갈로 인한 위협과 개인의 신체적 안전을 위협하는 각종 사고로부터의 안전을 보장받을 권리와 전통문화에 대한 보호 정치적 권리에 대한 보장 등 인간이 일상을 영위하는데 위협이 될 수 있는 거의 모든 요소가 나열되어 있다.[8]

갈퉁의 적극적 평화 개념과 UNDP의 인간안보 개념은 폭력을 동반한 전쟁이나 테러의 부재상태를 넘어서 인간 일상의 조건을 흔드는 모든 위협의 부재상태를 지향하는 것으로 매우 포괄적 개념이다. 인간의 평화로운 삶을 막고 있는 것은 무엇이든지 인간안보에의 위협이 된다는 포괄적 안보 개념은 전쟁과 테러가 중지되고 명시적 폭력이 표면적으로 드러나지 않는 상태가 평화라고 하는 소극적 사고에서 인간이 인

5) 갈퉁, 요한 지음. 강종일 외 옮김. 『평화적 수단에 의한 평화』(2000, 들녘) p.19.
6) 전웅. "국가안보와 인간안보," 국제정치논총 44집 1호 (2004) p.33.
UNDP, *Human Development. 1994* (New York: Oxford University Press, 1994), p.22.
7) 전웅, 위의 자료 / UNDP, 위의 자료. p.23.
8) 전웅, 위의 자료 / UNDP, 위의 자료. pp.230-234.

간답게 살아갈 수 있는 조건이 형성되어 있어야 진정한 개념의 평화라고 할 수 있다는 적극적 평화개념으로 진화하고 있음을 보여준다.

평화로 가는 길에 서 있는 전쟁과 테러로부터의 위협 못지않게 빈곤과 기아, 질병 등으로부터의 위협도 평화로 가는 길에서 반드시 해결되어야 할 문제임을 인간안보 개념을 제시하고 있는 것이다. 인간안보 개념이 지나치게 포괄적이라는 지적도 있지만, 인간의 삶 자체가 포괄적이기에 그것은 어쩌면 당연한 귀결인지도 모른다. 지금까지 지구상에서 진정한 의미의 평화가 자리 잡고 지속된 적이 있었는지에 대해 자문하면서, 왜 평화가 정착될 수 없었는지를 묻는다면, 바로 그 포괄성에서 답을 찾을 수 있다. 인류역사에서 지금까지의 평화는 진정한 의미에서의 평화가 아니라 구체적 전투행위가 잠시 멈춘 정전(停戰)상태를 의미했고, 그렇게 볼 때 전쟁의 부재상태는 인류역사에서 아직 존재한 적이 없었던 것이다. 군사력의 중지가 평화를 의미하는 것이 아니고, 일상의 일상화가 평화를 의미하는 것이다. 평화의 조건을 전쟁에서 찾으려는 시도는 헛된 노력이고, 역사의 미망이었던 것이다. 이제 평화는 군사력에서 찾을 것이 아니라, 일상에서 찾아야 하는 것이다.

3. 평화의 조건

1) 일상의 민주주의에서 일상의 평화로

평화를 추구하는 작업의 역사는 인류의 역사와 그 궤를 함께 하고 있다. 인간의 삶에서 행복을 추구하는 것이 고대로부터의 정치철학의 목표라고 할 때, 행복은 일상에서 찾을 수 있는 것이고 바로 그것이 평화이기 때문이다. 이제 평화는 전쟁의 부재상태로 단순하게 정의되기 어렵다. 인간이 전반적인 삶에서 안정감과 행복을 느낄 수 있는가 하는 것이 평화의 지표로 등장하게 된다. 앞에서 언급한 적극적 평화나 인간안보의 개념이 바로 이를 반영하는 것이다.

따라서 평화의 제1조건으로 등장하는 것이 바로 일상의 평화이다. 그렇다면 일상의 평화는 어떻게 이루어지는 것이며 어떻게 설명될 수 있는 것일까? 일상의 평화는 인간이 살아가는 삶의 현장의 매 순간순간 이루어지는 안정된 구도 속에서 발견된다. 모든 인간이 일상에서 안정과 평화를 동시에 추구하고 있다는 점에서 민주주의의 중요성이 발견된다. 일상에서 갈등보다는 안정 요소를 찾아낼 수 있는 능력과 폭력적 대결보다는 평화의 메시지를 읽어내는 다른 목소리가 필요하며, 그 다른 목소리를 키워낼 수 있는 정치체제가 바로 민주주의임을 토크빌은 자신의 저서 『미국의 민주주의』에서 말한다.

> 사회적 조건이 보다 평등해질수록, 문명국가의 전쟁가능성은 낮아진다... 군대의 병폐의 근원은 군대 자체가 아니라 국가에 있다. 민주국가는 자연스럽게 소요사태와 전제정치를 혐오한다. 이러한 자연 본성을 이지적이고 세심하고 지속적인 소양으로 돌려야 한다... 일반적인 국가의 정신이 군대로 스며들어 갈 것이다... 시민에게 자유와 질서, 단호함을 교육시키면, 군인들도 절제있고 순종적이 될 것이다.[9)]

현대 국제정치학은 사소한 갈등과 빈번한 분쟁을 전쟁으로 가는 길이라고 읽고, 여전히 그에 대한 대비로서 살상력이 높은 무기로 무장된 군사력의 필요성을 역설하고 있다. 여기서 시작된 폭력과 테러, 전쟁은 전투와 인명살상으로 이어지고, 정전과 휴전을 거쳐 다시 휴전을 파기하고 다시 전쟁으로 돌입하는 악순환을 거듭하고 있다. 평화를 위해 전쟁 준비를 한다는 역설적 상황이 전개되면서, 인류의 행복과 복지를 위해 인류문명의 파괴를 자행하기도 하는 모순이 발생한다.

---

9) Tocqueville. *Democracy in America* (1960) pp.264-270.

일상에서의 갈등과 분쟁이야 사회속의 인간에게 발생하는 자연스러운 현상이지만, 전쟁이 그 귀결이 되어야 하는 것은 아니다. 갈등과 분쟁이 발생하면 해결로 가는 것으로, 그 과정에서 전쟁이 발생해 온 것이라고 볼 수 있다. 갈등과 분쟁의 해결의 목표는 안정과 평화라고 볼 수 있고, 그렇다면 전쟁은 갈등과 분쟁이 평화로 가는 길목에서 발생한 것이라고 볼 수 있다. 한마디로 전쟁은 평화로 가는 길목에서 만난 불의의 습격자인 셈이다. 즉, 길의 끝에 존재하면서 우리가 만나야 할 것은 평화이지 전쟁은 아니었고, 평화가 전쟁의 부재상태가 아니라 전쟁이 평화의 부재상태였음이 드러난다. 이제 우리가 해야 하는 일은 갈등과 분쟁의 해결방식으로서의 전쟁의 가능성과 필요성을 인간의 머릿속에서 소멸시키고 갈등과 분쟁에 대한 평화적 해결이라는 전향적 사고로 방향을 전환하는 것이다.

결국 정치사적으로 평화는 인류에게는 행복을 의미하는 것이고, 행복은 궁극적으로 개인의 일상적 삶에서의 안정과 질서를 통해 가능하게 되는 것이다. 여기에 아우구스티투스가 『하나님의 도성City of God)』에서 언급한 행복과 평화에 대한 정의가 들어설 여지가 있다.

> 신체의 평화는 그 부분들의 균형있는 배치에 있으며, 비이성적 영혼의 평화는 욕구의 조화있는 충족과 안정에 있으며, 이성적 영혼의 평화는 지식과 행동의 조화에 있다... 사람과 사람 사이의 평화는 잘 정돈된 조화에 있다. 가정의 평화는 주관하는 자와 복종하는 자들 사이의 잘 정돈된 조하에 있다. 시민생활에서의 평화는 시민간의 일치에 있다... 질서는 동등한 것과 동등하지 않는 것들을 각각 그 자리에 배치하는 것이다.[10)]

즉, 일상적 평화는 일상적 삶의 안정과 질서로부터 가능하다는 전제로부터, 우리는 평화로 가기 위해 필요한 기제로서의 민주주의를 만나

---

10) 아우구스티누스. 『하나님의 도성』 (1998, 크리스찬다이제스트) p.939.

게 된다. 민주주의는 단순한 정치체제가 아니라 듀이가 말한 '삶의 양식(a way of life)'으로서, 우리의 삶에 원칙을 통한 질서를 부여하고, 질서를 통해 안정과 균형을 이루고, 안정, 균형과 함께 '잘 정돈된 조화'를 형성할 수 있으며, '잘 정돈된 조화'가 평화로 귀결될 수 있다는 것이다. 특히 여기서 말하는 평화는 국가 간의 협상으로 얻어지는 무력행위의 한시적 중지가 아니라, 국가의 성원 개개인이 안정되고 평화로운 일상을 영위하게 된다는 의미에서의 '일상의 평화'를 의미한다. 이제 평화로 가는 길목에서 만나는 것은 폭력을 동반하는 테러나 전쟁이 아니라, 질서와 조화로 형성된 일상의 민주화로서, 이를 통해 우리는 갈등과 분쟁에서 전쟁이 아니라 평화로 나아갈 수 있게 되는 것이다. 이로써 평화를 위한 첫 번째 조건은 일상적 민주주의의 달성임이 분명해진다.

2) 민주주의와 시민사회

민주주의의 고전적 정의는 고대 그리스 아테네의 페리클레스(Pericles)가 페르시아 전쟁에서 전사한 전몰장병에 대한 추념사에서 명시적으로 선언되고 있는 바와 같다.

> 우리의 체제는 민주주의라고 부르는데, 이는 권력이 소수의 손이 아니라 다수의 손에 있기 때문이다. 사적인 분쟁을 해결하는 과정에서 모든 사람은 법 앞에서 평등하다... 그리고 우리의 정치생활이 자유롭고 개방적이듯이 다른 사람과의 관계에서 일상생활 또한 개방적이다. 만일 우리 이웃이 자기 방식대로 즐긴다고 해서 그 사람에게 화를 내지 않으며, 또한 실제적인 해를 입히는 것은 아니다. 감정을 상하게 할 수 있는 불쾌한 표정조차 내보이지 않는다. 우리는 우리의 사생활에 대해서 자유롭고 관용적이다. 그러나 공적인 문제에서 우리는 법을 준수한다. 그 이유는 법은 우리가 존중할만큼 가치가 있기 때문이다.[11]

---

11) Thucydides. *The History of Peloponnesian War* (1960) pp.111-112.

페리클레스는 정치제제의 주인이 소수가 아니라 국민 다수이고, 모든 이가 법 앞에 평등하며, 공적인 영역에서 그들 모두가 법을 준수한다는 점을 강조한다. 여기서 공화국의 어원인 공적인 것(res publica)에 대한 개념과 법체계가 등장하게 된다. 이렇게 평화의 조건으로서의 민주주의를 말할 때, 가장 중요한 것은 민주주의의 행위자 시민과 그 시민의 움직임에 대한 지침으로 작동하는 헌법체계라는 점이 드러난다. 시민이 주인인 민주주의가 제대로 작동하기 위해서 공화주의적 사고가 필요하다는 것은 많은 헌법체계가 '민주 공화국'을 근거로 하고 있는데서 잘 알 수 있다. 민주주의는 행위자 시민을 통해서 움직이고, 그 시민은 법체계를 따라 움직이면서 질서정연한 사회(well-ordered society)가 형성되는 것이다. 고대의 소크라테스, 플라톤으로부터 사회계약론자를 비롯한 근대 정치사상가들의 목표라고 볼 수 있는 '질서정연한 사회'는 무력에 의존하지 않고 법과 제도를 통해 갈등과 분쟁을 해결하는 방식을 체계화한 사회라고 할 수 있는바, 이는 곧 평화로운 사회의 형성으로 이어지게 되는 것이다.

법과 제도를 갖추어 가면서 민주주의는 시민을 통해 그 형태를 드러내고 작동하게 되고, 시민은 민주주의 체제를 통해 활성화 된다. 민주주의와 시민의 서로간의 상화작용을 통해 상생 발전하게 되는 것이다. 민주주의 사상가 벤자민 바버(Benjamin Barber)는 신자유주의적 시장이 극단적으로 활성화되어 있는 자본주의 사회의 그늘진 영역에서 발생할 가능성이 있는 전체주의적 사고에 대한 대책으로 대중이 아니라 민주적 시민으로 구성된 시민사회를 역설한다. 건전한 시민 사회의 건설과 형성을 통해 민주주의 제도의 정착과 재구조화를 기하면서 평화의 지속가능성이 담보될 수 있다는 것이다. 바버가 말하는 시민사회의 특징은 다음과 같으며, 이를 통해서 건전한 시민사회가 형성될 수 있음을 명백히 한다.

> 시민사회의 기본적인 작동원리는 민주주의이다. 여기서는 정치인과 관료들이 아니라 새로운 권한을 부여받은 일반대중이 합법적인 권력을 행상해 자신들의 자유를 신장시킨다. 여기서 말하는 자유는 법인의 권리와 사회적 책임감 및 시민의식의 의무를 수반한다... 시민정체성은 시민의 권리와 책임을 조화시키고 정부와 시장에 대한 시민의 통제력을 회복시켜준다. 시민사회는 시민의 영역으로서 민간시장과 중앙정부 사이에서 양자를 조정한다... 시민사회는 자치정부에 대한 공적인 열망을 흡수하면서 동등한 지위의 구성원들로 형성된 비강압적인 단체로서 갖는 자유주의적 특징을 상실하는 일은 없다... 그와 동시에 시민들은 자신을 시장으로부터 자유롭게 만든다.[12)]

이렇게 형성된 건전한 시민사회는 이제 대중의 목소리를 담아야 하는 과제를 안고 있다. 바버는 정부의 민주화보다 민주시민층의 형성이 선행되어야 하는 과제임을 주장하며, 시민사회야말로 민주시민층의 형성에 필요한 조건을 제공한다고 역설한다. 다시 말해서, 시민사회에서 민주시민층의 형성되며, 이들 민주시민층을 통해서 국가와 정부는 민주주의 제도를 정착시킨다. 여기서, 제도로 정착된 민주주의는 이제 민주시민의 역량을 강화시킬 수 있게 되고, 일상에서의 민주주의가 활성되면서 시민사회가 자리잡게 된다는 역전 현상도 찾아볼 수 있게 된다. 여기서 바버가 말하는 시민이란 의식적인 노력을 통해 대중의 목소리를 되찾고 자신의 더 큰 공동체의 일원임을 잘 이해하고 있으며 다른 이와 더불어 사는 법을 아는 개인을 말한다.[13)] 벤자민 바버는 자신의 저서『강한 민주주의(Strong Democracy)』에서 시민과 대중을 다음과 같이 구별하여 규정하면서 시민의 가능성에 대해 역설한다.

---

12) 바버.『지하드 맥월드』(2003, 문화디자인) pp.388-389.
13) 위의 책. p.390.

> 대중은 소란을 일으키고 시민은 심사숙고하고, 대중은 반응하지만 시민은 행동하며, 대중은 충돌하고 대립하지만 시민은 약속하고 공유하고 기여한다. 따라서 대중이 약속하고, 공유하며, 기여하게 되면 시민이 되고 그리하여 참여하게 된다는 것이다. 따라서 대중이 심사숙고하고, 행동하고, 함께하면서 공헌할 때 그들은 비로소 시민이 되고 이에 참여하게 되는 것이다.[14)]

이렇게 볼 때, 시민과 민주주의는 이제 서로를 강화시키면서 상생의 선순환구조를 형성하게 되는 것이다. 따라서 현대사회에서 대중에서 시민으로의 움직임이 매우 중요해진다. 시민의식의 핵심요소로서의 공공성과 함께, 대중의 목소리는 시민을 정의하는데 필수적 개념으로 등장하는 바, 시민의 형성과 등장은 민주주의 체제 정립과 지속가능성을 위한 중요한 기제가 되는 것이다.

3) 평화시민의 등장과 평화적 문화의 형성

> 국가는 자유 없이 존재할 수 없고. 자유는 덕이 없이 존재할 수 없으며, 덕은 시민 없이 존재할 수 없다. 시민을 만들어낼 수 있다면, 이 모든 것을 가질 수 있을 것이다.[15)]

이러한 루소의 말에서, 우리는 시민이 만들어내는 민주주의와 함께 그 지속 가능성에 대한 비전을 찾아볼 수 있다. 루소가 『에밀』에서 교육을 통해서 형성되는 시민을 잘 보여주고 있듯이, 교육이 시민을 만들고, 시민은 정치적 권리와 의무를 설정하면, 권리를 통해 민주주의가 제도화된다. 이렇게 볼 때 시민 없이 민주주의가 있을 수 없고, 교육을 통한 문화형성 없이 시민이 있을 수 없다.[16)] 공동체에서의 이러한 교육과

---

14) Barber. *Strong Democracy* (1984) p.156.

15) Rousseau. *On Political Economy* (1978, St. Martin's Press) p.222.

정을 통해 대화가 이루어지고 가치와 덕성이 교환되면서 시민은 형성되고 민주주의가 바로 서게 되는 것이다.

이렇게 형성된 민주주의는 법과 제도의 운용과정에서 그 구체적 모습을 드러내게 된다는 점에서 민주주의는 고정되어 있는 것이 아니고, 진행형이라는 사실을 알 수 있으며, 여기서 민주주의가 가지는 질서형성의 기제와 갈등의 평화적 해결이라는 미래적 과제를 찾아 볼 수 있다. 자본주의의 물질적 가치에 함몰된 현대사회에서 사회의 어두운 측면에 대한 분석과 함께 가능성을 제시하고 있는 『지하드 맥월드』에서, 벤자민 바버는 민주주의를 그 대안으로 제시하면서, 민주적인 삶의 산물인 시민사회와 시민의식을 가진 성숙한 시민의 필요성을 내세운다.[17)]

이제 민주주의를 가능케 한 성숙한 시민에게 요구되는 것은 갈등 해결방식에 대한 전향적 접근이다. 궁극적인 갈등해결의 방식으로서 폭력이 여전히 존재하는 것은 그 저변에 깔려있는 폭력의 문화에 기인한다. 결국 폭력적 문화 속에서 폭력적 해결 방식이 드러나고, 평화적 문화 속에서 평화로운 해결이 나타날 수 있게 되는 것이다. 따라서 평화를 논의하기 전에 사회 전반에 흐르는 평화적 문화의 형성이 요구되며, 이를 위해 민주사회의 시민 또한 평화적 시민으로 재탄생해야 한다. 전쟁의 부재상태가 아니라 인간다운 삶이 가능한 정의로운 사회가 진정한 의미의 평화라는 평화에 대한 적극적 개념의 발달은 일상적 삶을 중요시하는 일상의 민주주의의 진행과 그 궤를 같이하고 있으며, 평화적 시민의 형성이 자유와 평등 개념을 갖춘 민주주의 사회의 시민으로부터

---

16) 박의경. "대중에서 시민으로," 『한국정치학회보』 제45집 5호 (2011) p.96.

17) "남북전쟁 중에도 링컨 대통령은 민주주의를 마지막이자 최선의 희망으로 여겼다. 오늘날의 역설적인 세계에서는 국가가 분열되고 그와 동시에 세계는 통합되고 있지만, 소심한 정부와 효력을 상실해버린 국제법은 아무런 조치도 취하지 못하고 있다. 이런 상황에서 민주주의야말로 우리의 첫 번째이자 단 하나의 희망으로 남게 될 것이다." 바버. 『지하드 맥월드』 (문화디자인, 2003) p.396.

출발하는 것임을 제시한다.

> 갈등의 해결방식으로 전쟁이 당연하게 받아들여져온 역사의 저변에는 폭력의 문화가 깔려있다. 따라서 평화에 대한 적극적 해석이 힘을 얻으려면, 이러한 문화도 평화의 문화로 움직여야 한다. 평화의 문화는 인권, 민주주의 문화와 밀접하게 연결되어 있다. 민주주의는 토론과 타협을 통한 갈등 해결 방식으로 대표적인 것이기에 전쟁으로 귀결되는 폭력의 문화와 차이를 보이게 되는 것이다. 평화를 원하지만, 내 마음에 더 드는 평화를 원한다면, 이 문제는 결국 전쟁으로 해결할 수밖에 없다. 그러나 너와 내가 각각 마음에 들어 하는 평화를 놓고, 선택, 중재, 또는 혼합을 한다면 이는 전혀 다른 해결책이다. 여기에 바로 평화적 방법을 통한 평화가 성립할 수 있는 여지가 존재한다. 민주주의는 민주적 방법으로 이루어야 하듯이, 평화도 평화적 방법으로 달성되어야 진정한 평화라고 할 수 있다.[18]

1948년에 UN에서 채택된 <세계인권선언>에서도 세계의 모든 인민과 모든 국가가 달성해야할 공통의 기준으로 "인류 모든 구성원들의 본질적인 존엄성과 동등하고 양도할 수 없는 권리의 인정은 세계에서 자유, 정의, 평화의 기초"임을 명시하고 있다. 즉, 민주주의 사회의 민주시민은 이제 평화적 시민으로 평화적 문화를 형성하게 되면서, 평화의 지속가능성이라는 초석을 놓고, 갈등해결의 수단으로서의 전쟁의 영원한 중지라는 인류의 희망을 달성해 낼 수 있게 된다.

평화적 방법으로 평화가 달성되기 위해서 평화적 문화가 형성되어야 하고, 평화적 문화 속에서 시민의 평화적 속성이 드러날 수 있게 되는 것이다. 평화적 시민을 정치적 주체로 하는 민주주의의 지속성은 사회의 문화를 평화적으로 지속하게 하면서, 동시에 갈등을 평화적으로 해

18) 박의경. "한국에서의 여성, 평화 그리고 통일," 『대한정치학회보』 14집 2호 (2006) p.231.

결하려는 평화적 문화의 정착을 통해 평화의 제도화로 한 걸음 더 나갈 수 있게 된다. 한마디로 평화를 달성하는 길은 민주주의에 있으며, 시민이 민주주의를 형성한다는 점에서, 평화도 결국은 시민의 손에 달려 있음이 더욱 분명해진다. 성숙한 시민의 평화적 심성이 민주주의 문화를 형성하게 되면서 사회의 질서도 유지되고 평화도 확보된다는 것으로, 평화적 시민과 평화적 문화의 순환적 구도가 자리잡게 되면, 평화의 제도화는 완성된다고 할 수 있을 것이다.

평화적 문화가 존재하는 곳을 현재 지구상에서 찾으라면 스웨덴을 비롯한 스칸디나비아 국가를 들 수 있을 것이다. 이들 국가는 "경제, 복지 수준을 포함하여 전반적으로 높은 사회평등지수와 함께 높은 단계의 민주주의와 평화 선호 성향을 보여주고 있다. 여기서 말하는 높은 단계의 민주주의란 시민들 간의 상호 신뢰의 관계가 기본으로 되어 있으며, 서로에게 영향을 주는 모든 사안은 토론과 타협을 통해서 결정하는 민주적 문화가 자리 잡은 사회"[19]를 지칭한다.

홉스테드[20]의 문화차원 이론에 따르면, 스웨덴은 개인이 집단의 영향을 받지 않으며, 사회가 보다 평등한 구조를 형성하고 있으며, 낮은 위험회피 성향으로 인해 미래에 대한 불안감이 그리 높지 않아 시민들이 까다롭지 않고 조용하며 절제되어 있다. 스웨덴에서 참여민주주의와 복지체계가 성공적으로 자리 잡게 된 근저에는 이러한 평화적 전통과 민주적 문화의 공존이 존재한다. 스웨덴 모델을 간단하게 요약하자면, 평등과 사회정의를 기본으로 한 사회적 가치, 이를 경제적으로 실현 가능케 한 사회적 연대, 행정집행의 효율성 그리고 합의 문화라고 할 수

19) 박의경. "참여민주주의의 지속가능성에 대한 고찰," 『민주주의와 인권』 제14권 1호 (2014) p.174.

20) Hofstede, Geert. *Culture's Consequences*. New York: Sage Publications, Inc., (1980).

있다. 합의문화가 발달한 스웨덴을 비롯한 스칸디나비아 국가의 갈등지수는 현저히 낮은 것이 사실이다.

실제로 노르웨이는 2011년 우퇴이아 섬 총기 난사 사건에 대응하는 과정에서 폭력에 대한 비폭력적 대응의 가능성을 사실로 확인시켜 주었다. "폭력에 대한 우리의 대답은 민주주의와 개방성, 정치참여를 더 늘리는 것"이라는 노르웨이 총리의 말은 이를 반증한다.[21] 평화적 시민이 평화적 문화의 기저를 형성하고, 평화적 문화는 또다시 평화적 시민을 양성하고, 이렇게 자리잡은 민주주의 사회는 이제 갈등에 대해 지나친 과민반응을 하지 않을 수 있는 체제의 자신감을 가지게 되는 것이다. 평화적 문화가 확보되어 있는 곳에서는, 국가적 재난의 발생에 임해서도 안보를 빙자한 폭력적 권리 침해도 자유에 대한 유보도 발생하지 않고, 희생양을 찾아 그 책임을 씌우고 벗어나려는 시도도 하지 않는다.[22] 그 사건을 통해서 오히려 민주주의적 가치에 대한 강한 신념을 확인하면서, 평화적인 문제 해결의 단초를 찾아가는 데서, 시민과 문화의 상생관계와 함께 평화의 지속가능성을 발견한다.

4. 지속가능한 평화를 위하여: 칸트의 『영원한 평화』 다시읽기

1) 목적으로서의 평화

평화적 시민과 평화적 문화의 상생관계를 통해서 평화의 지속가능성이 발견된다면, 일상에서 평화의 메시지를 읽어내기 위해서 평화에 대한 예민한 감각이 필요해진다. 여기서 감각의 주체는 어디까지나 인간

---

21) 경향신문. "'오슬로 참극' 노르웨이의 관용, 9.11 미국과 달랐다." 2011.7.30.

22) 박의경. "전쟁의 길과 평화의 나무," 『국제정치논총』 제53집 4호 (2013). p.489; 각주 27.

이고, 따라서 인간을 수단이 아니라 목적으로 대해야 한다는 정언명제를 제시한 칸트의 평화에 대한 생각을 찾아볼 필요가 있다. 그의 논리에 따르면, 우선적으로 평화는 인간 사회의 최종 목적으로 설정되어야 한다.

실제로 갈등과 전쟁으로 점철되어 온 인류 역사에서 평화가 최종 목적으로 설정되지 않았던 적은 거의 없다. 목적으로서의 평화는 칸트의 명제를 빌리지 않아도 모든 이들이 동의하는 명제이기도 하다.

> 이러한 [영원한 평화를] 보증해주는 것은 다른 것이 아니라 위대한 기예가인 자연이다. 자연의 기계적 운행에는 인간의 의지에 반하고라도 인간의 불화를 통해서 일치를 생장시켜내려는 합목적성이 명백히 나타나 있다.[23)]

이어서 칸트는 인간에게 영원한 평화는 숙명적 과제이며, 자연으로부터 주어진 섭리라고 주장한다. 여기서 문제는 발생한다. 왜 모든 이들이 동의하는 목적인 평화가 지속되지 않는 것일까? 이는 평화적 문화가 자리잡지 못하고, 평화적 시민의 소리가 더 큰 폭력적 소리에 묻히면서, 평화라는 목적으로 향하는 길을 정비하는 제도가 제대로 들어서지 못한 탓이다. 이제 우리의 과제는 보다 명확하게 드러난다. 평화적 시민과 평화적 문화의 상생관계를 활성화시킬 수 있는 자체 동력으로서의 시민과 문화의 선순환구조 제도화, 바로 그것이다.

평화의 제도화는 많은 사상가들의 주제였지만, 이에 대한 보다 구체적 모형을 제시한 사상가는 바로 칸트라고 할 수 있다. 칸트는 자신의 글 『영원한 평화』를 통해서, 폭력 전쟁을 종식시킬 수 있는 평화의 제도화를 보다 구체적으로 제시한다. 이는 인간이 필연성의 세계의 지배

---

23) 칸트, 임마누엘 지음, 백종현 옮김. 『영원한 평화』 (2013. 아카넷) p.139.

를 받는 순수이성과 함께, 도덕성과 가치에 대한 판단이 가능한 자유의 영역으로서의 실천이성을 통해서 세상에서 실현해 낼 수 있는 최고의 목적이자 의무이며, 이를 통해서 인간의 진보가 가능해질 것임을 칸트는 분명히 한다.

> 자연은 인간의 경향성들 자체에 있는 기제를 통해 영원한 평화를 보증한다. 물론 그것은 그 평화의 미래를 예언하기에 충분할만큼 확실하지는 않지만, 그럼에도 실천적인 견지에서는 족하고, (한낱 환영이 아닌) 이 목적을 향해 노력하는 것을 의무로 만든다.24)

이렇게 평화는 인간의 의무로서 자리잡고 모든 이가 평화의 목적에는 동의를 하면서도, 그와 반대의 길로 갔던 역사의 경험과 현장을 우리는 도처에서 발견한다. 평화를 목적으로 한다면서, 인류의 정치사와 외교사는 전쟁과 갈등을 중심으로 기록하고 있다. 평화가 목적이라면, 정치사와 외교사가 기술하고 있는 전쟁과 갈등은 평화로 가는 과정이자, 평화로 가는 길에서 만난 일종의 사건, 사고에 해당하는 것이다.

목적으로서의 평화는 칸트 이전에 이미 토마스 홉스(Thomas Hobbes)가 『리바이어던』 제1권 14장의 자연법에 대한 논의에서 잘 설명하고 있다. 홉스는 자연법을 다음과 같이 정의한다.

> 자연범이란 이간의 이성이 찾아낸 계율 또는 일반적 원칙을 말한다. 이 자연법에 따라, 자신의 생명을 파괴하는 행위나 자신의 생명보전의 수단을 박탈하는 행위는 금지되며, 또한 자신의 생명 보존에 가장 적합하다고 생각되는 행위를 포기하는 것이 금지된다.25)

---

24) 칸트, 임마누엘 지음. 백종현 옮김. 『영원한 평화』 (2013. 아카넷) p.153.
25) 홉스 지음. 진석용 옮김. 『리바이어던』 1권 (2008, 나남) p.176.

여기서 등장하는 이성의 계율 또는 일반적 원칙은 다음과 같다. "모든 사람은 달성될 가망이 있는 한 평화를 얻기 위해 노력해야 한다"는 것이 홉스가 제시한 자연법의 기본이다.[26] 평화에 대한 의무를 규정한 기본적인 자연법이라는 홉스에서 볼 수 있는 것처럼, 목적으로서의 평화는 이성을 가진 인간이라면 모두가 가지고 있는 의무라고 할 수 있다. 여기서도 칸트가 말하는 인간이 선험적으로 가지는 '목적으로서의 평화' 개념이 명확히 드러남을 알 수 있다. 이제 평화는 인간의 의무의 근거로서 설정되는 그 의무가 달성해야 하는 목적에 해당하는 것으로, '인간을 목적으로 대해야 한다'는 칸트의 정언명제의 후속적 정언명제라고도 할 수 있는 것이기에, '목적으로서의 평화'는 또한 칸트의 저작 『영원한 평화』의 궁극적 과제로 설정될 수 있는 것이다.

2) 수단으로서의 평화

'목적으로서의 평화'가 인간이 추구하는 궁극적 목적지(telos)임을 명시적으로 부정하는 이론이나 사상가는 존재하지 않을 뿐만 아니라, 오히려 적극적으로 이를 기치로 내세우기도 한다. 이제 논의의 초점은 그 평화를 달성하기 위한 수단에 대한 설명과 분석으로 옮겨진다. 기원전 5세기 아우구스티누스는 이미 이러한 문제점을 분명히 제시하고 있다.

> 전쟁을 하는 사람들은 승리를 원할 뿐이며, 승리란 영광스러운 평화를 의미한다.. 그러므로 전쟁을 하는 것은... 평화를 원하기 때문이다. 따라서 전쟁으로서 얻으려는 목표는 평화임이 분명하다... 평화로운 생활을 전쟁으로 어지럽게 하는 사람들도 평화를 미워하는 것이 아니라, 자기 마음에 더 흡족한 평화를 만들고자 하는 것이다. 평화를 원치않는 것이 아니라, 자기 마음에 더 드는 평화를 원할 뿐이다.[27]

26) 위의 책. p.177.

앞에서 이미 언급하였듯이, 인류 역사가 거의 전쟁의 기록이 된 것은 목적으로서의 평화에 대한 부정이라기보다는, 평화로 가는 길에서 발생하는 폭력적 사건이자 사고였다고 볼 수 있는 것이다.

'자기 마음에 더 드는 평화'를 위해 궁극 목적인 평화를 해치는 일이 21세기 국제정치의 현장에서도 비일비재하다. 목적으로서의 평화에 대한 동의는 있지만, 그것이 어떠한 평화인지에 대한 의견 합의는 없기에, 자기중심적으로 '평화임'과 '평화가 아님'을 규정하게 되면서, 평화적이 아닌 수단으로 평화를 달성하겠다는 모순적 시도가 평화를 원하는 우리의 눈 앞에 펼쳐지게 되는 것이다.

21세기는 평화라는 목적지에 도달하기 위한 과정에서 발상의 전환이 요구되는 시점이다. 민주주의만큼이나 평화는 인간의 노력을 통해 형성되는 것이다. 이렇게 볼 때, "자유민주주의가 조심해서 다루어야 하는 깨지기 쉬운 그릇이라면, 평화는 세심하게 잘 길러야 하는 나무"라고 할 수 있을 것이다.[28]

> 평화를 위해서는 많은 노력이 필요하다는 것은 이미 언급한 바와 같다. 역사에 존재하는 수많은 전쟁은 평화를 위한 노력이 실패한 결과 발생한 것이라고도 볼 수 이렇게 볼 때, 전쟁은 평화를 위한 길에 존재하는 것이라는 역설이 가능할 수도 있다. 평화가 전쟁의 길 끝에 존재하는 것이 아니라, 평화의 길 중간에 평화를 위한 에너지가 충분히 모아지지 않으면 역사는 이를 전쟁으로 기록하는 것이라고도 할 수 있을 것이다.[29]

따라서 평화에 대한 개념 규정과 평화를 위한 조건의 형성이 중요해

---

27) 아우구스티누스 지음, 조호연외 옮김. 『하나님의 도성』 (크리스찬다이제스트, 1998) p.936.

28) 박의경. "전쟁의 길과 평화의 나무," 『국제정치논총』 제53집 4호 (2013). p.477.

29) 위의 자료. pp.476-477.

진다. 앞서 갈퉁이 제시한 바와 같은 평화의 개념 구분이 바로 그 출발점이다. 소극적 평화는 무력과 폭력을 수단으로 포함하는 위험한 평화라면, 적극적 평화는 인간의 삶 속에서 평화적 조건을 형성해 나가는 일상적 평화라고 할 수 있다. 여기서 위험한 평화, 폭력에 의한 평화, 강제적 평화는 평화가 아니며, 언제라도 전쟁과 폭력의 에너지만 주입되면 바로 전쟁으로 돌아설 수 있는 매우 불안정한 한시적 정전상태에 불과함을 의미한다. 비폭력 저항운동으로 유명한 마하트마 간디나 마틴 루터 킹도 단순히 전쟁이 없는 상태가 아니라, 적극적으로 정의가 구현된 상태 - 즉, 서로 이해하고, 우호적이며 분쟁과 갈등이 없이 조화와 균형을 이루는 상태 - 를 평화로 규정하면서, 평화란 인류가 목적으로 하는 가장 이상적인 상태라는데 의견의 일치를 보인다.

일반적으로 일상에서의 민주주의가 자리잡아야 정치체제로서의 민주주의가 확립될 수 있는 것처럼, 국제사회의 평화도 국가 대표간의 평화협상을 통해서가 아니라, 일상의 평화와 내면의 평화를 통해서 달성되어야 한다. 평화협상이나 조약을 통한 인위적 평화 조건의 형성은 전쟁이나 테러와 같은 물리적 폭력을 잠시 멈추는 효과 이상을 발휘하지 못한다는 것은 인류의 역사에서 잘 드러난다. 진정으로 평화를 원한다면, 모든 갈등과 분쟁의 해결을 위해 평화적으로 접근해야 한다. 전쟁 억지력은 잠깐 동안의 정전기간을 가져올 뿐이고, 우리는 오랫동안 이를 평화라고 착각해 왔던 것이다. 무력을 통한 전쟁억지력은 지속적이지 못하고, 언젠가 그 억지력이 훼손되는 순간 억제되었던 폭력은 다시 살아나게 된다.

평화를 이룩하기 위한 최선이자 궁극적 수단은 갈등과 분쟁에 대한 평화적 해결이고, 평화란 일상의 평화를 의미한다는 포괄적 접근이 필요하다. “개인적인 것은 정치적(the personal is political)"이라는 여성주의의 캐치프레이즈와 마찬가지로, 일상의 민주화와 체제로서의 민주주의를 형성하는 것처럼, 국제사회의 평화는 국가의 평화를 통해서, 국가의 평화는 개인 간의 평화를 통해서 자라나고 형성되는 것이다. 여기서 말하는 평화는 인간의 삶에 갈등과 분쟁이 존재할 때, 그것을 해결하는 과정에서 구체적으로 그 모습을 드러내게 된다.

이제 평화는 목적이자 동시에 수단으로서 인간의 삶에서 자리매김해야 한다. 평화는 신체의 균형과 평화로운 마음의 상태에 있다는 아우구스티누스의 주장이 1500년이라는 시간을 뛰어넘은 21세기에도 많은 울림을 가진다. 국제정치의 현장에서 인류사회에 지속가능한 평화를 위해 평화의 제도화를 모색하려는 시도는 평화에 대한 아우구스티누스의 설명과 그 궤를 같이하고 있다.

수단으로서의 평화는 일상의 평화를 의미하며, 이는 곧 개인의 자유와 평등을 기반으로 하는 민주주의로 이어지고, 토론과 타협을 중시하는 민주주의 체제의 정립을 통해 사회는 균형을 이루고, 갈등과 분쟁의 평화적 해결 방식이 드러난다. 이러한 체제의 순환과정에서 행위자는 시민으로서, 이제 시민은 평화적 시민으로 자리매김하게 되고, 평화는 민주주의와 함께 사회에서 문제 해결방식의 양대축으로 자리잡을 수 있게 된다. 평화 시민의 움직임을 통해 형성되는 평화적 문화는 다시 민주주의를 강화시키게 되면서, 민주주와와 평화의 선순환 구조가 완성되는 것이다. 이제 마지막으로 필요한 것은 이러한 선순환 구조의 제도화라고 하겠다.

3) 평화의 제도화를 위한 모색: 칸트의 『영원한 평화』 다시 읽기

평화의 제도화는 왕위계승전쟁과 각국의 각축전이 심각했던 17,8세기 유럽에서 국제법에 대한 논의와 함께 그로티우스(Grotius)와 아르미니우스(Arminius)를 비롯하여 프랑스의 생 피에르등이 시도한 바 있다. 그러나 이들의 시도는 당시 각국의 통치자인 왕의 의지에 너무나 많이 의존하고 있고, 그들의 자의적 의지에 따른 국제협정과 조약에 대한 신뢰에 기반을 두고 있어, 협상자의 의지가 무너지면 모든 것이 사라지게 되어 있는 매우 취약한 구조를 가지고 있다. 1713년 프랑스의 생 피에르(St, Pierre)의 <유럽영구평화 설치안>에 대한 루소의 비판문(1761)에 따르면, 그의 생각은 훌륭하지만 방법은 순진하기 이를데 없다는 것이 루소의 총평이었다. 인간이 이성을 가지고 있다 할지라도 확실한 지침이 없으면, 그 이성은 언제라도 개인의 이익으로 경도될 수 있는 가능성을 보유하고 있다는 것이다.[30] 여기에 칸트의 『영원한 평화』에서 나타나는 평화의 지속가능성을 위한 제도화 작업을 다시 한번 살펴볼 필요가 있다.

칸트는 인간을 이성적 동물이자 최고선을 추구하는 존재로 보았다. 인간이 이성적 동물이라는 현실적 징표는 정치적 동물임에서 드러나고, 정치적 동물로서 추구하는 정치적 최고선이 이성적 동물로서 인간이 추구해야할 최고선이라고 칸트는 생각한 것이다. 칸트는 또한 정치적 최고선을 지구상에서의 '영원한 평화'에서 찾고 있다. 인간이 추구하는 가치 중에서 평화는 인간이 혼자서 이룩할 수 있는 것이 아니고, 이웃과 더불어 성취하는 것이기에 더 상위의 덕목이라는 것이 칸트의 생각이었다. 더구나 이렇게 이룩한 평화는 개인과 인류 존립의 근거를 형성하는 가치이기도 하다는 것이 그의 주장이다.

칸트에게 인간은 필연성의 영역인 순수이성에 존재하기도 하지만, 도덕성과 판단의 영역인 실천이성을 가진 존재로서, 궁극적 목적으로 대해야 하는 존재였다. 따라서 그에게 인간의 존립과 존재는 매우 중요한 가치로 등장하게 된다. 목적으로서의 인간은 이성을 가지고, 자유와 권리를 보증받으면서 지구상에서 발전과 진보를 해나가야 하는 존재이기

---

30) 김용구. 『영구평화를 위한 외로운 산책자의 꿈』 (2001, 도서출판원) pp.29-83.

에, 이를 위해 평화는 기본적 조건으로 대두하게 되는 것이다. 결국 인간의 권리와 자유, 진보를 말하는 칸트에게 영원한 평화는 인류 공존의 기반으로서 반드시 추구해야 할 궁극적 가치로 자리잡게 된다.

칸트의 『영원한 평화』는 평화에서 법적, 제도적 접근이다. 그에게 세계평화란 인간의 의무이자, 인간이 인간답게 살아가는데 필요한 조건이었다. 따라서 군주의 정치적 이해관계에 따라 잠정적으로 타결되는 18세기 유럽의 정치적 협상이나 타협은 그가 보는 평화상태와는 거리가 멀었다. 평화상태는 만들어져야 하는 것이기에, 적대행위의 중단이 평화를 보장하는 것이 될 수는 없었고, 법률적 상태에서 내 주변의 여러 이웃들로부터 그 보장이 이루어져야 적대행위가 멈추고 평화 상태가 형성될 수 있다는 것이 칸트의 사상적 출발점이었다.

칸트가 제시한 영원한 평화는 인간의 도덕적-실천적 이성이 모든 전쟁에 대한 거부를 의미하는 것이고, 모든 인간은 자신의 권리를 찾아야 하는 것이 정치사회에서 인간이 가지는 궁극적 목적이다. 전쟁으로 가는 과정에서 법치의 상태를 벗어나는 경우가 상례이기 때문에, 전쟁이 각자가 자신의 권리를 찾는 방식이 아님은 분명하다. 따라서 "보편적이고 지속적인 평화 설립은 순전한 이성의 한계 안에서의 법이론의 일부를 이룰 뿐만 아니라 전체적인 궁극목적을 이룬다.[31] 물론 여기서 영원한 평화가 국제법의 최종목표로 설정된다고 해서 현실에서 평화가 바로 설정되는 것은 아니다. 기존의 체제가 결함이 있다 할지라도, 폭력적 수단이 아니라 원칙에 따른 개혁을 통해서 그 목표에 대한 접근이 이루어질 수 있다면, 최고의 선, 즉 영원한 평화로의 지속적인 접근이 가능하다는 점에서 '영원한 평화'가 공허한 이념에 머물지 않고 이성을 가진 인간에 의한 원칙 적용을 통해서 현실에서 뿌리내릴 수 있게 되는 것이다.

---

31) 위의 책. pp.26-27.

칸트가 영원한 평화를 위해 제시하는 기본 조항을 살펴보면 다음과 같다. 평화가 인간의 의무라는 칸트의 명제는 "우리 안에 있는 도덕적-실천적 이성이 '어떠한 전쟁도 있어서는 안된다'고 저항할 수 없는 거부권을 표명한다."[32]는 말과 "영원한 평화는 공허한 이념이 아니라, 오히려 차츰차츰 해결되어, 그 목표에 끊임없이 더 가까이 다가서는 하나의 과제"[33]라는 말에서 명시적으로 표현되어 있다.

이러한 대명제하에 세계평화를 위한 기획안을 칸트는 『영원한 평화』에서 제시하는 바, 국가 간의 영원한 평화를 위한 예비조항, 국가 간의 영원한 평화를 위한 확정 조항, 그리고 추가 사항 등이 체계적이고 논리적으로 분석하고 있다. 예비조항은 영원한 평화를 위한 확정단계로 진행하기 이전에 국가의 행태를 정비하는 내용을 담고 있으며, 확정조항은 그야말로 영원한 평화를 확정할 수 있는 조항으로 국가내적 구조, 국가를 연결시켜주는 국가 간 제도, 그리고 이들 모두를 포괄하는 세계시민법 등 3가지 내용으로 구성되어있다. 이후 추가사항은 앞서 언급한 영원한 평화를 위한 보증이 자연과 공법적 기반위에서 가능한 것임을 설명하면서 제도로서의 평화에 대한 설계를 완결하고 있다.

(1) 영원한 평화를 위한 예비조항

예비조항은 국가의 존재와 행위에 대한 규정의 의미를 담고 있으며, 6가지 항목으로 구성되어 있다. 예비조항은 주권국가의 독립성과 자주성을 인정하며, 국가간 상호신뢰가 영원한 평화를 위한 첫단계임을 명시적으로 선포하고 있다. 그 구체적 내용은 다음과 같다.

① 장래의 전쟁 소재를 암암리에 유보한 채로 맺어진 어떤 조약도 평

---

32) 칸트, 임마누엘 지음, 백종현 옮김. 『영원한 평화』 (2013. 아카넷) p.26.

33) 위의 책. p.191.

화조약으로 간주되어서는 안된다.

② 어떠한 독립국가도 어떤 다른 국가에 의해 상속, 교환, 매매 또는 증여를 통해 취득될 수 있어서는 안된다.

③ 상비군은 점차 완전 폐지되어야 한다.

④ 대외적인 국가분규와 관련하여 어떠한 국가부채도 져서는 안된다.

⑤ 어떠한 국가도 다른 국가의 체제와 통치에 폭력으로 간섭해서는 안된다.

⑥ 어떠한 국가도 다른 국가와의 전쟁 중에 장래의 평화 시에 상호 신뢰를 불가능하게 만들 것이 틀림없는 그러한 적대 행위들, 예컨대 암살자나 독살자의 고용, 항복 협정의 파기, 적국에서의 반역 선동 등을 자행해서는 안된다.[34)]

(2) 영원한 평화를 위한 확정조항

앞서 언급한 예비조항이 영원한 평화로 가는 출발선에서 행위자 국가의 조건에 대한 것이라면, 이제 확정조항은 영원한 평화로 가는 길목에서 국가와 국가간의 관계, 그리고 거기에 대한 시민의 대우를 규정하는 것으로, 도덕성으로 무장된 법치의 논리가 그 선결조건임은 자명하다. 칸트는 영원한 평화를 위한 확정조항으로 다음 세 가지를 제시한다.

① 각 국가에서 시민적 체제는 공화적이어야 한다.

② 국제법은 자유로운 국가들의 연방제에 기초해 있어야 한다.

③ 세계 시민법은 보편적 우호의 조건들에 국한되어 있어야만 한다.

이렇게 볼 때, 영원한 평화를 위해 칸트가 말하는 기본 조건은 공화정치체제와 연방제 그리고 세계시민법의 확대적용 등이라고 요약할 수

---

34) 위의 책. pp.101-109.

있다. 우선적으로, 칸트가 말하는 공화적 체제 시민들의 자유와 평등 그리고 법치의 원리에 대한 동의를 기본으로 하는 체제를 의미하는 것이다. 공화주의는 집행권이 입법권과 분리되어 있는 국가 원리로서, 사적 의지가 공적의지를 침범할 수 있는 가능성을 낮추게 된다.

> 공화적 체제는 법 개념의 순수한 원천에서 발생한 그 근원의 순정성 외에도 바라마지 않던 결과에 대한, 곧 영원한 평화에 전망 또한 갖는다.... "전쟁을 해야 할지 말아야 할지"를 결정하는 데 국가 시민들의 동의가 요구될 때, 국가 시민들은 그들에게 닥칠 전쟁의 모든 고난들을 각오하지 않으면 안되기 때문에,... 매우 신중하리라는 것보다 자연스러운 일은 없을 것이다.[35]

제2의 확정조항으로 칸트가 언급하는 연방제는 각 국가가 주권을 가지고 있고 공화주의적 정체체제를 갖추고 있다는 전제에서, 국가간의 평화상태를 위해서는 국가 간의 상호 계약을 통해 평화 연맹이 필요하다는 점을 지적한다. 기존에 존재했던 국가 간의 평화조약이 개별 전쟁의 종식을 의미한다면, 평화 연맹은 모든 전쟁의 영원한 종식을 목표로 한다.

> 이 연맹은 국가의 어떠한 권력 취득에도 관심이 없으며, 오로지 한 국가 그 자신과 동시에 다른 연맹 국가들의 자유를 유지 보장하는 데에만 상관하고,... 그리하여 영원한 평화로 인도해갈, 이러한 연방성 이념의 실현성은 현시될 수 있다.[36]

제3의 확정조항에서 말하는 세계시민법과 우호나 환대의 조건이 관련되는 분야는 인본주의나 인간애가 아니라 권리와 법이다. 우호나 환

---

35) 위의 책. p.118.

36) 위의 책. pp.128-129.

대는 외국인이 타국에서 적으로 취급되지 않을 수 있는 권리를 말한다. 물론 이는 외국인에게 자국이 아닌 곳에서의 거주의 권리까지 보장하는 것은 아니고, 신변의 위협에 대한 걱정없이 타국을 방문할 수 있는 권리를 의미하는 것이다. 외국인을 적으로 생각하던 고대로부터 이어지는 사고에서 떠나, 구체적 적대행위가 없는 외국인에 대한 우호와 환대의 원칙을 바탕으로 형성되는 세계 시민법에 대한 구상으로, 시민의 이동에 대한 자유와 안전이 확보되는 것이 바로 영원한 평화에 필수적 요건이라는 점을 칸트는 역설하고 있다.

> 세계 시민법이라는 이념은 더 이상 공상적이고 과장된 법의 표상 방식이 아니라, 공적인 인권 일반을 위한, 그리하여 영원한 평화를 위한, 국가법과 국제법의 불문 법전의 필수적 보완이다.[37)]

(3) 영원한 평화의 보증을 위한 추가 사항

영원한 평화를 위한 예비조항과 확정조항이 반드시 지켜지고 달성될 수 있다는 가능성과 그에 대한 칸트의 자신감은 추가사항에서 잘 드러난다. 추가사항 1은 영원한 평화는 자연에 의해서 보장받고 있음을 언급하면서, 인간의 노력도 중요하지만 자연 자체가 인간의 생존을 위해 설계되어 있는 것이기에, 자연은 인간의 의지에 반해서라도 본래의 목적을 달성하게 되어있다는 것으로 인간에게 이는 숙명이나 섭리로 다가서기도 한다는 것이 칸트의 설명이다.

> 인간에게 인간 자신의 이성이 의무로 부과한 목적과 관련하여,,, 일체의 공법과 세 관계, 즉 국가법, 국제법, 세계시민법에 따라서 보장된다는 것을 자연은 어떻게 보증하는가?... 내가 자연에 대해서 "이러저러한 일이

---

37) 위의 책. p.137.

일어나기를 자연은 의욕한다"고 말한다면, 그것은 자연이 우리에게.. 의무를 지운다는 것이 아니라, 우리가 그것을 의욕하든 말든 자연은 그것을 스스로 행한다는 것을 뜻한다.[38)]

이어지는 추가 사항과 부록에서 칸트는 평화조약이 법적인 기초 위에 세워져야 한다는 점을 분명히 한다. 모든 평화조약이 공법적 기초를 가진다는 말은 인간의 권리와 법에 관련되는 원칙과 그에 따른 행위는 공적이라야 하고, 공개성의 원칙으로 투명해야 한다는 의미로 해석된다. 이러한 기반위에 설정된 정치라야 보편적 도덕 원리와 합치될 수 있으며, 도덕과 정치가 합치되어야 영원한 평화가 가능하다는 점을 제시한다.

타인의 권리에 관계되면서, 그 준칙이 공개성과 화합되지 않는, 모든 행위는 옳지 않다/ 부당하다/ 불법적이다... 공개성을 필요로 하는 모든 준칙들은 법 및 정치와 합일되어 합치한다.[39)]

이는 모든 법과 제도는 오직 공개성을 통해서만 그 목적을 달성할 수 있음을 의미하는 것이다. 법과 제도는 시민의 보편적 목적 - 즉, 행복에 맞아야 하는 것으로, 이러한 목적에 합치하는 것이 바로 정치의 과제이기 때문이다. 정치는 준칙을 가진 인간이 법을 통해 제도에 접근하고, 이렇게 제정된 법률은 다시 정치에 질서를 부여하게 되면서, 정치와 도덕은 점차 그 간격을 좁혀갈 수 있게 되는 것이다. 평화의 제도화는 바로 이러한 정치와 도덕의 합일을 통해서 가능해진다. 그 구체적 모습은 1919년 국제연맹 규약과 1945년 국제연합 헌장에서 발견된다.[40)] 보이

38) 위의 책. p.148.

39) 위의 책. p.180, 190.

40) 국제연맹 규약은 서문에서 다음과 같이 밝히고 있다: "체약국은, 전쟁에 호소하지 않을 의무를 수락하고 각 국가 간의 공명정대한 관계를 규율하며, 각국 정부

지 않는 평화의 모습이 제도화의 과정 속에서 그 가능성을 드러내면서 평화헌법[41]의 근거가 형성된 것이다.

5. 평화 헌법과 노벨평화상

실천이성적 존재 인간이 설정한 준칙이나 규칙은 공개성을 통해서 시민의 신뢰를 얻어낼 수 있게 되고, 그렇게 형성된 법과 제도가 질서 있고 안정된 사회를 형성하는 것이다. 이러한 순환구조와 함께, 공화국, 연방제적 국가관계, 세계 시민법 등의 확정 조항을 통한 영원한 평화의 제도화가 가능하게 되며, 현대사회에서 평화헌법의 가능성도 또한 제고될 수 있는 것이다. 국가의 존재를 헌법에서 확인할 수 있는 것처럼, 정치에서 요구하는 질서와 안정도 헌법에서 찾을 수 있는 것이다. 정치학의 궁극 목적인 '질서정연한 사회(well-ordered society)'가 시현된 평화사회의 모습은 평화헌법 속에서 찾아볼 수 있는 것이다. 평화적 헌법체

간의 행위를 규율하는 현실의 규준으로서 국제법의 원칙을 확립하며, 조직된 인민들 상호간의 교섭에 있어 정의를 보지하며 모든 조약상의 의무를 존중하며, 이로써 국제 협력을 촉진하며 또한 각 국가 간의 평화와 안전을 달성하기 위하여, 이에 국제연맹 규약을 협정한다.(앞의 책. pp.202-203)

국제연합 헌장 전문은 평화를 위해 다음과 같은 내용을 원칙으로 천명한다: "관용을 실천하고 선량한 이웃으로서 상호간 평화롭게 같이 생활하며, 국제평화와 안전을 유지하기 위하여 우리의 힘을 합하며, 공동이익을 위한 경우 이외에는 무력을 사용하지 아니한다는 것을, 원칙의 수락과 방법의 설정에 의하여, 보장하고, 모든 국민의 경제적 및 사회적 발전을 촉진하기 위하여 국제기관을 이용한다는 것을 결의한다." (앞의 책, pp.245-246)

41) 2차대전이 종결되는 과정에서 만들어진 일본헌법 제9조의 내용이 전형적으로 이에 해당한다.

<일본 헌법 제9조>

① 전쟁 또는 무력에 의한 위협과 무력행사를 국제분쟁의 수단으로 영구히 포기한다.

② 육해공군과 그 외의 전력을 보유하지 않고 교전권도 인정하지 않는다.

계 속에서 공화국이 살아있을 수 있고, 민주공화국간의 연방제도 가능하며, 시민들간의 국제적 이동에서 호혜평등이 적용되는 우호와 환대가 가능해지고, 궁극적으로 질서와 안정, 평화의 제도화가 가능해지는 것이다.

평화의 지속가능성은 제도화를 통해서 가시적 성과를 보일 수 있을 것이다. 이는 국제연맹규약의 허점을 보완한 국제연합헌장을 통해서도 잘 드러나며, 나름대로의 발전을 보이고 있다. 평화헌법이라고 지칭되는 일본헌법 제9조의 '수단으로서의 폭력 포기'는 매우 과감한 시도로서 전후 60여년 동안 유지되고 있다. 21세기 다변화시대에 들어서 일본의 재무장에 대한 논의가 일각에서 벌어지면서, 약간의 우려되는 상황이 발생하고는 있으나, 평화헌법을 가진 일본 사례는 '평화의 제도화'라는 인류의 당위적 명제를 논의하는데 많은 시사점을 던진다. 여기에 2014년 노벨평화상 후보로서 '일본헌법 제9조'의 가치가 있다고 할 수 있을 것이다.

평화의 제도화를 논하는데, 평화헌법이 차지하는 위상은 매우 크다. 한 국가에 그러한 평화헌법이 자리 잡기 위해서 필요한 것은 평화적 문화의 정착과 평화적 시민의 형성이다. 한 평화적 시민의 평화를 위한 소리가 테러와 전쟁으로 사회를 몰고 가는 탱크나 전투기의 소리에 묻히지 않아야 한다. 2014년 노벨 평화상을 통해, 파키스탄의 16세 소녀 말랄라 유사프자이의 작은 목소리가 세계 시민들에게 보이고 들리게 되었다. 말랄라는 시작했고, 노벨평화상은 무대를 제공해 주었다. 노벨평화상의 공헌은 이것으로 충분하다. 그 다음은 이제 우리 세계 시민들의 몫이다. 평화의 제도화를 위해, 각국에서의 평화헌법의 제정을 위해 16세 소녀가 시작한 길을 이제 우리 모두가 다 같이 가야할 차례인 것이다.

제14장

민주주의와 평화로의 길

— 전쟁의 길과 평화의 나무 —

1. 갈등과 분쟁의 현장

인간의 삶에서 갈등과 분쟁은 삶의 현 실태로서 정치사회의 당면과제이자 정치학이 필요 학문으로 등장하게 된 계기가 되기도 한다. 갈등과 분쟁의 존재로 인해 정치학과 국제정치학은 갈등의 해결을 지상 목표로 설정하고, 이를 위한 질서 확립을 통해 시스템을 확보하고자 노력한다. 갈등과 분쟁을 해결하기 위해 모든 개인이 각기 개별적 방법을 시도하는 과정을 혼란이라 규정하고 혼란 속에서는 어떤 해결책도 모든 이에게 최소한의 만족조차 주기 어려울 뿐만 아니라, 매우 한시적이고 잠정적인 해결로 그칠 뿐, 지속적인 갈등과 분쟁의 증폭현상을 잠재우기는 불가능하다는 것이 강력한 정치적 권력과 국제정치적 패권의 존재근거이기도 하다. 홉스가 말한 자연상태의 혼란상은 상위의 권력이 존재하지 않는 상황에서 모든 이가 자유와 평등을 향유하고 있는 현장에서 역설적으로 발생한다. 모든 이의 자유와 평등이 행복으로 이어질 것이라는 근대 계몽사상의 설정은 상상으로 그치고 역설적으로 모든 이가 자유롭지 못한 상황으로 역전되어 버린다. 여기에 모든 이의 행복을 위해 개인의 자유를 제한하거나 규제한다는 발상이 들어설 여지가 존재한다. 자유의 제한이 자유가 될 수 있는 가능성은 홉스, 로크, 루소 등의 사회계약론자들의 사상을 통해서 확인할 수 있다.

자유의 역설을 통한 질서잡기를 통해서 사회의 혼란을 극복하고 체제를 형성하게 되면서 국내정치적 상황에서 발생하는 갈등과 분쟁은 그 해결방식의 실마리를 찾게 되지만, 국제정치에서의 갈등과 분쟁에 있어서는 전혀 다른 상황이 전개되어 왔다. 홉스적 개념에서 국제정치적 상황은 여전히 자연상태로서 갈등과 분쟁을 해결할 궁극적인 상위 권력자가 존재하지 않는 일종의 무정부 상태이다. 국제연맹과 국제연합을 통해서 모든 인간의 평화롭고 행복한 삶이라는 일반의지적 명령을 현실에서 이행하기 위한 작업이 진행되어 온지 100여년이 되어가지만 여전히 국제사회가 갈등과 분쟁에 직면하게 되면 인간의 행복이나 평화는 '바람 앞의 촛불'처럼 흔들리고 만다. 세계 제1, 2차 대전을 통해서 전쟁이나 폭력, 억압을 통해서 얻어질 수 있는 것도 없고, 승자없이 모두가 패자인 상황이 도래한다는 비극적 사실을 인식하게 되면서, 전쟁을 통한 갈등과 분쟁의 해결방식에 많은 사람들이 회의적 태도를 보이기는 하지만, 전쟁에서의 승리를 통해 자신이 원하는 질서, 자기 중심의 체제를 운용하려고 하는 제국주의적 속성은 여전히 그 생명력을 가지고 국제사회에 숨어들어 있다. 갈등과 분쟁은 인간의 출생과 함께 세상에 동시에 들어온 인간의 운명으로서, 어차피 삶의 현장과 길목에서 만나야 할 것이기에 피해가기는 결코 쉽지 않지만, 갈등과 분쟁에 보다 지혜롭게 대처하는 방법을 모색할 수는 있을 것이다. 갈등과 분쟁 없이 살아가는 것이 불가능하다면, 같이 평화롭게 살아가는 방법을 찾아보아야 한다는 말이다.

이 글은 갈등과 분쟁의 위험성이 엄존하는 지역을 중심으로 전쟁과 평화의 갈림길에서 어떻게 평화로 그 방향을 돌릴 수 있을지, 나아가 그렇게 형성된 잠정적 평화를 지속가능하게 만들어 궁극적으로 평화를 정착시킬 수 있는 방법은 있는지, 있다면 무엇인지 살펴보고자 한다. 이를 위해서 2장에서는 전쟁과 평화에 대한 역사적, 철학적 논쟁을 살펴보면서, 역사 속에서 평화를 그리고 전쟁을 수행해야 했던 역설적 상황을 진단해 본다. 이어지는 3장에서는 현실의 전쟁상태가 평화상태로 가기 위한 전제조건이 어떠한 것들인지에 대한 논의를 추상적 담론이 아닌 현실 속의 인간의 삶에서 찾아본다. 2장과 3장의 논의를 통해 전쟁의 길과 평화를 위한 조건이 드러나게 되면 이를 구체적으로 실행하는 것은 바로 인간의 행동이라는 것이 분명해지는 상황에서, 4장은 갈등과 분쟁에 대한 새로운 이해를 통한 전향적 분쟁 해결방식에 대해 살펴본다.

이 글은 특히 이상과 현실이 혼재하는 영화라는 상징체계를 통해 현실의 주관적 문제를 객관화시켜 구체적 사안에 대한 진단과 더불어 대책까지 추적해 본다. 영화 <레몬트리>[1]를 통해 이스라엘과 팔레스타인 국경지대인 요르단 강 서안에 살고 있는 한 여성의 행동과 결정 속에

---

1) 영화 <레몬트리>는 안보문제로 나무를 빼앗긴 여성의 실화를 토대로 하여, 팔레스타인 자치구역과 이스라엘의 경계지역인 요르단강 서안 지구를 배경으로 한다. 2008년 개봉되었으며, 2002년부터 이스라엘이 시작한 분리 장벽(이스라엘은 이를 자국민 보호를 위한 보안장벽이라 부르고, 팔레스타인은 이를 분리장벽이라 부른다. 이 장벽은 국제정치적으로 보안의 요소보다는 분리의 측면이 보다 크게 부각되어 있어, 이 글에서는 분리장벽이라 부르기로 한다)이 여전히 건설중인 상황에서 요르단강 서안 이스라엘 정착촌과 팔레스타인 자치지구 사이의 문제를 영화 속에서 다루고 있다. 여주인공 살마는 대를 이어 내려온 레몬농장을 지키는 여인이다. 10년전 남편을 여의고 자식은 모두 외지로 나간 상태에서 오랫동안 농장일에만 매달려온 전형적인 팔레스타인 여성이다. 어느날 농장 바로 옆에 이스라엘의 국방장관 나본과 그 부인 미라가 이사를 오게 되면서 이 영화는 시작된다. 이스라엘의 경호팀은 레몬농장을 통해 팔레스타인 테러단체가 잠입해올 가능성을 제기하면서 레몬나무를 베어내려 한다. 살마는 자신의 삶의 뿌리인 레몬나무를 지키기 위해 법정투쟁을 불사하게 된다. 팔레스타인 여성은 개인의 힘으로 거대한 이스라엘 정부를 상대하여 자신의 농장을 지키겠다는 필사의 노력을 하게 된다.

들어있는 일상에서의 정치성과 국제정치적 요소를 발견하고 지속가능한 평화라는 미래 비전의 가능성까지 살펴볼 것이다. <레몬트리>는 전통적으로 갈등과 분쟁의 원인을 찾아 해결해보려는 시도가 현재까지 지속적으로 반복되고 있음을 지적하면서, 생활정치의 현장에서 선 여성의 눈을 통해 국제정치에 접근하면서 통상적 방법과는 다른 전향적 시각의 도입과 적용을 제시한다. 물론 이 모든 것의 궁극적 목적은 갈등과 분쟁의 평화로운 해결이고, 현장에서 살아가는 사람들의 행복이며, 그 평화의 지속가능성이다.

2. 전쟁의 길

1) 목적으로서의 평화

> 전쟁을 하는 사람들은 승리를 원할 뿐이며, 승리란 영광스러운 평화를 의미한다.... 그러므로 전쟁을 하는 것은... 평화를 원하기 때문이다. 따라서 전쟁으로써 얻으려는 목표는 평화임이 분명하다.... 평화로운 생활을 전쟁으로 어지럽게 하는 사람들도 평화를 미워하는 것이 아니라, 자기 마음에 더 흡족한 평화를 만들고자 하는 것이다. 평화를 원치 않는 것이 아니라, 자기 마음에 더 드는 평화를 원할 뿐이다.[2)]

인간이 존재하는 세상에 있어왔던 모든 갈등과 분쟁은 그 해결을 당면 목표로 설정한다. 갈등과 분쟁의 해결을 통해 사람들이 얻고자 하는 것은 현실에서의 행복이다. 역사적으로 살펴볼 때, 인간의 행복이란 정치사적으로 평화의 상태에서 가능하다는 점에 대해서 이의를 제기하는 사람은 없을 것이다. 그럼에도 불구하고 인류의 역사는 평화가 아니라

---

2) 아우구스티누스 저, 조호연 외 옮김. 『하나님의 도성』(크리스찬다이제스트 1998) p.936

혼란과 갈등을 중심으로 기술되어 있다. 정치사나 외교사는 일종의 전쟁사 또는 투쟁사에 불과하다고 볼 수 있을 정도로 과도하게 분쟁과 갈등 중심으로 인류의 역사를 정리하고 있다. 행복을 원하고 평화가 필요한 인간에게 왜 분쟁과 갈등은 투쟁과 전쟁으로만 이어지고 귀결되는 것일까? 역사속에 존재했던 수많은 전쟁의 승자는 누구일까? 그 전쟁의 결과 승자는 과연 목적을 달성한 것일까?

아우구스티누스는 국가나 정치적 질서의 긍정적인 측면을 강조하면서도, 국제사회의 갈등의 귀착점을 개별인간에게서 찾는다. 인간 내면의 갈등이 사회의 갈등으로, 사회의 갈등이 국제적 갈등으로 확대재생산 되어가는 과정 속에서 갈등의 해결점은 바로 개인에 있다고 설명한다.

> 신체의 평화는 그 부분들의 균형있는 배치에 있으며, 비이성적 영혼의 평화는 욕구의 조화있는 충족과 안정에 있으며, 이성적 영혼의 평화는 지식과 행농의 조화에 있다.... 사람과 사람 사이의 평화는 잘 정돈된 조화에 있다. 가정의 평화는 주관하는 자와 복종하는 자들 사이의 잘 정돈된 조화에 있다. 시민생활에서의 평화는 시민간의 일치에 있다.... 만유의 평화는 평온한 질서에 있다. 질서는 동등한 것과 동등하지 않은 것들을 각각 그 자리에 배치하는 것이다.[3)]

아우구스티누스가 말하는 평화는 조화와 균형, 그리고 질서에 있다. 다시 말하자면, 있어야 할 것이 있어야 할 자리에 있는 것은 바로 조화이고, 조화를 이루면 질서가 형성되고, 질서를 통해 결과적으로 드러나는 현상이 바로 평화라는 것이다.

이렇게 볼 때, 갈등이나 분쟁은 현실에서의 조화와 균형 상태를 흔드는 데서부터 출발한다. 영화 '레몬트리'에서도 2002년부터 이스라엘이 국제사회의 반대에도 불구하고 자국 정착민의 보호라는 미명하게 건설

---

3) 위의 책. p.939.

하고 있었던 분리장벽이 존재하고 있는 요르단강 서안 팔레스타인 자치지구와의 접경지역으로 이스라엘의 나본 국방장관이 이사오게 되면서 현실의 균형을 흔드는 갈등의 원인이 제공된다. 평화롭고 조용하던 살마의 레몬농장은 나본 국방장관의 이사로 인해 일상의 흐름에서 벗어나 일탈적 상황으로 진입하게 되는 주무대로 등장하게 된다. 국방장관과 그 부인 미라의 경호를 위해 초소가 세워지고 철조망이 둘러쳐지면서 레몬농장의 존재는 이미 위험선에 노출되어 버린다.

아버지의 유산이자 생활의 터전으로 레몬 농장에서 일상의 삶을 일구어가던 팔레스타인 여성 살마는 이러한 변화를 불안하고 의심스럽지만 조용히 응시한다. 여기서 살마가 원하는 것은 일상의 지속이고, 그 구체적 모습은 레몬나무를 가꾸고 돌보면서 레몬을 통해 삶을 영위해 나가는 것이다. 레몬으로 쥬스를 만들어 일상에서 목을 축이고, 생활비를 충당하는 일상적이고 사소하며 개인적인 살마의 삶에 이스라엘 국방장관이 이웃집으로 이사오는 사건은 매우 극적인 변화를 초래한다. 즉, 개인적인 것을 정치적인 것으로, 국내적인 것을 국제정치적으로, 소극적 여성을 적극적 시민으로, 조용한 응시가 명시적 행동과 참여로 움직이게 되는 기폭제는 바로 그 이웃의 존재와 그들의 선제적, 예방적 행동이었다.

이스라엘의 국방장관은 집을 국경으로 옮기면서 정치적 입지를 다지고자 하지만, 부인과 사택의 안보라는 현실적 문제에 부딪히게 되고, 아직은 존재하지 않는 테러의 가능성에 대한 선제적 대비를 위해 레몬농장의 폐쇄를 시도하게 된다. 현존하지 않지만 가능성있는 위험에 대처하기 위한 대책으로 이웃집 여인의 삶의 터전이 소멸되고, 생존 조건이 급변할 위기에 처한 것이다. 여기서 테러에 대비한 예비적 조처가 현실적 손해를 감내할 만큼 절대적으로 필요한 것인지 생각해보지 않을 수 없다.4)

법적으로 대응하기로 결정한 살마가 지방법원 심리에서 경험한 것은 아무 문제가 없다는 현실에 대한 살마측 변호사의 논리와 기존 테러의 수치 나열과 향후 테러의 가능성에 대한 이스라엘 국방부 측의 논리 대결이었다. 존재하는 것과 존재할 수 있는 것의 법정대결이었지만, 법원의 판결은 실존하는 인간이 아니라, 미래에 예견되는 테러의 가능성으로 기울어진다. 여기서 이스라엘의 국방장관 나본과 레몬농장의 주인 팔레스타인 여성 살마 모두가 원하는 것은 평화로운 해결이었지만, 그 평화의 내용에 있어서는 차이가 존재한다. 나본의 평화가 전쟁과 테러의 가능성을 염두에 둔 상태에서 예방적 차원에서의 평화 - 불안한 평화 - 라면, 살마의 평화는 그동안 평화롭게 지속되어왔던 일상이 그대로 유지되기를 원하는 일상의 평화 - 안정적 평화 - 라고 할 수 있다. 나본의 평화는 상대로부터 예견되는 불안과 공포의 근거를 배제해야 달성될 수 있는 것이었고, 살마이 평화는 비록 경비초소와 철조망과 함께라도 현재 있는 그대로가 유지되면 되는 것이었다. 상대의 배제를 전제로 하는 평화와 상대의 존재를 묵인하는 상태의 평화가 대비되는 차원에서, "이웃과 평화롭게 살고 싶다"는 나본의 말은 "평화를 원하지 않는 것이 아니라, 자기 마음에 드는 평화를 원한다"는 아우구스티누스의 분석을 생각나게 한다.

---

4) 여기서 로버트 머튼(Robert Merton)이 자신의 저서 *Social Theory and Social Structure* (1968)에서 세시한 '자기 실현적 예언(self fulfilling prophesy)'의 비용과 효과, 확실성과 실효성에 대해서 생각해 보지 않을 수 없다. 자기 실현적 예언에 함몰된 사람들은 자신의 생각대로 상황이 움직인다는 확신을 가지고 아직 도래하지 않은 결과를 기정사실화한 상태에서 대응전략을 구상하고 실행에 옮긴다. 이렇게 되면, 무엇이 결과이고 원인인지 불분명하고, 잘잘못을 가리기가 쉽지 않으며 때로는 원인과 결과가 전도되기도 한다. 역사에서 많은 갈등과 분쟁이 전쟁으로 이행될 때 자기 실현적 예언은 강력한 힘을 발휘하고 있음을 알 수 있다.

2) 수단으로서의 전쟁

"전쟁은 다른 수단에 의한 정치의 연장"이라는 클라우제비츠[5]의 명제는 전쟁과 평화를 논하는데 가장 기본이 되는 경구로 인정되고 있다. 정치적으로 어떤 목적을 달성하려는 시도 중 하나로서 폭력이 중요한 도구가 되는 전쟁을 생각한다는 것은 목적이 수단을 합리화한다는 마키아벨리적 사고의 국제정치학적 변용이라고도 할 수 있다. 다른 수단에 의한 정치의 연장으로 활용되는 전쟁과 자기 마음에 더 드는 평화를 원하기에 수행하는 전쟁은 어떤 연관성이 있을까? 군사학자 존 키건은 클라우제비츠가 전쟁을 너무 단순하게 생각했다고 주장한다.

> 전쟁은 다른 수단에 의한 정치의 연장이 아니다. 만약 카를 폰 클라우제비츠의 명제가 사실이었다면, 아마도 이 세상은 보다 더 단순하고 이해하기 쉬운 곳이 되었을 것이다.[6]

클라우제비츠는 전쟁의 정치적 분석에 지나치게 매료되어 전쟁의 폭력적 속성을 간과하였으며, 그의 말대로 전쟁이 정치의 연장이었다면 오히려 세상은 더 합리적이 되었을 것이라는 것이 군사학자 키건의 설명이다. 키건에 따르면, 전쟁의 목적은 정치적 목적의 달성에 있다기 보다는 승리에 있으며, 그러기에 폭력이 들어서지 않을 수 없다는 것이다. 한마디로 키건에게 전쟁은 살인행위에 다름 아닌 것이었다.

> 전쟁은 그리스의 신 프로테우스와 같은 활동이다. 자주 예측할 수 없는 정도로 형태를 바꾼다는 말이다. 그런 이유 때문에 강연 내내 나는 전쟁의 본질을 정의하려고 하지 않았다. 질병처럼 전쟁도 돌연변이 능력을 과

---

5) 그는 저서 『전쟁론』에서 전쟁을 목표 달성을 위한 도구로 보았다. 목표가 달성되면 당연히 중지되어야 하는 것이었다.

6) 키건 지음, 유병진 옮김. 『세계전쟁사』 (까치, 2010) p.17.

시하며, 자신을 통제하거나 제거하려는 시도에 맞서 최대한 신속하게 변화한다. 전쟁은 어떤 집단적 목적을 위해 행하는 집단적 살인이다.[7)]

인간의 합리성은 자신의 사적 이익과 만나는 순간 편집적으로 변해버린다. 아우구스티누스의 말처럼, 인간 사회에서는 자기 마음에 드는 평화를 달성하기 위해서 역사에서 지속적으로 사용되는 수단이 바로 전쟁이었다. 갈등과 분쟁의 해결방식으로서 가장 손쉬운 방법이기도 하지만, 승자와 패자로 갈라지게 되면서 갈등과 분쟁의 영속화가 역설적으로 진행되기도 한다. 실제로 1970년대 미국의 국무장관 키신저는 "승패가 없는 전쟁만이 평화의 씨앗을 뿌릴 수 있다... 전쟁이 결론 없이 끝나 그 여파가 남았을 때가 평화협상을 집중적으로 시도해 볼 가장 좋은 시기"라고 생각했다.[8)]

레몬트리는 그 어떤 행동이나 의사표시를 한 적이 없지만, 레몬은 나본에게는 위험한 물건이었고, 살마에게는 아버지의 유산이자 삶에 절대적으로 필요한 물건이었다. 나본의 생각은 이스라엘과 팔레스타인의 국제적 관계성을 염두에 두고 전개되었고, 살마의 생각은 자신의 가족사와 일상에만 관계되는 것이었다. 요르단강 서안지역에서 팔레스타인 분리장벽을 건설하고 있는 국가 이스라엘에 감정이입된 국방장관 나본에게 레몬 농장은 분쟁지역의 상징이자, 테러의 온상이 되었고, 아버지 때부터 레몬농장을 가꾸면서 먹고 살았던 살마에게 레몬농장은 가족의 유산으로 레몬이라는 열매 그 이상이었다. 레몬이라는 실체를 놓고 나본과 살마는 그 실체 이상으로 생각하게 되면서, 총격 가능성으로 예방적 방어를 하게 되고 오히려 공격가능성을 높이고 있는 역설적 모습을 보게 된다. 철조망 바깥에 존재한 레몬나무를 돌보고자 살마는 철조망

7) 키건 지음, 정병선 옮김. 『전쟁의 얼굴』 (지호, 2005) p.410에서 재인용.
8) 스토신저, 존 지음, 임윤갑 옮김. 『전쟁의 탄생』 (플래닛미디어, 2009) pp.331-333.

을 무단으로 넘는다. 레몬을 가꾸기 위해 국제분쟁의 현장에서 유사테러행위를 하게 되는 살마는 누구인가? 국경에서 자그마한 농장을 가꾸고 살아가는 일개 팔레스타인 여성이 테러범들과 유사한 행위를 하게 된 이유는 매우 간단하다. '나의 레몬을 돌보아야 한다'는 단순한 농부로서의 사명감이다.

가능성과 현실이 격돌했던 재판심리에서 테러의 가능성이 존재하고, 보상이 있으니 과수원의 출입을 금지한다는 판결이 나오게 되면서, 나본과 살마의 갈등은 클라이맥스로 치닫게 되고, 결국 살마는 대법원에 항고하게 된다. 무심한 레몬은 살마의 도전을 통해 법원 심리를 거치게 되면서 이스라엘의 안보에 위협이 되는 존재로, 조용했던 레몬 농장은 국경의 분쟁지역으로 세상에 모습을 드러낸다. 불안하지만 조용하고 평화로운 지역에서 이웃과 좋은 관계로 살고 싶었던 나본 국방장관의 부인 미라는 레몬 농장을 지키겠다는 일념 하나로 국가제도와 맞서는 살마를 보면서 연민을 느끼게 된다.

이스라엘의 국방장관이 팔레스타인의 자그마한 레몬 농장과 격돌하게 되는 상황에서 전쟁 아닌 전쟁으로 돌입하게 되는 현장을 응시하면서 미라는 '과연 이러한 방법밖에 없었겠는가'라는 질문을 나본에게 던진다. 집을 반드시 여기로 옮길 필요도 없었고, 또 문제가 있다하더라도 경호를 강화하면 되는 것이라는 미라의 질문에 남성 나본은 '모든 것은 당신의 안보를 위한 것'이라며 미라에게 책임을 전가한다.

레몬농장이 전쟁 아닌 전쟁상태의 핵심지역으로 등장하게 된 상황에서 나본은 분리장벽에 지역민을 위해 산책길을 만들겠다며, 팔레스타인인들이 희망을 가질 때 평화롭게 살수 있다고 말하기도 하고 레몬농장의 폐쇄는 자신이 아니라 정보국이 주장한 것이라면서, 자신은 레몬전쟁에 책임이 없음을 기자들 앞에서 역설한다. 레몬농장에서 발생한 갈등상황을 해결하고자 살마는 변호사를 통해 팔레스타인의 정치적 지도자 아라파트와의 만남을 시도하지만, 국제문제로의 확전을 원하지 않는 팔레스타인 정치인들로 인해 실행되지 못한다. 정치적 해결을 시도하지만, 이스라엘도 팔레스타인도 이 문제를 거론하려 하지 않는다. 국제정치적으로는 이미 승패는 명백했다. 개인으로서 여성 살마는 단독으로 정치체제와 국제정치와 맞서고 있었다. 살마의 시도 속에서 역사를 움직이는 한 시민의 역량이 발견되기도 한다.

평화가 아닌 상태를 전쟁이라고 정의하는 소극적 전쟁 개념에서 볼 때, 레몬 농장의 이웃인 이스라엘의 국방장관 나본은 이미 전쟁을 수행하고 있었고, 미라와 살마는 전쟁도 아니지만 평화도 아닌 상태 상태에 있었다. 사랑에 기술이 필요하다는 에릭 프롬의 말처럼, 평화에도 기술과 노력이 필요하다는 점을 레몬트리는 살마를 통해서 말해주고 있다. 기술을 발휘하고 노력을 하지 않으면 평화는 오히려 전쟁으로 그 방향을 틀어버릴 수 있다는 사실을 레몬트리는 시사한다. 국가의 국민이자 국제사회의 성원인 시민의 역량이 평화를 목표로 설정하고 의도적으로 지켜내지 않으면 국제정치질서는 평화로 이행되지 못하고 오히려 전쟁의 길로 매우 쉽게 역전될 수 있다는 가능성을 보여주는 것이 바로 레몬트리의 국제정치학이다.

레몬트리의 국제정치학에서 가장 중요한 요소는 바로 상대에 대한 신뢰의 문제이다. 레몬이 위험하다는 발상과 상대에 대한 불신구조는 테러의 가능성을 증폭시키고, 사태를 악화시켜 자기실현적 예언(self-fulfilling prophesy)을 충족시켜 나간다. 이스라엘과 팔레스타인의 60여 년 간의 문제는 상대에 대한 불신과 불인정에 기인한다. 상대를 인정하지 않으면서 국가의 존립이 가능하게 된 것인지는 모르지만, 그 비용은 수많은 전쟁과 수많은 사람의 희생이었다. 60여 년 간의 전쟁과 분쟁, 희생을 통해서도 여전히 평화는 달성되지 못하고, 전쟁의 길은 분리장벽이라는 구조물로 이스라엘과 팔레스타인을 가르고 있다.[9] 평화를 목적으로 하면서, 평화를 위해 전쟁상태를 지속시키는 역설적 상황을 레몬농장의 레몬트리와 분리장벽의 콘크리트 구조물이 상징적으로

9) 팔레스타인 지역은 서기 135년 유태인들이 로마에 의해 추방된 후 아랍인들에 의해 통치되어 왔다. 그러난 19세기 후반 유럽에서 유태인들이 조국의 건설을 목표로 '시오니즘' 운동을 전개하면서, 팔레스타인 지역의 수난사가 시작된다.

영국은 1차대전이 발발하자 오스만 제국의 약화와 전쟁에서의 승리를 위해 팔레스타인 지역을 미끼로 아랍민족과 유태인 모두에게 독립국가 설립에 대한 지원을 이율배반적으로 약속하였다. 맥마흔 선언과 발포 선언이 그것이다. 2차대전 후 영국은 팔레스타인 문제를 유엔에 이관하고 유엔은 팔레스타인 특별위원회(UNSCOP)를 설치하여 팔레스타인 지역을 팔레스타인 구역과 유태인 구역으로 분할하는 안을 채택하였다. 팔레스타인이 이를 거부한 가운데, 유태인은 1948년 5월 14일 이스라엘을 건국하게 된다.

이스라엘의 건국직후 이를 인정하지 못하는 아랍진영과 이스라엘은 생존의 사활을 건 전쟁을 수행하면서 팔레스타인은 세계 최대의 분쟁지역으로 부상하게 된다. 1948년, 1956년, 1967년, 1973년까지 4차에 걸친 중동전쟁과 1982년 이스라엘의 레바논 헤즈볼라 공격까지 거치면서, 이스라엘은 국가로서의 지위를 다지고, 팔레스타인의 해방기구(PLO)도 국제적으로 공인받게 된다. 1973년 4차 중동전쟁 이후 유엔은 총회 의결로서 팔레스타인에 자치권, 민족 독립과 주권에 대한 권리, 중동평화의 당사자로서의 지위 등을 인정하였고 PLO는 유엔 옵저버 자격을 갖게 되었다.

1994년 7월 팔레스타인은 가자 자치지구에서 아라파트를 수반으로 하는 자치정부 수립을 공식선언하게 된다. 1998년 와이 협정(Wye River Memorandum)을 통해서 이스라엘은 1967년 점령한 요르단강 서안을 팔레스타인 자치정부에 이관하고, 팔레스타인은 이스라엘에 대한 적대행위를 중지하기로 하였다. 그러난 1999년에 발생한 폭력사태로 결렬되고 만다. (KIDA 세계분쟁 데이터베이스, 팔레스타인 분쟁)

이후 이스라엘은 요르단강 서안에 이스라엘의 정착촌 건설을 지속적으로 추진하면서 2002년부터는 이스라엘 주민의 안전을 위해 이스라엘 정착촌과 팔레스타인 지역을 가르는 분리장벽을 건설하고 있다. 실제로 유엔 인권이사회는 2013년 조사보고서를 통해 "이스라엘이 가자지구, 골란고원, 요르단강 서안지구, 동부 예루살렘을 점령한 1967년 3차중동전쟁 이후 약 250개의 정착촌을 건설하여 현재 52만 정도의 정착민들이 거주하고 있다고 밝혔다. 국제법적으로 1949년의 소위 '그린라인'을 넘어 팔레스타인 자치지역에 건설된 이스라엘 정착촌은 모두 불법으로 간주되며, 정착촌은 점진적 병합으로 서로 연결되어 지속적 생존이 가능한 팔레스타인 국가의 창설을 막고 있다고 보고서는 밝히고 있다. ("유엔인권이사회, 이스라엘 정착촌 건설은 전쟁범죄," 경향신문 2013년 1월 31일)

보여주고 있다.

3. 평화의 나무

1) 평화를 위한 조건 형성

> 그리스인들에게 평화란 질서와 통합의 상태를 의미했고, 로마인들에게 평화란 전쟁이 없는 상태를 의미했다.10)

인류 역사에서 전쟁은 별다른 노력 없이 발생된 것이 많은 반면, 평화를 위해서는 많은 노력들이 경주되어야 했다. 그리스인들에게 평화는 여러 가지 방법과 많은 수단이 동원되어 이루어진 질서와 통합이라는 의미에서 매우 적극적 개념이었고, 로마인들에게 평화는 무력과 폭력이 동원되는 전쟁이 없는 매우 좁은 개념으로 소극적 개념이었다. 로마 이후의 역사에서 로마적 평화 개념을 사용하게 되면, 인류 역사에서 평화의 시기는 거의 존재하지 않았거나 극히 짧았던 것을 알 수 있다.

평화학자 요한 갈퉁(Johan Galtung)은 저서 『평화적 수단에 의한 평화』에서 평화를 직접적 폭력이 없는 상태인 소극적 평화와 갈등을 비폭력적인 방법으로 해결하는 적극적 평화로 구분하고 있다. 전쟁이 없는 상태를 유지하기 위해서는 전쟁을 억제하기 위해 오히려 전쟁시보다 강력한 힘이 필요한 경우도 있다. 역사에서 하나의 거대 국가가 강력한 힘을 가지고 주변국을 제압했을때 이루어지는 평화가 바로 그러한 경우이다. 팍스 로마나(pax Romana), 팍스 브리타니카(pax Britannica), 팍스 아메리카나(pax Americana) 등이 바로 소극적 평화의 사례이다.

소극적 평화가 무력과 공포를 이용한 일종의 '가짜 평화'라면, 적극적

---

10) Myers, John. *The Political Ideas of the Greeks*. (N.Y: Abingdon Press, 1927) p.42.

평화는 분쟁과 갈등, 다툼이 없이 서로 이해하고, 우호적이며 조화와 균형을 이루는 상태로서 그리스적인 평화 개념에 근접한다. 평화를 단순히 전쟁이 없는 상태가 아니라, 적극적으로 정의가 구현된 상태로 보았던 간디나 마틴 루터 킹도 평화는 사람이 사람답게 사는 사회로서 인류가 목표로 하는 가장 이상적인 상태라는데 동의하고 있다. 궁극적 정의 상태의 구현을 위해서는 인간에 의한 폭력뿐만 아니라, 구조적 폭력까지도 사라져야 한다고 갈퉁은 설명한다. 폭력의 주체가 분명한 인간에 의한 폭력은 민주주의의 발전과 법제화 과정을 통해서 제도화 되어 가지만, 폭력의 주체와 객체가 명시적이지 않고 사회구조에서 발생하는 구조적 폭력은 억압과 착취, 인권유린과 사회적 부정의를 통해서 오히려 사회에서 지속적으로 자리잡아온 것이 역사적 사실이다. 따라서 궁극적으로 평화는 구조적 폭력까지 소멸되어야 달성되는 것으로 억압과 착취가 없는 인권과 정의가 보장되는 상태에 이르게 되는 것이다.

이렇게 볼 때, 평화를 달성하기 위한 폭력 투쟁은 평화가 아니라 분명히 전쟁이며, 테러와의 전쟁도 평화가 아닌 전쟁이다. 전쟁억지력을 가지기 위해 핵무기를 가진 상태에서의 거대 양국간의 공포의 균형상태는 평화가 아니라 분명 전쟁의 다른 형태에 불과할 수도 있다. 전쟁을 방지하기 위해 폭력으로 정권을 제압하는 것도 어디까지나 평화라고 볼 수는 없다. 인간사회에서 갈등과 분쟁이 없을 수 없으나, 갈등과 분쟁을 비폭력적으로 해결하는 방식이 제도화되어 평화가 전쟁 사이의 막간상태 또는 전쟁이 쉬어가는 휴지기가 아닌 진정한 의미의 '평화상태'가 지속되어야 한다는 것이 평화연구자들의 주장이다. 전쟁을 전제하고 대비적 개념으로서의 전쟁을 머리 속에 그리고 있는 상태에서, 진정한 의미의 평화를 그려내기가 쉽지는 않을 것이다. 전쟁을 수행하고, 승리를 위한 군사작전을 이행하던 사람들에게 평화는 너무나 낯선 개념일지도 모른다. 인류 역사에서 수많은 전쟁가운데 찾아보기 어려운 잠깐의 그리고 불안한 평화는 아마도 전쟁 수행자들과 평화회담 주도자들이 동일하다는 데서도 그 이유를 찾아볼 수 있을 것이다. 어제까지 전쟁을 논의하던 자들이 평화회담에 앉았다고 해서, 갑자기 평화적이 되지는 않는다는 데서, 평화가 오래 지속되기 어려웠던 한가지 이유를 찾아볼 수 있다.

민주주의가 일상의 민주주의화를 통해서 가능한 것처럼, 국제사회의 평화도 일상과 내면의 평화를 통해서 가능하다. 인위적 평화조건의 형성은 전쟁으로 가는 길에서의 속도조절의 역할 이상을 하기 어려웠다는 것은 전쟁의 역사를 보면 잘 드러난다. 신체의 평화는 신체 각 기관의 균형에 있으며, 영혼의 평화는 욕망의 조화로운 충족과 안정, 지식과 행동의 조화에 있다고 하면서, 평화를 위한 조건은 조화로운 신체의 균형과 평화로운 마음의 상태로부터 시작한다는 아우구스티누스의 분석이 1500여년이 지난 21세기에서도 그 적실성을 드러낸다.

<레몬트리>에서 이스라엘의 국방장관 나본은 나름대로의 정치적 욕망을 가지고 레몬농장 이웃으로 이사를 오고 팔레스타인에 대한 기존의 적대적 사고를 현장에 그대로 적용하여 레몬농장의 균형을 흔든다. 들어서는 경비초소와 설치되는 철조망은 자연의 균형과 평화를 흔들고, 그 흔들림은 인간의 관리에서 벗어나 과숙하여 떨어지는 레몬의 소리를 통해서 팔레스타인 여성 살마와 이스라엘의 여성 미라에게 전달된다.

고조되는 긴장 속에서 경비초소의 어린 경비병은 녹음기를 틀어놓고 외국어 학습에 여념이 없고, 낙과하는 레몬 때문에 철조망을 넘는 살마를 돌려보내는 경비원도 무력을 사용할 생각은 없다. 살마와 미라는 창과 철조망을 통해서 응시하면서 불안한 평화를 실제적 평화로 지켜내는 역할을 한다. 떨어진 레몬을 줍는 살마와 이를 바라보는 미라, 그들의 응시는 잠깐이지만, 거대하고 공포스러운 무장초소와 철조망과는 사

뭇 다른 평화적 마음의 상태를 상징적으로 보여준다. 여기서 평화의 조건이 마음의 상태라는 아우구스티누스의 분석은 현재에도 강력한 힘을 가지고 있음을 알 수 있다.

2) 평화를 위한 참여와 행동

평화를 위해서는 많은 노력이 필요하다는 것은 이미 언급한 바와 같다. 역사에 존재했던 수많은 전쟁은 평화를 위한 노력이 실패한 결과 발생한 것이라고도 볼 수 있다. 이렇게 볼 때, 전쟁은 평화를 위한 길에 존재하는 것이라는 역설이 가능할 수도 있다. 평화가 전쟁의 길 끝에 존재하는 것이 아니라, 평화의 길 중간에 평화를 위한 에너지가 충분히 모아지지 않으면 역사는 이를 전쟁으로 기록하는 것이라고 할 수도 있을 것이다. 결국 평화는 저절로 이루어지는 것이 아니라, 많은 노력을 통해 형성되는 것이라고 할 수 있다는 점에서 자유나 민주주의와 마찬가지이다. 자유, 민주주의와 평화가 개념적으로 이어지는 연결 고리는 모든 인간에게 유익이 되는 보편적 사상임과 동시에 세심한 노력이 지속적으로 경주되어야 한다는데 있다.

자유와 민주주의가 조심해서 다루어야 하는 깨지기 쉬운 그릇이라면, 평화는 세심하게 잘 길러야 하는 나무라고 할 수 있을 것이다. 지속적으로 관리하고 가꾸어야 하는 레몬나무의 존재는 평화를 상징한다. 레몬나무는 분쟁의 장벽 앞에서 그저 말없이 존재한다. 철조망 속에서 과숙하여 떨어지고, 관리를 못받아 이파리가 말라가지만, 여전히 경비초소와 장벽에 관계없이 존재하고 있다. 평화의 나무 레몬트리의 존재는 이스라엘과 팔레스타인의 정치적 관계에 관심 있는 언론과 환경과 인권에 관심 있는 노르웨이를 비롯한 유럽의 시민단체를 불러들인다.

레몬트리는 포기할 수 없는 존재로서 아무 말없이 그 자리에 버티고 있다는 사실 하나로서 평화를 상징한다. 이파리는 마르고, 열매는 떨어지고, 가지는 잘려나가지만, 레몬트리는 여전히 거기에 존재한다. 레몬농장을 지키기 위한 살마의 노력은 이스라엘의 대법원으로 이어지고, 언론에 노출된 이 사건은 이제 레몬농장을 둘러싼 분쟁으로 격화된다. 여전히 폭력이 아니라 법과 제도의 해결통로를 따르고 있다는 점에서 살마의 해결방식에 주목할 필요가 있다. 살마는 '나의 레몬을 이유 없이 포기할 수 없다'는 매우 단순한 결심을 통해 거대한 법과 제도, 국제정치의 문을 단신으로 두드리고 있는 것이다. 정치적으로 타협의 여지가 없는 군사적 대결 지역에서 국방장관이라는 직제와 개인의 대결, 이스라엘과 팔레스타인의 대결, 남성과 여성의 대결, 기득권자와 피기득권자의 대결 모두가 전쟁의 길로 가는 합당한 이유를 가지고 있었지만, 전쟁으로의 길을 막는 유일한 기제로서 레몬트리가 살마의 유일한 무기였던 것이다.

레몬을 통해 거대 조직과 대결하고 있는 살마에 대해 남성 나본과 여성 미라의 대응은 사뭇 다르다. 국가안보를 이유로 일상을 파괴하려 하는 나본의 시도와 살마의 생각에 감정이입하며 대안을 찾아보자는 미라의 논쟁은 결국 국제정치도 민주주의와 마찬가지로 일상에서부터 접근할 필요가 있다는데 그 초점을 맞춘다. "가끔 우리가 지나치고 한계가 없다고 생각한다. 평화를 원하고 있다"는 미라의 인터뷰 발언이 '제1차 레몬전쟁'이라는 제목으로 언론에 보도되고 이를 해결하는 과정에서 미라는 자신의 정체성에 대한 회의를 하게 되고 결국 나본을 떠난다. 국방장관 사택을 떠나는 미라는 강경, 폭력, 파괴, 보복, 장벽을 떠나고 있었다. 팔레스타인 이웃과 좋은 이웃으로 살고 싶었던 미라와 레몬농장을 가꾸려는 살마에게 나본은 분리장벽이나 철조망보다 더 큰 장벽이었다. 전쟁이든 평화든, 모든 것의 중심에는 사람이 존재함을 알 수 있다.

서로 한마디도 의사교환은 없었지만, 미라와 살마의 시선교환은 많은 것을 공유한다. 그들은 모두 일상의 평화를 원한다. 나의 일상의 평화를 위해서 남의 일상을 해치는 것은 결코 평화가 아니다. 침해된 평화에 대한 해결도 평화적으로 조용히 그러나 단호하게 시도한다. 그들의 사이에 존재하는 것은 바로 레몬이었다. 민주주의에 시민의 참여와 행동이 중요하듯이, 평화를 위해서도 시민의 참여와 행동은 절대적이다. 레몬트리는 평화를 상징하지만, 레몬이 평화를 줄 수는 없다. 살마가 레몬을 돌보듯이, 인간이 평화를 관리하고 돌보아야 한다. 대법원 심리에서 레몬농장의 인부로 40년을 보낸 아부 하쌈의 증언이 시사하고 있는 것은 나무도 인간과 같아 가꾸고 돌보아야 한다는 것이다. 40여 년 간 키운 나무도 수주일간의 출입금지를 통해 관리가 안되면 상태가 나빠질 수 있다. 평화는 지속적으로, 의도적으로 관리되어야 하는 것이다. 전쟁이 멈추면 평화가 아니라, 평화를 위한 노력이 실패하면 전쟁이 되는 것이기에 평화유지를 위한 인간의 노력은 21세기 국제정치의 장에서 절대적으로 필요한 것이다.

세계 평화를 위한 국제기구의 존재와 역할, 국제사회의 인권, 환경 등 삶의 조건 개선을 위한 국제적 시민단체의 역할은 수많은 살마와 미라를 통해서 가능한 것이다. 일상에서 평화의 나무를 키우고, 키우는 나무를 지켜보고 지지해 주는 사소한 일상이 세계 평화로 이어질 수 있다는 단서를 레몬트리는 보여준다. 개인적인 것은 정치적인 것이고, 사소한 것은 중대한 것이다. 전쟁을 끝내기 위해 전쟁을 한다는 발상을 뒤집어 전쟁이 진행되는 와중에 교회 종탑의 종을 치는 일이 바로 전쟁을 끝내고 평화로 가는 길이라는 발상의 전환이 평화를 지속가능하게 한다. 승전의 장군이 아니라, 일상을 영위하는 소시민이 평화의 주역이라는 말이다. 『오늘의 세계적 가치』에서 스와니 헌트는 다음과 같은 사례를 전한다.

“소피아라는 이름의 여인 사진을 여러분에게 남깁니다. 그녀는 크로아티아의 작은 마을에 살았습니다.... 매일 그녀가 하는 일은 정오에 교회에 가서 벽에 묶여 있는 끈을 풀고 잡아 당겨 **첨탑 위의 종을 울리는 일**이었습니다.

전쟁 기간 동안, 세르비아 세력이 탱크를 타고 한 마을에 차례로 밀고 들어와서는 가톨릭교도인 크로아티아인들의 집 전체를 포격했습니다. 마침내 교회에도 도착합니다. 그들은 교회를 포격하고, 마지막에 첨탑에 포를 쏩니다. 교회가 포격으로 무너졌지만, 매일 정오 교회 마당에서 이 여인을 볼 수 있었습니다. 나무들은 쪼개져 사방으로 흩어졌지만, 그 더미 가운데 첨탑에 있던 종이 옆으로 쓰러진 채 바닥에 놓여 있습니다. **여든 살 여인 소피아는 몸을 굽혀 마디가 굵은 손으로 종의 추를 잡고는 팔을 흔들어 종을 울렸습니다.**[11]

정규 군대의 탱크와 맞서는 일은 아무나 할 수 없지만, 손으로 추를 잡고 종을 치는 일은 여든살 여인 소피아처럼 우리 모두가 할 수 있는 일이다. 여기에 하드파워를 넘어서는 소프트 파워의 힘이 있고, 폭력을 넘어서는 평화의 힘과 남성의 권력을 넘어서는 여성의 유연함이 있다. 남성중심적으로 폭력을 불사하는 기존 방식이 아니라, 여성의 렌즈로 볼 때 드러나는 사소한 일상의 연속 속에서 역사를 지속시키는 보이지 않은 손이 갈등과 분쟁을 해결해 나갈 수 있는 가능성으로 제시된다.

4. 이상과 현실의 공존과 역설

1) 갈등과 분쟁의 새로운 이해

다른 수단에 의한 정치의 연장이라는 클라우제비츠의 전쟁 개념 규

---

11) 브라이언, 파머 외 엮음, 신기섭 옮김. 『오늘의 세계적 가치』 (문예출판사, 2006) pp.233-234.

정이나 국가의 가치를 실현하기 위한 방법이자 인간사회의 조절기제로서 작동하는 신의 개입이라는 헤겔[12]의 전쟁에 대한 설명을 통해 전쟁은 인간사회에서의 국제적 갈등의 해결을 위한 최종적이고 정당한 방법으로 인정받아 온 것이 사실이다. 국제정치에 있어서 현실주의 논리의 압도적 우위에 따라, 갈등의 해결방법으로서의 전쟁의 부당성을 지적하는 논리는 이상주의로 치부되고, 비현실적으로 매도되어 온 것도 또한 사실이다.

따라서 인류 역사에서 폭력적 방법을 배제하지 않은 전쟁 수행은 때에 따라 필요한 외교의 방법으로 빈번하게 차용되기도 하였다.

> 근대로 들어서면서 인간의 존엄성, 천부인권사상 등이 광범위하게 인정받게 되면서, 전쟁 시에 살육의 대상에 변화가 발생하기 시작한다. 갈등해결을 위해 불가피하게 전쟁을 수행할지라도, 무장 군인과 민간인을 구별하게 된 것이다. 19세기 초 크리미아 전쟁까지 많은 살육의 현장에서 태어난 전쟁 방법의 1차적이자 매우 획기적인 변화라고 할 수 있다. 적십자 정신[13]과 이후 수차에 걸친 제네바 협약[14]은 바로 적군의 존엄성과 동시

---

12) Hegel, G. W. F. *Philosophy of Right*. trans by T.M Knox. (Oxford: At the Clarendon Press, 1942) pp.209-210.

13) 적십자는 전쟁과 갈등이 난무하는 상황에서 인도적 박애, 봉사정신을 발휘하여 모든 선의의 인간들로 하여금 국적, 인종, 종교, 주의, 주장들을 초월하여 불행과 재난을 덜고 막는데 따듯한 인류애로서 서로 돕도록 교량적 역할을 하는 중심체이다. 1859년 이탈리아의 솔페리노 전쟁터를 지나던 앙리 뒤낭(Jean-Henry Dunant)이 전쟁의 참상을 목격하면서 형성된 운동이다.

14) 제네바협약은 스위스 제네바에서 조인된 네 차례의 조약을 말하며, 인도주의에 대한 국제법의 기초가 된다. 솔페리노 전투를 목격한 앙리 뒤낭이 전쟁 희생자를 줄이기 위한 방법으로 협정이 이루어졌다.
   ① 제1차 제네바 협약: 전쟁에서 군대 부상자의 상태 개선에 관한 제네바 협약. 1864년 처음으로 체결되었고, 1949년 개정되었다. 이 조약은 적십자 창설의 근거가 되었다.
   ② 제2차 제네바 협약: 바다에서 군대의 부상자와 난파자의 상태 개선에 관한 제

에 적국의 민간인의 권리를 보호하자는 취지에서 형성되었다. 그러나 실제로 이러한 정신과 협정은 선언적일뿐, 전쟁이 광범위하게 확대되는 현장에서 엄격하게 준수되기에는 원천적으로 불가능한 내용에 불과했다.[15]

단기적 목표는 승리지만, 궁극적 목표는 평화로 제시되어야 하기에, 전쟁 수행 방법에서는 많은 변화를 보인 측면도 존재하기는 하지만, 무기와 전략의 발달과 변화 속에서 결국은 살육의 가능성과 규모가 확대일로를 걷게 되면서 인류의 평화에는 기여하지 못하고 있다. 대규모 전쟁을 끝내기 위한 핵무기의 개발과 발전이 절멸의 위협 속으로 인류를 몰아넣어버린 역설적 상황은 인간사회의 근본적 모순을 그대로 드러낸다. 전쟁을 통해 평화를 지켜내겠다는 명제는 애초부터 역설이자 모순이었다. 아군과 적군의 구별 방법의 변화도, 군인과 민간인의 구별도, 전쟁포로의 대우에 대한 규정도 평화를 지속시켜 개인의 일상을 정상으로 회복, 유지시키는데에는 궁극적인 도움이 되지는 못한다.

전쟁의 부재상태를 평화로 이해하는 사고로부터 인간다운 삶이 가능한 정의로운 사회가 평화라는 평화에 대한 전향적 개념의 발달은 일상에서 살아가는 개개인의 삶의 중요성에 천착한 자유와 평등 개념으로부터 시작한다. 여기서 말하는 평화는 갈등의 해결수단으로서의 전쟁의 수단성과 그 제도의 부재를 의미한다.[16]

네바협약. 제1차 협약을 해전으로 확장한 것이다. 1907년 헤이그 협약으로 제10항으로 채택되었고, 1949년 개정되었다.

③ 제3차 제네바 협약: 전쟁포로의 대우에 대한 제네바 협약. 1929년 채택되었고 1949년 개정되었다.

④ 제4차 제네바 협약 : 전시의 민간인 보호에 대한 제네바 협약. 1907년의 헤이그 협약 제4항을 개선하여 1949년 채택되었다.

15) 박의경. "한국에서의 여성, 평화 그리고 통일," 『대한정치학회보』 14집 2호 (2006) p.3.

갈등의 해결방식으로 전쟁이 당연하게 받아들여온 역사의 저변에는 폭력의 문화가 깔려있다. 따라서 평화에 대한 적극적 해석이 힘을 얻으려면, 이러한 문화도 평화의 문화로 움직여야 한다. 평화의 문화는 인권, 민주주의 문화와 밀접하게 연결되어 있다. 민주주의는 토론과 타협을 통한 갈등해결 방식으로 대표적인 것이기에 전쟁으로 귀결되는 폭력의 문화와 차이를 보이게 되는 것이다. 평화를 원하지만, 내 마음에 더 드는 평화를 원한다면, 이 문제는 결국 전쟁으로 해결할 수밖에 없다. 그러나 너와 내가 각각 마음에 들어 하는 평화를 놓고, 선택, 중재, 또는 혼합을 한다면 이는 전혀 다른 해결책이다. 여기에 바로 평화적 방법을 통한 평화가 성립할 수 있는 여지가 존재한다. 민주주의는 민주적 방법으로 이루어야 하듯이, 평화도 평화적 방법으로 달성되어야 진정한 평화라고 할 수 있다.[17]

<레몬트리>는 국제사회에서의 갈등과 분쟁을 다루는 방법에 대한 변화가 드러나는 모습을 구체적으로 보여준다. 긴장과 공포가 존재하는 국경에서도 여전히 자라고 열매 맺는 레몬트리와 거대한 회색빛 콘크리트 구조물은 이상과 현실의 공존을 상징하고, 동시에 각기 평화와 전쟁의 역설적 상황을 잘 드러내고 있다.

레몬농장의 문제를 다루는 이스라엘 대법원에서는 개인의 소유권과 군사적 필요성이 첨예하게 맞선다. 제네바 협약 53조는 개인의 소유권 불가침을 국제법적 규정으로 인정하고 있지만, 군사적 필요에 의하면 제한할 수 있다는 단서조항도 동시에 존재한다. 이상과 현실이 한 조항 안에 상호모순적으로 공존하고 있는 셈이다. 주권국가의 권리와 개인의 권리를 동시에 인정하는 것은, 자유와 평등의 관계와 마찬가지로, 상호 충돌의 가능성을 원천적으로 배태하고 있다.

---

16) Asbjorn Eide. "Methods and Problems in Peace Research," *International Social Science Journal*. vol.24. no.1 (1974) pp.121-122.

17) 박의경 (2006) pp.4-5.

레몬을 지키겠다는 살마의 결연한 의지를 통해 레몬농장은 법적 분쟁지역으로, 이스라엘과 팔레스타인 간 분쟁의 상징으로 변화해간다. 평화의 상징인 레몬 나무는 국제정치 구도 속에서, 권리와 의무의 문제를 법적으로 다투어야 하는 분쟁의 상징이 되어 버리는 역설적 상황에 봉착한다. 개인의 기본적 삶에 대한 의지가 국가에 대항하는 모습으로 변화되고, 소시민이 투사로 비춰지기도 한다. 살마는 저항하고 있는 것이 아니라, 크로아티아의 여인 소피아처럼, 기본적 삶의 유지를 위해 자신이 할 수 있는 일을 하고 있었다.

대법원의 심리과정에서 레몬농장의 위험성이 지속적으로 강조되는데 대해서, 살마와 미라는 왜 레몬농장이 위험한 것인지 이해하지 못한다. 좋은 이웃이 되는데, 레몬 농장은 오히려 도움이 되는 것이 아닐까 했던 살마와 미라의 이상주의적 사고는 나본과 이스라엘 안보국의 현실주의적 장벽에 막혀버리고 있다. 대법원의 판결은 이상과 현실의 타협이자, 레몬과 분리장벽을 절묘하게 결합시키는 절충안을 제시한다. 안보에의 위협이나 개인의 소유권 침해도 최소화시키자는 견지에서 국방장관 관저 경비초소의 시야를 가리는 레몬나무 50%를 30센티미터로 유지하라는 최종판결에 살마는 "분리장벽으로 충분하지 않은가?"라며 울분을 토로하지만, 다우드 변호사는 "이제 투쟁의 시작이며 승리의 첫걸음"이라며 자축한다. 현실에서 출발한 살마는 최종판결에 앞서 "정의는 지켜져야 한다"고 언론에 말하면서 이상주의적 원칙을 역설하고, 아무도 도와주지 않겠지만 부당한 일에 맞서겠다는 이상으로 변론을 맡은 다우드는 현실에서 희망을 발견하는 모습을 보인다. 이상과 현실이 서로 역할을 전환해 가면서 불안한 현실에서 평화를 지켜내는 역설적 상황은 이상과 현실 양자의 공존 속에서만 가능하다는 점을 역설적으로 드러낸다.

2) 여성주의적 시각의 도입과 적용

역사적으로 폭력과 전쟁의 피해는 비권력자, 피지배층, 소수자, 약자에게 전가되게 되어 있기에, 비권력자이자 피지배층이며 사회적 소수자이자 약자의 내용이 중첩되어 있는 여성에게 이러한 고통의 흔적이 많이 드러나게 되는 것은 지극히 당연한 현실이다. 고대로부터 지금까지 역사에 존재했던 수많은 전쟁에서 여성은 언제나 희생자로서 드러난다.[18] 갈등과 분쟁의 폭력적 해결에서 피해자로 남겨져 왔던 희생자 여성의 목소리는 이제 역으로 갈등과 분쟁의 해결방식에서 폭력을 배제해야 함을 지속적으로 주장해 왔다. 그리스의 아리스토파네스는 <뤼시스트라테>[19]에서, 뤼시스트라테는 그리스 도시에 평화의 질서를 가져오기 위해 전쟁을 하고 있으니 집에 가서 옷감이나 짜라는 그리스 감독관의 말에 대해서 '여성들이 옷감짜듯이, 실타래 풀 듯이 정치를 하면

---

18) 고대 그리스의 극작가 아리스토파네스의 희극 <뤼시스트라테>에서 여성은 전쟁과 상관이 없다는 감독관의 말에 뤼시스트라테는 이렇게 답한다. "우리야말로 갑절로 상관이 있죠. 우선 첫째로, 아들을 낳아 싸움터로 보내는 것은 우리가 아니고 대체 누구란 말이오? .. 그다음, 우리는 인생과 젊음을 즐겨야 할 때 전쟁 때문에 독수공방하는 신세가 됐어요. 우리는 그렇다 하더라도 방 안에서 늙어가는 처녀들을 보면 정말 가슴이 아파요."(아리스토파네스 지음, 천병희 옮김. 『아리스토파네스 희극전집 2』 (숲, 2010) pp.51-52)

19) 기원전 413년 아테네의 시칠리아 원정함대는 괴멸되고, 동맹국들은 반기를 들고, 스파르타는 페르시아와 동맹을 맺었다. 기원전 411년 아리스토파네스는 희극 <뤼시스트라테>에서 평화를 염원하는 당시 사람들의 소망을 담아내고 있다. 내용을 요약하면 다음과 같다.
"남자들이 전쟁을 종식시킬 가망이 없어보이자, 뤼시스트라테는 여자들이 사태를 장악하고 평화조약을 체결하도록 강요해야 한다는 생각을 하게 된다. 이를 위해서 우선, 남편들에게 성파업을 하고, 다음으로, 아크로폴리스의 파르테논 신전을 점령하여 신전에 적립해 놓은 전쟁기금을 쓸수 없게 함으로써 남자들이 전쟁을 수행할 수 없게 해야 한다고 생각하고, 다른 폴리스의 여인들과 연합하여 실행에 옮기고, 결국 아테네와 스파르타는 평화조약을 체결하게 된다." (아리스토파네스 (2010) pp.14-15)

아테네는 지상낙원이 되었을 것'이라며 다음과 같이 말한다. "실타래가 헝클어지면 이렇게 잡아가지고 물레로 실을 조심스럽게 끌어당겨서 이쪽 저쪽으로 가르듯이, 그대들이 허락해준다면 우리는 이 전쟁도 이리저리 사절을 보내 해결해 볼까 해요."[20]

정치를 하는 방법을 옷감짜는 일에 비유하며, 뤼시스트라테는 이어서 역설한다. 정치의 근본목적으로 국민의 복지를 제시하고, 이를 위해 분리와 통합이 필요하다는 점을 제시하고 있다는 점에서 뤼시스트라테는 현대사회에서의 여성정치가적인 안목과 식견을 드러낸다.

> 먼저 양털을 물에 담가 양의 오물을 씻어내듯, 그대들은 도시에서 악당들을 털어내고 엉겅퀴들을 가려내야 해요. 그리고 함께 들러붙는 자들과 관직을 노리고 모전처럼 응결되는 자들은 빗어내고 그 끄트머리들은 뽑아 버려야 해요. 그런 다음 모두를 상호간의 선의라는 바구니 안에 빗어 넣되 재류외인들과 동맹자와 나라의 친구두 한데 섞어야 하며, 누가 나라에 빚을 졌더라도 이들도 섞어 넣어야 해요. 그리고 제우스에 맹세코, 이 나라의 식민지인 도시들도 여기저기 떨어져 있긴 하지만 그대들을 위한 양털이라는 걸 알아두시고. 이들을 전부 모아 가지고 여기에 한데 쌓아놓으세요. 그런다음 큰 양털 실뭉치를 만들어 거기서 백성을 위해 외투를 짜도록 하세요.[21]

여성이 집안 살림도 도맡아 하는데, 여성들이 금고를 맡는 것이 뭐가 문제냐며[22] 전쟁에 비용을 댈 수 없다고 역설하는 뤼시스트라테는 고대 그리스의 아리스토파네스가 만들어낸 가공의 여성이지만, 그의 목소

---

20) 아리스토파네스 (2010) p.50.

21) 아리스토파네스 (2010) pp.50-51.

22) 고대 그리스어에서 경제는 가정에서 담당하고 있었다. 가정을 의미하는 oikos와 사회제도를 의미하는 nomos가 결합하여 economy(경제)의 어원을 형성하고 있다는데서 경제의 담당자가 가정이었음을 알 수 있다.

리는 '개인적인 것이 정치적인 것'임을 강조하고 일상의 정치학을 말하는 21세기에도 적실성을 가지고 있다. 사회의 작은 소리로부터 민주주의의 존립이 가능해지듯이, 피해자 여성의 소리는 전쟁으로 점철되어 왔던 역사의 악순환을 끊어내고 분쟁해결 방식의 새로운 장을 열어가는 계기가 되었다. "맥월드가 시민사회의 공공선을 무시할수록, 지하드는 자신의 존립을 위해 테러를 선택할 수밖에 없다... 이런 비극적 충돌을 막을 대안은 세계적으로 시민사회를 굳건히 하는데 있다... 민주주의만이 대립하지 않는 세계를 창조하면서 지하드의 테러와 대적할 수 있다"[23]고 벤자민 바버는 자신의 저서 『지하드 맥월드』에서 역설한다.

<레몬트리>에서 여성은 갈등과 분쟁 경계선의 양쪽에 모두 존재한다. 레몬농장을 가꾸고, 좋은 이웃이 되고 싶다는, 일상에서의 작은 소망을 원하는 살마와 미라에게 통상적인 피해자와 가해자의 분류 방식은 설득력을 잃고 만다. 나본의 접근방식은 살마와 미라 모두에게 파괴적으로 다가왔고, 일상에 대한 폭력과 테러로 귀결되고 만다. 살마의 레몬트리는 절반이 잘려나갔고, 미라는 가정을 떠난다. 그렇다고 나본도 승자일 수는 없었다. 레몬농장을 둘러싼 분쟁은 폭력적 상황에서 어느 누구도 승자일 수 없다는 경고가 장벽과 철조망에 둘러싸인 채 빈 집에 홀로 앉아있는 나본을 통해 절절하게 흘러나온다.

분쟁은 일단 수면 아래로 가라앉은 듯도 하지만, 철조망은 건재하고 레몬트리는 절반이 잘려나갔다. 2002년부터 시작된 팔레스타인 분리장벽은 여전히 진행 중이고, 분쟁의 불씨는 30센티미터로 잘려나간 레몬나무 아래로 숨어들어간다. 콘크리트 분리장벽은 여전하지만, 잘려진 레몬 나무에 돋아나는 새순은 미래를 향한 희망을 상징한다. 살마는 잘

---

23) 바버, 벤자민 지음, 박의경/이진우 옮김. 『지하드 맥월드』 (문화디자인, 2003.) p.33, pp.367-396.

려진 레몬나무에 분노하지만, 여전히 나무를 돌보면서 국제정치적 현실 속에서 굳건하게 자신의 삶을 지켜낼 수 있게 된다. 비록 절반이 잘려 나갔지만 레몬농장은 계속 존재할 것이고, 레몬트리는 전쟁의 길을 막아내는 평화의 나무로 다시 자라날 것이기 때문이다.

현재의 대결구도에 함몰되어 테러의 가능성으로 미래와 희망의 싹이 잘려나간 레몬트리에서 여성 살마는 미래와 희망의 가능성을 제시한다. 국제정치의 현장에서 여성주의적 시각이 힘을 발휘하는 순간이다.

> 국제사회에서 젠더 불평등을 넘어설 수 있는 인간행위의 모델은 전사(warrior)보다는 중재자(mediator)이다. 중재자들에게 필요한 덕목은 인내심(patience), 감정이입(empathy), 감성(sensibility) 등인데, 이는 우리가 보통 '여성성'으로 설명하는 특질이다. 또 다른 모델은 갈등상황에서 쌍방이 상대방 관점을 정당한 것으로 보고 그것을 이해하려고 노력하는 문제 해결 방식이다. 다른 말로 하면, 국제분쟁이나 갈등상황에서 이해관계자를 엄격하게 분리하지 않는다는 것이다. 이를 위해서는 갈등상황에서 이해관계자를 분리하는 장애물을 없애야 하는데, 이를 위해 상호 신뢰는 필수적이다. 이러한 상대방에 대한 이해의 시도와 신뢰 구축은 바로 젠더적 질서를 포함한 정치사회적 위계질서를 극복해가는 과정이 될 수 있는 것이다.[24)]

1948년 12월 10일 제3회 국제연합총회에서 채택된 인권에 관한 세계신인으로 모든 인민과 모든 국가가 지켜내야 할 공통의 기준이 된 <세계인권선언>은 "인류 모든 구성원들의 본질적인 존엄성과 동등하고 양도할 수 없는 권리의 인정은 세계에서 자유, 정의, 평화의 기초이다"라고 선언한다. 즉, 21세기 국제 사회의 평화는 생명, 자유, 정의, 연대, 관

---

24) 박의경. "미래 가치로서의 소프트파워와 여성의 렌즈," 『세계정치』 28집 1호 (2007) pp.11-12.

용, 인권, 남녀평등 등 보편적 가치에 기초하여야 한다. 한마디로 모든 형태의 폭력에 대한 거부라는 보다 광범위한 평화가 미래사회의 기준이 되어야 한다는 것이다. 이들은 모두 국제정치에서의 갈등의 해결방식에 대한 전면적 수정을 요구하고 있다. 이미 국가 주도하에 무력을 중심으로 한 많은 시도는 한계에 봉착하고 있기에 폭력이 아닌 다른 방법으로 갈등과 분쟁을 해결하려는 여성주의적 시각은 21세기 국제정치에서 고려해야할 중요한 힘으로 등장하고 있다.

5. 지속가능한 평화

평화는 국제정치의 궁극적 목표이고, 갈등과 전쟁은 국제정치의 영원한 숙제이다. 많은 국제정치연구자들의 목표는 언제나 갈등 - 그 첨예한 상태인 전쟁 - 의 해결로 모아진다. 지금까지는 갈등과 전쟁의 주체도 종래의 하드파워, 즉 무력을 가진 국가들이었고, 갈등 해결을 위한 평화회담의 주체도 바로 이들이었다. 이스라엘과 팔레스타인 문제를 해결하려는 중동의 평화협상도, 북한 발 핵위기를 타개하려는 6자회담도 모두 통상적 군사력을 축으로 모여 있다. 『오늘의 세계적 가치』에서 스와니 헌트(Swanee Hunt)는 평화를 위한 간단하지만 구체적 방법을 다음과 같은 말로서 제시한다. "우리에겐 새로운 사고방식이 필요합니다. 이게 바로 다른 이들을 대화에 참여시키려는 이유입니다. 다른 이들을 대화에 참여하게 합시다. 물론 대화 자리에는 전사도 있어야 합니다... 그러나 왜 **다른 목소리**를 불러들여 목소리의 구성 비율을 바꾸면 어떤 일이 생기는지 보지 않는 거죠?"[25] 글로벌시대와 세계시민사회를 논하는 시대를 맞아 전쟁으로 가는 길목에서 평화의 나무가 들려주는 다른

---

25) 브라이언 (2006) p.230.

목소리에 귀를 기울일 필요가 있다는 것이 헌트의 주장이다.

이러한 명시적 변화에도 불구하고, 다른 분야에 비해 국제정치는 아직도 전근대적 권력의 영역으로 남아있다. 다른 정치영역에서는 다양한 힘과 다양한 원리들이 제시되고 있음에도 불구하고, 국제정치영역에서는 여전히 힘을 강조하는 현실주의의 논리가 매우 강력하게 작동하고 있는 것이 현실이다. 이스라엘과 팔레스타인의 문제는 인류의 영원한 숙제로 국제정치적 속성이자, 동시에 일상의 영역으로 확대되고 있는 생활정치의 영역이기도 하다.

레몬트리는 국내정치와 국제정치, 개인과 정치, 남성적 시각과 여성적 시각, 일상과 정치, 전쟁과 평화등 많은 국제정치적 과제를 담고 있다. 현실주의 사상이 지배하는 국제정치적 시각이 압도하는 이스라엘과 팔레스타인 접경지대에서 레몬농장을 가꾸는 팔레스타인 여인과 이웃으로 이사온 이스라엘 국방장관의 대결은 국가적이자 국제적, 개인적이자 사회적, 남성적이자 여성적, 현실적이자 이상적, 군사적이자 일상적 대결로 매우 첨예하게 대립한다.

여기서 팔레스타인 여성 살마의 대항방법에 유념할 필요가 있다. 시위도 아니고, 공격도 아니었다. 절차를 거쳐 법적 투쟁에 나서고 이에 언론이 주목하여 사태는 정치적으로 확산되게 된다. 개인적인 것은 정치적인 것이다. 국내적인 것인 바로 국제적인 것이다. 나의 행동이 바로 세계를 바꿀 수 있다. 평화적 방법으로 갈등을 해결해 나갈 수 있다. 그것이 바로 정치다. 원칙과 행동, 이 두 가지는 21세기를 살아가야할 우리와 우리 미래세대가 반드시 숙지해야 할 기본 사항이라고 하겠다.[26]

전쟁으로 시작된 21세기를 전쟁으로 마무리하지 않기 위해서는 새로

---

26) 박의경. "영화의 상징체계를 통한 정치의 발견," 『현대사회과학연구』 15집 1호 (2011) pp.164-166.

운 세계질서가 필요하며, 이를 위해 요구되는 작업은 국가문제에 대한 군사적 해결의 개연성을 낮추는 일이다. 이러한 작업은 단순히 군비 축소라든가, 무기 개발 금지 등의 방법만 가지고는 해결되지 않는다. 전쟁으로 전쟁을 끝낼 수 없듯이, 전격적인 발상의 전환이 요구된다. 평화는 평화적으로 달성되어야 하고, 질서는 질서를 통하여 자리 잡아야 한다. 남성성에 기반을 둔 젠더화된 국가의 젠더 제한성이 해제되어야 하는 것이다. 여기에 비젠더화된 국가로부터 형성되는 새로운 이상적 세계질서 모델이 자리 잡을 수 있을 것이다.27)

갈등과 분쟁의 해결방식에 있어, 기존의 무력과 폭력을 통한 위협은 협동과 평화로의 길을 제시하지 못한다는 것은 오랜 전쟁의 역사를 통해서 이미 확인된 바와 같다. 강력한 파괴력을 가진 무기가 그 파괴력의 강력함으로 오히려 국제정치의 현장에서의 활용가능성이 떨어지고 있는 상황은 전쟁으로 평화를 일구어낼 수 없음을 잘 보여준다. 전쟁이

---

27) 홉스테드(Hofstede)는 문화연구를 통해 사회적 성역할의 구분을 극대화하는 사회를 남성적 사회로, 성역할의 구분이 작은 사회를 여성적 사회로 보았다. 홉스테드의 분석에 따르면 노르웨이나 스웨덴을 비롯한 스칸디나비아 국가들이 여성적 사회로 분류된다. 일반적인 국가가 남성중심으로 젠더화되어 있다고 보는 관점에서, 필자는 이들을 비젠더화된 국가로 지칭할 수 있다고 본다. 홉스테드에 따르면, 이들 스칸디나비아 국가는 국내 및 국제적 분쟁에서 모두 평화적으로 문제를 해결하려는 경향을 강하게 보이면서 비젠더화된 사회모델로부터 군사화되지 않은 대외정책과 경제적, 생태학적 안보에 보다 적극적으로 참여하고 있다는 것이다. (Hofstede (1986) pp.122-135 / 박의경 (2007) p.11 참조)

2011년 노르웨이의 우퇴이아 섬 총기난사 사건에 대한 노르웨이의 국가적, 사회적 반응은 이 대표적 사례로서 폭력에 대한 비폭력적 대응의 가능성을 시사한다. 사상 유례없는 극우파의 테러앞에서도 여전히 민주주의의 가치를 지켜내고 있으며, 안보를 빙자한 폭력적 권리침해나 자유에 대한 제한조치는 발생하지 않았다. 경찰국가가 되지도 않고, 이웃에게 비난과 증오의 화살을 돌리면서 사회적 희생양을 만들지도 않았다. 당시 노르웨이 총리는 "폭력에 대한 우리의 대답은 민주주의와 개방성, 정치참여를 더 늘리는 것"이라며, 보다 많은 민주주의와 개방을 시사하였다. (경향신문 2011. 7. 30. 참조)

아니라 평화 – 특히, 지속가능한 평화 – 를 목적으로 한다면, 갈등과 분쟁의 현장에서 이제 방법은 달라져야 한다. 기존의 하드파워에서 소프트파워로, 남성중심적 갈등 접근법에서 여성주의적 시각으로의 변화를 위해서는 전쟁의 길에서 평화의 나무가 주는 메시지를 읽어낼 수 있는 일상성과 감수성을 가진 다른 목소리가 필요하다. 일상으로부터 평화의 메시지를 읽어낼 수 있는 **다른 목소리**는 21세기 국제정치의 현장에서 과거의 어떤 무기보다도 강력한 위력을 발휘할 수 있을 것이며, 따라서 다른 목소리를 키워낼 수 있는 정치체제로서의 민주주의[28]는 평화로운 미래의 국제정치를 위한 중요한 자산이다.

---

28) 알렉시스 드 토크빌(Alexis de Tocqueville)은 『미국의 민주주의』 2권에서 전쟁에 대한 민주주의의 가능성에 대해 강조한다.

"사회적 조건이 보다 평등해질수록, 문명국가의 전쟁가능성은 낮아진다.... [민주주의 사회에도 군대는 존재하고 군대에 문제는 있지만,] 군대의 병폐의 근원은 군대 자체가 아니라 국가에 있다. 민주국가는 자연스럽게 소요사태와 전제정치를 혐오한다. 이러한 자연적 본성을, 이지적이고 세심하며 지속적인 소양으로 돌려야 한다.... 일반적인 국가의 정신이 군대로 스며들어갈 것이다... 시민에게 자유와 질서, 단호함을 교육시키면, 군인들도 절제있고 순종적이 될 것이다." (Tocqueville 1960: 264-270)

제15장

현실의 균형, 미래의 조화, 민주적 이상향

1. 다양한 현실과 하나된 미래

카(E.H. Carr)의 말처럼 "역사는 과거와 현재의 끊임없는 대화"이지만, 동시에 과거의 역사는 미래의 그 후손들에 의한 기록으로 과거에서 보자면 미래의 기록이고, 현재의 시각으로 보자면 과거에 대한 추론이다. 과거에 대한 해석과 판단이 연구자에 따라 달라질 수 있는 가능성을 배제할 수 있는 근거는 어디에서도 발견되지 않는다. 이렇게 볼 때, 현재의 근거인 과거가 하나가 아닌 것처럼, 우리가 살아가는 현재도 하나가 아니다. 현대사회의 모든 문제는 하나가 아닌 사회를 하나로 상정하고, 하나 됨에 당위성을 부여하면서 그 원인을 분석하고 대책을 논의하는 데서부터 발생한다.

최근에 임명된 검찰총장이 임명받는 자리에서 읊었다는 대만의 학자 남회근(南懷瑾)의 한시의 내용은 바로 이러한 다양한 현실을 적시하고 있다. "하늘이 하늘 노릇하기가 어렵다지만 4월 하늘만 하랴. 누에는 따뜻하기를 바라는데, 보리는 춥기를 바라고, 집을 나선 나그네는 맑기를 바라고 농부는 비가 오기를 바라는데, 뽕잎 따는 아낙네는 흐린 하늘을 바라보네...," 세상은 하나가 아니고 여러 가지가 동시에 움직이는데, 인간의 한계로 인해 한 순간에는 한 가지 결정만 내릴 수 있다. 누에에 좋은 결정이 나오면 보리는 기다려야 하고, 농부에 좋은 정책이 결정되면 나그네는 잠시 쉬어가거나 돌아가야 한다. 이렇게 요구는 다양하지만, 정책이나 결정은 다양하게 펼쳐지기 매우 어려운 것이 현실이다.

현대사회의 기본적 정치체제로 자리 잡은 민주주의는 바로 이러한 다양한 요구의 분출을 어떻게 조정하고, 어떻게 모아내고, 어떻게 움직여 가는지에 대한 인간 나름대로의 지혜가 집적된 이념이다. 민주주의의 이상적 모델로 운위되는 아테네의 민주주의는 일정 자격을 갖춘 시민 모두가 구성원으로 정치적 의제선정과 결정에 참여할 수 있는 제도를 운영했다고 전해진다. 다양한 현실의 분출장소는 민회였고, 의견이 모아져 집행되는 곳은 민회 구성원 중에서 추첨으로 구성된 평의회였으며, 정책 수행 중 발생하는 문제는 역시 민회 구성원 중에서 추첨으로 구성된 배심원단에서 맡았다. 여러 가지 건설적 정책이 아테네의 발전을 위해 수행되었으나, 이해하기 어려운 결정도 수차례 이루어진다. 아테네 시민들의 이러한 역동성은 페르시아와의 전쟁을 궁극적으로 승리로 이끌었지만, 소크라테스를 비롯한 지혜 있는 자들을 현장의 역사에서 퇴출시키는 역할도 수행하였다.

역사는 진전과 후퇴를 거듭해가며 미래로 이어져, 2000여년이 지난 18세기에 시민혁명을 거쳐 근대민주주의가 세상에 드러나게 된다. 18세기의 민주주의가 아테네에서처럼 움직이기에는 어려운 점이 매우 많다는 것은 주지의 사실이다. 국가 규모, 인구 규모, 시민권 확대운동에 따른 시민의 증가, 왕권신수설에서 국민주권설로 이양된 직후 발생하는 참여의 폭발현상에 대한 우려 등으로 근대민주주의는 대의제를 표방하는 간접민주주의 형태를 취할 수밖에 없게 만들었다. 아테네의 민주주의는 이제 전혀 다른 모습으로 세상에 드러나게 된 것이다.

수많은 곳에서 동시다발적으로 분출되는 요구를 수집하고, 선별하는 정책선정 기관으로서의 의회와 정책 집행기관으로서의 행정부가 선거를 통해 들어서게 되면서 국민의 이름으로 정당성을 부여받아 활동하게 된 것이 바로 21세기 현재까지의 민주주의의 모습이다. 요구는 다양하지만, 한 번에 정반대의 두 가지 의견을 충족시킬 수 있는 방법이 인간 세상에는 존재하지 않는다. 현실의 길은 다양하지만, 우리가 가야하는 가까운 미래의 길은 정치의 과정을 통해 하나로 모아지면서, 충족되지 못한 많은 요구들이 역사의 뒤편에 남겨지고, 거기에도 허덕이면서 어려운 삶을 살아가는 우리 사회의 시민들이 존재한다.

이 글은 다양한 현실이 하나로 모아지는 과정에서 누락되고 빠져나가버린 것들을 다시 돌아볼 수 있는 인간의 가능성에 대해 논한다. 아테네의 직접민주주의 모델을 현실에서 적용하고 실험하기도 하고, 현실의 법과 제도를 통해서 역사의 뒤안길에 버려져 있던 편린들에 대한 관심을 제고하면서 사회의 변화를 시도하기도 하는 사람들이 여전히 있음에 이 글은 주목한다. 다양한 요구를 모두 수용하지 못하게 되면서, 하나로만 달려왔던 현대의 그늘에 존재하는 사회 정의와 형평성에 대한 논의를 의제로서 현대사회의 공식적 채널에 다시 상정하는 작업은 불완전한 '그들만의 민주주의'를 원래의 이상과 목표로 되돌려 놓으려는 시도라 할 수 있을 것이다. 다양한 요구가 그대로 가면 혼란이며 그 어느 것도 이루어질 수 없을 것이라는 2차원적 사고를 벗어나, 다수의 요청과 바람이 참여폭발이라는 부정적 상황으로 이행되지 아니하고, 동시적으로 일상에서 진행될 수 있다는 사상적 멀티플렉스(multiplex)와 이를 통해 도달하게 될 민주적 이상향(democratopia)의 가능성을 이 글에서는 살펴볼 것이다.

2. 상징을 통한 정치현실의 지속과 변화

1) 상징과 현실의 문제제기

영화는 현실의 반영이다. 영화는 또한 상징이다. 이러한 상징을 통해 인간은 현실에 열광하기도 하고, 현실을 혐오하기도 한다. 열광하면서 지지를 보내기도 하고, 혐오하면서 변화를 추동하기도 한다. 현대의 인간이 멀티플렉스 극장에서 보내는 2시간여 동안 영화는 인간의 감정과 뇌수를 장악하고 현실에 대한 문제의식을 불러일으키기도 한다. "현대사회의 영화는 인간의 삶을 있는 그대로 그려내면서, 소외되어가는 인간의 모습부터, 무언가 희망을 기대하고 욕망추구의 삶을 살아가는 모습, 삶을 아름답게 또는 추하게 묘사하면서 직접 대면할 수 없는 '나'를 역설적으로 바라보게 만드는 중요한 대중매체이다. 영화는 인간의 모습을 있는 그대로 보여주기도 하지만, 실상은 허구와 상징으로 가득차 있는 매체로서 우리는 여기서 정치를 발견한다. (박의경 2011c: 158)

고독한 인간의 모습을 통해, 단독자의 길을 가는 인간의 본질을 그려내기도 하고, 소외되어 가는 인간의 모습을 보면서 자신의 주위를 다시 한 번 돌아보게도 한다. 간혹 언론에 회자되는 고독사, 이미 지속적인 사회문제가 되어버린 '왕따'의 문제 등이 그 사례라고 할 수 있다. 또한 사회라는 거대구조 속에서 벗어날 수 없는 압박감을 느끼면서, 지배/피지배의 관계 속에 말려들어 갑/을의 구도에서 쳇바퀴 돌 듯 하는 나와 주변의 사람들을 보면서, 현실의 부정의와 부당성에 분노하고, 우리가 나아가야 할 방향을 어렴풋이나마 그려보기도 한다. '열심히 공부하면 훌륭한 사람이 될 수 있다'든가 '노력하면 잘 살 수 있다'라는 시대적 금언의 적실성에 의문을 품게 하는 것은 존재한다고 믿었던 계층이동 사다리의 부재로 드러나면서, 여기서 뛰어내려야 하는 것인지, 되돌아가야 하는 것인지 고민하는 현장이 영상을 통해 나에게 다가올 때 인간에게는 현실에 대한 절망과 동시에 미래에 대한 소망이 중첩되어 나타난다. 2012년 우리사회 전역에 울림이 깊었던 <레미제라블>은 절망적 상황으로 시작되면서 절망의 길만 따라 가지만, 영화의 끝에서 관객들이 가지고 일어서는 것은 미래의 비전과 희망이라는 역설적 사실에서 이는 드러난다. 고난의 길에 자발적으로 뛰어들고, 고통의 순간을 인내하며 헤쳐 나가는 영웅에 열광하면서 너무도 작은 '나'에 대해 열패감을 느끼기도 하지만, 여기서 또한 그 '나'의 가능성이 드러나기도 한다. 영화의 상징체계 속에는 이상과 현실이 혼재하면서, 나를 비난하기도 하고, 나를 절망하게 만드는 기제도 있지만, 동시에 나를 일으키고 나에게 가능성과 희망을 부여하는 숨겨진 코드 또한 존재한다. 나로 하여금 생각하게 하고, 나를 움직이게 하면서, 현재의 나를 미래로 밀어내는 기능이 영화에서 발견되는 것이라면, 이는 곧 민주주의의 기능이라 아니할 수 없다. 내가 생각하고 내가 움직여 형성하는 제도가 민주주의의 요체임은 아테네 민주주의를 언급할 때 이미 설명한 바 있다.

현실에서 제기된 문제가 상징 기법을 통해 나에게 전달되고, 이는 곧 미래를 위한 힘으로 전환된다. 여기에 중요한 에너지원은 바로 '나'의 생각이다. 나의 시각을 통해 들어온 영상이 가슴에 감동으로 전달되고, 뇌수로 이어지면서 심장을 뛰게 하고 손과 발을 움직이게 한다. <레미제라블>의 주인공 장발장의 인생관이 바뀌는 장면은 매우 어두웠지만, 그 미래는 세상을 밝게 바꾼다. 성당의 은촛대를 훔쳤던 장발장의 절도 행위에 대한 신부의 반전 대응을 통해, 장발장이 가졌던 세상에 대한 혐오와 원망이 사랑과 감사로 바뀌면서, 자선과 배려라는 행동으로 이어진다. 바로 이것이 생각이 행동으로 전환되는 과정이고, 앞으로 언급할 여러 영화에서 보여지는 역사의 현장이다. 현실에서 과거와 미래를 오가면서 인간의 지역적 한계를 넘어서게 하는 것이 영화의 기능이라면, 이를 통해 우리는 또한 꿈을 가지고, 그 꿈을 실현시킬 수 있다는 소망을 가질 수 있는 것이다.

2) 설정된 미래와 생각의 변화

쥘 베른의 소설 <해저2만리>와 <달세계 여행>은 소설로 출간되었고, 영화화 되었다. 19세기에 만들어진 소설, 영화는 그야말로 공상과학(SF(Science Fiction)) 소설이자 영화였지만, 1세기도 지나지 않아 이는 곧 현실이 되었다. 베른의 머릿속에서 만들어진 잠수함과 우주선은 21세기의 우리에게는 이미 오래된 현실이다. 지금 우리가 목도하고 있는 4차 산업혁명은 지난 수십 년간 수없이 보아왔던 공상과학영화의 내용이나 전제와 크게 다르지 않다. 지금도 여전히 제작되고 있는 미래영화들이 말하고자 하는 것은 인간에 대한 가능성이다. <인터스텔라>와 같은 영화를 통해 우리는 보다 먼 미래의 '나'를 살펴보고자 한다. 4차 산업혁명은 이미 오래전부터 영상산업에서부터 우리의 생각 속에 들어와 있었다고 하겠다.

아직 도래하지 아니한 미래를 설정한 영화를 현재의 내가 보고 생각을 하게 되면서 변화가 발생하고, 미래의 길을 따라간다. 민주주의 사회의 시민들은 2500년 전 아테네 시절부터 보이지 않는 미래의 결정방식을 따르고 실행했고, 형성했다. 로크와 루소를 비롯한 18세기 근대 민주주의의 시조들은 민주주의가 어디에도 없던 시기에 민주주의라는 그림을 그렸다. 정치사상적 차원에서의 대표적 미래 소설이 바로 루소의 『사회계약론』이라고 한다면 이의를 제기할 수 있는 사람이 있을까? 모든 사람이 동등한 권리를 지닌다는 생각을 할 수 있는 기제가 전혀 보이지 않던 시절에 나온 일종의 폭탄선언인 셈이다. 조선시대를 갓 벗어난 시절에 근대 헌법으로 민주선거를 할 수 밖에 없었던 대한민국 제1공화국의 상황도 어떻게 보면 일종의 시대착오적 현상이라고도 할 수 있지만, 이는 아직은 드러나지 않았던 미래의 지침 - 곧 제도와 법률

- 에 따라 움직이는 모습으로 일종의 미래형 민주주의라고 할 수도 있을 것이다.

이와 같이 인간의 생각과 행동의 변화를 위해서는 미래에 대한 소망과 나름대로의 지침이 필요해진다. 과거에는 그것이 개별적 교육이라는 좁은 과정을 통해 전승되어 온 것이 사실이라면, 현대사회에서는 보편적 교육을 통해 동시다발적으로 모든 곳에서 동일한 것을 보고 배우면서 이어진다고 할 수 있을 것이다. 여기에 보편성을 추구하는 대중매체로서의 영화의 가능성과 동시에 그 중요성이 존재한다. "현대 사회에서 영화는 다중들에게 단기간에 동일한 메시지를 전달하기도 하고, 현실을 적나라하게 드러내면서 때로는 감당하고 싶지 않는 불편한 진실의 모습을 보이기도 하는" (박의경 2011c: 159) 것도 사실이다. 느슨하고 완만한 현재의 모습을 짧은 시간에 압축된 영상으로 확인하는 과정에서, 우리는 우물 속의 개구리와 같이 현실 속에서 미처 발견하지 못했던 현실에 대한 문제의식과 진단 그리고 대책에 대한 고민을 하게 된다. 또한 여기에 존재하는 정치의 본질과 원리를 발견하게 되면서 우리사회가 직면하고 있는 여러 사회문제들을 통찰하고 궁극적인 미래비전까지 찾아볼 수 있게 되는 것이다. 주관적 존재인 인간이 객관화시켜 자신을 바라볼 수 있는 중요한 장치 중 하나로서 영화의 상징체계에 주목하면서, 필자는 영화가 인간사회에 던지는 사회적 동력의 근원을 살펴보고 이를 통한 사회문제의 진단과 대책을 제시하면서 미래사회를 조명해볼 것이다.

민주주의의 진행과정에서 드러나듯이 현실에서 변화는 한 사람을 통해서 시작된다는 점에서, 3장은 현실의 힘과 변화의 동력을 영화 <12인의 성난 사람들>과 <레몬트리>를 통해 살펴본다. 두 영화에 등장하는 인물들은 혁명적이라거나 개혁적이라는 것과는 거리가 멀다. 일단 주어진 현실에서 하나하나 문제를 제시하고 풀어나가는 방식을 취한다. 현실의 균형을 추구하는 민주사회 시민들의 점진적, 지속적 문제해결 방식의 가능성이 여기서 발견된다.

4장은 현실과 미래의 삶을 동시적 살아가는 사람들에 대한 이야기로서, <안토니아스 라인>과 <쇼생크 탈출>을 살펴본다. 각 영화의 주인공 안토니아와 그 딸들, 그리고 앤디는 현실을 충실히 살아가지만 미래를 꿈꾸며 사는 자들이다. 건강한 정신의 소유자 안토니아는 미래를 만들어나가고, 자유로운 영혼의 소유자 앤디도 현실에서 미래를 쌓아나간다. 미래는 꿈꾸는 자의 것이고, 원하는대로 이루어진다는 신념을 가진 자들의 노력을 통해서 민주주의가 지금의 모습으로 자리잡았듯이, 민주주의의 조화로운 미래도 꿈을 놓치지 않는 자들의 존재를 통해 우리에게 현실로 다가설 수 있기 때문이다.

3. 현실의 힘과 변화의 동력: <12인의 성난 사람들>과 <레몬트리>

1) 압도적 현실과 한 사람의 힘

사회 속에 살아가는 일개인에게 국가와 사회의 현실은 매우 압도적이다. 거대한 탁류를 따라 흘러가는 나뭇잎과 같은 존재로, 한 인간이 거대한 운명의 방향을 바꾸거나, 세상의 흐름에 저항하는 것은 파도를 거슬러 올라가는 것만큼이나 매우 어렵고도 지난한 일이다. 마키아벨리가 500여 년 전『군주론』에서 포르투나(Fortuna)를 묘사하면서 한손에 돛단배의 키를 잡고, 다른 손에 돛을 잡은 운명의 여신을 그리고, 거기에 휘둘리는 인간을 설명한 바 있다. 포르투나에 휘둘리는 인간을 묘사하면서도, 마키아벨리는 또한 거세게 다가오는 운명의 여신을 제압하는 힘으로서 비르투(Virtu)를 제시하면서 인간의 가능성을 놓지 않았다.

> 나는 운명의 여신을 위험한 강에 비유한다. 이 강은 노하여 평야를 덮치고, 나무나 집을 파괴하고, 이쪽 땅을 저쪽으로 옮겨놓기도 한다. 모든 사람들이 그 격류 앞에는 도망가며, 어떤 방법으로든 제지하지 못하고 굴복하고 만다. 그러나 그렇다고 해서 강이 평온할 때 인간이 제방과 둑을 쌓아 예방조치를 취함으로써, 다음에 강물이 불더라도 제방을 넘어오지 못하게 하거나, 아니면 제방을 넘어와도 그 힘을 통제하지 못하거나 약화시킬 수 없다는 것을 의미하는 것은 아니다. (마키아벨리 2003: 171)

"운명은 저항을 위한 조직적 힘이 없는 곳에서 그 위력을 떨치고, 그 힘을 막기 위해 조성된 제방이나 둑이 없는 곳을 덮친다." (마키아벨리 2003: 171)는 마키아벨리의 말에서, 우리는 압도적 현실이 존재한다는 사실 그 자체로서 변화의 가능성이 없음을 예단할 수는 없다는 점을 알 수 있다. 즉, 운명의 범람은 통제될 수 있으며, 자신의 행동을 시대와 상황에 맞게 변화시키면서 담대하게 맞서는 자들에게 현실에서 보이는 압도적 위력이 넘어설 수 없는 산은 아니라는 말이다. 마키아벨리를 따른다면, 압도적 현실은 대담하게 맞서는 한 사람의 힘으로부터 균열을 보이고 변화의 가능성을 배태하게 된다는 것이다.

현실의 압도적 흐름에 저항하고 변화를 일으키는 영화로 필자는 <12인의 성난 사람들>[1]과 <레몬트리>[2]를 제시한다. 영화 <12인의 성난 사람들>에서 모든 것이 확실한 듯이 보이는 결정의 순간에 한 사람의 합리적 의심과 이를 파헤쳐 보아야겠다는 단순한 생각이 확실한 듯이 보이는 모든 것은 뒤집는다. 다수결로 많은 것이 결정되는 민주주의 사

---

1) 1957년 작품으로, 미국 빈민가에서 발생한 살인사건의 배심원단으로 참여한 12명이 유죄냐 무죄냐를 결정하는 과정을 보여준다.

2) 2008년 작품으로, 보안문제로 농장의 레몬나무를 빼앗기게 된 여성의 실화를 토대로 하여 팔레스타인 자치구역과 이스라엘의 접경인 요르단 강 서안 지구를 배경으로 한다.

회이기는 하지만, 배심원단의 유무죄는 만장일치라는 요건을 충족해야 한다. 여기서 어느 한 사람의 의견이 지니는 무게도 가볍게 여겨질 수 없다. 출신배경, 현재의 상황 모두 다른 다양한 12인이 모여 하나의 의견으로 모아가는 과정을 통해서, 민주주의와 법치의 과정을 그려낸다. <레몬트리>에서 여주인공 살마는 엄중한 국제정치적 대립구도와 국가의 압박 속에서 혼자만의 투쟁을 선언한다. 이유는 매우 단순하다. 아버지가 물려준 레몬농장을 지키겠다는 지극히 개인적인 이유로 접경지의 국가 이스라엘을 상대로 법정투쟁을 시작한다. 영화는 개인의 의지라는 사적인 결정이 공적인 결론으로 이어지는 상황을 보여주면서, 압도적 현실의 힘에 저항하는 개인의 힘을 드러낸다.

이 모든 영화에서 드러나는 것은 '한 사람의 힘'이다. 의지를 가진 한 사람이 생각을 하고 목표를 세우고, 실행에 옮긴다. 상황이나 환경은 중요하지 않다. 내가 있는 그 자리에서 할 수 있는 무엇인가를 한다는 것이 '나'의 존재의 의미임을 이 영화들은 웅변적으로 보여준다. 역사의 한 순간에 서 있는 '나'로서 할 수 있는 일을 하지 않는다는 것은 그로 인해서 이루어질 수 있는 일이 이루어지지 않을 수도 있다는 말이 된다. 가능성의 한 축을 내가, 바로 내가 무너뜨리고 있는 셈이다. 이는 역으로 안 될 수도 있었던 일이 '나'로 인해서 이루어질 수도 있다는 말이다. 역사의 흐름에서, 민주주의의 진행 과정에서 '나' 한 사람은 모든 일의 시작이고 끝이다. 모든 일은 수많은 '나'가 움직일 때 시작된다.[3)]

> 민주주의의 건강은 시민의 건강과 직결되어 있으며, 시민의 건강은 민주주의에의 참여를 통해서 단련되고 표출되게 된다. 시민의 지속적 참여는

---

3) 1987년의 6.10 항쟁, 2016년의 촛불시위는 정권의 교체를 이루어냈다. 4.19와 5.18도 있었지만 참여 계층과 지역의 제한으로 동일한 결과를 만들어내지 못했음을 돌아본다면, 역사는 수많은 '나'의 움직임을 통해서 변화되고 앞으로 나아감을 알 수 있다.

> 시민과 민주주의를 건강하게하고, 이는 또 다시 시민의 참여를 촉발시키는 제도적 선순환과정으로 들어서게 되고, 그렇게 될 때 참여민주주의는 자체적으로 움직이게 되면서 지속가능성을 담보하게 되는 것이다. 여기서 핵심은 시민의 존재이고, 시민의 참여인 바, 시민의 참여를 가능하게 하는 동력은 사람들이 살아가는 일상에서 나온다. 모든 '개인적인 것이 정치적인 것'이라는 20세기 정치혁명의 과정을 통해서 정치가 다루어야 할 분야가 개인의 일상사와 불가분의 관계로 설정되었다. (박의경 2014b: 146)

시민혁명을 통해 설정된 민주주의가 공화제와 만나면서 현실적인 한계 속에서 구성된 대의민주주의가 가지는 개인, 시민의 힘에 대한 몰이해의 시기도 있었으나, 20세기말 참여민주주의 논쟁을 거쳐 21세기에는 참여적 시민과 함께 심의민주주의 등이 대두하면서 건강한 민주주의를 위해 개인의 의지, 참여 등 시민의 힘에 대한 심도 깊은 논의가 진행되고 있다. 입법부나 행정부의 수장을 결정하는 것뿐만 아니라, 행정부의 정책 결정과 집행에도 내가 직접 참여할 수 있어야 한다는 내용이 여기에 포함된다.

> 근대의 정치철학은 주권을 입법권으로 정의하고 입법권이야말로 통치에 관계되는 모든 일을 결정하는 권력이라고 생각해 왔다. 그래서 민주주의에 관해서도, "아무리 불충분하더라도 국민이 입법권에만 관여하고 있다면 그 정치체제는 민주주의다"라는 이치가 통용되어 버린다...
>
> 입법부가 통치에 관해서 결정을 내리고 있다는 것은 원칙에 지나지 않고, 실제로는 행정기관이 결정을 내리고 있다... 그렇다면 이제부터 민주주의가 지향해야 할 길이 보인다. 입법권만이 아닌 행정권에도 국민이 공적으로 관여할 수 있는 제도를 갖추어가는 것이다. 이로써 근대정치철학이 만들어 온 정치이론의 결함을 보완할 수가 있다. 주권자인 국민이 실제로 일을 결정하는 행정기관에 접근할 수 있게 되기 때문이다. (고쿠분 고이치로 2016: 23-25)

2) 지원세력의 중요성

사회 자체가 이미 복수의 존재를 내포하고 있기에, 혼자서 사회를 만들 수 있는지에 대한 질문은 이미 형용모순이다. 한 사람의 힘이 중요하다고 하여 그 혼자만의 힘으로 사회가 형성되고 움직일 수 있다고 주장하는 것은 강변(强辯)을 넘어 궤변(詭辯)에 가깝다. 인간은 정치적 동물이라는 아리스토텔레스의 말을 빌리지 않아도 인간은 공동체 속에서 자신의 존재를 확인해가는 존재이며, 사회 속에서 옳고 그름도 가리고 행복을 느끼며 살아가는 존재이다.[4)]

> 타인과 더불어 정치적 공동체의 혜택을 누릴 수 없거나 이미 자족해 있으므로 그럴 필요가 없는 고립된 개인은 국가의 일부가 아니며, 따라서 짐승이거나 신일 것이다... 사람은 완성되었을 때 동물 중에서 가장 뛰어난 존재지만, 법과 정의가 없으면 가장 나쁜 동물로 전락하고 만다. (아리스토텔레스 2011: 263/ Aristoteles 1981: 5)

사회와 인간은 물과 물고기의 관계와 같이, 전자는 후자의 존재를 위한 필수조건이다. 물고기를 움직일 때 물에 대한 지시가 별도로 없더라도 물과 같이 옮겨야 하는 것과 마찬가지로, 개인을 생각할 때 또 다른 인간이 존재하는 사회를 염두에 두고 움직이지 않을 수 없는 것이 우리 인간들이 당면한 현실이다. 따라서 한 사람의 힘이 사회의 변화와 발전을 위해서 절대적으로 중요하지만, 동시에 개인을 압도하는 사회의 공세에 맞서는 그 한 사람의 힘이 빛을 발하고 위력을 보이기 위해서 절대적으로 요구되는 것이 바로 지원세력이다. 지원 세력이 존재하는 곳

4) 아리스토텔레스는 공적인 일에 참여하지 않는 자가 있다면 그는 신이거나 짐승이라고 역설한다. 인간이 진정으로 인간답게 살기 위해서는 시민이 되어야 하며, 정치에 참여하는 것이 바로 시민이 되는 길이라는 의미에서 아리스토텔레스는 "인간은 정치적 동물"이라 말한다.

은 바로 공동체로서, 인간이 공동체를 이루려는 본능적 충동을 가지고 공동체를 조직하고 그 안에서 살아가면서, 자신의 의견의 옳고 그름을 공동체 속에서 판단해내게 된다.

> 인간은 본질적으로 정치적 공동체, 즉 전체의 일부가 되도록 되어 있으며, 모든 사람들에게는 어떤 공동체를 이루려는 잠재적인 충동이 있다...
> 덕이 없으면 인간은 가장 추악하고 야만스러운 존재며, 탐욕과 무절제함이 다른 동물보다 더 강하다. 사람은 국가의 정의를 통해 구원받는다. 정의란 옳고 그름을 판별하는 것인데, 이것을 정치적 공동체가 실현하기 때문이다. (아리스토텔레스 2011: 263-254/ Aristoteles 1981: 6-7)

인간은 정치적 동물이고 공동체 속에서 살아가는 존재이기에, 강하게 밀려오는 현실의 파도에 맞서기로 결정한 한 사람의 외침이 살아남기 위해서 지원세력으로서 조력자의 존재는 필수적이다. <12인의 성난 사람들>에서 그 조력자는 논의를 진행시키는데 핵심적 역할을 한다. 영화의 도입부에서 사건의 모든 정황은 피의자의 유죄를 암묵적으로 제시하고 있으며, 대부분의 배심원들이 이에 동의를 표한다. 유죄가 당연시되는 분위기 속에서 사건에 대한 재논의 없이 진행된 표결에서 유죄 11인과 무죄 1인의 결과가 나온다. 만장일치를 도출해내기 위해서는 논의가 필요한 상황이 발생한다. 무죄에 표를 던진 1인은 그 이유로 "유죄의 확신이 부족함"을 내세우고, 그 1인의 힘이 결과 도출의 시간을 연장시킨다. 유죄 평결은 재판의 피고인에게 치명적 결과를 안겨줄 수 있기에 신중하자는 주장과 함께 논의가 지속된다. 여전한 다수의 반대 속에 1인은 민주주의의 다수결 원칙과의 협상안을 제시한다. 다시 한 번 투표하되 이번에는 무기명으로 하고, 이번에도 11대1이라면 유죄에 승복하겠다는 협상안으로 2차 투표는 무기명으로 실시되고 유죄 대 무죄 10대2라는 놀라운 반전을 드러낸다.

논의를 지속하는 것에 대한 정당성이 확보된 것이다. 2차 투표에서 무죄에 동참한 사람의 의견은 이렇다. “다수에 저항하는 것이 쉬운 일은 아닌데, 한번 도와주고 싶었다.” 매우 단수한 조력자의 이 한마디로 합리적 의심은 재조사와 의문에 대한 질문, 재질문을 통해 유죄로 확인될 수 없다는 결론을 내린다. “무죄추정의 원칙(presumed innocent)”을 현실에서 가능케 한 이 과정에서 문제를 제기한 한 사람도 중요하지만, 제기된 문제를 이끌고 나가는 동력은 두 번째의 조력자에게서 발견된다. 민주주의 사회에서 소수자에 대한 담론이 힘을 얻어가는 과정도 유사하게 진행된다. 정치의 현장에서 문제는 사안을 제기하는 한 사람과 그에 동조하는 또 한 사람만 있으면 된다는 말이자, 동시에 역으로 그 두 사람이 역사의 방향을 왜곡시킬 수도 있다는 말이다. 민주주의 사회의 시민이라면 힘이 없는 자는 없다. 모두가 정치의 주인이고, 민주주의를 지속시킬 수 있는 동력의 담지자인 것이다.

영화 <레몬트리>에서 아버지의 유산이자 생활의 터전으로 레몬 농장에서 일상의 삶을 일구어가던 팔레스타인 여성 살마는 이스라엘의 국방장관 나본이 이웃으로 이사 오면서 불안한 현실과 직면하게 된다. 국방장관 나본은 집 근처의 초소를 방해한다는 명목으로 레몬농장의 폐쇄를 추진하기로 한다. 살마가 원했던 것은 일상의 지속이었고 그 구체적 모습은 레몬농장을 통해 삶을 영위해 나가는 것이었다. 이러한 살마의 일상에 이스라엘 국방장관의 이사는 매우 극적인 변화를 초래한다. 이사 온 이웃의 선제적, 예방적 군사조치와 행동은 “개인적인 것을 정치적인 것으로, 국내적인 것을 국제정치적으로, 소극적 여성을 적극적 시민으로, 조용한 웅시가 명시적 행동과 참여로” 변화시킨 요인이 되었다. (박의경 2013: 468)

레몬농장의 여주인 살마는 이스라엘과의 접경에서 레몬농장을 지키기 위해 법정투쟁을 하기로 마음먹는다. 많은 사람이 부정적이었지만,

한 변호사가 도움을 주게 되면서 이 사건은 국제적 사건으로 확대되어 간다. 이스라엘과 팔레스타인의 접경지에서 발생한 사건으로 언론이 관심을 가지게 되면서, 사건은 이스라엘의 군사법정을 거쳐 대법원의 판결까지 받는다. 결과적으로 레몬 나무는 30cm 로 잘려나갔지만, 레몬 농장은 존재하게 된다.

레몬농장을 지키겠다는 살마의 의지만으로 국경의 레몬농장이 지켜질 수 있었을까에 대해서 생각해 볼 필요가 있다. 살마가 레몬농장을 지키겠다는 의사를 표명했을 때 그녀의 주변에서 동의해주는 사람은 거의 없었다. 그러지 않아도 이스라엘과 팔레스타인의 불안한 평화가 일상을 언제 위협할지 염려스러운데, 레몬농장 하나로 그 평화를 망가뜨리고 싶지 않은 다수의 사람들은 오히려 살마에게 농장을 포기하라고 종용하고 은근히 압력을 행사하기도 한다. "나의 레몬을 이유 없이 포기할 수 없다"는 지극히 단순한 개인적 사유로 살마는 국가와 법, 제도를 상대로 대화를 시작한다. 이러한 살마의 의지에 한 변호사가 화답하고, 그 화답은 민주주의 사회에서 시민은 모두가 정치의 주인임을 명시적으로 드러낸다. 분쟁지역의 국경에서 레몬농장이 살아남은 것은 한 사람이 지키겠다는 의지를 천명하고, 또 한 사람이 이를 돕겠다고 선언하면서 가능하게 되었다. 팔레스타인의 두 사람이 이스라엘 대법원에 들어서는 모습이 언론으로 생중계되면서 이미 현장의 주인이 누구인지는 밝혀진다.

'레몬농장은 유지하되, 보안상 이유를 인정하여 레몬나무의 높이를 30센티미터로 제한한다'는 이스라엘 대법원의 판결은 거대한 국가구조, 위협적 국제정치 상황이라는 압도적 현실에 맞서기로 결정한 살마와 변호사의 놀라운 승리라고 할 수 있다. "개인적인 것은 정치적인 것이고, 국내적인 것이 바로 국제적인 것이다. 나의 행동이 세계를 바꿀 수 있고, 평화적 방법으로 갈등을 해결할 수 있다." (박의경 2011c: 166) 바로 이것이 <레몬트리>에서 한 사람과 그 지원세력으로서의 또 다른 한 사람이 만들어낸 역사의 현장이다.

3) 현실의 변화를 위한 기제 : 합리적 의심과 일상의 추구

역사와 현실에 변화를 일으키는 사건은 사소한 불만과 이의제기부터 혁명에 이르기까지 매우 다양한 양상으로 드러나지만, 그 근저에서 사안을 움직이는 동력은 몇 가지로 집약되는 바, 합리적 의심을 통한 사고(思考)의 전개와 자신의 삶을 안정적으로 평안하게 영위하겠다는 일상의 추구를 통한 의견의 개진 등이 바로 그것이다.

<12인의 성난 사람들>에서 문제를 제기한 최초의 사람은 모든 것이 유죄의 증거로 제시된 상황에서 보다 확실한 유죄의 증거를 찾아보려고 시도한다. 유죄가 확정되기 전까지는 무죄로 추정한다는 법치주의 사회의 기본 원칙에 충실하면서 제시된 증거가 확실한 것인지에 대한 검증을 시도하게 되는데, 제시된 모든 사안에 대한 합리적 의심(reasonable doubt)이 그 출발점이었다. 최초의 1인은 '합리적 의심'에서 출발해 사안을 검증해 들어가면서 섣부른 예단을 피하고자 시도하고, 합리적 의심을 가지게 된 사람들은 차츰 논증과정을 통해서 자신만의 결정으로 결과를 도출해낸다.

'합리적 의심'의 사상적 토대에서 우리는 근대적 철학의 단초를 제공한 데카르트를 본다. 데카르트가 제시했던 방법적 회의는 내 앞에 존재하는 모든 것의 존재부터 의심하면서 하나하나 확인하는 작업을 의미한다. 모든 존재하는 것은 근거가 있다는 인과론적 사고의 기틀을 형성하고, 공동체중심의 고대와 중세 사고방식에서 개인 중심의 근대적 사고체계로 넘어오는 과정에 존재하는 것이 바로 '나는 생각한다, 고로 나는 존재한다'는 데카르트의 명제이다.[5] 이는 "세상의 모든 것이 바로 인간의 생각 속에 존재한다는 - 다시 말해서, 생각이 모든 존재의 근원

이므로 존재에 앞선다는 - 사유의 전 존재성과 동시에 인간이 존재론적으로 물질에 앞선다는 것을 의미한다. (박의경 2014a: 76) 여기서 생각은 곧 기존의 것에 대한 회의와 의심으로 이어져, 새로운 존재에 대한 확신으로 귀결된다. 즉, 합리적 의심은 민주주의 사회의 주인인 시민이 가지는 가장 중요한 덕목이자, 사회 변화와 발전의 기제라 할 수 있는 것이다.

합리적 의심의 대상이 존재하는 모든 것이라면, 그 목적이 무엇인지에 대해서도 생각해볼 필요가 있다. 데카르트가 자신의 존재까지 의심하면서 궁극적으로 확인하고 싶었던 것은 자신의 존재 그 자체였다는 점에 착안한다면, 합리적 의심의 끝에는 존재하는 자의 존재가 지속되어야 한다는 명제가 자연스럽게 드러남을 알 수 있다. 즉, 일상의 삶을 영위하는 한 사람이 존재에 대한 의심을 계속하는 데에는 그 일상을 안정적으로 지속시키고 싶다는 욕망이 자리 잡고 있는 것이다. 개인적인 것은 정치적이라든가, 일상의 정치학 등은 바로 그러한 내용의 반영에 다름 아니다.

<레몬트리>에서 살마로 하여금 어려운 싸움을 지속하게 하는 동력이 바로 '일상의 추구'에서 발견된다. 살마를 돕기로 결정한 변호사에게도 일상의 추구는 매우 중요한 기제로 작동하여, 자신의 변호사 직업에 대한 정체성을 찾아가는 과정이 중첩되어 드러나기도 한다. 살마가 원하는 아주 사소하고 사적이며, 일상적 욕망의 추구가 국가적, 국제적 장벽에 가로막혀 있다는 적막감이 살마의 절실함을 통해서 변호사에게 감

5) 데카르트의 말을 직접 인용하면 다음과 같다. "물체는 본성상 언제나 나눌 수 있는데 비해, 정신은 전적으로 나눌 수 없다. 실제로 내가 정신을, 즉 사유하는 존재로서의 나 자신을 살펴보면, 나는 그 어떤 것도 분할하거나 구분해낼 수 없으며, 오히려 나를 완전히 하나이자 통합된 것으로 이해하기 때문이다." (박의경 2014a: 76에서 재인용 / 데카르트 1997: 117-8)

정이입 되면서 변호사가 이 일에 투신하게 되는 과정이 잘 드러난다. 이러한 살마의 절실함의 원인은 내 일상이 깨어지고 있다는 데서 찾아볼 수 있다. 상대에서 쳐놓은 장막 때문에 레몬나무를 돌보지 못해 레몬이 떨어지는 소리로부터 살마의 절실함은 그 장벽을 넘어 이스라엘 국방장관의 부인 미라에게까지 전달된다.

물 한 방울이 단단한 바위를 뚫어내듯이, 일상의 지속성은 거대한 힘을 가지고 위대함을 성취해낼 수 있음이 살마의 굳은 결심과 결정에서 드러나고, 그러한 단호함이 사람의 마음을 움직이고, 행동하게 하면서 법과 제도의 도움을 이끌어내게 되는 것이다. 살마는 민주주의가 무엇인지 정치가 무엇인지 모른다. 다만 일상을 지속해야 한다는 내면의 욕구가 있을 뿐이다. <레몬트리>의 살마를 보면서 민주주의 사회의 시민을 생각하게 되는 것은 어쩌면 당연한 귀결인지도 모른다. 민주주의는 시민이 자신의 결정을 대리인에게 맡기면서 쇠퇴하기 시작하고, 시민이 자신의 일상을 지키기 위해서 일어설 때 다시 회복되는 과정을 반복해왔다. 데리다가 말하는 '다가올 민주주의(démocratie à venir)[6]란 바로 이러한 데카르트적 의심을 통해 사회에 끊임없이 질문을 던지면서 일상을 추구하는 시민들이 운영해나가는 현재진행형 민주주의를 의미하는 것이다. 데리다의 말을 빌리면 다음과 같다. "민주주의라는 이름에 걸맞은 값을 하는 민주주의는 아직 존재하지 않는다. 민주주의는 다가올 것으로 남아있다." (Derrida 1990: 53) 미래를 위한 현재진형형 민주주의에 대한 언명이자 주문인 것이다. 민주주의에는 완성이 없기에, 민

---

6) 고쿠분 고이치로는 이에 대해서 다음과 같이 설명한다. "항상 실현 직전에 있고, 충분하지 않은 것으로 남아있다, 좀 더 강하게 말하면 민주주의는 항상 다가올 것으로 남으니까 실현되고 끝나는 것이 아니라고 말할 수 있다… 그러나 다른 한편으로 민주주의를 오게 하지 않으면 안 된다고 데리다는 말한다." (고쿠분 고이치로 2016: 200-203)

주주의를 위한 우리의 노력은 언제나처럼 이제 시작이며, 또 먼 길을 가야만 하는 것이다.[7]

4. 현실에 들어선 미래사회: <안토니아스 라인>과 <쇼생크 탈출>

1) 무거운 현실 속의 유쾌한 상상

데리다의 말처럼 민주주의가 여전히 다가올 그 무언가라면, 우리가 지향하는 지점이나 목표는 무엇일까에 대한 의문이 생길 수 있다. 몸은 현실을 살아가되 정신은 과거, 현재, 미래 모두를 섭렵할 수 있는 존재가 인간이고, 그 힘은 상상력이고, 그것은 언제나 꿈꾸는 자의 것으로 남는다. 영화 <안토니아스 라인>[8]은 어둡고 답답하면서 무거운 현실을 살아가는 미래지향적 인간의 모습을 담는다. 현실의 경직적 원칙 적용과 원리주의의 무게에 짓눌려 살아가지 않고 자유롭게 살아가는 안토니아와 그 딸, 또 그 딸들의 삶을 조명하면서 미래의 자유와 미래의 사회의 모습을 미리 엿보게 한다. 현실의 압도적 힘에 짓눌리지 않고 살아가는 자유 시민들의 공동체가 어떠한 모습일지는 안토니아 농장 마

---

7) 1987년 민주화운동을 통해 달성한 민주주의도 시작에 불과했고, 2016년 촛불시위의 현장에서 '이게 나라냐'라는 구호에서 아직도 먼 길이 남아있음이 잘 드러난다. 민주주의에는 완성형이 존재하지 않는다. 민주주의의 길 위에 있는 시민들에게는 언제나 해야 할 일이 주어진다. 지속적인 관심과 참여, 감시와 개선 등이 그것이다. 주인이 관리하지 않는 집이 쇠락하여 가듯이, 자유와 민주주의도 그 주인은 시민에 의해 관리되지 않으면 사라져버리고 만다는 것을 우리는 20세기 전체주의의 역사에서 이미 경험한 바 있다.

8) 1995년 네덜란드 여성감독 마를렌 고라스 작품으로 외국어 영화상을 수상하였다. 안토니아스 라인이란 주인공 여성 안토니아의 계보를 의미한다. 적극적이고 주체적인 여성 안토니아를 중심으로 4대에 걸친 가계를 그리면서 여성들의 삶과 마래형 가족관계를 제시한다.

당의 식탁을 통해 잘 드러난다.

영화는 안토니아의 증손녀 사라의 설명으로 이어지는데, 안토니아의 농장 마당에 진설된 식탁이 각 시기와 장면의 전환을 구성하면서 다양한 구성원이 다양한 이유로 모이게 되는 공동체의 중심으로 자리를 잡는다.

> 안토니아의 농장 마당에서 벌어진 다섯 차례의 잔치에는 여러 가지 내용이 담겨 있다. 일단 참여자를 보자. 사회에 있는 모든 부문의 소수자가 거기에 모두 모여 행복하게 담소를 나눈다. 기존 사회에서 그들에게 주는 억압의 흔적은 보이지 않는다. 특기할 만한 것은 잔치 장소 뒤로 보이는 농장의 문이다. 대체로 이 농장의 문을 열려있다. 누구나 드나들 수 있다는 말이다. 실제로 테레즈를 낳는데 도움을 주었던 레타도, 신부복을 벗어버린 신부님도 모두 잔치를 하고 있을 때, 이 열린 문을 통해 자유의지로 걸어 들어와서 이 공동체의 일원이 되었다. 진입장벽도, 퇴출요건도 없다. 다만 개인의 자유의지만 있을 뿐... (미네르바정치학회편 2008: 311)

안토니아 농장 마당은 고대 그리스 아테네의 아고라였고, 식탁은 담론이 오가는 아크로폴리스였다. 민주주의 사회의 공론장의 역할을 안토니아는 자신의 농장 마당에서 별다른 규칙이나 억압 장치 없이 수월하게도 형성하고 유지해 간다.

> 이들 모두가 잔치를 통해서 가족으로 화하는데, 결혼 여부는 문제가 되지 않는다. 결혼한 커플도 있고, 하지 않는 관계도 있다. 이성애가 다수인 상황에서 동성애 커플도 아무 문제없이 일상을 영위한다. 개별 인간의 취향이 일상적 삶을 살아가는데 제약이 되지 않는다는 것이 안토니아의 농장 마당의 잔칫상에서 드러난다. 진입도 자유롭고, 의견 개진도 자유롭고, 판단과 행동의 자유도 물론 확보되어 있으며, 모두가 행복해 한다... (미네르바정치학회편 2008: 311)

정치의 목적이 행복에 있고, 그 행복이 일상에서 발견되는 것이라면, 너와 나 모두가 자유로운 안토니아의 농장 마당은 이상사회의 모델이었다. 고대 그리스의 아테네 시절부터 현대의 모든 정치 사상가들이 바라마지 않던 바로 그 유토피아가 안토니아의 농장에서 벌어진다.

중심의 정치학에서 주변부가 어떻게 정치의 중심으로 들어갈 수 있는지, 소수자의 공간이 어떻게 형성되는지에 대한 여러 가지 장치들이 영화의 곳곳에서 번득이면서 압도적 현실에 휘둘리면서 살아가는 인간들에게 시원하고 유쾌한 상상으로 다가 선다. 모두의 일상에서 발생할 수 있는 사회적 일탈을 정상으로 포함시키거나 비정상과 정상을 넘나드는 대화의 기술이 매우 탁월하게 드러나면서 현실에서 미래사회를 맛볼 수 있는 기회를 제공하는 것이 영화 <안토니아스 라인>이다.

손녀 테레즈가 천재라는 사실을 알았을 때, 성폭행을 당했을 때 등 극단적 상황에 대처하는 가모장(家母長) 안토니아의 침착한 대응은 공동체를 안정적으로 이끌어가야 하는 민주주의 지도자의 모습 바로 그것이었다. 안토니아의 유토피아적 공동체가 유지되는 데에 제1의 기제는 농장의 식탁에 참여하는 구성원들이지만, 농장의 외곽에서 농장을 바라보는 이웃집 농부 바스의 역할도 빼놓을 수 없다. 아들에게 어머니가 필요하다는 바스의 청혼에 '나는 아들이 필요 없다'는 안토니아의 답변은 그들의 파국이 아니라 새로운 관계의 시작으로 이어진다. 바스가 안토니아의 일탈적 태도를 어떻게 포용하는지, 안토니아가 전형적 가부장 사회 농부 바스의 요구에 어떻게 대응하는지를 통해서, 유토피아적 공동체의 존재와 지속 여부는 현실에 살아가는 이들의 반응과도 밀접하게 연결되어 있음을 알 수 있다.

어두운 현실을 뚫고 나오는 유쾌한 상상은 안토니아의 농장 마당의 식탁을 단순한 식탁이 아닌 미래형 민주주의의 공론장으로 형상화하면서 일상에서의 민주주의를 실현해나갈 수 있는 방법까지 제시한다. 어느 누구도 참여에서 배제되지 않은 식탁에서 이루어지는 자유분방한 담소로부터 참여민주주의를 외치는 현대사회가 배워야할 요소가 드러난다. 모든 구성원의 자유로운 진출입, 자유로운 대화의 이행 등을 통해서 볼 때 <안토니아스 라인>에서 제시하고자 하는 핵심 내용은 바로 모든 이의 자유이고, 그 자유가 모든 이의 수중에 있어야 하고, 순간순간 일상에서 향유되어야 한다는 점을 이 영화는 처음부터 끝까지 지켜내고 있다.

> 어떤 사물이든 그것을 차지하려는 마음이 가장 적은 자에게 맡겨야 한다고 말하고 싶기도 한다. 그리고 의심의 여지없이 귀족과 귀족이 아닌 자들의 목적을 검토해보면, 전자에게는 지배하려고 하는 강한 갈망이 있고, 후자에게는 단지 지배당하지 않으려는 갈망, 다시 말해서 귀족들보다 지배권을 장악할 전망이 적기 때문에 자유 속에서 살고자 하는 강한 열망이 있다는 점을 발견하게 될 것이다. 그런즉 평민이 자유를 보호하는 직책을 담당하게 되면 그들은 스스로 그것을 독점할 수 없기 때문에, 타인들이 그것을 독점하지 않도록 훨씬 잘 지킬 것이다. (마키아벨리 2006: 89)

마키아벨리는 자유가 엘리트와 같은 소수보다 다수의 수중에 있을 때 보다 안전하다고 보았다. 그렇다면 자유가 모두의 수중에 있다는 것을 우리가 어떻게 알 수 있을까? 인간이란 없던 것을 인지할 수는 없지만, 지적인 상상력을 동원해서 모든 이가 진정으로 자유롭게 참여하는 현장을 우리는 그려낼 수 있는 것일까? <안토니아스 라인>은 이에 대해 '바로 이렇게' 라고 하듯이 안토니아의 식탁을 비춘다. 현실에 도래한 미래 사회이자, 현재진행형 민주주의가 바로 그 식탁에서 펼쳐진다.

2) 미래사회의 현실태 : 미래는 꿈꾸는 자의 것

미래란 내일 이후의 시기를 의미한다. 현실을 살아가는 인간에게 내일이란 어떤 의미일까? 내일이 뭐냐 라는 아이의 질문에 오늘 밤 자고

나면 내일이라고 답했던 어른에게 내일은 바로 오늘을 의미하는 것이었다. 내일이 오늘이라는 말은 또한 내일은 없다는 의미로 이해될 수도 있을 것이다. 실제로 인간의 시공간 개념에서 내일은 매우 추상적 개념이다. 존재하지 않거나 형상화하기 어려운 것을 생각할 때 추상이란 단어를 사용한다는 점을 생각한다면, 인간에게 내일은 상상 속에 존재하는 날이다. 이렇게 볼 때 인간은 언제나 오늘을 살고 있다. 그러나 오늘을 사는 인간이 보는 지점은 바로 그 내일, 미래이다. 따라서 인간이 그리는 미래는 현재 그의 머리와 가슴 속에 그려진 모습이라고 할 수 있을 것이다. 결국 인간에게 미래는 현실이 옷을 입고 나타나는가 하면, 현실은 미래로 포장되어 드러나기도 한다.

어둡고 긴 터널에 들어선 현실의 인간으로 하여금 앞으로 나아가게 하는 힘은 그 터널에 끝이 있으리라는 상상이다. 오래전 자욱한 안개로 덮인 도버해협 횡단 수영을 시도했으나 거의 마지막에 포기한 한 수영 선수는 실패의 원인을 물이나 수영이 아니라 안개에서 찾았다. 도착하지는 않았지만 목적지가 보였다면 포기하지 않았을지도 모른다는 것이 그의 말이었다. 어두움에 들어서면서 인간은 어둠의 끝을 상상하고, 그 끝에는 어둠이 아닌 다른 것이 있을 것이라는 꿈을 꾸게 되면서 현실을 이겨낼 수 있게 된다.

영화 <쇼생크 탈출>[9]에서 자유로운 영혼의 소유자인 주인공 앤디는 넘어설 수 없는 현실에 절망하지만 무너지지는 않는다. 절망의 하루하루를 살아가면서 미래를 위해 오늘의 목표를 세우고 수행해나가는 매우 단순하지만 치밀한 계획으로 시간을 보낸다. 수감자로 매우 제한적인 생활권내에서도 인간이 목표를 세우면 실행될 수 있음을 보여주면

9) 1994년 베스트셀러 소설을 영화화한 작품으로, 억울하게 중범죄로 수감된 지식인의 탈옥과정을 다룬다. 꿈을 잃지 않은 자의 동력이 극적으로 그려진다.

서 꿈꾸는 자의 의지와 힘을 드러낸다.

영화에서 주인공은 자신의 인생에서 도저히 예상할 수 없었던 악몽과 같은 날이 멈추지 않고 다가오는 현실에 직면하다. 이전과는 전혀 다른 환경과 전혀 다른 종류의 사람들과 부대끼며 남은 생을 살아가야 하는 교도소라는 제한된 공간에서 그가 느끼는 절망은 짐작이 가능하다. 흉악범들이 대부분인 교도소에 수용된 지식인의 삶이 참혹할 수밖에 없지만, 그가 그 교도소에서 이루어내는 성과는 현실에서 소수자들이 권력자에 대항하여 자신의 요구를 관철해내는 과정과 매우 닮아있다.

영화에서 두 가지 매우 인상적인 상황이 전개된다. 그 첫 번째 것은 영화 제목과 같은 주인공의 탈출 장면이다. 근 20년의 수형생활 이후에 기회가 되자 그는 탈옥을 한다, 두 번째 인상적인 작업은 자신이 수감되어 있는 교도소에 존재하는 이름뿐인 도서관을 도서관으로 만들어내는 과정이다. 탈옥의 시작은 교도소에 입소하자마자 구입한 조그만 돌도끼로 교도소의 벽을 조금씩 매일 파내기 시작한다. 뚫릴 때까지……. 20년 이후 계기가 생겨 나가자 마음먹었을 때, 벽은 뚫려있었다. 처음부터 시작하지 않았다면, 마음먹었을 때 나갈 수는 없는 일이었다. 20여 년 전의 시작이 20년 이후의 일을 실행하는데 결정적인 힘이 된 것이다.

두 번째 교도소 내의 도서관을 바로 세우는 과정에서 한 사람의 의지와 힘의 파괴력에 탄성이 절로 나온다. 앤디는 이런저런 이유로 교도소 내의 허름한 도서관이라는 공간에 업무를 배정받고, 할 일을 생각한다. '도서관을 도서관으로 만들자'는 것이 그의 결심이었다. 여기서 그가 하는 일을 매우 간단하다. 주지사에게 1주일에 두 번 도서관을 도서관답게 만들어 달라고 편지 쓰는 것이 전부이다. 편지 쓰는 작업은 지식인으로 교도소에 들어온 자신이 잘할 수 있는 유일한 일이기도 했다. 자기가 현실에서 할 수 있는 일을 하면서 목표를 달성해가는 주인공의 모습으로부터 미래는 꿈꾸는 자의 것임을 드러낸다.

언젠가 나갈지 모를 그 시기를 위해 오늘 내가 할 수 있는 일을 수행한다. 모두가 안 된다고 예단하는 일일지라도, 내가 이 순간에 할 수 있는 일을 하면서 꿈을 꾸면서 목표를 세울 수 있다. 자유도 평등도 권리도 규제되고, 공간도 제한된 교도소의 죄수가 할 수 있는 일을 민주주의 사회의 자유로운 시민이 못할 리 없다. <쇼생크탈출>의 주인공 앤디가 한 일은 꿈을 가졌고, 그것을 일상에서 가능한 것부터 실행에 옮긴 것이다. 자유로운 민주주의 사회의 시민이 현실에서 해야 할 일은 우선 꿈을 꾸는 것이다. 꿈으로 미래는 그려지고, 그렇게 되었을 때 내일은 오늘 내가 그린 내일의 모습과 같아질 수 있다. 즉, 미래가 현실로 다가서고, 현실이 미래로 변화하게 되는 것이다.

현실에서 미래의 꿈을 꾼 자들을 통해 세상은 변화와 발전을 이뤄냈고, 현대 문명의 도움 위에 우리는 서 있다. 그러나 꿈이 아무리 좋아도, 꿈이 직접 나서서 상황을 변화시키지는 않는다. 꿈꾸는 자의 손과 발이 움직여야 꿈은 현실이 될 수 있다. 머리로 알게 된 것을 가슴으로 느끼고, 몸을 움직여서 참여와 행동을 하지 않으면 꿈은 그저 꿈으로 멈춘다. 꿈을 가지고 직접 세상에 나서는 시민의 용기 있는 행동이 세상을 바꾸고 미래를 현재로 부른다.

민주주의가 태동하던 시기에는 민주주의도 아직 도래하지 아니한 꿈으로써, 민주주의라는 꿈을 꾼 시민들을 통해서 그 꿈은 이루어졌다. “정치와 민주주의는 이제 시민의 손에 넘겨졌다. 계속가기 위해서는 우리가 법을 지키면서 참여해야 한다. 어느 누구에게 미룰 일이 아니다. 내가 하지 않으면, 나의 일은 빠진 채 이 빠진 세상이 전개된다. 나로 인해 세상이 미완성이 된다. 정치에 참여하는 일은 이제 의무이다. 방법은 내가 지금 가장 잘 할 수 있는 일에서, 바로 지금 행동에 나서야 한다. 여기에 민주시민의 역사의식과 소명의식이 존재한다.” (박의경

2011c: 164) 미래를 꿈으로 그린 자들의 노력을 통해 지금 내가 살아가는 세상이 만들어졌다. 여기서 내가 할 수 있고, 해야 하는 일은 바로 꿈을 꾸고 그 실행을 위해 움직이는 일이다.

> 17-18세기에 민주주의 사상이 등장함에 따라 정치적/사회적으로 민주주의를 운영하는 것뿐만 아니라 민주주의를 돌보고 개선하고 궁극적으로 옹호하는, 즉 민주주의를 '키워 나갈'(cultivating) 책임이 시민에게 맡겨졌다. (Wolfen 2008. 138/ 트론토 2014. 312에서 재인용)

"시민을 만들어내라. 그러면 필요한 모든 것을 가지게 될 것"(Rousseau 1978: 222)이라는 루소의 언명으로부터 민주주의에 필요한 것은 시민이고, 시민은 만들어지는 것임이 드러난다. 나아가 민주주의 사회는 시민의 움직임을 통해서 만들어지는 것이며, 여기서 시민은 모두가 주인공이고 정치의 주인이다. 보다 나은 미래를 위해 개인의 참여가 요구되는 이유가 바로 여기에 있다.

5. 민주적 이상향(democratopia)을 위하여

17-8세기 민주주의의 등장 이후, 민주주의를 개선하고 키워나가기 위한 여러 가지 시도들이 있었다. 사회 환경도 민주주의가 등장하던 시절과는 많이 달라졌다. 산업구조를 비롯하여 국가의 역할, 개인의 기능, 삶의 방식 등에서 많은 변화가 생겼다. 민주주의도 시대의 흐름에 따라 변화를 거치고 있다. 대중사회로의 이행과 함께 대리인을 선출하는 선거제도 민주주의의 총아로 자리 잡았으나, 사회가 다원화되면서 충족되지 못한 구성원의 때로는 상충하는 요구들이 여러 곳에서 동시다발적으로 나타나고 사회는 가진 자와 가지지 못한 자의 극단적 갈등 속에 휘말려 있다. 여기에 참여민주주의, 심의민주주의 등 민주주의에 대한

새로운 논의가 지속되는 이유가 있다.

17세기 전제정치의 압제에 대한 해결책도 민주주의였던 것처럼, 21세기 빈부갈등에 대한 해결책도 역시 민주주의인 것이다. 정치사상가 존 던(John Dunn)은 인도의 경제학자 아마르티아 센(Amartya Sen)의 말을 빌려 "민주주의가 일단 자리 잡고 지속되는 한 인류는 지난 천년 동안의 끔찍한 위협, 즉 잠재적으로 가용한 식량 자원의 불공정한 분배로 인한 기근과 집단 기아의 위협에서 벗어날 수 있다"고 역설한다.(던 2015: 180-181)

민주주의란 다수가 함께 결정하는 것이 모두에게 상대적으로 보다 좋은 결과를 도출할 것이라는 신념으로 움직인다. 따라서 민주주의를 위해서는 문제를 제기하는 한 사람부터 시작하여 현실에서 논의의 진행을 가능하게 하는 조력자와 결정을 이끌어내는 사람들 모두의 힘이 모아져 민주주의는 형성된다. 이렇게 민주주의를 위한 시민의 참여가 절대적으로 중요하다고 볼 수 있는 바, 그 참여를 가능하게 하는 것은 바로 자신에 대한 정체성 확보를 통한 자신감이다. 앞서 살펴본 영화에서 드러나는 인간의 희망적인 모습과 가능성은 현대사회의 거대한 구조 속에 함몰되어 있는 인간의 잠재력을 일깨우고, 행동으로 나아가게 한다. 합리적 의심으로 어둠 속을 비추는 한 사람과 그 조력자, 어둡고 답답한 현실에서 조화롭고 균형적인 식탁을 꾸미는 안토니아의 농장 사람들, 강압적 현실에 압도당하지 않는 쇼생크 교도소의 앤디와 팔레스타인 자치지구 레몬 농장의 살마, 이들 모두에게서 참여하는 시민의 모습이 드러나면서, 영화는 현실의 정치와 나의 일상을 만나게 한다. 상징체계로서 영화가 현실정치에 주는 역동성은 한 사람의 힘에 대한 확인과 더불어 그 힘이 미래 사회의 빛으로 움직일 수 있게 하는데서 발견된다.

민주주의는 어떤 형태라기보다는 일종의 계기 또는 일종의 계획(아감벤 외 2017: 164)이라는 크리스틴 로스의 말처럼, 민주주의는 어떤 구체적 모습을 선제적으로 우리에게 제시하고 있지는 않다. 한 사람의 도발적 상상과 그 실현을 위한 노력이 미래사회를 형성하게 되고, 그 길의 끝에서 우리는 민주적 이상향인 데모크라토피아(democratopia)를 만날 수 있을 것이다. 이렇게 민주주의 사회의 개인은 시민이 되어 국가의 안보논리에 밀리거나, 대중을 수동적으로 만들 수 있는 의회의 논리에 민주주의가 악용당하지 않도록 건강한 민주주의를 지켜나가야 하는 것이다.

■ 나가는 말*

1. 이제 우리는 무엇을 어떻게 해야 하는가?

기원전 5세기 고대 그리스의 민주주의 이래 17,8세기 시민혁명의 시기를 통해 민주주의가 다시 논의되는 데에 2000여 년의 시간이 필요했다는 사실로부터, 우리는 소수의 특권이 보편적 인권으로 확대되고 일부의 자유가 모든 이의 자유로 확산하는 일이 결코 쉬운 일은 아니었음을 짐작하고도 남는다. 여기서 사회에 대한 책임감을 가지고 사회봉사를 하는 적극적이고 자유로운 시민의 존재가 민주주의라는 정치체제가 지속되는데 매우 중요한 요소임을 알 수 있다.

자유롭고 평등한 시민이 '나'만이 아닌 세상에서, 민주주의는 자기 마음대로 행동하는 것이 아니며, 자신의 무기를 마음대로 휘두르는 것도 아니다. 자신의 주장과 타인의 주장을 놓고 상호 토론하고 타협하는 것이다. 각자가 정의의 사도처럼 일방적 주장을 설정하고 내세우기만 하는 것은 타협하자는 태도가 아니라 상대의 일방적 굴복만을 요구하는 선전포고에 불과하다. 아직은 토론과 타협보다 투쟁과 전쟁에 익숙한 사회에서 나타나는 양상이다.

---

* <나가는 말>은 필자가 2021년 12월 한국선거방송(중앙선거관리위원회 산하)에서 강의한 내용의 일부로서, 2021년 해당 방송에서 기획한 <민주주의를 만나는 시간> 12회 "같이 읽어보는 로버트 달 <민주주의와 그 비판자들>"의 방송 원고에 근거하고 있다.
전반적 내용은 https://www.youtube.com/watch?v=r3T2LGGVTlk에서 확인할 수 있다.

민주주의에서 토론과 타협은 지루한 과정이다. 긍정적 결과도 보장되어 있지 않다. 목표 설정, 주장의 절대 관철, 절대 불가 등은 전쟁을 하겠다는 선전포고적 문구로서, 타협을 하겠다는 의도를 찾아보기 어렵다. 민주시민의 힘을 이제 자각한 21세기 대한민국 시민은 이제 민주주의 실행을 위해서는 인내가 필요함을 인식하고 이를 실행해 나갈 필요성이 있다. 이를 위해서 우선적으로 필요한 것은 나만이, 우리만이 정의롭고 공정하다는 폐쇄적 사고로부터 벗어나 나도 틀릴 수 있고, 남도 옳을 수 있다는 열린 사고를 가진 진정한 시민으로 거듭나는 것이다.

이제, 시민이 형성되었다면, 사회의 보편적 정의와 공정을 위해 다음 세 가지가 필요하다고 민주주의 학자 로버트 달(Robert Dahl)은 자신의 저서 『민주주의와 그 비판자들 Democracy and Its Critics』(조기제 역, 문학과 지성사: 1989)에서 말한다. 첫째, 공동선을 결정함에 있어, 그 결정의 영향을 받는 모든 사람의 선이 고려되어야 한다. 둘째, 민주적 절차를 통해야만 그 사회의 공동선이 가장 잘 결정될 수 있다. 셋째, 각 시민들은 결정에 허용되는 시기나 이내에 결정되어야 할 사안에서 시민들의 이익을 최대로 보장할 수 있는 선택을 발견하고 가치를 부여하도록 적절하고 동등한 기회를 가져야 한다. (달 1989: 『민주주의와 그 비판자들』 559-578)

2. 왜 민주주의인가?

민주주의의 시작에는 시민이 있고, 민주주의의 끝에도 시민이 있다. 나아가 민주주의는 과정에도 시민이 있다. 민주주의를 만들고 지키고, 성장시키는 시민이기 위해 필요한 단 한 가지가 있다면 바로 자유라고 하겠다. 현대 민주주의를 지켜내는 제도인 선거에서 4대원칙으로 알려져 있는 보통선거, 평등선거, 직접선거, 비밀선거 모두 민주주의의 주인인 시민의 자유를 기반으로 하고 있다. 자유로운 시민이기에 모두가 동등하게 일정 연령이 되면 선거권과 피선거권을 가지며, 자유로운 결정을 담보하기 위해 직접 투표하고 비밀을 유지하면서 타인의 영향을 제도적으로 배제하려는 의미가 바로 이 원칙들에 내재되어 있다.

민주적 과정이 다른 통치방식에 비해 우월한 이유를 로버트 달은 다음과 같이 제시한다.

1) 민주적 과정은 어떤 대안보다 자유를 증진한다. 민주적 과정이 고무하고 허용하는 도덕적 자율의 수준으로, 그리고 개인적 집단적 자기결정이라는 형태의 자유 (광범위한 자유)를 증진한다. 2) 민주적 과정은 적어도 자기결정, 도덕적 자율, 자신의 선택에 대한 책임감에 있어 인간의 발달을 촉진한다. 3) 민주적 과정은 인간이 타인과 공유하는 이익과 재화들을 보호하고 증진시키는 (완전하지는 않지만) 가장 확실한 방법이다.

민주주의의 이념과 실제는 또한 세 종류의 평등을 전제한다. 모든 이의 본질적 도덕적 평등, 모든 성인의 자율권에 내포된 평등, 시민들 사이의 정치적 평등이 그것이다. 이러한 관점에서 볼 때 민주적 과정은 분배 정의의 필요조건이다. 민주적 과정은 그것이 목표로 하는 가치에 의해서도 정당화되지만, 분배정의를 위해 필요한 수단으로서 정당화되기도 한다. (달 1989: 582)

대한민국은 1987년 제9차 헌법개정을 통해서 1972년 유신헌법 이후 간선이었던 대통령 직선을 성취해냄으로써, 절차적 민주주의를 완성해냈다는 평가를 받고 있다. 대한민국은 또한 2차대전 이후 신생국 중에서 산업화 민주화를 동시에 이룩해낸 국가로 평가받기도 한다. 1987년의 민주화 시기 이후 2016년에 맞았던 대통령에 대한 탄핵정국은 이러한 평가에 대한 재검토를 요구받았고, 이 과정은 대선을 10개월이나 지난 현재에도 여전히 진행 중이다. 우리의 민주화는 과연 민주주의를 이루었던가? 절차적 민주주의가 사라진 것이 아니라면, 지난 30여 년 간 우리 사회의 정치체제는 과연 어떻게 설명할 수 있을 것인가?

이러한 질문에 대한 답은 명확하다. 절차만으로 민주주의라는 결과를 도출해 낼 수 없고, 제도만으로 민주주의라는 열매를 생산해낼 수 없다는 것이다. 형식과 함께 민주주의의 내용을 채워야 하고, 결과와 함께 민주주의라는 과정의 동반이 요구되는 시점이 바로 지금이다. 여기에 절대적으로 필요한 민주주의의 기제이며, 행위자가 바로 시민이다. 시민의 생각이, 시민의 일상이 모든 곳에서 민주적이라야 민주주의가 정립되고 형성되고, 나아가 완성될 수 있는 것이다. 독수독과 원칙은 법률 분야에서 뿐만 아니라, 여기에도 적용된다. 민주적이지 않은 제도와 과정을 통해서 나온 것이 민주적일 수 없다. 민주주의가 제대로 서기 위해서는 민주주의를 움직이는 행위자 인간이 자유로운 시민으로 바로 서서 공과 사를 구별하면서 민주적으로 문제를 해결해나가는 과정이 21세기 대한민국에서 절대적으로 요청되는 이유가 바로 여기에 있다. "대한민국은 민주공화국이다. 대한민국의 주권은 국민에게 있고, 모든 권력은 국민으로부터 나온다"고 규정된 대한민국 헌법 제1조와 2조에서 드러나듯이, '국가는 국민의 집'이고, '공적인 것(res publica)'임을 제시한다. 이를 세상에 드러내어 자리잡게 해주는 이는 시민, 즉 국민이다. 국가의 주인은 국민이고, 민주주의를 가능케 하는 자는 시민이다. 이제 백성에서 교육과정을 뛰어넘어 단번에 국민이 되어버린 대한민국의 유권자가 시민이 되어야 하는 이유가 명백해진다. 민주주의의 완성을 위하여!

3. 위험성은 무엇이고, 가능성은 있는가?

민주주의의 경계는 도시국가에서 민족국가로 그 영역이 확대되어 왔다. 21세기로 들어서면서 세계는 초민족적 변환의 가능성을 드러내기도 하지만, 여전히 과거 영역 국가로 회귀하려는 움직임도 보인다. 민족국가로의 2차변환을 거치면서 공동체내 모든 성인들에게로 선거권이 확대되었다. 이제 국가와 민족으로의 구심력이 여전한 상황에서, 초국가, 초민족으로 원심력을 통해 민주주의가 확대될 수 있다는 가능성을 보이기도 하지만, 아직 초민족적 정치구조와 의식 형성의 가능성이 그리 뚜렷하지는 않다.

로버트 달은 3차 변환이 민족국가를 넘어 민주주의 사상을 확장시키는 것이 아니라 사실상 엘리트주의의 범위에 속한 사람들에게 승리를 안겨줄 가능성에 대한 우려한다. 미래 민주주의 국가들이 초국가적 힘에 적응하면서 민주적 과정을 유지하고 강화하는 방법을 발견해내야 할 것이라고 과제를 제시하기도 한다. 일반 시민에 의한 민주적 결정과정이 엘리트, 수호자들에 의한 효율적 결정방식으로 이행될 가능성을 제어할 수 있는 고리를 로버트 달은 시민(즉, demos)에서 발견하면서 다음과 같이 경고한다. "민주적 과정이 데모스의 판단 속에 굳건하게 닻을 내리고 있지 않으면 그 체제는 의사수호자주의로 흘러갈 것이다. 만약 닻이 내려지면 표류는 멈출 것이다. (달, 같은책: 628) 또한 『미국의 민주주의 Democracy in America』의 저자 알렉시스 드 토크빌(Alexis de Tocqueville)은 1830년대 미국을 분석하면서 자유의 가능성과 평등의 위험성을 동시에 발견한다. 조건의 평등을 통해 개인주의를 발달하겠지만, 동시에 개인성의 소멸이 초래된다는 것이 바로 그가 우려했던 '다수의 전제(tyranny of majority)'이고, 여기서 자유와 평등을 기반으로 하는 민주주의는 역설적이게도 전제정의 길로 들어서게 될 것이라 분석한다. 토크빌도 이러한 민주적 전제정(또는 부드러운 전제정)에 대한 해결책으로 자발적 정치적 결사의 활성화를 통한 시민들의 활발한 정치참여를 강조한다. 즉, 우리들의 집합체인 대중에 의해 표류하는 민주주의를 구할 수 있는 것은 시민 즉, 우리들임을 알 수 있다

현대사회에서는 과학기술의 급속한 발달과 함께, 정치적 정보에 대한 일반시민의 접근이 보다 용이해지고, 보편화되면서, 정보 이용이 가능한 주체들이 사회에 영향력을 행사하게 되고, 정치적 논의에도 참여하

게 된다. 여기서 기술의 발달과 그에 따른 활용을 시민이 주도적으로 관리, 제어하지 못하면 민주주의는 오히려 퇴행할 수도 있다는 점을 우리는 인지할 필요가 있다. 즉, 기술보다 앞서는 것이 인간이고, 정치와 제도, 법과 체제의 방향을 결정하는 것이 바로 시민의 생각이다. 시민의 생각이 민주주의를 '우리들의 민주주의'로 만들 수도 있고, 반대의 길로 들어서 '그들만의 리그'로 가게 할 수도 있다. 지금 우리의 선택이, 우리들의 민주주의가 갈 길과 방향을 결정하고, 민주주의를 진정 우리들의 것으로 만들 수 있다.

■ 참고문헌

제1부 제1장 민주주의의 사상적 근간, 자유

Aristoteles. 1946. Politics. trans. by E. Barker. N.Y: Oxford University Press.

Bay, Christian. 1958. The Structure of Freedom. Stanford: Stanford University Press.

Beck, L. W. 1988. Kant: Selections. Macmillan Publishing Co.

Berlin, I. 1970. Four Essays on Liberty. N.Y: Oxford University Press.

Bosanquet, B. 1899. The Philosophical Theory of the State. N.Y: Macmillan co.

Cassirer, E. 1954. The Question of Jean-Jacques Rousseau. ed. by Peter Gay. N.Y: Columbia University Press.

__________. 1963. Rousseau, Kant, Goethe. N.Y: Harper and Row Publishers.

Charvet, J. 1974. The Social Problem in the Philosophy of Rousseau. London: Cambridge University Press.

Cicero. 1985. On the Commonwealth. trans. by G. Sabine. N.Y: Macmillan Publishing Co.

Clark, R. 1969. Herder: His Life and Thought. Berkeley: University of California Press.

Croce, B. 1941. History as the Story of the Liberty. trans. by S. Spigge. N.Y: W.W. Norton and Co., Ltd.

Derathe, R. 1950. Jean-Jacques Rousseau et la Science Politique de son Temps. Paris: Vrin.

Fetscher, I. 1962. "Rousseau's concept of Freedom," Nomos. vol. IV: Liberty.

Fromm, E. 1941. Escape from Freedom. N.Y: Rinehart and Co., Inc.

Green, T. H. 1941. Lectures on the Principles of Political Obligation. London: Longmans.

Hegel. G.W.F. 1956. The Philosophy of History. trans. by J. Sibree. N.Y: Dover Publications, Inc.

Herder, Johann. G. 1800. Outlines of a Philosophy of the History of the Mind. trans. by T. Churchill. N.Y: Bergman Publishers.

Hobbes, T. 1986. Leviathan. N.Y: Penguin Books.

Hume, D. 1951. Theory of Politics. ed. by F. Watkins. London: Nelson.

_________. 1978. A Treatise of Human Nature. ed. by N.H. Nidditch. Oxford: At the Clarendon Press.

Kant, I. 1991. The Metaphysics of Morals. trans. by M. Gregor. Cambridge: Cambridge University Press.

Krieger, L. 1950. "Stages in the History of Political Freedom," Nomos.

Laird, J. 1947. On Human Freedom. London: George Allen and Unwin Ltd.

Locke, J. 1965. Two Treatises of Government. ed. by P. Laslett. N.Y: A Mentor Book.

_______. 1975. An Essay Concerning Human Understanding. ed. by P.H. Nidditch. Oxford: At the Clarendon Press.

Mazzini, Giuseppe. 1929. The Duties of Man and Other Essays. London: J.M. Dent and Co.

Mill. J.S. 1991. On Liberty and other Essays. ed. by J. Gray. Oxford: At the Clarendon Press.

Montesquieu, 1961. De l'Esprit des Lois. Tome I and II. Paris: Editons Garnier Freres.

Muller, H. 1964. Freedom in the Western World. N.Y: Harper and Row Publishers.

Plato. 1968. Republic. trans. by A. Bloom. N.Y: Basic Books.

Reiss, H. 1970. Kant's Political Writings. Cambridge: University Press.

Rousseau, J-J. 1964. The First and Second Discourse. ed. by Roger Masters. N.Y: St. Martin.s Press.

____________. 1978. On the Social Contract. ed. by Roger Masters. N.Y: St. Martin's Press.

____________. 1979. Emile. trans. by A. Bloom. N.Y: Basic Books., Inc.

Ruggiero, Guido de, 1959. The History of European Liberalism. Boston: Beacon Press.

Starobinski, J. 1971. Jean-Jacques Rousseau: Transparency and Obstruction. trans. by a. Goldhammer. Chicago: University of Chicago Press.

Strauss, L. 1953. Natural Right and History. Chicago: University Press.

Velkley, R. 1989. Freedom and the End of Reason. Chicago: The University of Chicago Press.

제1부 제2장 참여민주주의를 위한 루소의 역설

강정인. 1997. 『민주주의의 이해』 문학과 지성사.

기 에르메 저, 임미경 역. 1998.『민주주의로 가는 길』한울.
김용민. 2004.『루소의 정치철학』인간사랑.
김비환, 2005.『포스트모던 시대의 정치와 문화』박영사.
프랜시스 후쿠야마외 저, 이승협 역. 2005.『세계화 이후의 민주주의』평사리.
샹탈 무페 저, 이행 역. 2006.『민주주의의 역설』인간사랑.
주성수. 2006.『시민참여와 민주주의』아르케.
참여사회연구소 편. 1997.『참여민주주의와 한국사회』창작과 비평사.

Affeldt, Steven G. 1999. "The Force of Freedom," *Political Theory.* vol.27, no.3.
Barber, Benjamin. 1978. "Rousseau and the Paradoxes of the Dramatic Imagination," Daedalus. Summer.
________________. 1984. *Strong Democracy.* Berkeley: University of California Press.
________________. 1998. *A Place for Us,* New York, Hill and Wang.
Berlin, I. 1969. *Four Essays on Liberty.* Oxford: Oxford University Press.
Cohen, Joshua. 1986. "Reflections on Rousseau: Autonomy and Democracy," *Philosophy and Public Affairs.* 15.
Dent, N.J.H. 1988. *Rousseau: An Introduction to his Psychological, Social and Political Theory.* Oxford, UK: Basil Blackwell.
Locke, John. 1965. *Two Treatise of Government.* ed. by P. Laslett. New York: A Mentor Book.
Melzer, Arthur. 1983. "Rousseau's Moral Realism: Replacing Natural Law with the General Will," *American Political Science Review.* vol.77.
Miller, James. 1984. *Rousseau: Dreamer of Democracy.* New Haven, CT: Yale University Press.
Neuhouser, Frederick. 1993. "Freedom, Dependence and General Will," *The Philosophical Review. July.*
Plato, 1968. *The Republics.* trans. by Allan Bloom. New York: Basic Books.
Rousseau, Jean Jacques. 1964. *Oeuvres Complëtes.* vol. III. Editions Gallimard.
____________________. 1970. *Emile.* trans by Allan Bloom, New York: Basic Books, Inc.
____________________. 1978. *On the Social Contract with Geneva Manuscript,* trans. by Roger Masters. New York: St. Martin's Press.
____________________. 1964. *First and Second Discourse.* trans. by Roger Masters. New York: St. Martin's Press.
Shklar, Judith. 1985. *Men and Citizens: A Study of Rousseau's Social Theory.* Chicago: University of Chicago Press.

Starobinski, Jean. 1988. *Jean Jacques Rousseau: Transparency and Obstruction.* Chicago: University of Chicago Press.
Strong, Tracy. 1994. *Jean Jacques Rousseau and the Politics of the Ordinary.* Thousand Oaks, CA: Sage publications.
Viroli, Maurizio, 1988. *Jean-Jacques Rousseau and the 'Well-Ordered Society,'* New York: Cambridge University Press.

제1부 제3장 밀의 민주주의론

밀, 존 스튜어트 지음, 서병훈 옮김. 2005. 『자유론』 책세상.
______________________. 2006. 『여성의 종속』 책세상.
______________, 최명관 옮김. 2010. 『존스튜어트 밀 자서전』 창.
______________, 이을상 옮김. 2011. 『공리주의』 지식을만드는지식.
______________, 서병훈 옮김. 2012. 『대의정부론』 아카넷.
이근식, 서병훈 편저. 2007. 『자유주의와 한국사회』 철학과 현실사.
이근식. 2009. 『존 스튜어트 밀의 진보적 자유주의』 기파랑.
잉글하트, 로널드 외 지음, 지은주 옮김. 2011. 『민주주의는 어떻게 오는가』 김영사
Mill, J.S. 1989. Autobiography. London: Penguin Books.
_____. 1991. *On Liberty and Other Essays.* Oxford: Oxford University Press.
Mueller, Iris Wessel. 1956. *John Stuart Mill and French Thought.* Urbana, IL: University of Illinois Press.
Okin, Susan. 1992. *Women in Western Political Thought.* Princeton, NJ: Princeton University Press.
Reeves. Richard. 2007. *John Stuart Mill: Victorian Firrebrand.* London: Atlantic Books.
Urbinati, Nadia. and Alex Zakaras. eds. 2007. *J.S. Mill's Political Thought.* Cambridge: Cambridge University Press.
Urbinati, Nadia. 2002. *Mill on Democracy*. Chicago: University of Chicago Press.

제1부 제4장 페이트만의 민주주의와 페미니즘

길리건, 캐롤 지음, 김문주 옮김. 2018. 『담대한 목소리』 생각정원.
달레룹, 드루드 지음, 이영아 옮김. 2018. 『민주주의는 여성에게 실패했는가』 현암사.
루소 지음. 박호성 옮김. 2015. 『사회계약론 외』 루소전집 8권. 책세상.

밀 지음, 서병훈 옮김. 자유론, 책세상.
정희진 외 지음. 2018.『지금 여기의 페미니즘X민주주의』교유서가.
페이트만, 캐럴 지음, 이충훈, 유영근 옮김. 2001.『남과 여, 은폐된 성적 계약』 이후.
페이트만, 캐럴 지음, 이평화, 이성민 옮김. 2018.『여자들의 무질서』도서출판 b.
페이트만, 캐럴, 메어리 린든 쉐인리 엮음, 이남석, 이현애 옮김. 2004.
『페미니즘 정치사상사』도서출판 이후.
헌트, 린 지음, 조한욱 옮김. 2000.『프랑스 혁명의 가족 로망스』새물결.
홉스, 토마스. 지음, 진석용 옮김. 2008.『리바이어던』나남.

Carver, T and S. Chambers eds. 2011. *Carole Pateman: Democracy, feminism, welfare*. New York: Routledge.
O'Neill, D., Mary Lyndon Shanley and Iris Marion Young, 2008. *Illusion of Consent: Engaging with Carole Pateman*. University Part, PA: The Pennsylvania State University Press.
Pateman, Carole. 1970. *Participation and Democratic Theory*. Cambridge: Cambridge University Press.
______________. 1979. *The Problem of Political Obligation*. New York: John WIley and Sons.
______________. 1989. *The Disorder of Women*, Stanford, CA: Stanford University Press.
______________. 1988. *The Sexual Contract*. Stanford, CA: Stanford University Press.
Pateman, Carole & Charles Mills. 2007. *Contract and Domination*. Cambridge: Polity Press.
Shanley, Mary Lyndon & Carole Pateman. 1991. *Feminist Interpretations and Political Theory*. University Park, PA: The Pennsylvania State University Press.

제1부 제5장 시민의 자치능력과 민주주의의 가능성

밀 저. 서병훈 역. 2005.『자유론』책세상.
박의경. 2008a. "페미니즘: 민주주의의 완성을 위하여,"『정치학이해의 길잡이-정치사상』한국정치학회편, 법문사.
_____. 2008b. "참여민주주의를 위한 루소의 역설,"『사회과학연구』제16집 2호. 서강대학교 사회과학연구소.

_____. 2010a. 미국민주주의와 관용의 정신. 『한국정치연구』 제19집 3호.
_____. 2010b. "자유개념의 정치사상적 흐름에 대한 고찰," 『현대사회과학연구』 제14권. 전남대학교 사회과학연구소.
_____. 2011. "대중과 시민의 동학: 참여적 시민의 형성을 위하여," 한국정치사상학회 기획회의 발표논문.
토크빌 저, 박지동 역. 1983. 『미국의 민주주의』 한길사.

Arendt, H. 1970. *On Violence*. New York, NY: Harcourt Brace Jovanovich.
Barber, Benjamin R. 1984. *Strong Democracy*. Berkeley, CA: University of California Press.
____________________. 1992. *Aristocracy of Everyone*. New York, NY: Oxford University Press.
____________________. 1998. *A Passion for Democracy*. Princeton, NJ: Princeton University Press.
Berlin, I. 1970. *Four Concepts of Liberty*. New York, NY: Oxford University Press.
Bryan, Frank M. 2004. *Real Democracy: The New England Town Meeting and How it Works*. Chicago: University of Chicago Press.
Follett, M. P. 1998. *The New State*. University Park, PA: Pennsylvania State University Press.
Green, T. H. 1941. *Lectures on the Principles of Political Obligation*. London: Longmans.
Mill, J. S. 1991. *On Liberty and other Essays*. ed. by J. Gray. Oxford: At the Clarendon Press.
Muller, Herbert. 1964. *Freedom in the Western World*. NY: Harper and Row Publishers.
Rousseau, J-J. trans. by Masters. 1978. *On the Social Contract*. New York, NY: St. Martin's Press.
Zimmerman, Joseph. 1999. *The New England Town Meeting*. Westport, CT: Praeger Publishers.

제2부 제6장 대중에서 시민으로

박의경. 2008. "참여민주주의를 위한 루소의 역설," 『사회과학연구』 제16집 2호.
_____. 2010. "미국민주주의와 관용의 정신," 『한국정치연구』 제19집 3호.
밀. 2005. 서병훈 역. 『자유론』 책세상.

위브, 로버트 저, 이영옥 외 옮김. 1999. 『미국 민주주의의 문화사』 한울아카데미.
토크빌 저, 박지동 역. 1983. 『미국의 민주주의』 한길사.

Affeldt, Steven. G. 1999. "The Force of Freedom," *Political Theory* vol.27, no.3.

Barber, Benjamin. 1984. *Strong Democracy.* Berkeley, CA: University of California Press.

__________. 1992. An Aristocracy of Everyone. New York, NY: Oxford University Press.

__________. 1998a. *A Passion for Democracy.* Princeton, NJ: Princeton University Press.

__________. 1998b, *A Place for us.* New York, NY: Hill and Wang.

Bloom, Allan. 1987. *Closing of the American Mind.* New York, NY: Simon and Schuster.

Hamilton, Alexander, James Madison and John Jay, 1988. *The Federalist Papers.* New York, NY: Bantam Books.

Mill, John Stuart. ed. by John Gray. 1991. *On Liberty and Other Essays.* Oxford: Oxford University Press.

__________. 2004. *Principles of Political Economy.* Amherst, NY: Prometheus Books.

Oakeshott, Michael. 1975. *On Human Conduct.* Oxford: Clarendon Press.

Pateman, Carole. 1970. *Participation and Democratic Theory.* Cambridge: Cambridge University.

Plamenatz, John. 1963. *Man and Society.* vol. I. New York, NY: McGraw-Hill Book Company.

Rousseau, J-J. 1964. *Oeuvres Complètes.* vol. III. Editions Gallimard.

________. trans. by Masters. 1978. *On the Social Contract.* New York, NY: St. Martin's Press.

________. trans. by Bloom. 1979. *Emile.* New York, NY: Basic Books, Inc., Publishers.

Tocqueville, Alexis de. trans. by P. Bradley. 1960. *Democracy in America.* 2 vols. New York, NY: Alfred A. Knopf Inc.

Urbinati, Nadia et. al. 2007. *J.S. Mill's Political Thought.* New York, NY: Cambridge University Press.

Zimmerman, Joseph. 1999. *The New England Town Meeting.* Westport, CT: Praeger Publishers.

도시히코, 레그란드 엮음, 강내영 외 옮김. 2013. 『스웨덴 스타일』 이매진.
듀이, 존, 홍남기 옮김. 2010. 『현대민주주의와 정치주체의 문제』.
드워킨, 로널드 지음, 홍한별 옮김. 2012. 『민주주의는 가능한가』 문학과 지성사.
밀, 존 스튜어트 지음, 서병훈 옮김. 2005. 『자유론』 책세상.
______________________. 2006. 『여성의 종속』 책세상.
______________, 최명관 옮김. 2010. 『존스튜어트 밀 자서전』 창.
______________, 이을상 옮김. 2011. 『공리주의』 지식을만드는지식.
______________, 서병훈 옮김. 2012. 『대의정부론』 아카넷.
박의경. 2008. "참여민주주의를 위한 루소의 역설," 『사회과학연구』 제16집 2호.
_____. 2010. "미국민주주의와 관용의 정신," 『한국정치연구』 제19집 3호.
_____. 2011a. "시민의 자치능력과 민주주의의 가능성," 『정치와 평론』 vol.8.
_____. 2011b. "대중에서 시민으로: 참여적 시민의 형성을 위하여," 『한국정치학회보』 제45집 5호.
_____. 2013. "공리주의자 밀의 민주주의론 고찰," 『국가와 정치』 제19집.
샌델, 마이클 지음. 안규남 옮김. 2012, 『민주주의의 불만』 동녘.
신필균. 2012. 『복지국가 스웨덴』 후마니타스.
잉글하트, 로널드 외 지음, 지은주 옮김. 2011. 『민주주의는 어떻게 오는가』 김영사.
주성수. 2009. 『직접민주주의』 아르케.
최연혁. 2012. 『우리가 만나야할 미래』 샘앤파커스.
카우프만, 부르노 외 지음, 이정옥 편역. 2008. 『직접민주주의로의 초대』 리북.
카터, 에이프릴 지음, 조효제 옮김. 2006. 『직접행동』 교양인.
켄지, 유우모 외 지음. 박선영 옮김. 2011. 『스웨덴 패러독스』 김영사.
킴리카 저, 장동진 외 옮김. 2006. 『현대정치철학의 이해』 동명사.
토도로프, 츠베탕 지음. 김지현 옮김. 2012. 『민주주의: 내부의 적』 반비.
토크빌 저, 박지동 옮김. 1983. 『미국의 민주주의』 한길사.
________, 이용재 옮김. 2013. 『앙시앵레짐과 프랑스혁명』지식을 만드는 지식.
한국정치연구회. 1992. 『현대민주주의론 II』 창작과 비평사.

Affeldt, Steven G. 1999. "The Force of Freedom," *Political Theory*. vol.27, no.3.
Alexander, John. 2008. *Consensus: The Hidden Coded of Swedish Leadership*. Stockholm: Inter Media Publications.
Barber, Benjamin. 1984. *Strong Democracy*. Berkeley, CA: University of California Press.
________________. 1992. An Aristocracy of Everyone. New York, NY: Oxford University Press.

________________. 1998a. *A Passion for Democracy*. Princeton, NJ: Princeton University Press.
________________. 1998b. *A Place for us*. New York, NY: Hill and Wang.
Bryan, Frank. 2004. *Real Democracy*. Chicago: University of Chicago Press.
Dahl, R. 1998. *On Democracy*. New Haven: Yale University Press.
Dewey, John. 1954. *The Public and its Problems*. Athens, OH: Swallow Press.
___________. 2011. *Democracy and Education*. Simon and Brown.
Goodlad, Stephen J. ed. 2001. *The Last Best Hope*. San Fransisco, CA: John Wiley and Sons, Inc.
Hamilton, Alexander, James Madison and John Jay, 1988. *The Federalist Papers*. New York, NY: Bantam Books.
Hofstede. 1980. Culture's Consequences.
Kaufmann, Bruno. 2007. "How direct democracy makes Switzerland a better place," *The Telegraph*. May 18, 2007.
Mill, J. S. 1989. Autobiography. London: Penguin Books.
_______. 1991. *On Liberty and Other Essays*. Oxford: Oxford University Press.
Pateman, Carole. 1970. *Participation and Democratic Theory*. Cambridge: Cambridge University.
_______________. 2012. "Participatory Democracy Revisited," APSA Presidential Address. *Perspective on Politics*. vol.10. no.1.
Reeves, Richard. 2007. *John Stuart Mill: Victorian Firrebrand*. London: Atlantic Books.
Robinson, Donald. 2011. *Town Meeting: Practising Democracy in Rural New England*. Amherst: University of Massachusetts Press.
Rousseau, J-J. 1964. *Oeuvres Complètes*. vol. III. Editions Gallimard.
___________. trans. by Masters. 1978. *On the Social Contract*. New York, NY: St. Martin's Press.
___________. trans. by Bloom. 1979. *Emile*. New York, NY: Basic Books, Inc., Publishers.
Sandel, Michael. 1982. *Liberalism and the Limits of Justice*. Cambridge: Cambridge University Press.
Svedin, Uno and Britt Aniansson, 2002. *Sustainability, Local Democracy and the Future: The Swedish Model*. Boston: Kluwer Academic Publishers.
Tocqueville, Alexis de, trans. by P. Bradley. 1960. *Democracy in America*. New York: Alfred A. Knoff.
__________________, trans. by S. Gilbert. 1983. *Old Regime and the French*

Revolution. Anchor Books.

Urbinati, Nadia. and Alex Zakaras. eds. 2007. *J. S. Mill's Political Thought.* Cambridge: Cambridge University Press.

Urbinati, Nadia. 2002. *Mill on Democracy.* Chicago: University of Chicago Press.

Westbrook, Robert. 1991. *John Dewey and American Democracy.* Ithaca: Cornell University Press.

Zimmerman, Joseph. 1999. *The New England Town Meeting.* Westport, CT: Praeger Publishers.

The Economist, Intelligence Unit. "Democracy Index 2012"

http://ko.wikipedia.org/wiki/%EB%AF%BC%EC%A3%BC%EC%A3%BC%EC%9D%98_%EC%A7%80%EC%88%98, "민주주의지수"

제2부 제8장 민주주의와 선거제도

김비환. 2013.『이것이 민주주의다』개마고원.

김원홍. 2012.『국회의원 선거에서의 여성공천과정 분석을 통한 대표성 증진방안』 한국여성정책연구원.

김원홍, 김복태. 2013.『지방선거 공천제도변화와 여성의 정치적 대표성 전망 및 과제』한국여성정책연구원.

달 로버트 지음, 김왕식 외 옮김. 1999.『민주주의』동명사.

밀, 존 스튜어트 지음, 서병훈 옮김. 2005.『자유론』책세상.

__________, 서병훈 옮김. 2006.『여성의 종속』책세상.

__________, 서병훈 옮김. 2012. 대의정부론. 아카넷.

박동천. 2000. 선거제도와 정치적 상상력. 책세상.

박의경. 2007. "참여정부의 여성정책에 대한 평가,"『여성연구』vol.73, no.2.

______. 2010. "지방정치 20년: 지역 여성정치의 현황과 과제,"『민주주의와 인권』제10권 1호.

______. 2011. "열린 미래를 위한 여성정치전략,"『21세기정치학회보』제21집 3호.

______. 2012. "지속가능한 여성정책을 위한 제언,"『한국정치연구』제21집 2호.

______. 2013. "공리주의자 밀의 민주주의론 고찰,"『국가와 정치』.

박찬욱. 2000.『비례대표선거제도』박영사.

아리스토텔레스 지음, 손명현 옮김. 2011.『니코마코스 윤리학/정치학/시학』동서문화사.

이남석. 2001.『차이의 정치 - 이제 소수를 위하여』책세상.

이헌근. 2007. "여성의 정치적 대표성과 선거제도와의 상관성 연구: 스웨덴을 중심으로," 『한국시민윤리학회보』 제20집 2호.
토크빌, 알렉시스 드 지음, 임효선, 박지동 옮김. 2013. 『미국의 민주주의』 한길사.
황아란, 서복경. 2011. "여성의 정치적 대표성과 선거제도 효과," 『선거연구』 제1권 1호.

Aristotle, trans. by J. Thomson. 1953. *Ethics*. Penguin Books.
Benhabib, S. 1996. *Democracy and Difference*. Princeton, NJ: Princeton University Press.
Mill, J. S. 1989. *Autobiography*. London: Penguin Books.
________. 1991. *On Liberty and Other Essays*. Oxford: Oxford University Press.
Reeves. Richard. 2007. *John Stuart Mill: Victorian Firrebrand*. London: Atlantic Books.
Thucydides, trans. by R. Livingstone. 1960. *The History of Peloponnesian War*. London: Oxford University Press.
Urbinati, Nadia. and Alex Zakaras. eds. 2007. *J.S. Mill's Political Thought*. Cambridge: Cambridge University Press.
Urbinati, Nadia. 2002. *Mill on Democracy*. Chicago: University of Chicago Press.
www.undp.org
www.ipu.org

제2부 제9장 민주주의 사회의 정책과 공약

관계부처 합동. 2007. 『여성인력종합계획('06-'10): 2007년도 시행계획』
김복규. 2003. "선거공약을 통해서 본 여성정책과제," 한국행정학회 하계학술대회 연구논문집.
김영래, 이현출. 2006. 『매니페스토와 지방선거』 서울: 논형.
김영태. 2006. "5.31 매니페스토 운동의 비판적 검토," 『시민과 세계』 제9호.
김 욱. 2006. "지방선거와 매니페스토 시민운동," 『국회도서관보』 vol.326.
듀이, 존. 이홍우 번역. 1987. 『민주주의와 교육』 교육과학사.
박의경. 2000. "16대총선: 정당공약과 지역구 여성출마자 공약분석," 한국여성정치연구소 연구발표회.
신명순. 2001. 『비교정치』 박영사.
안철현. 2006. "2006 지방선거에서의 매니페스토 운동의 의의와 한계," 『21세기 정치학회보』 제16집 2호.
여성가족부. 2004. 『2004년 여성백서』.

__________. 2005. 『2005 여성정책연차보고서-2005년도 여성정책기본계획 추진 성과』.
__________. 2006. 『2006년 연차보고서 - 2006년도 여성정책기본계획 추진성과』
__________. 2006. 『제3차 여성정책기본계획(안)』 한국여성개발원 연구보고서.
여성부. 2002. 『제2차 여성정책기본계획 (2003-2007)』.
이극찬. 1995. 『정치학』 법문사.
이정희 외. 2005. 『정치학이란』 인간사랑.
한국여성단체연합. 2004. "17대 총선과 여성운동 대응활동에 대한 평가토론회".
한국정책학회. 2002. 『제16대 대통령선거 정책공약 비교분석집』.
한나라당 여성위원회. 2006. "주목받는 여성정책 25선 - 5.31 지방선거 한나라당 여성 실천약속".
한나라당 정책위원회. 2007. 『차기정부 여성/가족 정책의 새 지평 모색』.
Rousseau, J-J. trans by R. Masters. 1978. *On the Social Contract*. New York: St. Martin's Press.
UNDP. Human Development Report. 2000-2005.
www.undp.org

여성부. 2004. 주요 현안업무보고.
조선일보. 2000. 3. 15. "3년 후면 행복한 나라?".
중앙일보. 2000. 3. 17. "전문기자가 본 각당 공약".
한겨레신문. 2000. 3. 17. "4.13 정책점검: 여성부분".
한겨레신문. 2002. 11. 18. "한다는 걸까 안한다는 걸까: '여성공약' 헷갈려".

제2부 제10장 지역의 민주주의와 여성정치

김용철. 2009. "한국정치, 정보화시대, 그리고 여성의 정치참여," 민주당 여성아카데미 강연 자료.
김원홍 외. 2008. 『17대 국회의원의 의정활동 성차분석 및 성인지성 확대방안』 한국학술정보.
_________. 2009. "지방의회 의원 의정활동 비교를 통해 본 양성평등 실현방안," 국회미래도시포럼/ 한국여성정책연구원 공동포럼.
박의경. 2000. 『한국민주주의와 여성정치』 도서출판 풀빛.
______. 2005. "여성이 참여해야 정치가 산다. 광양여성자치대학 자료집.
______. 2007. "참여정부의 여성정책에 대한 평가: 정당의 공약에서 정책으로," 『여성연구』 한국여성정책연구원.
______. 2008. "페미니즘: 민주주의의 완성을 위하여," 『정치학이해의 길잡이:

정치사상』 법문사.
진수희. 2005. "여성정치참여 확대방안," 한국여성정치연구소/한스자이델 재단 교류 10주년 심포지엄 자료집.
Arendt, Hannah. 1958. *The Human Condition.* Chicago: The University of Chicago Press.
Gilligan, Carol. 1982. *In a Difference Voice.* Cambridge, MA: Harvard University Press.
Kanter, Rosabeth Moss. 1977. *Men and Women of the Corporation.* New York: Basic Books.
Mueller, Carol. ed. 1988. *The Politics of Gender Gap: the Social Construction of Political Influence.* London: Sage Publications.

광주시 여성시의회 여성의원 활동자료. 2009. (여성단체연합제공).
여성신문. 2009. "여성지방의원들 정개특위 찾았다. 11월 27일 (제1057호).
여성정치세력민주연대 외. 2009. "여성참여 확대를 위한 여성계 의견서".
동아일보. 2009. "한국 성차별 인도보다 심해," 10월 29일.
연합뉴스. 2009. "정개특위, 지방의원 비례대표 20-30%로 확대," 12월 16일.
______. "정개특위, 기초의원 정당공천제 유지 가닥," 12월 16일.
오마이뉴스. 2009. "외면한 빕그릇도 다시봐아 생활이 변한다. 2월 13일 김경희 대전여성정치네트워크 공동대표 인터뷰.
www.ipu.org : 2009. "Women in Parliaments" 통계자료.
www.undp.org : 2009. "Gender Empowerment Measure and its components," 통계자료.

제3부 제11장 다문화주의와 참여민주주의

김남국. 2005. "심의 다문화주의: 문화적 권리와 문화적 생존," 『한국정치학회』 39집 1호.
김비환. 2011. "다문화민주주의?: 몇 가지 예비적 고찰," 『다문화사회연구』 vol.4, no.1.
로크, 존 저, 공진성 옮김. 2008. 『관용에 관한 편지』 책세상.
루소 저, 최현 옮김. 2002. 『인간불평등기원론』 집문당.
밀, J.S. 저, 서병훈 옮김. 2010. 『자유론』 책세상.
박의경. 2008. "참여민주주의를 위한 루소의 역설," 『사회과학연구』 제16집 2호.
______. 2010. "미국민주주의와 관용의 정신," 『한국정치연구』 제19집 3호.
______. 2011a. "시민의 자치능력과 민주주의의 가능성," 『정치와 평론』 vol.8.

______. 2011b. "대중에서 시민으로: 참여적 시민의 형성을 위하여," 『한국정치학회보』 제45집 5호.
______. 2013. "공리주의자 밀의 민주주의론 고찰," 『국가와 정치』 제19집.
볼러 저. 정태진 역. 1995. 『미국초월주의의 이해』 한신문화사.
볼테르 저. 송기형 외 옮김. 2001. 『관용론』 한길사.
서병훈. 2011. "문화와 국경," 『다문화사회연구』 vol.4, no.1.
에머슨 저, 이창배 역. 2009. 『에머슨 수상록』 서문당.
장의관. 2011. "다문화주의의 한국적 수용," 『국가전략』 17권 2호.
진은영. 2008. "다문화주의와 급진적 인권," 『철학』 95집.
킴리카 저, 장동진 외 옮김. 2006. 『현대정치철학의 이해』 동명사.
토크빌 저, 박지동 옮김. 1983. 『미국의 민주주의』 한길사.
호네트 저, 문성훈, 이현재 옮김. 2012. 『인정투쟁』 사월의 책.

Beck, Lewis White. ed. 1988. *Kant: Selections*. New York: Macmillan Pulbishing Co.
Brown, Wendy. 2001. "Reflections on tolerance in the age of identity," in Areyh Botwinick and William E. Connolly eds. *Democracy and Vision: Sheldon Wolin and the Vicissitudes of the Political*. Princeton: Princeton University Press.
Galeotti, Anna Elisabetta. 2002. *Toleration as Recognition*. Cambridge: Cambridge University Press.
Hegel. G. W. F. 1956. The Philosophy of History. trans. by J. Sibree. N.Y: Dover Publications, Inc.
Herder, Johann. G. 1800. Outlines of a Philosophy of the History of the Mind. trans. by T. Churchill. N.Y: Bergman Publishers.
Honneth, Axel. 1995. *The Struggle for Recognition: The Moral Grammar of Social Conflicts*. Cambridge: Polity.
Jaggar, Alison. 1999. "Multicultural Democracy," *The Journal of Political Philosophy*. vol.7, no.3.
Jones, Peter. 2005. "Toleration, Recognition and Identity," *Journal of Political Philosophy*. vol.14, issue 2.
Kukathas, C. 1998. "Liberalism and Multiculturalism," *Political Theory* vol.26, no.5.
Kymlicka, Will. 1995. *Multicultural Citizenship: A Liberal Theory of Minority Rights*. Oxford: Oxford University Press.
Kymlicka, Will and Raphael Cohen-Almagor. 2000. "Democracy and Multiculturalism," in Cohen-Almagor, R. ed. *Chanllenges to Democracy:*

Essays in honour and memory of Isaiah Berlin. London: Ashgate Publishing Ltd.
Marri, Anand R. 2003. "Multicultural Democracy: toward a better society," *Intercultural Educatio.* vol.14, no.3.
Mill, J. S. 1989. Autobiography. London: Penguin Books.
_______. 1991. *On Liberty and Other Essays.* Oxford: Oxford University Press.
Phillips, Anne. 2001. *Multiculturalism, Universalism and the Claims of Democracy. Democracy,* Governance and Human Rights Programme Paper number 7, United Nations Research Institute for Social Development.
Rousseau, Jean Jacques. 1964. *First and Second Discourse.* trans. by Roger Masters. New York: St. Martin's Press.
_____________________. 1978. *On the Social Contract.* trans. by Roger Masters. New York: St. Martin's Press.
_____________________. trans. by Bloom. 1979. *Emile.* New York, NY: Basic Books, Inc., Publishers.
Taylor, Charles. 1994. "The Politics of Recognition," in Amy Gutman ed. *Multiculturalism: Examining the Politics of Recognition.* Princeton: Princeton University Press.
Thoreau, H. 1986. *Walden and Civil Disobedience.* New York: Penguin Books.
Walzer, Michael. 1997. *Toleration.* New Haven: Yale University Press.
Young, I. 1990. *Justice and the Politics of Difference.* Princetion: Princeton University Press.
_______. 2000. *Inclusion and democracy.* Oxford: Oxford University Press.

제3부 제12장 미래의 민주주의와 여성정치

김원홍 외. 2000. 『ASEM 회원국의 정책결정과정에서의 여성참여증진에 관한 연구』 한국여성개발원.
김혜영. 2011. "공직내 여성관리직 확보정책 현황 및 정책방향," 『공공기관, 고위공무원 여성대표성 현황과 제고방향』 한국여성정책연구원.
바버, 벤자민 저, 박의경외 옮김. 2003. 『지하드 맥월드』 문화디자인.
박의경. 1999. "자유개념에 관한 여성주의적 고찰," 『한국정치학회보』 33집 3호.
_____. 2007a. "소프트파워의 세계정치 - 여성의 렌즈," 『문화와 국제정치』 서울대학교 국제문제연구소 편.

______. 2007b. “참여정부의 여성정책에 대한 평가,” 『여성연구』 vol.73, no.2. 한국여성정책연구원.
______. 2009. “근대정치사상과 인권 그리고 여성,” 『한국정치외교사논총』 제30집 2호.
______. 2010. “지방자치 20년: 지역 여성정치의 현황과 과제,” 『민주주의와 인권』 제10권 1호.
______. 2011. “시민의 자치능력과 민주주의의 가능성,” 『정치와 평론』 vol.8.
신정완. 2000. 『임노동자기금 논쟁과 스웨덴 사회민주주의』 여강.
아우구스티누스 저, 조호연 역. 1998. 『하나님의 도성』 크리스찬다이제스트. 이영애 편. 2000. 『뉴밀레니엄의 성 정치학』 법문사.
한국여성정책연구원. 2009. 양성평등 수준 선진화를 위한 성 평등지수 관리방안.
__________________. 2011. UN Women의 출범과 한국여성정책의 미래.
한국정치학회 편. 2008. 『정치학이해의 길잡이 - 정치사상』 법문사.

여성신문. 2010. 6. 11. / 2008. 12. 26. / 2011. 6. 3.
한겨레신문. 2007. 5. 4.
행정안전부. 2010. 균형인사지침.

Arendt, H. 1970. *On Violence.* New York: Harcourt Brace Jovanivich.
Commission on Human Security. 2003. *Human Security Now.* New York.
Follett, Mary. introduced by K. Mattson. 1998. *The New State.* University Park, PA: Pennsylvania State University Press.
IPU. 2010. Women in Politics.(world map)
www.ipu.org
www.undp.org

제3부 제13장 일상의 민주주의에서 일상의 평화로

갈퉁, 요한 지음. 강종일 외 옮김. 『평화적 수단에 의한 평화』 들녘, 2000.
그륀, 아르노 지음. 조봉애 옮김. 『평화는 총구에서 나오지 않는다』 창해, 2012.
김용구. 『영구평화를 위한 외로운 산책자의 꿈』 도서출판 원, 2001.
나이, 조지프 저, 홍수원 역. 『소프트 파워』 세종연구원, 2004
미네르바정치학회편. 『영화와 정치』 한국외국어대학교출판부, 2008.
벡, 울리히 지음. 박미애·이진우 옮김. 『글로벌 위험사회』 도서출판 길. 2010.
바버, 벤자민 지음. 박의경·이진우 옮김. 『지하드 맥월드』 문화디자인, 2003.
박의경. “한국에서의 여성, 평화 그리고 통일,” 『대한정치학회보』 14집 2호 (2006)

_____. “소프트파워의 세계정치: 여성의 렌즈,” 『문화와 국제정치』 논형, 2007.
_____. “종교적 좋은 삶과 정치적 좋은 삶,” 『21세기 정치학회보』 제19집 3호 (2009).
_____. “열린 미래를 위한 여성정치전략,” 『21세기 정치학회보』 제21집 3호 (2011).
_____. “대중에서 시민으로,” 『한국정치학회보』 제45집 5호 (2011)
_____. “전쟁의 길과 평화의 나무,” 『국제정치논총』 제53집 4호 (2013).
_____. “참여민주주의의 지속가능성에 대한 고찰,” 『민주주의와 인권』 제14권 1호 (2014).
아리스토파네스 지음, 천병희 옮김. 『아리스토파네스 희극전집 2』 숲, 2010.
아우구스티누스 저, 조호연외 옮김. 『하나님의 도성』 크리스찬다이제스트, 1998.
월츠, 케네스 지음, 정성훈 옮김. 『인간 국가 전쟁』 아카넷, 2011.
칸트, 임마누엘 지음. 백종현 옮김. 2013. 『영원한 평화』 아카넷.
파머, 브라이언 외 엮음, 신기섭 옮김. 2006. 『오늘의 세계적 가치』 문예출판사.
홉스, 토마스 지음. 진석용 옮김. 『리바이어던』 나남. 2008.

Barber, Benjamin. *Strong Democracy*. Berkeley: University of California Press. 1984.
Bem, Sandra L. *The Lenses of Gender*. New Haven, CT: Yale University Press, 1993.
Hofstede, Geert. *Culture's Consequences*. New York: Sage Publications, Inc., 1980.
_______________. “The Role fo Cultural Values in Economic Development,” in Arvedson eds. *Economies and Values.*. CA: Almqvist and Wiksell International, 1986.
Myers, John. *The Political Ideas of the Greeks*. N.Y: Abingdon Press, 1927.
Rousseau, J. J. trans. by R. Masters. *On the Social Contract and Political Economy*. N.Y: St. Martin's Press. 1978.
St. Augustine, trans. and introduced by John O'Meara. *City of God*. London: Penguin Books, 1986.
Tocqueville, Alexis de. trans. by Phillips Bradley. *Democracy in America*. New York: Alfred A. Knoff, 1960.
Thucydides, 1960. *The History of Peloponnesian War*. Oxford: Oxford University Press. 1960.
UNDP, *Human Development. 1994* . New York: Oxford University Press, 1994.
경향신문. “‘오슬로 참극’ 노르웨이의 관용, 9.11 미국과 달랐다. (2011. 7. 30.).

갈퉁, 요한 지음. 강종일 옮김. 『평화적 수단에 의한 평화』 들녘, 2000.
나이, 조지프 저, 홍수원 역. 『소프트 파워』 세종연구원, 2004.
미네르바정치학회편. 『영화와 정치』 한국외국어대학교출판부, 2008.
바버, 벤자민 지음. 박의경/이진우 옮김. 『지하드 맥월드』 문화디자인, 2003.
박의경. "한국에서의 여성, 평화 그리고 통일," 『대한정치학회보』 14집 2호 (2006).
______. "미래 가치로서의 소프트파워와 여성의 렌즈," 『세계정치』 28집 1호 (2007).
______. "종교적 좋은 삶과 정치적 좋은 삶," 『21세기정치학회보』 19집 3호, (2009).
______. "영화의 상징체계를 통한 정치의 발견," 『현대사회과학연구』 15집 1호 (2011).
브라이언, 파머 외 엮음, 신기섭 옮김. 『오늘의 세계적 가치』 문예출판사, 2006.
스토신저, 존 지음, 임윤갑 옮김. 『전쟁의 탄생』 플래닛미디어, 2009.
아리스토파네스 지음, 천병희 옮김. 『아리스토파네스 희극전집 2』 숲, 2010.
아우구스티누스 저, 조호연 외 옮김. 『하나님의 도성』 크리스찬다이제스트, 1998.
월츠, 케네스 지음, 정성훈 옮김. 『인간 국가 전쟁』 아카넷, 2011.
재거, 앨리슨, 아이리스 영 편, 한국여성철학회 옮김. 『여성주의 철학』 서광사, 2005.
키건, 존 지음. 정병선 옮김. 『전쟁의 얼굴』 지호, 2005.
____________. 유병진 옮김. 『세계전쟁사』 까치, 2010.
한국여성연구원 편. 『지구화시대 여성주의 대안가치』 푸른사상, 2005.
황영주. "국제정치와 페미니즘," 미네르바정치연구회편, 『국제질서의 패러독스』 인간사랑, 2005.
______. "평화, 안보 그리고 여성: '지구는 내가 지킨다'의 페미니즘적 재정의," 『국제정치논총』 vol.43, no.1. (2003).
홍성태 엮음. 『이스라엘과 미국의 중동정책』 문화과학사, 2007.

Asbjorn Eide. "Methods and Problems in Peace Research," *International Social Science Journal*. vol.24, no.1 (1974).
Bem, Sandra L. *The Lenses of Gender*. New Haven, CT: Yale University Press, 1993.
Clausewitz, Carl von, *On War*. ed and trans. by M. Howard and P. Paret. Princeton, N.J.: Princeton University Press, 1984.
Elshtain, Jean. *Women and War*. Chicago: University of Chicago Press, 1987.
Hegel, G.W.F. *Philosophy of Right*. trans by T.M Knox. Oxford: At the Clarendon Press, 1942.

Hofstede, Geert. *Culture's Consequences*. New York: Sage Publications, Inc., 1980.
______. "The Role fo Cultural Values in Economic Development," in Arvedson eds. *Economies and Values*. CA: Almqvist and Wiksell International, 1986.
KIDA 세계분쟁 데이터베이스, 팔레스타인 분쟁 (2013).
Merton, Robert. *Social Theory and Social Structure*. N.Y: The Free Press, 1968.
Myers, John. *The Political Ideas of the Greeks*. N.Y: Abingdon Press, 1927.
St. Augustine, trans. and introduced by John O'Meara. *City of God*. London: Penguin Books, 1986.
Tickner, Ann. 『여성과 국제정치』 황영주외 옮김, 부산외국어대학교출판부, 1992.
Tocqueville, Alexis de. trans. by Phillips Bradley. *Democracy in America*. New York: Alfred A. Knoff, 1960.
Waltz, Kenneth. *Man, the State and War*. New Yori: Columbia University Press, 1954.

경향신문. " '오슬로 참극' 노르웨이의 관용, 9.11 미국과 달랐다. (2011. 7. 30.).
______. "유엔 인권이사회, 이스라엘 정착촌 건설은 전쟁범죄" (2013. 1. 31.).

영화 <레몬트리> (Eran Riklis 감독, 2008).

제3부 제15장 현실의 균형, 미래의 조화, 민주적 이상향

1. 문헌자료

고쿠분 고이치로 지음, 김윤숙 옮김. 2016. 『다가올 민주주의』 오래된 생각.
던, 존 지음, 황미영 옮김. 2015. 『민주주의의 마법에서 깨어나라』 ㈜레디셋고.
데카르트 지음, 이현복 옮김. 1997. 『성찰: 자연의 빛에 의한 진리탐구 프로그램에 대한 주석』 문예출판사.
마키아벨리 지음, 강정인 외 옮김. 2003. 『군주론』 까치.
______. 2006. 『로마사논고』 한길사.
미네르바정치학회편. 2008. 『영화@정치』 한국외국어대학교출판부.
밀러, 제임스 지음, 김만권 옮김. 2010. 『민주주의는 거리에 있다』 개마고원.
박의경. 2008. "참여민주주의를 위한 루소의 역설," 『사회과학연구』 제16집 2호.
______. 2011a. "시민의 자치능력과 민주주의의 가능성," 『정치와 평론』 vol.8.
______. 2011b. "대중에서 시민으로: 참여적 시민의 형성을 위하여," 『한국정치학

회보』 제45집 5호.
______. 2011c. “영화의 상징체계를 통한 정치의 발견,” 『현대사회과학연구』 15집 2호.
______. 2013. “전쟁의 길과 평화의 나무,” 『국제정치논총』 제53집 4호.
______. 2014a. 『여성의 정치사상』 책세상.
______. 2014b. “참여민주주의의 지속가능성에 대한 고찰,” 『민주주의와 인권』 제14권 1호.
아감벤, 조르조 외 지음, 김상운 외 옮김. 2017. 『민주주의는 죽었는가?』 난장.
아리스토텔레스 지음, 손명현 옮김. 2011. 『니코마코스 윤리학/정치학/시학』 동서문화사.
올리어리, 케빈 지음, 이지문 옮김. 2014. 『민주주의 구하기』 글항아리.
잉글하트, 로널드 외 지음, 지은주 옮김. 2011. 『민주주의는 어떻게 오는가』 김영사.
트론토, 조안 지음, 김희강 외 옮김. 2014. 『돌봄 민주주의』 아포리아.

Aristoteles. trans by. E. Barker. 1981. *The Politics of Aristotle.* NY: Oxford University Press.
Bryan, Frank. 2004. *Real Democracy.* Chicago: University of Chicago Press.
Derrida, Jacques. 1990. *Du droit à la philosophie.* Galilée.
Mill, J. S. 1991. *On Liberty and Other Essays.* Oxford: Oxford University Press.
Pateman, Carole. 1970. *Participation and Democratic Theory.* Cambridge: Cambridge University Press.
Robinson, Donald. 2011. *Town Meeting: Practising Democracy in Rural New England.* Amherst: University of Massachusetts Press.
Rousseau, J-J. trans. by Masters. 1978. *On the Social Contract.* New York, NY: St. Martin's Press.
______________. trans. by Bloom. 1979. *Emile.* New York, NY: Basic Books, Inc., Publishers.
Tocqueville, Alexis de, trans. by P. Bradley. 1960. *Democracy in America.* New York: Alfred A. Knoff.
Zimmerman, Joseph. 1999. *The New England Town Meeting.* Westport, CT: Praeger Publishers.

2. 영상자료

<12인의 성난 사람들(12 Angry Men)> 시드니 루멧 감독. 1957.
<레몬트리(Lemon Tree)> 에란 리클리스 감독. 2008.
<안토니아스 라인 (Antonia's Line)> 마를렌 고리스 감독. 1995.
<쇼생크 탈출(The Shawshank Redemption)> 프랭크 다라본트 감독. 1994.

■ 찾아보기

ㅈ

ㅊ

ㅋ

ㅌ